Ce qu'ils ont pensé des précédents écrits de Jean-François Lisée

Sur Carrefours Amériques

« Lisée sautille en virtuose parmi les emballements de cette civilisation américaine chaotique, qu'il raconte avec une causticité attendrie. »
Jean-Francis Held — *L'Événement du Jeudi,* Paris

LES POLITICIENS :

« Je suis ravi, en dépit de tous les mots désagréables que M. Lisée peut avoir à mon égard. »
Jacques Parizeau — sur *Dans l'œil de l'aigle*

« Ce sont des faux ! »
Robert Bourassa — sur le scoop *Les dossiers secrets de Bourassa*

« Ça se lit comme un western. »
Jacques Parizeau — même sujet

Lisée ? « Sa boule de cristal vaut la mienne ! »
Daniel Johnson — sur la probabilité que le PLQ perde les élections de 1994

Avant même ce nouveau livre

« C'est dangereux une entrevue comme celle qu'on a faite. »
Lucien Bouchard — après une entrevue avec l'auteur pour la préparation du présent livre

« Dites pas que ça vient de moi, sinon, il ne me reparlera plus. »
Robert Bourassa — racontant une conversation à l'auteur

« Oh ! Diable ! »
Jacques Parizeau — s'amusant de la volonté de l'auteur de lui faire retracer ses pas pendant une période troublée

« Enregistre ce que je te dis, là. À la conférence de presse que je vais donner pour répondre à ton livre, je veux pouvoir dire que je t'avais averti. »
Jean-Claude Rivest, conseiller de Bourassa — pendant une entrevue pour ce livre

« Je ne veux pas utiliser la machine [enregistreuse] et je veux que personne ne sache que je vous ai vu. »
Témoin privilégié n° 2

Le Tricheur

Robert Bourassa et les Québécois, 1990-1991

Jean-François Lisée

Le Tricheur

Robert Bourassa et les Québécois, 1990-1991

Boréal

Cet ouvrage a été publié avec l'appui du Programme de subvention globale du Conseil des Arts du Canada.

Couverture : d'après une photographie de Ron Kocsis/© Publiphoto

Conception graphique : Gianni Caccia

© Les éditions du Boréal et Jean-François Lisée
Dépôt légal : 2ᵉ trimestre 1994
Bibliothèque nationale du Québec

Diffusion au Canada : Dimedia
Distribution en Europe : Les Éditions du Seuil

Données de catalogage avant publication (Canada)
Lisée, Jean-François

Le Tricheur : Robert Bourassa et les Québécois, 1990-1991

ISBN 2- 89052-612-6

1. Bourassa, Robert, 1933-   . 2. Québec (Province)
- Politique et gouvernement - 1960-   . 3. Canada - Politique
et gouvernement - 1984-1993.   4. Québec (Province) - Histoire
- Autonomie et mouvements indépendantistes.   5. Canada -
Droit constitutionnel - Amendements.   6. Premiers ministres - Québec
(Province) - Biographies.   I. Titre.

FC2925.1.B68L57 1994   971.4' 04' 092   C94-940554-X
F1053.25.B68L57 1994

À Catherine,
qui n'était pas restée pour ça

Avertissement

L'auteur ayant pour profession de dénicher la vérité, puis de la communiquer au public, prend le parti de ne gommer aucune verdeur de langage, et de ne nettoyer aucune citation, autrement que, et le plus rarement possible, pour des raisons de clarté. Dans ce livre, les politiciens qui sacrent, sacrent ; ceux qui parlent mal, parlent mal ; ceux qui s'expriment à l'aide d'anglicismes le font aussi. Les jeunes ne s'expriment pas comme les vieux, ni les militants comme les anciens éditorialistes. L'auteur veut plonger le lecteur dans le réel politique. Le lecteur a le droit de ne pas aimer cette réalité. Il a l'occasion, ici, de la découvrir.

Prologue

*L'auteur : « J'essaie de départager ce que Bourassa
a pu dire aux différents acteurs, pour déterminer... »*

David Peterson : « ... ce qu'il croyait vraiment ? »

L'auteur : « Oui. »

Peterson : « Puis-je vous dire quelque chose, my friend *?
Vous ne le découvrirez jamais. »*

Voici un livre sur le pouvoir et sur l'usage qu'on en fait.

Puisqu'il s'agit du pouvoir tel que pratiqué au Québec au début des années 90, la duperie et le double langage y prennent presque toute la place.

Au centre du récit, on trouve un tricheur, ses complices et ses dupes.

On trouve aussi quelques honnêtes gens dont la rectitude et la ténacité éclairent, par contraste, la servilité de beaucoup de cyniques et d'ambitieux et l'effondrement d'un impressionnant troupeau de mauviettes.

Ce livre raconte surtout l'histoire d'un détournement et d'un vol.

Le détournement d'un élan collectif, brisé dans un cul-de-sac prévisible et prévu.

Le vol d'un moment historique, gaspillé par un homme pétrifié par son propre rêve.

Le Flotteur

Je ne suis ni pour ni contre,
bien au contraire.

Adage suisse

1

L'IMPROVISATEUR

Je vous ai compris !
CHARLES DE GAULLE, convaincu de l'inéluctabilité
de l'indépendance algérienne, s'adressant à une foule
opposée à cette indépendance.

« Compris », certes, ils l'ont été. [...]
Compris, comme un taureau l'est par un torero,
le cheval par le cavalier. Percés à jour, plutôt,
dans leurs illusions, leurs rêves, leur naïveté. Captés.

JEAN LACOUTURE, biographe de De Gaulle.

L E « TROUBLE » EST ARRIVÉ DANS LE BUREAU du premier ministre québécois à 18 h 30, le vendredi 22 juin 1990. Il était visible, en couleur et en direct, sur l'écran de télévision. Il avait le visage de Clyde Wells. De sa banquette parlementaire, l'œil furieux et la voix dure, le premier ministre terre-neuvien assenait le coup de grâce à l'accord du lac Meech, et à la prétention des Québécois d'être reconnus comme une variété de Canadiens quelque peu hors norme. « Au vote ! au vote ! » criaient de leurs sièges d'opposition les députés conservateurs. Inflexible comme le roc de son île, Wells ajournait pour l'été la session de son mini-Parlement, sans que Meech ait été approuvé ou rejeté. Le lendemain, le délai légal de ratification de trois ans expirerait, emportant avec lui l'accord de Meech dont les cinq modestes conditions devaient sceller le retour du Québec dans le giron constitutionnel canadien. Emportant aussi, ce qui est bien plus important encore, le socle politique de Robert Bourassa.

Wells avait pourtant promis, juré, signé, 13 jours auparavant, dans la grande salle de conférence d'Ottawa, devant ses 10 partenaires de la fédération canadienne. Promis, juré, signé qu'il allait «tout mettre en œuvre » pour que l'assemblée terre-neuvienne se prononce «avant le 23 juin ».

Dans l'avion qui ramenait la délégation québécoise d'Ottawa à Québec, le lendemain de cette touchante cérémonie, Bourassa n'en finissait plus de partager son soulagement. À tous et chacun, il répétait : « Imagine le trouble qu'on aurait eu si ça n'avait pas marché. » L'instabilité politique, la crise du fédéralisme, l'anéantissement du programme libéral. « Il répétait pas ça au pilote, mais c'est tout juste », raconte son conseiller de toujours, Jean-Claude Rivest.

À l'étage du premier ministre, dans le *bunker* qui fait face au parlement, sur la Grande-Allée, les portes des bureaux sont ouvertes, ce 22 juin. Les conseillers du chef québécois circulent, écoutent les postes de télé, échangent des informations, maintiennent le contact avec Ottawa et les provinces amies.

Parfois, Bourassa monte un étage et se retrouve sur le toit de l'édifice, où il a fait installer une table de jardin et quelques chaises en plastique blanc recouvertes de coussins, un téléphone. Aucun parasol ne couvre encore le repaire ensoleillé du premier ministre. Il faudra attendre quelques mois, un détour par Bethesda et deux opérations pour que l'accessoire vienne compléter le tableau champêtre de patio nord-américain de banlieue, pelouse en moins. En attendant, plusieurs visiteurs bougonnent intérieurement contre cette table blanche qui leur renvoie en plein visage les rayons du soleil, leur arrachant une larme, et conférant un subtil avantage à leur interlocuteur.

LA CONNERIE

C'est autour de cette table, selon le souvenir de John Parisella, chef de cabinet du premier ministre, que le constat de décès de Meech est établi, ce 22 juin. Ébranlé, peiné, le chef du gouvernement ? Non, le père de Meech est à peine endeuillé. « Je n'étais pas envahi par une tristesse sans limite », dit-il. Déçu, oui. Devant quelques collaborateurs venus le rejoindre pour vivre cet instant comme on passe au salon funéraire exprimer ses condoléances au veuf, Bourassa détend l'atmosphère, glisse quelques blagues.

On l'a beaucoup dit, Bourassa est un animal politique à sang froid. Un de ses plus grands admirateurs, Parisella, le décrit « un peu comme un extraterrestre, en un sens. C'est comme s'il avait déjà vécu le moment qu'il est en train de vivre, comme s'il revenait seulement comme un figurant sur la scène. »

Disons qu'il était contrarié. « Il trouvait que c'était de la bêtise, purement et simplement, rapporte Rivest. Il interprétait ça comme une connerie, étant donné les enjeux. » Une connerie qui allait le placer « devant un problème immense ».

Bourassa sait qu'il doit parler aux Québécois, le soir même. Il faut réagir. Il décide de faire une brève allocution à l'Assemblée nationale, puis de parler plus longuement le lendemain, en conférence de presse. Au téléphone, il en avertit son ami Brian Mulroney, et quelqu'un avise son adversaire Jacques Parizeau, qui doit lui donner la réplique.

Parler, mais pour dire quoi ? Il ne le sait pas encore. Jusqu'à la toute fin, malgré quelques doutes pendant les quatre derniers jours, Bourassa croyait, dur comme fer, que « la raison » allait l'emporter. « Je ne peux pas croire que le Canada anglais va refuser le lac Meech, se disait-il. Ça va être l'impasse. Ils ne sortiront pas gagnants de cet échec-là. »

« Je ne m'y attendais pas, explique-t-il. J'avais des doutes les derniers jours, mais pas au point de préparer une déclaration en cas d'échec. »

LES TROIS CHEVILLES

Un trio de conseillers, véritables chevilles ouvrières du pouvoir, va tenter de débroussailler le terrain pour lui : John Parisella, Jean-Claude Rivest et Pierre Anctil. Méconnus du public, ces trois hommes constituent les principaux relais politiques du pouvoir québécois. Ils seront au centre de toutes les contorsions à venir.

• John Parisella est — en titre — le plus important des trois. Aimable et efficace, mais pas particulièrement porté à la plaisanterie, le chef de cabinet du premier ministre est le point de passage obligé des réclamations et des décisions. Son bureau est une gare de triage, un lieu d'organisation, de planification, de gestion de crise. Il doit tout savoir, tout prévoir, tout comprendre, ce qui est difficile quand le patron superpose et entrecroise des réseaux d'influence savamment entretenus au téléphone, multiplie les signaux, brouille les cartes comme à plaisir.

Au moment où Meech meurt, Parisella, 44 ans, n'est chef de cabinet que depuis sept mois, après avoir été pendant un an l'adjoint du chef précédent, Mario Bertrand. Auparavant, il a été pendant deux ans directeur général du Parti libéral, donc son vrai responsable après Bourassa. Il fut aussi candidat libéral défait dans le comté de Mercier, à Montréal. Parisella est entré au parti en 1977, pour suivre et épauler Claude Ryan. Pendant la course au leadership de 1983, il a choisi Daniel Johnson, contre Bourassa, le revenant. Des choix qui montrent son attachement inconditionnel au fédéralisme canadien.

Dans l'intervalle, il a dirigé Alliance-Québec, le lobby des anglophones entièrement voué à démanteler l'édifice québécois de protection du français, comme Caton l'Ancien voulait détruire Carthage. Le sujet intéresse Parisella, qui a consacré sa thèse de maîtrise de sciences politiques à la crise scolaire de Saint-Léonard. Cet Anglo-Montréalais parfaitement bilingue a été déchiré, en 1988, quand le gouvernement Bourassa a adopté la loi 178, qui maintenait, malgré les admonestations de la Cour suprême, l'obligation d'afficher uniquement en français sur la devanture des commerces. Pour Parisella, ce fut un test de loyauté libérale. « C'est pas un buffet, un parti, tsé ? T'arrives pas pour prendre ce que tu veux et laisser de côté ce que tu ne veux pas. Moi j'ai vécu 178, c'était profondément blessant. [...] Ma fille comprenait pas que je puisse rester. J'ai subi en silence. » C'est à la mesure de cette épreuve, selon ce haut critère de loyauté et d'abnégation, qu'il jugera, plus tard, les égarés du troupeau libéral.

• Jean-Claude Rivest est, des trois, le plus proche de Robert Bourassa.

Tantôt confident, tantôt conseiller, tantôt fou du roi, Rivest, 48 ans, est l'homme des besognes qui demandent cynisme et doigté, pensée stratégique et maniement du double sens. Entré au parti en 1967, il conseille Jean Lesage alors dans l'opposition, puis Bourassa devenu chef du gouvernement en 1970. Une de ses premières tâches est de l'aider à dire non aux accords constitutionnels de Victoria, jugés trop timides. Il écrit les discours du trône, transmet les messages, influence les journalistes dont il est une source privilégiée, mais rarement critique. Son plus haut fait d'armes : avoir lui-même écrit, à la place et sous la signature d'un journaliste trop fatigué ou trop imbibé, le compte rendu dithyrambique d'un discours de Bourassa.

Député de Jean-Talon de 1981 à 1985, il refuse de se présenter à nouveau lorsque l'élection d'un gouvernement Bourassa est chose assurée. Il a peur de devoir en devenir ministre. « Pour espérer être membre du cabinet, il ne faut pas savoir ce que c'est ! » Il connaît, lui, le véritable lieu du pouvoir, le *bunker*, et c'est là qu'il compte œuvrer, entre deux parties de tennis. Rivest fut un personnage essentiel de la négociation de l'accord de Meech. C'est un peu sa créature qui meurt devant lui aujourd'hui.

• Le troisième conseiller de Bourassa est le dernier arrivé, mais pas tout à fait le dernier venu. Pierre Anctil, 31 ans, est directeur général du parti, poste qu'il a hérité de Parisella en 1988. Sa mission est de veiller à la bonne marche de l'organisation partisane, de transmettre au chef la température de la base militante — et vice-versa —, de maintenir l'équilibre entre les composantes de la coalition libérale, de tenir les comités du parti occupés, sinon productifs.

Actif dans le mouvement étudiant de la fin des années 70, Anctil boudait les groupuscules gauchistes alors florissants et se reconnaissait peu dans le gouvernement Lévesque : « L'État-providence, je croyais pas beaucoup à ça. » Détail qui a son importance : le 20 mai 1980, c'est dans l'isoloir, à la dernière minute et à son cœur défendant qu'Anctil a, dit-il, coché la case Non*. Après avoir obtenu un diplôme en génie mécanique à Polytechnique, il devenait recherchiste pour le député libéral d'Outremont, Pierre Fortier, alors critique en matière d'énergie. S'étant laissé entraîner en août 1982 à un colloque de la Commission jeunesse libérale « avec l'idée que ce serait plus drôle qu'autre chose », Anctil est recruté au pied levé pour animer un atelier, puis, le mois suivant — le temps de prendre sa carte de membre du parti —, il est élu président de la commission, de justesse, contre quatre autres candidats.

Il y reste trois ans, le temps d'insuffler énergie et compétence à la commission. Car « il y avait eu un vide, au niveau des jeunes, de 1977 à 1983 » note l'organisateur Pierre Bibeau, qui souligne que le chef libéral du temps, Claude

---

*   Un de ses amis étudiants, Michel Lalonde, qui le suivra au PLQ, se souvient cependant qu'Anctil disait « je ne suis pas souverainiste ; je suis in-dé-pen-dan-tis-te ! » dans les corridors de l'Université de Montréal. Était-ce de la provocation ? Anctil ne se souvient pas d'avoir tenu de tels propos.

Ryan, « ne croyait pas tellement à la Commission jeunesse ». À la barre, Anctil a d'ailleurs l'occasion de s'opposer à Ryan dans un des sempiternels débats sur les frais de scolarité. Membre, en 1985, de la Commission politique du parti, là où se mitonnent les orientations de la formation, il en devient ensuite le président avant d'accéder, à 28 ans, à la direction générale du parti. Un poste d'observation privilégié d'où, pendant les mois d'agonie de Meech, il a pu mesurer le degré de frustration qui fait bouillonner le corps politique libéral comme la population québécoise.

Ce 22 juin 1990, ce trio aux origines diverses, et quelques autres proches du premier ministre, remuent leurs méninges*. Le moment est important. Demain, après-demain, une grande manifestation de la Saint-Jean pourrait tourner au vinaigre. Si le gouvernement québécois semble immobile, la rue risque d'être turbulente. Pour Bourassa, « c'était très important que les Québécois, disons, restent calmes », rapporte Parisella.

Alors il faut frapper un grand coup, propose Anctil.

« Il faut que Robert Bourassa se lève à l'Assemblée nationale et, de sa place, proclame que le Québec est une société distincte. »

« Ça a pas de bon sens, voyons donc, réplique quelqu'un. Vas-tu lui demander de déclarer l'indépendance ? »

« Non, non, y'a rien là, une déclaration, une déclaration gouvernementale ! Il faut un *statement* qui veut dire quelque chose pour les Québécois. On n'a pas à parler au reste du Canada. » Pas aujourd'hui, en tout cas.

Rivest n'aime pas ça. Il pousse en sens inverse. « Il faut pas qu'il y ait d'incertitude, d'instabilité. » Il faut calmer le jeu, plutôt que marquer le coup.

Le consensus ne se fait pas. Bourassa va s'isoler pour cogiter. Parisella doit lui porter le résultat des recommandations du trio avant que la limousine quitte le stationnement. Anctil piaffe, insiste sur sa proclamation. « J'ai dit à John : "écris ça, écris ça", je l'ai quasiment forcé physiquement. »

Parisella a un gros doute. Et si c'était une fuite en avant ? Un saut dans le vide ? « Je sentais que le Québec s'en allait dans une voie pleine de difficultés [...] Je m'accrochais à comment je pourrais défendre le fédéralisme canadien. » Il appelle le sondeur du parti, Grégoire Gollin, p.d.g. de Créatec. Parisella lui fait confiance. Gollin est un fédéraliste bon teint, gage d'orthodoxie, et un bon lecteur des tendances québécoises, gage de compétence. « Les Québécois sont profondément blessés, humiliés », dit le sondeur. Comme ses confrères des autres maisons de sondage, Gollin a enregistré au cours des derniers mois une montée record du sentiment souverainiste, maintenant majoritaire, et du rejet du *statu quo,* maintenant astronomique. « Il faut se tenir. Il faut que ça soit très

---

* Il s'agit des trois principaux conseillers et opérateurs politiques de Bourassa. Sur le plan de l'administration et de la gestion de l'État, son bras droit est Benoît Morin, secrétaire général du gouvernement, qu'il avait déjà à ses côtés au début des années 70 et en qui il a toute confiance.

clair, il faut plus ou moins proclamer la société distincte. » Coller donc, dignement mais fermement, au sentiment populaire. Un bon point pour Anctil. Sa recommandation parvient à Bourassa.

LE MENSONGE GAULLIEN

Robert Bourassa nage. C'est un exercice auquel il s'astreint quotidiennement, pour garder la forme. C'est aussi une cérémonie. Un rituel qu'il accomplit chaque fois que sa fonction l'oblige à un effort particulier, à une décision difficile. « Dans les moments importants, je vais nager pour dégager l'esprit de la déclaration — comme je ne lis pas de texte écrit. J'improvise d'une certaine façon, dans la forme sinon dans le fond. »

Les cadres du pouvoir chinois tremblaient dans leurs cols Mao chaque fois que le Grand Timonier se lançait, torse nu, dans le Yangtsé. Sa plongée annonçait invariablement une nouvelle purge, camouflée sous un mouvement de masse. À Québec, ce sont les journalistes qui guettent les baignades du premier ministre, les jours où l'histoire change de paragraphe ou de page. Aujourd'hui, sentant qu'un nouveau chapitre pourrait s'ouvrir, ils sont particulièrement fébriles.

« Quand c'est rendu que les journalistes vous attendent quand vous allez nager ! » peste le premier ministre. Ils font le pied de grue autour de l'immeuble du Club des employés civils, où se trouve la piscine, espérant lui arracher une phrase au passage. Les agents de sécurité font entrer le premier ministre par une porte dérobée. Entre deux longueurs, Bourassa cherche « la » phrase de son discours du soir. La conclusion. La formule choc. Celle qu'on citera longtemps. Il a accepté l'idée de la proclamation. Il l'aurait peut-être eue tout seul. Maintenant il veut la tourner « de la façon la plus concise et la plus percutante possible, en préservant l'avenir, comme c'était ma responsabilité comme premier ministre ».

Joli truc. Car préserver l'avenir, en ce jour, c'est parler fort, mais sans se compromettre. Claquer une porte, sans la fermer.

Robert Bourassa nage. En pleine « zone grise », dit-il.

Quant au fond, « qu'est-ce qui pouvait arriver ? Il y avait pas tellement de choix : trois choix, finalement. Un qui était à rejeter, c'était : "On présente l'autre joue, on dit pas un mot." L'autre qui était risqué, pour ne pas dire téméraire, c'était de dire : "Vous voulez pas de nous autres ? On s'en va tout seuls !" Et le troisième choix c'était entre les deux, sans qu'on voie clairement ce que ça pouvait être à ce moment-là. À très court terme il fallait poser des gestes pour garder le contrôle de l'agenda. »

Robert Bourassa nage, mais ne plonge pas. Quant à la forme, la solution lui vient, entre deux vaguelettes. Il croit se souvenir d'une citation du chef d'État français, d'un discours livré par de Gaulle à Constantine, en Algérie, à son retour au pouvoir en 1958 ou 1959, qu'il a peut-être entendu, grâce à sa radio à ondes courtes, un soir, dans son petit appartement d'étudiant à Oxford.

Quelque chose comme « Quoi qu'on dise, quoi qu'on fasse, l'Algérie française, aujourd'hui et pour toujours... » se souvient-il. Une façon de dire que jamais Paris n'accéderait aux demandes d'indépendance des Algériens, mais protégerait les intérêts de la minorité française en sol algérien.

De Gaulle n'a jamais prononcé cette phrase. Il a lancé à Alger son fameux « Je vous ai compris ! », volontairement trompeur. Il s'est un jour laissé aller à reprendre un slogan de la foule — Vive l'Algérie française ! — sans s'en rendre compte, a-t-il prétendu, et, ce qui est certain, alors même qu'il manœuvrait en coulisses pour mettre fin au statut colonial, donc français, de l'Algérie. L'emprunt de Bourassa ressemble bien plus dans sa forme à une citation de Proudhon : « L'État, quoi qu'on dise et quoi qu'on fasse, n'est, ni ne sera jamais la même chose que l'universalité des citoyens. »

Qu'importe la méprise, c'est l'intention qui compte. Le premier ministre québécois décide de s'inspirer de la forme et de l'esprit d'un mensonge pour apaiser ce soir-là son peuple meurtri.

« Ça ne vous a pas fait hésiter ? » lui demande l'auteur.

« Ça m'a fait hésiter de dire que j'avais pris ça là. [...] Je me suis dit, il y a certainement quelqu'un qui va dire : "Oui, mais, deux ans plus tard, c'était l'Algérie algérienne !" Mais ça n'a été souligné nulle part. »

Robert Bourassa nage. Il n'hésite pas parce que l'idée de tromper son public le rend mal à l'aise. Il hésite parce qu'il craint de se faire prendre. Sorti des eaux de la rhétorique, il fait le tour de la piscine. S'assied sur les marches de l'escalier. Écrit au crayon feutre sur de petites fiches les mots qui lui sont venus à l'esprit. Esquive les journalistes à la sortie de l'immeuble, esquive les journalistes en entrant au *bunker*, emprunte au sous-sol le corridor qui va au parlement, et se rend jusqu'au bureau situé derrière la chambre bleue.

Là, Bourassa rumine. Répète son discours devant Rivest qui a le suprême privilège, dans les moments forts, d'être son premier public. Le conseiller peut voir les mots sur les fiches : « Rappeler le but de Meech, les efforts. » Il y a le mot « remercier ». Pas de phrase complète, sauf la formule choc, écrite en entier. Rivest a le droit d'écouter, pas celui de critiquer. « J'argumente pas, son affaire est faite. C'est probablement pour ça qu'il me prend, moi. » Mais s'il pressentait un désastre absolu, Rivest pourrait sonner l'alarme.

À l'Assemblée, pleine comme un œuf en ce vendredi soir, aucun ministre, aucun député ne sait comment Bourassa va présenter les choses. À l'oral, Bourassa a si rarement ému, si souvent déçu, qu'il n'a qu'à être bon pour paraître excellent. Ce soir, il sera très bon.

Il se lève, fait le rappel des événements, remercie ceux qui l'ont épaulé dans la traversée de Meech, dont, nommément, l'Ontarien David Peterson. Il évoque l'injustice faite aux Québécois, et rappelle, louangeur, le nom de René Lévesque, qui avait fait preuve, dit-il, « d'une grande flexibilité » après mai 1980, pour « réintégrer le Québec dans la constitution canadienne ». Le ton est bon, le rythme décidé. La voix claire trahit la déception. Quelques minutes seulement, puis vient la formule pseudo-gaullienne : « Quoi qu'on dise et quoi qu'on fasse, le Québec est, aujourd'hui et pour toujours, une société distincte, libre et capable d'assumer son destin et son développement. »

À cet instant, exactement, le Québec se divise en deux. Il y a ceux qui savent. Il y a ceux qui rêvent. Le récit des deux années à venir se résume, pour beaucoup, aux fluctuations de la ligne de démarcation.

★   ★   ★

Robert Bourassa, lui, sait. Il sait qu'il n'a rien dit. « Quand je me suis assis, la réaction que j'avais c'est : "C'est fait, et il semble que ce soit bien fait." » L'effet produit le déroute. Autour de lui, tout le monde est debout. Les libéraux, bien sûr. Normal. Mais des péquistes, aussi. Jacques Parizeau, qui dans son propre discours l'appelle « *mon* premier ministre » — du jamais entendu — et lui dit « je vous tends la main » — du jamais vu —, traverse l'allée centrale pour venir le féliciter. Les applaudissements sont longs, nourris, chaleureux. Rien à voir avec « la claque » qui accompagne d'ordinaire les prestations ministérielles.

« Quand Robert Bourassa a lu son texte, se souvient un député libéral alors nationaliste modéré, Jean-Guy Saint-Roch, il y a eu un silence de mort. On a été estomaqués, puis il y a eu un sentiment d'euphorie. Moi, c'est un des rares moments où j'ai senti qu'il n'y avait plus de ligne de parti, plus d'opposition. Aujourd'hui, on lit le texte dans les gallées [verbatim des travaux de l'Assemblée] et c'est froid. Mais si t'étais là, t'as vu le visage, le ton de la voix. On était des Québécois à ce moment-là. On est à la croisée des chemins et on y va. »

Bourassa assiste au déferlement. « Ç'aurait pu être des applaudissements polis. En chambre, on ne se lève pas à tout bout de champ, c'est pas la routine. Je n'avais pas écouté la radio toute la journée. Je n'étais pas sensibilisé à l'atmosphère. » Il ne s'attendait pas, en cette enceinte, à une réaction « aussi éclatante ». Au-delà des murs de l'Assemblée nationale, aussi, l'impact est, dit-il, « plus grand que je l'avais pressenti ». « J'ai constaté qu'il y avait un niveau d'intérêt et d'anxiété dans la population que je n'avais pas connu depuis... certainement depuis mon retour » au pouvoir. Cherchant des exemples, il cite... la crise d'octobre de 1970, la grande grève du front commun de 1972. Mais depuis 1985, malgré la tension linguistique autour de la loi 178, il n'avait jamais retrouvé ni « senti l'anxiété presque palpable. Et c'était le cas, cette journée-là. Et le lendemain, s'il y avait quelque chose, c'était encore plus grand. »

Lorsqu'on revoit l'enregistrement de ce moment, on observe un Robert Bourassa, assis après l'effort, un peu sonné par la réaction des députés et des ministres. Hagard, comme s'il s'était réfugié dans sa carcasse et se forçait à en ressortir chaque fois qu'un collègue lui tendait la main. Puis il y retournait, le regard un peu absent. L'homme semblait débordé, dépassé. On n'invoque le fantôme de De Gaulle qu'à ses risques et périls.

LA RECTIFICATION

Bourassa avait mis quatre ans à arracher le texte de Meech à ses partenaires canadiens-anglais. L'Accord devait permettre au Québec de se réconcilier avec le Canada légal, d'apposer sa signature sur une constitution amendée sans son accord, neuf ans plus tôt, par Pierre Trudeau. « Politiquement, c'est un affront à la dignité du peuple québécois de se faire imposer la loi fondamentale du pays, explique Bourassa. On a voulu réparer cette injustice-là. » Jugé à l'aune des revendications traditionnelles d'autonomie du Québec, l'accord du Lac Meech péchait par modestie. Cinq conditions* seulement. Un amuse-gueule, annonçaient Bourassa et son ministre des Affaires constitutionnelles Gil Rémillard, qui prévoyaient qu'au « deuxième tour », dans une étape à venir, on parlerait de la vraie question : les pouvoirs qui devaient dessiner l'autonomie du Québec au sein d'un Canada redéfini. Meech était le ticket d'entrée pour le match canadien, donc, et pour la série finale qui suivrait.

Voilà pour le discours. La stratégie était autre. Au moment de formuler ces conditions minimalistes, en mai 1986, « le Québec n'était pas en position de force », confie Bourassa. La province se relevait de la crise économique, la population, politiquement épuisée par le référendum de 1980, avait peu réagi au rapatriement unilatéral de Trudeau — « je ne me souviens pas d'avoir vu 200 000 personnes dans les rues », ajoute-t-il. Quant à la mouvance indépendantiste, épouvantail indispensable lorsqu'il s'agit de faire bouger le Canada anglais, on ne pouvait distinguer si elle hibernait ou agonisait.

L'objectif de Bourassa, revenant au pouvoir à la fin de 1985 après un exil de neuf ans et une remarquable résurrection politique, n'était pas — quoi qu'il en ait dit — de lancer le Québec dans une course à étapes vers son autonomie intra-canadienne. Le dossier constitutionnel est le terrain de prédilection de son adversaire péquiste. Il lui préfère le terrain économique, pour ne pas dire, plus simplement, celui de la gestion tranquille des affaires de l'État. Meech, c'était sa façon d'évacuer le débat, de faire place nette, d'enlever encore un peu d'oxygène à un PQ asthmatique, de se débarrasser du « trouble ». Une fois apaisé par Meech et sa « société distincte », le nationalisme des Québécois pourrait s'assoupir. Selon Bourassa, « ça nous permettait de nous rendre en l'an 2000, peut-être, dans un climat de relative stabilité ».

Devant l'exécutif de son parti, au printemps de 1990, il avait même joué les crâneurs. « Clyde Wells, il fait le frais. Mais quand il va arriver dans le *crunch* on va lui faire plier les genoux », avait-il dit, sortant de sa réserve habituelle.

---

* Le lecteur trouvera un bref rappel de ces événements aux clés « Meech » et « Rapatriement » dans le Petit Glossaire politique, situé en fin de volume. Il y trouvera aussi une chronologie et la liste des principaux personnages de ce récit.

« Ils peuvent pas revenir sur leur parole, ça aurait pas de bon sens »,
confiait-il à un adjoint. Ce serait, ajoutait-il devant un ami, « inconcevable ». Un
échec, explique Rivest, « compromettrait son plan de jeu pour la fin du mandat,
et ultérieurement l'autre mandat du gouvernement ». Ce 22 juin 1990, c'est
peu dire que la couvée politique prévue pour l'an 2000 se perd dans un épais
brouillard politique.

Dans la salle de conférences, au troisième étage du *bunker,* il faut préparer
la suite. Vers 21 h, les principaux conseillers du premier ministre se rencontrent
à nouveau. Bourassa assiste à leurs délibérations pendant environ une heure,
les quitte pour aller se regarder au Téléjournal à 22 h, revient. Il écoute les uns
et les autres, pose des questions, prend mentalement des notes. Parisella préside et participe peu.

Ce soir, Bourassa a fait de la poésie. Demain, en conférence de presse, il
devra se mettre à la prose. Fournir du concret. Des gestes. Quelque chose qui
se numérote : premièrement, deuxièmement, troisièmement. En deçà, ça ne fait
pas sérieux. Au-delà, c'est, en termes de communication politique, du gaspillage.

Le Québec devrait annoncer qu'il boycottera dorénavant les conférences
constitutionnelles, propose quelqu'un.

« Ça a tellement bien réussi quand le PQ a essayé ça, après 1981 ! » lance
un cynique. La petite assemblée rigole.

Mais le contraire est pire encore. Comment prétendre recommencer ce qui
vient d'échouer ? « On n'avait pas le choix », dit Parisella. Chacun sait que le
processus constitutionnel est discrédité. Il faut le dire.

C'est peu. Quoi encore ?

De Gil Rémillard, présent, et de plusieurs autres, vient l'idée de faire un
pas au-delà du boycott. D'annoncer que, dorénavant, le Québec ne négociera
plus à 11, avec toutes les provinces, mais face à face, à 2, avec l'autre nation,
qui devra s'organiser en conséquence. La proposition est audacieuse, lourde de
sens, et personne ne sait comment « ils » pourraient s'arranger, au Canada
anglais, pour y répondre. Personne ne se demande non plus s'il faudra un jour
renier cet engagement. Et alors, comment ? Mais l'unanimité est rapidement
faite autour du concept. Du processus passé, on fera table rase.

Rivest veut contrebalancer ce coup de semonce : « Il faut équilibrer ce que
tu viens de dire aujourd'hui parce que ça, c'est très fort, dit-il à Robert. Si tu
veux rassurer les marchés financiers, il faut que tu dises : "Non, il n'y en aura
pas de référendum" » sur la souveraineté. Rivest a lâché le mot magique :
marchés. Il parle des variations des taux d'intérêt des emprunts québécois à
Wall Street, et des cotes de crédit déterminées par les firmes Moody's et
Standard & Poor's. Bourassa en fait une fixation. « Quand Moody's confirme
la cote du Québec, c'est des dizaines de milliards de dollars que vous n'aurez
pas à payer en intérêts », expliquera-t-il un jour à son aile jeunesse, multipliant
par 100, pour mieux impressionner ses cadets, la somme réellement en cause.

« Alors demandez-moi pas de pas tenir compte de ça ! C'est pour vous que je le fais ! »

Tout de même, écarter l'éventualité d'un référendum, à ce stade-ci du débat, c'est un peu gros. Pressentant l'orage, Bourassa se tourne vers Anctil : « Pierre, qu'est-ce que tu en penses ? »

« Ça a pas de maudit bon sens, voyons donc ! Tout le monde en veut un ! Le monde veulent plus un référendum qu'ils veulent la souveraineté. Vous allez pas leur dire que vous en ferez pas ! Pourquoi dire ça demain matin, là ? Les marchés ? Inquiétez-vous pas. Ils penseront jamais que vous allez faire quelque chose de radical. Vous avez ça d'écrit dans le front, que vous êtes prudent ! »

Le cadet du groupe incite Bourassa à suivre son inclination naturelle : ne jamais fermer de porte. Il pousse son avantage, suggère que Bourassa saisisse la main tendue du PQ, propose une démarche commune, définisse « un nouveau modèle québécois ». « Je ne dis pas qu'il faut qu'on fasse la souveraineté, je dis qu'il faut qu'on pose des gestes souverains. [...] C'est un slogan, ça dit rien, là, mais vous dites ça. » On verra ensuite.

Gil Rémillard met son grain de sel constitutionnel. Pourquoi pas, en fait de geste souverain, préparer la constitution du Québec ? Rien n'empêche une province d'écrire sa propre loi fondamentale. Bien des États américains en possèdent. On pourrait y enchâsser la charte québécoise des droits de la personne, un code des minorités peut-être, un ou deux principes des législations linguistiques. Un peu plus que symbolique, un peu moins que dramatique, ça occuperait la galerie, ainsi que l'industrie constitutionnelle. Bourassa ne semble pas mordre à cet hameçon de juriste.

Ronald Poupart, lui, n'aime pas du tout la tournure que prend la discussion. Autre fidèle de Robert Bourassa, entré au parti à l'âge de 16 ans, Poupart fut son attaché de presse de 1985 à 1990, avant de devenir « sous-ministre de Montréal », chargé d'un secrétariat de la métropole, au début de 1990. C'est parce qu'il a vécu Meech qu'il est convié à sa veillée funèbre. Mais c'est parce qu'il est né dans le quartier de Sainte-Marie, dans l'est de Montréal, au sein d'une famille de petits commerçants, 54 ans auparavant, qu'il fait maintenant entendre sa voix.

« Monsieur Bourassa, dit-il pour parer les arguments d'Anctil, vous n'avez pas le droit de faire ça, de créer une insécurité économique au Québec. C'est peut-être vrai qu'il faut indiquer aux Canadiens anglais qu'on est froissés et choqués de ça et qu'on est maîtres de nos destinées. Mais au-delà de tout ça, il faut faire en sorte de protéger l'économie que les Québécois se sont bâtie, les capitaux qu'on possède en tant qu'individus. » Trop flou ? Poupart précise, pensant à son père de 79 ans et à son petit pécule : « Ne faisons pas en sorte que les personnes âgées qui ont des capitaux paniquent et sortent leur avoir du Québec de peur des gestes qui pourraient être posés par l'État québécois. »

L'inertie vient de parler. Rivest renchérit. Les vieux, d'accord. Mais les jeunes ? Quelqu'un souligne qu'il y a un danger à l'immobilisme. On évoque le spectre du « nationalisme des années 70 ». Les lettres « FLQ » ne semblent toutefois pas avoir été prononcées. Les sujets de conversation s'épuisent sans qu'on en arrive à des conclusions. Bourassa ne tranche jamais sur-le-champ. Ses interlocuteurs ne connaissent en général sa décision que lorsqu'il l'annonce publiquement.

On passe aux modalités physiques de la conférence de presse. Le moment sera solennel, il mérite une infraction aux règles habituelles, et la réquisition du Salon rouge, l'ancienne salle de la chambre haute québécoise, désormais consacrée aux commissions parlementaires. Des invitations seront lancées, lesquelles ? Faut-il un lutrin ? Non, une table. Bourassa indique ses préférences. La séance est levée autour de minuit.

Il y a une grande absence dans ce débat à huis clos entre les conseillers du prince. Un bon observateur de la politique québécoise dirait qu'il y a un bris dans la continuité logique. Que la question essentielle n'a pas été posée. Neuf mois plus tôt, le soir de sa réélection, en septembre 1989, Bourassa avait affirmé que le fédéralisme ne constituait pas « une option éternelle » pour les Québécois. Rémillard explicitait le lendemain : « Il est certain que si l'accord du lac Meech n'était pas accepté, pour beaucoup de Québécois l'indépendance pourrait être une possibilité. » Début 1990, lors de son pèlerinage annuel en Europe, Bourassa a jonglé tout haut avec le concept d'une « superstructure » qui remplacerait la fédération canadienne.

À la fin de février, lors d'un Conseil général du parti, Rémillard a monté le volume et annoncé que « le Québec ne présentera pas l'autre joue » ni ne souffrira « une seconde humiliation ». Il a posé un diagnostic lourd de sens : « Tout ce débat autour de l'entente du Lac Meech, c'est la pointe de l'iceberg. Parce que ce que vous avez pu constater ces dernières semaines, ces derniers temps, [c'est] une remontée partout au pays de cette intolérance. Réaction contre le bilinguisme » et contre les minorités.

À ce même Conseil général, Bourassa a promis de ne jamais pratiquer « le fédéralisme à genoux », et souligné encore le caractère « non éternel » de la fédération. Plusieurs ministres ont évoqué par allusions transparentes leur engouement nouveau pour une solution qui ne serait plus fédéraliste. Marc-Yvan Côté, poids lourd du gouvernement, ministre de la Santé et grand organisateur libéral dans l'est du Québec, a annoncé que les événements récents ont réussi à « ébranler les colonnes du fédéralisme » qu'il considérait jusque-là comme un dogme. Yves Séguin, ministre du Revenu, a assuré que le Québec, en cas d'échec de Meech, est « prêt à regarder n'importe quel scénario, n'importe quelle situation, n'importe quoi. Moi, je sais qu'on a les moyens qu'il faut pour y faire face. On doit être confiant. Le Québec est un État solide, qui va bien. » Même refrain chez Michel Pagé, ministre de l'Éducation et leader du gouvernement à l'Assemblée nationale : « Si on se fait dire non par le Canada, la solution ne passera pas par le Canada. Elle va passer par le Québec. » Faut-il ajouter encore Albert Côté, ministre délégué aux Forêts, prêt à envisager une forme de souveraineté « dans la générosité » ou son collègue aux Transports, Yvon Vallières, pour qui le contexte « exige une bonne réflexion ».

« Si Meech meurt... Si on se fait dire non... S'il y a l'échec... » Voilà. Le décès, le déni, l'échec sont survenus. Les Québécois en tirent la conclusion logique, dans un sondage où 33 % affirment penser que Bourassa est devenu souverainiste, contre 38 % qui le pensent toujours fédéraliste. Les deux tiers des électeurs libéraux, en tout cas, veulent un référendum pour trancher la question.

Pourtant dans cette salle, le soir du 22 juin, au-delà des « gestes souverains » évoqués par Anctil, personne ne prononce ce que certains libéraux appelleront bientôt « le *S word* ». Aucune rupture n'est envisagée. Tout se passe comme si la superstructure, les discours du Conseil général, n'étaient qu'un truc, un peu de vapeur pour faire monter la pression. Bourassa ne dit pas autre chose. « J'avais lancé le mot superstructure pour montrer que c'était important que [Meech] passe. [...] C'est un mot, que les gens se sont mis à analyser et à décoder », sous son œil goguenard.

Les participants à la réunion du vendredi soir connaissent ces trucs. Ils sont tous encore, ce soir-là, dans le camp des gens qui savent. Et ils n'auraient pas été surpris d'entendre ce fragment d'entretien ultérieur entre leur chef et l'auteur :

Bourassa : Jamais je n'ai dit, durant Meech, « c'est Meech ou c'est la fin du pays ». D'autres le disaient pour le faire accepter. Michael Wilson et Mulroney à Terre-Neuve quand ils sont tous allés. Moi j'ai dit *unpredictable consequences*.

L'auteur : Au lendemain de l'élection, vous avez dit que le fédéralisme n'était pas...

Bourassa : ... éternel

L'auteur : Venant de vous, c'est beaucoup !

Bourassa : [rires !]

L'auteur : C'est comme si le pape nous disait qu'il y aurait des conditions dans lesquelles l'avortement serait acceptable.

Bourassa : [rires !] Oui. Ce sont des choses qui ne veulent rien dire et tout dire en même temps.

Les conseillers de Bourassa ne succombent donc pas, malgré le « quoi qu'on dise... », aux premiers assauts du rêve, à l'espoir créé ce soir du 22 juin que tout est possible, que le nœud gordien sera tranché d'une façon ou d'une autre, que l'heure des choix sera bientôt venue. Comme Bourassa, ils n'ont pas « écouté la radio toute la journée », n'ont donc pas constaté combien les rêveurs étaient nombreux, et ravis d'entendre le discours du chef. Ils auront l'été pour les rejoindre.

Samedi matin, Rivest, Parisella et Anctil se revoient pour mettre en forme les idées de la veille. Anctil, qui a fait l'aller-retour jusqu'à Saint-Bruno pendant la nuit pour s'approvisionner chez lui en chemises propres, pointe le doigt vers la pile de journaux du matin, où la déclaration du premier ministre est accueillie comme celle de Moïse séparant les eaux de la mer Rouge[*]. « Ça a l'air d'être le bon *trend,* dit Anctil, tout le monde est content. »

Rivest fait part de ses idées pour la conférence, plaque encore les freins. Insiste sur la sécurité économique, l'apaisement des investisseurs, les garanties à donner aux minorités. Au-delà de « la fin du Canada à 11 », l'avenir manque d'ambition.

« Demain c'est la Saint-Jean-Baptiste, rétorque Anctil. Il va y avoir une parade, là. Je voudrais pas qu'ils brûlent l'effigie de Robert Bourassa devant le stade olympique. Ça ferait pas une ben bonne image. » Les marchés si chers à Rivest vont chuter bien plus « s'ils ont la perception qu'on perd le contrôle de la situation sociale au Québec, s'il y a des émeutes ». Mieux vaut leur montrer un Bourassa « à la pointe du consensus social ».

Les points de vue ne s'alignent pas. Parisella demande aux deux hommes de remettre chacun, en quelques mots, leurs conseils discordants, que Bourassa consultera, enrichira.

Comme d'habitude, le chef préfère le frein à l'accélérateur. Anctil a gagné la veille, Rivest l'emporte aujourd'hui, avec des échos de Poupart. « J'ai affirmé le Québec le vendredi et le samedi, j'ai immédiatement rééquilibré avec la sécurité économique. » De son bureau, Bourassa pose un troisième jalon, géo-politique. Il téléphone au premier ministre ontarien, son bon ami David Peterson, à Calgary où il assiste au congrès au leadership du Parti libéral fédéral, qui, ce jour-là, s'apprête à couronner Jean Chrétien chef de l'opposition.

« Faudrait qu'on se voie, lui dit-il. Moi, mon but, c'est de montrer que le Québec est pas isolé. » Peterson accepte. « C'était une façon de stabiliser la situation, pas seulement au Québec, mais celle des marchés financiers, se souvient Peterson. On s'est demandé comment s'y prendre. Et on s'est dit, on va se montrer physiquement ensemble, pour démontrer que, quoi qu'il arrive, nous serions toujours ensemble. » Rendez-vous est pris pour dans quatre jours à Montréal.

« L'objectif immédiat est que le Québec ne sorte pas humilié, explique Bourassa, parce que le gouvernement l'aurait été aussi. » Pour la suite, il songe à créer avec le PQ un « forum non partisan ».

Mais il doit encore faire un arrêt important avant de se rendre au Salon rouge. La députation libérale, le caucus, l'attend.

Le silence de Claude Ryan

« J'ai toujours comparé le caucus à un tigre qui dort, explique Henri-François Gautrin, député de Verdun et ancien président de la Commission politique du

---

[*] Tous les quotidiens titrent « Meech est mort » ou « C'est fini ». *La Presse, Le Devoir, Le Journal de Montréal, La Tribune* titrent également à la une la phrase de Bourassa : « Le Québec est libre et capable d'assumer son destin. » Seul *Le Soleil* fait preuve de scepticisme avec le titre : « Bourassa reste énigmatique ».

parti. Un tigre qui est repu et qui dort. Dans le fond, tu peux lui faire faire n'importe quoi. Sauf qu'il faut pas trop le réveiller, parce qu'il peut devenir terrible. »

Aujourd'hui, le tigre digère mal l'échec de Meech. Bourassa dit venir le consulter. En fait, il vient en prendre la température, ou le degré d'assoupissement. Quand le caucus ronfle, le premier ministre a carte blanche. Quand il a le sommeil agité, le premier ministre doit marcher à pas plus feutrés. Bourassa a vu le tigre battre des paupières, sur la question des heures d'affaires, ouvrir grands les yeux, deux ans plus tôt, sur la législation linguistique. À cet instant, la bête a même bougé. L'a griffé, politiquement, lorsque trois de ses membres anglophones ont quitté le gouvernement en guise de protestation. Plusieurs autres avaient fait mine de mordre, et de suivre le mouvement des démissionnaires. Ce n'étaient que claquements de dents. Mais Bourassa n'a jamais vu son caucus devenir « terrible ». Il ne le verra pas aujourd'hui non plus. Tout cela ne signifie pas que Bourassa respecte le caucus, ou qu'il l'écoute. Cela signifie seulement qu'il juge utile de l'entendre.

Daniel Johnson, le premier, prend la parole. Le président du Conseil du trésor, inconditionnellement fédéraliste, était un partisan de Meech, surtout de ses dispositions qui pouvaient réduire le pouvoir fédéral de dépenser dans des domaines de compétence provinciale. Ces empiétements sont responsables, selon lui, de la dette fédérale et du déséquilibre politique affligeant la fédération, au détriment d'un Québec qu'il voudrait plus autonome.

Ancien adversaire de Bourassa à la course au leadership de 1983, Johnson affirme aujourd'hui s'en remettre au « leadership fort » de son chef pour les difficiles mois à venir. Il appelle les députés à faire de même, à faire preuve de solidarité, à se serrer les coudes. Ce thème de l'unité, de la loyauté, est repris ensuite par Gautrin et quelques autres.

L'appel n'est pas superflu ; chacun sent que les écoles de pensée commencent à se cristalliser au sein du groupe de 90 députés. Il y a des divergences qui pourraient devenir des tendances, puis des fractions, puis des factions. Côté rouge vif, la députée de Bellechasse, Louise Bégin, texte en main, se retient de ne pas chanter l'*Ô Canada*. « Monsieur Bourassa, je vous implore d'accepter trois conditions » de Meech, sur cinq*. « C'est mon drapeau, plaide-t-elle, c'est mon Canada, je veux le garder. » La députée a les larmes aux yeux, et sur les joues.

Son appel ne trouve aucun écho. D'autres fédéralistes la regardent, l'air contrit. Calmement, Bourassa tente de lui faire comprendre que si les cinq conditions étaient minimales, n'en accepter que trois serait faire preuve de grande faiblesse. De toute façon, l'Assemblée nationale a adopté à la quasi-

---

* Seulement deux des conditions de Meech, dont le veto sur les institutions, requéraient l'unanimité des provinces. Techniquement, les trois autres auraient pu être constitutionnalisées car sept provinces, représentant 50 % de la population, les avaient acceptées, ce qui était suffisant.

unanimité, deux mois plus tôt, une résolution faisant des cinq conditions un plancher absolu.

Chez les fédéralistes plus modérés, on tempère la signification de l'échec. « Seulement deux provinces n'ont pas embarqué ; on avait l'appui d'une bonne partie du Canada », dit l'un d'eux.

Des nationalistes trouvent la consolation un peu mince. Michel Pagé dit qu'il a « mal à son Canada ». Un député nationaliste, Guy Bélanger, pense : « Oups ! Michel a changé de bord. » Quand Bélanger, un homme brouillon et impulsif, intervient, c'est pour dire : « Écoutez, ça a échoué, ça ne marche pas. Moi je pense que le corridor se rétrécit. Moi, quand je me fais dire non par une fille, j'arrête de la fréquenter et je vais en voir une autre. Les fréquentations sont finies. Ou on prononce le divorce ou je ne sais pas quoi ! »

À un moment, Bourassa intervient. « Si vous n'avez pas d'objection, je vais demander à monsieur Ryan de s'exprimer. C'est l'ancien chef du parti, c'est une référence pour tous et chacun d'entre nous. »

Ryan n'est pas le plus adoré des membres du gouvernement, au sein du caucus. Son passage à la tête du parti, de 1977 à 1983, a laissé de profondes cicatrices. Mais tous s'accordent à lui reconnaître une envergure intellectuelle peu commune, déployée pendant de longues années sur la page éditoriale du *Devoir,* qu'il dirigeait en autocrate éclairé. La constitution est son *forte.* Chef libéral, il avait mené la campagne anti-souverainiste de mai 1980 en promettant, comme solution de rechange, une autonomie québécoise plus étoffée que celle esquissée dans Meech, et qui venait d'être repoussée. En 1981, il déclarait que le rapatriement unilatéral à la Trudeau diminuait le pouvoir de l'Assemblée nationale : « Quand l'Assemblée nationale est atteinte, c'est le peuple du Québec lui-même qui est directement impliqué », disait-il. Depuis, cependant, Ryan est devenu un point de ralliement des éléments les plus farouchement fédéralistes du Conseil des ministres et du caucus.

C'est debout que Ryan répond au premier ministre. Mais il le fait sur un ton d'une étonnante humilité. « Cette fois-ci, je ne me ferai pas le protagoniste d'une quelconque doctrine, commence-t-il. J'ai décidé que j'allais écouter la jeune génération, et entendre ce qu'elle a à dire. Ensuite, on verra. » Il veut dire « les jeunes » en général. Il songe au débat public qui s'ouvre à compter de ce jour. Il se rassoit. Dans la pièce, le président de la Commission jeunesse du parti, Michel Bissonnette, venu entendre la conférence de Bourassa et parfois admis aux réunions du caucus, prend bonne note.

PLUS JAMAIS

Journalistes, députés, ministres, quelques membres du corps diplomatique sont assemblés au Salon rouge pour entendre le programme de l'après-Meech. Mᵐᵉ Andrée Bourassa s'est déplacée, autre signe que la partie se corse. Plus nationaliste que son mari, elle a le sourire aux lèvres. « Mᵐᵉ Bourassa, quand elle entend son Robert faire des déclarations nationalistes, ça la met de bonne humeur », commente un proche.

Comme la veille, le discours est télédiffusé en direct, au Québec et au Canada *coast to coast*. Le premier ministre, encadré par deux drapeaux, le bleu et le rouge, souligne que la veille, 30 ans plus tôt, Jean Lesage devenait chef du gouvernement québécois et lançait la révolution tranquille. Bourassa retrace, depuis ce jour jusqu'à Meech, le parcours québécois. La nouvelle étape : un Canada à deux. « Pas question » de conférence à 11. « Le processus de révision constitutionnelle existant au Canada est discrédité, annonce Bourassa. Le gouvernement du Québec n'accepte pas de retourner à la table de négociations sur le plan constitutionnel. » Pour les sujets autres que constitutionnels, le Québec procédera cas par cas.

L'affirmation n'est pas banale dans la bouche de Robert Bourassa qui répugne à utiliser des termes tranchés. « La seule porte qu'il s'est vraiment fermée, ça a été de dire que la question du Québec ne se négocierait plus à 11 », souligne Rivest. Fermée, à double tour, car Bourassa utilise un mot rarissime en politique, et jusque-là exclu de son propre vocabulaire, le mot « jamais » : « Nous pourrons décider de participer à certaines conférences où l'intérêt du Québec est en cause, mais jamais sur le plan constitutionnel. »

Ces moments étant aussi précieux que rares, l'auteur va faire le bref inventaire, tout au long de ce récit, des engagements constitutionnels pris par le premier ministre, des phrases courtes et claires dont il est si avare.

> **Engagement n° 1 : Négocier dorénavant à 2 et « jamais » à 11.**

Sur ce plan, Bourassa est précis et spécifique : « Pas question de discuter de la réforme du Sénat, pas question de discuter de la clause Canada et, malheureusement, pas question de discuter également de la réforme constitutionnelle qui pourrait impliquer les Amérindiens. »

Le reste du discours est truffé, enfin, disons, saupoudré, de bonnes phrases chocs mais pas tout à fait irréversibles, comme celle de la veille. « Si nous avons été modérés, c'est que nous voulions réussir, dit-il, parlant de Meech. Cette modération se trouvait à être un test pour la volonté du Canada anglais de comprendre le Québec. »

Au-delà des jolies phrases, le boniment est essentiellement consacré à poser des brise-lames pour endiguer le ressac post-Meech. Bourassa s'engage à considérer comme « facteur déterminant », dans le processus décisionnel qui s'ouvre, « la dimension économique ». Il rassure les anglophones et les minorités, annonce que le Parti libéral et le gouvernement vont définir, au cours des prochains mois, une nouvelle plate-forme constitutionnelle. Il est urgent d'attendre.

« Monsieur Bourassa, je dois vous dire que c'est un grand discours », susurre Gil Rémillard, quelques minutes plus tard, de retour au *bunker*.

D'autres congratulent le premier ministre qui va et vient, passe et repasse devant Anctil, qui fixe l'écran de télévision. La planète libérale fédérale, réunie en congrès à Calgary, réagit immédiatement, sur *Newsworld*, aux propos du Québécois.

« Toi, Pierre, comment t'as trouvé ça ? » demande finalement le patron.

« Moi ? Ben écoutez, je suis revenu ici, je me suis assis, j'ai écouté la télévision. Je viens d'entendre Sharon Carstairs me dire que c'était un bon discours. Je viens d'entendre Clyde Wells me dire que c'était un bon discours. Pis quand je suis sorti de la salle, là-bas, je me suis posé la question : "Qu'est-ce que vous avez dit, vous, aujourd'hui, aux Québécois francophones qui vont marcher dans la rue demain ?" Pis j'ai rien entendu. Alors, je suis pas sûr que c'était un bon discours. »

« Écoute, Pierre, quand même. Les marchés... »

« On est samedi, ils sont fermés ! » Sur cette note, il annonce qu'il part pour Montréal, où il compte bien, lui, fêter la Saint-Jean, dans la rue, avec les Québécois francophones[*].

Dans la voiture, en roulant sur l'autoroute Jean-Lesage, il se met à contacter son « réseau ». Copains libéraux de tendance nationaliste. Amis d'université devenus cadres d'entreprise, avocats, ingénieurs. Comme Bourassa la veille, il constate un décalage entre ce qui a été dit et ce qui a été entendu. Ses interlocuteurs ne sont certes pas renversés par l'audace du chef du gouvernement, mais ils perçoivent son propos, surtout cette histoire de Canada-à-deux, comme un grand pas dans la bonne direction. Ils pensent que la machine de l'Histoire se met en marche, que l'avenir est ouvert. Ils projettent leurs espoirs forts dans les phrases molles de Bourassa. Et puisque, selon Anctil, « la politique, c'est la gestion des perceptions », l'apparatchik libéral doit se rendre à l'évidence : Bourassa a marqué un but dans un filet désert — les sceptiques étant tous aux douches. Mais il y a but tout de même.

« Pierre, je voulais qu'on se reparle, dit Bourassa qui l'appelle alors qu'il est encore sur la route. Demain, j'ai ma réception de la Saint-Jean chez le lieutenant-gouverneur, et je me disais qu'il y a peut-être des choses que je pourrais dire. T'as des suggestions ? »

« Écoutez, répond Anctil, penaud. Je suis obligé de vous dire que ceux à qui j'ai parlé depuis une heure au téléphone ont l'air d'avoir trouvé ça très positif. Alors, c'est pas grave. »

Gestion des perceptions. C'est le contexte qui bourre de sens le propos de Bourassa. Et si Anctil-le-nationaliste trouve qu'il n'est pas allé assez loin,

---

[*]   Le lundi suivant, les deux grandes sociétés de cotation new-yorkaises confirmeront la cote du Québec à son niveau précédent. Les marchés, ayant depuis longtemps escompté la mort de Meech, resteront tranquilles. Parisella sera dépêché à New York pendant la semaine pour rassurer encore un peu plus les banques d'investissement qui négocient avec les obligations québécoises.

Parisella-le-fédéraliste sent que, malgré toutes les palissades bourassiennes apposées sur l'excavation séparatiste, on risque tout de même le glissement de terrain.

À son bureau, le chef de cabinet pense pouvoir respirer, pour la première fois depuis plusieurs semaines au cours desquelles il ne s'est pas accordé un seul jour de congé. Pour l'instant, la crise est bien gérée. « On peut survivre à la fin de semaine avec ça », pense-t-il. Chute d'adrénaline. Montée de fatigue. L'émotion surgit.

« C'est là que ça m'a fait mal », dit l'ancien directeur d'Alliance-Québec. « Je me suis senti comme un Québécois qui, peut-être pour la première fois... Je me suis senti un peu rejeté [par le Canada]. J'avais les yeux pleins d'eau. » Sylvie Godin, l'attachée de presse du premier ministre, une avocate fédéraliste bon teint, entre dans son bureau et partage l'émotion de son collègue. Lui donne l'accolade.

« As-tu douté de ta certitude fédéraliste à ce moment-là ? » demande l'auteur.

« Je pense que j'ai eu un moment de... Oui », confesse Parisella.

Un moment seulement.

LA GRANDE PARADE DES DÉPUTÉS FÉDÉRAUX

Sur le plancher du Centre des congrès de Calgary, une cinquantaine de militants libéraux fédéraux portent leur doute sur le bras. Jean Lapierre, député de Shefford, a distribué des brassards noirs, en signe de deuil. La mort de Meech, bien sûr. Celle de leurs convictions fédéralistes, aussi. Celle de leur appartenance à un parti et à un chef, surtout. Jean Chrétien, que le congrès libéral couronne avec enthousiasme, incarne ce que Lapierre et ses compagnons abhorrent.

Gilles Rocheleau, député de Hull-Aylmer, déambule avec son brassard. Brouhaha près de lui. Caméras et projecteurs. Clyde Wells fend la foule pour se diriger vers Chrétien. « J'ai vu Jean Chrétien donner un petit baiser amical à Clyde Wells, il était à quelques pieds de moi. » « *Thanks for all you've done, Clyde* », dit Chrétien. Référence à l'appui du Terre-Neuvien à sa campagne à la direction, dira-t-il, et non à son refus de voter pour Meech. C'est plus que plausible, Chrétien ayant beaucoup fait, dans les toutes dernières semaines, pour que l'Accord soit ratifié et qu'on n'en parle plus. Trop tard, toutefois. Pendant des mois, auparavant, Chrétien avait fait campagne en critiquant Meech, récoltant les vivats de la foule. Son adversaire Paul Martin avait défendu l'Accord, sous les quolibets.

Rocheleau est un émotif. Fédéraliste jusqu'à la moelle, il amusait ses partisans en racontant qu'il se réveillait la nuit, exprès pour « haïr les séparatistes ». Ministre de Robert Bourassa de 1985 à 1988, il avait assisté à la genèse de Meech côté québécois, puis avait sauté dans l'arène fédérale à l'élection de 1988 avec un chef, John Turner, également partisan de l'Accord. Une fois élu, il avait découvert que le caucus libéral fédéral ne partageait aucunement l'opinion de Turner, qui allait bientôt tirer sa révérence. Rocheleau avait ensuite fait campagne pour Paul Martin, sans trop d'espoir. Au congrès de Calgary, l'accolade Wells-Chrétien scellait un départ annoncé. « J'ai dit : je ne pourrai jamais accepter ça plus longtemps et je ne pourrai jamais accepter de me soumettre à un nouveau leader qui a méprisé le Québec comme Chrétien l'a fait. »

Quand les résultats du vote sont proclamés, que la victoire de Jean Chrétien est officielle, on voit Lapierre et Rocheleau se diriger vers la sortie. Le président de l'aile jeunesse québécoise du parti, Jean-François Simard, et une partie de son exécutif suivent le mouvement. Huit ans plus tôt, lorsque Pierre Trudeau et Jean Chrétien, avec l'appui des neuf provinces anglophones, avaient rapatrié la constitution canadienne sans l'accord de l'Assemblée nationale, les libéraux fédéraux comptaient 72 députés au Québec. À l'élection suivante, ils n'étaient plus que 17. En 1988, plus que 12. Et voici que deux autres Québécois font faux bond, devenant députés indépendants, et laissant le PLC avec seulement 4 députés francophones québécois. Mais les congressistes libéraux sont si heureux, si exubérants, si amoureux de Chrétien, que ces départs passent inaperçus. Le PLC vient de se séparer de l'électorat francophone québécois, son château fort historique, sans même s'en rendre compte.

Au Ritz, à Montréal, quelques heures plus tard, un autre député fédéral indépendant se trouve en intéressante compagnie. Lucien Bouchard, ex-grand ami de Brian Mulroney, ex-lieutenant québécois du gouvernement conservateur, ex-grand manitou canadien de l'environnement et de son Plan vert, est attablé avec le président du Conseil du trésor du gouvernement fédéral, et député de Québec, Gilles Loiselle.

Rencontre politiquement incongrue, puisque Bouchard est maintenant considéré, dans l'entourage de Brian Mulroney, comme le paria, le traître, celui qui a planté, au pire moment, le poignard dans le dos de son meilleur ami. Démissionnant, un mois plus tôt, du cabinet et du caucus conservateurs pour cause de tentative de dilution de l'accord du Lac Meech, Lucien Bouchard est devenu une vedette instantanée au Québec. L'incarnation du ras-le-bol. Monsieur « Ça suffit ! ». Applaudi, après sa démission, par les parterres normalement frileux de la Chambre de commerce de Montréal et du Barreau québécois, plébiscité, dans un sondage, par les deux tiers des Québécois, Bouchard est l'homme du mois, mais l'inconnu de l'avenir. « J'étais dans les limbes politiques à ce moment-là, dit-il. La politique, pour moi, je considérais que c'était à peu près fini. »

C'est Loiselle qui l'a appelé. Conservateur de souche nationaliste, ancien grand commis de l'État québécois, Loiselle n'est pas moins sonné que son ancien collègue par l'événement de la veille. Mais il est plus froid. Plus calme. Plus cérébral. Après quelques échanges amicaux sur les circonstances de la démission de Bouchard, Loiselle demande : « Tu vas à la parade demain ? »

« Oui. »

« J'y vais avec toi. »

« Je te préviens », commence Bouchard, lui expliquant que plusieurs députés conservateurs comptent marcher à ses côtés et signifier ainsi qu'ils quittent le caucus conservateur pour le rejoindre dans ses « limbes politiques ». « Tu sais, ça va être vu, ça va être visible et si tu viens avec moi à la parade, il va se tirer des conclusions. T'es ministre, enfin ! »

« J'y vais. »

Un ministre fédéral du Québec a bien le droit de prendre part au défilé de la Saint-Jean, non ?

« Parade », le mot est faible. Ce qui se déplace, rue Sherbrooke, en un long cortège bon enfant, le lundi 25 juin, est plus qu'un défilé. Une forêt bleue. Des milliers de drapeaux québécois flottant au vent. En d'autres temps, on y aurait vu un défi. Aujourd'hui, on y lit une prise de parole. Sereine, certaine. Une déclaration d'existence. Pas de brassard noir, pas de veillée d'armes. Ce défilé n'a rien de l'enterrement. On dirait un baptême. Parmi les deux, trois, quatre cent mille Québécois, point de hargne ni de colère. De la joie. Une libération. La manifestation a un slogan thème : « Notre vrai pays, c'est le Québec ». Le vouloir-vivre collectif, fondement de l'existence des nations, est rarement visible à l'œil nu. Rue Sherbrooke, le 25 juin 1990, on ne voit que lui.

Lucien Bouchard attend, coin Sherbrooke et Hôtel-de-ville, l'arrivée de Loiselle. En face, il aperçoit Robert Gratton, président de la Financière Power Corporation, un grand ami du ministre québécois Daniel Johnson. Il traverse pour le saluer, lui et un ami de passage, Richard Hatfield, ancien premier ministre du Nouveau-Brunswick, grand observateur de la politique québécoise et copain de poker de René Lévesque. (Premier ministre de sa province au début des années 70, Hatfield avait même acheté une carte du PQ, à son nom, pour faire une blague à la GRC !) Trois ans plus tôt, Hatfield avait émis une prédiction : « L'indépendance ne pourra se manifester de nouveau au Québec que si elle est imposée aux Québécois par le reste du Canada ». Wells, vendredi, et la parade, aujourd'hui, semblent lui donner raison. Hatfield, Gratton et Bouchard échangent quelques mots.

De retour au point fixé pour le rendez-vous, Bouchard y trouve Loiselle. Quelques futurs démissionnaires du caucus conservateur les rejoignent. Des équipes de télévision, en quête de célébrités, repèrent l'attroupement et l'encerclent. Bouchard, qui répond à des questions, sent qu'on le tire à l'écart. C'est Loiselle.

« Écoute, je peux pas rester », lui dit-il, frappé par le poids du symbole, la force du moment. Il voulait marcher dans la rue Sherbrooke. C'est le Rubicon qui se présente devant lui. Il ne veut pas le franchir. Il se retourne, il part. Un ministre fédéral du Québec a bien le droit de prendre part au défilé de la Saint-Jean. Mais pas à celui-là. Et pas avec ce compagnon-là.

Les drapeaux bleus défilent sur l'écran de télévision d'un autre ministre
fédéral québécois, resté à son appartement d'Ottawa, le cœur brisé. « J'aurais
tellement voulu me voir sur la rue Sherbrooke, dit-il. Le sentiment que tu as
d'être Québécois, parfois, est décuplé quand tu es à Ottawa. Parce que tu es
seul. Ici, t'as toujours l'impression d'être orphelin. J'avais une espèce de regret,
le goût de dire : "Que le diable emporte la logique, le bon sens, la raison." C'est
dur d'être un Québécois à Ottawa. Tu te raisonnes tout le temps. Tu laisses
jamais parler tes émotions. Tu laisses jamais parler tes racines. »

Les drapeaux bleus défilent sur l'écran de télévision de Benoît Bouchard,
ministre important au sein du gouvernement Mulroney. Un mouvement de
caméra le tire de sa mélancolie. Mais, c'est Benoît Tremblay qu'il vient de voir,
aux côtés de Lucien Bouchard. Qu'est-ce qu'il fait là ?

Benoît Bouchard est « de garde » à Ottawa. Depuis un mois, il est
responsable du caucus québécois. Depuis trois jours surtout, depuis la mort de
Meech, il est chargé de garder le troupeau. Benoît Tremblay, député de
Rosemont, est une de ses brebis. Avant-hier, la rumeur voulait qu'il s'apprête
à quitter le caucus.

Benoît Bouchard lui en avait parlé. « Tremblay me dit : "C'est faux. Sous
aucune considération. C'est une rumeur", raconte le ministre. Je lui dis :
"Écoute, si tu vas faire la parade, tu sais ce qui peut se produire !" » T'inquiète
pas, Benoît, t'inquiète pas.

Que Tremblay soit dans la parade, d'accord. Mais aux côtés de Lucien,
c'est autre chose. Le ministre appelle chez Tremblay. « Mme Tremblay,
demandez au moins une chose à votre mari, qu'il me rappelle chez moi, quelle
que soit l'heure. » Ce qu'il fait, le soir venu. « Écoute, plaide Tremblay, c'est
vrai que je t'ai dit ça vendredi, mais l'émotivité... » Benoît, si t'avais été ici,
t'aurais compris.

Ce n'est pas tout. Bouchard a reconnu Louis Plamondon dans la foule,
une autre de ses ouailles. « Tu m'avais dit que tu quitterais pas, le semonce-
t-il le soir même. Je suis pas un enfant, j'aurais aimé mieux que tu me dises la
vérité. » En sanglots, selon Bouchard, Plamondon se confesse : « J'veux pas
partir, mais j'ai dit aux journalistes que je m'en allais. Si j'pars pas, ils vont dire
que j'sus un maudit menteur ! » Benoît, si t'étais venu, t'aurais fait pareil.

Bouchard le sait bien. « J'étais sur le pilote automatique. Je m'empêchais de
penser parce que j'avais peur que si je le faisais, je devrais aller au bout de ma
cohérence qui aurait dû être, à ce moment-là, de m'en aller. J'étais venu en
politique pour Meech, pour le Québec. [...] Mais Mulroney est pas fou, il me
parlait trois fois par jour. »

Le printemps pourri de Brian, Lucien et Benoît

Pas fou, Mulroney, mais surtout à court. À court de lieutenants pour son
caucus conservateur québécois. Car il est là, le vrai tigre. À Québec, il est repu,
à Ottawa, il mange à peine à sa faim. Toujours sur le qui-vive. Toutes griffes

dehors, se retenant de ne pas bondir depuis bientôt un an que l'offensive canadienne anti-Meech le provoque.

Ce n'est pas d'hier : Brian Mulroney a toujours eu du fil à retordre avec son caucus québécois, formé en partie d'égarés de la politique tout surpris d'avoir été élus par la vague conservatrice en 1984 et réélus en 1988, et en partie par des nationalistes qui, comme René Lévesque, ont pris le virage du « beau risque » du fédéralisme renouvelé au mitan de la décennie. Le groupe est d'autant plus difficile à gérer qu'il s'arrime mal au reste de la députation conservatrice du pays, où on trouve de tout : des nationalistes canadiens éclairés, des dinosaures antifrançais, des reaganiens.

Mulroney avait naguère choisi Marcel Masse comme lieutenant québécois, un nationaliste venu de l'Union nationale, et qui avait sa carte du parti conservateur à l'époque où l'on pouvait réunir les militants québécois du Parti en congrès, à leur aise, dans une cabine téléphonique. Fougueux, énergique, mais indiscipliné et imprévisible, Masse n'avait ébloui ni son patron ni ses troupes par ses talents de rassembleur.

Le premier ministre canadien était donc ravi, le 23 février 1990, d'annoncer en caucus que son vieil ami Lucien Bouchard serait dorénavant le lieutenant québécois du gouvernement. « C'était une bonne façon de me ligoter », écrira plus tard ledit lieutenant. Brian et Lucien s'étaient connus à l'université Laval, où ils faisaient des études de droit, dans les années 60. Ils avaient ensuite vécu ensemble des semaines intenses au sein de la commission Cliche sur la corruption dans l'industrie de la construction, en 1974. Lucien avait servi de scribe à Brian au cours de sa première course au leadership, malheureuse, en 1976, puis au cours de celle, victorieuse, de 1983. Pour la campagne électorale de 1984, Bouchard avait écrit le fameux « discours de Sept-Îles » du 6 août, dans lequel Mulroney promettait de ramener le Québec dans le giron constitutionnel canadien « dans l'honneur et l'enthousiasme ». (Ces deux mots, que l'histoire a retenus, n'étaient cependant pas de la plume de Bouchard.)

Le soir de l'élection générale de 1984, dans la suite du candidat au Manoir Baie-Comeau, Lucien et Brian avaient attendu ensemble les résultats. Un des deux écrans allumés devant eux avait affiché une prévision ferme : Mulroney gagnant. Le nouveau premier ministre s'était tourné vers son complice pour lui dire : « Comme tu sais, je réalise mon rêve. Mais j'ai besoin de toi à Paris, comme ambassadeur. » De 1985 à 1988, Bouchard devenait à Paris l'artisan du rapprochement entre le Canada et la France, et un des artisans du décollage de la francophonie.

Début 1988, le gouvernement Mulroney, miné par les scandales, affaibli par l'accord de libre-échange et critiqué pour l'accord du Lac Meech conclu l'année précédente, avait besoin de sang neuf. Brian avait donc convaincu Lucien de quitter son ambassade dorée et de venir le rejoindre au Conseil des ministres, via une élection au Lac-Saint-Jean.

En 1990, Bouchard était au gouvernement depuis moins de deux ans quand le bateau de Meech s'était mis à tanguer dangereusement, et quand Brian lui avait confié la barre du caucus. Des manœuvres nombreuses, ourdies au Manitoba et au Nouveau-Brunswick, poussaient alors Mulroney à rouvrir l'accord de Meech, pour en assurer l'adoption officielle.

« Les députés et ministres québécois à Ottawa se trouvaient dans la pire des situations. La négociation avait déjà eu lieu, les compromis avaient déjà été faits, le point d'équilibre était déjà fixé. Là où est passé Robert Bourassa, il ne reste plus rien à concéder. Tout était gratté à l'os », explique Lucien Bouchard dans son autobiographie.

Sa première tâche au caucus était de convaincre Benoît Bouchard de ne pas partir. Lorsqu'on avait annoncé au printemps 1990, au caucus, qu'un comité parlementaire, présidé par le député de Sherbrooke, Jean Charest, allait étudier des ajustements possibles à l'accord du Lac Meech, Benoît Bouchard s'était pris la tête entre les mains, causant quelque souci à son patron. À Chicoutimi, ensuite, il avait prophétisé publiquement : « Qu'est-ce qu'on est en train de faire ? On est en train de foutre le Québec dehors ! » Et d'annoncer qu'il « retournerait peut-être dans ses terres » si Meech n'était pas adopté.

Il avait eu droit à une engueulade téléphonique de Mulroney, et à un *pep-talk* d'une heure avec Lucien Bouchard, au téléphone. « Benoît, pose jamais de geste sans m'en parler, lui avait dit ce dernier. Si tu quittes, dis-le-moi. Il va falloir qu'on prenne une décision ensemble. » Comme il l'avait fait avec le reste du caucus, Lucien implorait Benoît Bouchard de rester solidaire de Mulroney jusqu'à la date limite de ratification de Meech, le 23 juin.

Lucien était d'autant plus inquiet qu'il avait appris que Benoît Bouchard était courtisé par Bernard Landry. Le vice-président du Parti québécois menait une opération de déstabilisation du caucus conservateur, dans le but de créer une aile souverainiste à Ottawa pour frapper, comme dirait Che Guevara, « dans le ventre de la bête ». Benoît Bouchard, ministre de la Santé, membre du Comité des priorités du cabinet, était, de loin, sa plus belle cible. Lucien Bouchard, l'ami de Brian et le gardien des troupes, semblait hors d'atteinte.

« J'ai mangé chez lui, dans le Vieux-Montréal, pendant une heure, une heure et demie », se souvient Benoît Bouchard, qui dit avoir surtout écouté.

« C'était presque invraisemblable, raconte pour sa part Bernard Landry. J'avais l'impression de lui expliquer le b-a ba. Une fois il me dit : "Oui, mais je ne serai plus ministre d'un gouvernement fédéral, si je vais avec vous autres, je vais être ministre d'un gouvernement provincial." Une pause et puis : "Ah ! oui, mais oui, c'est vrai, Marc-André Bédard* m'a bien expliqué que ce serait un gouvernement national, alors ce serait la même chose". »

Landry lui avait fait miroiter des perspectives d'avenir. « Le PQ va prendre le pouvoir, la maison est grande. Il y a la vie publique au premier rang, et il

_____

* Ex-ministre péquiste du comté voisin de celui de Benoît Bouchard.

y a l'administration publique. On aura à construire une administration d'un État national, alors ne vous inquiétez pas, si vous ne savez pas où employer vos talents, on trouvera bien. » Bouchard se souvient qu'un poste d'ambassadeur fut évoqué.

Benoît Bouchard se défend d'avoir jamais été indépendantiste. Certes, il avait voté Oui en mai 1980, mais seulement, dit-il, pour donner au Québec un meilleur rapport de force au sein de la fédération. Et il avait refusé de se présenter sous la bannière péquiste en 1981. Si bien que, malgré les remous entourant Meech au début de 1990, raconte-t-il, « dans mon cheminement à moi, je ne trouvais pas contradictoire de ne pas vouloir rejoindre le PQ et, en même temps, de continuer à faire ce que j'avais à faire à Ottawa ». Il était alors responsable du dossier de la relance économique de la région montréalaise.

« Je sers mieux le Québec en réglant le problème économique de Montréal », disait-il.

« Benoît, rétorquait Landry, tu parles à un ancien ministre du développement économique du Québec. Tu me fais rigoler avec ta relance de Montréal. [Dans les coffres fédéraux] il vous reste pas 50 cents pour acheter *La Presse*, pis tu penses que tu vas avoir le moindre impact sur le destin d'un seul Montréalais ? »

Le recruteur péquiste s'était ensuite heurté à la loyauté de Bouchard envers Mulroney et aux gamberges métaphysiques du ministre fédéral, qui « prend un grand respire de philosophe sur l'agora d'Athènes pour dire : "Qu'est-ce que sera le Canada dans 500 ans, dans 600 ans ? Je ne sais pas..." Alors c'était pas tout à fait le ton de conversation qui me convenait, moi qui voulais parler plus concrètement. »

Landry pensait avoir plus de succès auprès de Gilles Loiselle. « Je l'avais toujours connu comme un souverainiste », dit le péquiste qui, en tant que ministre des Relations internationales du Québec, avait compté Loiselle parmi son personnel. Il avait même moussé sa candidature à la délégation générale à Paris. « Ma foi, comme je pensais que c'était un souverainiste, on avait des conversations de souverainistes et lui était, disons, hésitant, mais penchant de mon côté. » Penchant, sans rompre. « Les hauts fonctionnaires veulent toujours devenir ministres, et lui, au fédéral, c'était la chance de sa vie de l'être », soupire Landry. Même écueil chez Monique Vézina, qui s'était laissé courtiser mais non séduire. « Elle disait qu'elle aimait bien les dossiers qu'elle traitait, elle s'occupait de personnes âgées, avec beaucoup de compassion. » Et tous, comme Bouchard, s'accrochaient à leur devoir de loyauté à Mulroney comme à leur âme politique. « C'est notre homme », disaient-ils.

Pendant ce temps, de semaine en semaine, la pression sur l'os de Meech devenait presque insoutenable, et rendait le caucus conservateur de plus en plus irascible. Le 5 avril 1990, Clyde Wells faisait annuler par la législature de Terre-Neuve la ratification de Meech que son prédécesseur avait fait voter deux ans auparavant. La nouvelle avait surpris Lucien Bouchard au Château

Frontenac à Québec, où il signait avec Gil Rémillard une entente sur la création et la gestion commune du parc marin du Saguenay. Elle avait déclenché chez les deux hommes « la plus extraordinaire séance de défoulement », selon Bouchard. « Entre Gil Rémillard — d'habitude si posé — et moi, ce fut à qui en mettrait le plus. Sachant que le coup terre-neuvien accentuerait la pression révisionniste » sur l'accord, Bouchard s'était emporté jusqu'à dire que « le Canada anglais aura à choisir entre le Québec et Terre-Neuve ».

Le printemps se déroulait comme si un grand ordonnateur de la discorde, muni d'une liste des « 10 gestes qui peuvent, le plus, mettre les Québécois en furie », l'appliquait point par point avec un plaisir pervers.

En Ontario, une quarantaine de villes, suivant l'exemple de Sault-Sainte-Marie, ancienne fortification française, se déclaraient « unilingues anglaises », par mesure de rétorsion, disaient-elles, à la loi 178 sur l'affichage. Dans la municipalité de Brockville, un petit groupe d'extrémistes antifrancophones, venus manifester contre le premier ministre David Peterson et sa politique de services bilingues, avaient cru bon de marcher sur un drapeau du Québec, sous l'œil d'une caméra. Cette scène, tournée quelques mois plus tôt, fut insérée dans un reportage du *Point* de Radio-Canada sur l'émergence des radicaux antifrancophones au Canada anglais. Dans le nouveau contexte du printemps 1990, l'image devint omniprésente. Les télévisions étrangères ne s'y trompèrent pas, et la reprirent dans leurs reportages sur la crise canadienne. Comment mieux illustrer les votes de Sault-Sainte-Marie, l'annulation terre-neuvienne de la ratification de Meech, le refus d'une majorité d'anglophones de reconnaître qu'il existait au Québec une société distincte ? L'image de Brockville était forte parce qu'elle était vraie.

Au point que Claude Ryan (Claude Ryan !), à l'Assemblée nationale, en venait à s'interroger tout haut sur la place du Québec dans le Canada :

> Si de telles manifestations d'hostilité envers le fait français devaient continuer à se multiplier, si elles devaient s'imposer comme l'expression de ce que pense véritablement de nous la majorité des citoyens de langue anglaise de ce pays, il faudrait à n'en point douter que nous nous interrogions de manière décisive sur notre place dans ce pays. [...]

> J'entends de plus en plus souvent des citoyens du Québec qui viennent me dire : « Si l'on ne veut pas de nous, nous ne nous imposerons pas de force. » Ce sentiment largement répandu à travers le Québec traduit un réflexe de dignité et de fierté qui me semble être dans la ligne de notre tempérament collectif, tel que l'a forgé une longue histoire de résistance, de lutte contre l'assimilation et d'affirmation de nous-mêmes. Le Québécois est foncièrement tolérant et patient ; l'histoire l'a façonné ainsi, mais il n'a jamais accepté et n'acceptera jamais que son caractère français soit foulé aux pieds ou rejeté par qui que ce soit.

> S'il devait être poussé jusqu'à son extrême logique par la force des événements, ce sentiment ne pourrait déboucher que sur des conclusions infiniment regrettables pour ce pays.

Le calendrier politique venait aussi jouer un tour aux amoureux du compromis et de la tranquillité. Candidat au leadership libéral, le député John Nunziata déclara que les indépendantistes québécois étaient des « traîtres ». Ce à quoi Jean Chrétien rétorqua finement qu'ils « n'étaient pas tous des criminels » — sans toutefois préciser combien, parmi les 40 % d'électeurs québécois qui avaient voté sept mois plus tôt pour le PQ, méritaient de moisir en taule.

Et puis il y avait le 20 mai. Le dixième anniversaire du référendum de 1980. À la douzaine, des figures locales et provinciales qui avaient dit Non en 1980 déversaient leurs regrets dans le premier micro venu. Si on avait su ! Sur les écrans, on revoyait cette scène terrible où René Lévesque, devant des milliers de partisans en pleurs, distille un bien maigre espoir : « Si je vous comprends bien, vous êtes en train de me dire : "À la prochaine !" » De pathétique, la phrase devenait prophétique.

« En politique, personne n'est jamais complètement vivant, personne n'est jamais complètement mort », disait le président mexicain Lazaro Cardenas. Le fantôme de René Lévesque hantait maintenant la politique québécoise. Comme s'il était venu constater les dégâts qu'il avait lui-même causés, en inventant six ans plus tôt le beau risque qui devait aboutir à Meech.

Le 20 mai 1990, le Parti québécois se réunissait en Conseil national à Alma, dans le comté de Lucien Bouchard, pour célébrer l'anniversaire. Le député fédéral avait promis d'envoyer un texte de bienvenue. Mais Bouchard était à Paris, de retour de Norvège où il avait participé à une conférence internationale sur l'effet de serre. Il y reçut copie du rapport Charest, proposant d'intégrer à l'accord du Lac Meech quelques assouplissements, notamment sur le veto et la société distincte, et beaucoup d'ajouts. Vingt-trois modifications au total, qui épousaient les volontés de Jean Chrétien, de Sharon Carstairs et du NPD. La fureur de Bouchard allait déborder dans son télégramme au PQ et lui inspirer des passages de ce genre :

> Le référendum nous concerne tous très directement comme Québécois. Sa commémoration est une autre occasion de rappeler bien haut la franchise, la fierté et la générosité du Oui que nous avons alors défendu, autour de René Lévesque et de son équipe. La mémoire de René Lévesque nous unira tous en fin de semaine.

De quoi ravir Parizeau et soulever de joie son auditoire, quand il lirait cette missive au podium du Conseil péquiste...

Mais à Ottawa, on n'a jamais bien accepté que d'anciens partisans du Oui occupent des banquettes ministérielles. On ne les tolère que repentis, ou muets. Bouchard n'était ni l'un ni l'autre. Il n'avait pas honte de sa campagne de 1980. En fait, il en était chaque jour un peu plus fier. Et, le rapport Charest maintenant en main, il se savait près de la porte. Pas besoin de retourner l'appel du jeune député de Sherbrooke — qui allait lui reprocher cette omission pendant des années. Ni celui de Benoît Bouchard, ébranlé lui aussi, et curieux de ce qui se tramait.

Le lundi 21 mai, alors que l'affaire du télégramme frappait Ottawa comme une tornade, Lucien Bouchard décidait de rompre. Il écrivait une longue lettre à son ami Mulroney. On y lisait...

> ... l'accord du Lac Meech a fixé les conditions de l'adhésion du Québec à la constitution. Ces conditions, tout le monde au Québec les a trouvées bien minces. Elles ont même fait dire à plusieurs que le Québec effaçait à trop bon compte la vilenie de 1982. Mais, au fond d'eux-mêmes, les Québécois avaient le goût de tendre la main à leurs concitoyens et de s'épargner les heurts d'une autre crise constitutionnelle. [...] Ce qui devait être une démonstration de générosité et de respect pour le Québec a, au contraire, accentué la ligne de fracture de ce pays et donné libre cours à une recrudescence de préjugés et d'émotions qui ne font honneur à personne. C'est ainsi que le Québec, dont il s'agissait d'obtenir le pardon, a été au contraire mis sur la sellette. [...]
>
> Je n'épiloguerai pas sur la difficulté que j'éprouve à prendre la décision que je vous communique aujourd'hui. Elle blesse une amitié très ancienne et maintes fois éprouvée. Mais dès lors que se pose une question de principe, il n'y a pas d'autre choix. [...] Je vous sais fidèle à vos rêves et à vos engagements de jeunesse. Vous accepterez, j'en suis sûr, que je le sois aux miens.

Selon le récit fait par Bouchard dans son autobiographie, *À visage découvert,* il avait l'intention d'envoyer simplement cette lettre au premier ministre, sans aller le voir. Mais ce lundi, Mulroney le convoquait au 24 Sussex, le faisait asseoir dans son cabinet de travail et l'avertissait qu'il ne pouvait, « comme premier ministre, tolérer » l'incident du télégramme. « Je vis qu'il cherchait à mettre mon départ sur le compte d'une mesure disciplinaire, justifiée par un écart de comportement, écrit Bouchard. Ce n'était pas moi qui partais, mais lui qui me renvoyait. »

Répliquant que le problème n'était pas le télégramme, mais plutôt le rapport Charest, qu'il ne pouvait avaler, Bouchard tendit alors sa lettre de démission au premier ministre. Mulroney la lut en sa présence. Il lui demanda d'en retarder la publication jusqu'au lendemain et d'en retirer un passage, où Bouchard soulignait que le rapport Charest proposait ce que Pierre Trudeau lui-même n'avait pas osé faire en 1982, c'est-à-dire charger le fédéral de « promouvoir » le bilinguisme dans les provinces et donc, implicitement, d'encourager l'essor de la minorité anglophone au Québec.

Bouchard consentit aux deux requêtes et prit congé. Mais au moment de se séparer, sur le perron de la célèbre résidence, Mulroney aurait lancé un ultime argument : « Pourquoi ne pas simplement quitter le cabinet et rester dans le caucus ? » Pourquoi pas en effet, se serait demandé Bouchard, épuisé par la scène de rupture qu'il venait de vivre, et soudain tenté d'amortir le choc.

Mais immédiatement, dans la voiture, Bouchard dit avoir flairé l'arnaque. Mulroney et, la veille, son bras droit Paul Tellier, venaient de le semoncer pour son télégramme au PQ. La colline parlementaire s'attendait à ce que Mulroney le sanctionne, non à ce que le ministre démissionne. « Je me rendis compte qu'en demeurant député conservateur j'accréditerais la thèse du ministre puni pour cause de télégramme subversif », écrit Bouchard. « Je pouvais déjà lire les manchettes : "Mulroney sévit : Bouchard est chassé". » Il dit avoir rappelé Brian : c'était non.

« J'aurais apprécié que tu me le dises », se plaignit ensuite Benoît à Lucien au bout du fil. On avait promis, non ?

DÉMISSION DE LUCIEN : LA VERSION DE BRIAN

Mulroney n'a jamais livré sa version de ces événements et a refusé de répondre aux questions des journalistes à ce sujet. Mais il en a parfois parlé à des confidents, affirmant que le récit autobiographique de son ancien ministre est « totalement faux... *not even close* ». L'auteur est en mesure de reconstituer ici la version de cette affaire telle que vue par le premier ministre conservateur. Selon Mulroney, Lucien Bouchard « n'a pas démissionné, il a été congédié pour déloyauté totale ». Il n'y a pas de doute que Bouchard se soit rendu au 24 Sussex, lettre de démission en main, et Mulroney ne nie pas avoir lu la lettre et demandé quelques modifications. Mais il soutient que loin de vouloir retenir Bouchard dans son gouvernement ou son caucus, il lui a montré la porte, sans ménagement. Parlant de Lucien Bouchard, Mulroney a un jour raconté la scène en ces termes : « Il est entré dans *ma* maison [le 24 Sussex], s'est assis dans *mon* den ; je lui ai dit : "Tu es congédié de *mon* gouvernement."»

Jusque-là, les deux versions ne se contredisent pas vraiment, sinon du point de vue où l'on se place. Pour la suite, elles sont irréconciliables.

Mulroney affirme que, loin de souhaiter retenir Bouchard dans le caucus, il voulait au contraire s'en débarrasser au plus tôt. Car le télégramme envoyé au PQ et la dénonciation du rapport Charest n'étaient pas les seuls motifs de son courroux. La démission de Lucien Bouchard était une machination indépendantiste, une trahison « toute patentée d'avance avec d'autres depuis des mois », soutient Mulroney. Il assure qu'il détient à ce sujet une preuve accablante, un « *smoking gun* », dont la nature ou l'existence n'ont cependant pas pu être établies par l'auteur. Brian Mulroney estime que la publication de cette preuve va montrer à l'opinion que la démission de Lucien Bouchard n'était pas « le geste noble » d'un homme de conviction, comme le démissionnaire l'a affirmé et écrit. Au contraire, la « révélation » en question saperait la crédibilité politique de Bouchard, fondée justement sur le caractère altruiste et spontané de son départ du gouvernement. Selon les informations recueillies par l'auteur, Mulroney garde son « *smoking gun* » en réserve, pour le jour où il y aurait au Québec une campagne référendaire sur la souveraineté, dont Bouchard serait un des principaux tribuns.

Quoi qu'il en soit, le 21 mai 1990, le départ fracassant de Lucien Bouchard met le caucus québécois en état d'hyperémotivité.

Le lendemain, assis aux côtés de Brian Mulroney devant un caucus québécois désemparé, Benoît Bouchard se sent plus seul que jamais. Deux chaises sont vides. Celle de Lucien, bien sûr. Celle aussi de François Gérin, député de Mégantic, qui a démissionné le jour du dépôt du rapport Charest en se déclarant souverainiste.

Mulroney s'est levé. On attend de lui un de ces discours de *coach* optimiste, capable de ragaillardir une équipe qui a perdu ses deux derniers matches. « Le premier ministre est tellement ému, c'est tellement dur pour lui, qu'il n'est pas capable » de formuler une seule parole, raconte Benoît Bouchard. Il doit se rasseoir.

Tous les yeux se tournent alors vers Benoît. « Je n'ai aucun mandat, se dit-il. Je ne suis pas le ministre politique. J'ai mon hostie de voyage. Comme tout le monde, j'ai le goût de m'en aller. » Mais il se lève, comme porté par les regards. Maladroit, cherchant ses mots, il traduit la détresse du patron.

« Écoutez, là. Pour le moment, cet homme-là a besoin de nous autres. On s'est fait élire avec lui pour le meilleur et pour le pire. Il y aura peut-être des choix à faire. On n'est pas rendu là. Donnons-lui la chance de se rendre jusqu'au bout. » Les applaudissements qui suivent semblent donner à Mulroney le carburant de loyauté qui lui faisait défaut. Retrouvant l'usage de la parole, il enchaîne.

Le lendemain, il appelle Benoît. « C'est typique de lui, ça. Il me dit pas : "Veux-tu être ministre responsable du Québec ?" Il me dit : "Tu vas être le ministre responsable du Québec." » Benoît devient le gardien des brebis.

Il fait un boulot remarquable, car un mois plus tard, au matin du 22 juin 1990, il n'en a perdu aucune.

QUÉBEC, OTTAWA, MÊME CONSTAT : LE TROUBLE EST ARRIVÉ !

Robert et Brian sont au téléphone, ce vendredi 22 juin.

Ça va mal.

À 11 h 26, l'écran de *Newsworld* a retransmis l'image d'un autochtone hier anonyme, aujourd'hui célébrissime, assis dans le parlement de Winnipeg. Cramponné à une plume d'aigle, Elijah Harper a signifié que sans son consentement — l'unanimité étant requise — il n'est plus question de prolonger les travaux pour ratifier l'accord du Lac Meech. En refusant d'exercer leur droit de suspendre les règles de fonctionnement de l'assemblée, le premier ministre manitobain Gary Filmon et sa vis-à-vis de l'opposition libérale, la stridente Sharon Carstairs, ont laissé à ce porte-plume le soin de lancer la première flèche. La séance levée, les parlementaires entonnent l'hymne national. « C'est un grand jour pour le Canada ! » annonce Harper, conseillé par un certain Ovide Mercredi.

Le Manitoba ne répond plus, mais parle à Terre-Neuve. Au téléphone avec Wells dans les minutes qui suivent, Carstairs l'exhorte à ne pas procéder à un vote sur l'Accord.

Mulroney et ses conseillers, eux, poussent très fort en sens inverse, car c'est leur dernière planche de salut. Puisque le Manitoba, raisonnent-ils, souhaite officiellement ratifier Meech mais en est empêché par une simple technicalité, peut-être pourrions-nous lui donner un délai supplémentaire. À la condition que Terre-Neuve vote en faveur de l'entente, la Cour suprême pourrait accepter cette prolongation « technique ».

Lorsque l'idée est évoquée, au téléphone, avec Wells, ce dernier la repousse, arguant que si on peut prolonger le délai pour le Manitoba, on peut aussi le faire pour Terre-Neuve. Raisonnement qui se défend, mais que Mulroney rejette par principe : Wells s'est engagé à procéder à un vote et aucune « technicalité » ne l'en empêche. Là-dessus, le ministre fédéral des Affaires constitutionnelles, Lowell Murray, va déclarer à la télévision que si Terre-Neuve vote, Ottawa va demander un délai à la Cour suprême. Wells, furieux qu'on tente ainsi de lui forcer la main, dénonce cette « manipulation finale » et décoche la seconde flèche.

Au téléphone, Mulroney discute de cette histoire de délai avec Bourassa. Qu'en pense-t-il ?

« Écoute, Brian, répond Bourassa. On a tout fait. Tu arrives de Saint-Jean [Terre-Neuve, où Mulroney a prononcé l'avant-veille un discours devant les parlementaires et soupé avec Wells], il est évident que Wells a trahi tout le monde. » Alors, cette histoire de délai supplémentaire, « nous, on n'est pas intéressés ».

L'opinion publique canadienne, en majorité fermement opposée au concept de société distincte ou à toute autre manifestation d'inégalité entre Canadiens, a finalement pu glisser son refus dans les interstices d'une élite politique vivant encore à l'heure, hier normale, du compromis canadien. Car il est une heure plus tard dans les Maritimes. Wells, Harper et Carstairs, loin d'être les détraqués du mécanisme canadien, en sont les meilleurs horlogers.

Bourassa, comme Mulroney et l'Ontarien David Peterson, sont les principales victimes de ce décalage. Quand Wells rajuste finalement les pendules, Robert Bourassa, selon l'expression de Rivest, « a bien vu tout de suite qu'on était dans le trouble ».

Devant ses ministres fédéraux, le vendredi en début de soirée, quand la mauvaise nouvelle est finalement tombée, Mulroney dresse le même constat : l'échec « pose un obstacle majeur ; ce refus de tenir le vote est un immense problème qui va provoquer beaucoup de difficultés au pays ». Il faudra, ajoute-t-il, « beaucoup de patience et d'ingéniosité » pour réparer ce qui a été brisé aujourd'hui.

Autour de la table du conseil, les visages sont mouillés. « Ça braille, et pas seulement les femmes », raconte Benoît Bouchard. Bill Weingard, Don Mazankowski, Barbara MacDougall, Monique Landry, Pierre Blais, Jerry Merrythew du Nouveau-Brunswick, Bernard Valcourt. « Mulroney était dévasté, je me rappelle son visage, quand on a fermé la télévision », dit Bouchard. Mulroney a-t-il la larme à l'œil ? Il dira que non. Mais une grippe carabinée lui donne des yeux plus mouillés qu'à l'accoutumée.

Mulroney leur demande de « garder leur ressentiment à l'intérieur de cette pièce » et de ne pas en faire état publiquement. (Consigne qu'il s'empresse d'enfreindre en disant à Barbra Frum, de l'émission *The Journal,* que Wells a « renié sa signature ». Et de pointer un doigt accusateur vers le document dûment paraphé par le nouveau paria de la politique canadienne.)

Loiselle, Masse et Benoît Bouchard ne sont pas au nombre des consommateurs de *Kleenex.* Masse évoque pour sa part « un certain endurcissement à l'échec » qui l'a préservé de la « dépression totale ». Bouchard exprime-t-il l'ambivalence des trois Québécois lorsqu'il dit : « J'ai presque eu l'impression d'être soulagé. J'ai presque eu peur que ça passe. [...] Est-ce que j'avais l'impression que, dans le fond, c'était si peu que c'était une sorte de marché de dupes encore une fois ? Ça nous est arrivé si souvent, comme Québécois... »

Le nouveau lieutenant du caucus québécois survivra-t-il au choc ? « Le soir de Meech, je te dirai que c'est Mulroney qui m'a retenu. Définitivement. Pour moi, du 22 juin jusqu'au 30 juin, ça a été presque à l'heure. » Garder le troupeau, c'est son gilet de sauvetage. Il est en contact avec ses responsables régionaux, qui lui signalent les âmes les plus sensibles. Il les appelle, il les relance, il les flatte.

Michel Champagne, député de Champlain, pense partir. Jean-Marc Robitaille, député de Terrebonne, a même appelé Jacques Parizeau, pour lui annoncer la bonne nouvelle de sa démission. Benoît va les retenir.

« J'en ai ramassé un qui se préparait à aller faire une conférence de presse pour annoncer qu'il partait. On l'a bloqué une heure et demie avant qu'il parte. Je dis : "Peut-être que tu fais une bêtise, donne-toi encore une journée." J'ai parlé, parlé, parlé et finalement j'ai réussi, parce que sa femme était pas d'accord. Il est resté avec nous, a fait un excellent député. »

Gagner du temps. Il faut gagner du temps. « Je me disais, l'émotion va tomber à un moment donné. » Mais les députés, de retour dans leur comté, subissent les assauts de la colère populaire. « T'es dans ton comté, on t'envoie Clyde Wells dans le visage. Harper, Filmon. Tu peux seulement te taire. Pleurer avec les gens s'ils pleurent, rire avec eux s'ils rient. »

La ministre Monique Vézina, une autre bénéficiaire du numéro de charme de Bernard Landry, « branle dans le manche ». Il faut la stabiliser. Dans ces cas difficiles, Mulroney est appelé à la rescousse. Au téléphone, il n'y a pas de meilleur vendeur. Il joue sur toute la gamme : la loyauté, le parti, le pays, la capacité d'un député du gouvernement d'obtenir des subventions pour sa région. Y as-tu pensé, aux subventions ? Dans l'opposition, en auras-tu autant ? Plusieurs mordent à cet hameçon. Brian et Benoît feront en sorte qu'ils soient récompensés.

« Jean-Pierre Blackburn, dans ma région, pleurait avec le drapeau du Québec », dit Benoît. Maudits drapeaux ! Bouchard est pris par surprise, le 1ᵉʳ juillet, fête du Canada, dans le village de Saint-Méthode, dans son comté, où il va entendre la messe. Sans l'avertir, sur la place, ils montent l'unifolié. « Ça ne me disait rien, absolument rien, ça m'emmerdait plus qu'autre chose. »

Gagner du temps, gagner du temps. Il en échappe. Nic Leblanc. Gilbert Chartrand. À 2 heures du matin, dans sa chambre d'hôtel, le téléphone sonne. Un autre candidat à l'évasion. Il y en a marre à la fin ! Qu'ils se décident et qu'ils me foutent la paix !

« Il y en a un, je lui ai dit : "Écoute, je vais aller te reconduire moi-même de l'autre bord si tu continues, parce que moi je suis tanné, là !" »

LA FENÊTRE I

L'ARCHITECTURE DE L'IMPASSE

À certains moments cruciaux, à certains virages essentiels,
quand les facteurs semblent plus ou moins également répartis,
le hasard, les individus, leurs décisions et leurs actions,
eux-mêmes pas nécessairement prévisibles
— en fait, rarement tels —
peuvent déterminer le cours de l'histoire.

ISAIAH BERLIN

MACHIAVEL AVAIT UN MOT pour définir ce qui se produit, sous les yeux de Bourassa, à partir du 22 juin 1990 : la *fortune*. C'est le résultat d'une conjonction d'éléments qui, réunis en un même temps, en un même lieu, font que des choses, hier difficiles ou impossibles, sont maintenant faisables, réalisables. Le plus célèbre des conseillers politiques écrivait :

« J'en viens à croire que la fortune est maîtresse de la moitié de nos actions, mais qu'elle nous abandonne à peu près l'autre moitié. Je la vois pareille à une rivière torrentueuse qui, dans sa fureur, inonde les plaines, emporte les arbres et les maisons, arrache la terre d'un côté, la dépose de l'autre : chacun fuit devant elle, chacun cède à son assaut, sans pouvoir dresser aucun obstacle [...] Il en est de même avec la fortune : elle fait la démonstration de sa puissance là où aucune vertu ne s'est préparée à lui résister, elle tourne ses assauts où elle sait que nul obstacle n'a été construit pour lui tenir tête. »

La *fortune* ne dure pas éternellement, ces conjonctions sont transitoires, il faut en profiter pendant qu'elle passe. Selon Machiavel, le Prince doit faire sa part, donner l'autre moitié de l'impulsion nécessaire au changement. Cette action du Prince, du chef d'État, il l'appelle la *virtù* (force personnelle, ou vertu).

Les Américains utilisent un mot plus moderne pour définir ce phénomène. Il disent qu'une « fenêtre » vient de s'ouvrir. L'horizon était bouché ou obscurci. Maintenant, on perçoit un dégagement, on voit le bleu du ciel derrière plusieurs couches de nuages. Dans quelques instants, les interstices des nuages ne seront plus alignés et le ciel bleu disparaîtra.

Même le Petit Robert est d'accord, pour peu qu'un linguiste libéral fasse preuve de bonne volonté. « Fenêtre : intervalle de temps défini avec précision (par un signal radioélectrique), à l'extérieur duquel une opération n'est pas possible. » Mais à l'intérieur duquel, donc, cette opération est réalisable. Il s'agit de ne pas louper le signal, et de se dépêcher.

Entre juin et décembre 1990, l'observateur attentif peut déceler, dans l'environnement politique du Québec, des signes de ce phénomène. On le remarque particulièrement là où ça compte le plus : chez le partenaire canadien-anglais du Québec. En syntonisant correctement son récepteur, on peut capter, venu d'outre-Outaouais, un signal géopolitique inédit, qui marque un intervalle défini et ouvre, bref, une fenêtre.

LE DÉSARROI DES ÉLITES CANADIENNES

Quelques jours après la mort de Meech, la chef du Nouveau Parti démocratique, Audrey McLaughlin, laisse tomber devant un micro : « Peut-être que la souveraineté-association n'est pas une si mauvaise idée après tout. » Comme si, ayant contemplé l'abîme de près, ayant constaté que Meech ne marchait pas et ne pouvait pas marcher, une Canadienne anglaise de la variante nationaliste-centralisatrice ne pouvait que lever les bras et dire : « *O.K., I give up !* » Admettons l'évidence.

La liste des faiseurs d'opinion canadiens-anglais qui prennent position pour la souveraineté du Québec dans les mois qui suivent la mort de Meech est très courte. Les membres de ce petit club le sont devenus par dépit, la mort dans l'âme. Sans hargne, ils font froidement un constat d'échec, et ils se disent personnellement opposés à ce que la structure canadienne soit modifiée en profondeur pour satisfaire la différence québécoise. Le financier Conrad Black, un Québécois d'origine qui contrôle une des plus grandes fortunes du pays, est le seul grand homme d'affaires canadien à adhérer à ce cercle. Grand patron de presse international, auteur d'une longue biographie de Maurice Duplessis assez louangeuse, Black prend position en septembre 1990. Dans les colonnes du magazine torontois *Saturday Night,* il déclare que la souveraineté du Québec est une « option valable » et certainement préférable « à l'idée d'un Canada si décentralisé qu'il deviendrait impuissant, voire fictif ». Il reprendra ce plaidoyer en février 1991 dans le *Financial Post,* puis en août dans une lettre à *L'actualité.*

À l'autre bout de l'éventail politique, un auteur de gauche représentant l'intelligentsia éclairée de Toronto, Rick Salutin, annonce en mars 1991, lui aussi dans *Saturday Night,* qu'il « est peut-être temps que le Canada se sépare du Québec ». Entre les deux, Richard Gwyn, journaliste et auteur, biographe de Pierre Trudeau et brillant représentant du libéralisme, entonne au début de 1991 un refrain similaire et invite ses compatriotes à « briser un tabou » : « Le reste du Canada doit maintenant définir sa propre souveraineté. » En fin de parcours, écrit-il, une association « à la belge » serait envisageable.

Jamais, auparavant, des porte-parole respectables et respectés du Canada anglais n'avaient osé envisager publiquement la rupture du pacte fédéral. Si peu nombreux qu'ils soient à le faire dans la première saison de l'après-Meech, les Black, Salutin et Gwyn constituent la pointe émergée d'un iceberg massif : le fatalisme*.

A *Les élites intellectuelles*

À l'automne de 1990 puis à l'hiver 1990-1991, alors qu'au Québec les membres du Parti libéral d'une part et les parlementaires d'autre part, tricotent l'avenir du Québec, trois grand-messes réunissent au Canada anglais un grand nombre de leaders d'opinion. C'est l'équivalent anglophone des « États généraux » du Canada français. On va tracer les paramètres de ce qui est souhaitable, possible, envisageable, pour l'avenir du couple Québec-Canada.

À la mi-octobre, une cinquantaine de hauts fonctionnaires, de spécialistes de la négociation constitutionnelle et d'universitaires se retrouvent à l'université Queens, à Kingston en Ontario. « À ce moment-là, toutes les options étaient sur la table, se souvient l'organisateur de la rencontre, Douglas Brown. Pendant ces premiers six mois, la situation était extrêmement mouvante. » Un participant québécois, le fédéraliste Bill Cosgrove, membre du Comité constitutionnel du Parti libéral du Québec alors en pleine réflexion, rapporte à ses collègues combien le pessimisme y est palpable et à quel point les conférenciers partagent le sentiment que le problème canadien ne peut être résolu sans que le Québec ne « sorte du cadre » constitutionnel**.

Un mois plus tard, l'institut de recherche C.D.-Howe réunit à Toronto une

---

* Ce chapitre n'est pas tout à fait comme le précédent, ou le suivant. En voici donc le mode d'emploi : les chapitres numérotés permettent de suivre le récit à la loupe ; par contraste, ceux intitulés « Grand Angle » visent à fournir une vision d'ensemble de la réalité politique, en évoquant des éléments de contexte et en intégrant l'analyse pendant que le récit se déroule. Le lecteur est donc équipé pour mieux juger de la qualité des propositions et des stratégies avancées par les uns et les autres, pour mieux comprendre leurs comportements ou la portée de leurs gestes. Ces chapitres contiennent des éléments de récit indispensables à la compréhension du livre. Cependant, on y trouve aussi plusieurs passages analytiques qui se veulent assez exhaustifs. Le lecteur pressé de reprendre le fil du récit pourra être tenté d'en sauter des bouts. C'est son droit, en vertu des articles n° 2 (« Le droit de sauter des pages ») et n° 8 (« Le droit de grappiller »), de la charte des « Droits imprescriptibles du lecteur » dressée par Daniel Pennac dans son livre *Comme un roman*. Pour ne rien manquer, tout en accélérant sa marche, ce lecteur pourra feuilleter les chapitres « Grand Angle » et juger, à chaque intertitre, du caractère analytique ou narratif de la section qui s'ouvre.
Ce premier « Grand Angle », intitulé « La Fenêtre », examinera, en quatre segments, les conditions dans lesquelles le Québec aurait pu s'engager dans la voie de la souveraineté entre la mort de Meech et la fin de 1990.

** Les actes de cette conférence n'ont jamais été publiés. Mais Cosgrove rapporte ce qui suit, selon le procès-verbal du Comité constitutionnel du PLQ : « Il ressort de cette rencontre que le Québec a très peu de chances que les autres provinces acceptent des changements si les négociations se font à l'intérieur de la constitution. Pour éviter le processus, le Québec doit sortir du cadre constitutionnel actuel. [...] Les participants de cette rencontre, majoritairement, affirment qu'il n'y a plus d'intérêt à rester ensemble et qu'aucune des options ne va donner de résultats satisfaisants. »

soixantaine de spécialistes et d'experts : la crème de l'industrie constitutionnelle. L'éventualité de la souveraineté du Québec occupe sans complexe une
session du débat. Rapporteur officiel de la conférence, Richard Simeon, politologue à l'Université de Toronto, résume les interventions comme suit :

> La plupart des participants croient que la reconnaissance du principe de statut
> particulier est une condition *sine qua non* du maintien du Québec dans la fédéra-
> tion. D'autres participants nous rappellent que le débat sur Meech a démontré
> combien était profond le rejet de la notion de statut particulier par la plupart des
> Canadiens hors Québec. Opérer la quadrature de ce cercle constitue notre défi
> politique le plus difficile.
>
> La discussion met à jour un autre dilemme grave. La plupart des Québécois
> abordent les options disponibles dans un sens opposé à celui des non-Québécois.
> Les options favorisées par le Québec semblent se situer quelque part entre le
> fédéralisme asymétrique et la souveraineté — avec ou sans association. L'opinion
> prédominante dans le reste du Canada est hostile à ces deux options. Au contraire,
> le reste du Canada se concentre surtout sur un *statu quo* légèrement modifié ou
> sur une dose limitée de décentralisation ou de redéploiement des juridictions. [...]
> Un autre dilemme apparaît, en ce sens qu'il est plus facile de critiquer les proposi-
> tions de solution que de les défendre : la conférence a étudié chacune des options
> l'une après l'autre, et les a toutes jugées indésirables, politiquement impossibles,
> ou les deux.

Simeon conclut en notant que beaucoup de participants sont « fortement
pessimistes » quant aux chances de succès de toute nouvelle tentative de
réforme constitutionnelle. Dans ce tableau d'ensemble, quelques éléments
méritent d'être notés. Marcel Côté, ex-conseiller de Robert Bourassa et de
Brian Mulroney, est un des seuls Québécois présents. Il donne l'heure juste :
« La marge de manœuvre qui satisferait le Québec nécessiterait un changement
profond au *statu quo*. Il faudrait un transfert massif de juridiction dans les
secteurs du développement économique, de l'environnement, de la main-
d'œuvre, des programmes sociaux et culturels. La liste s'étend de Radio-
Canada au retrait du fédéral de la Santé. Ces changements sont inacceptables
à la plupart des Canadiens. Mais tant qu'ils ne seront pas adoptés, il n'y aura
pas de paix constitutionnelle. »

Roger Gibbons, politologue de Calgary, s'interroge : « Quel prix sommes-
nous prêts à payer pour garder le Québec ? Je ne peux m'empêcher de conclure
que la réponse est déprimante de clarté : le Québec s'attend à ce qu'un prix
important soit payé ; les gens hors Québec ne sont pas prêts à payer un prix
important. [...] Nous n'avons vraiment que deux options : le *statu quo*, ou alors
le Canada commence à concevoir sa propre destinée politique, indépendante
du Québec. Le terrain médian a disparu dans le marécage de Meech. »

Au début de janvier 1991, le grand patronat canadien décide de se pencher
sur la question. C'est la troisième grand-messe. Très actif dans le débat pro-
Meech, le BCNI (Business Council on National Issues, qu'on traduit par
Conseil canadien des chefs d'entreprise, mais dont l'impact est essentiellement

canadien-anglais) est le lobby patronal le plus puissant et le plus actif. Pour obtenir une carte de membre, il faut être président de l'une des 150 plus grosses entreprises du pays. Ensemble, les membres de ce superclub gèrent plus de 975 milliards de dollars et emploient quelque 1,5 million de Canadiens. Le BCNI est l'antichambre des politiques conservatrices. C'est là qu'ont d'abord été conçues les initiatives de libre-échange et la taxe sur les produits et services, entre autres. Ses membres alimentent largement les caisses électorales conservatrice et libérale. Si le mot « oligarchie » a un sens, c'est aux rapports entre le BCNI et le gouvernement Mulroney qu'il doit le mieux s'appliquer. Le groupe est massivement intervenu en faveur du libre-échange pendant la campagne fédérale de 1988 et, plus subtilement, en faveur de l'entente du Lac Meech en 1990.

Cette fois-ci, le BCNI a commandé des études sur l'avenir du pays à 20 penseurs canadiens, parmi les meilleurs. Il y a mis le prix : 100 000 dollars. L'universitaire Ronald Watts, de Queen's, s'est chargé de colliger le matériel. Il a aussi animé les débats qui ont réuni, le 16 janvier 1991 à Toronto, plusieurs dizaines de chefs d'entreprises et quelques responsables gouvernementaux, dont le chef de cabinet du premier ministre Mulroney, Norman Spector. Rapporteur de la conférence, Watts pose le diagnostic suivant :

> Le choix clair qui s'offre à nous semble se limiter à l'alternative suivante : une refonte en profondeur de la fédération ou une fragmentation du Canada en un certain nombre d'États souverains. Résister simplement au vent du changement ou tenter de maintenir le *statu quo* ne semblent pas, aux yeux de la plupart des auteurs des textes d'analyse ni des participants à cette conférence, constituer désormais des options viables.

Watts et ses collègues ont cependant beaucoup de mal à définir la « refonte en profondeur ». Patrick Monahan, conseiller du premier ministre ontarien David Peterson au cours de la traversée de Meech, propose une décentralisation massive des pouvoirs au profit des provinces. D'autres, dont fait partie Alain Cairns, politologue de Vancouver et ancien directeur de la commission Macdonald sur l'économie canadienne, parlent d'une très forte asymétrie, voire d'un statut particulier pour le Québec. Le Québécois Guy Laforest prône une solution confédérale, mais il est bien seul. D'autres encore parlent de changements structurels ou *ad hoc* qui donneraient au Québec un statut particulier *de facto* mais non reconnu officiellement, et qui accorderaient à Ottawa un plus grand contrôle des leviers économiques. Cette dernière variante plaît à plusieurs hommes d'affaires participants.

Mais dans l'ensemble, à l'image des discussions tenues à la réunion de l'institut C.D.-Howe, les chercheurs du patronat ont chacun démoli les options de leurs collègues et jeté le doute sur la viabilité de quelque solution que ce soit. Ils se sont aussi penchés sur la « stratégie de rupture » en vogue chez quelques fédéralistes québécois, qui consiste à faire la souveraineté pour mieux négocier ensuite la reconfédération. Ils ont conclu que cette stratégie mènerait irrémédiablement à l'échec, car le Canada anglais ne serait pas d'humeur à négocier une association lourde (avec organes supranationaux, par exemple) dans un avenir prévisible, sans compter qu'il ne disposerait pas d'une structure représentative pour entamer des négociations. La stratégie de rupture, pense le BCNI, « va probablement conduire à une indépendance permanente » du Québec.

B *Les élites économiques*

Bref, le grand patronat canadien et ses experts souhaitent réformer le fédéralisme en profondeur mais ne savent pas comment y arriver et doutent que ce soit faisable. À la rencontre de Toronto, Guy Laforest se sent entouré de fatalistes. Un membre de la direction du BCNI lui confie que si le *statu quo* ne peut être préservé, une solution à l'européenne — pays souverains et associés — pourrait être un pis-aller. D'autres sont prêts à se résigner au pire : l'indépendance du Québec. Le journaliste Christian Rioux, qui a interrogé plusieurs membres du BCNI à Toronto, au printemps de 1991, confirme leur fatalisme :

> En privé, les leaders économiques que j'ai rencontrés n'étaient guère optimistes. Certains étaient tout simplement résignés. « Le Québec n'est plus intéressé au Canada », me disait l'économiste en chef d'une grande banque. Et la veille de notre entretien, Darcy McKeough, directeur de la Corporation de développement des investissements du Canada [organisme paragouvernemental] et ancien secrétaire du Trésor de l'Ontario, dînait avec Tom Kierans [président de l'institut C.D.-Howe] et Donald MacDonald, ambassadeur à Londres et ancien président de la commission du même nom [et ancien ministre fédéral des Finances]. « Aucun ne voyait comment convaincre le Québec de demeurer dans le Canada, dit McKeough. L'optimisme est surtout sentimental. »

Rioux note aussi qu'on « ne cache pas que la plupart des grandes entreprises canadiennes ont étudié les conséquences d'une éventuelle séparation et fait des plans d'urgence. Les hommes d'affaires que j'ai rencontrés ne doutent plus qu'un Québec indépendant soit viable. »

C'est le cas de Conrad Black, on l'a vu. C'est aussi celui du grand artisan du succès de l'Expo 86 à Vancouver, Jim Pattison, dont l'entreprise — The Jim Pattison Group — se classe quatrième au palmarès des plus grosses du pays, avec 2,5 milliards de dollars de ventes annuellement. Le journaliste Knowlton Nash l'a interrogé pour son livre *Visions of Canada* :

> Pattison : Si les gens du Québec veulent avoir leur propre pays et n'aiment pas la manière dont les choses ont été gérées pendant toutes ces années, je ne vois rien de mal là-dedans. [...] Il n'y a aucun doute que, d'un point de vue économique, la fragmentation du pays nous ferait du mal. Mais nous ne prévoyons nullement abandonner le marché québécois, nous allons nous ajuster. [...]
>
> Nash : Quand vous dites « nous », voulez-vous dire que votre compagnie prépare des scénarios de rechange ?
>
> Pattison : Absolument. On réfléchit sur le fait que le Québec pourrait s'en aller. Nous pensons que le Québec va survivre assez bien, quoique les deux pays résultant de l'indépendance pourraient ne pas être en aussi bonne santé économique qu'avant, pendant un bout de temps. Mais la terre va continuer de tourner.

D'autres voient le départ du Québec comme une stupidité... inévitable. « La séparation serait idiote, coûteuse, injustifiée et elle aura lieu d'ici 30 mois [donc avant août 1993] », écrit par exemple l'économiste William Watson dans sa chronique du *Financial Post,* en février 1991.

Un sondage réalisé à la fin de 1990 auprès de 600 propriétaires, présidents ou vice-présidents de grandes entreprises du Canada anglais montre combien cette attitude de « fatalisme renfrogné » face à l'éventualité de la souveraineté est répandue. Selon les chiffres de l'étude Léger et Léger/*Affaires Plus*/*Report on Business,* 61 % d'entre eux pensent que le Canada devrait reconnaître le nouvel État et 55 % qu'il devrait s'y associer économiquement (on privilégie une association légère cependant : 79 % sont pour un libre-échange Canada-Québec, 46 % seulement pour une monnaie commune). Interrogés sur les échanges économiques de leurs entreprises avec celles de la future ex-province de Québec — bonne mesure de « l'émotivité économique » à prévoir —, ils sont également divisés : 48 % disent que leurs transactions avec le Québec resteraient inchangées ou s'accroîtraient, 48 % affirment qu'elles diminueraient. Parmi ces derniers, 31 % prévoient une diminution légère, 17 % une diminution importante. Un ralentissement appréhendé des échanges de 17 %, c'est un gros nid de poule, pas un tremblement de terre.

Évidemment, comme les oligarques du BCNI, les chefs d'entreprises du Canada préfèrent, à 53 %, un nouvel arrangement constitutionnel au départ du Québec. « Le milieu des affaires est prêt à beaucoup de concessions, dit le sénateur Williard Estey, principal avocat des causes patronales au sein du Sénat. L'ennui, c'est qu'un fossé énorme sépare l'élite financière du reste de la population. » Ce que Meech a démontré. Estey pourrait ajouter que ce fossé existe aussi entre l'élite financière et la presse anglophone.

Car l'accueil qu'ont réservé les médias torontois aux travaux du BCNI et aux propositions de ses experts sur l'asymétrie, le statut particulier ou la décentralisation massive, a valeur de prédiction. Dans le *Toronto Star,* l'asymétrie est la cible du sarcasme d'un membre de l'équipe éditoriale, Martin Cohn : « Si on peut tolérer que le gouvernement du Québec suspende l'application de la charte des droits [pour l'affichage unilingue], si on peut tolérer que le Québec viole la loi canadienne sur la santé [en proposant un ticket orienteur], si on peut tolérer un contrôle provincial sur l'immigration, pourquoi ne pas étendre ce fédéralisme *ad hoc* à d'autres secteurs ? »

Plus sobre, mais non moins tranchant, Robert Sheppard, du *Globe and Mail,* coauteur d'un excellent livre sur les tractations constitutionnelles de 1980-1982 *(The National Deal),* juge que le BCNI a gaspillé son 100 000 dollars. « Je ne suis pas de ceux qui pensent que le Canada anglais doive être tiré d'une torpeur quelconque ou qu'il n'est pas suffisamment subtil pour comprendre les nuances constitutionnelles. On peut affirmer au contraire que plusieurs régions du pays se sont éveillées à la chose constitutionnelle depuis environ 10 ans et que cet éveil a conduit à la situation actuelle : une franche

divergence d'opinions. » Bref, le Québec veut un carré, le Canada veut un
cercle, ni l'un ni l'autre ne changeront d'avis. Dans le même quotidien, le
chroniqueur aux affaires nationales, Jeffrey Simpson, qualifie les constructions
mentales des experts du BCNI de « *hemi-demi-semi-separatism* » que le Canada
aura raison de rejeter, par principe.

Autre indice que la presse canadienne-anglaise en général, beaucoup plus
que le milieu des affaires, assume le sentiment anti-Québec et anti-Meech : en
décembre 1990, appelés, comme chaque année, à choisir un « Canadien de
l'année », 37 des 98 directeurs de journaux du Canada hors Québec élisaient
Elijah Harper.

Le BCNI remportera au moins une victoire : peu après la tenue du colloque de janvier, son expert principal, Ronald Watts, est embauché par Brian
Mulroney comme tête-à-penser de la stratégie constitutionnelle du gouvernement fédéral.

C La montée du fatalisme

Pour conclure ce tour d'horizon de l'état d'esprit post-Meech des élites
canadiennes-anglaises, il faut encore citer des témoignages regroupés dans
deux livres publiés en 1991 sur la question : *Visions of Canada,* déjà mentionné,
et « *English Canada* » *Speaks Out.* Trois thèmes reviennent régulièrement : le
départ du Québec est probable ; ce départ est préférable à un affaiblissement
des institutions centrales du pays ; le reste du Canada survivra à ce départ.

Dans *Visions,* un influent éditeur de l'Ouest, Ted Byfield, qui publie les
magazines *Western Report, Alberta Report* et *B.C. Report,* affirme par exemple au
sujet du Québec : « Je pense que c'est une cause perdue. S'ils ne se séparent pas
cette fois-ci, ils le feront la prochaine fois. Ça fait plus de 200 ans qu'ils se
préparent et ils savent exactement ce qu'ils veulent. Nous devrions nous
occuper d'inventer un nationalisme réaliste pour le reste du pays. »

Gordon Robertson, père du mandarinat fédéral, grand sage de l'État fédéral depuis Mackenzie King, partage ce fatalisme. Les chances qu'a le Canada
de rester uni, évalue-t-il, « sont considérablement sous la barre des 50 % ». Il
envisage avec dépit une « indépendance complète du Québec », et juge que le
Canada qui va en résulter « gardera essentiellement ses caractéristiques
actuelles, le système fédéral, et sera un pays relativement productif. Ce sera un
pays très diminué psychologiquement, politiquement et économiquement, mais
très possiblement un pays qui connaîtra un succès raisonnable. » (De fait, la
proportion de Canadiens anglais souhaitant que leur province devienne un État
des États-Unis, même dans le cas d'un départ du Québec, a beaucoup chuté,
passant de 14 % en mai 1990 à 4 % en janvier 1991.)

L'ancien chef néo-démocrate Ed Broadbent se range à la prévision de
Robertson. « Si j'avais à le faire, je parierais, de peu, contre la survie du
Canada, dit-il. C'est un changement majeur dans mon évaluation de l'avenir. »

À l'autre bout du spectre politique canadien, Preston Manning, le *leader* du

Reform Party, ne prédit pas le départ du Québec, mais il l'envisage sereinement. Dans une entrevue au périodique constitutionnel *The Network,* à la question « les Québécois forment-ils une nation ? », il répond : « Disons que, s'ils le sont, ils devraient se séparer. J'ai tendance à penser que les deux concepts [nation et souveraineté] vont ensemble. Sinon, il me semble que le concept de nation est inapplicable. » Interrogé sur l'impact du départ du Québec sur les autres provinces, qui pourraient aussi vouloir se séparer, il dit :

> L'intérêt de maintenir ensemble le reste du pays dépend de votre conviction de pouvoir en faire une nation viable. Je pense qu'on peut le faire. Au moins, je pense que c'est préférable à toute autre option. Quelles sont les autres options ? Certains estiment que la Colombie-Britannique pourrait être indépendante. Je doute fort que ce soit le cas.

Dans *« English Canada » Speaks Out,* Thomas Berger, ex-politicien et juge de Vancouver, affirme, comme plusieurs autres collaborateurs, que « même si le Québec devait partir, l'idée canadienne va nous maintenir ensemble ». Le constitutionnaliste manitobain Bryan Schwartz abonde en ce sens :

> À mesure que les Québécois deviennent psychologiquement séparés, le reste du Canada a de moins en moins avantage à ce que le Québec continue à participer, à titre de membre, à la nation canadienne. Il est vrai que les coûts de transition de la séparation seraient considérables, car même avec la meilleure des volontés — et le reste du Canada devrait en faire preuve — on assisterait à une incertitude économique et à une réduction des investissements. Mais ces coûts seraient temporaires. Les coûts qu'entraîne le maintien, dans une même union, de deux partenaires indifférents et amers seraient permanents.

Tout ce qui précède ne signifie nullement qu'une portion des élites canadiennes envisage avec joie la fin de l'unité canadienne. Quelques-uns seulement la jugent souhaitable, à la manière d'un traitement de choc sans lequel le malade périra. Beaucoup d'autres, la moitié peut-être, sinon plus, la croient désormais inéluctable. Certains, peu nombreux, compulsent leurs traités médicaux, sont prêts, même, à soumettre le Canada à des traitements expérimentaux qu'ils honnissaient hier (asymétrie, statut particulier, décentralisation massive), mais sans grand espoir, sachant combien le malade y est réfractaire[*].

---

[*] Il est plus difficile de faire l'inventaire du fatalisme dans l'élite politique que dans le monde économique et académique, pour la simple raison qu'il est politiquement malhabile de dire qu'on croit au pire. L'auteur n'a pas interrogé tous les premiers ministres provinciaux, mais Frank McKenna, du Nouveau-Brunswick, répond ainsi à la question : « Après la mort de Meech, quelle était votre évaluation personnelle de la possibilité que le Québec devienne souverain ? » McKenna : « Évidemment, j'y étais très opposé car je ne crois pas que ce soit dans l'intérêt de quiconque. Mais je croyais qu'il y avait une réelle probabilité [*realistic chance*] que ça se produise. » De même Don Getty, premier ministre de l'Alberta : « J'ai peut-être surestimé ce risque, mais j'avais l'impression qu'avec l'échec [de Meech], on venait de réunir les conditions pour qu'une étincelle, si elle tombait et allumait un feu entretenu par un bon leader, puisse créer une forte probabilité [*considerable chance*] que le pays se scinde. »

De tous, le mot qui décrit le mieux l'atmosphère chez les élites intellec-tuelle et d'affaires est : désarroi. Sentiment d'échec collectif pour les ex-pro-Meech. Sentiment diffus de culpabilité chez les ex-anti-Meech. Gêne aussi par rapport aux incidents de Sault-Sainte-Marie et de Brockville. Sentiment que les Québécois sont déjà partis, qu'ils ont été intolérants dans l'affaire de l'affi-chage, qu'ils ont fait preuve d'égoïsme dans le débat sur le libre-échange en restant sourds aux craintes du reste du pays.

À la fin de 1990, les élites intellectuelles et d'affaires canadiennes-anglaises ne sauraient opposer qu'une moindre résistance à un premier ministre québé-cois qui choisirait ce moment pour entreprendre la marche vers la souveraineté.

Les membres des élites ne sont pas, pour autant, totalement dépourvus d'agressivité. Pendant la période 1990-1991, elle est présente, mais latente : menaces sur les frontières du Québec, doutes sur son droit à l'autodétermina-tion, spectre de guerre commerciale. Autant d'armes qui, inévitablement, sur-giront au cours du débat, mais qui, pour l'instant, ne sont pas encore complè-tement forgées ni répandues. Parce que le pays porte encore le deuil de Meech, il n'est pas tout à fait politiquement correct d'exprimer ses humeurs revan-chardes.

Le premier ministre québécois en route vers la souveraineté ne trouvera jamais l'élite canadienne en état de grâce. Au moins éviterait-il, s'il prenait le départ à la fin de 1990, de l'affronter en état de rage.

LE REFUS GLOBAL DU CANADIEN MOYEN

« Il me paraît évident, écrivait Pierre Elliott Trudeau, que le nationalisme — et j'entends aussi bien celui du Canada que celui du Québec — nous a placés sur une voie pleine de périls graves. » Ce n'était pas évident pour tout le monde, lorsque Trudeau écrivait ces lignes en 1967. Ce l'est devenu, beaucoup grâce à lui, un quart de siècle plus tard. C'est qu'entre-temps, Trudeau n'a pas chômé. Au pouvoir pendant 15 ans, il a déployé un effort systématique, lucide et légitime, pour façonner une identité canadienne, lui donner une assise, des caractéristiques, des symboles. Il a contribué à muscler, donc, le « nationalisme canadien ».

A Trudeau, héros parce que incompris

Une fois l'œuvre achevée, en 1987, mais menacée selon lui par le nationalisme québécois incarné dans Meech, Trudeau en fait un bilan devant le Sénat cana-dien. Citant Edward Blake, il affirme que « l'avenir du Canada dépend, dans une très grande mesure, de l'inculcation d'un esprit national ». Parlant des programmes fédéraux qu'il a contribué à mettre sur pied et dont plusieurs empiètent sur les juridictions provinciales, il admet que des provinces pour-raient probablement mieux gérer tel ou tel programme. Mais chaque décen-tralisation « détruit encore une possibilité de créer cette volonté nationale ». Le drapeau canadien, adopté par les libéraux sous Lester Pearson (c'est pourquoi il est rouge, plutôt que bleu, couleur des conservateurs), s'est bientôt imposé comme le symbole du pays. Mais, explique Trudeau, la charte des droits enchâssée dans la constitution de 1982 constitue la pierre angulaire de l'édifice, celle qui tient tous les morceaux.

« L'importance de la charte fait que l'on partage tous un ensemble de valeurs communes », affirme-t-il. Grâce à elle, « Québécois, Albertains, Français, Anglais, Juifs, hindous ont tous les mêmes droits. Il n'y a personne de spécial. » Personne de distinct. Québécois et immigrants hindous sont sur le même pied.

Cette charte est devenue, dans la décennie qui a suivi son adoption, le document unificateur le plus important du nationalisme canadien, avec une force symbolique qui va bien au-delà de son contenu réel. La charte, croit-on surtout, consacre le primat de l'égalité des individus sur les revendications des groupes, celui des droits individuels sur les droits collectifs. En fait, plusieurs de ses dispositions protègent des droits collectifs (notamment ceux des anglophones du Québec, des francophones hors Québec, des minorités ethniques, des femmes ; on y accrédite aussi les programmes d'accès à l'égalité). Mais à l'origine, la charte n'était qu'un « emballage » utilisé par Trudeau pour protéger les francophones hors Québec d'une part, et invalider des sections de la loi 101, d'autre part[*].

Dix ans plus tard, les éléments de la charte les moins mobilisateurs au Canada anglais sont, justement, les articles protégeant les droits linguistiques, notamment ceux des francophones hors Québec, enfreints par la moitié des provinces anglophones et dont le *Reform Party* réclame l'abolition. On peut

---

[*] Trudeau parlait d'une « charte » depuis 1967, mais jusqu'en 1981, elle n'était constituée que des droits linguistiques. Ses biographes McCall et Clarkson affirment que ce projet faisait partie, dès 1967, de « son plan de consolidation du pouvoir fédéral face à la menace du nationalisme québécois ». En 1981, l'objectif de circonscrire la loi 101 était devenu central dans ce combat. Dans ses *Mémoires politiques* de 1993, Trudeau confirme avoir décidé de proposer une « charte complète » lorsque les membres de son caucus et de son cabinet lui ont fait comprendre qu'elle serait ainsi plus facile à vendre aux électeurs anglophones, indisposés par la notion de droits dévolus aux francophones hors Québec. « J'entendais, écrit Trudeau au sujet du caucus, des propos comme ceux-ci : "Vous faites grand cas des droits linguistiques mais nous, hors du Québec, nous tenons davantage aux libertés civiles en général. C'est donc une charte complète qu'il faut obtenir." » Trudeau se dit parfaitement conscient que « corollairement au nombre de droits protégés, le nombre des empiètements sur la suprématie parlementaire augmenterait aussi ». Les droits individuels, ceux des femmes, des autochtones, la liberté d'expression et tout ce que contient la charte actuelle ne constituent donc qu'un enrobage pour les visées linguistiques de Trudeau. « Il n'y a aucun doute, a dit en 1992 le stratège constitutionnel de Trudeau, Michael Kirby, c'est de cette façon que nous sommes arrivés à ce résultat. »
L'ironie de cette histoire, donc de l'histoire du Canada moderne, tient à ce que l'emballage, l'enrobage, a pris une vie autonome et déterminante pour l'avenir du pays alors même que ce qu'elle devait enrober — les droits linguistiques — a connu un dépérissement notable et s'est effondré dans l'opinion anglophone.

conclure que, selon ce critère essentiel, l'œuvre de Trudeau est un grave échec. À l'automne de 1988, alors que se met en branle la caravane anti-Meech, les Canadiens anglais donnent d'ailleurs une interprétation cocasse des droits scolaires linguistiques : 75 % d'entre eux approuvent ces dispositions de la charte lorsqu'elles s'appliquent aux Anglo-Québécois, mais seulement 54 % lorsqu'elles s'appliquent aux Franco-Canadiens hors Québec*.

Bref, le *Rest of Canada* — que les spécialistes appellent désormais couramment le ROC — s'est construit sa propre idée de ce que la charte signifie. Bien plus que le texte lui-même, ce sont les idées véhiculées, au premier chef celle de l'égalité des provinces, qui sont devenues une force irrésistible. Ces nuances étant apportées, on peut conclure qu'avec l'adoption de la charte et le rapatriement de la constitution qui consacrait l'indépendance technique finale du Canada face à la métropole britannique, le nationalisme canadien trouvait son année zéro, son acte fondateur.

On ne s'en est pas rendu compte tout de suite, mais dans les années qui ont suivi l'adoption de la charte, la retraite de Trudeau, le 29 (!) février 1984, puis l'humiliante défaite de son parti en septembre de la même année, les concepts nationalistes canadiens de Trudeau et de sa charte ont essaimé dans le reste du pays, jusqu'à y développer de solides racines. Ce nationalisme s'est endurci à la faveur de tempêtes successives. D'abord, les coupures budgétaires opérées par le gouvernement conservateur de Brian Mulroney dans des programmes canadiens leur ont conféré le caractère sacré des espèces en danger : la CBC (le réseau anglais de Radio-Canada) au budget sabré, le système de chemin de fer, notamment Via Rail, amaigri, Petro-Canada et Air Canada privatisés, les Postes canadiennes au personnel réduit, et le système de santé dont l'universalité est remise en cause.

Après ces bourrasques, le débat sur le libre-échange canado-américain a frappé. Nonobstant ses vertus réelles, l'accord canado-américain limite contractuellement le pouvoir du gouvernement canadien d'intervenir dans plusieurs matières commerciales et limite donc sa souveraineté. À l'élection de 1988, qui tenait lieu de référendum sur le libre-échange, une très forte majorité de Canadiens anglais ont voté contre les candidats conservateurs qui appuyaient cette entente.

Menacé par les politiques conservatrices, agressé par le libre-échange, le nationalisme canadien est devenu un défi, une opposition ferme et active, pénétrant toutes les couches de la société canadienne, de l'intelligentsia torontoise aux fermiers manitobains.

---

* Les auteurs de ce sondage, Blais et Crête, dont on parlera plus loin, notent que le second chiffre est probablement gonflé, car la question suivait immédiatement la précédente sur les Anglo-Québécois, d'où une certaine « contamination ». Sans cet effet de série, la double norme est encore plus forte, notent-ils.

On a beaucoup dit et écrit, au Québec, que ce sentiment nationaliste canadien s'exprimait dans la volonté d'un « gouvernement central fort ». Ce n'est pas tout à fait vrai. Des sondages régulièrement menés entre 1979 et 1990 par une des grandes maisons de sondages du Canada anglais, la firme Environics, enregistrent hors Québec un renforcement du sentiment d'appartenance à la province, plutôt qu'au pays. Ils relèvent aussi une préférence accrue pour un rapatriement de pouvoirs vers les provinces dans 15 domaines de compétence sur 19.

Alors, où le nationalisme canadien prend-il son élan ? Où est la victoire de Trudeau ? Dans l'appui à la charte, « considérée par les Canadiens anglais comme le plus important symbole de l'identité canadienne », écrit la vice-présidente d'Environics, Dona Dasko. Sept citoyens sur dix, hors Québec, considèrent ce texte comme « très important » pour la nation*. La charte et sa grande devise d'égalité des citoyens connaissent même une mutation dans les esprits de l'Ouest et des Maritimes où, par extension, on lui adjoint le mot d'ordre d'égalité absolue des provinces entre elles. Voilà le point sur lequel le nationalisme canadien va se focaliser et entraîner le pays, comme le prédisait Trudeau en 1967, « sur une voie pleine de périls graves ».

B Quand Meech égale Munich

Entre 1988 et 1990, à l'approche de la date finale de ratification de l'accord du Lac Meech, ce nationalisme triomphe, malgré l'adhésion de la majorité des membres de l'élite politique à l'Accord. Au début, la vague n'est pas nettement visible. Bien que les habitants du ROC soient clairement opposés (56 %) à la « société distincte » dès l'automne de 1988, une majorité (53 %) pensent alors que l'adhésion du Québec à la constitution est une bonne chose et une pluralité (43 %) se disent heureux du renforcement de l'ensemble des pouvoirs provinciaux. Le chiffre le plus important de ces consultations précoces est celui des indécis face à l'Accord : 43 %. Là gît la bête. À compter de décembre 1988, elle sort de son hibernation pour lacérer, dépecer puis avaler l'Accord.

---

* Le portrait de l'attachement des Québécois à la charte est beaucoup plus flou, à cause de l'existence, depuis 1974, de la charte québécoise des droits de la personne. Dans un sondage réalisé au printemps 1992 par CROP pour *L'actualité,* on constatait que la moitié seulement des francophones pensent « Canada » quand on leur dit « charte ». Au total, 38 % des Québécois francophones disent s'identifier à une charte qu'ils considèrent comme canadienne, ce qui est très en retrait du sentiment des autres Canadiens. Une méga-étude des comportements électoraux de 1988, faite par Johnston Brady, Blais et Crête, recèle une autre pièce du puzzle. On a présenté aux répondants le cas où une loi provinciale contrevenait à la charte canadienne. Qui doit trancher, demande-t-on ? Les tribunaux, qui savent ce qui est juste et injuste, ou les parlements provinciaux, qui représentent le peuple ? Dans le ROC, les deux tiers des personnes interrogées ont répondu « les tribunaux ». Au Québec, les deux tiers des francophones ont répondu « le parlement provincial ».
Par ailleurs, plusieurs sondages montrent, et Allan Gregg, de Decima Research, conclut, que les Québécois sont plus attachés aux libertés individuelles que ne le sont les autres Canadiens, sur toutes les questions où leur avenir collectif, en tant que francophones, n'est pas en jeu.

Qu'est-ce qui l'a tirée de sa torpeur ? La plupart des commentateurs politiques et médiatiques jugent que l'adoption par le Québec, en décembre 1988,
de la loi linguistique 178 fut l'élément aggravant, dans le ROC, du rejet de
Meech. En utilisant à nouveau la clause « nonobstant » prévue dans la charte,
le Québec commettait un crime contre ce texte maintenant sacré, donc contre
le nouveau Canada. De fait, cette décision a donné au Manitobain Gary
Filmon un prétexte pour ne pas ratifier l'Accord.

Mais la plus vaste étude existante du comportement électoral canadien
(réalisée par Richard Johnston et Henry Brady, de l'université York, André
Blais, de l'Université de Montréal, et Jean Crête, de l'université Laval) montre
que la loi 178 n'est pas seule en cause.

Des sondages réalisés avant l'adoption de cette loi n'enregistrent aucune
montée soudaine du sentiment anti-Meech. Le refus croît au contraire de façon
constante, à partir de l'élection des conservateurs, le mois précédent, et à
mesure que les projecteurs sont braqués sur la clause de la société distincte,
cause de tout le mal.

Non pas que les Canadiens anglais aiment la loi 178 : 97 % y sont opposés
en principe. Elle donne des arguments nouveaux aux détracteurs de l'Accord,
met ses hérauts sur la défensive. Mais ce rejet semblait déjà intégré dans le
refus de la société distincte, pensent Blais et Crête. Pour eux, le problème, le
facteur aggravant, est ailleurs :

> Ne se pourrait-il pas que ce soit le résultat même de l'élection qui ait amené
> certains Canadiens anglais à réévaluer leur position à l'égard du Québec et de
> l'accord du Lac Meech ? Il faut comprendre que la victoire des conservateurs a
> été fort difficile à avaler pour bon nombre de Canadiens anglais qui étaient
> férocement opposés au projet de libre-échange avec les États-Unis. La défaite a été
> d'autant plus amère que le Québec en a été largement responsable ; sans le Qué-
> bec, les conservateurs n'auraient pas formé le gouvernement et l'accord de libre-
> échange n'aurait pas été signé. On peut donc comprendre la frustration d'un
> certain nombre de Canadiens anglais et leur réticence à donner au Québec ce qu'il
> demandait (le Lac Meech), après s'être vu imposer le libre-échange. Et on
> constate effectivement que les adversaires du libre-échange étaient massivement
> contre l'accord du Lac Meech. [42 % de ceux opposés à l'un étaient aussi opposés
> à l'autre, 17 % seulement ne partageaient pas les deux sentiments de rejet]. [...]
>
> Sur le plan analytique, cela montre jusqu'à quel point des enjeux qui sont au cœur
> même de la définition de la communauté politique canadienne — Quels sont nos
> liens avec le grand voisin américain ? Quelle est la place du Québec dans la
> confédération ? — sont intimement liés entre eux.

Après les coups assenés aux symboles et le stress infligé par le libre-
échange, Meech est la goutte d'eau de trop, le virage à ne pas prendre, l'infraction ultime à la charte, puisqu'en reconnaissant l'existence d'une « société
distincte », l'entente consacre l'inégalité entre provinces et entre individus. On

rage contre ces Québécois qui imposent leur premier ministre (Mulroney) au reste du pays, et veulent encore des cadeaux*.

« Quand on leur expliquait la plupart des autres éléments de l'entente, ils les aimaient, explique Michael Adams, président d'Environics, très sollicité pendant les mois de débats sur Meech. Mais ils considéraient la clause de "société distincte", par contre, comme une capitulation envers le Québec. » Accepter Meech, a dit le ministre de la Justice de Clyde Wells, Paul Dicks, c'est imiter le premier ministre britannique Neville Chamberlain tentant d'apaiser Hitler à Munich.

Des fédéralistes québécois ont parfois dit qu'il fallait mettre le rejet de la société distincte sur le compte du caractère de plus en plus multiculturel du reste du Canada, moins attaché au vieux concept des « deux nations ». Ici encore, l'étude de comportement révèle qu'il n'y a pas de différence notable dans les sous-groupes : immigrants ou Canadiens de vieille souche, personnes âgées ou pauvres, scolarisés ou illettrés, unilingues anglophones ou anglos sachant parler le français, tous partagent une même révulsion à l'endroit de la société distincte. Vingt ans de politique d'immersion ne changent rien à l'affaire**.

En mai 1990, par exemple, un sondage Gallup typique révèle que 71 % des Canadiens de la Colombie-Britannique, 72 % des Ontariens et des habitants des Prairies et 75 % de ceux des provinces atlantiques jugent l'accord « mauvais pour le Canada ».

Peut-être les Canadiens anglais ont-ils mal compris ? Peut-être leur a-t-on mal expliqué l'Accord ? Peut-être s'y est-on mal pris ? Non, tout le monde a parfaitement saisi de quoi il s'agissait, selon le sondeur Adams : « Peut-on éduquer les gens ? Oui, mais nous sommes en présence d'un peuple très éduqué. Les gens passent 30, 40, 50 heures par semaine à regarder la télévision, écouter la radio, lire des journaux et des magazines. La plupart s'abreuvent à ces quatre sources***. »

---

* D'ailleurs, un vieux fond de sentiment *anti-French* se réveille. Interrogés sur les groupes pour lesquels ils ont de la sympathie, et utilisant leur auto-évaluation comme repère, les habitants du ROC mettent les Canadiens français sur le même plan que les Américains (-17 %), donc plus bas que les autochtones (-9 %) et que les groupes ethniques (-12 %). Blais et Crête pensent que ce n'est pas suffisant pour parler d'hostilité, quoiqu'elle soit présente en certains milieux. « Il est plus juste de parler d'une profonde ambivalence [du ROC envers le Québec], comme d'ailleurs à l'endroit des Américains. » Une autre étude, réalisée en 1984, démontrait que seuls les Canadiens français suscitaient plus d'hostilité que les Juifs dans le ROC.

** Ce qui est dommage pour Daniel Johnson, qui a indiqué à l'auteur en 1992 qu'il fondait son espoir d'un retour du *magic moment* de Meech sur les anglophones bilingues qui finiraient par gravir les échelons du pouvoir dans le ROC. *Sorry !*

*** Dans les semaines ayant immédiatement précédé la mort de Meech, le nationalisme canadien avait quelque peu fléchi, à la faveur des pressants appels au compromis — notamment de la CBC — et sous la menace du séparatisme québécois, brandie notamment par Brian Mulroney dans ses discours. Dans un ultime sondage de juin 1990, une majorité de Canadiens se disaient toujours hostiles à l'accord et à sa clause de société distincte, mais une petite majorité se disait prête à l'adopter quand même, à se boucher le nez, en quelque sorte, pour qu'on en finisse enfin avec ces sempiternelles discussions constitutionnelles.

Bref, c'est en connaissance de cause qu'ils expriment, pour reprendre l'expression de Sheppard, chroniqueur du *Globe and Mail,* « une franche divergence d'opinion ».

Angus Reid, président de la firme de sondage du même nom, basée à Winnipeg, va plus loin et affirme, à l'été de 1992, avec le recul, que les Canadiens ont tellement bien compris qu'ils ont puni les membres de leur élite politique qui ne les ont pas écoutés.

> Les premiers ministres qui ont fait fi des sondages dans leur province, par exemple David Peterson en Ontario, Grant Devine en Saskatchewan et Bill Vander Zalm en Colombie-Britannique, n'occupent plus le siège du pouvoir. Par contre, ceux dont le soutien pour l'Accord s'est avéré plus tiède (donc ceux qui étaient plus éveillés à l'opinion publique), y compris Frank McKenna au Nouveau-Brunswick et Gary Filmon au Manitoba, ont été réélus. De cela on peut tirer une leçon : faire la sourde oreille à la population, c'est courir le risque d'essuyer sa colère au moment des élections.

Peut-on vraiment blâmer Mulroney, Peterson et Bourassa d'avoir ainsi considéré l'opinion publique comme quantité négligeable ? Depuis les débuts de la confédération, les ententes importantes pour l'avenir du pays avaient toutes été conclues par des hommes politiques, dans des salles aux portes fermées, puis présentées comme indispensables à une population prompte à l'acquiescement. C'est seulement de 1988 à 1990 que la colère populaire a surgi contre une entente conclue « par 11 hommes en complet » (*eleven men in suits*). Une critique, plaisantera Mulroney, « qui me pousse à m'interroger ; qu'est-ce qu'on était censé porter, au juste, à ces rencontres ? » Plus sérieusement, un des principaux négociateurs ontariens de Meech, Patrick Monahan, pose ce constat, dans le livre qu'il a consacré à l'affaire :

> Le problème de la plupart des généraux est que leur plan de bataille vise toujours à gagner la guerre précédente, plutôt que la bataille à venir. C'est vrai pour la stratégie du fédéral face à Meech. Elle était conçue pour une ère où les seuls acteurs étaient le gouvernement fédéral et les provinces. On assignait aux groupes d'intérêt et au public en général un rôle de spectateurs. Lorsqu'on a enfin compris que ce scénario était fondé sur un mauvais calcul, il était trop tard pour faire marche arrière.

Excusable pour Meech, car le rôle important de l'opinion publique était inédit, la répétition de cette même erreur à quelques mois de distance tiendrait de la bêtise.

Au Québec, l'opinion publique a réagi en sens inverse. À mesure que le ROC s'est avisé que Meech concédait « trop », les Québécois se sont convaincus que « ce n'était pas assez ». Bourassa résume remarquablement le réflexe québécois, dans une entrevue accordée peu après la mort de Meech : « En questionnant des gens un peu apolitiques, dit Bourassa, en leur demandant : "Souhaitiez-vous que le lac Meech passe ?", les gens me disent : "Non ! Mais on souhaitait que vous alliez jusqu'au bout. On était d'accord que vous restiez là, que vous fassiez preuve d'ouverture, que vous soyez correct, sans donner de coup de poing sur la table, sans claquer la porte. Mais que les autres [Canadiens], eux, disent "Non", finalement. Et qu'ils nous disent, en quelque sorte : "Vous êtes libres !" »

Six mois après la mort de Meech, au tournant de l'année 1990-1991, le premier ministre québécois a-t-il des raisons de croire que le pragmatisme va l'emporter sur le nationalisme canadien ? Que le « On a compris » a remplacé le « Vous êtes libres » ? Au contraire. Les sondages réalisés après Meech au Canada anglais trahissent un durcissement des positions.

À l'automne 1990, via les audiences de la commission parlementaire Bélanger-Campeau sur l'avenir du Québec, les Québécois envoient des signaux de plus en plus clairs : ils veulent une forte autonomie du Québec, ou bien la souveraineté. Les Canadiens ont une opinion à ce sujet. Un sondage Gallup réalisé entre le 2 et le 5 janvier 1991 donne le ton : les Canadiens préfèrent prendre le risque de la séparation du Québec que de satisfaire ses demandes autonomistes. Les proportions sont nettes, presque cruelles : 63 % dans les Maritimes, 70 % en Ontario, 78 % dans les Prairies, 79 % en Colombie-Britannique.

Ils le disent comme cela, et ils le répètent de toutes sortes de façons. En janvier 1991, dans un sondage CROP/*L'actualité,* ils sont 75 % à affirmer que « des pouvoirs additionnels pour le Québec sont contraires à la nature même du Canada ». (Seuls 6 % sont indécis, preuve qu'ils comprennent très bien la question.) Les deux tiers refuseraient même de négocier avec le Québec s'il lançait un ultimatum selon lequel il deviendrait souverain deux ans plus tard, à moins d'une entente entre-temps.

Le sondeur vedette du Parti conservateur et conseiller de Mulroney, le brillant Allan Gregg, de la firme Decima, qui vient de passer trois ans à tenter de trouver dans l'opinion canadienne une éclaircie pour y faire passer Meech, et qui est maintenant chargé de dénicher des lueurs d'espoir pour une réforme fédérale encore à venir, résume ainsi la situation, au début de 1991, pour le journaliste Knowlton Nash :

> Gregg : Tout ce concept de fédéralisme asymétrique n'a aucune chance, absolument aucune. Je ne prévois pas que l'opinion publique canadienne-anglaise puisse se modifier suffisamment pour rendre politiquement viable un changement qui donnerait au Québec quoi que ce soit qui ressemble à un statut spécial, unique, différent. Si les Canadiens devaient choisir aujourd'hui entre le fédéralisme asymétrique ou le départ du Québec, ils choisiraient probablement le départ du Québec. [...]
>
> Nash : Ça augure mal de la conclusion d'une entente avec le Québec.
>
> Gregg : Très mal. Si l'opinion publique au Canada anglais ne change pas d'ici à un éventuel référendum, il n'y aura pas de réconciliation.
>
> Nash : Comment l'opinion pourrait-elle changer ?

Gregg : Je ne sais pas. J'ai été soufflé et suis resté incrédule pendant tout le processus de Meech. J'ai étudié l'état de l'opinion publique chaque semaine et, parfois, chaque jour. Je n'ai jamais vu les élites de ce pays aussi unanimes [en faveur de l'Accord]. Les trois partis politiques, la communauté des affaires, les médias pour la plupart. Mais les Canadiens anglais en général étaient complètement insensibles aux appels de leurs élites. Je n'avais jamais vu ça.

C *La solution impossible*

Au cours de l'automne de 1990 et de l'hiver de 1991, Gregg se dit qu'il y a peut-être une façon de faire bouger les choses. « En termes d'opinion publique pure, la seule proposition constitutionnelle qui avait une chance de passer, compte tenu des demandes du Québec, était une décentralisation massive des pouvoirs », explique-t-il à l'auteur. Un de ses sondages de novembre 1990 montre que, certes, les Canadiens sont très largement opposés à une décentralisation profitant au Québec seulement (74 %), mais qu'une pluralité sont *favorables* à une décentralisation vers toutes les provinces (41 %). L'idée est particulièrement bien accueillie dans l'Ouest canadien. Cela confirme la tendance à la provincialisation observée pendant les années 80. Mais la proposition respecte le sacro-saint principe de l'égalité des provinces. Cela dit, comme « les Canadiens aiment être des Canadiens » note aussi Gregg, cette décentralisation massive n'aurait été « vendable » que si elle avait été accompagnée de l'établissement « de normes et d'objectifs nationaux et d'une vision nationale » auxquelles les provinces auraient dû s'astreindre dans l'exercice de leur nouvelle puissance. Ce dernier critère aurait posé des problèmes au Québec, mais on peut juger que, en contrepartie d'une décentralisation massive, les Québécois auraient trouvé là des termes d'échange acceptables.

Il est intéressant de noter que les Canadiens auxquels les anglophones s'identifient le plus — Trudeau, Wells, Manning, sans parler de Chrétien — sont viscéralement opposés à cette solution, et considèrent essentielle l'existence d'un pouvoir central fort. C'est clair, le Canadien anglais moyen est déchiré sur la question. Il est aussi probable que la méfiance inspirée par la personne de Brian Mulroney est un facteur de rejet du pouvoir fédéral en soi. Gregg pense que, dans une campagne de « vente » de la décentralisation massive, « les arguments de Trudeau et de l'intelligentsia torontoise pour un gouvernement central fort auraient été aussi cavalièrement rejetés par les citoyens » que ceux des défenseurs de Meech l'avaient été.

Gregg lui-même n'est pas partisan d'un Canada fortement décentralisé. « Ce ne serait probablement pas le type de pays que je voudrais, mais en tant que lecteur "amoral" de l'opinion, je voyais cette ouverture. » Il trouve une oreille réceptive chez un autre praticien de la politique fédérale qui ne s'embarrasse que d'un minimum de principes et pratique l'art du possible : Norman Spector, chef de cabinet de Mulroney et son copilote dans la traversée de Meech. Spector voit lui aussi dans l'option de décentralisation massive une façon de sortir de la crise. Malheureusement, elle ne résiste pas au test du réel. Aux Communes, les deux partis d'opposition — libéraux et néo-démocrates, majoritaires dans l'opinion — et la plupart des ministres anglophones du gouvernement conservateur s'opposent, par principe, à une telle réforme, à laquelle résiste aussi tout le mandarinat fédéral, dont la force d'inertie est considérable.

Brian Mulroney n'en veut pas, pas plus que son ministre responsable des affaires constitutionnelles à partir d'avril 1991, Joe Clark, à qui Gregg tente de vendre sa salade. « Joe avait déjà décrit le Canada comme une "communauté de communautés", raconte Gregg, mais il était opposé à la décentralisation parce que, disait-il, "c'est comme sortir le dentifrice du tube, on ne réussira jamais à l'y remettre ensuite". Il était très inquiet du fait que ça pouvait devenir une réponse permanente et irréversible à une crise ponctuelle du fédéralisme. »

Une telle approche ne saurait donc être adoptée par le gouvernement fédéral et proposée aux provinces. Même si elle l'était, elle ne survivrait pas dans les capitales provinciales, car 6 sur 10 y seraient réfractaires : les petites provinces (les Maritimes ainsi que la Saskatchewan et le Manitoba) sont fortement dépendantes de l'existence d'un gouvernement central fort, dispensateur de services qu'elles ne peuvent se payer, répartiteur des richesses puisées dans les grosses provinces. « Terre-Neuve ne veut pas de pouvoir supplémentaire », tonnait Clyde Wells pendant le débat de Meech. De toute façon, certaines de ces provinces ne disposent pas des infrastructures nécessaires pour gérer de nouveaux pouvoirs. Devant un témoin, Spector s'en est un jour inquiété : « Décentraliser, d'accord, le Québec n'attend que ça. Mais dans d'autres provinces, à qui va-t-on donner les pouvoirs ? Au curé ? Elles n'ont pas la capacité d'assumer ces nouvelles tâches. »

Même parmi les quatre grandes provinces, la plus puissante, l'Ontario, est traditionnellement hostile à un amaigrissement du pouvoir central. Depuis l'élection du néo-démocrate Bob Rae, en septembre 1990, son opposition est encore plus forte, le NPD étant idéologiquement opposé à toute décentralisation. Il est stupéfiant de constater, grâce à un sondage Environics de mai 1990, que les Ontariens sont les seuls Canadiens à penser que leur province « reçoit sa juste part des dépenses du fédéral ». Ils sont 78 % à en être convaincus (les autres Canadiens anglais sont 68 % à penser le contraire, comme 53 % des Québécois).

Spector sait tout cela. Mais, faute d'une autre solution, à l'été 1991, il demande à en savoir plus et confie à la firme de sondages québécoise CROP, entre autres, une grande enquête pancanadienne sur le sujet, scrutant les valeurs aussi bien que les préférences des citoyens. Spector tombe bien, car le président de CROP, Alain Giguère, part de la même hypothèse que lui, à savoir que la majorité des Canadiens voudraient décentraliser un certain nombre de pouvoirs au niveau provincial, jugé « plus proche » du contribuable. À l'automne de 1991, chiffres en main, Giguère fait son rapport : « Je me suis complètement planté, dit-il à Spector. Les Canadiens anglais ont une vision complètement différente. » C'est vrai pour les pouvoirs, c'est surtout vrai pour les « valeurs » : « Tout ce qui est "moderne", pour eux, doit être au fédéral, explique Giguère. Au Québec, au contraire, tout ce qui est "moderne" doit être provincial. »

Clyde Wells avait déjà résumé, pendant le débat de Meech, cette contradiction entre la volonté québécoise et la volonté canadienne : « Il est impossible d'écrire une constitution qui intègre les deux visions du Canada. Ces deux visions ne peuvent coexister en un même point, en un même temps. »

Gregg, Spector et quelques autres rêveurs doivent rapidement enterrer leur théorie décentralisatrice, mort-née ou, comme on dit outre-Outaouais, *D.O.A., Dead on arrival.*

Il existe une façon de réaliser la quadrature du cercle de l'opinion canadienne-anglaise, déchirée entre ses tentations provincialistes et sa foi nationaliste canadienne : proposer de donner plus de pouvoirs aux provinces dans un Canada central plus fort. Traduction : un Sénat fédéral dans lequel toutes les provinces ont le même statut, où les sénateurs « provinciaux » sont élus et disposent d'un réel pouvoir. Sénat triple E : égal, élu, efficace. Lorsqu'on présente cette option d'un Sénat égal aux Canadiens anglais, comme dans un sondage CROP de janvier 1991, ils la préfèrent à toute autre, à pas moins de 43 %. C'est le cri de ralliement de plusieurs citoyens de l'Ouest, repris, dans l'Est, par Wells. L'ennui, c'est que la solution qu'ils envisagent à leur aliénation politique est diamétralement opposée à celle que réclament les Québécois. « Les gens de l'Ouest sont pressés de prendre la place qui leur revient à Ottawa », explique Elwin Hermanson, organisateur national du Reform Party dont le slogan est « *The West wants in.* » (L'Ouest veut s'intégrer). Le Québec, au contraire, désire se démarquer.

Puisque la décentralisation asymétrique est impensable, que la décentralisation systématique est impossible et que la solution du Sénat égal ne règle en rien le problème québécois, que faire ? « La superstructure » répond Bourassa, qui a lancé le concept à Bonn au début de 1990. On sait que les experts réunis par le BCNI ont rejeté cette formule comme impraticable et invendable. Les citoyens du ROC sont du même avis : en janvier 1991, 62 % y sont opposés, seulement 9 % n'ont pas d'opinion. *Exit* la superstructure. Quoi d'autre ?

D *Go ! Let them go ! Conform or go !*

Quand Giguère remet son enquête à Spector, le chef de cabinet veut entendre quelles « recommandations stratégiques » le sondeur tire de sa recherche. Giguère refuse de coucher sa recommandation sur papier, mais il donne de vive voix son verdict au bras droit du premier ministre canadien : « Qu'est-ce que vous voulez que je vous dise ? Tout ce que vous pouvez faire avec ça, c'est l'indépendance du Québec. »

L'indépendance du Québec. C'est évidemment un tabou. Le gouvernement fédéral ne peut la proposer. Pourtant, l'opinion canadienne-anglaise évolue, sur cette question, de sondage en sondage.

À la question « Êtes-vous en faveur de la séparation du Québec ? », la minorité qui répond Oui double en un an :

Date	Oui	Maison de sondage
Mai 1990	15	Environics
Novembre 1990	20	Environics
Février 1991	27	Gallup

Il n'y a pas de « à moins que », de « seulement si » ni de « à la place de » dans ces réponses. En février 1991, plus d'un Canadien anglais sur quatre souhaite voir le Québec partir, de toute façon, pour de bon. C'est beaucoup. (Un résultat similaire est enregistré en décembre 1990 - janvier 1991 parmi la communauté des affaires du Canada anglais : 22 % se disent prosouveraineté.) Ces voisins expriment une « volonté ». Ils sont plus nombreux encore, c'est normal, à en faire une « prédiction ». En novembre 1990, plus du double, 45 %, pensent qu'il est probable que le Québec devienne indépendant (seulement 25 % pensent que c'est « très improbable »).

Telle est la réaction spontanée, à froid, de Canadiens joints au téléphone par des sondeurs. Cette conviction est encore plus forte parmi les associations de toutes sortes qui réfléchissent plus longuement et qui remettent, début 1991, des mémoires au comité parlementaire mis sur pied par l'Ontario pour discuter de réforme constitutionnelle. Fin février, le responsable du comité, le député Tony Silipo, annonce que la plupart des mémoires tiennent pour acquis que le Québec va se séparer. « C'est une attitude de résignation », commente-t-il. Certains mémoires envisagent cette perspective « avec colère », mais la majorité adoptent « un ton neutre ou sympathique », rapporte le journaliste du *Globe and Mail* qui couvre la commission. « La question qu'il faut vraiment se poser est de savoir ce que la souveraineté du Québec veut vraiment dire, en termes pratiques, quotidiens », ajoute un membre du comité, Charles Beer.

Reg Whitaker, politologue de l'université York, à Toronto, résume le climat : « Il est possible, en fait, que les Canadiens anglais aient passé le point où ils tiennent profondément au Québec. En ce sens, ils ont déjà mis une croix sur le Québec. Ils sont peut-être mieux préparés qu'on ne le croit à faire face à cette éventualité. »

L'opinion, comme les élites, est donc fataliste. Comme chez les élites, on décèle des germes d'agressivité mais, pour l'heure, c'est le dépit amoureux et la lassitude qui l'emporte. Interrogés sur leur inclination à « laisser partir » les Québécois *(Let them go)* sans les retenir s'ils décident de devenir souverains, plutôt que de « tout faire pour les convaincre de rester », les Canadiens anglais tendent de plus en plus à jeter l'éponge :

Date	Let Them go	Maison de sondage
Novembre 1989	48	Decima
Novembre 1990	50	Decima
Janvier 1991	57	Crop*

Des résultats surprenants lorsqu'on sait combien les Canadiens se sont fait dire, depuis 30 ans, que le départ du Québec «détruirait le Canada». On l'a vu, ils croient au contraire que c'est le maintien d'un Québec «spécial» au sein du Canada qui en détruirait la fibre.

Fin de 1990, début de 1991, l'attitude canadienne-anglaise face au Québec peut se résumer par ces trois chiffres :

Go (Favorables, dans tous les cas, au départ du Québec)	27 %
Let them go (S'ils veulent partir, laissez-les faire)	57 %
Conform or go (Acceptez le *statu quo* ou partez !)	72 %

Toutes ces informations n'ont jamais été réunies comme dans les pages qui précèdent. Beaucoup de ces éléments étaient toutefois dans le paysage, à la fin de 1990. Mais dans quelle mesure un fédéraliste québécois peut-il en être conscient, alors qu'il est collé sur l'événement jour après jour ? Réponse : Dans une très, très large mesure. À preuve, l'ancien ministre libéral québécois et vieux sage du PLQ, Claude Castonguay. Dans son mémoire à la commission Bélanger-Campeau, en décembre 1990, il brosse ce tableau lucide et informé :

> En définitive, chacun des Québécois devra faire son propre choix à partir de son analyse de la question. En principe, trois options sont susceptibles de lui être présentées : [...]
>
> [1.] L'option du fédéralisme décentralisé. L'expérience passée démontre que le Canada anglais et multiculturel s'objecte à une décentralisation vers le Québec uniquement. Il s'objecte également, comme l'échec du lac Meech l'a démontré, à un régime décentralisé applicable à l'ensemble du Canada. Il faut anticiper égale-

---

* La question de CROP, plus spécifique, provoque une réponse positive plus forte, car elle n'offre comme moyens de dissuader le Québec que des options dures : utiliser « la force militaire » ou « des pressions économiques ».

ment que le puissant fonctionnarisme fédéral s'objecterait à une tentative majeure de décentralisation vers le Québec. Enfin, la majorité des Québécois ne croient pas présentement à la possibilité de renouveler le régime fédéral actuel. [...]

[2.] Un régime confédéral dans lequel des États souverains créent un marché commun et se dotent de structures centrales communes. [...] La création d'une véritable confédération exigerait que la balance du pays accepte de se transformer également. Rien présentement ne permet de croire que les autres provinces soient disposées à se regrouper dans des États souverains, au sein d'une confédération.

[3.] La troisième option, celle de la souveraineté-association, entraînerait une coupure beaucoup plus profonde et définitive avec le reste du pays. C'est celle qui exigerait les changements les plus grands et, en conséquence, comporterait le niveau le plus élevé de risque. Par contre, la concrétisation de cette option ne dépend pas de l'orientation que choisiront de prendre les autres provinces. [...]

Castonguay ne tranche pas entre ces options et il répétera plusieurs fois qu'il n'est pas, personnellement, souverainiste, qu'il ne l'a jamais été et ne le sera probablement jamais*.

E *Association : la modération a bien meilleur goût*

Castonguay est un peu léger, tout de même, sur le caractère unilatéral de la souveraineté-association. Pour s'associer, il faut être deux. On l'a vu, les habitants du Canada anglais, le ROC, sont réfractaires à toute emmanchure confédérale ou parlement supranational. Ils sont aussi convaincus que lorsque les Québécois disent « association », ils pensent garder leur grande patte dans l'assiette au beurre, continuer à tirer des avantages financiers du reste du pays.

Le sondeur Allan Gregg est de ceux-là :

Gregg : On est en présence de cette chose appelée souveraineté-association, qui est actuellement définie par les Québécois comme la possibilité d'avoir le beurre et l'argent du beurre. Ils pensent qu'il n'y a pas de risque à la souveraineté-association.

Nash : C'est un peu comme s'ils voulaient divorcer, tout en gardant le compte conjoint.

Gregg : Compte conjoint, visites conjugales et tout le reste.

---

* Il n'en fait pas moins, en décembre 1990, d'intéressantes suggestions à la commission parlementaire, au cas où la souveraineté la tenterait : « Étant donné le caractère essentiel de l'intégration économique du Québec à l'ensemble nord-américain, est-ce que le Québec ne devrait pas obtenir de la balance du Canada et des États-Unis des garanties sur ce plan avant de s'engager de façon irrémédiable sur la voie de la souveraineté ? Il existe d'ailleurs plus d'une façon d'aborder cette question. Par exemple, au lieu de prendre effet immédiatement, une déclaration de souveraineté pourrait prendre effet au terme d'un certain délai, disons deux ans. Un tel délai faciliterait sûrement l'obtention de garanties commerciales et l'engagement de négociations ordonnées. »
Rien n'est moins sûr, Ottawa n'étant pas près de donner des « garanties » pour faire en sorte que l'indépendance devienne par conséquent sans risque, donc irrémédiable. Mais l'idée d'un délai ne tombe pas dans l'oreille de sourds.

Ce n'est pas complètement faux, si on se fie aux descriptions que donnent les Québécois eux-mêmes de la souveraineté, dans des sondages qui ont le défaut de demander indistinctement à tous les Québécois — donc aussi aux fédéralistes — quels liens ils désirent garder avec le Canada après l'indépendance. Pas étonnant que ce genre de portrait global les montre plutôt gourmands. C'est cependant complètement faux si on interroge les seuls indépendantistes, de même que si on consulte le programme du Parti québécois et les mémoires souverainistes qui vont être déposés à l'automne de 1990 à la commission Bélanger-Campeau. Dans tous ces cas, les souverainistes prévoient que le Québec doit retirer toutes ses billes, puis ne compter que sur ses propres moyens.

Il n'y a pas de raison que les habitants du ROC y voient plus clair que les Québécois eux-mêmes. En janvier 1991, deux sondages les interrogent quant à leur propension à engager des négociations d'association économique avec un Québec souverain. Conditionnés à penser qu'« association » signifie « allocation », ils se rebiffent, avec raison. Selon un sondage Angus Reid, 70 % refusent d'engager de telles négociations (seulement 5 % d'indécis). Selon CROP, 56 % disent Non.

Le sondage CROP/*L'actualité* pousse cependant l'exploration aussi loin et aussi en profondeur. Les répondants du ROC font volte-face sur la question de l'association dès qu'on mentionne la possibilité qu'un refus de s'entendre avec le Québec entraîne des difficultés économiques au Canada (une possibilité que tous les économistes canadiens-anglais tiennent pour une certitude). « Imaginez un instant, a-t-on demandé, que le refus du Canada de s'associer avec le Québec entraînerait des difficultés économiques pour le Canada. Dans ce cas... » Dans ce cas, les 56 % d'opposants à l'association se volatilisent et laissent place à 66 % de partisans de l'association (71 % dans les Maritimes). Lorsque, ensuite, on définit spécifiquement les caractéristiques de l'association, les taux d'approbation grimpent et les Canadiens s'avèrent associationnistes sur chacun des éléments du programme « minimal » avancé par le PQ de Jacques Parizeau :

Élément d'association	Oui	Détail d'un sous-groupe
Libre-échange Canada-Québec	77 %	81 % en Colombie-Britannique
Dollar canadien au Québec	74 %	84 % dans les Maritimes
Circulation biens et personnes	72 %	80 % dans les Maritimes
Passeport canadien au Québec*	66 %	76 % dans les Maritimes
Armée commune	61 %	82 % des femmes

---

* Ce détail a toujours été mal compris et, à dessein, mal expliqué par les adversaires du mouvement souverainiste. Le PQ et Parizeau n'ont jamais proposé que tous les Québécois gardent à jamais le passeport canadien. Ils promettent au contraire qu'un État du Québec délivrera des passeports québécois à ses citoyens. Ils ajoutent cependant que l'actuelle loi canadienne sur la citoyenneté permettra aux Québécois qui le désirent, notamment les

Les sondages hypothétiques sont toujours sujets à caution. Dans ce cas, cependant, le caractère massif des réponses positives sur chacun des trois éléments essentiels de l'association (les trois premiers) indique la présence d'une glace assez ferme sur laquelle un Québec souverain pourrait s'avancer*.

En résumé : Les élites intellectuelles, économiques et politiques du Canada traversent une période de désarroi. Le Canadien anglais moyen est opposé, en principe ou en pratique, à chacune des solutions qui permettrait au Québec de se satisfaire de sa place au sein du Canada. En fait, une fraction importante de Canadiens veulent voir les Québécois partir (le quart), les laisseraient partir (plus de la moitié), ou préféreraient leur départ à la solution, plus simple, de l'asymétrie (presque les trois quarts).

L'opposition des Canadiens anglais à une association économique légère avec le Québec n'est qu'épidermique : dès qu'ils y voient leur intérêt, ils appuient massivement les éléments indispensables de l'association. Pendant ce temps, la proportion des Québécois désireux de faire la souveraineté frôle la barre des 70 %.

Au Canada anglais, jamais les conditions politiques d'une déclaration de souveraineté n'ont été aussi favorables. Jamais, sans doute, cette conjonction ne se représentera.

Norman Spector, bras droit de Brian Mulroney, décrit en quelques mots la situation de la fin de 1990 : « Les Canadiens étaient presque en train de s'avancer, somnambules, vers la séparation. »

---

anglophones et les allophones, de conserver la double citoyenneté et le passeport canadien, comme c'est le cas pour les Canadiens ayant émigré dans d'autres pays. Dans ce cas-ci, cet « autre pays » serait le Québec. Ce droit s'éteint généralement avec le passage des générations. Au moment de ce débat, en décembre 1991, la ministre fédérale Barbara McDougall, chargée de la citoyenneté, a déclaré que pour garder le passeport canadien, les Québécois qui le désirent devront « émigrer au Canada » au moment de l'indépendance du Québec. Elle fut contredite le lendemain par deux de ses employés, dans des entrevues au *Globe and Mail* : « Neil Drabkin, un fonctionnaire du ministère d'État pour le multiculturalisme et la citoyenneté, a reconnu hier que M. Parizeau a raison de dire qu'il n'existe pour l'instant aucun moyen qui permettrait de retirer aux Québécois leur citoyenneté [canadienne]. La loi de la citoyenneté stipule qu'une personne peut décider de renoncer à sa citoyenneté, ou que celle-ci peut lui être retirée si elle a été obtenue frauduleusement, a déclaré M. Drabkin. [...] Scott Mullin, un assistant de Mme McDougall, a déclaré lors d'une entrevue que les commentaires de la ministre ont été cités hors contexte. » L'article du *Globe* cite ensuite un avocat de Toronto spécialiste en immigration, Mendel Green, selon lequel « la ministre a fait une erreur sur le droit, elle a tort ».
Il est par ailleurs douteux qu'une législation d'exception, visant les seuls Canadiens vivant au Québec, puisse survivre à un test juridique de la charte des droits.

* Un sondage Canadian Facts/*Globe and Mail* d'avril 1991 fera un peu le même travail. À choisir, les habitants du ROC préfèrent une association légère *(loose)* à 39 %, plutôt qu'une association lourde *(close)*, à 28 %, et 26% n'en veulent pas du tout. Par ailleurs, 59 % pensent que le Québec souverain devrait conserver la devise canadienne.

2

L'AGUICHEUR

Les politiciens sont des gens qui créent des choses à partir de rien.
Ils ne sont ni ingénieurs ni artistes ni artisans.
Ils ont peu de talents concrets à offrir. Mais ce sont des manipulateurs.
C'est ce qu'ils offrent : la capacité de manipuler.

V. S. NAIPAUL

« TU SAIS, EXPLIQUE BOURASSA, tu pourrais avoir des chances... » Ils sont sur le toit du *bunker*. Ils boivent du jus de fruit. La journée est intolérablement belle. Le premier ministre est en bras de chemise. Lucien Bouchard revient d'une longue randonnée pédestre dans les collines de Charlevoix. L'égaré de la politique fédérale n'y a pas rencontré son avenir. « J'en avais jusque-là de la politique. Je trouvais que ça avait été une erreur, une terrible erreur de naïveté et de candeur que d'entrer en politique dans ces conditions-là. Les événements me montraient que la seule réparation possible était de quitter la politique, de retourner pratiquer le droit. C'était ma grande tentation. Et c'était plus facile à faire que de rester. »

Malgré toutes ses dénégations, Bouchard — ça crève les yeux — se cherche une raison de rester en politique, une façon d'y relancer son action. Il ne les a pas trouvées dans les collines, 11 jours après la mort de Meech. C'est sur le toit du *bunker* qu'il fallait grimper.

« J'avais trouvé Bourassa comme d'habitude extrêmement gentil. C'est un homme très affable, un des plus affables qu'on puisse rencontrer en politique, explique Bouchard. Très simple, très naturel, sans prétention. Puis, il était très prévenant pour moi. Il était d'une amabilité pour moi qui me faisait me mettre un peu sur mes gardes. »

La conversation va et vient. La démission de Bouchard. L'impact sur le moral de Mulroney. « Brian est très abattu, dit Bourassa. Je lui parle souvent. Il se remet mal de ton départ. » L'avenir du politicien du Lac-Saint-Jean. « Je

lui ai dit que j'avais une décision à prendre. Je continue en politique, ou pas ? »
L'enterrement de Meech. Tellement dommage ! Les Canadiens anglais ont
laissé passé une chance incroyable. « C'est foutu, quoi, dit Robert. On peut pas
se fier à eux dans une négociation. Il faut tirer des conclusions, s'orienter. On
ne peut pas en rester là. »

Des propos qui mettent en éveil les antennes politiques de Bouchard. « Il
semblait beaucoup penser comme moi. Il me semblait tirer les mêmes
conclusions que moi de ce qui s'était passé. Il semblait très désabusé de son
expérience de négociation avec le fédéral. Très heurté. Avec une sorte de détermination que je ne lui connaissais pas. Je me disais, il est en train de faire
quelque chose. »

S'ils discutent de la souveraineté, dont Bouchard est maintenant un partisan déclaré, ce n'est que pour l'effleurer. Mais, Bourassa, dit Bouchard « ne l'a
pas exclue nommément ».

Les deux hommes se connaissent. En 1974, à la commission Cliche sur la
corruption dans l'industrie de la construction, le procureur Bouchard avait
appelé à la barre des témoins Jérôme Choquette, ministre de la Justice du jeune
premier ministre Bourassa, puis son conseiller spécial et maître ès patronage,
Paul Desrochers. Vu les pouvoirs de la commission, l'agressivité des questions,
l'intensité des projecteurs de télévision, les témoins étaient presque tous présumés suspects, les suspects présumés coupables. Bouchard était le Perry Mason
de l'heure. Ses patrons, commissaires, avaient pour nom Robert Cliche, juge,
Brian Mulroney, avocat patronal, et Guy Chevrette, leader syndical. Remontant la filière de la corruption et de la collusion, Bouchard voulut faire comparaître Robert Bourassa à la barre des témoins, mais en fut empêché. La carrière
politique du premier ministre québécois y aurait-elle survécu ?

Quinze ans plus tard, Bourassa allait retrouver Bouchard à Paris où,
ambassadeur du Canada, il allait favoriser de subtils arrangements diplomatiques qui permettraient de tailler au Québec une place honorable lors des
sommets de la francophonie. En 1988, lorsque Mulroney tentait d'entraîner
Bouchard dans l'aventure électorale, Bourassa avait été, avec le financier Paul
Desmarais et plusieurs autres, membre du lobby chargé de persuader l'ambassadeur. Le premier ministre québécois allait ensuite enjoindre ses députés et
organisateurs libéraux du Lac-Saint-Jean de prêter main-forte au candidat
Bouchard, dont l'élection, au départ, était loin d'être acquise. Bourassa avait
même, dans les derniers jours de la campagne, fait parvenir à Bouchard un
message public d'appui, au grand dam des libéraux fédéraux.

Bourassa avait ensuite douté de la valeur de son investissement politique
quand Bouchard, devenu ministre de l'Environnement, avait insisté pour que
le gouvernement fédéral se mêle de l'évaluation des impacts du projet hydro-
électrique de Grande-Baleine. Lucien Bouchard allait se faire accuser « d'ingé-
rence » pour avoir mis un des premiers clous au cercueil de ce projet, piloté
personnellement par Bourassa.

Mais sur le front central de Meech, le ministre fédéral aide plus qu'il ne nuit, exerçant sur Mulroney une pression ferme contre toute révision du texte. Bourassa croit tenir en Bouchard un allié sûr, jusqu'à ce qu'au printemps de 1990 il dîne avec lui et Jean Doré, maire de Montréal, chez Mario Bertrand, son ancien chef de cabinet. À un moment, Bouchard se tourne vers Bourassa et se met à lui parler de souveraineté : « Monsieur Bourassa, pourquoi vous la faites pas ? demande Bouchard, alors toujours pilier québécois du gouvernement canadien. S'il y en a un qui peut la faire, c'est vous. Vous avez les cartes entre les mains. Puis c'est l'Histoire qui nous* attend après. Vous avez les cartes, parce que vous, vous pouvez la faire avec une solidarité qui va regrouper également les gens d'affaires. »

Contrit, Bourassa se recule au fond de sa chaise et répond : « Je peux pas faire ça. »

« Pourquoi ? » demande Bouchard.

« Je peux pas faire ça aux jeunes du Québec », répond Bourassa.

Après le départ du ministre, Bourassa glisse à Bertrand : « Lui, il est dangereux ! » « On avait senti que Lucien était une petite bombe ambulante », explique Bertrand. Quelques semaines plus tard, la bombe Bouchard explosait, le ministre démissionnait, sauvant de ce fait Meech des affres du rapport Charest, mais brouillant les cartes du jeu québécois.

Bourassa et Bouchard : deux itinéraires bizarres, qui hésitent entre l'affrontement et l'appariement. Sur le toit du *bunker,* l'heure de la jonction est-elle venue ? Depuis sa conférence du Salon rouge, Bourassa est occupé à concevoir, avec son adversaire Jacques Parizeau, une commission, un forum, un lieu de discussion sur l'avenir du Québec qui se réunirait pendant l'automne. Bouchard est-il intéressé ? s'enquiert Bourassa. Intéressé ? Il est aux anges, Lucien Bouchard. Politicien errant, voilà qu'on lui offre un gîte. Mieux, une plate-forme, un haut-parleur, un rôle en territoire politique québécois. Que demander de mieux ?

Aujourd'hui, Robert Bourassa joue les Père Noël.

« Tu sais, tu pourrais avoir des chances, dans Laurier-Sainte-Marie. » Le populiste et populaire Jean-Claude Malépart, député libéral de cette circonscription fédérale de Montréal, a succombé à un cancer. Une élection partielle doit avoir lieu le 13 août. Il n'est pas question pour Bouchard d'y être candidat. Mais les démissionnaires conservateurs et libéraux des derniers jours forment un magma politique informe, sans programme et sans boussole. Faut-il les réunir, former un parti, rester à Ottawa ?

Si la réponse est oui, il faut asseoir la légitimité de ce nouveau groupe, lui faire passer un test électoral. Mais Bouchard — Bourassa le sait-il ? — est

---

* Le lecteur aura noté l'intéressant passage du «vous» au «nous», dans ce récit fait par Bouchard. Était-ce un appel du pied ?

l'antipoliticien par excellence. Il aime les discours, pas les coulisses. Il exècre les réunions des *boys* de la politique. C'est un estropié de l'organisation et de la tactique. En deux ans à Ottawa, il a tout juste et à grand-peine passé son examen de Cynisme 101, alors qu'il en faut beaucoup plus pour diriger une formation, et plus encore pour en créer une. Bouchard n'est pas plus ratoureux qu'une planche à repasser. Sans compter qu'il déteste, viscéralement, la ville d'Ottawa. Que son vœu le plus cher est de ne plus y remettre les pieds. Idéaliste, il veut bien se sacrifier pour faire du Québec un pays. Mais la tâche de chef kamikaze souverainiste à Ottawa lui semble un peu lourde. Pour faire ce saut, Bouchard a besoin d'une bonne poussée dans le dos.

« Moi, je me disais, si je reste en politique, il faut que je fasse un combat tout de suite, il faut tester quelque chose », raconte Bouchard. « J'hésitais à ce qu'on envoie un candidat. Tout le monde me disait, envoie-le pas, vous allez vous faire planter. » Bouchard s'en ouvre à Bourassa qui lui glisse, sibyllin : « Peut-être que j'aurai un sondage à te montrer. »

Quelques jours plus tard, Bouchard déjeune à la table du baron de presse et hommes d'affaires Pierre Péladeau, dans les Laurentides. On le joint, là ou dans sa voiture, au retour. L'appel est délicat ; Bouchard ne prend pas le risque de discuter avec l'entourage de Bourassa au téléphone cellulaire. Il s'arrête à une cabine téléphonique sur le bord de l'autoroute 15. Rappelle le *bunker*. « Il m'a donné le sondage. On passait très fort dans Laurier-Sainte-Marie. » Le sondeur de Bourassa avait testé « un candidat appuyé par Lucien Bouchard ». Il emportait au moins 60 % des votes. L'égaré de la politique venait de recevoir une bonne poussée dans le dos.

Feux verts

Il y a beaucoup de fumée dans le bureau de Bourassa. Parizeau vient d'en sortir. La commission parlementaire, encore. Négociations, positionnements, bluffs. Le premier ministre bouge vainement le bras pour se dégager un ballon d'air entre les volutes. Il est fatigué. La rencontre qui commence maintenant sera moins éprouvante que la précédente. C'est un ami qui passe le voir. Un membre de la famille libérale.

« Écoutez, je suis prêt à me joindre à Lucien et tout ça, si vous pensez que ça peut être utile. Si vous pensez que c'est pas utile, dites-moi-le tout de suite, ça vient de finir, là, immédiatement ! »

Jean Lapierre n'est pas de ceux qui tournent autour du pot. Il parle à Bourassa comme à son véritable chef politique. Le jeune député a été membre du Parti libéral provincial avant de se joindre aux cousins fédéraux. Maintenant que Jean Chrétien a triomphé au PLC, Lapierre ne voit de salut que dans le PLQ, qu'il connaît comme le fond de sa poche. Depuis 15 ans, il a été de toutes les campagnes libérales — provinciales et fédérales —, de tous les congrès, de toutes les combines. D'abord adjoint d'André Ouellet, son

« parrain politique », il devient député fédéral de Shefford en 1979, à 23 ans, à temps pour faire la campagne référendaire pour le Non, puis pour voter, en 1982, le rapatriement de la constitution. Un geste qu'il ne cessera de regretter. Titulaire du dossier constitutionnel quand John Turner dirige le Parti libéral dans l'opposition, Lapierre se fait le défenseur de Meech. « J'avais l'impression qu'on commençait à réparer nos gaffes. Un peu tard, mais on commençait. » Mais il voit de l'intérieur la flamme antiquébécoise qui s'allume et se propage au sein du caucus. Flamme qu'il attise lorsqu'il prend sur lui, en août 1989, d'écrire à Mulroney pour lui offrir son appui dans la défense de Meech et lui proposer que conservateurs et libéraux fassent un front commun pour sauver l'Accord. Il comprend que les dés sont jetés lorsque la direction de son parti lui préfère Lloyd Axworthy, un trudeauiste non repenti, comme représentant à la commission Charest. « Si c'était bon pour Axworthy, je me faisais fourrer comme Québécois », rapelle Lapierre. Coprésident, fataliste, de la campagne au leadership de Paul Martin contre Jean Chrétien, Lapierre fait le tour du Canada au printemps de 1990 et mesure à quel point le Canada anglais trouve irrecevable la différence québécoise.

Il en est à songer à se recycler dans le secteur privé lorsque, le 21 mai, Lucien Bouchard démissionne. Bouchard et Lapierre ne sont pas des alliés naturels. Lapierre était allé faire campagne contre l'ex-ambassadeur dans le comté de Lac-Saint-Jean, dénigrant de porte en porte le « gars de Paris » et vantant le « gars de par ici », le candidat libéral.

Aux Communes, ensuite, Lapierre s'amusait à coincer le ministre Bouchard que, dit-il, « j'haïssais pour mourir et que je picossais à chaque occasion ». Les parlementaires aguerris savent n'offrir que des réponses évasives aux questions qu'on leur pose, car les déclarations de principe reviennent toujours hanter leurs auteurs. Interpellant Bouchard sur une affaire de déchets américains déversés illégalement dans la région de Sherbrooke, Lapierre entend le ministre de l'Environnement affirmer haut et fort que « plus jamais » ci et que c'est « absolument intolérable ». Évidemment, son ministère ne dispose pas des moyens voulus pour empêcher de tels méfaits. Quand le président de la chambre demande à Lapierre s'il a une question complémentaire à poser, le député, hilare, rétorque : « Je voudrais demander au ministre de l'Environnement de continuer sa magnifique réponse ! » Évidemment, raconte Lapierre, « ça avait été un désastre, parce qu'après ça on s'est servis de cette citation-là pendant des mois et des mois sur le dossier de l'environnement, où le ministre avait pris un engagement solennel ! » qu'il ne pouvait tenir.

À l'approche de la mort de Meech, Lapierre sent qu'un vide se crée dans le paysage politique québécois. Même le NPD a réussi à faire élire un candidat en février dans une partielle tenue dans la région de Montréal. C'est dire combien les électeurs sont désemparés ! À un cocktail organisé à Granby pour le quotidien *La Voix de l'Est,* Lapierre croise Paul-André Comeau, auteur d'un livre sur le Bloc populaire, éphémère formation politique québécoise des années 40. Tiens, tiens. Le libéral se procure l'ouvrage. Après la démission de Bouchard, Lapierre va rencontrer l'ex-« gars de Paris ». C'est la première fois qu'ils ne se parlent pas en adversaires.

« Écoutez, Lucien, moi je sais que je démissionne dans quelques jours. Je regarde actuellement la situation. Si vous rouvrez votre siège, si moi j'ouvre le mien, on vient de donner raison à Jean Chrétien, parce qu'il gagnerait ces sièges-là dans les élections partielles, les conservateurs sont tellement bas. » Ils conviennent de se reparler.

Lapierre a adoré la déclaration du 22 juin. « Après le discours de Bourassa, moi, comme libéral, je me sentais en voiture, tsé ? On était partis ! J'appelais mes amis libéraux, qui étaient très heureux. J'étais dans la mouvance. »

Dans les jours qui suivent, il convie quelques-uns des démissionnaires — Tremblay, Gérin — à son chalet des Îles-de-la-Madeleine, parle à quelques autres. Ses collègues n'avaient pas une idée précise de leur avenir commun. « Je m'étais aperçu qu'eux étaient ralliés derrière Lucien, mais sans raison. C'était juste : "On est ensemble, pis il est bon" ».

Gérin proposait de nommer le nouveau groupe « Option Québec », selon le titre du livre manifeste dans lequel René Lévesque avait lancé le concept de souveraineté-association en 1967. Mais l'idée a sombré lorsque quelqu'un a prononcé tout haut le slogan qui en découlerait : « Je vote O-Q ! » On imagine le profit qu'aurait pu tirer un adversaire en adjoignant au nouveau sigle l'expression « coup de pied » !

Lapierre commence à écrire un bref manifeste pour établir une espèce de programme pour ce qu'on appelle de plus en plus le « Bloc québécois ». Dans un premier temps, il n'utilise pas le mot souveraineté, quoique plusieurs des futurs membres en soient déjà fermement partisans. Comme beaucoup de nationalistes libéraux, Lapierre met quelques semaines avant de faire son deuil du Canada. « Je voyais le concept de la souveraineté comme un instrument de rapport de force. Je me suis dit : on a essayé de la manière douce [Meech], ça a pas marché. On peut pas faire plus que ça. Allons-y de la manière forte. Puis après ça quand on aura justement un rapport de force, on négociera un nouveau *deal*. Et c'est là, moi, que j'ai apprivoisé le concept de la souveraineté-association. Je peux dire que les premières semaines et les premiers mois, ça glissait pas naturellement. Non. Non, c'était de la résignation. » Dans son brouillon de manifeste, le Bloc se limite à « être solidaire de la démarche du Québec ». De retour à Montréal, Lapierre loge au Reine-Elizabeth, où il aperçoit l'enseigne de la « Mission du Canadien Pacifique ». « Mission », voilà le mot qu'il cherchait. Il l'emprunte à un des symboles du dominion canadien, forteresse de l'establishment anglophone. Il faxe sa « Mission du Bloc québécois » à Jean-Claude Rivest et à Lucien Bouchard.

Bourassa en a pris connaissance — « il trouvait que c'était parfait » — lorsqu'il reçoit Lapierre le 10 juillet. Le premier ministre réfléchit à la question du jeune député fédéral. Doit-il rester à Ottawa, oui ou non ? Bourassa n'a qu'un mot à dire pour renvoyer Lapierre dans ses terres, où il pourra toucher une jolie retraite parlementaire. Il sait surtout qu'en lui conseillant le contraire, les conséquences seront lourdes. Car adjoindre Lapierre à Bouchard, c'est offrir l'impresario à la nouvelle star, donner René Angelil à Céline Dion.

Entre libéraux, on se dit tout. Bourassa préfère que Bouchard reste à Ottawa ; il veut « le *grounder* » rapporte Lapierre, plutôt que de le voir modifier le paysage électoral québécois, comme lieutenant de Parizeau ou — qui sait ? — comme chef péquiste à la place du chef péquiste. « C'était clair, il le voyait comme un adversaire potentiel. Il était content de le voir occupé ailleurs », dit Lapierre. Mario Bertrand confirme : « C'est évident que M. Parizeau, là, c'est un chef d'opposition confortable pour le chef du gouvernement. » Il faut donc écarter ses rivaux potentiels.

Devant des jeunes libéraux, au cours de l'année qui vient, Bourassa fera un autre calcul : Puisque l'élection fédérale va précéder l'élection provinciale, explique-t-il, les Québécois pourront se venger de l'échec de Meech en votant pour le Bloc. Ainsi défoulés — sans risque, car le Bloc ne peut déclarer l'indépendance d'Ottawa —, ils seront plus susceptibles de revenir au bercail libéral à l'élection provinciale subséquente.

Lapierre ne s'offusque pas de ces calculs politiciens. C'est qu'il perçoit aussi un second message, plus important, de la part de Bourassa. « Il est décidé à faire quelque chose, il ne se laissera plus marcher sur les pieds » dans le dossier constitutionnel, pense-t-il. D'ailleurs, le chef libéral donne sa bénédiction à Lapierre et au Bloc. « Ça pourrait être fort utile », dit Bourassa, qui distribue des consignes : « Jean, mes petits nouveaux, ils connaissent pas ça », dit-il, parlant de son nouveau chef de cabinet, John Parisella, et de son nouveau conseiller spécial chargé de l'organisation, Clément Patenaude. « Parle à Pierre Bibeau pour l'organisation et à Jean-Claude Rivest pour le contenu. » Lucien Bouchard vient de recevoir une deuxième bonne poussée dans le dos.

Grand ami de Lapierre, Bibeau fait partie de l'équipe qui a ramené Bourassa au pouvoir en 1985. Au *bunker,* jusqu'à la fin de 1989, il était responsable de l'organisation pour l'ouest du Québec et chargé de garder les amis libéraux de bonne humeur. Maintenant président de la Régie des installations olympiques, il fait toujours partie des proches auxquels Bourassa parle régulièrement. Le message que lui adresse Bourassa est « qu'il fallait pas perdre contact avec le Bloc, parce que quand il faudrait passer des messages du Québec à Ottawa, le Bloc pouvait être fort utile », se souvient Bibeau.

Il faut aussi garder un pied dans la place. « Je pensais que c'était important à ce stade-là que le Bloc québécois ne soit pas uniquement l'instrument du PQ, dit Bibeau. Et pour ça, Lapierre et Rocheleau donnaient une certaine crédibilité. En fonction de la manière que la situation évoluait, ça pouvait être utile que le Bloc soit représentatif de l'ensemble des Québécois, des libéraux

nationalistes et des péquistes. » Bibeau a sa petite idée sur ce que devrait être
la suite des choses. Il est, dans l'entourage de Bourassa, un des premiers à
franchir la frontière vers le rêve. Par conviction — il est très nationaliste — et
par calcul. « Dans sa tête à lui, il pensait qu'on ne pouvait pas même espérer
remporter un troisième mandat en gardant notre discours fédéraliste », se
souvient Parisella.

Bibeau devient par conséquent une clé essentielle pour Lapierre. Il lui
prodigue des conseils, lui fait part des appuis bloquistes dans les sondages
effectués par le parti, lui sert de sauf-conduit. Quand Lapierre fait le tour de
ses amis libéraux en quête d'appuis organisationnels et de financement
électoral, il leur dit : « Appelez Bibeau ». « Mes amis libéraux, dit Lapierre,
savaient que mon action était une action libérale. »

Lorsqu'il reçoit ces appels, Bibeau, un pilier du parti depuis 20 ans,
répond : « Faites ce que vous voulez, c'était ça le mot d'ordre, se souvient-il. Il
n'y avait pas de frein. » Dans Laurier-Sainte-Marie, des organisateurs libéraux
donnent donc un coup de main au candidat du Bloc, Gilles Duceppe, syndicaliste venu de l'extrême gauche, et fils du célèbre comédien Jean Duceppe. Le
député libéral provincial, Jacques Chagnon, transmet à Gilles Duceppe ses
meilleurs vœux de « bonne chance » le jour de son investiture. Et plusieurs
chèques parviennent de sources libérales, dont un de l'un des vice-présidents
du parti. Certains donnent par amitié pour Lucien Bouchard, comme Bernard
Lamarre, alors président de Lavalin.

Dans les milieux des avocats et des ingénieurs, terreau du financement
libéral, la rumeur court que le Bloc est maintenant *persona grata*. Un important
bailleur de fonds songe un jour à envoyer sa propre obole. Incertain quant à
la véracité du signal — ou soucieux de faire savoir qu'il contribue — il appelle
un proche de Bourassa, son ancien chef de cabinet Mario Bertrand.

Alors c'est vrai, on peut donner au Bloc ? demande-t-il au bout du fil.
« Quoi ? répond Bertrand. C'est fou comme d'la marde ! Donnez pas une
crisse de cenne ! » Bertrand n'a pas reçu le signal que Bourassa a donné à
Bibeau. Et l'aurait-il reçu qu'il ne l'aurait pas répercuté. Recevant Lapierre à
son bureau de président du réseau de télévision TVA, il l'éconduit. « Ça a pas
d'allure cette histoire-là, dit-il. Un bon matin, toi pis Lucien vous allez revenir
d'Ottawa, pis vous allez être nos adversaires. » « Ça m'insultait, raconte
Lapierre, parce que je disais : "Christi ! Il ne me connaît pas, j'étais libéral bien
avant lui." »

Pour en avoir le cœur net, à peine Lapierre sorti de son bureau, Bertrand
appelle Bourassa, qu'il a au téléphone presque tous les jours. « C'est quoi cette
câlisse de marde-là ? demande Bertrand, tout en nuances. Ça fait trois coups
que j'ai, là. Bouchard qui me dit dans un cocktail qu'il a ton appui, des gens
qui m'appellent pour savoir si c'est vrai que les libéraux doivent donner au
Bloc, Lapierre qui vient me relancer. Tu t'es laissé faire ? Ça a pas de bon
sens ! »

« Qu'est-ce qu'il a répondu ? » demande l'auteur.

« Je me rappelle plus. C'est pas parce que je veux pas te le dire, mais il a dû dire : "Énerve-toi pas, tu t'énerves toujours." Bourassa dit toujours que moi je vois la vie en noir, puis que lui la voit en blanc. On a dû... ça a dû finir par une blague, puis j'ai raccroché. »

Jean-Claude Rivest, lui, a bien reçu le signal. Pour le Bloc, il n'y a pas de secret. Lors de la reprise de la session parlementaire fédérale, à l'automne, et pendant les deux années qui suivront, Rivest sera la porte d'entrée du Bloc au gouvernement québécois. Le Bloc veut-il poser des questions aux ministres conservateurs aux Communes sur l'épineux sujet de la main-d'œuvre ? Rivest organise des rendez-vous avec le ministre québécois André Bourbeau, qui explique le dossier à Lapierre et Bouchard et ordonne à ses sous-ministres de se mettre à leur disposition. Gérald Tremblay, de même, offre aux visiteurs un tour d'horizon des responsabilités de son ministère de l'Industrie et du Commerce, ainsi que de ses divergences avec Ottawa. Pierre Paradis, à l'Environnement, en guéguerre contre son nouveau vis-à-vis fédéral Jean Charest sur au moins deux fronts, renseigne Lapierre au téléphone. Même le cabinet de Claude Ryan retourne les appels du Bloc.

« Je n'allais jamais poser une question en chambre sans avoir vérifié avec Québec, raconte Lapierre. À toutes les fois qu'il y avait un dossier chaud, on me le transmettait, soit par fax, soit par téléphone... C'était une collaboration de tous les instants. »

Il y a beaucoup de pèlerins, au *bunker,* en ce début de juillet. Beaucoup de fédéralistes ébranlés. Ils viennent voir le chef pour recevoir son absolution et vérifier que le dogme fédéraliste est bien mort, que les libéraux québécois vont vivre leur Vatican II. Nul plus que Gilles Rocheleau ne ressemble à un vieux prêtre canadien, lui qui a pourchassé les séparatistes comme autant de suppôts de Satan. Maire de Hull puis ministre de Bourassa, il avait refusé en 1988 d'aller prêter main-forte à Lucien Bouchard au Lac-Saint-Jean. « Pour moi, Lucien Bouchard, c'était un péquiste. » Maintenant, Rocheleau n'a plus de scrupules à entonner les cantiques de la souveraineté. Dès la fin de mai, il est venu dire à Bourassa que, sans Meech, l'indépendance doit devenir une certitude. Mais il reste épidermiquement opposé à l'engeance péquiste dont il sent poindre l'influence dans la mouvance de Bouchard. « J'avais de la difficulté à me joindre à ce groupe-là », raconte-t-il. Il songe à quitter le Parlement.

Il a frappé à la bonne porte. Bourassa « m'a dit très candidement, raconte Rocheleau : "Bon, le Bloc québécois, c'est un groupe de députés qui sont là pour protéger les intérêts supérieurs du Québec et c'est pas mauvais. [...] Ça va nous permettre de faire appel à votre groupe advenant le cas où on a des dossiers à défendre. [...] Faut que tu restes. Reste là. Être seul comme indépendant ça rapporte pas beaucoup, pas de visibilité. T'es mieux d'être dans un groupe. » Il lui dit du bien de Lucien Bouchard.

Et la souveraineté, demande Rocheleau, on va la faire, non ? « "Laissons retomber la poussière..." Il était pensif... "Faut voir ce qui va arriver". » La rencontre fut « assez déterminante » pour Rocheleau, qui dit en avoir tiré la conclusion que « la souveraineté faisait définitivement partie des options de Bourassa » et avoir gardé l'impression que le chef libéral « venait de cautionner le Bloc ». Il embarque.

PARIZEAU-BOUCHARD, LA VALSE À CONTRETEMPS

Si, après Meech, Bourassa joue le parrain empressé au-dessus de l'incubateur du Bloc, Bernard Landry, avant Meech, a joué les sages-femmes. Le nouveau-né va souffrir des incompatibilités induites par ces attentions intentionnées.

« Si Landry pense qu'il va faire le Bloc, tabarnak ! » Lucien Bouchard a beau avoir déjà eu, du temps de Lévesque, sa carte du Parti québécois, ce n'est plus le cas, début juillet 1990. Pas complètement entré, semble-t-il, dans la peau de son nouveau personnage, il en veut encore à Landry d'être venu tenter ses brebis, à l'époque où il était le gardien du troupeau conservateur. (La publication, le matin d'un caucus conservateur, d'un article du *Devoir* faisant état des activités de Landry avait valu à Bouchard une remontrance de Mulroney dont il se souviendrait longtemps. « Il fulminait ! »)

Landry et Bouchard ont fait la paix, le 23 juin, justement, au restaurant Le Saint-Malo, sur Saint-Denis, à Montréal, repaire habituel du péquiste qui enseigne l'économie tout près, à l'UQAM. Le vice-président péquiste avait promis de tirer sa révérence dès que Bouchard embarquerait dans ce qui deviendrait le Bloc. Promesse qu'il allait strictement tenir. (« Il a fait ça élégamment », commente Bouchard.) Au sein du nouveau Bloc québécois, cependant, François Gérin est aligné sur le Parti québécois, où il voit son avenir. Il a agi comme complice de Landry dans l'opération de recrutement des conservateurs et est encore perçu comme son instrument. D'autant plus que l'arrivée des libéraux Lapierre et Rocheleau soulève quelques inquiétudes.

« La hantise que nous avions [au PQ], explique Landry, c'est que ces gens-là dirigent le Bloc vers ce qui nous paraissait être une régression, en faisant la promotion du Québec comme province du Canada avec statut particulier ou toute la gamme de variantes connues depuis 1960. On avait peur d'un éventuel retour de ces choses-là. »

Bouchard sent bien la réserve. « Qu'il y ait eu des inquiétudes nourries au PQ à l'endroit de l'orthodoxie des propos ou de la capacité de néophytes souverainistes de bien parler de la souveraineté ? Oui, probablement qu'il y en a eu. [...] Dans le PQ, la souveraineté, n'en parle pas qui veut. »

De son côté, Lapierre, comme Rocheleau, est allergique au Parti québécois. « J'ai pas quitté le PLC pour me marier au PQ », déclare-t-il. Il n'a d'ailleurs pas retourné les appels du recruteur Landry, sauf pour lui faire dire, par les bons soins d'une journaliste amie, « d'arrêter de l'écœurer ». « Jean

Lapierre et moi personnellement n'avions aucun atome crochu », convient Landry.

Sur ce fond de divergences personnelles et politiques sans réelle importance, l'amateurisme de Bouchard allait presque réussir à tuer le nouveau-né avant qu'il ne pousse son premier cri — sa première conférence de presse. Bouchard et Lapierre mettent la dernière main à la « Mission » du Bloc, et le premier insiste pour que l'objectif de la souveraineté y soit clairement inscrit. Parlementaire d'opposition le plus chevronné du groupe, Lapierre propose ses services comme leader parlementaire. Bouchard acquiesce, mais omet d'en informer les autres membres de la nouvelle formation, et de les consulter sur le texte de la Mission.

Au matin de la première rencontre des membres du Bloc québécois, le 25 juillet 1990, celui qui n'est pas encore chef prend sa première leçon de dynamique de groupe : dans la vraie vie politique, une réunion importante commence bien avant que les participants ne s'y présentent. Mis devant deux faits accomplis (la Mission et le communiqué de presse, déjà imprimé, sur la nomination de Lapierre), des députés se rebiffent. C'est surtout le cas de Gérin, premier à avoir démissionné du Parti conservateur, qui ne savait même pas qu'un poste de leader parlementaire serait à pourvoir, et qu'il aurait donc pu y prétendre. Lapierre menace de retirer ses billes. Bouchard met le poing sur la table — il ne peut menacer de démissionner du groupe, le groupe n'existe pas encore. Les journalistes, convoqués, doivent bientôt arriver. Les députés se résignent, adoptent la Mission, confirment le choix de Lapierre. Pendant un an, Gérin n'adressera presque jamais la parole à Bouchard*.

Les relations entre le nouveau parti souverainiste fédéral et le « vieux » parti souverainiste provincial s'apparentent, en texture, au Jell-O. La chose existe. On peut la voir, mais on voit au travers. On peut la toucher, mais on ne peut la saisir. Les deux partis partagent un même objectif, pas une même trajectoire. Lorsque, à l'été 1990, l'organisation péquiste propose de formaliser leurs rapports en émettant un communiqué conjoint, Lapierre et Bouchard s'y opposent. Le Bloc sera plus fort s'il rassemble tous les souverainistes, pas seulement les porteurs de cartes du PQ. Parizeau et Landry en conviennent.

---

* Pendant plus d'un an, après la création du Bloc, des députés conservateurs feront durer le suspense quant à leur passage éventuel à la nouvelle formation. On n'en fera pas l'inventaire, mais il est intéressant de noter que l'argent compte parfois pour quelque chose dans ces calculs. Les députés locaux ont réussi, au gré des campagnes électorales et de financement, à amasser des cagnottes, au nom de leurs associations locales, pour les batailles encore à venir. Quand Bouchard, Lapierre et les autres ont changé de camp, ils ont laissé ces cagnottes derrière eux, considérant que c'était là de l'argent « conservateur » ou « libéral ». « C'était une question d'intégrité », explique Lapierre, qui avait amassé au-delà de 10 000 dollars. Bouchard en avait plus du triple. Mais Lapierre raconte que dans un cas, un membre du caucus conservateur voulait passer au Bloc, mais à la condition de pouvoir y emmener sa cagnotte locale. Le Bloc ayant refusé, ce député est resté conservateur.

Ils ne sont pas nés de la dernière tactique et voient bien que le Bloc peut servir de passerelle pour des libéraux cheminant vers la souveraineté. En pratique, les deux groupes conviennent d'arrimer leurs offensives parlementaires. Lapierre parlera presque chaque jour à Guy Chevrette, l'ancien membre de la commission Cliche devenu leader parlementaire péquiste, pour échanger des informations, et affiner des stratégies (mais tous affirment qu'aucun secret d'État donné par le gouvernement Bourassa à Lapierre n'est tombé en mains péquistes). Lorsque Gérin prendra publiquement sa carte du PQ pendant un conseil national péquiste et promettra un appui du Bloc au PQ, il causera un couac qui mettra à la fois Bouchard et Parizeau mal à l'aise.

Entre les deux chefs souverainistes, la civilité règne. Mais leurs rapports souffrent du passé, du présent et de l'avenir.

Le passé : Il est vrai que Bouchard a signé, devant Parizeau, en 1971 ou 1972, sa carte du Parti québécois. Vrai que Bouchard a ensuite travaillé avec le ministre des Finances, comme négociateur principal pour — ou plutôt contre — les Fronts communs de 1979 et 1981. (Propulsé là par Lévesque, Bouchard fut d'abord accueilli par un Parizeau glacial avec cette laconique entrée en matière : « On me dit que vous vous intéressez aux négociations du Front commun ? ») Mais lorsque Bouchard devint un efficace ambassadeur canadien à Paris, occupant tout l'espace diplomatique laissé en friche par une délégation générale québécoise apathique, il s'attira les foudres de Parizeau. Sans le nommer, l'ancien patron de Bouchard affirma ceci à Denise Bombardier, dans une entrevue publiée en décembre 1987 dans *L'actualité* :

> Que ces gens se soient tournés vers le fédéral, ça ne me choque pas outre mesure car il faut bien gagner sa vie, n'est-ce pas ? Mais il y en a beaucoup qui font du zèle. Par exemple, je vous avouerai qu'il y a des choses que je ne comprends pas dans la façon dont les réalignements se sont faits dans la bagarre perpétuelle entre la délégation du Québec et l'ambassade du Canada à Paris. Au fond, la délégation est en train de couler, de se faire massacrer avec l'aide active d'anciens du PQ et de gens qui en ont été proches. Ici, on ne parle pas de job alimentaire. On ne parle pas de gens qui ont un problème d'emploi.

Puis il ajouta, mordant :

> Ces 30 ou 40 personnes en vue qui défendaient le Québec contre Ottawa et qui ont changé de camp si volontiers, ça rappelle tellement d'autres époques de notre histoire.

Dur ! Quand on connaît la jalousie avec laquelle Bouchard défend son honneur, on peut imaginer comment il a encaissé la salve de Parizeau.

Tout est oublié, en juin 1990, quand Parizeau reçoit Bouchard à sa résidence d'Outremont. Est-ce parce que les deux hommes font maintenant partie de la confrérie très sélecte de ceux qui ont abandonné une fonction importante au nom de leurs principes ? Parizeau, jadis tout-puissant ministre des Finances, se souvient du vide dans lequel il était tombé, lorsqu'il avait préféré l'idéal indépendantiste, en 1984, au virage fédéralisant de son chef, René Lévesque.

Redevenu professeur aux HEC, Parizeau entamait alors sa propre « traversée du désert ». Des entreprises, des ministères à Québec et à Ottawa faisaient appel à ses lumières, mais à condition qu'il n'en dise rien et que son nom n'apparaisse nulle part. « Je n'ai jamais senti autant que pendant ces années-là, à quel point l'étiquette de "séparatiste" était devenue horrible, racontera-t-il. Je suis sorti de cette époque-là avec la sensation très précise d'être un pestiféré. » Lucien Bouchard vient de prendre ce même risque. Déjà, des anciens amis avocats ou hommes d'affaires montréalais lui ferment leurs portes, ne lui pardonnant pas d'avoir lâché Brian. Pour Parizeau, la démission de Bouchard a donc valeur de quittance pour les errements passés. Le chef péquiste l'incite, comme le fait Bourassa, à rester à Ottawa pour y mener le combat souverainiste. Et, comme Bourassa, il lui fait remettre les résultats d'un sondage montrant que son candidat l'emporterait haut la main, dans Laurier-Sainte-Marie.

Le présent : Parizeau et ses principaux conseillers ne pardonnent pas à Bouchard de si bien s'entendre avec Pierre Marc Johnson, le *leader* « affirmationniste » du PQ qui a succédé à Lévesque avant de se faire évincer par les radicaux pro-Parizeau. En verve, ce dernier avait déclaré que, sous Johnson, le PQ était « cul-de-jatte ». Or Bouchard, ministre de l'Environnement, avait choisi Johnson, reconverti dans l'écologie, pour représenter le Canada à la conférence internationale de Norvège, en mai 1990.

Au printemps 1990, Bouchard était allé parler devant un groupe d'avocats et de gens d'affaires montréalais composé en bonne partie de johnsoniens. Parizeau l'avait su. Pendant la campagne de Laurier-Sainte-Marie, à l'été 1990, c'est chez André Sormany, ancien membre du cabinet de Johnson, que Bouchard loge. Quand Bouchard forme le bureau de direction du Bloc, il y installe bon nombre de johnsoniens, dont Isabelle Courville, l'ancienne présidente des jeunes péquistes qui avait claqué la porte pour protester contre l'élection de Parizeau à la direction du Parti.

Bouchard, qui avise personnellement Parizeau de cette nomination, rapporte que « ça l'inquiétait un peu ». Mais l'idée d'élargir la coalition n'est-elle pas de trouver une place à tous les souverainistes, peu importe les rivalités passées ? « Le PQ en voit beaucoup, de johnsoniens, commente Bouchard, un tantinet irritable lorsque le sujet est abordé. Pour nous autres, c'est du monde normal ; pour eux autres, c'est des johnsoniens. »

À l'automne de 1990, Bouchard et un groupe de leaders souverainistes non alignés — centrales syndicales, mouvement Desjardins, Union des Artistes, etc. — forment le « Mouvement Québec 91 », visant la tenue d'un référendum sur la souveraineté en 1991. Ils omettent d'y inviter le PQ, mais y intègrent des gens de la mouvance Johnson, tels Courville et Stéphane Le Bouyonnec.

Étrange, tout de même, qu'une coalition souverainiste soit créée... en l'absence du Parti québécois, qui exige d'y être intégré. « Ça a brassé un peu », admet Bouchard qui, pour le coup, n'a guère d'argument pour fermer la porte au PQ. « Je pouvais pas exclure un autre parti, j'étais un parti ! »

Une fois dans le groupe, les apparatchiks péquistes font le nettoyage.

« Ça fait que, ce monde-là, beaucoup d'anciens johnsoniens, pataugeaient autour de ce mouvement-là, puis nous autres on est arrivés, puis on les a mis dehors », raconte bien candidement, mais sous le couvert de l'anonymat, un membre de la direction péquiste.

« Ils sont pas revenus ? » s'enquiert l'auteur.

« Y'a pas grand monde qui sait ça là, tsé ?, mais ils le savent pas eux-autres-mêmes, mais ils s'en doutent. On a cleané la place. [...] »

« Il y a des gens qui ont disparu de la liste d'appel pour les réunions importantes ? »

« C'est ça. »

« Souvent, ajoute-t-il, c'est pas Bouchard qui crée le problème, c'est ceux qui voient Bouchard à la tête du Parti québécois ou à la tête d'un nouveau parti. » Car dans cette tension vécue au présent, les pro-Parizeau s'inquiètent surtout du futur.

L'avenir : Si Bourassa est heureux d'ancrer Bouchard à Ottawa parce qu'il le voit comme un adversaire potentiel à Québec, comment Parizeau pourrait-il ne pas faire le même calcul ? Il y a deux cas de figure. D'abord le PQ craint que la jonction entre Bouchard, Johnson et quelques non-alignés ne produise la fameuse « troisième voie », véritable monstre du Loch Ness de la politique québécoise. Les popularités cumulées de Johnson et de Bouchard donneraient un formidable élan de départ au nouveau parti, qui viendrait chambouler le jeu électoral. D'où l'effort déployé par le PQ pour empêcher cette convergence.

La seconde hypothèse présente un danger encore plus grand. Une tendance pro-Bouchard pourrait se constituer dans le Parti québécois, et tenter un putsch. On a bien fait sauter Johnson ! Or, des membres du caucus péquiste (deux certainement, selon les informations de l'auteur) multiplient les appels du pied à Bouchard, fin de 1990, début de 1991. « Le bonhomme est très malade, [...], il est fini, prépare-toi », dit l'un, visiblement mal informé. En tournée dans les régions, Bouchard se fait fréquemment interpeller par des électeurs et des militants souverainistes qui lui disent : « Présentez-vous donc au PQ, on l'aime pas, Parizeau ! » Certains, au Bloc, sont convaincus que Bouchard y songe. Pour faire taire cette rumeur, Bouchard s'est mis, un temps, à nier systématiquement que la direction du PQ l'intéressait. « Tais-toi, lui a conseillé Lapierre. T'es comme l'homme marié qui se promène en ville en répétant : "J'trompe pas ma femme, j'trompe pas ma femme." C'est louche ! »

En septembre 1990, un sondage IQOP/*Le Soleil* confirme le danger : une majorité de Québécois croient que Bouchard ferait un meilleur premier ministre que Parizeau. Chez les francophones, Bouchard est même plus populaire que Bourassa, alors en pleine lune de miel post-Meech. Quelques mois plus tard, dans une entrevue, le chef péquiste convient, au sujet de Bouchard :

« Oui, il a l'étoffe d'un premier ministre. Écoutez, il n'y a pas souvent des personnalités de premier ordre qui apparaissent dans le firmament politique. Il faut noter ça quand ça passe. » Pas étonnant, donc, qu'il ajoute que Bouchard, comme il le dit, « est appelé à jouer un rôle de premier plan à Ottawa, et ça me va très bien comme ça ! »

Le scénario Bouchard-au-PQ a un corollaire, qui introduit un puissant non-dit dans la relation Bouchard-Landry. Si Parizeau venait à tirer sa révérence — et il a promis de le faire s'il perdait un référendum sur la souveraineté —, Bernard Landry sauterait immédiatement dans la course à la succession. Or, il sait flairer le concurrent à mille lieues.

« Pour vous aussi [Landry et Parizeau] c'était une bonne idée de *grounder* Lucien à Ottawa ? » demande l'auteur.

« On ne se l'est pas dit, répond Landry. Peut-être que c'était évident. Peut-être que ça tombait bien. »

JEUNESSE D'AUJOURD'HUI

De la rue, la maison ressemble à un blockhaus que son architecte aurait voulu maquiller en habitation, pour tromper l'ennemi, mais sans réussir. Quand un visiteur sonne à la porte de la résidence du premier ministre, rue Maplewood à Outremont, il arrive qu'une bonne d'enfant unilingue anglophone vienne répondre. « C'est pratique, dit le maître des lieux, elle ne comprend rien à ce qu'on dit. »

Dans le petit salon qui s'enorgueillit d'un Marc-Aurèle Fortin, Robert Bourassa écoute en hochant la tête l'exposé que lui fait un visiteur très concentré, aussi jeune que grand, qui déploie un gigantesque effort pour masquer sa nervosité. Michel Bissonnette, 24 ans, est président de la Commission jeunesse du Parti libéral. En cette fin d'après-midi du 6 juillet, il est venu surfer sur la crête de l'histoire. Il craint le retour de vague, la chute, le tourbillon. Il se cramponne à son texte, et à son fauteuil.

Dans cinq semaines, un millier de membres de la Commission jeunesse se réuniront en congrès à Sainte-Anne-de-LaPocatière. C'est le premier rassemblement libéral de l'après-Meech. Bissonnette et son exécutif veulent leur soumettre un document, disons, audacieux. La résolution principale appelle à « la reconnaissance de la pleine autonomie politique du Québec, donnant ainsi à l'Assemblée nationale du Québec l'exclusivité des pouvoirs sur son territoire ». Par pudeur, il n'y a pas inscrit les termes « souveraineté » ni « indépendance ». Mais seuls les illettrés n'en aperçoivent pas l'ombre, derrière chaque mot.

Si le congrès des jeunes adopte cette résolution, Bissonnette aura le mandat de la proposer et de la défendre au congrès de l'ensemble des membres du parti, prévu pour mars 1991. Les jeunes y détiennent le tiers des voix.

C'est dans le petit salon de la rue Maplewood que le train souverainiste libéral doit partir ou dérailler en gare. Qu'il doit obtenir, dit Bissonnette, « le *go* ou le *no-go* ». À la permanence du parti, une dizaine de jeunes attendent son retour. Le lendemain, le comité organisateur du congrès des jeunes se réunit. Bissonnette raconte : « Ma grande crainte, c'est d'avoir créé trop d'expectatives auprès de ce monde-là pour, en bout de ligne, avoir les jeunes qui sont à un extrême, le chef complètement à l'autre, et que ça pète avant même le début du congrès. »

On ne peut comprendre l'évolution de cette belle jeunesse sans procéder à quelques calculs simples. Bissonnette avait 10 ans quand René Lévesque a pris le pouvoir en 1976 ; 14 ans pendant la campagne référendaire de mai 1980. Son « délégué aux affaires politiques », fidèle second et principal scribe, Mario Dumont, n'avait pas fêté ses 10 ans quand 60 % de ses compatriotes ont répondu Non à la souveraineté-association. Bissonnette, Dumont et leurs comparses n'ont vécu octobre 1970 que dans leurs livres d'histoire. Ils n'ont découvert les chansonniers québécois qu'une fois Charlebois devenu golfeur. N'ont connu René Lévesque que sur le tard, fatigué, déçu, décevant. N'ont vu de nationalisme qu'économique. Prennent Claude Charron pour un animateur de télévision au crâne dégarni et à la taille rondouillarde, et Lise Payette pour un auteur de téléromans spécialisée dans deux types d'affaires domestiques : les infidélités et le nettoyage. Lorsqu'ils s'engagent en politique, à la toute fin des années 80, le débat sur la souveraineté est une rengaine de « vieux », de radoteurs, de ringards, de perdants.

Au printemps de 1990, quand Meech titube et que Clyde Wells annule la ratification de l'accord par son Parlement, Bissonnette et Dumont sont bien en peine. Ils avaient prévu de centrer les débats du congrès estival des jeunes sur « le travail ». Le thème de la constitution s'impose comme un fâcheux intrus. À 23 h 30, devant la télé qu'il regarde distraitement avec quelques amis, Dumont affirme avoir trouvé la formule géniale, la proposition qui ralliera les jeunes et contournera le problème : « On va dire qu'il faut donner "une dernière chance" au Canada, pis le *back-up* ça va être la souveraineté. »

Bissonnette pense aussi que son copain a pondu « la perle magique ». Ce n'est pas l'avis des jeunes qui les entourent. « Vous êtes dans le champ complètement tous les deux, leur disent-ils. Êtes-vous fous ? » Ils viennent de la foutre en l'air leur dernière chance. « Faut se séparer ! » Dans le groupe, une charmante et énergique jeune femme, ancienne coordonnatrice provinciale de la Commission jeunesse, puis, un temps, responsable des « dossiers-jeunes » au *bunker,* abonde en ce sens. C'est Carole Diodati. Mme Pierre Anctil.

« Quand on voit que tout le monde est à ce point-là, raconte Bissonnette, on se dit : "Ben ! mon Dieu, pourquoi chercher une formule de compromis ? On peut aller aussi loin que ça !" » Ils vérifient ce constat auprès des 250 jeunes membres des exécutifs locaux, bientôt réunis à l'Islet. « Là, c'est devenu évident », raconte Dumont. En cas de mort de Meech, l'aile jeunesse serait souverainiste. Elle n'acceptait l'expression « pleine autonomie politique » que comme un synonyme parfait du mot « souveraineté », précise Bissonnette.

L'ENTERREMENT DE MEECH

Photo : Canapress

Robert Bourassa apprend la nouvelle sur le toit du *bunker,* son repaire ensoleillé.
Son chef de cabinet John Parisella se souvient que le premier ministre réagit froidement :
« Un peu comme un extra-terrestre. »

LES STRATÈGES

Confident, conseiller, fou du roi, Jean-Claude Rivest est l'homme des besognes qui demandent cynisme et doigté.

Pierre Anctil, directeur général du Parti libéral. À l'été de 1990, il dit : « Si on ne s'engage pas dans la voie de la souveraineté, on va vivre dix ans de médiocrité. »

Photo : Paul Gélinas/Le Maclean, 1975

Avant les grandes décisions, Bourassa nage... Entre deux vaguelettes, une idée lui vient : « Quoi qu'on dise, quoi qu'on fasse, le Québec est, aujourd'hui et pour toujours... »

Photo : Canapress

À l'Assemblée nationale, en soirée : « ... une société distincte, libre et capable d'assumer son destin. » À ce moment, exactement, le Québec se divise en deux.

LA FÊTE

Fête nationale : des centaines de milliers de Québécois célèbrent l'avènement de l'après-Meech.

LA NOUVELLE DONNE

Photo : Jacques Nadeau/Le Devoir

Bourassa bénit la naissance du Bloc québécois de Lucien Bouchard. Le *leader* parlementaire du nouveau parti souverainiste, Jean Lapierre, explique : « Mes amis libéraux savaient que mon action était libérale. »

Photo : Jacques Boissinot/Canapress

Michel Bissonnette, président des jeunes libéraux, au congrès de LaPocatière :
« La Commission jeunesse est maintenant le premier groupe souverainiste
à l'intérieur du Parti libéral. »

« Considérant la nécessité de redéfinir le statut politique du Québec... »

Une commission, extraordinaire à plus d'un titre, est créée. Comme si toutes les vedettes du *Téléjournal* emménageaient dans le même appartement.

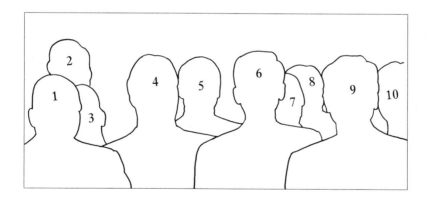

1. Jacques Parizeau ;
2. Henri-Paul Rousseau, secrétaire de la commission ;
3. Gérald Larose, de la CSN, *whip* des non-alignés ;
4. Michel Bélanger, coprésident ;
5. Lucien Bouchard, chef des non-alignés ;
6. Jean Campeau, coprésident ;
7. Jacques Léonard, péquiste orthodoxe ;
8. André Ouellet, fédéraliste orthodoxe ;
9. Robert Bourassa ;
10. Robert Libman, chef du Parti Égalité, membre honoraire.

LES COMPAGNONS DE ROUTE

Jacques Parizeau invite publiquement Bourassa à prendre les devants. « On pourrait faire la souveraineté ensemble. C'est un cas classique où la patrie doit passer avant les partis. »

Les nationalistes québécois à Ottawa Benoît Bouchard et Marcel Masse. Si Bourassa donne le signal du départ, ils lâcheront Brian Mulroney. « Si Bourassa avait organisé, avec raison, à ce moment-là, une campagne sur la souveraineté, dit Masse, il y aurait pas eu grand monde à Ottawa qui se serait opposé à ça. »

Se séparer, c'est vite dit ! Mais comment, et pour quoi faire ? Bissonnette appelle son vis-à-vis, Joseph Facal, président des jeunes péquistes. « Qu'est-ce que vous avez d'écrit sur la souveraineté ? Donne-moi tout. J'ai besoin de ça au plus sacrant ! » Quand le coursier du Parti libéral revient de la permanence du PQ (une course qui a créé un certain remous dans les étages de la permanence libérale), le paquet préparé par Facal contient un formulaire d'adhésion au PQ et une petite note : « Après avoir lu tout ça, tu devrais être capable de remplir le formulaire ! »

Bissonnette et Dumont pensent que la tâche sera simple. Ils voleront la recette du PQ, recouvriront le mets de la souveraineté d'une bonne sauce libérale — dans le ton, les concepts, les tenants sinon les aboutissants — et le tour sera joué. Ils sont déçus. Les documents du PQ sont forts en affirmations, faibles en démonstrations. Et puis, tous les scénarios ne sont pas prévus ! Que faire si les voisins anglophones refusent de coopérer, de signer des traités, de partager les actifs, le dollar, le passeport ?

L'histoire du Québec est un éternel bégaiement.

« On était en train de lire à la puissance 10 l'ensemble des documents du PQ pour réaliser qu'en fin de compte, y'avait pas nécessairement plus de substance. Sur toutes les questions qu'on se posait sur comment va se gérer l'après-déclaration de souveraineté, la constitution, toutes ces questions-là, on trouvait pas plus les réponses dans leurs documents. Notre angoisse augmentait parce qu'on pouvait même plus changer de vocables et juste réécrire d'une nouvelle façon. Parce que sur le contenu, il en manquait même des bouts dans leurs documents à eux autres. »

Un budget est débloqué pour que Dumont aille dévaliser la section « politique québécoise » de la librairie Champigny de tout ce qui s'y trouve sur l'accession à la souveraineté, notamment l'ouvrage de Jacques Brossard, qui fait autorité. « J'ai perdu 15 livres, cet été-là, raconte Dumont. J'ai lu énormément, sur le modèle européen. Je me tapais jour et nuit des livres pour essayer d'emmagasiner de la matière, pis il fallait, en 48 heures, tout recracher ça sous forme d'un document qui reprenait le ton libéral. »

Les jeunes sont encouragés dans leur démarche par les signaux envoyés par Bourassa et Rémillard au Conseil général de février, bien sûr, mais la fin de semaine de la mort de Meech leur donne le coup d'accélérateur. Bissonnette et Dumont ont entendu, ravis, le « Quoi qu'on dise... ». Ils sont tombés dans le camp du rêve. Parmi les jeunes, « Bourassa était adulé à ce moment-là », raconte Dumont. Le lendemain, ils sont à Québec, au Salon rouge. « C'était aussi fort que ce qu'il avait fait la veille à l'Assemblée nationale », pense Bissonnette, peu rompu, encore, au décodage de la pensée du maître. « Sa déclaration venait de confirmer qu'on pouvait aller loin », car Bourassa venait de « mettre un terme à tout ce qui s'était fait auparavant ».

Au caucus, Bissonnette avait entendu Ryan se mettre au neutre et se dire à l'écoute des jeunes. Il avait observé des fédéralistes en flagrant délit de ne pas appuyer la complainte de Louise Bégin. « Quand tu vois ces piliers-là qui sont en train de te dire que c'est inacceptable, tu te dis : "On est partis, là, on a tout le monde avec nous autres !" »

Rue Maplewood, le 6 juillet, Bourassa écoute avec attention le boniment de l'apprenti politicien. Il sait que la Commission jeunesse (les initiés disent : « la CJ ») est par définition turbulente, fougueuse, dérangeante. Mais depuis qu'il est revenu au pouvoir, en 1985, Bourassa l'a toujours ménagée, pour ne pas dire bichonnée. Grâce à elle, il a volé au PQ un de ses atouts naguère les plus puissants : la jeunesse. C'est maintenant au PLQ que les jeunes talents se présentent. L'impact de ces recrues sur l'image du parti est inestimable. La commission est un pôle d'attraction, une pépinière. Pierre Bibeau, dans les années 70, y a travaillé comme permanent. Le député Jacques Chagnon en a été le président énergique, de 1972 à 1975. La présidente ayant précédé Bissonnette, Marie Gendron, est entrée comme analyste au *bunker* sept mois plus tôt. Un autre, Pierre Anctil, est directeur général du parti. Les cabinets ministériels fourmillent d'attachés politiques qui ont fait leurs classes dans les congrès des jeunes. (Si on recule plus loin dans le temps, on trouve sur les listes de jeunes libéraux les noms de Lise Bacon et de... Robert Bourassa.)

Ces mordus de débats forment, bien sûr, des troupes utiles en campagne électorale. Mais Bourassa sait s'en servir entre les scrutins. Ils sont une caisse de résonance du Québec actif, progressiste, mais pas radical... du moins d'habitude. Ils sont un écho de l'opinion. Les rencontrer, c'est comme assister à un des groupes tests (en anglais *focus-groups*) que réunissent les sondeurs pour aller, au-delà des chiffres, mesurer les motivations de l'électeur moyen. À cette différence près que l'exécutif de la CJ est un groupe test informé, déterminé, parfois batailleur. C'est pourquoi Bourassa rencontre les jeunes, en groupe, leur pose des questions. Les propos qu'il entend sont parfois rafraîchissants. « Bourassa ne fait pas très confiance à ses députés pis aux membres de l'exécutif du parti, pis à tous ceux qui sont un peu des béni-oui-oui, ou qui ont peur de donner franchement leur impression, affirme un ancien membre de la CJ. Quand il avait une rencontre avec les jeunes, il savait que c'était l'heure juste. Il y avait là du monde de partout au Québec qui attendait pas après des contrats d'asphalte. »

C'est pourquoi Bourassa inscrit le nom du président de la Commission jeunesse sur sa liste d'appels, lorsqu'il doit prendre des décisions importantes et mesurer sa marge de manœuvre. Pendant le sprint final de Meech à Ottawa, Bourassa avait ainsi « testé » l'acceptabilité de quelques accommodements auprès de Bissonnette. Tout cela ne signifie pas que Bourassa respecte la CJ, ou qu'il l'écoute. Cela signifie seulement qu'il juge utile de l'entendre.

Le président de la Commission jeunesse met une demi-heure à exposer les grandes lignes de son document au chef du parti, dans le petit salon de Maplewood. Étape par étape, l'échec de Meech, l'impossibilité de réformer le Canada dans le cadre actuel, la fin des négociations à deux, la volonté d'autonomie des Québécois. « Il est d'accord avec tous ces points-là », constate Bissonnette.

Arrive ensuite le saut périlleux : il lit le libellé de la proposition qu'il veut faire adopter par son groupe. La « pleine autonomie politique du Québec », il la nomme « souveraineté », devant le patron, pour être bien certain que tous les i ont des points. Les jeunes veulent assortir cette souveraineté d'une « super-structure » comme celle qu'a évoquée Bourassa en début d'année. Un Parlement commun avec le Canada où le Québec déléguerait des représentants, verrait au maintien de « l'espace économique » et gérerait seulement « les secteurs que les partenaires jugeraient avantageux de mettre en commun ». Tout ce beau programme serait mis en œuvre après « une consultation démocratique » tenue, « avant la fin du mandat ». En clair, un référendum.

Bourassa a écouté. Il rend son verdict : « Je suis bien d'accord que c'est un modèle européen, que c'est vers ça qu'il faut s'en aller. »

De nerveux, Bissonnette devient intérieurement euphorique. « Moi, je m'attends à avoir tellement de bémols. À ce qu'il dise de ne pas aller trop loin, qu'il faut laisser retomber la poussière — 56 000 manières à la Bourassa. Et ce que j'entends est tout à fait l'opposé. C'est un encouragement et un acquiescement sur les grands constats, là où on est rendu et ce vers quoi on s'en va. »

« Là, je me demande si j'appelle un taxi, ça se peut pas tellement j'ai hâte d'arriver au parti pour revoir tout le monde et dire : "On part !" »

Bourassa n'a que de toutes petites réserves. Des détails. Qu'on s'assure bien qu'il s'agit de monnaie commune, pas question de monnaie québécoise. Oui, chef ! (Même Parizeau est d'accord là-dessus.) Et ce Parlement commun, il faut qu'il soit élu, bien sûr, sinon il n'a pas de légitimité. Pas de problème, chef ! Bissonnette s'attendait à devoir défendre le cœur de sa proposition, il veut bien en laisser rogner quelques doigts.

De retour à la permanence du parti, il entre dans le bureau de Dumont, ferme la porte. « Mario, tu croiras pas ça. Il dit qu'y a pas de problème. »

« Wow ! » fait Dumont.

ROBERT ! C'EST LA SOUVERAINETÉ !

Le document que prépare Dumont s'intitule : « Le nouveau défi des Québécois. » Il est présenté en tournée de consultation auprès des exécutifs régionaux de la CJ. Puis il faut en envoyer une copie au *bunker* avant de convoquer la presse, le 6 août.

John Parisella a vent, par quelques échos dans la presse régionale, que le virage des jeunes est un peu plus raide qu'il ne l'anticipe. Ses rapports avec Bissonnette sont bons. « Ça a toujours été mon gars, Michel », dit-il. À la mort de Meech, pour faire une bonne blague, il s'était fait passer, au téléphone, pour un journaliste torontois colérique semonçant Bissonnette pour ses déclarations nationalistes. « *What kind of liberal are you !* » (Quelle sorte de libéral êtes-vous ?) avait-t-il demandé alors que Bissonnette, dans un anglais pas complètement fluide, protestait de son bon droit.

« Il y avait une dynamique qui se produisait au niveau de nos jeunes et ça, ça nous a échappé » explique Parisella plus sérieusement, invoquant « l'autonomie » de la CJ. Disons plutôt que son patron avait jugé utile, pour sa santé mentale, de ne pas l'aviser de l'instructif tête-à-tête de Maplewood. Bissonnette a eu le même réflexe. (« Pas fou, mon oncle Michel », dit-il.)

Mais puisqu'il faut finalement mettre Parisella dans le coup, le président des jeunes décide de se venger du canular téléphonique et de donner vraiment des cheveux blancs au chef de cabinet. Il lui faxe le « document d'orientation du congrès des jeunes 1990 » avec une fausse couverture, que Dumont a fabriquée sur son Macintosh. Avec comme fond une belle photo du patron, entre deux grosses fleurs de lys, on y lit, selon le souvenir de Dumont, « L'indépendance du Québec avec Robert Bourassa », selon celui de Bissonnette, « Vive le Québec libre avec Robert Bourassa ».

Parisella est pressé, ce jour de fin juillet, début août. On est en pleine crise autochtone. Un affrontement entre Mohawks et policiers, à Oka, a fait un mort dans les rangs de la SQ, et le pont Mercier menant à la rive sud de Montréal est fermé pour cause de solidarité iroquoise. Le chef de cabinet prend l'enveloppe que lui tend sa secrétaire, monte dans sa voiture avec chauffeur, ouvre le document, et patatras !

« Robert ! se plaint-il au bout du cellulaire, c'est la souveraineté ! C'est la souveraineté-association, c'est ce que le PQ proposait, quasiment ! »

La découverte du gag ne le calme qu'à moitié. Parisella sait lire. « Le contenu, c'est la même chose que ce que tu mettais dans le titre », dit-il à Bissonnette, dans une des nombreuses et longues conversations qui s'engagent à partir de ce moment. Car Bourassa revient à la charge : il a eu sa monnaie canadienne, son Parlement élu, maintenant il veut que le supra-Parlement ait un pouvoir de taxation directe, donc un budget propre, de quoi pouvoir gérer efficacement l'union économique. Les jeunes renâclent un peu sur les formulations, acceptent le principe, jettent un peu de lest. Sentant l'ouverture, Bourassa pousse encore un peu plus fort. Il voudrait aussi que le document parle franchement de « fédéralisme fiscal », se souvient Dumont. Bissonnette trace sa ligne. « C'est non, ça s'arrête là. » C'est leur document, après tout. Mais jamais Bourassa ne leur parle de « dernière chance » à donner au Canada. La discussion porte sur l'arrimage d'un Québec souverain à une union économico-politique à l'européenne. Bourassa donne finalement sa bénédiction au document, dont la presse s'empare aussitôt.

Le vendredi 10 août, à LaPocatière, la veille du congrès des jeunes, les députés libéraux se réunissent pour la première fois depuis le post-mortem de Meech. Bissonnette leur présente le document des jeunes, un peu inquiet de la réaction fédéraliste. Il a entendu dire que dans l'ouest de Montréal, dans Mont-

Royal, une opposition s'organisait, peut-être autour de députés et de ministres. Il pense avoir affaire à des rebelles. Il ne voit chez ces députés que des étudiants indisciplinés, de retour des grandes vacances. Les membres du caucus parlent, rient, circulent pendant sa présentation. « Tout baigne », pense-t-il.

Le samedi, les 1055 participants au congrès des jeunes adoptent à 95 % la proposition Bissonnette-Dumont. Aucun amendement ne survit au débat. Voilà « un grand document libéral » dit le président de la CJ, entre deux salves d'applaudissements.

Le dimanche, Bourassa est accueilli par une ovation. Les jeunes en sont certains, ils ont devant eux celui qui conduira le Québec dans la famille des nations. La direction de la CJ et les nouveaux représentants régionaux fraîchement élus se placent derrière lui pour écouter le grand discours de l'auteur de « Quoi qu'on dise... ». Le premier sermon du virage libéral.

Il faut reconnaître à Robert Bourassa un extraordinaire talent pour donner le ton à une salle. En modifier l'atmosphère. En refroidir la température. Sur ces jeunes surchauffés par l'idéal souverainiste, il étend une épaisse strate de permafrost. Sans les contredire, ni les semoncer. Tout est dans le choix de l'angle d'approche. Comme s'il n'existait dans le document d'orientation des jeunes que trois paragraphes — sur la monnaie commune, le Parlement élu et son pouvoir de taxation —, Bourassa disserte à plaisir sur les méandres techniques des unions monétaires et des délégations de souveraineté. Vante le « réalisme », la « clairvoyance » de la direction de la CJ qui a intégré ces concepts vitaux dans son projet. « Il était plate et théorique, se souvient Dumont. Il était rendu, mon vieux, si t'avais pas une maîtrise en institutions politiques et monétaires, tu suivais pus, là. » L'anesthésie est une science difficile. Bourassa en use comme d'un sixième sens. L'auditoire tout à l'heure survolté, il l'amollit, l'épuise, l'éteint. Quand il en a terminé, les jeunes participants trouvent encore quelques forces pour taper faiblement dans leurs mains, incertains de ce qui vient de leur arriver.

« C'est la première fois où on s'est inquiétés », rapporte Dumont.

Quelques minutes plus tard, la conférence de presse finale doit avoir lieu. Bissonnette et Dumont s'enferment un moment. « Là, il vient de mettre de l'eau dans le gaz, pis pas à peu près ! » dit Dumont. S'il continue sur cette lancée devant les journalistes, le congrès des jeunes va se retrouver en page D-10. « Michel, t'as pas le choix. Il faut que tu dises qu'on est souverainistes. Dis-le n'importe comment, mais dis qu'on est les premiers libéraux souverainistes. »

« Ah ! C'est pas sûr, répond Bissonnette, ça va faire une bombe. »

« En une demi-heure il a dilué une bonne partie de notre position, plaide Dumont. Il y a des affaires qui ne se diluent pas. »

« *Fuck !* se décide Bissonnette. Je le dis. Il arrivera ce qui arrivera. »

Le scénario de la conférence de presse veut que le président de la CJ prenne la parole une ou deux minutes, puis soit rejoint par la vraie star, le premier ministre. Bissonnette, seul, s'installe au centre de la table. Un conseiller de Bourassa lui dit de se mettre plutôt sur le côté. « Je me tasserai quand il arrivera », rétorque-t-il.

« Messieurs, mesdames les journalistes, commence-t-il, la Commission jeunesse est maintenant le premier groupe souverainiste à l'intérieur du Parti libéral du Québec. » Les caméras tournent, les crayons s'agitent. En communication, c'est ce qui s'appelle créer la nouvelle. L'attachée de presse de Bourassa, Sylvie Godin, s'y connaît, et elle court aviser son patron qu'il y a quelques trous dans le permafrost.

Quand Bourassa s'installe à son tour, les journalistes assistent à une partie de ping-pong terminologique entre l'aîné et le cadet. Le premier banalise, le second dramatise.

« Les jeunes ont dit que c'était souverainiste, monsieur Bourassa assis à côté a dit que c'était du néo-fédéralisme, résume Parisella. C'est parfait, là, tout le monde se comprend. »

Tout baigne.

LA FENÊTRE II

LA PULSION NATIONALISTE

Il semble que nous soyons des nations différentes et même ennemies.

COMTE DE BOUGAINVILLE,
adjoint de Montcalm, parlant des colons français
du Nouveau Monde rebelles à la métropole.

ON REGARDE PEUT-ÊTRE LE PROBLÈME par le mauvais bout de la lorgnette. On se plaint de l'inflexibilité du Canada anglais, mais ce qui cause tant de chagrins, n'est-ce pas l'entêtement québécois à vouloir plus de pouvoirs, plus d'autonomie, plus de marge de manœuvre ? Si cette donnée était retirée de l'équation, le problème constitutionnel disparaîtrait en criant Québec. La flambée de nationalisme québécois dans les mois suivant Meech n'est-elle pas essentiellement émotive ? Et à part les élites politiques, médiatiques et, depuis peu, d'affaires, les citoyens québécois veulent-ils vraiment plus de pouvoirs à Québec ?

Tout compte fait, depuis Trudeau, des Québécois dominent l'appareil politique canadien. Ils ont obtenu leur juste part des emplois de la fonction publique fédérale. Et il faut tirer bien fort sur les chiffres pour prouver que, dans l'ensemble, le Trésor fédéral n'a pas remis au Québec plus qu'il n'en a reçu. Ottawa empiète sur les champs de compétence québécois, c'est sûr. Les chevauchements entraînent gaspillage et inefficacité, c'est entendu. Mais le Québec ne s'est-il pas développé à la vitesse d'une comète économique, de 1960 à 1990, imprimant sa marque distinctive sur tous les éléments essentiels de sa société ? Le Québec n'est-il pas déjà, comme le note le politologue Stéphane Dion (fils de Léon, mais nullement son jumeau idéologique), « le sous-État le plus puissant de tous les pays membres de l'OCDE », donc de tous les pays développés, « en termes du contrôle de ses ressources et de l'étendue de ses interventions » ? Les Bretons, les Écossais, les Siciliens, et même les Catalans, les Wallons et les Bavarois n'ont pas autant de marge de manœuvre, dans leurs pays respectifs, que les Québécois au sein du Canada.

Être reconnus et respectés par les autres Canadiens, c'est sûr, les Québécois y tiennent. Ils sont meurtris par Meech et, *a posteriori,* par le rapatriement unilatéral de 1982. Mais y a-t-il du solide sous toute cette écume ? Y a-t-il une réelle volonté d'autonomie ? Est-elle explicable, mesurable ? Est-elle surtout — ce qui serait bien, s'il s'agit de sauver le Canada — contournable ?

LES RACINES

L'appartenance des Québécois à l'ensemble canadien est chose fragile. Pour les y garder, il faut soit leur promettre une carotte (fédéralisme rentable, souveraineté culturelle), soit les menacer de graves périls (coût de la souveraineté, baisse du niveau de vie, risque non calculé).

Décrire la montée du mouvement nationaliste moderne ne suffit pas à expliquer pourquoi, fondamentalement, autant de Québécois sont si prompts à flirter avec le séparatisme. On s'entête à trouver des raisons à leur batifolage. Il faudrait plutôt se demander pourquoi ils sont si peu attachés à leur anneau de mariage. C'est peut-être qu'ils n'étaient pas présents à la cérémonie. Reculons de quelques pas supplémentaires pour apercevoir l'ensemble du processus.

On a cité, en exergue, le mot du comte de Bougainville : « Il semble que nous soyons des nations différentes et même ennemies. » Il est outré, comme l'est aussi son patron, Montcalm, de l'esprit d'indépendance envers la France dont font déjà preuve les « Canadiens », vocable désignant alors exclusivement les colons français et leurs descendants. L'intendant Hocquart, de même, juge en 1737 les Canadiens « naturellement indociles ».

A *La singulière cérémonie du mariage*

Conquis par « les Anglais », en 1759, les « Canadiens » investissent les institutions parlementaires britanniques qu'on leur octroie en 1791 (les Québécois figurent parmi les plus vieux praticiens de la démocratie parlementaire au monde) pour gérer leur colonie du Bas-Canada. De 1820 à 1837, les leaders « canadiens », sous la direction de Louis-Joseph Papineau, sont à la fine pointe de la modernité. Ils veulent un « gouvernement responsable », donc la capacité pour les francophones de se gouverner eux-mêmes, sans toutefois quitter l'empire britannique. « Sachons agir comme des sujets anglais et des hommes indépendants », déclare par exemple Papineau en 1820. Ce qu'on pourrait traduire par : Un Bas-Canada indépendant dans un Commonwealth uni ! Son parti, au départ appelé Parti des Canadiens, change de nom pour devenir Parti des Patriotes. Car « Canadien » signifiant alors exclusivement « francophone », le terme est exclusif. Le nationalisme de Papineau et de son lieutenant anglophone Robert Nelson est accueillant, respectueux des minorités et laïque. En 1831, les Patriotes font ainsi adopter au Parlement une résolution qui reconnaît l'égalité des droits des citoyens juifs. Il faudra attendre 27 ans avant que le Parlement de Londres adopte une mesure semblable. Inspiré par les idées révolutionnaires qui balaient alors la France et l'Europe, Papineau est dénoncé par l'Église catholique, réprimé par le gouverneur britannique. Élus et réélus plusieurs fois par de fortes majorités de Canadiens, mais incapables d'atteindre leurs objectifs par la voie légale à cause des vetos du gouverneur anglais, Papineau et ses partisans se lancent en 1837 dans une futile opération de guérilla.

Pendus, exilés, emprisonnés, les membres de l'élite politique moderne et laïque de la colonie sortent de scène, pendant que Londres concocte l'union forcée du Bas-Canada avec le territoire anglophone du Haut-Canada (aujourd'hui l'Ontario). Son but avoué est d'assimiler les Canadiens, ce « peuple sans histoire et sans littérature » comme le dit Lord Durham, architecte de ces changements, dont la progéniture serait aujourd'hui milliardaire s'il avait fait breveter sa petite phrase assassine.

Lorsque arrive la mal nommée confédération de 1867, les forces conservatrices de George Étienne Cartier, proconfédération, usent d'un solide argument. Au moins, dans la nouvelle structure, les francophones retrouvent une autonomie relative : un statut provincial. C'est un moindre mal et c'est mieux que le *statu quo*, c'est-à-dire la condition de minorité dans le grand Parlement de l'Union établi en 1840, qui prend toutes les décisions et dans lequel il faut littéralement se battre pour parler français. Cartier promet même pendant une certaine période de consulter les futurs Québécois (la province va s'appeler Québec) par voie référendaire. Mais il ne tiendra pas parole.

Lorsque le Parlement de l'Union approuve l'acte confédéral, 25 des députés francophones votent Oui, 24 votent Non. Le 1er juillet 1867, date de fondation du Canada, aucune manifestation populaire n'est tenue où que ce soit au Québec. Aucun feu de joie, aucune assemblée. Seulement, quelques messes pour célébrer la naissance du nouveau pays. Car le clergé est favorable à la confédération, se sachant maître des compétences léguées à la nouvelle province, soit l'éducation et la santé, outils de son autoperpétuation. (Le clergé fera un bon boulot de nettoyage pour éliminer les vestiges de l'enseignement laïque.)

Une élection est cependant organisée en août 1867, pour entériner, *a posteriori*, l'entrée des francophones dans le nouveau pays. Contre les candidats de Cartier, on trouve les candidats « rouges », ancêtres des libéraux de Robert Bourassa, qui s'opposent à la nouvelle constitution et proposent à la place un programme mal défini, mais qu'on peut dire proche de la souveraineté-association.

Cette élection montre quelques particularités intéressantes. D'abord, ce qui est normal à l'époque, le vote n'est pas secret : les électeurs signent leur nom dans un grand livre ouvert. Ensuite, ce qui est nouveau, le clergé annonce que voter contre la confédération, c'est commettre un « péché mortel », donc risquer, pour l'éternité, les flammes de l'enfer. Pour bien faire passer le message, l'Église fait aussi savoir que les prêtres refuseront de donner l'absolution aux fautifs, assurant ainsi leur damnation.

Bref, en août 1867, donc au moment de dire Oui ou Non, les « Canadiens » sont placés devant l'équation suivante :

- Avant 1837, lors d'élections à répétition, les francophones ont exprimé leur volonté, leur « premier choix » : un gouvernement à eux, responsable, indépendant et laïque, membre de l'empire britannique.
- Rien ne peut faire croire que ce rêve puisse se réaliser. Mil huit cent trente-sept, c'est il y a à peine 30 ans. De mémoire d'homme, donc, ceux qui ont incarné le premier choix des « Canadiens » ont été réprimés dans le sang. Il y a 27 ans, en 1840, le pouvoir britannique a montré sa volonté d'assimiler les francophones. Le programme de souveraineté des rouges est certes sympathique, mais irréaliste.
- La confédération, c'est mieux que rien. Dans une province, au moins, il sera possible de décider d'un certain nombre de choses.
- Dire non, c'est perdre son âme.
- Seuls les hommes propriétaires ont droit de vote et, compte tenu de la collusion entre l'Église et les conservateurs alors au pouvoir, les membres de cette petite bourgeoisie qui diront Non se mettront à dos ceux qui, dans le quartier ou au village, distribuent les faveurs, les emplois et les brimades.

Malgré cette conjonction de facteurs, il s'est trouvé 45 % des Québécois pour dire Non aux candidats proconfédération (45 % du vote exprimé et non des candidats élus, car les élections ont été volées dans plusieurs circonscriptions). Compte tenu du vote anglo-québécois, il n'est même pas certain que 50 % des francophones aient dit Oui* à la nouvelle confédération. L'historien Marcel Bellavance, à la suite d'une minutieuse recherche dans les archives religieuses, a pu effectivement montrer que le nombre de fidèles ayant « fait leurs pâques », ayant donc reçu l'absolution, a sensiblement chuté au moins d'avril suivant. C'est donc que les prêtres ont mis leur menace à exécution. (Bellavance montre aussi que, compte tenu de la distribution du vote, « quelque 10 votes parfois, exprimés librement, eussent pu renverser les faibles majorités — 6 votes en moyenne — qui permirent à certains députés conservateurs de se faire élire ».) Lorsque, à l'élection de 1876, des prêtres recommencent ce petit manège dans certaines circonscriptions, on proteste jusque devant la nouvelle Cour suprême canadienne, qui invalide ces nouveaux résultats électoraux, en dénonçant « l'exercice d'une influence indue de la pire espèce ». Il est trop tard, cependant, pour invalider l'élection de 1867.

---

*   Avis aux fédéralistes qui, comme Ghislain Dufour, pensent que la souveraineté du Québec ne doit se faire qu'avec l'appui d'au moins 65 % des électeurs. Puisque, au grand maximum, seulement 55 % des Québécois ont dit Oui en 1867, faut-il déclarer nulle et non avenue l'adhésion du Québec à la confédération ?

Qu'est-ce que ce rappel vient faire dans une analyse de la situation politique, telle qu'elle se présente à la fin de 1990 ? Peu de Québécois connaissent ces détails, soupçonnent même l'existence de ces événements ou leur importance. C'est pourtant ce qui explique que, dans la mémoire collective québécoise, 1867 n'est ni une fête ni un cataclysme, mais une absence. Cette résistance ratée, ce pétard mouillé ne s'est nullement inscrit dans la psyché. Il s'ensuit que les Québécois n'ont pas, pour la naissance de leur pays appelé Canada, de repère. Point de prise de la Bastille ou de déclaration d'indépendance américaine. Nulle adhésion enthousiaste, pas même un acquiescement renfrogné mais raisonné.

Il n'y a rien.

Il n'y a donc pas de socle sur lequel le fédéralisme canadien, le nationalisme canadien, puisse s'appuyer dans la mémoire québécoise, dans ses valeurs. Le régime français, la conquête, la révolte des Patriotes sont des balises bien plus importantes, dans la mini-conscience historique québécoise, que 1867. Surtout, les Québécois savent que, sous différentes formes, le Québec existait avant 1867, et qu'il existe depuis. Cette date est banale.

Au Canada anglais, les choses ne sont guère plus claires. Mais les Canadiens font mentalement une coïncidence entre le mot « Canada » et tous les événements allant de l'arrivée de Jacques Cartier à la fondation de Vancouver. À l'ouest de l'Ontario, l'entrée de chaque nouvelle province dans la Confédération, après 1867, constitue la balise locale. Comme, à Terre-Neuve, le référendum — probablement truqué, d'ailleurs, selon des recherches récentes — de 1949 décidant de son adhésion à la confédération. Côté socle, la terre canadienne est plus ferme hors Québec, mais elle est encore bien meuble. Voilà pourquoi la constitution de 1982 et sa charte des droits tombent si bien. C'est le premier acte qui puisse être considéré comme le produit de l'ensemble des constituantes du ROC, signé par chacun de ses premiers ministres, adopté par chacune de ses législatures, modelé de surcroît par certains de ses groupes de pression, notamment féministes et multiculturels. Mil neuf cent quatre-vingt-deux est donc l'année zéro du ROC.

Le Québec a aussi son année zéro : 1960.

B *Le long corridor*

Le kidnapping de l'élection de 1867 par le clergé plonge le Québec dans un long corridor où les forces de la modernité sont constamment minorisées, sur la défensive, en porte-à-faux. L'encadrement est étouffant. Sous Papineau, il y avait 1 prêtre pour 1800 fidèles. Au tournant du siècle, il y en a 1 pour 500. Le fil du nationalisme n'est pas cassé, loin s'en faut. Mais il se perd dans des habits cléricaux, réactionnaires, enclins, même, à l'antisémitisme, à la haine de l'Anglais comme une fin en soi. Dans la première moitié du vingtième siècle, le chanoine Lionel Groulx incarne ce courant, mélangeant xénophobie et volonté souverainiste*. (Son cas est compliqué du fait qu'il était, sur d'autres sujets, un clerc plutôt plus ouvert et moderne que la moyenne, selon plusieurs de ses étudiants et de ses contemporains.)

Il faut attendre 1959 et la mort de l'autocrate Maurice Duplessis, premier ministre de l'Union nationale, pour que le tandem nationalisme/réaction soit démantelé et remplacé par le tandem nationalisme/modernité, incarné d'abord par le premier ministre libéral Jean Lesage, puis par son ministre, plus tard fondateur du Parti québécois, René Lévesque. La rapidité avec laquelle l'influence cléricale s'est littéralement évanouie dans les années 60 est une autre manifestation de « l'indocilité » des Québécois, qui ont subi 100 ans de chape catholique sans en intégrer les réflexes. L'universitaire, philosophe et anthropologue à ses heures Paul-Marcel Lemaire parle d'une « religion sociologique » qui

> a été liquidée sans bruit, sans douleur, apparemment sans culpabilité, en quelques années à partir de 1960 ; c'est donc qu'elle n'avait guère de racines profondes dans la vie réelle des masses. [...] Au XXᵉ siècle, malgré le triomphalisme officiel de l'église, l'esprit laïque ou anticlérical, mais surtout l'indifférence religieuse, furent beaucoup plus répandus que ne le laissaient voir les apparences ; comme toujours, la ruse des Québécois les poussait à mener une lutte plutôt souterraine, à préférer l'humour dévastateur à la diatribe.

L'année zéro du Québec, le début de la révolution tranquille en juin 1960, occupe dans la psyché québécoise une place incommensurablement plus grande que l'élection de 1867 ou que la constitution de 1982. Quand Lesage, presque 30 ans jour pour jour avant la mort de Meech, prend le pouvoir, il impose un nouveau vocable, jusque-là rarement usité : l'État du Québec. Vous avez dit province ?

Deux ans plus tard, il lance ce slogan célébrissime : « Maîtres chez nous. » Les Québécois — qui s'appellent encore surtout « Canadiens français » — n'ont aucune hésitation. Il savent où « chez nous » se trouve.

---

*   On trouve au Québec de vieux nationalistes s'obstinant à défendre Groulx contre ses détracteurs. L'auteur, enfant de la révolution tranquille, peut cependant témoigner qu'en 18 années de scolarité dans le système public québécois et en 10 ans de couverture du Parti québécois, il n'a jamais eu l'occasion de lire un seul paragraphe de Groulx, avant d'en prendre connaissance en 1992, parce qu'un débat faisait rage à son sujet. Beaucoup d'auteurs canadiens-anglais aiment à croire que Groulx est l'idole des nationalistes québécois modernes. D'autres, comme l'historien Ramsay Cook, donnent l'heure juste : « Ces temps-ci Groulx est rarement lu, et son style de nationalisme est presque mort. Certains évoquent le fait que son nom figure sur une station du métro de Montréal. Qu'est-ce que ça prouve ? L'université torontoise de Cornell a donné le nom de Goldwin Smith, un antisémite notoire dans le Toronto de l'ère victorienne, à une bibliothèque et à une chaire ! » Notons aussi que plusieurs villes québécoises, dont Montréal, ont des rues « Wolfe », sans que le personnage fasse l'objet d'un culte quelconque chez les Québécois.

LA TENDANCE

Lesage, qui fut ministre libéral fédéral avant de devenir premier ministre du Québec, est un fédéraliste bon teint. Pas question pour lui de remettre en cause le lien canadien. Les séparatistes, d'ailleurs, ne forment au début des années 60 qu'un petit groupe d'illuminés.

À Québec, Lesage abat le boulot que Duplessis aurait pu accomplir, s'il l'avait voulu : moderniser le Québec dans les champs de compétence qu'il contrôle, notamment l'éducation, les richesses naturelles, la santé. La tâche est immense. Quand Duplessis tenait les cordons de la bourse, le Québec avait, *per capita,* les dépenses publiques les plus modestes de toutes les provinces. Entre son départ et 1967, il est passé de l'avant-dernier au deuxième rang. À ce point de l'histoire, les Québécois testent encore les limites des pouvoirs qu'ils ont si peu utilisés jusqu'alors.

Dans ses rapports avec Ottawa, Lesage poursuit le travail de Duplessis : pas offensif, mais défensif. Car depuis 1867, c'est Ottawa qui a acquis des pouvoirs additionnels, modifié le pacte d'origine. Eric Kierans, qui fut ministre de Lesage puis de Trudeau, est un observateur crédible de cette évolution :

> Pendant la Seconde Guerre mondiale, les provinces ont cédé leurs droits de taxer les individus et les compagnies au gouvernement central, à la condition qu'Ottawa cesse de faire usage de ces pouvoirs dans les 12 mois suivant la fin des combats. À la conférence fédérale-provinciale de 1945-1946, Ottawa a renié sa parole, a refusé d'amender la constitution, et a demandé l'accès complet et exclusif à ces sources de taxation, promettant en contrepartie de plus généreuses subventions aux provinces.

> Depuis le 3 mai 1946 jusqu'à aujourd'hui [1993], la revendication capitale du Québec a donc été d'obliger Ottawa à respecter la constitution de 1867. Duplessis a refusé les subventions d'Ottawa, affirmant qu'elles étaient inconstitutionnelles. Ce qui a signifié que le cœur des responsabilités québécoises — santé, aide sociale, éducation — manquait de fonds. D'autres provinces ont accepté de devenir dépendantes d'Ottawa en acceptant les subventions. Pas le Québec. Duplessis a gagné les élections de 1948, 1952 et 1956 en faisant campagne sur cette fracture constitutionnelle. [C'est donc dire que ce thème était électoralement rentable, que l'opinion québécoise y était réceptive.]

> La stratégie du gouvernement Lesage a été de refuser, toujours, les subventions, mais pas les programmes auxquels elles étaient destinées. Le compromis : la cession par Ottawa à Québec de « points d'impôt » équivalents.

La cession de « points d'impôt » est un truc habile qui permet qu'une partie de l'argent des taxes québécoises soit dirigée directement à Québec, plutôt que de transiter par Ottawa qui le redistribue avec l'étiquette « subvention ».

A *Mort en bas âge : le fédéralisme flexible*

Les accords conclus par Lesage avec le premier ministre fédéral libéral Lester Pearson, champion du « fédéralisme coopératif », donc flexible, permettent au Québec de lancer ses propres institutions, différentes de celles que le ROC se concocte, dans une bonne douzaine de domaines. Le Québec ne récupère pas, en principe, comme le signale Kierans, le terrain perdu en 1946. Cependant, en pratique, Lesage et Pearson imposent l'asymétrie sur le terrain provincial qu'Ottawa avait occupé sans l'accord du Québec. Ce compromis produit notamment la Caisse de dépôt et placement, et fait en sorte que Québec, qui jusqu'en 1962 percevait 18 % de l'impôt personnel des Québécois, en perçoive 47 % en 1966.

Le fédéral garde cependant le pouvoir de dépenser des sommes folles dans des champs de compétence québécois, en contravention à l'esprit, sinon à la lettre, de la constitution de 1867. Cette pratique contribue à multiplier les dédoublements. C'est surtout le moyen qu'utilise Pierre Trudeau, à partir de 1968, pour promouvoir, par toutes sortes de programmes nouveaux, modernes et socialement généreux, la notion de « nationalisme canadien ».

À Québec, au contraire, l'appétit autonomiste vient en mangeant. Jean Lesage dit un jour que « grâce à l'obtention d'un statut particulier [pour le Québec], le Canada pourra vraiment survivre ». Et il s'évertue à concrétiser ce statut particulier sur la scène internationale, en lançant le Québec dans une politique internationale, surtout en direction de la France et de la francophonie, qui fera grincer tous les dentiers fédéralistes. (Note facétieuse : les éditorialistes canadiens-anglais ont réussi un tour de force conceptuel en dénonçant, les jours pairs, le nationalisme québécois moderne comme « paroissial et introverti », et en dénigrant, les jours impairs, les arrogantes visées internationales du Québec.)

Après Lesage, c'est au tour de Daniel Johnson père, chef de l'Union nationale et premier ministre de 1966 à 1968, de demander « l'égalité » entre les deux nations. Il revendique le rapatriement ou l'octroi de compétences nouvelles au Québec dans les domaines de l'éducation, de la culture et des relations internationales ainsi qu'une réduction du pouvoir « indéfiniment extensible », dit-il, du fédéral d'intervenir dans des matières québécoises. En octobre 1967, alors même qu'ils expulsent de leur parti René Lévesque devenu souverainiste, les militants libéraux provinciaux réunis en congrès adoptent une plate-forme réclamant un statut si particulier qu'on distingue mal ce qu'il resterait de fédéral dans l'appartenance québécoise au Canada.

Le directeur du *Devoir*, Claude Ryan, note dans un éditorial bilan de décembre 1967 que, maintenant que le Québec a fait connaître ses volontés autonomistes, il est temps que le Canada anglais indique « s'il est prêt à reconnaître en principe, quitte à discuter ensuite de façon serrée des modalités, la situation distincte — ou particulière, ou spéciale — du Québec dans l'ensemble canadien ».

Mais Pierre Trudeau met le holà au fédéralisme flexible de Pearson lorsqu'il accède au bureau du premier ministre quelques années avant de lui succéder. « Lester Pearson était comme beaucoup de Canadiens anglais à l'esprit ouvert qui, à l'époque, tentaient de gérer ces nouvelles forces, dira Trudeau, parlant des revendications québécoises. Ils se disaient : "On va leur donner un morceau [certains pouvoirs] maintenant, comme ça ils seront satisfaits. Et on devra peut-être leur en laisser encore un peu plus dans 10 ans." Il fallait un Canadien français comme moi, élevé au Québec, pour savoir que les nationalistes québécois ne seraient "satisfaits" que lorsqu'ils auraient renversé le verdict des plaines d'Abraham. »

Un ministre français de passage à Ottawa demanda un jour à Pierre Trudeau pourquoi il refusait d'accorder aux Québécois un statut particulier, revendication que le nouveau premier ministre avait qualifié de « connerie ». « Ce serait un premier pas vers l'indépendance », répondit-il. Il avait de bonnes raisons de le penser. La politique de Pierre Trudeau était au contraire de banaliser le fait québécois dans l'ensemble canadien mais, en contrepartie, de promouvoir les droits individuels des Canadiens français, où qu'ils soient. Toute sa philosophie est résumée dans cet échange entre lui et l'ex-premier ministre terre-neuvien Joey Smallwood. La conversation a lieu en 1968, avant que Trudeau devienne chef libéral :

> Smallwood : Si tu veux connaître mon opinion, pour Québec : rien, rien, mais rien du tout. Je veux dire, absolument rien que l'Île-du-Prince-Édouard ou Terre-Neuve ne puissent avoir aussi. Mais pour les Canadiens français, partout au Canada : tout, tout, vraiment tout ce que les Canadiens anglais ont. Tout, j'ai dit...
>
> Trudeau : Autant arrêter ça là. Vous venez de dire ce que je pense et je souhaite seulement pouvoir m'exprimer aussi clairement que vous.

Trudeau pensait sincèrement qu'en imposant la présence de francophones à Ottawa et en revalorisant la place des francophones hors Québec, il permettrait à la minorité francophone de jouer un rôle satisfaisant dans la gestion de tout le territoire, plutôt que de se limiter à gérer son propre État du Québec, en périphérie, là où les francophones sont majoritaires. C'était une « obsession magnifique » et à plusieurs égards généreuse, pour reprendre le terme de ses hagiographes, Christina McCall et Stephen Clarkson.

Trudeau est arrivé trop tard pour sauver les francophones hors Québec de l'assimilation : en 1991, un quart de siècle après la mise en place de son programme de bilinguisme, le commissaire aux langues officielles célèbre comme une victoire le fait que l'assimilation des francophones se fasse... plus lentement qu'avant. Mais selon ses propres statistiques, le français comme langue d'usage à la maison ne gagne du terrain nulle part au Canada ; pas même au Québec, où il s'est à peu près stabilisé entre 81 et 83 % de la population. Ailleurs, le taux d'assimilation va de 7 % par génération chez les Acadiens du Nouveau-Brunswick à 29 % par génération chez les Franco-Ontariens (41 % d'entre eux ne parlent plus le français à la maison), à plus de 55 % par génération partout à l'ouest de l'Ontario.

La cavalerie trudeauiste, trop tardive hors Québec, est cependant arrivée à temps pour mettre fin au processus d'asymétrie introduit par Lesage et Pearson. On ne saura jamais dans quelle mesure, sans Trudeau, le Québec aurait pu devenir plus autonome tout en restant dans le cadre canadien. On ne saura jamais s'il aurait, éventuellement, considéré son autonomie suffisante pour renoncer à s'engager dans une sécession par conséquent symbolique, ou si au contraire cette autonomie aurait rendu le lien canadien superflu aux yeux du plus grand nombre de Québécois. En imposant son verrou politique à compter de 1968, puis constitutionnel depuis 1982, Trudeau a modifié le cours de l'histoire ; écartant la voie de la flexibilité, il l'a engagée dans celle de la confrontation.

Lester Pearson, qui avait tout fait pour aider sa jeune et brillante recrue, Pierre Trudeau, à lui succéder en 1968, « a pu assister de son vivant à tout ce que Trudeau, rigide, non libéral, a fait pour répudier son œuvre de fédéralisme coopératif », écrit le rédacteur en chef du *Globe and Mail*, William Thorsell.

Confrontation constitutionnelle, confrontation identitaire, aussi. Car en renouvelant, à son arrivée en 1968, le discours nationaliste canadien, Trudeau emporte une partie de l'électorat francophone avec lui, et remporte de fortes majorités électorales québécoises aux élections fédérales de 1968 (54 % au Québec), 1972 (49 %), 1974 (54 %), 1979 (62 %) et 1980 (68 %). (Ces chiffres sont quelque peu gonflés par le fait qu'un nombre croissant d'électeurs québécois « décrochent » de la politique fédérale à chaque élection. Signe de cette désaffection : une candidate du Parti rhinocéros, créé pour ridiculiser le monde diplomatique, arrivera même deuxième dans la circonscription de Laurier.)

C'est la période paradoxale de l'histoire québécoise. Car parallèlement aux victoires de Trudeau, le vote souverainiste croît de façon spectaculaire aux élections provinciales : 1966 (9 %), 1970 (23 %), 1973 (30 %) et 1976 (42 %). (Dans ce dernier cas, le chiffre est quelque peu gonflé, le PQ ayant promis de ne pas enclencher le processus de souveraineté sans tenir un référendum au préalable.)

Bref, de 1960 à 1980, les partis provinciaux savent qu'ils ne peuvent survivre sans promettre aux électeurs plus de pouvoir pour le Québec (y compris Robert Bourassa, qui propose le « fédéralisme rentable », puis la « souveraineté culturelle »). Simultanément, au niveau fédéral, Trudeau engrange des majorités en promettant de donner leur place aux Québécois dans l'ensemble canadien, sans rien céder au gouvernement du Québec. Les politiciens provinciaux s'adressent aux francophones québécois en tant que majorité provinciale, Trudeau s'adresse à eux en tant qu'individus et en tant que minorité linguistique pancanadienne. Les électeurs misent sur les deux tableaux, et creusent leur ambivalence.

Mais les résultats électoraux ne permettent pas de saisir les nuances de la volonté populaire, surtout si on veut déterminer non pas ce que veulent les politiciens, mais ce que veulent les Québécois. Les recherches statistiques et sociologiques des 20 dernières années établissent deux axes superposés d'expression des volontés de l'électorat : 1) la revendication de nouveaux pouvoirs ; 2) le sentiment d'identité.

B *L'appétit du Québécois moyen*

Pendant la période 1990-1992, un nouveau courant de pensée s'est développé au Québec sur la question des pouvoirs. Selon ce courant, le Québec *ne devrait pas* réclamer plus de pouvoirs dans un certain nombre de domaines, car il lui faudrait débourser davantage pour les assumer seuls, que ce n'est le cas dans le cadre fédéral. Le politologue Stéphane Dion, qui a systématisé cette argumentation, et l'influente chroniqueuse politique de *La Presse,* Lysiane Gagnon, qui l'a popularisée, soutiennent qu'il est idiot de réclamer tous les pouvoirs touchant la culture, car la proportion de produits culturels francophones financée par les institutions fédérales dépasse notablement la proportion de francophones dans la population. Le Québec, autrement dit, touche plus que sa part. Même problème avec l'autre grande revendication du gouvernement Bourassa : le rapatriement des domaines de la main-d'œuvre et de l'assurance-chômage, qui supposerait « l'importation » à Québec d'un déficit de près d'un milliard*. (Dans son mémoire à la commission Bélanger-Campeau, la Chambre de commerce du Québec revendique néanmoins ces pouvoirs et les responsabilités financières qui leur sont liées, affirmant que le jeu en vaut la chandelle.) La théorie Dion/Gagnon suppose surtout que les politiciens québécois et les hauts fonctionnaires sont les vrais demandeurs dans cette affaire. Que la population, elle, s'accommode très bien de la situation actuelle, et qu'elle tire parfois superbement son épingle du fouillis, en télévision et en films, notamment. L'argument rejoint celui sans cesse ressassé par Pierre Trudeau. En 1993, il écrit :

> Certains nationalistes, se prenant pour les porte-parole des Canadiens français, se gargarisent d'affirmations gratuites : « le Québec » veut plus d'autonomie et « les Québécois » se sentent humiliés par le gouvernement fédéral. Mon œil ! Ces nationalistes ne parlent que pour eux-mêmes ; ils ne sont pas « le Québec ».

---

*   Le raisonnement Dion/Gagnon ne s'applique pas à tous les secteurs d'activité. C'est le cas des secteurs qui sortent du champ normal des « revendications traditionnelles » du Québec, comme l'armée, par exemple. Le ministre fédéral de la Défense Marcel Masse a, par exemple, extirpé de ses fonctionnaires la statistique selon laquelle, de 1971 à 1991, le Québec a récolté une part des dépenses de ce ministère inférieure de 8 % à sa proportion dans la population canadienne. De 1981 à 1991, cela représente un manque à gagner de 6 milliards de dollars, sans compter les intérêts composés, et sans remonter plus loin dans le temps. Avec ce seul écart, le Québec perd chaque année trois fois et demi l'équivalent de ce qu'Ottawa y dépense pour le développement régional.

Les sondages contredisent l'argument de Trudeau, comme la théorie Dion/ Gagnon. Il existe, dans l'électorat québécois, une « demande » de pouvoirs qui, si elle est parfois imprécise dans le détail, est toujours claire dans le principe. Donna Dasko, d'Environics, note que de 1979 à 1990, « c'est au Québec que l'évolution favorable à la compétence provinciale a été le plus marquée ».

Deux mesures, l'une prise en février 1985, donc en pleine décrue du mouvement souverainiste, l'autre en avril 1991, donc pendant la vague souverainiste post-Meech, confirment la ténacité de ces tendances :

« À quel gouvernement, selon vous, devrait revenir la pleine ou principale compétence dans les domaines que voici ? » a-t-on demandé au Québécois.

	Québec*		Les deux		Ottawa	
	1985	1991	1985	1991	1985	1991
Éducation	71	71	9	3	14	26
Développement régional	69		10		9	
Culture		60		34		6
Programmes sociaux		57		35		8
Langue		55		35		10
Agriculture	49		28		15	
Pêcheries	45		34		14	
Immigration		44		31		24
Emploi	42		25		19	
Politique économique		33		52		14
Relations extérieures	35	12	13	47	39	41
Défense		9		36		56

*   En pourcentage.

Ces chiffres ne valent que pour les francophones québécois, mais ils montrent que les gouvernements québécois se trouvent en terrain sûr, dans l'électorat francophone, lorsqu'ils réclament soit plus de pouvoirs exclusifs au Québec, soit une compétence québécoise dans des secteurs considérés comme fédéraux, comme les relations extérieures. L'idée de donner exclusivement des pouvoirs au fédéral ne rallie une majorité que dans un des secteurs énumérés : la défense. Dans la guerre Ottawa/Québec sur « Qui devrait gérer vos affaires ? », Québec a gagné haut la main. Les Québécois ont peut-être tort de vouloir plus de pouvoirs. Mais le fait est qu'ils en veulent, et pas seulement dans le domaine de la culture et de la langue. Ils en veulent aussi en matière économique, bien qu'ils ne sachent pas précisément où tracer la ligne entre Québec et Ottawa à ce chapitre.

Jean-Claude Rivest, qui a passé sa vie entre la politique partisane et électorale et la négociation constitutionnelle, explique bien, au-delà des statistiques, le phénomène :

> Le Canada a l'impression que ce que le Québec veut, c'est la langue et la culture et l'histoire : la Québécitude. Les hauts niveaux actuels d'appui à la souveraineté [au printemps 1991] sont premièrement liés à la langue et la culture, bien sûr ; deuxièmement à la réaction politique — la tête de Wells, l'échec de Meech. Mais il y a peut-être un facteur plus profond, qui est le résultat des 25 dernières années.
>
> C'est-à-dire que les Québécois ont la conviction que l'environnement, les affaires extérieures, les postes, l'économie, la monnaie, on est capables de s'occuper de ça tout seuls ! Ils se demandent pourquoi [la ministre québécoise de l'Immigration] Monique Gagnon-Tremblay devrait aller demander à [la ministre fédérale] Barbara McDougall le nombre d'immigrants que le Québec peut recevoir. On est capables de décider ça ! On pourrait faire mieux qu'Ottawa dans bien des domaines, et on n'a absolument aucune loyauté face aux institutions fédérales. Le Canada anglais ne perçoit pas ça, mais c'est fort. C'est le facteur le plus dynamique qui peut entraîner la permanence du haut niveau d'adhésion des Québécois à la souveraineté. [...]
>
> Les Québécois ont la conviction qu'ils sont maintenant mieux éduqués, qu'ils sont compétents et formés et qu'ils peuvent gérer n'importe quoi. C'est une manifestation de confiance en eux.

Rivest, un Québécois partial ? Qu'à cela ne tienne, écoutons un étranger : Les Québécois « ont une identité culturelle et un sens de leur destinée. Ils sont fiers des institutions qu'ils ont bâties et ils en veulent d'autres encore. [...] Ce qu'ils font ici, c'est la construction d'une nation. » L'auteur ? Le consul général américain à Québec, William McCahill, dans une entrevue à *Business Week* en mars 1992.

Ils sont fiers de leurs institutions et ils en veulent d'autres. C'est le principe de la boule de neige. À mesure que les Québécois prennent en charge plus de secteurs, ils se sentent en mesure d'en gérer plus encore. Le fort contingent de ministres québécois à Ottawa ne semble pas avoir servi d'antidote. Au contraire, on peut penser que le fait d'avoir un des leurs, Pierre Trudeau, dans les sommets internationaux, a convaincu les Québécois qu'ils « étaient capables » de se passer des « Anglais ». (*A contrario,* le fait que le Canada ait accepté Jean Chrétien comme ministre de la Justice puis des Finances, compte tenu de la piètre réputation de Chrétien au Québec, a pu, à tort ou à raison, banaliser, pour ne pas dire dévaluer, la perception que les Québécois avaient du degré de compétence requis pour gérer un pays.)

C Quand les Québécois changent de souche

Ce désir de voir le gouvernement de Québec, plutôt que celui d'Ottawa, gérer un nombre croissant des aspects de la vie résulte d'un déplacement graduel du sens identitaire des Québécois qui, petit à petit depuis 1960, ont cessé de se considérer comme des « Canadiens » ou des « Canadiens français » pour devenir des « Québécois ». Le voyage est d'autant plus significatif que, chez les Québécois ayant grandi avant la révolution tranquille, le terme « Canadiens » signifiait exclusivement « francophones », les autres étant « les Anglais ». Il leur a donc fallu délaisser une identité considérée comme étant légitimement la leur, mais détournée de son sens premier depuis qu'elle désignait les habitants de tout le Canada, et la remplacer par une nouvelle.

Autodéfinition de l'identité des Québécois francophones

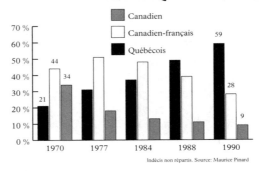

Indécis non répartis. Source: Maurice Pinard

Ce graphique a été établi par le sondeur Maurice Pinard, de l'université McGill, longtemps compagnon de route des libéraux québécois. Il illustre comment, en dépit des efforts de Trudeau pour greffer une identité canadienne aux Québécois, la tendance à aller en sens contraire est forte et résiste aux aléas de la politique électorale.

Absents au moment de la cérémonie du mariage canadien, passés de la défensive à l'offensive depuis leur année zéro (1960), occupés à devenir Québécois plutôt que Canadiens et demandeurs de pouvoirs pour leur Assemblée nationale, les habitants du Québec n'ont cependant pas sauté à pieds joints dans la souveraineté. Ils lui ont préféré un « premier choix », plus prudent, moins risqué : l'augmentation de leur pouvoir collectif au sein du cadre fédéral. Pourquoi auraient-ils choisi une autre voie puisque la majorité de leurs leaders leur ont juré, depuis 1960, que celle-là était ouverte ? On a passé en revue, plus haut, les slogans de Jean Lesage et de Daniel Johnson père ainsi que ceux de Robert Bourassa.

Deux facteurs expliquent pourquoi, au référendum de mai 1980, 60 % des Québécois et, selon les calculs de Pinard, 52 % des francophones, ont refusé à René Lévesque le mandat qu'il réclamait pour amorcer une négociation en vue de la souveraineté-association. La seule étude chiffrée existante sur le sujet, de Jon Pammett *et al*, attribue ce résultat au fait que le glissement identitaire de « Canadien » vers « Québécois » n'avait pas encore suffisamment fait son œuvre, et que l'attachement des Québécois pour le Canada était encore solide. Au moment du référendum, les Québécois pris dans leur ensemble étaient 57 % à se dire soit « Canadiens d'abord » soit « Canadiens et Québécois ». Selon les chiffres de Pinard, même en 1984, 62 % des électeurs francophones ne se considéraient toujours pas comme « Québécois » avant tout.

L'auteur ajouterait une seconde raison, qui tient à la stratégie que la plupart des Québécois s'étaient donnée depuis au moins 1960, sinon avant : renforcer le Québec au sein du Canada, plutôt qu'à l'extérieur. Rares étaient ceux qui pensaient, en 1980, que cette stratégie était irrémédiablement vouée à l'échec. Sur la scène fédérale, le chef de l'opposition conservatrice, Joe Clark, parlait du Canada comme d'une « communauté de communautés », un concept hospitalier pour les rêves de statut particulier du Québec. Les fédéralistes libéraux provinciaux en campagne pour le Non promettaient de mettre en œuvre, dans la foulée de leur victoire, une réforme canadienne qui reconnaîtrait partout la place spéciale du Québec. Claude Ryan l'avait abondamment articulée dans son Livre beige. Robert Bourassa, de retour de son exil bruxellois, s'en faisait le champion sur toutes les tribunes, opposant au rêve souverainiste le projet d'un Canada « à l'européenne ». Exemple parmi cent, un acteur libéral alors moins connu, Daniel Johnson fils, qui faisait une tournée de 22 circonscriptions, expliquait qu'un vote pour le Non était un vote « pour un changement profond de la fédération [...]. Cela consiste à demander aux Canadiens de reconnaître, à l'intérieur du Canada, deux nations, deux groupes linguistiques. »

Pierre Trudeau lui-même, sur des estrades où il était entouré de fédéralistes québécois autonomistes, perpétuait cette ambiguïté. Lors d'un discours célèbre au centre Paul-Sauvé de Montréal, il promettait qu'un « vote pour le Non est un vote pour le changement » et ne devrait pas être interprété par le Canada anglais « comme l'indication que tout va bien et que tout peut demeurer comme avant ; nous voulons des changements et nous sommes prêts à mettre nos sièges en jeu pour les obtenir ».

Le premier ministre canadien allait plus tard préciser qu'il n'était pas devenu, comme par enchantement, un fervent de l'autonomie québécoise et, certes, il ne disait rien dit de tel. Mais plusieurs fédéralistes sincères — tel Marcel Adam, éditorialiste de *La Presse* — ont vu dans sa déclaration le signe d'une ouverture, un « je vous ai compris » qui porterait ses fruits.

Des observateurs neutres, tels les analystes du Département d'État américain, décelaient eux aussi « des indices que Trudeau, avec le temps, pourrait envisager une formule qui transférerait des pouvoirs à toutes les provinces, dont le Québec* ». Un de ces indices était l'existence du rapport Pépin-Robarts sur l'avenir du pays, commandé, puis boudé par Trudeau, qui lui recommandait en janvier 1979 un désengagement significatif d'Ottawa de plusieurs champs de compétence québécois. Personne, en tout cas, n'a pensé que la

---

*   Trudeau avait été plus explicite encore lors de son discours devant le Congrès américain, en février 1977, en promettant que « des accommodements » et « des révisions » seraient apportés « pour faire en sorte que la constitution canadienne soit perçue par les six millions et demi de Canadiens parlant français comme leur plus solide garantie contre la submersion dans l'Amérique du Nord peuplée de 220 millions d'anglophones ».

promesse de « changements » de Trudeau signifiait une révision de la constitution qui serait imposée au Québec contre le gré de l'Assemblée nationale — et de Claude Ryan. Dans la salle, parmi les auditeurs de Trudeau, on trouvait aussi un conservateur ambitieux du nom de Brian Mulroney. Il confiera bien plus tard : « J'étais au centre Paul-Sauvé. Crois-tu qu'un seul fédéraliste aurait cru que le résultat de la promesse de Trudeau c'était qu'il y aurait une nouvelle constitution adoptée sans l'approbation du Québec ? Jamais. C'était la chose la plus impensable au monde. »

Bref, au moment du référendum de 1980, la démonstration n'avait pas été faite que le premier choix des Québécois — l'autonomie au sein du Canada — était impossible à réaliser. Au contraire, on la leur promettait un peu plus chaque jour. On disait même que leur Non en serait le déclencheur. Et beaucoup des 40 % de Québécois qui ont voté Oui en mai 1980 l'ont fait pour renforcer la position de négociation du Québec en vue d'une plus grande autonomie, pas pour accéder à l'indépendance, selon l'étude de Pammett, évoquée plus haut.

Un troisième élément important dans la défaite de René Lévesque, au-delà de la simple force d'inertie, réside dans l'opinion largement partagée par les Québécois que le Canada constituait un parapluie économique enviable contre les intempéries des crises internationales, notamment la crise pétrolière. À l'époque, la perte de l'approvisionnement en pétrole albertain, vendu à un prix nettement inférieur au prix mondial, aurait asséné un dur choc à l'économie québécoise. Chaque propriétaire de voiture pouvait faire son propre calcul.

Après l'échec référendaire, après le rapatriement unilatéral de la constitution par Trudeau qui n'a pas provoqué de colère populaire*, puis la défaite du PQ à l'élection de 1985, le mouvement indépendantiste a été déclaré mort. Commentant le congrès du PQ de janvier 1985 qui mettait en veilleuse l'option souverainiste, le chroniqueur du *Globe and Mail,* Jeffrey Simpson, écrivait : « Samedi, le rêve de la souveraineté est mort pour notre génération. Paix à ses cendres. »

Beaucoup de commentateurs québécois, beaucoup de Québécois tout court, ont alors souscrit à ce constat. À tel point que les maisons de sondages, naguère constamment en quête d'opinions sur la souveraineté, ont cessé, quelques années durant, de prendre régulièrement le pouls indépendantiste des Québécois.

Cependant, le glissement d'identité du pôle « Canadien » au pôle « Québécois » s'est poursuivi, accéléré même, dans les soubassements de la vie politique. Ainsi, les années 80 sont pour le Québec comme pour le ROC des années d'enracinement de concepts opposés. De 1982 à 1990, la charte des

---

* Les sondages montraient que les Québécois étaient opposés au caractère unilatéral du geste, mais favorables au principe d'une charte des droits et à l'idée de ramener la constitution de Londres. Il est même arrivé qu'une moitié de Québécois — 48 % en mars 1992 — reprochent à Lévesque de ne pas avoir signé l'entente.

droits étend son influence hors Québec. Simultanément, l'identité québécoise devient majoritaire chez les francophones. La table est dressée pour le grand choc de Meech. Maurice Pinard a étudié le phénomène québécois :

> Il est particulièrement significatif que, pendant l'essentiel des années 1980, alors que le mouvement indépendantiste était en déclin et que le soutien à ses thèses perdait du terrain, le niveau d'auto-identification vers le pôle « Québécois » a continué de grandir. Ce mouvement a, sans aucun doute, facilité les succès subséquents du mouvement souverainiste ; les changements graduels dans l'identité ont préparé le terrain, même pendant ces années maigres, à des changements d'options politiques qui n'attendaient que le moment propice pour se produire.

Le moment propice allait s'appeler Meech. Pinard note aussi que le glissement vers le pôle « Québécois » s'accélère avec les années, puisqu'il gagne 10 points en deux ans, entre 1988 et 1990. (Cette tendance se poursuivra ultérieurement. Au printemps de 1992, sommés de dire s'ils sont « Canadiens d'abord » ou « Québécois d'abord », 53 % de tous les Québécois et 61 % des francophones diront « Québécois », l'option « les deux » étant pourtant offerte.)

Deux politologues de l'Université de Montréal, André Blais et Richard Nadeau, proposent même une équation liant les deux termes : identité et souverainisme. « Que le glissement vers l'identité québécoise gagne encore 10 %, écrivent-ils, et l'appui à la souveraineté augmentera de 7 %. » Au contraire, « si les Québécois se sentaient aussi attachés au Canada qu'ils le sont au Québec, leur appui à la souveraineté chuterait » presque de moitié.

D *Virage ou montée ?*

Lorsque statisticiens et sociologues se sont réintéressés à la pulsion nationaliste, en 1990, ils se sont rendu compte que la résurgence du mouvement souverainiste ne datait nullement du jour de la mort de Meech, le 22 juin 1990, mais d'une période nettement antérieure. Selon Richard Nadeau :

> La thèse voulant que la poussée souverainiste de 1990 se soit produite à la suite de l'échec formel du 23 juin ne résiste pas à l'analyse. En fait, nos données indiquent plutôt, et elles sont en cela convergentes avec celles de la vaste majorité des sondages publiés au cours de la période, qu'un glissement très net en faveur de la souveraineté était clairement perceptible près de 150 jours [5 mois] avant l'ultime ronde de négociations constitutionnelles des premiers ministres canadiens.

Maurice Pinard a perçu des signes avant-coureurs de la montée de l'option souverainiste dès la fin de 1988, lorsqu'un sondage a fait bondir l'indicateur d'appui à « l'indépendance » à 28 %, soit 13 % de plus qu'au précédent coup de sonde, trois ans plus tôt. La prise de conscience, par les Québécois, du fait que les Canadiens anglais allaient refuser de reconnaître une modeste « société distincte », ou plus simplement rechignaient à le faire, semble avoir été suffisamment pédagogique pour faire basculer plusieurs cohortes de Québécois du camp autonomiste au camp souverainiste. Bon baromètre de cette réaction, le 23 janvier 1990, donc précisément cinq mois avant le décès de Meech, Claude

Béland déclarait : « Le mal est déjà fait. » Nadeau, comme d'autres analystes, note que cette migration vers la souveraineté s'est poursuivie même lorsque Meech semblait en voie d'être sauvé, en mai et juin 1990.

Tout cela étant dit, la meilleure mesure de l'amplification de la pulsion nationaliste québécoise est celle de la souveraineté. Comme les Inuit ont 25 mots pour parler de la neige, les Québécois ont cinq façons, au moins, de nommer la souveraineté : 1) Lorsqu'ils disent Oui à une question sur « la séparation », on peut les croire décidés à couper le cordon, advienne que pourra ; 2) Lorsqu'ils disent Oui à « l'indépendance », ils montrent aussi leur appartenance à la famille des déterminés ; 3) Lorsqu'ils disent Oui à la « souveraineté », c'est qu'ils en aiment au moins le principe, sinon toutes ses conséquences — c'est l'indicateur médian ; 4) Lorsqu'ils disent Oui à la « souveraineté-association », c'est qu'une bonne partie d'entre eux mettent une condition à leur décision de partir : qu'on leur offre des assurances, sinon des garanties, que des liens avec le Canada seront maintenus, pour amortir le coup et minimiser les coûts de la sécession ; 5) Lorsqu'ils disent Oui à une question offrant un « mandat de négocier la souveraineté-association », cela montre qu'ils veulent bien acheter le produit en vitrine, mais seulement s'ils peuvent le retourner après une période d'essai.

Voici donc, à partir de données colligées par le politologue Édouard Cloutier et le sociologue/sondeur Maurice Pinard, l'état de la courbe souverainiste, de 1970 à 1990* :

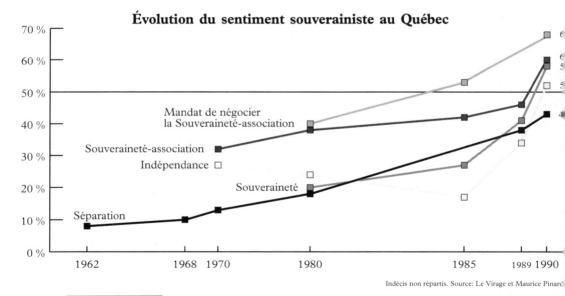

Évolution du sentiment souverainiste au Québec

Indécis non répartis. Source: Le Virage et Maurice Pinard

---

*   Avant 1970, la seule mesure existante était celle de la « séparation » : 8 % des Québécois étaient preneurs en 1962, 10 % en 1968. Les chiffres présentés dans le tableau sont des moyennes par année établies soit par Pinard, soit par Cloutier, soit par l'auteur à partir des quelque 160 sondages publics réalisés sur la question pendant la période.

Les chiffres de 1990 ont été présentés ici-haut selon un calcul de la moyenne de l'année qui masque l'évolution pendant les mois de l'année. Voici cette évolution sur les trois indicateurs testés à différents moments de l'année :

Évolution du sentiment souverainiste en 1990

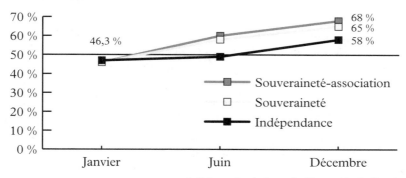

Indécis non répartis. Source: Le Virage et Maurice Pinard.

On a beaucoup dit que la flambée souverainiste post-Meech était émotive, irrationnelle[*]. Les Québécois ont été blessés par le refus du Canada anglais de reconnaître leur différence. Il se sont sentis comme si on leur disait qu'ils n'existaient pas, ou alors qu'ils avaient tort d'exister, ou enfin que s'ils existaient, ils ne devaient pas s'en vanter. Dans un sondage réalisé au printemps 1991, 67 % d'entre eux — et 75 % des francophones — affirmaient que « les Québécois avaient raison de se sentir humiliés par le rejet de Meech ». Humiliés. Le mot est fort. Et il n'y a pas de doute que, lorsque l'option souverainiste pousse des pointes à 70 % à la fin de 1990, l'excitation pure, épidermique, passagère, y est pour quelque chose.

Mais l'émotion a ses raisons. Constater que quelqu'un est fâché ne signifie pas qu'il n'a pas de bons motifs de l'être. Or l'expérience de Meech a été pédagogique. Elle a jeté une lumière crue sur l'impasse du fédéralisme, sur son incapacité à satisfaire le premier choix des Québécois : davantage d'autonomie au sein du cadre fédéral.

---

[*] À partir d'un même échantillon de Montréalais francophones interrogés en 1990, Richard Nadeau distingue trois vagues dans la progression de la souveraineté. D'abord, début février 1990, un bond de 15 % par rapport à 1980 signale l'entrée, parmi les partisans de la souveraineté, des Québécois âgés de 40 à 50 ans. Ensuite, à la fin de mars 1990, Nadeau note une nouvelle crue de 8 %, qui provient presque également de tous les sous-groupes sociaux, contrairement à ce qui s'était produit lors des crues précédentes. « La pénétration du message souverainiste semble se produire cette fois-ci à l'unisson », écrit-il. La troisième vague, qu'il situe en avril et mai 1990, est plus faible, à 4 %, mais « non moins extrêmement significative », juge-t-il, car « cette progression résulte pour une large part d'individus provenant de groupes jusque-là opposés à la souveraineté : les électeurs âgés de plus de 50 ans, moins scolarisés et s'adonnant à une pratique religieuse régulière ».

E *Dur, dur, le noyau*

Beaucoup de Québécois, à cette occasion, ont donc fait en toute conscience le voyage vers le camp souverainiste. Combien ? Selon les calculs conservateurs de Maurice Pinard, le « noyau dur » d'indépendantistes est passé de 15 % en 1980 à 31 % en 1991. Pour dissocier les « mous » des « durs », Pinard leur demande s'ils sont prêts à quitter le Canada même s'ils sont « certains qu'aucune association économique n'accompagnerait la souveraineté » ou encore que le Québec n'aurait « aucun lien formel avec le Canada ». C'est placer la barre fort haut. Car pour beaucoup de Québécois « association économique » signifie un simple accord de libre-échange et « lien formel avec le Canada » signifie échange d'ambassadeurs, formalités simplifiées aux douanes, ou mécanisme de résolution des conflits commerciaux. Même Jacques Parizeau répondrait Non à une telle question. Le sondeur du PQ, Michel Lepage, affirme de plus que bon nombre de répondants croient que « l'association économique, c'est faire des échanges économiques. Si on leur demandait "Sommes-nous en association économique avec le Japon ?", les gens diraient "Oui, parce qu'on peut acheter des téléviseurs Sony et des autos japonaises". » Il est donc périlleux de leur demander de s'en passer. Cela posé, on peut juger que le noyau dur de Pinard est extra-dur, composé presque d'enragés de l'indépendance : ils sont 31 % de Québécois suffisamment déterminés à faire l'indépendance pour accepter de souffrir pour cela, ou alors insouciants de ses périls.

Il est plus sage de ne pas mentionner l'idée d'association dans la question ni pour dire qu'il n'y en aura pas, ni pour dire qu'il y en aura une. Car en affirmant qu'il y en aura une, on englobe abusivement parmi les souverainistes un autre groupe de répondants qui entrevoient une association lourde, comportant peut-être un Parlement commun, et dans lequel le Québec peut toujours demeurer « une province ». En 1990, lorsqu'on pose plus prudemment la question du « pays souverain » ou du « pays indépendant » sans mentionner d'association, le noyau dur de Lepage est de 40 %, ce qui concorde avec la plupart des sondages publics.

Embauchée par Ottawa en 1991 pour trouver les points faibles de la cuirasse souverainiste, la firme de sondage québécoise Créatec, proche du Parti libéral, fournit un intéressant portrait de la cohésion et de la ferveur des indépendantistes québécois, tel que photographiés un an près la mort de Meech, en juin 1991. Identifiant 45 % de Québécois qui, dans un choix forcé entre « l'indépendance complète » et « le *statu quo* », ont préféré l'indépendance (45 % ont préféré le *statu quo*), Créatec teste, sur ces indépendantistes décidés, les arguments qui pourraient les faire flancher.

Si vous étiez convaincu que la souveraineté du Québec produirait les conséquences qui suivent, y seriez-vous moins favorable ?

Restent quand même
aussi favorables à la souveraineté

Si le Québec devait négocier ses propres ententes internationales, y compris le libre-échange avec les États-Unis :	79 %
Si les Anglo-Québécois quittaient la province :	77 %
Si le Québec devait avoir sa propre monnaie :	73 %
Si les Québécois ne pouvaient plus utiliser le passeport canadien :	71 %
Si la charte canadienne des droits ne s'appliquait plus au Québec :	68 %
Si les autochtones contestaient les frontières du Québec :	65 %
Si la période de transition à la souveraineté était longue et difficile :	63 %
Si l'économie québécoise devenait moins compétitive :	56 %
Si le financement de la dette publique devenait plus coûteux :	51 %
Si la qualité des programmes sociaux déclinait :	47 %
Si la somme totale des taxes payées augmentait :	47 %
Si le chômage augmentait :	43 %

On voit que Créatec doit travailler fort pour couper de moitié le soutien souverainiste. (Et encore, les répondants disent qu'ils deviendraient « moins favorables » à la souveraineté, pas défavorables.) Le sondage a le mérite de mesurer à quel point les souverainistes se foutent du passeport et du dollar canadien, sont parfaitement disposés à négocier leurs ententes internationales et sont prêts à traverser une période de transition houleuse. En revanche, il montre aussi que si les fédéralistes gagnaient les débats sur l'impact économique appréhendé de la souveraineté (taxes, chômage), ils pourraient effriter notablement le camp souverainiste. Cette tâche fédéraliste est cependant moins aisée qu'il n'y paraît, comme on va le voir quelques pages plus loin.

Au-delà du socle de souverainistes décidés, les souverainistes « mous » présentent toute une gamme de nuances. Pinard note que, lorsqu'ils disent « la souveraineté », certains veulent simplement que « le Québec soit indépendant dans ses affaires. Quand le Québec décide, il faut pas qu'Ottawa vienne s'en mêler. C'est pas l'indépendance politique, ça. » Et il y a toujours, comme sur toutes les questions, une part d'ignares. Parfois, raconte Pinard, certains disent : « Souverain ? Ça ne fait pas référence à la reine, ça ? La souveraine ? » C'est un cas extrême, affirme-t-il. Par ailleurs, on s'est beaucoup intéressé au nombre de « souverainistes » qui pensaient qu'un Québec souverain resterait une province du Canada, soit un cinquième du total.

Les sondeurs et analystes ont toujours été beaucoup moins fascinés par la confusion qui règne chez les non-souverainistes. Pourtant, il y a du mou de ce côté comme de l'autre, déclare le sondeur péquiste Michel Lepage : « Il y a des gens qui se disent favorables au fédéralisme renouvelé, mais quand je leur demande quels pouvoirs ils veulent rapatrier au Québec, ils me décrivent la souveraineté. Ils représentent environ 10 % de l'électorat. Ils sont pas dans mon "noyau", bien sûr. Mais je considère que ce sont des gens qui vont voter Oui à la souveraineté à la fin. »

Difficile de dire dans quelle mesure les « fédéralistes mêlés » contrebalancent les « souverainistes mêlés », mais, vu sous cet angle, il est dangereux d'écarter négligemment de l'équation, comme on le fait souvent, les souverainistes mous.

F *Les souverainistes ? Des immigrants !*

Deux thèmes encore, avant de fermer ce volet : pourquoi les souverainistes sont-ils souverainistes ? Question d'identité, bien sûr, on l'a vu. Mais encore ? Blais et Nadeau ont fait une analyse fine d'un grand sondage CBC/*Globe and Mail* d'avril 1991 criblant 1057 Québécois de questions sur leurs opinions et comportements politiques. Leurs conclusions sont riches d'enseignement :

> Il semble que la préférence d'un individu pour une option constitutionnelle est déterminée premièrement et surtout par son sentiment identitaire, par son attachement au Québec ou au Canada, et non sur un calcul rationnel quant aux coûts et bénéfices du fédéralisme. Ce qui signifie que les débats sur la rentabilité du fédéralisme, les gains ou les pertes du Québec dans les budgets fédéraux ont peu d'effet sur les options.

> La majorité des Québécois francophones sont devenus souverainistes pour la simple raison qu'ils considèrent le Québec comme leur pays, que la structure québécoise leur semble plus accueillante, plus proche de leur identité.

Bref, ils sont souverainistes québécois parce qu'ils sont Québécois. Comme les Turcs sont Turcs parce qu'ils sont Turcs. Il y a là une saine tautologie. De recoupement en recoupement, les deux politologues en arrivent même à l'étonnant constat que « même si tous les francophones étaient confiants de la possibilité de conclure un nouvel arrangement [constitutionnel] avec le reste du Canada, une majorité d'entre eux appuieraient quand même la souveraineté, à condition qu'ils en jugent les coûts acceptables ».

Cette explication n'épuise pas toute la motivation québécoise, cependant. Blais et Nadeau font l'inventaire de ce qui influence et de ce qui n'influence pas les Québécois dans leur marche vers la souveraineté :

> • Un certain nombre de francophones sont devenus souverainistes parce qu'ils ont acquis la conviction que le fédéralisme ne peut pas être réformé en profondeur.

C'est donc le dépérissement du « premier choix » des Québécois, l'autonomie dans le cadre canadien. C'est l'acquis pédagogique de Meech, qui fait que, dans l'histoire politique québécoise, il y aura l'avant et l'après-Meech.

• L'évaluation que les Québécois font du système fédéral *n'affecte pas* leur choix d'option constitutionnelle. Les francophones québécois ne sont pas particulièrement durs dans leur évaluation des relations passées entre le Québec et le reste du Canada. [Ils se divisent presque en trois tiers égaux pour dire que le lien fédéral a été pour le Québec une bonne chose, une mauvaise chose, ou n'a pas eu d'impact]. Et nous observons que même lorsqu'ils sont critiques, cela ne les *pousse pas* à devenir plus souverainistes. [...]

• La caractère réaliste d'une option, comme l'association économique, n'a *pas d'impact* sur l'option constitutionnelle. Même ceux qui doutent qu'une telle association puisse être négociée ne sont pas moins enclins, toutes choses étant égales par ailleurs, à appuyer la souveraineté. [...]

• La perception quant au coût économique de la souveraineté est la variable supplémentaire principale de soutien ou de rejet de la souveraineté [tout comme] la perception que le Québec serait un pays relativement petit.

Cette dernière remarque est importante : le petit Québec contre le grand Canada. Car même chez ceux qui ont décidé que « mon pays, c'est le Québec », il reste un fond d'attachement au Canada. Ces ex-Canadiens devenus « Canadiens français » puis Québécois ne tranchent pas leur âme politique au couteau. Ils se déplacent, la tendance est nette, vers l'identité québécoise. Mais ils charrient avec eux beaucoup de leurs identités passées. Ainsi, 67 % des francophones disent qu'« être canadien fait partie de mon identité personnelle » et qu'« être canadien est très important pour moi ». Le chiffre étonne, mais son impact s'émousse lorsqu'on constate que 40 % des indépendantistes durs fredonnent ces mêmes refrains. Pourquoi ? La meilleure explication en est donnée par le fondateur du Rassemblement pour l'indépendance nationale, Pierre Bourgault :

Faire l'indépendance, c'est comme immigrer, parce que c'est choisir un pays. C'est la même chose que pour les immigrants italiens. Quand ils arrivent ici, ils gardent la double nationalité et leur passeport italien, du moins pour la première génération. Pour un grand nombre de Québécois, l'indépendance va être une sorte d'immigration. Voulue, consentie, mais une immigration quand même. C'est un pas difficile à franchir et, même en le franchissant, ils vont garder le Canada en tête, comme les immigrants italiens gardent l'Italie en tête.

Bref, les Québécois ont le Canada dans la peau. C'est sûr. Mais ils se soignent. Blais et Nadeau soulignent que : « Avoir un certain degré d'attachement au Canada *n'est pas* suffisant, en soi, pour détourner les Québécois de l'option souverainiste. Pour être efficace, il faut que cet attachement soit combiné à un certain pessimisme sur la viabilité d'un Québec souverain. »

D'ailleurs, si l'attachement au Québec est identitaire, l'attachement résiduel au Canada est plutôt pécuniaire, souligne Maurice Pinard, commentant un sondage CROP/*L'actualité* réalisé au printemps de 1992 sur le sujet. « C'est un attachement très intéressé. Les francophones s'identifient surtout aux éléments canadiens qui leur rapportent quelque chose : programmes sociaux, dollar, ressources naturelles. » Ils sont particulièrement sensibles à la grandeur du pays, notion qui se trouve à l'intersection de l'intérêt mercantile (toutes ces ressources) et de la fierté (on l'a découvert, on l'a nommé, il est beau et grand). Blais et Nadeau notent que les arguments fédéralistes qui mettent en relief cette caractéristique frappent donc une corde sensible.

Mais le tableau d'ensemble est calamiteux pour les émules de Pierre Trudeau et du nationalisme canadien. On a peine à trouver, dans les pulsions des Québécois francophones, plus d'une once de chaleur, d'émotion, de loyauté pancanadienne. S'il n'y avait pas les sous, le romantisme des grands espaces et un certain attachement aux symboles, ils seraient déjà partis. Les Québécois francophones sont de bien mauvais Canadiens. En fait, ce sont des Canadiens pourris.

Surtout, la tendance identitaire, maîtresse du jeu, est lourde et s'avance avec la détermination d'un rouleau compresseur. À la fin de 1990, elle s'exprime avec force dans les indices prosouverainistes, leur faisant franchir la ligne des 60 %, et il est certain qu'une telle intensité ne peut être maintenue indéfiniment à moins qu'une échéance proche, comme un référendum en 1991, n'alimente cette ferveur. « On ne peut pas tenir les gens tendus comme des cordes de violon pendant des années », déclare par exemple Jacques Parizeau. En l'absence d'un événement qui focalise cette tension, une période d'accalmie entraînera fatalement un repli. Mais à cause de son épine dorsale identitaire, l'histoire du sentiment souverainiste montre qu'il ne retombe jamais à son point de départ. Lorsqu'il reflue, c'est vers un plateau plus élevé que le précédent*.

« Ce pourcentage n'est pas à la veille de décliner », prédit en novembre 1990 à Toronto Marcel Côté, ex-conseiller de Bourassa et de Mulroney, alors que ce dernier proclame au contraire que la chose est « éphémère ». Nenni, pense Côté, notamment parce que « l'argument du coût élevé de l'indépendance ne fonctionne plus. L'indépendance est maintenant considérée comme un passage chez le dentiste, c'est-à-dire qu'il y aurait une douleur à court terme mais un mieux-être presque immédiat ensuite et une amélioration importante dans le futur. » Côté n'est pas personnellement d'accord avec cette évaluation, au contraire. Mais il constate qu'elle a cours. Comme les sondeurs de Créatec, il sait que l'économie est encore le point faible de la carapace souverainiste. Si les fédéralistes réussissaient à persuader les souverainistes que... Mais voilà, les

---

* Logiquement, les variations à venir de l'indicateur de « souveraineté » ne se feront plus, comme dans les années 70, entre 30 et 35 % ou encore, comme dans les années 80, entre 30 et 40 %. Logiquement, le socle étant désormais fixé à 40 %, le jeu des mous va faire varier l'adhésion souverainiste entre 40 et 55 % en période de reflux du mouvement, et la pousser au dessus de 60 % en période de réchauffement des ardeurs, comme à l'automne 1990.

souverainistes se laissent de moins en moins convaincre. Le pourcentage pro-souverainiste « est solide et il ne peut que croître. Il y a un passage psychologique critique ici », reconnaît encore Côté.

Solide ? Oui, car il en existe une preuve : Oka. Entre la mort de Meech et les sondages de l'automne de 1990, la rébellion des Mohawks d'Oka et de Kahnawake, près de Montréal, provoque la crise la plus grave de l'histoire du Québec depuis octobre 1970. L'armée est appelée pour mater la semi-insurrection. Des manifestants blancs sont malmenés par la police. Des Mohawks sont malmenés par des manifestants blancs. Des soldats sont malmenés par des Mohawks et vice-versa. Un policier est tué au cours d'un assaut sur une barricade mohawk en juillet. Un ministre québécois, John Ciaccia, et un juge, Allan Gold, acceptent de signer une entente dans une cérémonie publique alors que leurs vis-à-vis autochtones, armés, portent des masques.

L'épisode impose, dans le débat public de l'après-Meech, le spectre de la violence, ainsi que celui du démembrement du territoire québécois au profit des autochtones. Or, non seulement l'élan souverainiste, dans l'opinion, résiste à ce coup de poing infligé à la béatitude indépendantiste, mais il grimpe encore de quelques points de pourcentage après le démantèlement de la dernière barricade, en octobre.

Solide ? Concret, en tout cas, car le 13 août 1990 (alors que la crise d'Oka bat son plein), dans le comté de Laurier-Sainte-Marie, le candidat du Bloc québécois, Gilles Duceppe, récolte 67 % des voix. Deux de ses rivaux s'étant aussi déclarés en faveur de la souveraineté, le seul candidat ouvertement fédéraliste, le libéral fédéral Denis Coderre, n'emporte que 7 % des suffrages. Une élection partielle ne vaut pas un référendum, mais ne vaut-elle pas mieux qu'un sondage ? Le citoyen doit réfléchir, prendre une décision, aller voter, mettre son « x ». Dans Laurier-Sainte-Marie, le score électoral dépasse tous les sondages.

LA CONTAGION

Les corps intermédiaires, courroies de transmission entre la base et le pouvoir, véritable ciment des sociétés, se bousculent eux aussi au portillon de l'option souverainiste. C'est notamment vrai pour les corps traditionnellement les plus conservateurs de toute société : les chefs d'entreprise, les agriculteurs, les élites rurales.

A *Patrons : du zéro à l'imprévu*

Dans le monde des affaires, deux coups de sonde, et une donnée venue du passé, dessinent les tendances. En 1973, un sondage réalisé auprès des gens d'affaires québécois avait enregistré, pour l'option souverainiste, la cote de popularité suivante : 0 %. En 1980, le PQ avait réussi à organiser à grand-peine un comité de gens d'affaires pour le Oui : une petite vitrine, sans marchandise en magasin.

Au Québec, le Conseil du patronat regroupe les compagnies les plus grosses, les plus engagées dans l'économie pancanadienne, et les patrons les plus conservateurs, dont un bon nombre d'anglophones. En février 1991, dans un sondage réalisé pour le Conseil parmi ses membres, on en trouve 32 % favorables à « l'indépendance, assortie d'une association économique ». Compte tenu de l'orientation fédéraliste fondamentaliste du Conseil depuis sa création, trouver un tiers d'indépendantiste en son sein est un peu comme si, au Conseil canadien des évêques, un prélat sur trois se prononçait en faveur des messes sataniques, à condition que l'eau bénite y soit aussi disponible sur demande.

Les grands patrons qui ne sont pas devenus indépendantistes sont prêts à se contenter, à 64 %, d'un « fédéralisme nouveau qui reconnaît une plus grande autonomie au Québec ». Mais s'il faut faire l'indépendance, un grand nombre de ces grands patrons souscrivent à la théorie du dentiste : douleur immédiate, rétablissement subséquent. Ainsi, 65 % pensent que l'impact économique de l'indépendance *dans les 5 ans* serait négatif ; mais ils sont une pluralité (47 %) à penser que l'impact *à long terme* sera positif. Si on additionne ceux qui pensent que l'indépendance n'aura *aucun* impact sur l'économie, on atteint une incroyable majorité de 55 % de grands patrons qui pensent, en février 1991, que l'indépendance sera à long terme bénéfique ou sans conséquence sur l'économie. C'est comme si la majorité des membres du Conseil des évêques... Passons.

Voilà pour le grand capital québécois. Mais que pense le petit capital ? Un sondage Léger et Léger/*Affaires Plus,* réalisé en décembre 1990 et janvier 1991 auprès de 1090 propriétaires, présidents et cadres supérieurs d'entreprises francophones, enregistre le verdict suivant :

Favorables à un Québec souverain associé économiquement :	72 %
Croient que le Québec deviendra un État souverain :	75 %
Prévoient un impact économique *négatif* à *court* terme :	69 %
Prévoient un impact économique *positif* à *long* terme :	72 %
Prévoient un impact *positif* ou *nul* à long terme sur l'économie :	83 %
Prévoient un impact *positif* ou *nul*...	
... sur les finances publiques :	70 %
... sur le commerce :	73 %
... sur l'emploi :	67 %
... sur le niveau de vie :	63 %

Il s'agit de la classe d'affaires francophone au complet — la moitié ont un chiffre d'affaires de plus de un million de dollars par année, le cinquième, de plus de six millions. Il faut donc faire les ajustements nécessaires. Le pouls souverainiste réel de l'ensemble de la classe d'affaires doit se situer entre ce chiffre astronomique (72 %) et celui, presque aussi étonnant, du Conseil du patronat (32 %). Deux journalistes économiques du *Globe and Mail,* notant cet écart majeur, sont arrivés à la conclusion suivante : « L'option politique d'un chef d'entreprise est, au fond, pragmatique, et dépend de l'intérêt que trouve sa compagnie à rester dans l'ensemble canadien. » Les très grandes entreprises, regroupées dans le Conseil du patronat, comptent une bonne partie de leurs actionnaires et font une partie de leurs emprunts hors Québec. Les petites et moyennes entreprises québécoises, même si elles ont des fournisseurs et des clients outre-frontière, n'y sont pas imbriquées financièrement et sont donc libres d'avoir des opinions moins immédiatement calculées. Il faudra donner beaucoup de crédit, dans la suite de ce récit, à Ghislain Dufour et à une poignée de grands patrons québécois pour avoir réussi à propager l'impression que la quasi-totalité des gens d'affaires québécois sont fédéralistes*.

La montée souverainiste des chefs d'entreprises n'est ni soudaine ni éphémère. Un an plus tôt, en décembre 1989/janvier 1990, la revue *Commerce* avait constaté, par un sondage auprès de ses lecteurs, que 57 % d'entre eux étaient déjà souverainistes.

On trouve peu de grands capitalistes québécois prêts à entonner, individuellement et publiquement, le chant indépendantiste. Certains se laissent aller, parfois, sous le coup de l'émotion. Dans une entrevue avec Denise Bombardier, avant la mort de Meech, en février 1990, Michel Gaucher, alors à la tête de l'empire Steinberg, a exprimé son dépit envers le Canada. « Il y a deux solutions », a-t-il dit. « Ou bien on se déclare indépendant puis on dit à notre ex-femme "est-ce qu'on peut partager la maison ?". Ou bien on peut divorcer petit à petit en rapatriant certains pouvoirs. » Il s'est gauchement rétracté dans les jours suivants, puis il ne s'est plus s'exprimé sur ce sujet. Certains font des virages sur les chapeaux de roue. Robert Dutil, président de Canam Manac et symbole de la « garde montante », affirmait en septembre 1989 au magazine *Maclean's* qu'il « n'y a aucun doute dans mon esprit : la séparation est possible ». Un an plus tard, il dit le contraire : « C'est pas tellement le moment de se lancer dans l'inconnu ; c'est impossible qu'on se sépare. » D'autres attendent un signal d'en haut, du premier ministre peut-être, indiquant qu'il est temps d'y aller, ou qu'il est politiquement correct de le faire.

---

* Ils ont eu un peu d'aide. Dans la revue *Commerce* (du même groupe de presse et situé dans les mêmes locaux qu'*Affaires Plus),* un certain Jean-Paul Lejeune signe en octobre 1991 un papier intitulé : « Grands patrons — Souveraineté : Pas question » dans lequel il n'a pas réussi à trouver ni à citer un seul patron souverainiste. Même désinformation dans un texte de *Canadian Business* d'avril 1991, « Does Quebec's business élite want out of Canada ? Non ! », où l'auteur, Christian Allard, fait un joli tour de passe-passe avec le sondage du Conseil du patronat (omettant de noter la présence de 32 % d'indépendantistes), mais souligne au moins l'existence d'un grand patron souverainiste « excentrique », Pierre Péladeau, de Quebecor. Lejeune, lui, ne semble pas avoir entendu parler de cette personne, ni de Claude Béland ni de Jean Campeau, etc.

C'est l'impression qui se dégage d'une déclaration du vice-président du conseil de Merrill Lynch Canada, Pierre Laurin, faite en avril 1990. Laurin constate qu'il y a des « prémisses de départ fondamentalement différentes » entre le Québec et le Canada. Il juge que « pour la première fois depuis la Conquête, nous ne nous voyons plus comme des conquis ou des minoritaires, mais bien comme majoritaires dans un chez-nous mieux défini ». Il parle d'une évolution économique qui « dilue la tutelle de Toronto à tous les niveaux de décision », alors que « le Québec veut s'assurer que ses priorités ne seront pas diluées si, pour participer aux mouvements mondiaux, il le fait à l'intérieur du cadre canadien ». Cela posé, Laurin lance un appel, presque plaintif :

> Le Québec profite d'une étonnante convergence de forces lui permettant le luxe d'une situation avantageuse quant aux choix qu'il doit faire. [...] Ce sont nos leaders politiques qui devront nous fournir une vision à la fois réaliste et enthousiaste, de sorte que nous mobilisions nos énergies avec un idéal précis en tête. Le temps presse. Je m'inquiète de ce que nous sommes peut-être en train de rater un rendez-vous important. Nous sommes mûrs pour un stimulant équivalent à ce que « l'équipe du tonnerre » nous avait proposé à l'aube de la révolution tranquille.

Combien de grands commis du capital, souverainistes de cœur, attendent ainsi dans leur garde-robe l'appel du pouvoir pour se déclarer ? Y a-t-il beaucoup de « souverainistes anonymes » dans les conseils d'administration des grandes entreprises montréalaises ?

B *L'impatience dans nos campagnes*

Tranche généralement plus conservatrice de la société québécoise, une majorité des agriculteurs avaient voté Non au référendum de 1980. L'Union des producteurs agricoles était restée neutre. Réunis en congrès au début de décembre 1990, les 410 délégués de l'UPA font volte-face en adoptant à l'unanimité moins quatre voix une résolution d'appui à la souveraineté. Ces délégués sont plus fervents que les agriculteurs sur le terrain, mais ils en respectent la tendance. Un sondage effectué en novembre signale chez les agriculteurs 64 % de souverainistes, dont 27 % pour lesquels l'association économique n'est pas nécessaire. Une grosse majorité (plus de 78 %) veut un référendum « rapidement » pour trancher la question. Une des préoccupations des agriculteurs, souvent exprimée par leur président Jacques Proulx, est que le Québec ait son propre siège, en tant qu'État, à la table du GATT où se jouent les grands enjeux commerciaux agricoles internationaux. Proulx juge frustrant que le Québec soit assis en deuxième rangée pour « chuchoter dans l'oreille » du représentant canadien. On se serait attendu à moins de ferveur souverainiste de la part des agriculteurs quand on sait le péril que ferait courir à l'importante industrie québécoise du lait la disparition des quotas de production dont elle bénéficie dans la fédération canadienne.

Chez les élites du terroir, regroupées dans l'Union des municipalités régionales de comté et des municipalités locales du Québec, même signal. Les maires et les conseillers des 2300 municipalités de moins de 5000 habitants sont au diapason : 64 % d'entre eux, sondés en novembre 1990, se prononcent pour « l'autonomie sociale, politique et économique » du Québec, seulement 23 % pour le « fédéralisme renouvelé ». Neuf élus sur dix jugent qu'il est urgent de trancher la question, par voie de référendum.

C *Syndiqués, autochtones, anglophones*

Côté syndical, hormis la Confédération des syndicats démocratiques (CSD), intrinsèquement apolitique, tout le monde monte dans le train souverainiste, avant même la mort de Meech. Ce n'était pas inévitable. En 1980, la forte influence de groupes prônant un marxisme pancanadien avait fait en sorte que la CEQ s'esquive complètement du débat, alors que la CSN et la FTQ se prononçaient timidement et tardivement pour le Oui, à quelques semaines du vote, mais sans participer activement à la campagne et sans s'associer au comité parapluie du Oui. En 1990, les trois centrales sont activement souverainistes et font partie de Québec 91, mouvement favorable à un référendum sur la souveraineté à court terme.

L'Union des artistes présidée par Serge Turgeon en est également membre, alors qu'en 1980 l'UDA n'avait pas mis son organisation en branle, malgré le fait que beaucoup d'artistes appuyaient la souveraineté.

Peu de secteurs de la société québécoise francophone résistent à la contagion souverainiste de 1990. Parmi les minorités, on sait les Indiens cris et mohawks, dont l'anglais est la deuxième langue, très opposés au projet souverainiste. Les nations indiennes qui ont le français pour deuxième langue, les Hurons ou les Montagnais, font du slalom, flirtant tantôt avec le PQ qui leur offre beaucoup d'autonomie régionale dans un futur État du Québec, tantôt avec l'Assemblée des premières nations qui affirme que les autochtones ont droit de veto sur toute velléité québécoise de sortir de la fédération. En 1980, 86 % des autochtones québécois ont voté Non. Mais les souverainistes ne doivent pas le « prendre personnel », car les autochtones étaient aussi farouchement opposés à l'indépendance du Canada, et c'est avec la dernière énergie qu'ils sont allés à Londres, en 1982, demander à la reine, leur protectrice, d'empêcher le rapatriement de la constitution à Ottawa.

Chez les allophones et les anglophones, dans les mois qui suivent Meech, on note une étonnante — et, là, éphémère — percée de la notion de « souveraineté-association », qui conquiert parfois jusqu'à 40 % des répondants non francophones. Ce résultat exprime le réflexe d'une communauté qui pense l'indépendance inéluctable et qui se replie sur un moindre mal, « l'association ». Car alors que chez les répondants francophones, la montée de l'indice « souveraineté-association » est accompagnée de la montée de l'indice « indépendance », on n'observe rien de tel chez les non-francophones. On peut cependant tirer de ce mouvement d'humeur des « anglos » et des « allos » la conclusion qu'il y a, chez eux comme chez beaucoup de Canadiens hors

Québec, un sentiment d'inéluctabilité face à la souveraineté. On est contre, mais on sait que ça s'en vient. Il faut s'y faire.

C'est le signe de la victoire ultime du virus, dans son œuvre de conquête du corps politique, car il sape les anticorps fédéralistes, affaiblis par leur conviction de mener un vain combat. En novembre 1989, 52 % des Québécois croyaient que le Québec deviendrait souverain avant la fin des années 90. En novembre 1990, ce groupe atteint 68 %.

La conjoncture est telle que s'il y avait un référendum sur la souveraineté, juge Marcel Côté ce mois-là devant l'institut C.D.-Howe, « trois Québécois sur quatre diraient Oui ». C'est dire que dans une campagne pour la souveraineté avec Robert Bourassa comme président du comité du Oui, et Jacques Parizeau et Lucien Bouchard comme vice-présidents, la période référendaire s'ouvrirait certainement avec plus de 70 % de Oui. C'est dire que si le premier ministre québécois choisissait ce moment pour devenir souverainiste, il aurait derrière lui un bloc ferme et majoritaire de Québécois de tous milieux, de toutes conditions.

3

L'ORDONNATEUR

Ces événements nous dépassent ;
Feignons d'en être les organisateurs...

Jean Cocteau

C'EST PROBABLEMENT UN JEU. Quand il les reçoit sur le toit du *bunker* ou dans ses bureaux montréalais, dans l'édifice d'Hydro-Québec, pour leur parler d'un « forum non partisan », d'une grande commission sur l'avenir du Québec, il leur fait le coup. Claude Béland, président du Mouvement Desjardins, déjà souverainiste, est sa première victime.

Pour la présidence de cette commission, dit Bourassa à son ancien camarade de Brébeuf, sur le ton le plus normal qu'il puisse trouver, « que penserais-tu de Jeanne Sauvé ? » Quoi ? Béland sursaute : « Écoute, on part avec la réponse ! Madame Sauvé, a'doit se coucher avec le drapeau canadien ! » Il n'en revient pas : quelques jours après la mort de Meech, fin juin 1990, en pleine montée souverainiste, Bourassa propose de confier l'avenir de la nation à l'ex-gouverneur général du Canada, ex-ministre de Trudeau, ex-présidente de la Chambre des communes, ex-Yvette-vedette du camp du Non au référendum de 1980 ! Pourquoi s'arrêter en si bon chemin, pourquoi pas Trudeau lui-même ? Il est reposé, il est bronzé, il est disponible.

À Lucien Bouchard, quelques jours plus tard, Bourassa fait le même gag. Quoi ? « Ben, Mme Sauvé ! J'la connais bien, Mme Sauvé, patine Bouchard. J'la connais très bien, madame Sauvé ! Je l'ai connue à Paris, et quand j'étais ministre, elle m'invitait tout le temps, puis on était même amis, si je peux dire, hein ! » La gouverneur général avait pris un risque sympathique, pour une trudeauiste, en appuyant Meech. Mais son élasticité politique ne lui permettrait pas de se rendre bien plus loin sur la voie de l'autonomie québécoise. « Je pense que ça fausserait l'affaire », glisse-t-il finalement. Surtout que Bouchard, en conférence de presse avec Bourassa, à la fin de leur rencontre, tient pour acquis que la commission à venir préparera la souveraineté, ce que son voisin de table ne confirme pas d'emblée. « Moi, je poussais Jean Campeau ou Claude Béland » pour la présidence, raconte Bouchard. « Moi, Campeau ou Béland, je trouve que ça aurait été en Cadillac. »

Mais Robert Bourassa ne veut pas prendre, selon l'expression de Parizeau, « l'autoroute de la souveraineté ». Du moins pas pour l'instant. Encore moins y lancer une Cadillac...

Le choix du futur président de la commission est capital. Car c'est lui, ou elle, avec son secrétaire, qui dirigera les travaux, élaborera les premières propositions, supervisera la rédaction du rapport, qui s'en fera ensuite le porte-parole. Et la commission, chacun le sait, sera *le* véhicule politique de la saison politique de l'après-Meech. C'est là que le PQ pourra faire avancer son option souverainiste, là que Robert Bourassa pourra préparer le terrain et les esprits pour ses propres projets d'avenir pour le Québec. Là, peut-être aussi, que se trouveront les munitions intellectuelles des combats à venir, là que se forgeront les alliances et les compromis, que se dessinera la future carte politique du Québec. Il se peut aussi que la commission soit le lieu de grands déchirements.

Bourassa, Bouchard, Béland, Parizeau en sont tous conscients, eux qui ont en commun la volonté, implicite ou explicite, d'être un jour maître du jeu. Puisque le succès de tout voyage au long cours dépend de la compétence du capitaine, chacun s'affaire à mousser la candidature de son officier préféré.

Devant ses interlocuteurs désarçonnés, comme prévu, par le nom de Jeanne Sauvé, Bourassa enchaîne : « Qu'est-ce que tu penses de Michel Bélanger ? » Voilà où il veut vraiment en venir. « Le PM a beaucoup d'admiration pour Michel, explique Jean-Claude Rivest. Il savait très bien qu'en nommant Michel, c'était pour être mené comme il l'aurait fait lui-même. »

C'est aussi l'opinion de Béland, et c'est pourquoi il s'oppose à la candidature de Bélanger. « Je lui avais dit [à Bourassa] que j'étais pas trop chaud, parce que Michel Bélanger est de la même trempe que Robert Bourassa à mon point de vue. » Bélanger est à la semi-retraite. Pas Béland. Ayant fait ce calcul, Bourassa poursuit : « Toi, as-tu le temps de prendre ça ? » Non, répond Béland, qui propose cependant une solution faite sur mesure : « Pourquoi tu fais pas une commission à deux têtes ? » « Non, il n'en est pas question », répond le PM.

Michel Bélanger est un candidat en or pour Bourassa. Il avait été un des premiers mandarins de l'État québécois moderne ayant œuvré aux côtés de Jean Lesage et de René Lévesque aux grandes heures de la révolution tranquille. Il était resté à Québec jusqu'en 1973, donc suffisamment longtemps pour être un des hauts fonctionnaires de Bourassa Ier, au poste névralgique de secrétaire au Trésor. Bélanger et Bourassa, sans être intimes, avaient développé un excellent rapport. Et Bélanger connaît Jean-Claude Rivest depuis 20 ans.

Pionnier de l'État québécois, Bélanger devenait ensuite pionnier de Québec Inc., premier président francophone de la Bourse de Montréal (nommée jusque-là *Montreal Stock Exchange*). Puis il s'était fait le père et le président de la Banque Nationale, née de la fusion de deux plus petites institutions.

La souveraineté ? Un autre des grands mandarins de l'époque, Claude Morin, y avait succombé et avait tenté de l'y convertir. Sa réponse : « C'est con comme la lune, c'est fou comme la marde ! » En 1977, le nom de Michel Bélanger avait même été évoqué pour la succession de Robert Bourassa. Il avait participé au référendum de 1980 du côté du Non, bien sûr, et la Banque Nationale avait généreusement contribué à la campagne fédéraliste. En 1986, Bélanger avait été un des « sages » coauteurs d'un rapport traçant pour Bourassa II une orientation néolibérale de privatisation et de déréglementation. Le PM allait appliquer ses recommandations, mais avec sa modération habituelle.

Bélanger satisfait à un des critères que Jacques Parizeau a posés pour la présidence de la nouvelle commission : il a un profil économique. Car le chef du PQ veut que la commission élucide, ou du moins clarifie, les questions économiques afférentes à l'accession du Québec à la souveraineté. Convaincu que les coûts seraient négligeables, Parizeau prévoit que la commission en viendra d'elle-même à cette conclusion, fort utile pour la suite des choses. Mais Bélanger ne satisfait à aucun autre des critères de Parizeau, bien au contraire. Et ce choix est l'occasion d'une première querelle, feutrée mais réelle, dans la lune de miel commencée le soir du 22 juin entre le premier ministre et le chef de l'opposition.

Lors de leurs deux rencontres « historiques », du 29 juin et du 10 juillet 1990, Bourassa et Parizeau se comportent à la manière de diplomates. Parisella, qui y assiste, en est « un peu surpris, parce que M. Bourassa pis M. Parizeau, c'est pas des intimes. Peut-être que je pensais que les gens de la révolution tranquille se côtoyaient tous. Mais c'était très formel. Beaucoup de cordialité, beaucoup de décorum. »

Bourassa appelle son invité « Monsieur Parizeau », ce qui fait sourire les conseillers présents, qui savent que le chef péquiste est surnommé, en son absence et non par déférence, « Monsieur ». En retour, le chef de l'opposition lui donne du « Monsieur le premier ministre » et du « Monsieur Bourassa ». « Le climat est très bon, rapporte Jean-Claude Rivest. Parizeau comprend tout, mais il n'admet rien. Il est toujours compréhensif : "Oui, c'est un très bon point, monsieur le premier ministre." »

Abattant sa carte d'entrée de jeu, Parizeau propose son candidat à la direction de la commission : Jean Campeau. Ce président du conseil d'administration de la compagnie Domtar est surtout connu pour avoir présidé la Caisse de dépôt et placement, mastodonte financier de l'État québécois, pendant sa phase la plus activiste, donc la plus controversée. Fils d'ouvrier, né à Villeray, Campeau a gravi les échelons dans le secteur privé, puis au ministère québécois des Finances jusqu'à devenir le spécialiste des négociations d'emprunts du Québec à l'étranger.

« J'ai toujours été profondément impressionné par la façon dont il a résisté aux pressions financières, dit Parizeau. C'est de gens comme lui que moi j'ai appris ça. » Le chef péquiste pense que le capital va faire sentir son poids, faire valoir ses intérêts, dans les débats de la commission. « J'ai un sain respect pour la puissance de l'argent. Je sais ce que ça veut dire sur le plan de l'orientation de la politique, explique-t-il. Alors la défense des intérêts du Québec passe par des hommes qui sont capables de résister à ça. » Campeau l'est. Parizeau l'a vu, au ministère des Finances, monter des « opérations de charge de cavalerie absolument extraordinaires » contre le « syndicat financier » canadien-anglais qui jouait à faire peur aux politiciens québécois. De l'autonomiste Lomer Gouin, forcé de démissionner, pourtant au sommet de son prestige, en 1920, à Daniel Johnson père, poussé à l'automne 1967 à mettre son slogan « Égalité ou indépendance » sous le boisseau, sous la menace d'une hypothétique fuite de capitaux, des hommes politiques québécois ont été ses victimes. Parlant de Campeau, Parizeau note que « ce bonhomme-là a réussi à dévier le syndicat à deux ou trois reprises. Il a du caractère, de l'épine dorsale ! »

Bien. Mais il a autre chose. Notamment, la bonne habitude de faire presque toujours exactement ce que Parizeau voulait qu'il fasse, quand il était son subordonné aux Finances, puis comme président de la Caisse de dépôt. Le directeur général adjoint de la Caisse, Jean-Michel Paris, a démissionné parce que Campeau et Parizeau se parlaient trop. Selon Paris, Campeau participait dans un premier temps aux réunions du comité de direction avec les cadres et gestionnaires de portefeuilles de la Caisse, où un certain nombre de décisions d'investissement étaient prises. Puis, Campeau s'enfermait dans son bureau pour entretenir de longues conversations téléphoniques avec Parizeau. Quand il en ressortait, invoquant des « faits nouveaux », il modifiait en profondeur les décisions arrêtées le matin même. (Parizeau minimise ses interventions mais admet ceci : « On se voyait parfois et on se disait que ce serait extraordinaire de contrôler tel ou tel secteur. ») En juin 1990, le chef péquiste sait aussi que Jean Campeau est souverainiste. « Ça me paraît évident qu'il l'est », dit Parizeau. De leur côté, les libéraux s'en doutent.

Tout ce qui précède ne signifie pas que Campeau est à la botte de Parizeau. On peut constater plus simplement que la convergence des préoccupations et des convictions des deux hommes pourrait faire dire à Parizeau ce que Bourassa pense de Bélanger : il sait très bien que si Campeau est nommé à sa tête, la commission sera menée comme il l'aurait menée lui-même. Ici réside un des attraits du récit qui s'amorce : Bourassa et Parizeau ont une totale confiance en leurs poulains respectifs. Bourassa comme Parizeau auront de bonnes raisons de déchanter.

Bourassa fait semblant de ne pas être contre Campeau. « J'aurais pu vivre avec Jean Campeau, mais c'était pas mon premier choix, dit-il. Mais quand je les ai vus insister d'une façon absolue pour avoir Campeau, je n'avais pas d'autre choix stratégique que de faire la même chose pour Michel Bélanger. [...] Ça a été un peu leur erreur. Jacques Brassard [critique constitutionnel péquiste] avait dit dans une déclaration : "C'est Campeau ou ça casse !" » Bourassa raconte que ses députés ont trouvé que la « main tendue » du PQ se transformait en poigne un peu insistante. « Là, on a beau travailler pour le peuple, dit Bourassa parlant de l'unanimité voulue par les Québécois, mais mon caucus disait : "Aye ! on est au pouvoir !", c'est donc à nous de décider, pas à Brassard.»

Le PM demande à Parizeau pourquoi il récuse Bélanger, son vieux comparse du temps de Lesage. « Il n'aura pas la liberté intellectuelle de faire des propositions en fonction du bien commun, il va défendre les banques, répond Parizeau. Il va fonctionner en fonction des pressions sur le taux de change. L'intérêt des banques ne coïncide pas avec l'intérêt de la nation. »

Entre Bélanger et Parizeau, ces deux bonzes du paysage politico-économique québécois, il y a du respect, mais pas de chaleur. « C'est pas faux », dit Bélanger lorsqu'on lui présente cette évaluation. Il faut savoir que, dans le monde merveilleux de la révolution tranquille, tout n'était pas rose. Sous Jean Lesage, puis Daniel Johnson, Parizeau était le conseiller économique touche-à-tout. Ce qui ennuyait Bélanger, l'expert et sous-ministre. Un témoin raconte qu'il arrivait que Parizeau se pointe à une réunion commencée depuis belle lurette, écoute la conversation, puis fasse une intervention brillante, une synthèse étonnante, « parfois même spectaculaire », mais qui orientait la décision des décideurs présents dans une autre direction que celle proposée par les experts, c'est-à-dire Bélanger. Ce dernier, comme d'autres collègues moins habiles orateurs que Parizeau, devait ensuite multiplier les manœuvres pour démontrer que la présentation du conseiller, pour séduisante qu'elle fût, simplifiait la question à outrance et ne tenait pas compte de variables essentielles. Le choc entre le fulgurant simplisme de Parizeau et l'aride complexité de Bélanger s'est notamment fait sentir sur le terrain de la politique salariale du gouvernement.

Interrogé aujourd'hui sur Parizeau, Bélanger répond : « Je ne le prends par pour le bon Dieu, on a presque gardé les cochons ensemble. » Parizeau a lui aussi une vision terre à terre de son vieux comparse : « Bélanger est un calculateur, explique-t-il en entrevue, qui ne va pas résister à certaines choses s'il pense qu'il peut obtenir quelque chose d'autre — pas pour son intérêt personnel évidemment, il est d'une intégrité parfaite — mais sur le plan de la stratégie politique. [...] Il n'a pas cette espèce de résistance de Campeau qui dit : "Vous voulez me faire chanter ? Jamais !" »

Bélanger n'est plus président de la Banque Nationale, mais siège toujours à son conseil d'administration. À la demande de Bourassa, il va en démissionner. Il est aussi directeur d'un bon nombre d'entreprises canadiennes et au printemps de 1990, il a tenu une chronique remarquablement fade dans

L'actualité. « Parizeau, raconte Bernard Landry, savait que Michel Bélanger était un fédéraliste inconditionnel. Ses options sont tellement ancrées ! Il est membre des conseils d'administration de je ne sais plus combien de sociétés canadiennes, un des seuls Québécois à être assis dans ce saint des saints. Alors c'est pas l'homme qu'il nous fallait. »

Parizeau a encore une autre raison de s'opposer à la nomination de Bélanger : l'homme est trop intelligent. « Il pensait qu'il fallait pas mettre un fédéraliste intelligent, fort, articulé comme Michel Bélanger, à la tête de la commission », rapporte Lucien Bouchard. Parizeau était moins réfractaire au nom de Claude Castonguay, évoqué lors d'une des rencontres avec Bourassa.

Presque tout le monde revendique la paternité de la « présidence bicéphale », comme solution à l'impasse. Parizeau suggère qu'une femme donne la réplique à « son » président, Campeau. Pourquoi pas Thérèse Lavoie-Roux, demande-t-il, selon le souvenir de Bourassa, qui réplique : Pourquoi pas Jeanne Sauvé ? Parizeau répond : Pourquoi pas, en effet ? Malgré leurs grandes divergences politiques, l'ex-gouverneur général du dominion et le chef des séparatistes sont de grands amis.

Le chef péquiste et ses adjoints, son conseiller spécial Jean Royer et son chef de cabinet Hubert Thibault, étaient convenus d'accepter la proposition Campeau-Sauvé. D'abord par espièglerie — ils pensaient que cette offre n'était pas sincère et visait peut-être à faire échouer les négociations — ensuite par calcul. Si la commission décortiquait la problématique économique de la souveraineté, Sauvé aurait peine à surnager dans cette mer de chiffres. Il y avait un risque : « On disait que, sur le plan médiatique, Jeanne Sauvé allait écraser Jean Campeau », au tempérament plus effacé, se souvient un membre de la direction péquiste. C'est d'ailleurs l'avantage qu'y voyait Bourassa : « Elle aurait été très crédible auprès des Québécois, pense-t-il ; sa personnalité aurait probablement dominé, donc sur le plan stratégique c'était pour moi une bonne nomination. » Évidemment, dans l'air du temps, « elle aurait été un peu isolée » politiquement, mais « elle aurait été très prudente dans l'orientation des conclusions ». Comme c'est délicatement dit...

On essaie. Sauvé appelle Campeau. Une conversation relatée à Parizeau, qui s'amuse beaucoup lorsqu'il y repense : « On peut pas imaginer sur le plan du tempérament naturel des gens aussi différents que Campeau et Jeanne Sauvé. Pas seulement sur le plan politique : l'un est austère, l'autre est exubérante ; l'un est méfiant, l'autre est absolument incapable d'endurer quoi que ce soit qui aurait l'air d'être nationaliste québécois. Ce couple-là avait autant de chances de réussir que... » Aucune comparaison suffisamment incongrue ne vient à l'esprit de Parizeau pour caractériser cet improbable tandem.

Après cette conversation, Sauvé rappelle chez Bourassa pour dire non, merci. Outre l'incompatibilité de caractère, il y a aussi un problème protocolaire. Sauvé aurait voulu être la coprésidente en chef, pas la coprésidente tout

court. « Elle acceptait une forme de coprésidence mais sans égalité absolue »,
explique Bourassa. D'autres noms de trudeauistes sont évoqués pour la
présidence. Pierre Jeanniot, ancien président d'Air Canada, a laissé traîner le
sien, mais personne ne le ramasse.

À un moment, on pense à recruter Claude Castonguay comme coprésident. Mais l'ancien ministre de Bourassa fait savoir qu'il n'est absolument pas
question qu'il partage la vedette avec quelqu'un d'autre. On le prend seul ou
pas du tout. Ce sera pas du tout.

La réflexion s'oriente, encore, vers Bélanger, qui n'a pas ces exigences.
Autour de Bourassa on pense que Bélanger a plus le « sens des médias » que
Campeau et pourra dominer les communications. « C'est une question de
métier, commente Rivest. Tu l'as ou tu l'as pas. Lui, il l'a. »

Le premier ministre se souvient que Parizeau, son voisin de quelques rues,
à Outremont, a fait son pèlerinage rue Maplewood, en août 1990, pour un
tête-à-tête sur le problème de la présidence. Parizeau ne nie pas s'y être rendu,
mais pour discuter, affirme-t-il, d'un tout autre dossier. « La plupart de mes
rencontres avec Bourassa ne sont pas publiques », dit-il. Ah bon ? Reste que,
le 22 août, quelques jours après cette visite, les noms des coprésidents sont
annoncés.

Soit, répondent les péquistes, ce sera la « commission Bélanger-Campeau ».
Mais *quid* du poste névralgique de secrétaire de la commission ? Bourassa
propose Diane Wilhelmy, sous-ministre des affaires fédérales-provinciales. Elle
a travaillé sous l'administration péquiste et sous l'administration libérale, son
orientation politique s'harmonise au flou ambiant, sa compétence et sa
discrétion sont irréprochables.

Sans doute, rétorquent les péquistes, mais il n'en est absolument pas
question. « Ça me paraît tellement évident qu'il ne faut pas quelqu'un qui soit,
par rapport au gouvernement, dans une situation d'employé, explique
Parizeau. Imaginez quelqu'un qui a la force de l'âge et qui est sous-ministre
adjoint, qui veut terminer sa carrière au gouvernement de Québec et qui pose
un geste qui déplaît à ses *boss* à l'occasion d'une commission comme celle-là.
Il se fait étamper sur le mur comme une mouche ! »

Plusieurs noms sont évoqués. Aucun n'emporte l'adhésion bipartisane. Les
péquistes proposent d'appliquer là-aussi la solution bicéphale : deux secrétaires. La proposition du PQ est un bluff, explique Royer en entrevue. Deux
secrétaires, ça n'a aucun sens. On peut avoir deux maîtres d'hôtel, mais pas
deux chefs cuisiniers. L'objectif réel du PQ est autre : poser une embûche pour
pousser le gouvernement à laisser le choix du secrétaire aux coprésidents. À ce
tournant, ils ont placé un paquet surprise.

La tâche est ambitieuse, car il s'agit de berner Jean-Claude Rivest, qui en
a vu d'autres. « Si Machiavel revenait sur terre, prétend la péquiste Louise
Harel, future membre de la commission, il prendrait des cours de Jean-Claude
Rivest. » C'est vrai, et la suite va le démontrer. Cependant, à cette phase

initiale, Rivest va se faire enfirouaper par son adversaire, en pensant lui-même entortiller l'autre.

Sachant que Bélanger et Campeau ne veulent qu'un secrétaire, Rivest et Bourassa conviennent d'une position de repli : laissons les coprésidents décider ! Astucieux, non ? Mais comment l'annoncer au PQ, en pleine lune de miel ? « Le PM m'avait dit d'y mettre les formes », dit-il. La politique, c'est l'art du *timing*. « J'ai attendu longtemps, évidemment, raconte Rivest. On a laissé aller le processus, pour qu'ils soient suffisamment engagés, et pour pas qu'ils puissent, quand même, faire sauter la commission parce qu'ils avaient pas le secrétaire. »

Quand Rivest sent qu'il est temps de ferrer le poisson, il appelle Parizeau. Le chef péquiste est en voiture, sur le pont Jacques-Cartier. « On peut pas parler, je suis sur mon cellulaire et c'est très écouté », dit Parizeau, prudent. Sur une ligne téléphonique, Rivest se montre ferme : « Bon, ben là M. Parizeau, je tiens à vous dire que les secrétaires, c'est réglé : il y en a rien qu'un, c'est final. Ou bien on a confiance, ou bien on n'a pas confiance aux deux présidents. Alors c'est eux autres qui vont nommer le secrétaire et c'est eux autres qui vont le choisir. »

« Très bien, très bien, monsieur Rivest », dit Parizeau qui, note son interlocuteur, « n'avait pas l'air fâché ». Tu parles ! Il attendait cet appel depuis un bon bout de temps.

Entre-temps, Royer et cie avaient préparé le terrain, avec Campeau, pour qu'un candidat ressorte nettement : Henri-Paul Rousseau. Économiste de bonne réputation, force de la nature, homme imposant pour ne pas dire massif, ancien adjoint de Michel Bélanger à la Banque Nationale, Rousseau avait même été consulté par Bélanger pour qu'il lui suggère des candidats au poste de secrétaire. Pourquoi pas Rousseau lui-même, demande Campeau ? Bélanger trouve l'idée fort bonne et en informe le bureau du premier ministre. « Comme ils nous avaient dit que c'était à nous autres de choisir, on avait choisi », raconte-t-il. Le tour est joué.

Voilà comment Henri-Paul Rousseau, le président des Économistes pour le Oui de 1980, donc un des souverainistes les plus compétents au Québec, est devenu secrétaire de la commission Bélanger-Campeau.

LE RENCHAUSSEUR ET LE DÉCHAUSSÉ

La commission a deux maîtres d'hôtel et un chef cuisinier. Mais quels marmitons seront invités ? Pour préparer quel plat ? Et qui le mangera ? Bonnes questions, mais pas autant que celle-ci : pourquoi cette commission ?

L'idée d'un forum non partisan pour l'après-Meech avait surgi avant l'échec de Meech. Elle avait même surgi quand le succès de Meech semblait assuré, le lendemain de la signature officielle du 9 juin, dans l'avion qui ramenait d'Ottawa la délégation québécoise ravie d'avoir écarté le « trouble ».

Bourassa en avait évoqué la possibilité avec Louis Bernard, l'ex-conseiller de Lévesque qu'il avait repêché pour le *sprint* de Meech. Il s'agissait alors de préparer l'opinion publique à la « deuxième ronde » constitutionnelle, comme devait le faire, au sein du parti, un comité *ad hoc*.

Après la mort de Meech, la promesse de former cette commission constitue un des volets du triptyque bourassien : plus de négociation à onze, redéfinition de la position du parti, ouverture d'un débat public et non partisan. Elle est aussi la conséquence de « la main tendue » par Parizeau le soir du 22 juin, « un geste qui nous condamnait à une certaine solidarité comme Québécois », dit Rivest. Les électeurs n'auraient pas compris que Bourassa repousse la perche tendue par Parizeau.

Réponse, donc : la commission existe d'abord parce qu'elle doit exister. Pas pour ce qu'elle produira.

« À très court terme, il fallait faire des gestes pour garder le contrôle de l'agenda », dit Bourassa. « Ne rien faire, ça ne se faisait pas », explique Rivest. « Quand on contrôle pas notre agenda, on est à la merci des événements, ajoute Parisella. Donc c'est clair que le *process* peut devenir quasiment une fin. »

Occuper le terrain, passer le temps. Le 23 juin, Bourassa déclare que son parti doit « prendre le temps » de redéfinir sa position. Combien ? Neuf mois, jusqu'au congrès de mars 1991. Bien. Dans la rue, le 25 juin, des centaines de milliers de Québécois scandent : « On veut des États généraux ! » (Slogan décevant pour les journalistes étrangers qui s'attendaient à ce que les Québécois, meurtris par Meech, réclament de l'action. Ils ne veulent que de la conversation : voilà un peuple qui n'a pas la fibre révolutionnaire !) Bourassa accède à cette requête, d'une modération inespérée.

Une commission, ça prend du temps. Il y a les audiences, les travaux, la rédaction. Mais à la fin de juin, on peut penser que l'affaire sera bouclée dès janvier 1991. C'est trop court. « Jean-Claude a eu une idée brillante, raconte Parisella : il a dit "on va écouter les mémoires, puis on va avoir des audiences avec des experts, puis on aura des débats thématiques". Trois phases. Ça, ça nous amenait un petit peu plus tard », jusqu'à la fin de mars, début d'avril. Presque l'été. Puis il y a les vacances, et on survit jusqu'à l'automne 1991.

Gagner du temps, mais pourquoi ? Voir réponse précédente. On doit gagner du temps parce qu'on doit gagner du temps. En soi, pour soi. Pour occuper le terrain suffisamment longtemps, laisser passer la vague de l'après-Meech, laisser retomber la poussière, voir venir.

Deuxième sujet de réflexion : la commission existe, elle prendra du temps, mais que va-t-on lui donner à faire ? Il n'est pas certain que Bourassa ait une réponse à cette question. L'occupation du terrain et du temps lui suffit. Jean-Claude Rivest, lui, en a une. Il en aura même plusieurs. Pour l'instant, une suffit. Éclopé de Meech, Rivest comprend que l'opinion canadienne-anglaise n'est pas encore vraiment éveillée à l'ampleur du problème québécois. Il compte sur la commission Bélanger-Campeau — et sur le rapport, alors en préparation, du comité constitutionnel du Parti libéral, appelé, du nom de son président, « comité Allaire » — pour agir comme réveille-matin. « Si on n'avait rien fait, ça aurait été un échec constitutionnel comme on en a eu à Victoria [en 1971]. Que s'est-il passé après Victoria ? *God knows* ! René Lévesque a eu un échec retentissant en 82, il faut pas oublier ça non plus. Il s'est fait engorger une constitution complète. Il a mis le drapeau en berne, il a boycotté un petit temps les conférences. Et après ? Qu'est-ce que le Canada a compris de plus ? »

Aujourd'hui, la situation est différente. Lévesque, tout engorgé qu'il fût, n'avait pas réussi à susciter chez le bon peuple plus d'une once d'indignation. Elle allait macérer et sourdre une décennie plus tard. Après Meech, l'indignation se pèse à la tonne.

Dans les relations avec le Canada anglais, explique Rivest, « il y a toujours le rapport de force que tu dois susciter. Le rapport de force gouvernemental, c'est bien beau. On a vu Claude Morin [ministre constitutionnel de Lévesque] épuiser la corde jusqu'au boutte, tsé ? Les stratégies bureaucratiques et hautement technocratiques sont superbes, mais quand t'as pas le monde en arrière de toi... »

« Là, au moins, on a le monde. Alors, certains vont dire, "ben [la commission], c'est très bon pour la souveraineté". Mais c'est certainement très bon en ce moment pour obtenir effectivement une façon de renouveler le fédéralisme comme jamais on l'a obtenue. » La commission doit donc donner à Bourassa un rapport de force, un témoignage d'appui public, peut-être même une menace à agiter. Vu du Canada, Lévesque et Morin avaient beau dire non à Trudeau, le pire qui pouvait se passer après l'échec référendaire de 1980 était qu'ils perdent l'élection et soient remplacés par... Claude Ryan ! La situation est maintenant inversée, pense Rivest. Quand des « offres » fédérales de réforme de la constitution arriveront, à la fin de 1991 ou au début de 1992, elles seront, il en est certain, « inacceptables ». « Alors là, il est évident que le Québec va dire : "Non. Ça, là, j'accepte pas ça" », dit Rivest. Le Québec va ensuite faire savoir ce qu'il veut, continue-t-il : « Ça, je veux ça. Ça, c'est absolument essentiel. Et ça. Et ça », résume le conseiller, en martelant la table avec son doigt. « Et celui qui va dire non [à ces revendications québécoises] va savoir qu'en 93 [terme normal du mandat du gouvernement Bourassa], les Québécois vont dire *enough is enough* et que Bourassa va se faire battre à l'élection et que là on va avoir le vrai problème. » Comment les Canadiens anglais seront-ils prévenus de ce cataclysme ? Bélanger-Campeau, Allaire. La commission, c'est l'expression tangible du rapport de force devant mener à la réforme du fédéralisme. Voilà la motivation gouvernementale.

Ce n'est pas celle du Parti québécois, où il y a deux écoles. Celle des rêveurs et celle des sceptiques. Bernard Landry, vice-président, est le chef des rêveurs. Il pense que « Robert Bourassa, après 25 ans d'hésitation, vient de se rendre à nos arguments ». Il voit donc Bélanger-Campeau comme « un signal qui consolidait l'hypothèse que Bourassa cheminait vers la souveraineté ». La commission serait donc l'instrument créé par le premier ministre, en conjonction avec le PQ, pour entraîner la société tout entière vers cet inéluctable destin.

Jacques Parizeau est le chef des sceptiques. « Bourassa joue à l'anguille. Je le vois dire : "On va jouer la carte nationaliste un petit bout de temps." Je dis : "O.K., profitons-en !" Ça veut dire qu'on va se servir de la commission Bélanger-Campeau pour la défense et l'illustration de la souveraineté. » Parizeau aime que la commission existe, comme un tremplin, une scène, un haut-parleur. Il l'aime, pour ce qu'on y entendra.

Dans un tout premier temps, lorsque Bourassa et lui jonglent avec l'hypothèse d'une commission où les parlementaires seraient en minorité, et les représentants de la « société civile » en majorité, Parizeau fonde quelque espoir sur les recommandations finales de la commission, sur son produit, donc. Selon Rivest, lors de la première rencontre Bourassa-Parizeau, « Parizeau voulait qu'il y ait un lien nécessaire entre la conclusion de Bélanger-Campeau et l'action gouvernementale. Ça, c'est important. Autrement dit, ça avait l'air de dire que si la commission recommandait un référendum, le gouvernement *devait* le faire. »

Parizeau, qui depuis des mois a poussé ses troupes à « renchausser » Bourassa et les libéraux par des questions à l'Assemblée nationale, à bien leur serrer les lacets de Meech sur les pieds pour qu'ils ne puissent s'en dégager sans tomber, viserait maintenant, avec la commission, l'opération ultime : botter le premier ministre, du pied jusqu'à la cuisse.

Mais « le PM a dit : "jamais" », rapporte Rivest, tuant dans l'œuf l'audacieuse initiative de Parizeau-le-bottier. Dans les jours qui suivent, en conférence de presse, le chef péquiste déclare comme si cela allait de soi qu'il est « impossible » que les recommandations de la commission lient le gouvernement ; « le premier ministre est le premier ministre [...]. C'est la base même de notre régime politique. » Parizeau contredit d'ailleurs la version de Rivest et affirme n'avoir jamais tenté de ligoter ainsi le chef du gouvernement : « Tonnerre de Dieu ! Il faut quand même prendre les règles habituelles de ce système-là. On n'a jamais vu un chef de l'opposition dire à un premier ministre : "Et maintenant, je vais vous montrer la lumière." » Bourassa indique de son côté que, dans aucun de leurs tête-à-tête, Parizeau n'a essayé de le convertir à la souveraineté, de l'appeler à jouer un rôle historique.

Mais cette commission est inédite à plus d'un titre. Elle produira son plein de « jamais vu ». Et la question de savoir si le gouvernement doit ou non être lié par ses recommandations hantera ses travaux et habitera la suite du récit.

La négociation sur le mandat de la commission est remarquablement aisée. Le préambule de la brévissime loi instituant la commission s'inspire largement du texte soumis par le PQ, légèrement modifié par le gouvernement. On y parle du rapatriement de 1982 et de l'échec de Meech, des droits et libertés ;

on y trouve un couplet sur les droits des minorités anglophone, multiculturelle et autochtone. On y trouve aussi ces deux « considérant » :

> Considérant que les Québécoises et les Québécois sont libres d'assumer leur propre destin, de déterminer leur statut politique et d'assurer leur développement économique, social et culturel ; [...]

> Considérant la nécessité de redéfinir le statut politique et constitutionnel du Québec.

Cette loi, proposée par le gouvernement Bourassa, est votée le 4 septembre 1990. Les écrits restent et comptent. Il y a « nécessité » d'un changement. Il faut donc noter, dans la liste que l'auteur tient des engagements solennels pris par le PM :

ENGAGEMENT Nº 2 : NÉCESSITÉ DE REDÉFINIR LE STATUT POLITIQUE DU QUÉBEC.

La commission existe ; elle a un échéancier, un mandat. Mais quelle forme ? Tout le printemps a couru l'expression « États généraux ». À l'automne 1967, les « États généraux du Canada français », organisés sous l'impulsion de la Société Saint-Jean-Baptiste et sous la direction d'un professeur d'université, futur ministre péquiste, Jacques-Yvan Morin, avaient beaucoup fait pour légitimer l'option souverainiste.

Des États généraux version 1990, pensait Parizeau qui faisait la promotion de l'idée au sein du PQ, permettraient de récidiver. Mais à la fin de juin, le projet était déconsidéré par les éditorialistes et chroniqueurs, et comptait même des opposants au sein du comité de stratégie du PQ. « À première vue, ça me rappelle l'ancien régime », dit Bernard Landry, qui « n'y croit pas ». « C'est du vieux stock à Jacques-Yvan Morin, dit un autre membre de la direction péquiste, c'est pas quelque chose de nouveau, et ça, ça m'achale. » Bourassa et Rivest n'en voulaient pas non plus. « Moi, je trouvais que des États généraux, avec le souvenir que j'en avais, ça pouvait être très très difficile à gérer », dit Bourassa.

Deuxième possibilité : une commission d'enquête sur la constitution. Le constitutionnaliste Léon Dion, proche de Bourassa et de Gil Rémillard, en réclame une depuis 30 ans. Claude Ryan est d'accord. De fait, note Rivest, « assez curieusement, dans le domaine constitutionnel, y'a jamais eu de commission d'enquête québécoise, alors que c'est toujours le Québec qui a posé le problème ». Il y a bien eu la commission Tremblay, mais elle a remis son rapport en... 1953. Rivest trouve que c'est une bonne idée. « Moi j'avais l'argument de dire : "Ben, faisons appel à des gens comme Claude Castonguay, etc., assez modernes, très économiques, pour évacuer les Léon Dion et les professionnels de l'industrie constitutionnelle. [...] Ça rencontrait le paramètre principal de base du PM dans sa conception de ce qu'est la politique. » C'est-à-dire : l'économie.

Bourassa refuse. « C'est du placotage pour rien, dit-il, c'est pas très opérationnel, ça a jamais donné de suite, ça fait des documents, ça n'en finit plus. » Mais il retient la variable économique. Rivest propose donc de combiner les deux idées : commission d'enquête et États généraux, pour produire une commission parlementaire de type nouveau, où les députés seraient en minorité et où les commissaires seraient relativement peu nombreux : 15, 17 peut-être, pense Rivest. Parizeau parle alors de 25, peut-être 30. Ces mini-États généraux rassembleraient des députés, des représentants du milieu des affaires d'un côté, des syndicats et des mouvements sociaux de l'autre. C'est tout.

Parizeau achète cette idée sans problème. Bourassa en parle même à Claude Béland. Mais les deux chefs doivent reculer devant leurs tigres respectifs : dans les deux caucus, les élus, représentants du peuple, trouvent un peu fort qu'on ne se tourne pas vers eux aux moments importants. « L'Assemblée nationale, c'est nous autres », disent-ils. Les chefs doivent se résoudre à charger la commission de députés (18, y compris eux-mêmes) puis à accroître, par vagues successives, le nombre de participants.

Car les députés ne sont que le premier groupe à forcer la porte du cénacle. Les députés, d'accord, mais les maires ? Les commissions scolaires ? Les syndicats, d'accord, mais les agriculteurs ? Ah ! oui, il faut l'Union des producteurs agricoles et son président, Jacques Proulx. Et le milieu culturel ? « Tout un roman ! » dit Rivest.

On se bouscule au portillon. Tout le monde veut aller discuter, sinon décider, de l'avenir du Québec. Organismes, partis, élus, mouvements, tribus, individus, vieux sages et jeunes loups s'y voient déjà. (Jusqu'à l'auteur, préparant déjà ce livre, qui fait son petit *lobbying* auprès des deux partis. Un jeune intellectuel non aligné, de la génération post-bébéboumeur, avec huit ans d'expérience internationale et qui vient d'écrire un *best-seller* sur les relations Québec-États-Unis, ça ferait un bon commissaire, non ? On vous rappellera !)

Puis il y a le cas Béland. Bourassa l'a déjà approché, mais qui représente-t-il ? Parisella n'en veut pas parmi « ses » quatre hommes d'affaires, qu'il veut fédéralistes. Le PQ s'en méfie, voyant en lui un libéral nationaliste aux ambitions floues, mais constate que l'adhésion à la souveraineté du Mouvement Desjardins est « l'élément qui a dominé cette période », qui a « coloré l'affaire d'un mouvement de foule d'une ampleur incroyable », note Landry. Parizeau insiste donc pour inclure Béland. On crée pour lui une catégorie à part : secteur coopératif.

Puis il y a le cas Lucien Bouchard, déjà contacté lui aussi. Mais comment justifier la présence dans la commission d'un député fédéral d'un microparti ? Il faut rationaliser ce choix en invitant un représentant de tous les partis fédéraux représentés au Québec. « L'important, c'était d'avoir Lucien, explique Rivest. Les partis fédéraux sont là, à cause de Lucien, pour éviter que ça devienne péquistes contre libéraux. Le seul qui pouvait faire le pont, c'était

Lucien. » Petit problème : depuis le début de l'année, le NPD compte un député québécois. Faut-il l'inviter aussi ? Rivest et Parisella décident que seuls les députés élus à l'élection fédérale de 1988 ont droit de cité.

« Très vite, je me rends compte que c'est pas sur le mandat, c'est sur les personnes que le débat va avoir lieu », dit Parizeau. Parce que les personnes, comme les présidents, ont déjà une petite idée de ce que l'avenir du Québec devrait être. « Dans notre esprit, sans qu'on se le dise, raconte Rivest, nous autres on mettait des fédéralistes hommes d'affaires, eux autres ils mettaient des syndicalistes souverainistes. »

Il y a beaucoup de calcul, et une part de jeu, dans les noms que Bourassa et Parizeau sortent de leurs manches, lors de leurs rencontres. Bourassa parle de Claude Morin, pour voir son vis-à-vis patiner (cela se passe un an avant le scandale sur les accointances de Morin avec la GRC, mais Parizeau et Morin se sont opposés pendant 10 ans sur la stratégie dite de l'étapisme). Parizeau fait « Ohhh ! » lorsqu'il entend ce nom, et promet de « regarder ça ».

Selon Parisella, c'est le chef péquiste qui « voulait quelqu'un de la communauté juive, quelqu'un côté anglophone », un autochtone aussi — le PQ renouvellera cette demande jusqu'à la fin, y compris dans un projet d'amendement à la loi constitutive de la commission, sans succès. Parisella note que le péquiste en chef dit vouloir aussi « quelqu'un du mouvement nationaliste. Comme si eux autres étaient pas nationalistes ! » Les deux chefs s'entendent bientôt pour inclure deux représentants des municipalités.

Le premier ministre et le chef de l'opposition discutent poliment de généralités, se souvient Rivest : « "Alors, Monsieur le premier ministre, ben il faudrait bien que... on peut pas écarter l'éducation, n'est-ce pas ? Et le mouvement agricole." Alors Bourassa dit : "Évidemment, monsieur Parizeau, vous avez raison." » Ni les trois principaux syndicats de la province, ajoute le péquiste. Parisella n'en voulait que deux, et penchait pour des « sages », comme Marcel Pepin, ex-président de la CSN ou l'ex-président de la CEQ Yvon Charbonneau, ou, pour le patronat, Charles Perreault, ancien président du Conseil du patronat, plutôt que pour des représentants en poste, donc liés par les positions de leurs organisations. Une approche non corporatiste. Sinon, pense Parisella, « c'était voué à la confrontation, cette formule-là ».

Mais « je pense que Parizeau avait vaguement promis [un siège] à chacun des principaux syndicalistes, raconte Rivest. Au moment où on les appelait, ils étaient tous au courant d'à peu près tout, pis ils acceptaient. » En incluant l'UPA, Parizeau impose quatre leaders syndicaux. Bourassa acquiesce.

Après ces mondanités, les généraux s'étant retirés, leurs lieutenants se parlent plus crûment. À la sortie, Rivest décode pour Royer : « T'as tes quatre péquistes, là ? » La CSN, la FTQ, la CEQ, l'UPA. « Là je t'avertis, les hommes d'affaires, vous en aurez pas un maudit ! »

C'est vite dit. Les organismes syndicaux et leurs présidents, maintenant commissaires, sont les véritables et plus importants regroupements de travailleurs au Québec. En appliquant le même principe du côté patronal, il faudrait choisir parmi la liste suivante : 1) Le Conseil du patronat, d'un fédéralisme solide, comme son président, Ghislain Dufour. 2) La Chambre de commerce du Québec — lieu, dit Rivest, « de la vieille orthodoxie libérale » — devenue cependant, dans l'après-Meech, très autonomiste, au point que le PQ réclame le choix de son président, Jean Lambert, comme commissaire. « C'est pas que Jean Lambert était pas un fédéraliste, commente Dufour, mais à ce moment-là ses relents de nationalisme très poussé ne l'identifiaient pas nécessairement à la cause fédéraliste. » 3) La section québécoise de l'Association canadienne des manufacturiers, hier aussi farouchement fédéraliste que le groupe de Dufour, est aujourd'hui présidée par Richard Le Hir, dont « on sait tous qu'il a été militant souverainiste, dit Dufour, alors lui, c'était clair ». D'ailleurs, Parizeau propose sa nomination. 4) La Chambre de commerce de Montréal qui est, se souvient Dufour, « très très nationaliste ». Ses membres avaient applaudi à tout rompre Lucien Bouchard après sa démission en mai 1990, et la présidente qui entre en fonction en septembre 1990, Nycol Pageau-Goyette, fera tellement les yeux doux à Parizeau, lorsqu'elle viendra présenter son mémoire, le 15 novembre, que même les caméras en seront gênées (« C'est beau de vous entendre [...] Vous êtes tellement bon en économie et puis moi, je ne veux pas avoir l'air d'une "nounoune" à côté de vous, là. »). 5) Puis il y a le Montreal Board of Trade, pour lequel la question ne se pose pas.

« Ce n'est quand même pas troublant de constater que si on prenait les quatre principaux chefs patronaux au Québec, il y en avait seulement la moitié qui étaient des fédéralistes confirmés ? » demande l'auteur à Ghislain Dufour.

« À l'époque, c'était un problème », dit-il. Pas un signal, un appel, une tendance, mais bien « un problème ». « T'es pas obligé de passer par les organismes dans le milieu des affaires, propose Dufour à Rivest, tu peux nous demander au Conseil du patronat, tu nous en demandes quatre. » (Note facétieuse de l'auteur : puisqu'un sondage interne du Conseil venait de révéler qu'il se trouvait un tiers de souverainistes en ses propres rangs, un de ses quatre représentants n'aurait-il pas dû refléter cette tendance ?)

Rivest et Bourassa ont une autre idée : Dufour et une émissaire du Board of Trade, Cheryl Campbell Steer, assureront la représentation « organisationnelle » du patronat. Un ami personnel — mais non intime — de Bourassa, Charles-Albert Poissant, bras droit fédéraliste de Pierre Péladeau et président du conseil d'administration de Donohue, leur prêtera main-forte. Le quatuor sera complet avec Marcel Beaudry, avocat, homme d'affaires, mais surtout organisateur libéral depuis 20 ans.

Parizeau en voudra beaucoup à Bourassa d'annoncer le 5 octobre ces quatre nominations, surtout celles de Poissant et Beaudry, « deux amis du régime », dira-t-il, sans l'en avoir informé au préalable. Son épouse, l'auteure Alice Poznanska-Parizeau, est décédée six jours plus tôt. Pour Beaudry, les libéraux ont une bonne excuse. Les deux partis s'étaient entendus pour choisir, comme commissaires, des députés de chacune des régions du Québec, mais ni les péquistes ni les libéraux n'avaient nommé de député de l'Outaouais. Beaudry allait combler cette lacune. Le fait qu'il s'oppose au séparatisme parce que « si le Québec se sépare, on aura en peu de temps un gouvernement parallèle qui sera le gouvernement des syndicats » ne gâche en rien le pointage de Parisella.

Fin d'août, début de septembre, on n'en est pas là. Au comité de stratégie du PQ, des sceptiques sont au contraire un peu sonnés des gains encaissés : Campeau, Rousseau, le mandat, les syndicats, Béland, Bouchard, le grand nombre de souverainistes. « Sur tous les aspects, quand on négociait n'importe quoi avec le cabinet de Bourassa, sur la composition de la commission, on pensait jamais arriver, nous autres, avec un score aussi élevé [de souverainistes], raconte un stratège péquiste. On les trouvait faibles dans toute, dans toute ! [...] Tellement que je mettais en doute mes convictions sur le fait qu'ils s'en allaient pas vers la souveraineté. J'ai dit : "Câlice, ils veulent-tu que ça s'effondre ?" »

Le *bunker* est souverainiste, faible d'esprit, ou peuplé de manchots, pense le PQ. Jean Royer et Hubert Thibault préparent avant chaque rencontre avec leurs vis-à-vis libéraux une liste écrite de points à soulever et de propositions. Il sont chaque fois surpris de voir Parisella, Rivest et Claude Lemieux, conseiller politique, se présenter sans munitions, au petit bonheur la chance. Parfois, lorsqu'ils négocient le projet de loi qui institue la commission, Royer est surpris de la souplesse de Rivest. « Pourquoi tu acceptes ça ? » lui demande-t-il. « Ah ! Ça ? Ça c'est Lucien qui m'a demandé ça », répond Rivest, taquin, sachant l'incertitude qui caractérise les rapports Bouchard/Parizeau.

Tout n'est pas improvisé, au *bunker,* loin s'en faut. Là, comme au PQ, on tient le pointage de la commission. À ce stade, il faut 18 commissaires pour contrôler une majorité. Sur un grand tableau, Parisella compte *ses* « fédéralistes » et *leurs* « souverainistes ». (C'est même devenu un gag ; entre eux, les conseillers des deux camps se demandent : « Comment va ton pointage ? ») Il se juge en avance. Un président, 10 députés libéraux, un du Parti Égalité, 2 députés fédéralistes d'Ottawa, 4 hommes d'affaires, 2 représentants municipaux, il en a 20 sur 34. Il en a donc 2 de plus qu'il n'en faut pour gagner : c'est énorme ! « Là, je faisais des spéculations sur ceux qui sauteraient », c'est-à-dire qui pourraient changer de camp.

Au PQ, on compte 1 président, 7 députés péquistes, 1 député souverainiste d'Ottawa, 4 syndicalistes, Béland et 2 élus municipaux, donc 16 sur 34. Il n'en manque que deux pour gagner. C'est jouable. Pas mal, pour un parti d'opposition. Puis Parizeau regarde la liste : « Il y avait des points d'interrogation, raconte-t-il. Ah ! ça, on a des chances que ça tombe de notre bord ! »

Mais — euh... — si Parisella en a 20 et le PQ 16, ça fait 36 ! C'est que certains sont comptés deux fois : les représentants des municipalités. Le *bunker* pense que le président de l'Union des municipalités du Québec, maire de Mont-Joli, Jean-Louis Desrosiers, plusieurs fois pressenti comme candidat libéral, est « très sûr », dit Rivest. Parizeau en rit encore : « Desrosiers était un des plus vieux amis de René Lévesque ! »

Mais Desrosiers tombe gravement malade ; il mourra peu après. C'est son suppléant, Jean-Claude Beaumier, maire du Cap-de-la-Madeleine, qui le remplace. Ça tombe bien, pense Parisella, Beaumier présidait le comité du Non en 1980 dans sa région. Puis il y a l'autre élu local, Roger Nicolet, le président de l'Union des municipalités régionales de comté, un ingénieur qui a conçu la structure en inox de la pyramide du Louvre, en plus d'avoir œuvré au nouveau campus de l'UQAM, à la tour du CN et à l'aéroport de Mirabel. Le *bunker* le classe parmi les amis. Bruxellois d'origine, Nicolet est maire d'Austin, petite ville loyaliste anglophone des Cantons de l'Est qui se peuple, l'été venu, du gratin fédéraliste de Québec Inc. Il est d'ailleurs copain et voisin de chalet de Robert Benoît, adjoint parlementaire de Bourassa et ancien président du PLQ. Le PQ a d'autres informations.

Reste encore « le roman » culturel. La loi créant la commission, votée le 4 septembre, prévoit un 35e commissaire, venant « du milieu de l'enseignement ou de la culture ».

Pour l'instant, chez les commissaires choisis, il n'y en a point. (Lorraine Pagé, présidente de la Centrale de l'enseignement du Québec, ne peut être considérée comme représentante du monde de l'éducation, semble-t-il.) Bourassa propose Guy D'Anjou, président de la Fédération des commissions scolaires catholiques du Québec. Proche du PLQ.

Parizeau a une tout autre idée : il veut Serge Turgeon, président de l'Union des artistes. Parisella rétorque que l'UDA fait partie de la FTQ. « C'est loin cette affaire-là, mais c'est vrai quand même », dit-il.

Quand on publie, en septembre, une première liste de commissaires sur laquelle ne figure toujours aucun artiste, le bureau de Parizeau est inondé d'appels outrés. Le PQ décide de dévier le courant de mécontentement et lance une campagne d'envoi de télégrammes appuyant la candidature de Turgeon au *bunker*. « C'est Jean Royer qui a organisé ça, raconte Rivest, il a appelé tout le monde, tous les péquistes qui connaissaient un artiste quelconque, pis via l'Union des artistes bien sûr — j'imagine qu'ils sont bien organisés — alors là, on en a reçu des tonnes. On rencontrait Jean Royer dans le corridor et on lui disait : "Aye ! On en a reçu rien que 14 aujourd'hui !" »

Bourassa décide de dire oui à la culture, mais non à Turgeon. Lui et Rivest ont deux candidats en vue : Jean-Louis Roux, acteur et directeur de théâtre, qui fait partie de la minuscule communauté des artistes québécois fédéralistes ; Marie Laberge, auteure et dramaturge, qui a aidé Lise Bacon, naguère ministre de la Culture, à élaborer une loi, très applaudie, du statut de l'artiste. Bacon et l'actuelle ministre, Lucienne Robillard, appuient sa candidature. Personne au

PLQ ne se rend compte qu'en plus de toutes ses belles qualités, Laberge est souverainiste. « On n'a pas tellement regardé », avoue Rivest[*].

Mais Roux est leur premier choix. D'ailleurs, il accepte. Sauf qu'il a un petit problème. Minuscule. Dans les tonnes de télégrammes d'appui à Serge Turgeon empilés au *bunker*, il y a le sien. Ça fait désordre. C'est difficile à expliquer en conférence de presse. Son nom est retiré.

Cette valse-hésitation dure jusqu'à la fin d'octobre, à une semaine de l'ouverture des travaux de la commission. De plus, la situation se complique du fait que le PQ continue d'insister pour qu'on ajoute un commissaire autochtone et a découvert qu'il manquait à la commission un représentant des démunis. Il propose Madeleine Blanchet, présidente du Conseil des affaires sociales, auteure d'une importante étude sur la pauvreté au Québec.

Le 24 octobre, les libéraux proposent d'amender la loi de la commission pour y augmenter nettement leur majorité fédéraliste. Le leader parlementaire libéral, Michel Pagé, raconte avoir communiqué avec son homologue péquiste, Guy Chevrette : « J'ai proposé à M. Chevrette que M. D'Anjou soit le 35e membre, M. Turgeon le 36e, qu'un autochtone devienne le 37e membre, plus un 38e membre qui serait un député libéral. » Le député est ajouté pour que les parlementaires gardent une majorité parmi les commissaires, mais ces additions accroissent le pointage fédéraliste par trois votes, car les représentants autochtones sont, en principe, opposés à la souveraineté. « À 19 h 45, M. Chevrette me revient, raconte Pagé, et me dit : "35e Guy D'Anjou, 36e Serge Turgeon, 37e un autochtone, 38e Madeleine Blanchet, 39e un député libéral, 40e un député péquiste". Ne manquait plus que le président des élections du Québec ! » Persiflage mis à part, Chevrette propose un match nul. Pagé refuse et menace de retirer tout projet d'amendement, ce qui lui permettrait de nommer D'Anjou et de fermer le ban. Les péquistes parlent de « coup de force » ; Royer et Thibault sont décontenancés par cette attitude agressive, qui tranche avec la diplomatie polie, au sommet, et la camaraderie espiègle qui a régné chez les seconds couteaux durant les pourparlers de l'été. Quelques jours plus tard, le gouvernement propose un amendement qui permet seulement à D'Anjou et à Turgeon d'être ajoutés à la loi et à la liste. Le débat à l'Assemblée est acrimonieux ; le PQ vote contre. Le ban est fermé.

---

[*]   En effet. Dans son rapport d'« expert » remis à la commission Bélanger-Campeau, Laberge écrira ce qui suit : « Je crois que, depuis la conquête, nous n'avons cessé de persévérer sans pour autant gagner quoi que ce soit, sinon une certaine amertume et une sorte de découragement à réussir à convaincre le Canada de nos besoins particuliers. Je crois que le Québec est trop fragile pour risquer encore longtemps sa survie dans le difficile combat qui l'oppose au Canada. Pour préserver ce que j'appelle une santé mentale québécoise, pour protéger des rapports sains avec l'immigration et favoriser l'ouverture d'esprit et la tolérance essentielles aux bons rapports entre les peuples (qu'ils soient autochtones ou voisins), je crois que l'indépendance du Québec est nécessaire. »

Cette chicane, s'ajoutant à la nomination de Marcel Beaudry et de Charles-Albert Poissant pendant le deuil de Parizeau, jette un froid sur les relations cordiales entretenues depuis le 22 juin. Des déclarations de Bourassa sur la nécessité du maintien d'une « espèce de gouvernement économique au Canada » contribuent à ce refroidissement. Bourassa affirme que la plupart des Québécois favorables à la souveraineté désirent maintenir une présence québécoise à Ottawa. « S'il y a une représentation directe des Québécois à Ottawa, on a affaire à une forme de fédéralisme », dit le premier ministre.

Ces propos tenus à quelques jours de l'ouverture des travaux de la commission mettent Parizeau de méchante humeur. « Pendant un certain temps, amoché par l'échec de Meech, M. Bourassa a semblé se chercher, dit-il le lendemain. On sait maintenant de façon certaine qu'il ne s'aligne pas sur la souveraineté. Dans le fond, son attitude n'a pas vraiment changé. »

Autre cause de grogne : le coprésident de Bourassa, Michel Bélanger, en rajoute quelques jours plus tard en disant que « le fédéralisme, ça veut dire l'association-souveraineté. C'est la même chose. Quand on parle d'États qui ont une large responsabilité autonome et mettent certaines choses en commun, vous parlez de souveraineté-association. Il ne faut pas un effort vigoureux pour passer de l'un à l'autre. » Les termes politiques sont relatifs, bien sûr. Mais Parizeau est extrêmement irrité par la déclaration, qui brouille les cartes à l'heure où il voudrait, lui, clarifier les choix. « Ça nous avait désarçonnés et ça avait consolidé Parizeau dans sa défiance de Bélanger », rapporte Bernard Landry.

Le 6 novembre, jour de cérémonie d'ouverture des audiences de la Commission sur l'avenir du Québec, Parizeau et Bourassa ne sont plus « fesse à fesse, mais face à face », pour reprendre une expression qu'utilisera en un autre contexte le chef péquiste. Bourassa n'est plus guère, pour le chef de l'opposition, « *mon* premier ministre ». La lune de miel n'aura pas survécu cent jours. Ce qui est fâcheux. Car au moment où le charme est rompu entre PQ et PLQ, les commissaires de la société civile, nouveaux acteurs de la pièce, commencent tout juste à sentir les effets de l'envoûtement.

MÉMOIRE(S) : JE ME SOUVIENS, OU JE M'ORGANISE ?

« La commission doit être à l'image de la population que nous représentons : tolérante mais déterminée. » Le souhait est formulé par le premier ministre, le jour de l'ouverture des travaux (Bourassa ne reviendra qu'une fois assister aux audiences). Dès le lendemain, il est à demi exaucé : la détermination fait son entrée.

Jean Lambert, président de la Chambre de commerce du Québec, n'est pas membre de la commission ? Qu'importe, il vient donner le coup d'envoi à ses travaux. C'est un coup de massue. « Le fédéralisme canadien est un échec économique », dit-il, déposant un mémoire extrêmement autonomiste qui proclame dès sa première phrase « l'impossibilité du *statu quo* ». Lambert affirme que ses 60 000 membres, dirigeants d'entreprises situées partout au Québec, ont été consultés deux fois sur ce texte. « C'est un message unanime que nous venons vous porter de la part de tous les milieux d'affaires du Québec », déclare-t-il dans le Salon rouge, devant la grande table en U des commissaires souverainistes ravis, libéraux médusés, fédéralistes contrits. Le « Comité Affaires constitutionnelles » de la Chambre, producteur du rapport, aligne beaucoup de beau linge : Bernard Lamarre, président de Lavalin et proche du premier ministre ; Rémi Marcoux, président du Groupe Trans-continental ; Claude Castonguay, président du conseil du Groupe La Lauren-tienne ; Jean Guertin, directeur général des HEC ; Robert Arcand, vice-président de Harricana. On y trouve aussi les noms de deux économistes respectés, Yves Rabeau et Pierre Fortin, dont les idées et la patte sont reconnaissables partout dans le document.

Lambert et son groupe ne statuent pas sur une option politique : fédé-ralisme renouvelé ou indépendance, leur cœur balance. Tout ce que demande la Chambre, c'est que la structure choisie permette au Québec d'obtenir et de gérer de manière exclusive une vaste gamme de pouvoirs (« l'éducation et la science, la recherche et le développement, la culture, la justice, les commu-nications, le travail, le commerce intraprovincial, la navigation et le transport intérieurs, la pêche côtière, la main-d'œuvre, la sécurité du revenu — assu-rance-chômage, aide sociale, allocations familiales, pensions de vieillesse, etc. —, le développement économique régional, l'environnement intérieur, les relations avec les peuples autochtones, la santé, les services sociaux, les affaires urbaines et les loisirs »), en plus d'avoir son mot à dire dans 13 autres matières ; que soient aussi abolis les programmes nationaux et la péréquation ; et que les ressources fiscales d'Ottawa soient limitées*.

Les auteurs du mémoire affirment préférer nettement le maintien de l'union monétaire canadienne, objectif auquel souscrivent à la fois le PQ et le PLQ. Cela dit, le mémoire pèse ensuite sereinement les avantages et les incon-vénients de la création d'une monnaie québécoise et note qu'une « monnaie commune n'offre aucune garantie de stabilité monétaire » alors que les gens d'affaires du Québec « veulent une monnaie commune *et* stable ». En clair : la

---

* Détail intéressant. En matière de rapatriement de l'assurance-chômage, la Chambre dit être consciente « de la hausse de charge financière qu'occasionnerait » un tel transfert, de l'ordre de 700 millions de dollars pour l'année 1988-1989. « Mais les économies réalisées par l'élimination du gaspillage dans le domaine de la main-d'œuvre et par l'intégration des politiques sociales seraient aptes à financer une bonne partie de ce fardeau supplémentaire sans qu'il soit nécessaire de hausser les cotisations à l'assurance-chômage. » Puis la Chambre a ce commentaire, exemple de « la maturité » à laquelle Bourassa avait appelé les Québécois la veille : « Les principes que nous défendons ici sont des principes de rationalité et de responsabilité économique : ce n'est pas parce que leur application au cas de l'assurance-chômage serait au départ désavantageuse pour le Québec qu'il faut y faire exception. »

Banque du Canada doit changer de politique, sinon le Québec pourrait avoir intérêt à imprimer son propre argent.

Gil Rémillard, qui entreprend dès cette première journée d'audiences un long et étourdissant slalom politique, déclare que le mémoire de la Chambre de commerce est un appel au « fédéralisme renouvelé ». Lambert ne confirme nullement ce constat, et « refuse d'être enfermé derrière quelque étiquette que ce soit ». Jacques Parizeau, lui, répand sa joie : « C'est un document d'une ampleur extraordinaire. Je ne me suis jamais vu demander autant de pouvoirs. Jamais le gouvernement fédéral ou le Canada anglais n'accepteront des chambardements pareils. »

Gérald Larose, de la CSN, demande à Lambert s'il a trouvé des alliés au Canada pour promouvoir une réforme de cette envergure. « C'est une décision qui relève du Québec », répond Lambert.

Puis il y a le délai. « Il faut trancher la question de l'avenir constitutionnel du Québec avec célérité et de façon décisive », implore le mémoire, qui veut « limiter la durée de la période d'incertitude » et son impact sur l'activité économique. « Au Québec, l'heure est actuellement propice aux consensus assez larges qui débordent les frontières sociales ou partisanes. Profitons-en pour nous décider sans tarder. Ce sera la meilleure nouvelle économique de la décennie. »

Sans tarder, c'est-à-dire en combien de temps, demande-t-on à Lambert ? « Si l'Allemagne a mis moins d'un an, après l'effondrement du mur de Berlin, à faire un choix constitutionnel, répond-il, il n'y a pas de raison que le Québec n'arrive pas à faire de même. » Nous sommes en novembre 1990. Un an, c'est donc novembre 1991.

La fusion des deux Allemagnes n'a même pas pris un an, calcule devant la commission, quelques heures plus tard, Richard Le Hir, président de la section québécoise de l'Association canadienne des manufacturiers. « En 10 mois, le mur de Berlin est tombé, le monde communiste s'est effondré, l'Allemagne, divisée en deux depuis 45 ans, a procédé à sa réunification économique et politique. Elle se positionne pour être, dans cinq ans, la première puissance industrielle du monde. Elle aura, bien entendu, la prospérité qui accompagne ce statut. Et nous, au Canada et au Québec, où en serons-nous ? » demande-t-il dans son mémoire. « Le temps joue contre nous », insiste-t-il. « S'il fallait que de larges segments de la population souhaitent encore remettre le système en question après deux, cinq ou même dix ans, l'exercice de votre commission aurait été vain. » Bouger vite, mais vers quelle structure ? Les manufacturiers s'en tapent, car « il est possible, pour le secteur manufacturier, d'évoluer et de prospérer quelle que soit la forme du gouvernement ».

Dix mois ? C'est encore trop long, affirme le lendemain le secrétaire général de la FTQ, Fernand Daoust, appelant à l'organisation d'un référendum dès le printemps 1991 — donc dans six mois.

La semaine suivante, la Chambre de commerce du Montréal métropolitain vient donner un troisième signal montrant que les gens d'affaires francophones sont prêts au divorce. « Le Canada ne fonctionne plus », dit-elle dans la première phrase de son mémoire. Le constat n'est pas posé de gaieté de cœur : « La majorité de nos membres souhaitent encore ardemment la préservation d'un espace économique, politique et culturel canadien, mais ils constatent maintenant que dans les conditions actuelles, cette option comporte un prix à payer qui pourrait se révéler aussi lourd que celui de l'autonomie. » Elle ajoute : « Tout en estimant préférable, du point de vue économique, le maintien d'un espace canadien, la Chambre constate la viabilité intrinsèque de l'économie québécoise. »

Le Mouvement Desjardins apporte sa pierre à l'édifice avec un mémoire affirmant que le Québec « doit se donner le statut d'une communauté nationale autonome ». Claude Béland, qui présente le texte, se dit fort de l'appui des 20 000 cadres du Mouvement, dont la moitié ont répondu à un « sondage » appuyant massivement (à 85 %) l'orientation du mémoire. Les deux tiers s'y prononcent même pour « l'indépendance », seulement 23 % favorisant « le *statu quo* »[*].

Il faut que Ghislain Dufour quitte son siège de commissaire pour prendre celui de témoin, à titre de président du Conseil du patronat du Québec, pour qu'un point de vue d'affaires francophone fédéraliste soit entendu : plus de pouvoirs pour le Québec, oui, il en veut. Main-d'œuvre, assurance-chômage, immigration, politique familiale, parfait. Mais il n'y a pas de repli, au Conseil du patronat. « Le fédéralisme a été et demeure rentable pour le Québec », affirme son mémoire, « il faut à tout prix préserver ces acquis et agir dans la continuité de notre histoire. » Car, insiste Dufour à la table des témoins, « il serait suicidaire de se lancer dans une aventure dont l'issue risquerait de mettre en cause nos acquis ». Dufour se plaint par ailleurs de ne pouvoir évoquer les coûts de la souveraineté sans se faire accuser de « terrorisme économique ».

Heureusement que son ami l'économiste et ancien ministre libéral André Raynauld, à la tête de l'Association des économistes du Québec — qui regroupe les économistes de toutes tendances —, vient à la fin de novembre déposer un mémoire qui insère dans le débat la variable imprévisible de la rancœur. « Certes, l'indépendance est "possible" sans entraîner, du moins dans l'abstrait, des coûts économiques inacceptables », dit le mémoire, mais si les Canadiens anglais et les Québécois « sont en colère les uns contre les autres,

---

[*]   Des cadres fédéralistes du mouvement attaquent la validité du sondage et notent que le questionnaire était précédé d'un texte résumant les orientations de Béland. Ils ont parfaitement raison si on considère l'exercice comme un sondage au sens strict, mais complètement tort si on considère l'exercice comme une consultation des cadres sur une orientation à endosser ou à rejeter.

tout le monde va en payer la note », dit-il. Combien ? « Le coût pourrait être élevé », répond-il, et certainement entraîner le niveau de vie des Québécois vers le bas. Mais, voilà, on ne peut prédire l'humeur des Canadiens anglais et des Québécois. Et s'ils restaient calmes ?

Ce débat économique qui domine le premier mois des audiences de la commission n'est ni nouveau ni final. Mais le corridor dans lequel il se déroule est moins large qu'en 1980. « Le rôle des considérations *non* économiques doit donc être — et sera — déterminant », écrivent Raynauld et ses économistes. « La souveraineté ne serait pas l'apocalypse », admet Sébastien Allard, porte-parole, avec Ghislain Dufour, du Conseil du patronat. C'est pourtant ainsi qu'elle était présentée, en 1980 ; à ce moment-là les hommes d'affaires que le PQ réussissait à embrigader dans le camp du Oui étaient peu nombreux et peu visibles. Le climat a changé. Quelqu'un aurait dû en aviser Brian Mulroney qui, trois jours avant l'ouverture des travaux de la commission, a eu le malheur d'user d'un thème maintenant dépassé. À une réunion de conservateurs au mont Sainte-Anne, parlant de « l'aventure » indépendantiste, il lance : « Va dire à un journalier de Baie-Comeau qu'on n'est pas certain comment on va payer sa pension après 30 ans de service à la Quebec North Shore ! Va lui dire ça pour voir ! »

Devant les réactions grinçantes de ses députés conservateurs et de la presse, Mulroney a tenté quelques heures plus tard une difficile volte-face : « Jamais je n'ai suggéré que la pension d'un employé de la Quebec North Shore dans un Québec indépendant pourrait être diminuée », dit-il, sans rire, ajoutant — mais c'est peut-être une tardive découverte — que « les épouvantails de menaces de perte de pensions, ça ne marche pas avec les Québécois ». Son commentaire antérieur sur le journalier de Baie-Comeau portait « exclusivement sur l'avantage de l'intégration économique que j'ai toujours prônée ». Comment a-t-on pu ne pas le comprendre du premier coup ?

La pression souverainiste qui émerge des mémoires entendus à la commission Bélanger-Campeau est implacable. Chaque jour, deux, trois, quatre organismes viennent clamer leur volonté d'en finir, ou plutôt de commencer. Puisque 70 % des Québécois sont souverainistes, il n'est pas très surprenant que beaucoup de regroupements le soient aussi.

« Ce qui nous a surpris, c'est la réponse souverainiste, affirme le chef de cabinet de Parizeau, Hubert Thibault. Alors là, vraiment, ça déboulait ! [...] Dans chaque région, spontanément, tout ce qui bouge au Québec de moindrement organisé a jugé important de soumettre des mémoires ! » En réalité, la politique s'apparente plus aux chorégraphies savamment répétées des Grands Ballets canadiens qu'à la Ligue d'improvisation. Dans toute la mesure du possible, il faut prévoir, préparer, répéter la représentation à venir, restreindre les zones d'incertitude, s'organiser pour gagner.

« En commission Bélanger-Campeau, crisse, on a contrôlé les mémoires ! Si je te parlais de l'opération qu'on a mise sur pied, crisse, pour la rédaction des mémoires, c'est pas spontané, ça, là », explique, plus franchement, un autre responsable péquiste.

« O.K., parlons-en, comment vous avez fait ça ? » demande l'auteur.

« Ben crisse, c'est toute une opération qu'on a menée. On avait sorti dans un premier temps tous ceux qui étaient intervenus en commission parlementaire sur la loi 101. On a fait une recherche sur tous les groupes qui pouvaient intervenir en région. On les a contactés systématiquement pour les inciter à présenter un mémoire qui irait dans le sens de la souveraineté. C'est un travail d'incitation des groupes et des gens pour qu'ils présentent des mémoires, en leur offrant des ressources pour les aider à rédiger les mémoires, etc. On l'a fait en concertation avec les MNQ [Mouvement national des Québécois ; de cette seule mouvance, la Commission recevra 21 mémoires et en entendra la moitié]. [...] Les gens se débrouillaient assez bien pour la rédaction, mais on les aidait avec une personne-ressource. [...]

« On avait un pointage, on avait tout un système informatique, tout ça, là, tsé ? Un suivi. Chaque fois qu'un mémoire rentrait, on mettait la main dessus, on l'analysait pis on contactait les gens pis on leur disait : "Aye ! Alignez-vous dans ce sens-là." [...] On avait une coordination sur les thèmes à aborder : "Aborde tel aspect sur le plan du développement régional", par exemple, des choses comme ça. [...] On coordonnait les intervenants, on disait : "C'est plus important qu'Untel passe plutôt qu'un autre." On s'entendait sur les questions à poser, on téléphonait aux gens, on disait : "Quelle question tu veux qu'on pose ?" [quand tu viendras témoigner devant la commission]. Y'avait rien d'improvisé, là. »

Armés de ces informations, munis de cette stratégie, les commissaires péquistes s'astreignent quotidiennement, dans les questions qu'ils posent aux témoins, à frapper sur certains clous, tant il est vrai qu'en politique, lorsqu'on veut faire avancer une idée, la répétition est une vertu. Le « temps d'antenne gratuit » de la commission, explique le conseiller principal de la délégation péquiste, Gilbert Chartrand, est utilisé pour illustrer cinq thèmes : la faillite économique du fédéralisme, l'impossibilité de réformer le fédéralisme à cause des contraintes de la formule d'amendement, les avantages de la souveraineté pour atteindre les objectifs du Québec, la viabilité économique d'un Québec souverain et — dernier thème conçu sur mesure pour percer le brouillard bourassien — le fait que la Communauté économique européenne est constituée d'États souverains.

> Nous autres, reprend le responsable péquiste précité, on avait mis l'opération sur pied dès l'été en pensant que les libéraux, avec tout l'appareil gouvernemental, feraient la même chose. Mais y'ont rien fait ! Rien fait ! Ceux qui ont agi à ce niveau-là, c'est Alliance-Québec, les anglophones, les ethnies un petit peu. Mais les libéraux, crisse, ont rien fait avec tout l'appareil gouvernemental pour essayer de contrôler ce qui se passe au niveau des mémoires. Quatre-vingts pour cent des mémoires, crisse, étaient favorables à nous autres. [...] Je comprends pas, hostie !

Le fédéraliste Marcel Beaudry ne comprend pas non plus. Il va s'en plaindre à Gil Rémillard. « Comment ça se fait qu'on n'a pas de mémoires qui viennent supporter le fédéralisme ? lui dit-il. Ça prend pas la tête à Papineau pour se rendre compte qu'après une semaine d'audition, il y avait 80 % des mémoires qui étaient prosouverainistes ! »

C'est que le gouvernement libéral, normalement actif et agressif, est au neutre. Malade de Meech et absorbé par la préparation du futur rapport du comité constitutionnel présidé par Jean Allaire, comme l'explique Parisella :

> On n'a pas orchestré des groupements, des mémoires, des individus pour aller devant la commission Bélanger-Campeau. Tu vas me dire : "Stratégiquement, j'ai de la difficulté à te croire", et je te dirais probablement, dans toute bonne stratégie, oui, c'est difficile à croire. Mais le parti était en profonde réflexion, et c'était pas possible de jouer une *game* fédéraliste parce que notre programme était pas là. Il était perdu. C'était pas possible. Donc, on pouvait pas se servir de Pierre Anctil ou du parti pour dire : "Bon, Aye ! Organisez-vous des mémoires !"

Seule l'association libérale des Îles-de-la-Madeleine fait son petit numéro, parlant essentiellement de pouvoir régional et de pêcheries. À l'exécutif du PLQ, le seul débat qu'on tient sur Bélanger-Campeau mène à interdire, dans un premier temps, puis à permettre, dans un second, à la CJ d'aller y vendre sa propre salade souverainiste. (Le PQ a envoyé 16 mémoires de ses associations locales, 3 sont entendus. Mais le Parti vert du Québec, présentant pourtant une thèse souverainiste originale, n'est pas appelé à témoigner.)

Il y a aussi une part de surprise, réelle, du côté libéral. Chez les fédéralistes comme Parisella, on escomptait pour l'automne de 1990 un reflux de la vague souverainiste. « Je pensais que le monde aurait un peu tempéré, dit le chef de cabinet de Bourassa, mais 80 à 90 % des mémoires, c'était pour la souveraineté. Puis beaucoup des gens qui étaient pour un fédéralisme réformé ou renouvelé, style Bertin Nadeau [de Provigo], ce monde-là, ils ont pas été témoigner. »

Si Parisella et Anctil n'ont pas appelé Nadeau et compagnie, Dufour, lui l'a fait. Sans succès. « On a fait deux lettres à nos membres disant : "Venez dire votre mot." On a encouragé beaucoup, beaucoup les entreprises à y aller pour créer un certain équilibre, mais ça a pas donné grand-résultat », raconte-t-il. Les gens d'affaires orthodoxes du Conseil « venaient de subir Meech eux aussi. Et bon nombre de nos entreprises sont dans les produits de consommation, alors ils sont très, très prudents » avant de prendre publiquement une position politique controversée. « On a fait des études ici : s'il y a un mouvement de boycottage qui réduit les ventes de 10 %, c'est la marge de profit qui vient de sauter ! »

L'effort du Conseil du patronat n'est pas complètement vain. « Chez les associations, on a réussi quelques bons coups. On a amené le meuble, le bois ouvré, les mines... »

« Je pense que la seule entreprise qui y est allée, c'est Claude Garcia avec Standard Life. Une autre qui voulait y aller, c'était Seagram's. Charles

Bronfman lui-même voulait défendre le mémoire, mais on l'a découragé. Il y avait des commissaires très agressifs, alors tu leur donnes pas une cible comme ça, tu l'envoies pas en pâture. » Dufour sait que Bronfman a tendance à s'emporter. Devant plusieurs centaines de membres de la communauté juive, en 1976, avant l'élection du PQ, il avait juré de déménager ses actifs hors du Québec si les péquistes — cette « bande de cochons qui veulent nous détruire », ces « bâtards qui veulent nous tuer » — prenaient le pouvoir. Dufour convainc Bronfman de ne pas répéter l'esclandre devant la commission. Mais le milliardaire, alors propriétaire des Expos, ne se retient pas d'affirmer au *Financial Post* qu'il quittera le Québec si l'indépendance se réalise. Sa sœur, l'architecte Phyllis Lambert, offre cependant à la commission un témoignage détonnant, où elle proclame, en français : « Je pense que le Québec devrait faire la souveraineté » et en anglais : « *I think Quebec should go for it !* » Mais votre frère ? « Il fait ses choix, je fais les miens ! »

Comme Parisella, Dufour aurait voulu que de grands noms fédéralistes francophones sortent de leurs tanières : Bertin Nadeau, de Provigo ; Raymond Cyr, de Bell Canada ; Paul Desmarais, de Power Corporation ; Laurent Beaudoin, de Bombardier. « Ces gens-là ne venaient pas », dit Dufour.

Ils savent peut-être aussi que la commission est moins importante qu'on le croit. Béland se souvient d'une confidence de Bertin Nadeau : « Il m'avait dit : "Monsieur Béland, nous autres on n'a pas de temps à perdre dans des affaires comme ça. On sera là quand viendra le temps important." Et quand ils disent "on sera là", ça veut dire mettre de l'argent aussi. » Béland se souvient que c'était aussi l'attitude de Jean de Granpré et de Raymond Cyr, les deux grands patrons de Bell Entreprises, ainsi que de plusieurs autres.

Le président du Mouvement Desjardins est donc outré lorsque, au début de janvier 1991, ces grands ténors du capital — Nadeau, Cyr, Desmarais, Guy Saint-Pierre — se mettent à intervenir dans le débat lors de discours prononcés au Canadian Club ou à la Chambre de commerce de Montréal. « Mon Dieu, demande-t-il, pourquoi ils sont pas venus à la commission, on aurait été 36 à leur poser des questions ? »

Dufour sait pourquoi : « On les a sortis, ça a pris du temps, mais ça a eu énormément d'impact. Le lendemain matin [de chacun de ces discours] quand on siégeait en commission, ça avait un impact sur les autres commissaires. Je me souviens que Paul Desmarais a eu de l'impact, Bertin Nadeau aussi. Mais ça c'est possible pour un gars, d'aller lire un texte devant le Canadian Club, pis : *bye bye* ! Tsé ? Mais passer 20 minutes à lire ton texte [à la commission] et une heure de questions, c'est autre chose. Pis ils sont solides [les commissaires]. Moi, Jacques Brassard [du PQ], je lui ai toujours dit, je le trouve extraordinaire. Il a le sens de la question. Le sens de l'humour s'il le veut, ou l'aigreur dans sa question. »

On comprend que les responsables municipaux, syndicaux, coopératifs, culturels, autochtones et anglophones aient la couenne assez dure, l'argumentation assez forte pour survivre aux questions des Brassard, Béland et Dufour. Mais les grandes figures capitalistes québécoises sont si fragiles...

Les travaux de l'automne convainquent Rivest de la profondeur d'un courant souverainiste qu'il ne percevait qu'en surface. Il se souvient en particulier d'une bonne militante libérale naguère fédéraliste de Chicoutimi, présentant au nom de la Chambre de commerce locale un mémoire souverainiste. Le caractère prosouverainiste des audiences, auxquelles les médias font largement écho (mais dont un résumé quotidien, diffusé par Radio-Québec, n'est regardé que par moins de 90 000 personnes, les bons jours), a aussi pour effet de radicaliser les travaux du comité constitutionnel du PLQ, le comité Allaire, dont les travaux se déroulent en parallèle.

Comme les péquistes, les députés libéraux siégeant à la commission ont leurs conseillers, délégués par le *bunker* : Luc Rhéaume, ex-attaché de presse de Ryan, et Marie Gendron, ex-présidente de la CJ, en plus de l'omniprésent Rivest. « On a un peu dormi sur la *switch*, dit Gendron, on a juste gardé le fort. »

Les libéraux sont invités à toujours ramener les témoins sur le terrain concret, aux arguments terre à terre, chiffrés si possible. Ne nous dites pas que la souveraineté/le fédéralisme est rentable : prouvez-le, exigent-ils. Mais ni le gouvernement ni le parti n'ont de clou sur lequel frapper. Ils pourraient, par exemple, s'évertuer à démontrer le coût élevé de la souveraineté. Mais alors que les recherchistes péquistes lisent les mémoires pour y trouver des arguments dans le sens opposé, les recherchistes gouvernementaux ne font rien de tel, car ils n'en ont pas le mandat.

Les mémoires — 607 au total en plus de 55 contributions de spécialistes — ne sont pas lus par chacun des commissaires libéraux (ni d'ailleurs péquistes), loin s'en faut. Des spécialistes regroupés au SAIC, le Secrétariat aux affaires intergouvernementales canadiennes, qui relève de Gil Rémillard, de sa sous-ministre Diane Wilhelmy et de son conseiller André Tremblay, analysent et résument les mémoires, mais ne développent ni questions agressives ni argumentation profédéraliste. « Nous, on était à l'écoute, eux [le PQ], ils étaient à la guerre ! » soupire Gendron.

Elle soupire encore plus, dans les tournées régionales de la commission, lorsqu'elle se rend compte que les députés fédéraux, le conservateur Jean-Pierre Hogue et le libéral André Ouellet, reçoivent d'Ottawa par télécopieur, dès 7 h du matin, une revue de presse complète des travaux de la commission et des sujets afférents, alors qu'elle et son collègue Rhéaume s'activent encore à découper des journaux dans leurs chambres d'hôtel. Les revues de presse sont un outil indispensable dans la guérilla de la communication politique, car les commissaires sont appelés à commenter, à réagir, à dénoncer et à relancer le débat à partir de munitions fraîches. Il faut donc avoir sa ration quotidienne de coupures de presse, et l'avoir à temps.

QUAND LE *TÉLÉJOURNAL* DÉBARQUE EN RÉGION

« Tolérance et détermination », avait demandé Bourassa au premier jour des audiences. La première des deux conditions est largement remplie, malgré la légende que voudra ensuite propager la presse fédéraliste, surtout anglophone, selon laquelle la commission a fait la part belle aux témoins francophones souverainistes et s'est acharnée sur les fédéralistes.

Pour qu'un groupe ou un témoin puisse défendre sa thèse, encore faut-il qu'il se rende à la table des témoins. Exactement 374 groupes ont fait parvenir des mémoires à la commission dans les délais prévus, mais seulement 195 ont pu être entendus pendant les six semaines d'audiences. Dans le lot, la commission a choisi d'entendre, en personne et devant les caméras, 100 % des mémoires soumis par des groupes autochtones, 83 % des mémoires soumis par des francophones hors Québec, 79 % des mémoires soumis par des communautés culturelles du Québec, 75 % des mémoires soumis par des groupes francophones ou essentiellement francophones et 73 % des mémoires soumis par des groupes anglophones. Henri-Paul Rousseau, au secrétariat de la Commission, l'a-t-il fait exprès ? C'est probable, car alors que le nombre de mémoires *reçus* de groupes francophones était un peu supérieur à la proportion de francophones au Québec (83 %), la Commission a modulé le choix des témoins *entendus* de façon à accueillir la même proportion de non-francophones que leur proportion dans la population en général (17 %).

Une fois dans l'enceinte de la commission, les témoins sont tenus de répondre aux questions, parfois vives, des commissaires souverainistes ou fédéralistes. Ce n'est une partie de plaisir pour personne. Les choix sont graves, les questions sont dures.

Quelques témoins mettant en doute l'attachement des Québécois aux valeurs démocratiques passent un mauvais quart d'heure. Ils l'ont bien cherché (notamment l'avocat Julius Grey, qui refuse de se désolidariser de la déclaration d'un membre de son Groupe de travail sur le fédéralisme canadien, Don Dondery, professeur à l'université McGill, qui a comparé quelques jours plus tôt le Québec à l'Allemagne nazie). La question la plus agressive posée au chef libéral fédéral et architecte du rapatriement unilatéral de 1982, Jean Chrétien, vient du commissaire fédéraliste Marcel Beaudry. Un des moments les plus tendus oppose le commissaire libéral Gil Rémillard au témoin péquiste Bernard Landry.

La commission innove en se déplaçant dans les régions, siège dans neuf villes en plus de Montréal et de Québec. La caravane de plus de 100 personnes est attendue par les élus locaux, la presse, les cégépiens, comme si le pouvoir descendait de sa tour. Par le passé, il était arrivé que d'importantes commissions parlementaires, avec un ministre et une figure de l'opposition, partent en tournée. Mais jamais on n'avait vu Québec Inc. débarquer d'un coup à Rimouski ou à Matane. Car en plus des Rémillard et Parizeau, on a droit aussi aux Béland, Larose, Proulx, Bouchard, Turgeon et Dufour. C'est comme si le *Téléjournal* au grand complet investissait la ville, occupait l'hôtel, écoutait le maire. La caravane des célébrités est conviée à des émissions spéciales par les stations de radio locales, les chambres de commerce s'arrachent les invités, des classes d'étudiants reçoivent pour devoir d'assister aux débats.

Pour certains commissaires qui pensent à leur carrière, cette tournée est une occasion en or d'être vus, connus, appréciés. « Il y avait trois hommes, je pense, à la commission Bélanger-Campeau, qui espèrent être celui qui va peut-être dans un proche avenir mener les destinées du Québec, dit un des commissaires non élus : Claude Béland, Lucien Bouchard et Gil Rémillard. Sans compter Parizeau, bien sûr. »

D'autres en prennent pour leur rhume, comme le trudeauiste André Ouellet, chahuté par l'assistance au moment de prendre la parole à Chicoutimi. Le député fédéral de Laval paie pour son association passée avec Trudeau. Il a pourtant soutenu, contre les vœux de son ancien patron, l'accord de Meech, avec suffisamment d'ardeur pour traiter de « Rhodésien de Westmount » le député libéral Don Johnston, opposé à Meech.

Mais les visites régionales ne sont pas que des parades d'ego. Les commissaires sont attendus de pied ferme par les pouvoirs locaux. En Abitibi, on a préparé 25 mémoires. Au Saguenay : 23. En Gaspésie : 20. La volonté de décentralisation du pouvoir politique québécois est exprimée avec force à chaque arrêt. La souveraineté, oui, mais à condition que le pouvoir soit partagé.

> Ma découverte, explique par exemple Gérald Larose, ce fut la présence de morceaux de projets de société partout dans la population. Le monde ne sont jamais venus, ou très rarement venus, nous dire : "On veut être souverain pour être souverain." Tout le monde arrivait avec son paquet d'affaires à faire, et disait : "Quand on regarde comment ça marche, c'est effrayant ! Si on ne met pas la main sur nos affaires, on y arrivera pas !" Les régions, les milieux économiques, culturels, associatifs, les femmes, les jeunes. Dans ce sens-là, personnellement, je trouvais que ça changeait le terrain du débat. Ce n'était plus seulement un projet national, ça devenait un projet économique, social, et c'est ça qui est porteur.

Les deux semaines de tournée régionale ouvrent parfois les yeux des commissaires issus de Montréal ou de Québec sur la richesse et la détresse du Québec profond. Elles créent aussi des complicités entre les individus, entassés dans l'avion, dans l'hôtel, dans l'autobus. « Maudite idée d'envoyer ça en région, peste Rivest. Ça a été toute une expédition. » Un périple de 4500 km dans trois avions de type F-27. Campeau et Bélanger n'occupent jamais le même avion ; de cette façon, s'il y a une panne, la commission pourra quand même tenir ses audiences. « L'atmosphère était très bonne, je dois dire, entre les gens. Autant de la part d'André Ouellet que de Gérald Larose, ça a été formidable », dit Rivest. Tout le monde se connaît, presque tout le monde se tutoie. L'âge n'a plus d'importance (la plus jeune commissaire, la libérale

Christiane Pelchat, a 31 ans, les plus vieux, le syndicaliste Louis Laberge et le représentant scolaire Guy D'Anjou, en ont 66). Rivest se souvient d'une longue fin de soirée dans une chambre d'hôtel anonyme, où le libéral fédéral André Ouellet, la présidente de la CEQ, Lorraine Pagé, Lucien Bouchard et plusieurs autres bavardaient comme de vieux copains, en sirotant un digestif. En fait, c'est moins surprenant qu'il n'y paraît. Bouchard et Ouellet étaient confrères de classe, en droit, à l'université Laval, et sont restés bons amis depuis, au-delà de leurs graves divergences politiques. Un jour que tout Ottawa cherchait Ouellet, pendant une des crises entourant le leadership de son chef mal-aimé John Turner, en avril 1988, Ouellet était allé se réfugier incognito à la résidence de l'ambassadeur Bouchard, à Paris, le temps de laisser passer l'orage.

BICÉPHALE, MAIS QUADRIPOLAIRE

On n'est pas toujours copain-copain, entre commissaires. Dès les premiers jours d'audiences, Serge Turgeon, de l'UDA, félicitant Bouchard de son « courage » pour sa démission du gouvernement, ajoute que « d'autres » n'ont pas le même cran, en fixant du regard le conservateur Jean-Pierre Hogue. Richard Holden, député du Parti Égalité, toise Bouchard en affirmant : « Mon cœur saigne pour mon ami, le premier ministre Brian Mulroney, sans qui le chef du Bloc québécois et la plupart de ses membres élus seraient aujourd'hui de parfaits inconnus en politique... » C'est prévisible, Bouchard, piqué au vif, se défend contre cette « attaque inacceptable ». Holden ne perd pas de temps non plus pour s'assurer l'inimitié de Jacques Proulx, de l'UPA. Lorsque ce dernier déclare « humiliantes » les déclarations de Julius Grey sur les prétendus penchants antidémocratiques des Québécois, Holden lui écrit pour se dire « très déçu et même humilié de la façon dont vous vous êtes emporté » contre Grey. Par retour du courrier, Proulx demande à Holden de « s'abstenir de [lui] écrire, car [il n'a] ni le goût ni le besoin de [lui] répondre ».

Le clivage le plus grave se développe cependant... au sein du minuscule Parti Égalité, entre son chef Robert Libman et Holden, qui le traite d'« enfant qui rouspète ». La crise conduira plus tard à l'expulsion de Holden qui, dans un renversement aussi spectaculaire que loufoque, joindra l'année suivante les rangs du Parti québécois.

À l'une des premières réunions du comité directeur, formé des deux présidents et de sept des commissaires, la commission se paie le luxe d'une querelle de drapeaux. Dans le Salon rouge, derrière les sièges des coprésidents, il y a un fleurdelisé et un unifolié. Faut-il garder le symbole canadien ? Rémillard et Bélanger soutiennent que oui, le péquiste Brassard dit non. Claude Béland propose le *statu quo*, Campeau accepte, à condition qu'aucun drapeau n'accompagne la commission en tournée régionale.

Ces péripéties ont peu d'importance, en regard des clans qui sont en train de se former au sein de la commission, au gré des semaines et des débats. La commission est bipartisane et bicéphale, on l'a vu. Mais elle devient rapidement quadripolaire, car les deux grands partis, malgré tous leurs pointages et leurs combats pour faire nommer tel ou tel de leurs poulains, n'arrivent pas à aligner leurs alliés en beaux groupes disciplinés.

L'arrimage du Parti libéral avec les commissaires fédéralistes — les quatre hommes d'affaires, les deux députés fédéraux et Holden — est problématique. Il y a de quoi. Dans les discussions avec les commissaires libéraux, Dufour constate que le virus souverainiste a fait des ravages considérables : « Notre grande inquiétude politique était que nous ne savions jamais comment allait réagir un membre du Parti libéral. »

Gil Rémillard donne tantôt un coup à droite, tantôt un coup à gauche. Claude Ryan, l'autre ministre commissaire, aurait sans doute été plus solide, mais il ne se présente pas une seule fois aux audiences. Les députés ne savent pas à quelle idéologie se vouer. « On sentait tous la nécessité de marcher très prudemment, raconte Guy Bélanger, parce qu'on n'était pas capable de déceler quel bord prendraient les tenants du pouvoir en haut, au *bunker*. »

« On était sans filet, convient Rivest. Nos députés étaient sans filet dans cette commission-là, je savais même pas s'ils étaient souverainistes ou fédéralistes. »

« Est-ce que ça ne posait pas un problème ? » demande l'auteur.

« Ça posait un problème, c'est évident ! Parce qu'on savait pas comment on était pour survivre. Mais il faut faire confiance à la vie, des fois, en politique. »

Parmi les sept simples députés libéraux, se déclarent « fédéralistes » ou « canadiens » : Louise Bégin, de Bellechasse ; Russell Williams, de Nelligan ; et Claude Dauphin, de Marquette. Mais en début de commission, dans des entrevues à *The Gazette,* quotidien qu'on ne saurait suspecter de dérive souverainiste, les autres libéraux font semblant de ne pas connaître le *Ô Canada*. La jeune Christiane Pelchat, de Vachon, une proche de Lise Bacon, dit refuser les étiquettes et affirme : « dans ma tête, rien n'est exclu ». Même Cosmo Macioca a un moment d'hésitation. Le député de Viger, d'origine italienne, dit déceler chez les allophones québécois un virage auquel il s'associe. « Ça ne veut pas dire la souveraineté pure et simple, mais ils [les allophones] sont pour un Québec dans une forme différente de fédéralisme. » Béland confirme : « Williams et Macioca, ils sont pas devenus souverainistes, mais dans le cheminement, ils faisaient des constatations et avançaient beaucoup. » *Tu quoque, Cosmo...*

Claire-Hélène Hovington, de Matane, a dépassé le stade des constatations ; elle se range parmi les souverainistes libéraux. « Les députés faisaient des interventions en fonction de leur réélection, explique Ghislain Dufour. Tout le monde nous arrivait avec des petits sondages : "S'il y avait des élections aujourd'hui, je serais battu" ; "Faut que je sois prudent — ou prudente —, mon comté, mon monde me suit pus !" Ça nous déprimait. On leur disait :

"Les élections, c'est dans 'x' temps ! L'opinion publique, ça change de six mois en six mois !" »

Surtout, Dufour s'inquiète du septième député libéral. « T'entendais notre ami Guy Bélanger... Souvent on lui a dit : "Mon cher Guy, traverse donc de l'autre bord, parce que nous autres on est supposément nommés pour être de votre bord, pis dans le fond on sait pas où vous logez et vous faites des interventions qui sont plus souverainistes, des fois, que Brassard ou Chevrette." » Ces commentaires mettent Guy Bélanger en rogne, car s'il penche pour la souveraineté, il nourrit une haine viscérale pour l'engeance péquiste.

Un autre membre du quatuor des affaires, Charles-Albert Poissant, accuse « le comité de direction [d'avoir] essayé d'influencer dès le départ l'orientation de la commission ». Quand Poissant a appris « qu'Henri-Paul Rousseau était économiste pour le Oui en 1980, raconte-t-il, ça m'a fait une petite douche ! »

Ghislain Dufour, « toujours sur la défensive, un peu frustré », raconte un membre de la délégation libérale, veut en avoir le cœur net. Il va voir Rémillard. « Dis-moi-le, nous avez-vous nommés pour défendre une thèse ou ben donc si on doit être aussi flous que vous autres ? »

Rémillard le rassure : « Ben non, vous autres, c'est facile, vous êtes identifiés, vous savez où vous logez. »

« On s'est senti un peu responsable de sauvegarder le fédéralisme », dit Marcel Beaudry. Heureusement, à la fin de novembre, Claude Ryan leur lance une bouée de sauvetage. Dans une assemblée d'Italo-Québécois, Ryan affirme être un « Canadien à part entière » et déclare que « dans le débat actuel, je trouve qu'on n'a presque jamais entendu parler du côté positif de l'expérience canadienne. C'est un élément très important. » Insistant sur la nécessité d'un « lien canadien institutionnel et significatif », il donne un coup de griffe à Rémillard qui, en octobre dans *Le Devoir,* s'est fait le chantre d'un État central hyperléger : « Quelle que soit l'option retenue par les Québécois, dit Ryan, le maintien d'un lien significatif m'apparaît important comme libéral ; si je ne suis pas intéressé par un tel lien, je peux traverser la chambre. »

L'attaque surprise de Ryan lève un tabou au caucus. Louise Robic et Jean-Claude Gobé ne se retiennent plus de dénoncer Rémillard et la commission qui est, déclare Gobé, « un *hold-up* du PQ, un exercice qui a perdu sa crédibilité ». Rémillard, ajoute-t-il, « n'a jamais eu le mandat de promouvoir la souveraineté » !

D'autres commissaires encaissent mal la sortie de Ryan, qui se permet même de dénoncer « la futilité » des travaux de la commission. « Je trouve ça fort en *ketchup,* lance Louis Laberge, de la FTQ. Il n'a pas assisté à une seule séance et il se permet de critiquer les travaux. » Laberge ne se souvenait d'ailleurs pas que Ryan était commissaire. « C'est presque méprisant pour les membres de la commission, s'insurge Claude Béland. » Il appelle Ryan, lui suggère de venir entendre des mémoires :

« Moi, je connais tout ça ce dossier-là », répond Ryan.

« Il y a des gens qui viennent nous dire des choses », souligne Béland.

« J'ai pas de temps à perdre », réplique le ministre.

« Vous m'aidez pas quand vous faites des déclarations comme ça », poursuit Béland : les cadres supérieurs et les membres du conseil d'administration du Mouvement Desjardins commencent à s'impatienter des absences de leur président.

« Ce dossier-là, monsieur Béland, je le connais sur le bout de mes doigts », répète Ryan.

« Il y a 500 mémoires », plaide encore Béland.

« C'est de la répétition », tranche Ryan.

Le 27 novembre, à Matane, les fédéralistes des milieux d'affaires n'en peuvent plus. « On avait demandé à quatre personnes de venir représenter une portion importante de ce que le gouvernement devait défendre, dans le fond, sans aucune ressource », explique Dufour. Des ressources, les députés fédéraux en ont. Brian Mulroney a spécifiquement donné instruction à Paul Tellier, le greffier du Conseil privé, de faire en sorte que le conservateur Hogue et le libéral Ouellet disposent de tous les instruments nécessaires pour poser les bonnes questions, trouver les bons arguments. Tellier délègue même auprès des deux commissaires fédéraux une équipe de quatre recherchistes et conseillers du Bureau des affaires fédérales-provinciales. La cellule est dirigée par Gérald Valiquette, un permanent du bureau et ex-candidat conservateur. Il affirme faire de la « collecte de renseignements » ce qui lui vaut d'être surnommé « l'agent 007-Valiquette » par plusieurs commissaires et par Jean-Claude Rivest. « On a décidé d'utiliser les ressources de Hogue, raconte Dufour. De toute façon, il s'en servait très mal. » Un sous-groupe fédéraliste est créé : Ghislain Dufour, Marcel Beaudry — qui en deviendra l'efficace porte-parole et négociateur —, Charles-Albert Poissant, Cheryl Campbell Steer, les députés Hogue et Ouellet, et Richard Holden. Hogue annonce que le groupe va « faire en sorte que la population du Québec et nos collègues de la table sachent que nous ne sommes pas des animaux malades de la peste ». Ces fédéralistes associés « nous ont causé quasiment plus de trouble que nos souverainistes », soupire Rivest.

Si la zizanie est confortablement installée entre libéraux et fédéralistes, la bisbille connaît des jours fastes au sein du camp souverainiste. Lucien Bouchard raconte :

Dès le début, il y a plusieurs commissaires qui ont été indisposés par l'attitude des députés, libéraux et péquistes. Moi, je les trouvais pas tellement partisans. Mais [les autres], parce qu'ils ne connaissent pas la politique, tout à coup ils se sont trouvés dans une enceinte où le jeu parlementaire continuait un peu. Pas autant qu'avant — c'était bien moins virulent que d'habitude — mais quand même, les députés s'accrochaient un peu, puis il y avait la petite *game*, tsé, habituelle. [...]

La procédure qui avait été établie prévoyait que les premières questions étaient posées par les partis. D'abord par le parti ministériel, ensuite par l'opposition. Alors ils s'écœuraient ensemble, ils s'accrochaient, ils s'envoyaient des petites affaires puis c'était pas apprécié par les autres du tout. Ils se sentaient exclus de cette *game*. C'était minuté tout ça. Pis les gens avaient des questions intéressantes à poser, il y avait des témoins importants, des gens qui en avaient à dire, qui avaient fait des beaux mémoires et tout, puis ça se renvoyait la petite balle. [Les autres] avaient des questions à poser, mais il fallait attendre. Pis il y avait du monde là-dedans qui était ben occupé, qui avait autre chose à faire. [...] Ça, ça a indisposé beaucoup de gens, qui ont dit : « Écoute, nous autres on est pas ici pour ça, là. Pis les partis, l'esprit de parti, ça nous emmerde. »

Certains des commissaires, récemment convertis à la souveraineté, n'ont pas particulièrement d'atomes crochus avec le Parti québécois — c'est le cas de Jacques Proulx, de l'UPA, qui « déteste » littéralement le PQ — ou mettent plus d'espoir dans la conversion du PLQ à la souveraineté — comme Claude Béland. Un pôle de souverainistes non péquistes est d'autant plus facile à constituer qu'il existait avant même la création de la commission. À l'été de 1990, Claude Béland et Lucien Bouchard avaient entrepris de réunir des personnalités de divers milieux pour discuter de l'avenir du Québec.

Le groupe, appelé Forum-Québec, avait tenu quelques petits-déjeuners dans les locaux du Mouvement Desjardins. On y avait vu Jean Campeau, (tiens, tiens), Gérald Larose, Lorraine Pagé, Louis Laberge, Jacques Proulx, Serge Turgeon, Roger Nicolet (tiens, tiens), tous futurs commissaires*.

Bouchard et Béland avaient commencé à rédiger une déclaration souverainiste, des statuts pour l'organisation. « On était rendu loin, dit Bouchard, on avait préparé des volets de recherche, le financement, le *membership*, on avait même fixé la date du lancement. » Mais voilà que Bourassa commence à convoquer tout ce beau monde pour les installer autour de la table de la commission ; alors Forum-Québec est mis « *en hold* », dit Bouchard, jusqu'à nouvel ordre.

On se retrouve donc entre amis, à Bélanger-Campeau. « Assez rapidement il est apparu qu'on n'était pas sur une longueur d'onde identique à celle du PQ », dit Bouchard. La partisanerie servant de repoussoir, Forum-Québec se reconstitue. La partisanerie et, chez quelques-uns, la déception. « Si ce parti-là travaillait depuis 25 ans là-dessus [la souveraineté], comment expliquer que c'était un des groupes les moins documentés sur la souveraineté à s'être présentés, s'interroge un commissaire de la mouvance Bouchard. On en

---

* Également présents : l'universitaire Pierre Dansereau, la johnsonienne Isabelle Courville, Gaétan Marcellin, Rita Dionne-Marsolais (qui n'était pas encore membre de l'exécutif du PQ), etc. : 25 personnes au total. Y compris Claude Castonguay qui, sentant que la souveraineté devenait le point de référence du groupe, avait préféré tirer élégamment sa révérence. « Écoutez, avait-il dit à Bouchard, moi je suis pas souverainiste, dans les affaires [à la Banque Laurentienne], on a des capitaux dans l'Ouest, moi je peux pas continuer. » Certains se souviennent y avoir vu aussi le comptable libéral Serge Saucier, ami de Béland et épisodique conseiller de Bourassa.

cherchait, nous autres, des documents, des rapports. Ça va être quoi, la souveraineté ? Qu'est-ce qu'il va y avoir dedans ? Pourquoi ça va être mieux ? Les gens venaient témoigner, mais là où on aurait dû avoir notre source, la recherche dont on aurait eu besoin, c'est au sein de ce parti qui véhiculait cette idée-là depuis longtemps. Mais c'était zéro. Zéro, zéro, zéro. On était dans un désert. Moi, j'ai jamais compris. »

Selon un des responsables non alignés, la tension a monté d'un cran lorsque les péquistes se sont approprié un texte préparé par le service de recherche du groupe non péquiste, et l'ont distribué aux journalistes sous la signature du PQ. « Ça a fait tout un chiare, on était en baptême ! » rapporte-t-il.

La création du sous-groupe souverainiste est annoncée à Jonquière, deux jours après la formation du sous-groupe fédéraliste. Gérald Larose et Lucien Bouchard en prennent la direction : Bouchard en devient le leader politique naturel, le négociateur principal ; Larose est nommé *whip*, terme qui signifie, au sens figuré, « chef de groupe » ; et au pied de la lettre, « celui qui tient le *fouet* » pour imposer sa discipline. Le troupeau ainsi mené est formé de Béland, Pagé, Proulx, Laberge, Turgeon et — au grand dam des libéraux — Nicolet.

Ils recrutent un neuvième larron : Jean-Claude Beaumier, l'autre représentant municipal. Il a beau avoir milité pour le Non en 1980, et être resté proche du Parti libéral, il est de ceux que l'épisode de Meech a convertis à la rupture du lien canadien. Meech, et la réforme Ryan sur la fiscalité municipale qui assomme en décembre 1990 les villes du Québec d'un nouveau fardeau. Assis à la gauche de Lucien Bouchard à la grande table des commissaires, Beaumier « était disponible », dit Bouchard, qui se défend bien de l'avoir « volé » aux libéraux. « C'est comme un gars qui dit : "Je me suis fait voler ma femme !" ; tu voles pas de femme, elle veut se faire voler, tsé ? [...] On parlait tout le temps ensemble, pis il y a eu une sorte d'osmose. » Vol ou osmose, le pointage de Parisella est doublement fautif : Nicolet et Beaumier se retrouvent dans l'autre camp.

« Vous avez pas eu peur de perdre le contrôle ? » demande l'auteur à Rivest.

Oui, un peu. Ben oui, parce que nos deux municipaux... [...] Le contrôle qu'on a perdu, c'est qu'il y a beaucoup de Québécois, comme Roger Nicolet et M. Beaumier et beaucoup, beaucoup de libéraux, qui optent pour la souveraineté comme *bargaining power*. C'est-à-dire qu'ils ne sont pas des souverainistes convaincus, qui croient vraiment depuis toujours dans le fond de leur cœur et de leur raison que c'est la seule voie, mais qu'ils se disent : « Si on veut obtenir un bon *deal* moderne, un rapport de société moderne entre le Québec et le reste du Canada, il faut passer par la souveraineté. »

C'est ce qu'on appellera la « théorie du mandat de grève » à la commission. Ce qu'au comité Allaire, on appellera la « stratégie de rupture ».

« En riant », raconte Bouchard, ces souverainistes — de cœur ou de tactique — disent être « non alignés ». « Il y avait pas plus alignés que nous autres,

[mais] ça a pris chez les journalistes, puis ils nous ont appelés comme ça, alors c'était parfait ! Ça nous donnait un semblant de neutralité, d'impartialité. » Ils ne s'arrêtent pas en si bon chemin. Ils veulent recruter Guy D'Anjou, président de la Fédération des commissions scolaires. « On a tendu nos filets, on a mis du miel, on a mis tout ce qu'il fallait », raconte Bouchard.

« C'est quoi le miel ? » demande l'auteur.

« On était gentils avec lui, on discutait, pis on l'invitait à nos réunions. »

« Vous lui avez pas promis d'ambassade ? »

« Non. »

D'Anjou est venu à quelques réunions, il s'est même associé publiquement au groupe pour réclamer la tenue d'un référendum, sans en préciser l'enjeu. Mais Bouchard « a échappé D'Anjou », raconte Jean-Claude Rivest en souriant. Très proche de Claude Ryan, D'Anjou a pris ses valises politiques pour aller se ranger définitivement dans le camp des fédéralistes associés.

Pendant les premières semaines, Gérald Larose avait une autre cible : le conservateur Jean-Pierre Hogue ! « J'avais Hogue à ma droite, je l'avais entrepris, raconte le syndicaliste. Dans une des réunions de stratégie, je me disais : si ça continue de même on va finir par le convaincre. Parce que parmi ceux qui venaient témoigner, les thèses fédéralistes étaient tellement mal défendues qu'ils en éprouvaient quelques difficultés. » Mais, insaisissable et parfois inintelligible, Hogue n'allait pas faire cadeau de sa personne au chef de la CSN.

Jacques Parizeau suit ces jeux d'alliance avec intérêt : « J'ai à un moment donné une hésitation quant à la valeur du pointage sur deux ou trois personnes et puis très vite, après quelques jours, quelques séances, je dis : "Non, non, on revient au pointage initial." » S'agit-il de D'Anjou ? « Ouin », fait-il. « Qui d'autre ? » insiste l'auteur. « Paix à leur sang », répond le chef péquiste.

Au sein de la députation péquiste, on prend comme un soufflet la constitution du groupe des non-alignés. « Les partis politiques sont très discrédités au Québec, analyse la commissaire péquiste Louise Harel. D'un point de vue syndical et, je dirais, corporatiste, les partis sont vus comme ceux qui divisent les gens. Il y a toujours derrière ça un certain projet d'unanimisme. Ça vient sans doute de notre situation de minoritaires en Amérique du Nord. » Les Béland, Proulx et cie disaient « on est le Québec profond, la nation, alors ne nous laissons pas diviser par le jeu des partis », résume Harel.

« Eux autres, c'était le climat de bonne entente, là, tsé ?, des bons gars, explique un dirigeant péquiste. [...] C'est des gens à couenne sensible, ils savent pas ce que c'est, la politique. Ils sont pas capables de jouer dur, ils sont pas conscients que c'est un jeu politique qui se jouait, là. Pis nous autres, effectivement, on jouait dur, crisse ! On jouait notre jeu en faveur de la souveraineté, pis ça se joue dur, ça, des fois. Quand on arrive dans l'arène politique, crisse, tsé ?, on n'est pas là pour être bons gars. Comprends-tu ? »

Les non-alignés disaient : « Nous sommes au-dessus des partis », se souvient pour sa part Bernard Landry. « Ben, s'il n'y avait pas de partis, il n'y aurait pas de commission parlementaire ! Ça nous irritait de voir une position aussi poujadiste ! »

Selon la péquiste Harel, « il aurait fallu qu'on ait une stratégie très occupationnelle avec nos amis souverainistes non péquistes. Il aurait fallu qu'on les entretienne de manière très interpersonnelle. [Mais] il se crée un drôle de phénomène où eux sentent le besoin de garder leurs distances pour ne pas être inféodés. Il aurait fallu comprendre que oui, publiquement, c'était nécessaire que ce soit ainsi, mais qu'en revanche il fallait multiplier les occasions de déjeuner, de dîner, de souper. »

Il y en aura peu, de ces petites bouffes, et elles tourneront plutôt mal, on va le voir. Le fait est que l'équipe péquiste, malgré sa superbe organisation au moment du démarrage de la commission, perd de son efficacité pendant les audiences, puis pendant les négociations à huis clos. D'abord, on ne sait pas très bien qui la dirige. Puisque Bourassa est toujours absent, Parizeau ne s'y rend pas toujours, ce qui brise la continuité de l'opération. Les deux péquistes membres du comité directeur de la commission, Jacques Brassard et Guy Chevrette, ne se considèrent pas comme les chefs de file et ne se reconnaissent aucune autorité l'un sur l'autre. Finalement, la personnalité de Parizeau n'est pas très propice au copinage qu'Harel appelle de ses vœux. Bouchard, Larose et particulièrement Jean-Claude Rivest sont au contraire passés maîtres dans les relations interpersonnelles. Le PQ va beaucoup souffrir de ce déficit de chaleur.

Un membre de la direction péquiste affirme que « dès le début, Bouchard a promis devant plusieurs témoins d'être solidaire avec nous jusqu'au bout ». « J'ai dit qu'on était du même côté », admet Bouchard, « j'ai exprimé ma solidarité, mais j'ai jamais signé de chèque en blanc ».

Au sein de la délégation péquiste, il y a des modulations dans la longueur d'onde. Jacques Parizeau, Jacques Léonard et Louise Harel sont considérés comme les plus fermes gardiens de l'orthodoxie indépendantiste. Ce sont les pros du scepticisme. Ça ne date pas d'hier : les trois ont démissionné d'un même pas, en 1984, quand René Lévesque a pris le virage du « beau risque ».

Malgré des dehors cassants, Guy Chevrette et Jacques Brassard sont plus accommodants. Ça ne date pas d'hier : ils sont restés avec Lévesque, pendant la crise de 1984, et ont même pris du grade grâce aux places laissées vacantes par les démissionnaires. Ils ont été solidaires de son successeur Pierre Marc Johnson qui, pendant le sévère reflux de l'appui souverainiste dans l'opinion, a dilué l'idéal indépendantiste et nommé « affirmationnisme » la potion fadasse qui en est sortie. Pauline Marois et Jeanne Blackburn se situent à mi-chemin entre les deux groupes et tentent, au cours de repas communs, de raffermir les convictions de Jean Campeau, dont on s'aperçoit graduellement qu'il est beaucoup plus le coprésident des non-alignés que celui du PQ.

Après six semaines d'audiences et de constitution d'alliances, les équipes sont prêtes pour la phase cruciale : le huis clos. « Une période terrible », dira

Béland. Au point, ajoute le comédien Serge Turgeon, que « je me disais effectivement pendant ces heures-là que ce serait bien d'en faire un jour un film, un livre ou une minisérie, parce qu'il y avait là un côté dramatique absolument extraordinaire ».

Pour l'heure, les péquistes ont peut-être perdu le contrôle de leurs alliés naturels, mais ils ont réussi à faire avancer leur option dans l'opinion, à garder le Parti libéral en déséquilibre et les fédéralistes sur la défensive. En fait, à ce stade, les deux grands partis ont atteint leurs objectifs. Le PLQ voulait que la commission existe, et qu'elle prenne du temps. C'est fait. Le PQ voulait que la commission fasse progresser l'idée de souveraineté, c'est fait aussi.

Un peu avant Noël, alors que les audiences publiques sont pour l'essentiel terminées, Jean Royer aborde Jean-Claude Rivest : « Ah ! vous avez fait une erreur magistrale ! Ça a été rien que des discours souverainistes, ça a *boosté* le mouvement souverainiste. »

« T'as raison. La seule chose : attends le rapport Allaire », réplique à tout hasard Rivest. À tout hasard, car en ce qui concerne le comité Allaire, le conseiller de Bourassa ne sait pas ce qu'il attend, ni ce qui l'attend.

Grand Angle

LA FENÊTRE III
Les puissances étrangères

*Mon expérience me dicte de rester
en dehors de cette question
qui surgit en ce moment là-haut au Canada,
de rester courageusement assis en coulisses.*

GEORGE BUSH, en 1990

*Je prononce ce mot Québec avec amour.
Je le prononce avec respect.
Je le prononce avec espoir.*

FRANÇOIS MITTERRAND, en 1987

LES QUÉBÉCOIS VOUDRAIENT ; les Canadiens, pour la plupart, laisseraient faire en bougonnant. Oui, mais... le Québec n'est pas une île. Entrer à l'ONU, c'est vite dit. Que feraient les puissances étrangères ? Il y a surtout ce colosse, au sud, qui inquiète. « La capacité des Américains de semer le trouble était gigantesque, gigantesque », disait dans un contexte à peine différent l'ancien ambassadeur canadien à Washington et ami de Pierre Trudeau, Allan Gotlieb.

L'attitude américaine face à la « menace » souverainiste québécoise a long-temps été une énigme, un épouvantail, un facteur inhibant. « Comment peut-on penser que les États-Unis resteraient passifs devant l'indépendance du Québec ? » demandait en 1973 Claude Castonguay. Ils « ont montré à maintes reprises qu'ils n'aiment pas l'instabilité ». Et de citer le cas du Chili.

À la fin de 1990, les Québécois ne sont plus complètement dans le noir, à ce sujet. Des milliers de documents diplomatiques américains ont été mis au jour dans un livre sur la question, *Dans l'œil de l'aigle*, publié au printemps. Ils montrent que l'appareil gouvernemental américain considérait, depuis 1960, la souveraineté du Québec comme un embêtement, un risque parfois, mais jamais comme une menace.

LES VOISINS AMÉRICAINS

Un document secret de 22 pages, *The Quebec Situation : Outlook and Implications,* produit conjointement en août 1977 par le Département d'État, la CIA, la Maison-Blanche et le Trésor américain, analysait la situation québécoise en fonction de l'intérêt américain et établissait la ligne de conduite de la super-puissance. On peut le résumer comme suit : 1) Washington préfère le maintien de l'unité canadienne et craint que le départ du Québec ne provoque l'éclatement du Canada anglais en plusieurs pays ; 2) Washington pense que le Canada sera instable tant que le Québec n'aura pas obtenu satisfaction sur ses « revendications et aspirations légitimes » et juge qu'une solution de statut particulier pour le Québec à l'intérieur de la fédération serait optimale ; 3) Si le Québec décide de faire la souveraineté ou l'indépendance, Washington ne s'y opposera pas, et espère qu'un maximum de liens économiques seront mainte-nus entre le Québec et le Canada, afin d'assurer une plus grande stabilité.

Le document, dont la facture indique qu'il a été produit pour être remis au président et au secrétaire d'État, propose un bilan général de la situation dans sa conclusion :

> Notre souci principal est la protection des intérêts américains globaux au Canada — incluant au Québec. Une décentralisation des pouvoirs au Québec seulement, en particulier sur les questions culturelles et sociales — qui contiennent un élé-ment de respect des droits de la personne — pourrait s'avérer moins perturbatrice des intérêts américains qu'une décentralisation générale des pouvoirs vers toutes les provinces. En ce moment, le Canada anglais n'approuve pas l'approche dite des « deux nations », mais cela pourrait changer.

> Il faut aussi garder à l'esprit que le Québec satisfait aux critères généralement admis d'autodétermination nationale, à savoir un caractère ethnique distinct, dans un espace géographique clairement défini, avec un système légal et gouverne-mental existant et séparé.

> Il n'y a, de plus, aucun doute sur la viabilité à long terme d'un Québec indépen-dant en termes économiques ou quant à sa capacité d'être un membre responsable de la famille des nations. La variable inconnue et déterminante est et doit être la volonté du peuple du Québec.

Tout un feu vert. René Lévesque aurait donné beaucoup, pendant la cam-pagne référendaire de 1980, pour pouvoir brandir un tel document. Dix ans plus tard, Robert Bourassa y a accès (il est reproduit intégralement dans le livre déjà évoqué). Mais, justement, ce document n'est-il pas déjà un peu vieux ? Les diplomates américains interrogés par l'auteur et par d'autres journalistes en 1990 et 1991 n'en croient rien. « Le document de 1977 ? Tout y est dit. Il n'y a rien à y ajouter. En fait, j'aimerais pouvoir dire qu'on en produit d'aussi bons, et d'aussi bien écrits aujourd'hui. Malheureusement, ce n'est pas le cas », a dit à l'auteur le responsable du « pupitre canadien » au Département d'État, Richard Ogden, en novembre 1991*.

---

*   Un diplomate américain confiera à l'auteur à l'hiver de 1994 : « Tout ce que vous avez écrit sur notre position sur le Québec et votre processus de décision des années 70 est encore plus vrai aujourd'hui. »

Les Américains ont fait preuve d'une grande cohérence dans leur analyse de la situation canadienne. Comme la majorité des Québécois, ils ont un « premier choix » : un Québec distinct dans un Canada uni. Au lendemain de la défaite souverainiste au référendum de 1980, le consul général à Québec, George Jaeger, expliquait dans une note à ses supérieurs à Washington que le Canada « n'aura qu'un répit relativement bref » pour offrir au Québec une réforme constitutionnelle « qui donnera suffisamment de marge de manœuvre, au moins émotive, aux nationalistes québécois qui veulent du changement ». Sinon, ajoutait-il, « les nationalistes québécois vont refaire leurs forces et la marée nationaliste va remonter ».

A *Un George Bush timide, un ambassadeur audacieux*

Les diplomates américains ont assisté, comme chacun, aux fâcheux événements de la décennie. Publiquement, les présidents américains continuent de répéter la même petite phrase diplomatique procanadienne. « Un Canada fort et uni est un grand partenaire », affirme ainsi George Bush le 9 avril 1990, à Toronto. Est-il frappé par le fait qu'une bonne partie de l'assistance torontoise, au match de base-ball auquel il assiste en compagnie de Brian Mulroney, se met à huer le chanteur de l'hymne national, lorsqu'il entonne des couplets en français ? L'Ontario est alors en pleine période antiquébécoise, entre Brockville et les résolutions unilingues anglaises de Sault-Sainte-Marie et d'une quarantaine d'autres municipalités. Quand on connaît l'attachement épidermique des Américains à leur propre hymne, ce symbole de l'hostilité anglo/franco-canadienne a une valeur pédagogique plus forte que tout un *briefing book*. Quelqu'un qui accompagnait Bush ce jour-là affirme ne pas se souvenir que le président ait remarqué la chose. Reste qu'une semaine plus tard, à Washington, la correspondante de *Southam,* Norma Greenaway, repose au président la question de la position américaine face à la souveraineté québécoise. Bush répond :

> Ce n'est pas un sujet sur lequel les États-Unis devraient s'ingérer dans les affaires internes du Canada. J'ai appris quelque chose il y a longtemps : il ne faut pas intervenir dans les affaires internes d'un autre pays. Parfois, c'est difficile de se retenir. Dans ce cas-ci, c'est facile. [...]
>
> Mon expérience me dicte de rester en dehors de cette question qui surgit en ce moment là-haut au Canada, de rester courageusement assis en coulisses.

En fait, il y a une variation dans le vieux refrain de Washington et il y a des choses à ajouter au document *The Quebec Situation*. Cette réponse de Bush est nettement en retrait de celle qu'offrait le président Jimmy Carter à une question semblable en 1977 : « La stabilité du Canada est d'une importance cruciale pour nous, avait-il dit, c'est une partie intégrante de nos vies. » Il avait ensuite fait « la promesse » de ne pas faire « de geste public ou privé pour tenter de déterminer l'issue de ce grand débat », mais l'utilisation des mots « cruciale » et « partie intégrante » dévoilait clairement aux acteurs le fond de sa pensée.

En 1977, aucun responsable américain n'acceptait d'évoquer publiquement l'hypothèse du départ du Québec, encore moins de hasarder devant des micros des hypothèses sur sa viabilité économique (qui ne faisait « aucun doute », dans les documents secrets de Washington). C'est pourtant ce que fait, en mai 1990, donc *avant* la mort de Meech, Robert Pines, le diplomate le plus haut gradé à ne s'occuper que du Canada aux États-Unis. Interrogé par la journaliste Susan Reisler à l'émission d'affaires publiques la plus regardée au Canada, *The Journal,* le sous-secrétaire d'État aux affaires canadiennes déclare ce qui suit :

> Reisler : Pensez-vous que le Canada peut survivre économiquement sans le Québec ?

> Pines : Bien sûr qu'il va survivre. Serait-il affaibli par la perte d'un espace aussi grand que le Québec ? Les économistes auxquels j'ai parlé disent oui. Le Québec pourrait-il survivre seul ? J'ai vu toutes les études. J'ai vu l'étude de la firme Merrill Lynch qui dit oui. J'ai vu l'étude de la firme Salomon Brothers qui dit peut-être. J'ai vu une couple d'autres études qui sont un peu moins favorables. Toutefois, ce dont je suis certain, c'est que les Québécois que j'ai rencontrés — et j'en ai vu beaucoup dans la communauté des affaires à Montréal, autant anglophone que francophone — sont sincèrement convaincus, à tort ou à raison, que le Québec en est capable.

Le Département d'État fait un petit pas de plus pour modifier son discours public, lorsqu'il envoie, le 21 juin 1990, une directive à ses responsables des relations avec la presse, pour leur fournir la réponse correcte à la question : « Quelle est la réaction américaine à l'échec de l'accord du Lac Meech au Canada ? » Intéressant détail : l'échec ne surviendra que le lendemain de l'émission de ce mémo. La réponse suggérée reprend un air connu : nous sommes pour un Canada uni, mais c'est aux Canadiens de décider de leur avenir. Elle contient un ajout inédit : « Les décisions concernant les relations présentes et futures entre les provinces d'une part, et entre elles et le gouvernement du Canada d'autre part, sont des sujets de politique intérieure qui relèvent des Canadiens. » Jamais auparavant Washington n'avait ainsi souligné publiquement le rôle des provinces[*]. Ce n'est pas une expression publique du droit du Québec à l'autodétermination (droit reconnu privément dans le document de 1977), mais c'est un pas dans cette direction.

---

[*] Pour les spécialistes, voici le texte intégral anglais de cette directive, obtenue grâce à la loi américaine d'accès à l'information :

« *Press guidance - June 21, 1990 - Canada : Meech Lake Accord*

Q : What is the U.S. reaction to the failure of the Meech Lake Constitutional Accord in Canada ?

A : – Americans care about what happens in Canada. We have always enjoyed superb relations with Canada and we hope that Canada will remain strong and united.

– However, decisions on the present and future relationships among the provinces and between them and the government of Canada are internal, domestic matters which are for Canadians to decide.

– We do not intend to comment on or involve ourselves in internal Canadian issues and we know this reserve will be respected by all Canadians. »

En 1977, des membres du gouvernement Lévesque devaient user de ruses de Sioux pour rencontrer des diplomates américains. En avril 1991, alors qu'il n'est pas au pouvoir, mais simplement chef de l'opposition, Jacques Parizeau est reçu au Département d'État, par la grande porte. Il n'a même pas à négocier dur pour y être invité. C'est Richard Pines, croisé par hasard par la délégation péquiste à l'aéroport de New York, qui l'a invité chaleureusement à venir faire un brin de jasette à ses bureaux. (Interrogé à ce sujet, le diplomate américain Ogden a confessé à l'auteur qu'il ne savait pas que ces pratiques étaient naguère *verboten*.) En présence d'une conseillère de l'ambassade canadienne, Parizeau et Pines abordent franchement les problèmes entourant l'accession du Québec à la souveraineté. Pines affirme que son gouvernement « s'y prépare », relate un témoin. Les deux hommes discutent concrètement de la problématique de l'adhésion du Québec à l'accord de libre-échange nord-américain. (Pines en profite pour critiquer les politiques « protectionnistes » du gouvernement québécois. Lorsque Parizeau lui cite en contre-exemple une généreuse subvention qu'un État américain vient d'accorder à GM, Pines lui rétorque : « Je ne vous ai jamais dit qu'on n'était pas hypocrites ! »)

En termes diplomatiques, tous ces signaux seraient suffisants pour conclure à un assouplissement notable de la position américaine face à la question de la souveraineté du Québec. Washington acceptait hier de rencontrer ces trublions en cachette, mais n'en parlait jamais ouvertement. Voilà que la capitale américaine ouvre quelques portes au Québec, parle de son existence (les provinces), suppute tout haut ses chances de succès économiques. Si c'était tout, ce serait déjà beaucoup. Mais c'est loin d'être tout.

Dans les jours qui suivent la mort de l'accord du Lac Meech, le Département d'État américain organise une fuite au *New York Times,* de façon à envoyer un signal clair aux amis canadiens. C'est là une procédure extrêmement inhabituelle, pour ne pas dire sans précédent, dans l'histoire des relations américano-canadiennes sur la question du Québec. Le journaliste Clifford Krauss dit avoir rencontré un haut gradé du Département d'État et au moins un autre responsable du dossier canadien au sein de l'administration Bush. Ils lui apprennent que deux rapports viennent d'être complétés sur le problème québécois, un à la CIA, la grande agence de renseignement et d'analyse, et l'autre au Département d'État. (Un diplomate ayant lu ce second rapport expliquera plus tard à l'auteur que le document porte sur l'ensemble des traités qui lient le Canada et les États-Unis et qui devraient être modifiés en cas d'indépendance du Québec.)

« Nous serions grandement affligés [*highly distressed*] si le Canada devait éclater, affirment-ils au *Times*. Cette situation aurait des répercussions majeures pour les États-Unis à long terme », notamment sur tous les traités à renégocier. Affligés ? Inquiets ? Jusqu'à quel point ? Le journaliste résume : « Dans aucun de leurs scénarios, les responsables américains ne perçoivent un Québec indépendant comme une force hostile à Washington ; mais ils soulignent que la coordination actuelle des relations entre deux pays souverains voisins est considérablement complexe, et qu'en ajouter un troisième impliquerait la modification de vieux équilibres et demanderait des négociations ardues. » Air connu : c'est embêtant, ça complique tout, mais ce n'est pas menaçant. Puis, les deux responsables disent quelque chose de nouveau au journaliste. Ils envoient leur signal ainsi rapporté dans le *Times* :

> Les responsables ont, de leur propre chef, abordé la question du grand respect qu'ils ont pour Robert Bourassa, le premier ministre québécois. Ils ont dit qu'ils le considéraient comme un modéré, dont les opinions sur la politique, l'économie et la place du Canada dans l'OTAN [alliance militaire occidentale] seraient acceptables pour Washington, si Bourassa décidait de conduire sa province à l'indépendance ou à une plus grande autonomie.

Wow ! Ce n'est plus un feu vert, c'est un télégramme de bienvenue à l'ONU, personnalisé à l'attention de Bourassa. En entrevue avec l'auteur, Bourassa affirmera n'avoir jamais eu copie de cet article. Si c'est vrai, les services diplomatiques québécois ont commis une faute lourde en ne portant pas cet extraordinaire signal à son attention. (L'auteur en a fourni un exemplaire au premier ministre à leur rencontre subséquente.) Quoi qu'il en soit, Bourassa est conscient du changement de ton de l'administration américaine, car dans une entrevue accordée au quotidien français *Le Figaro* dans les 48 heures qui suivent la mort de Meech, il tient ces propos :

> Le Figaro : Quelle est la position de Washington à propos de la nouvelle donne québécoise ?
>
> Bourassa : Le temps des incompréhensions de la part de l'administration américaine est révolu. J'ai pour ma part d'excellents contacts avec les responsables politiques américains. Ils ont compris que la reconnaissance de la spécificité du Québec ne constitue nullement un élément de déstabilisation du continent. Nous ne sommes plus dans les années 70.

Mais peut-être le journaliste du *Times* a-t-il mal compris, mal noté, mal cité ? Le message, le mois suivant, est encore plus clair et cette fois, il n'est pas anonyme. L'ambassadeur américain à Ottawa, Edward Ney, un proche du président George Bush, porte lui-même la bonne nouvelle, dans un discours qu'il prononce le 18 juillet 1990 à la *Foreign Policy Association* de New York. Le titre de son allocution est : *Canada, What's next after Meech Lake ?* (Canada, ce qui arrivera après Meech). Après avoir pris l'habituelle précaution oratoire — affirmer la préférence des États-Unis pour un Canada uni — Ney, qui vient de rencontrer Bourassa à Québec, donne son analyse de la situation :

> En ce moment, le Québec semble détenir dans son jeu la plupart des cartes pour mener les négociations déjà amorcées [sur son avenir]. En fait, de tous les joueurs dans le drame du lac Meech, M. Bourassa semble être celui qui s'en est sorti avec la position la plus forte. Sa réputation a été grandement mise en valeur dans sa province et le gouvernement fédéral est désireux de le contenter. Je crois que le premier ministre Bourassa a très bien maîtrisé la situation et qu'il est en position de force au Québec.

Voilà qui est étrange. Certes, un mois après le « quoi qu'on dise », et les « négociations à deux », Bourassa a le vent dans les voiles, mais où va son navire ? Dans l'assistance, quelqu'un demande à Ney ce que Bourassa désire accomplir exactement. Ney répond que Bourassa lui semble partisan de la souveraineté-association, ce qui signifierait, explique-t-il, plus de pouvoirs pour la nation québécoise, qui négocierait d'égal à égal avec Ottawa, tout en maintenant avec le Canada des liens économiques. Puis, Ney saute dans le vide :

> La souveraineté-association peut aller du degré 0 à 100. Si ça va à 95, nous considérerons le Québec comme un pays différent. [...] Je ne crois pas qu'une quelconque forme de souveraineté-association nous dérange vraiment.

Wow ! L'ambassadeur des États-Unis à Ottawa précise aussi que ni l'économie ni la politique étrangère américaines ne seraient affectées de façon significative par la souveraineté du Québec. Il ajoute même : « Si le Québec devient une nation souveraine, je crois bien que nous aurons à négocier une entente de libre-échange avec la province de Québec. » Une prédiction qu'avait déjà faite au printemps un responsable de la Maison-Blanche devant un journaliste de *Maclean's,* et qu'un des architectes du libre-échange au Congrès, le sénateur de New York, Pat Moynihan, reprend à son compte en juillet 1990.

Il n'y a plus de doute. Tout se passe comme si les analystes américains, que l'article du *Times* dit « pessimistes » quant à l'avenir de l'unité canadienne, se résignaient à l'inéluctabilité d'une forme de souveraineté et avaient choisi de pousser dans le dos de leur poulain — Bourassa — plutôt que d'attendre l'arrivée d'un autre animal, moins « modéré » ou malléable — Parizeau, qu'ils fréquentent quand même, à tout hasard.

Il est effarant que cette déclaration de Ney, pourtant rapportée par la *Presse canadienne,* ne fasse pas la première page de tous les journaux québécois et canadiens ni ne déclenche une avalanche de réactions politiques, ravies ou outrées. Il y a cependant un endroit où les sonnettes d'alarme font entendre leur tintamarre : le ministère fédéral des Relations extérieures. La diplomatie canadienne frise l'apoplexie.

Un cadre supérieur de la diplomatie canadienne a raconté à l'auteur que l'ambassadeur Ney est alors sèchement convoqué, en secret, aux bureaux des Relations extérieures à Ottawa. De hauts fonctionnaires du ministère lui reprochent franchement son attitude et lui signifient qu'aux yeux du gouvernement canadien, il a « dépassé les bornes » *(stepped out of bounds).* L'ambassadeur américain écoute sagement les remontrances qui, dans l'échelle des désaccords diplomatiques, se situent juste en dessous de l'envoi d'une note diplomatique de protestation. « Ney n'a manifesté ni accord ni désaccord avec ce qui lui était dit, rapporte un témoin de la scène. Il a simplement répondu : "Merci, *Gentlemen*" et a quitté la pièce. » Il n'y a donc eu ni excuses, ni « explications », ni tentative d'éclaircir un « malentendu », ni suggestion que ses paroles avaient dépassé sa pensée. Ney est resté sur ses positions.

Comment un ambassadeur américain a-t-il pu aller si loin sur la voie de l'appui public à la souveraineté-association ? Selon l'analyse des spécialistes des relations diplomatiques avec les États-Unis à Ottawa, Ney « avait obtenu de Washington la marge de manœuvre voulue pour prendre ses propres initiatives ; il n'avait certes pas reçu d'instructions spécifiques de Washington pour dire ce qu'il a dit, mais ses déclarations n'avaient rien de fortuit. »

Un diplomate américain ayant travaillé avec Ney affirme que l'ambassadeur « voulait faire savoir aux Québécois l'éventail de possibilités avec lesquelles les États-Unis seraient à l'aise, d'autant que le président Bush avait fait une déclaration [en avril 1990] favorable à l'unité canadienne, et semblait prendre position pour le camp fédéraliste ». C'était une façon, affirme ce diplomate, de corriger le tir.

Reste que la solution d'une souveraineté-association « entre 0 et 100 » semble être un virus qui s'attaque à chaque ambassadeur américain exposé à l'impasse politique canadienne. Après l'élection de René Lévesque, le prédécesseur de Ney, l'ambassadeur Thomas Enders, écrivait dans une analyse envoyée à ses supérieurs que « la meilleure solution à la menace séparatiste pourrait être finalement une formule que le Québec pourrait appeler la souveraineté et que le reste du Canada pourrait appeler la confédération ». Enders le confiait dans le secret des dépêches diplomatique, Ney le proclame dans un discours public.

Lorsque George Bush revient à Ottawa, en mars 1991, son ami Brian Mulroney lui tord allègrement le bras pour qu'il prononce les phrases incantatoires américaines sur l'unité canadienne. Bush s'exécute, courtoisie oblige : « Je ne veux pas intervenir dans les affaires intérieures du Canada, mais je mets beaucoup l'accent sur l'importance que nous accordons à nos relations avec le Canada, dit-il. Je ne discuterai pas des hypothèses qui ont été avancées sur ce qui pourrait se produire, mais nous sommes très heureux de l'existence d'un Canada uni, un pays amical et un allié indéfectible. Devant l'inconnu, on doit cependant se poser des questions, mais je n'irai pas plus loin. » C'est gentil, mais pas suffisant pour effrayer le plus poltron des souverainistes. Brian Mulroney en rajoute donc, affirmant en français que « les États-Unis tiennent absolument à l'intégrité et à l'unité du Canada ». Absolument ? Bush regarde Mulroney sans broncher pendant cette traduction un peu outrée de ses propos, qui souligne la différence entre ce que le Canadien voudrait entendre — « absolument » — et ce que l'Américain veut bien dire — « je ne discuterai pas des hypothèses »*.

---

*   Un membre très politique du bureau de Brian Mulroney de l'époque affirme au contraire que le président Bush était « prêt à faire n'importe quoi » pour aider la cause fédéraliste, qu'il était « pro-Canada à 100 milles à l'heure ». Devant ce témoin, Bush aurait demandé à Mulroney, parlant des souverainistes : « *Who are these crazy people ?* » Si c'est vrai, il cachait bien son jeu en public et ces opinions n'affectaient en rien ses déclarations ni l'action de ses diplomates. Il est probable qu'il faisait simplement du charme, en privé, à son ami Brian.

B Compréhension, préparation, fréquentation

Dans l'appareil diplomatique américain, au-delà du rôle primordial de l'ambassadeur, il y a celui du consul général à Québec qui, sans être crucial, est important. C'est lui qui produit la plus grande partie de la « matière première » dont se servent ensuite les analystes de Washington pour tirer leurs conclusions sur la question du Québec. Le consul général est un genre de superjournaliste qui envoie à Washington des dépêches parfois quotidiennes sur l'évolution des dossiers. Généralement, le travail est fait avec compétence et clarté. Parfois, un biais y est perceptible. De 1980 à 1982, par exemple, le consul général George Jaeger avait un tel béguin pour le chef libéral Claude Ryan que cet engouement imprégnait ses analyses, par ailleurs fort bonnes.

En 1990, le consul général William McCahill abat un boulot sans tache, si on peut en juger à partir de la dizaine de dépêches dont l'auteur a obtenu copie. Lorsqu'il se laisse aller à des analyses plus globales, McCahill, qui a appris un français impeccable chez les Jésuites à New York, affiche un fort penchant francophile et québécophile : « Ce qui m'a frappé dès mon arrivée [en 1989] c'est la dignité, la fierté des Québécois et votre sens d'être une nation, dans le sens français du terme », explique-t-il au journaliste Michel Venne, du *Devoir*. « Le fait que vous vous voyez comme une nation, ça entre en compte dans le débat constitutionnel, dit-il encore. C'est un phénomène qu'il faut que les Canadiens d'expression anglaise reconnaissent. » Ses supérieurs à Washington, en tout cas, « sont bien au fait des aspirations des Québécois », assure-t-il.

N'est-il pas inquiet, tout de même, de l'impact d'une éventuelle sécession ? McCahill dit ne pas vouloir s'occuper des « affaires de famille » du Canada, mais il s'étonne : « Comment peut-on s'inquiéter pour le processus démocratique canadien ? Tout est ouvert et transparent ; c'est la démocratie perfectionnée. » Impressionné par l'économie « extrêmement dynamique » du Québec, il ajoute que, peu importe les événements à venir, rien de fondamental ne sera bouleversé : « Quelle que soit la situation constitutionnelle d'ici cinq ans, votre situation géographique ne changera pas et le tissu économique et culturel de l'Amérique du Nord est tellement finement tissé que personne n'a intérêt à le rompre. » Voilà pour ceux qui voudraient exclure le Québec du libre-échange nord-américain*.

---

* On trouve des Canadiens qui supplient les Américains de se montrer intraitables avec le Québec en lui refusant, à l'avance, l'accès au libre-échange. C'est le cas de la *columnist* Diane Francis, du *Financial Post,* mais son ratio inepties/jour est tel qu'il ne vaut pas la peine d'en parler dans un livre sérieux. Cependant, Sheldon Gordon, responsable de la page éditoriale du *Financial Times of Canada,* hebdomadaire financier torontois respectable, s'est fendu, en septembre 1990, d'une lettre ouverte aux Américains, publiée dans plusieurs quotidiens via le *New York Times Service.* Il y déplore la grande « timidité » de l'administration Bush face aux souverainistes, et l'implore d'annoncer à l'avance aux souverainistes qu'ils ne seront pas les bienvenus dans l'entente de libre-échange. On y lit : « *If the American people and their leaders do favor the unity of Canada, they should not hesitate to spell out the consequences, to the extent*

Le corps diplomatique américain semble avoir poussé assez loin son analyse des tenants et aboutissants d'une indépendance québécoise. En plus de l'étude de juin 1990 sur l'impact de l'indépendance sur les traités bilatéraux et multilatéraux, les diplomates se sont posé la question des frontières d'un Québec souverain. L'indépendantiste québécois David Cliche, de passage au Département d'État en 1992, affirme s'être penché sur des cartes avec ses interlocuteurs américains et avoir discuté des problèmes de souveraineté sur la zone maritime atlantique. « Ils n'avaient aucun doute sur le fait que le Québec garderait ses frontières actuelles et ne semblaient pas donner d'importance aux revendications territoriales autochtones ou autres », raconte Cliche. Une position cohérente avec la conclusion de l'étude *The Quebec Situation* de 1977, qui parlait du Québec comme d'« un espace géographique clairement défini ». (Un diplomate spécialiste en économie est aussi chargé d'examiner les études d'impact économique de la souveraineté, ce dont on parlera un peu plus loin.)

Les sympathies diplomatiques pour le nationalisme québécois ne s'arrêtent pas au niveau des concepts. Petite devinette qui va faire frémir à Ottawa : où le plus haut gradé des diplomates américains chargé des affaires canadiennes, Richard Pines, a-t-il passé plusieurs jours de ses vacances d'été en 1992 ? Réponse : sur le voilier du vice-président du Parti québécois, Bernard Landry.

Bref, dans l'appareil diplomatique américain, depuis le poste d'observation sis à l'ombre du Château Frontenac jusqu'aux restrictions verbales maintenant usitées à la Maison-Blanche — « rester courageusement assis en coulisses » — le Québec n'a jamais bénéficié d'une telle bonne volonté dans sa marche vers l'autonomie. En 1980, Washington aurait laissé faire en rechignant. En 1990, Washington semble mentalement préparé à la rupture du Québec, la tenir pour probable et en préparer le terrain.

C *Épidémie de flegme à Wall Street*

Cette bonne disposition ne s'est pas développée en vase clos. Deux autres acteurs de la scène américaine y contribuent : les milieux d'affaires et la presse. Richard Pines a énuméré au *Journal,* on l'a vu, une liste rassurante de quelques études effectuées en 1990 par des firmes new-yorkaises. Qu'on constate le chemin parcouru : en 1977, après l'élection du PQ, la firme Merrill Lynch avait envisagé de se retirer du très lucratif marché de la vente d'obligations du Québec et d'Hydro-Québec pour cause d'incertitude politique. En mars 1990, Merrill Lynch avise ses clients que la souveraineté du Québec n'aura pas

---

those can be known in advance, of its rupture. [...] A clear statement from the Bush administration that the Canada-U.S. free-trade agreement would not apply to any province that secedes from Canada would have a salutary impact on Quebec's independence debate and could help pro-federalist Quebeckers carry the day. Nor should the United States shrink from that role out of concerns that such a statement would be construed as meddling. [...] Why not use a trade deal with Canada to discourage the secession it fears on the shores of the St. Lawrence ? »

d'impact notable sur l'enviable cote de crédit du Québec ni sur la rentabilité des investissements qui y sont faits. « Compte tenu de ses forces économiques, la cote de crédit d'un Québec souverain ne serait pas très différente de sa cote actuelle. » Le nouveau président canadien de Merrill Lynch, Don Wright, de retour d'un mandat de 18 mois aux bureaux londoniens de la firme, est tout aussi serein et rapporte que les porteurs européens d'obligations canadiennes ne sont pas aussi « émotifs » qu'on peut le craindre : « Sur les marchés internationaux, nous faisons des transactions d'obligations du Québec et d'Hydro depuis très longtemps. On a déjà traversé des tas de difficultés dans le passé. » Même son de cloche de la part de la firme First Boston, au printemps de 1990.

Tous les analystes new-yorkais ne sont pas de cet avis, tant s'en faut. Mais Jacques Parizeau, ministre des Finances après l'élection du PQ en 1976, aurait fait des neuvaines pour avoir en main un seul rapport américain banalisant l'impact de l'indépendance du Québec. À l'époque, les grandes maisons d'investissement avaient décidé d'imposer au Québec un boycottage financier et l'avaient dit bien candidement à une diplomate américaine, Elizabeth Harper. Au lendemain de la visite de René Lévesque à New York, en janvier 1977, Harper écrivait, dans une dépêche diplomatique dont l'auteur a copie : « Des représentants de La Prudentielle et de La Métropolitaine [les deux plus grands fonds d'investissements] ont tous deux indiqué qu'un moratoire sur les investissements au Québec [l'achat d'obligations] allait devenir politique officielle dès que leurs conseils d'administration allaient se réunir. » Ce boycottage devait durer plus d'un an.

En 1990, aucun moratoire, aucun boycottage n'est dans l'air. On assiste plutôt à un débat entre analystes et investisseurs autour des paramètres suivants : soit l'indépendance du Québec est sans risque, soit elle comporte un risque suffisant pour que des précautions raisonnables soient prises. Tim Ring, porte-parole de La Métropolitaine, partie prenante au boycottage de 1977, signale au début de 1991 : « C'est *business as usual*. Nous sommes convaincus qu'un changement dans la relation entre le Québec et le Canada est inévitable, mais nous pensons que le Québec va demeurer une région économiquement forte. » D'autres sont moins confiants, comme Patrick Paradiso, économiste pour la Deutschebank à New York, qui recommande à ses clients de réduire — mais non d'éliminer — la portion d'obligations canadiennes au sein de leurs portefeuilles. D'autres encore, comme Robert Hormatz, vice-président de la banque d'investissement Goldman Sachs, pensent que la recommandation de Paradiso pèche par manque de subtilité :

> Les investisseurs informés qui achètent des obligations canadiennes vont continuer à acheter les obligations des gouvernements provinciaux. Je pense qu'ils vont comprendre qu'au-delà des difficultés à court terme, le Canada offre un environnement solide pour les investisseurs à moyen et à long terme. Si vous me

demandez quels sont les meilleurs endroits dans le monde où un Américain devrait investir, je vous réponds que sur la liste de pays que je recommande à mes clients, le Canada est très proche de la première place.

Hormatz affirme cela un mois avant que le *New York Times,* dans un article publié à la une le surlendemain de la mort de Meech, donne à la souveraineté du Québec une injection de crédibilité comme elle n'en avait jamais reçue. Le titre résume le long papier : « *Quebec could easily prosper on its own, economists say* » (Le Québec pourrait facilement prospérer tout seul, affirment les économistes). On trouve en début d'article cette citation de John Kenneth Galbraith : « La viabilité économique du Québec n'est désormais plus en doute*. »

D *Presse américaine : un virage à 179 degrés*

Le revirement de loin le plus spectaculaire est celui de la presse américaine. Au moment de l'élection du PQ, en novembre 1976, l'écrasante majorité des commentaires étaient hostiles à l'idée de souveraineté. Lors du référendum de 1980, la couverture avait été plus équilibrée, mais rarement favorable aux souverainistes. (L'ambassade canadienne avait fait l'analyse de 38 articles publiés : 15 penchaient pour le Non, 19 étaient neutres et 4 penchaient pour le Oui.)

Au printemps de 1990, la presse américaine vire de bord. Son vaisseau amiral, le *Washington Post,* donne le signal. Un de ses éditorialistes, qui avait reçu froidement René Lévesque en 1979 en s'inquiétant de la fragmentation possible du Canada en « un genre d'Amérique centrale du Grand Nord », écrit maintenant qu'il faut se rendre à l'évidence : le Canada ne fonctionne pas. (Les éditoriaux du *Post,* dans la tradition des quotidiens anglophones, ne sont pas signés. Mais depuis près de 20 ans, ceux du *Post* portant sur le Canada sont de la plume de John Anderson. Le fait qu'il fasse personnellement ce virage est donc intéressant.) Anderson conclut :

> Est-il préférable de vivre dans un vaste pays que dans un petit ? Une grande majorité d'Américains pensent que oui. Les Allemands aussi [l'Allemagne est alors en voie de réunification], de toute évidence. Mais les goûts varient. Presque les

---

* La mesure mathématique de l'inquiétude des marchés étrangers face à l'avenir du Québec est exprimée dans la surcharge que les marchés imposent aux obligations du Québec à moyen et à long terme. C'est la « prime de risque ». On la calcule en utilisant comme point de comparaison l'intérêt chargé aux obligations similaires d'autres provinces canadiennes. En temps normal, il existe toujours un écart entre ces deux mesures. C'est donc l'écart supplémentaire, induit par le facteur souverainiste, qu'il faut retenir. Deux mois après l'élection du PQ en 1977, cet écart supplémentaire était de 0,7 %. Donc, un emprunt de 500 millions de dollars d'Hydro sur 30 ans, effectué à ce moment, aurait coûté 100 millions de dollars de plus à rembourser. En 1990, la variation est perceptible mais moindre. En utilisant les chiffres du début de janvier 1990 comme mesure « normale », on constate que 12 mois plus tard, donc après la mort de Meech et la quasi-certitude qu'ont les milieux spécialisés new-yorkais de l'inéluctabilité de la souveraineté, l'écart est de 0,4 % pour les emprunts à long terme. Pour reprendre l'exemple de l'emprunt d'Hydro, il coûterait maintenant 60 millions de dollars supplémentaires.

deux tiers des pays du monde — incluant certains des plus riches — sont peuplés de moins de 10 millions d'habitants et près du tiers en comptent moins d'un million. Si le Canada devait se désintégrer, quelque chose d'important serait certainement perdu. Mais cela mettrait un terme, enfin, aux incessants et corrosifs débats sur la langue. Partout au Canada, l'impatience semble monter. Peut-être que le chapelet de pays scandinaves deviendra un modèle pour l'organisation politique de la partie nord de notre continent.

Hier, on craignait le péril d'une « Amérique centrale du Nord », aujourd'hui, on évoque les charmes d'une seconde Scandinavie. Autres temps, autres références. Deux mois plus tard, et trois jours après la mort de Meech, l'éditorialiste revient sur la question pour prescrire une politique à la Maison-Blanche :

> L'initiative appartient maintenant au Québec, dont le premier ministre centriste, Robert Bourassa, subit les pressions des séparatistes. Plusieurs possibilités existent entre le *statu quo* et une sécession complète, et le débat public semble être engagé à ce sujet. La plupart des Américains observent ce processus avec une dose de regret, puisque les États-Unis ont tendance à préférer nettement la perpétuation de l'unité canadienne. Mais l'administration américaine doit rester absolument neutre à ce sujet. Comme dans certains mariages, il y a des divergences qui deviennent insolubles avec les années et qui nécessitent un divorce. À l'extérieur de la famille, personne ne peut poser de jugement. Fidèles à leur nature, les Canadiens abordent la possibilité d'une sécession de manière civile et dans le respect scrupuleux des règles démocratiques.

On trouve de semblables accents de résignation à l'inéluctable dans un commentaire publié dans le magazine *Time* et dans un éditorial du *San Francisco Chronicle*. Certaines plumes américaines vont même jusqu'à promouvoir la souveraineté. C'est le cas de William Safire, grand chroniqueur du *New York Times* et ancien conseiller de Richard Nixon, qui avait mené une véritable croisade contre l'indépendance du Québec entre 1977 et 1980. En 1990, il change complètement d'avis et se demande tout haut si les États-Unis ne pourraient pas tirer quelque avantage de la sécession du Québec. Il est vrai que la fin de la guerre froide contribue à détendre les esprits. (Un an plus tard, lorsqu'il revient sur la question, il se dit toujours favorable à une « semi-souveraineté » pour le Québec, comme pour les Palestiniens, les Kurdes, les Tibétains, les Portoricains et les Irlandais du Nord.)

C'est le cas aussi de Peter Brimelow, ancien journaliste canadien, qui écrit dans des publications économiques de droite que le départ du Québec, un partenaire libre-échangiste tout ce qu'il y a de bien, sonnerait le glas des politiques gauchistes d'Ottawa. C'est le cas, surtout, de Pat Buchanan, ancien conseiller de Ronald Reagan (et futur candidat présidentiel en 1992). Commentateur très populaire à l'écrit et à l'écran, il invite la Maison-Blanche, non seulement à ne rien faire pour empêcher l'éclatement du Canada, mais à tenter d'en tirer profit :

En conformité avec l'intérêt national et les valeurs américaines, Bush pourrait déclarer que nous voulons maintenir de bonnes relations avec tous les citoyens du Canada, que nous n'avons aucune ambition d'annexer des provinces qui veulent rester au Canada ou devenir indépendantes, mais que les États-Unis recevront avec bienveillance toute requête d'un gouvernement provincial souhaitant s'associer ou se joindre aux États-Unis, si les Canadiens devaient dissoudre leur fédération.

Il n'y a pas de mal à ce que les Américains rêvent de devenir une république qui s'étendrait, d'ici l'an 2000, aux Maritimes et aux provinces de l'Ouest, au Yukon et aux territoires du Nord-Ouest, jusqu'au pôle Nord.

Les seules provinces qui n'intéressent pas Buchanan sont le Québec et l'Ontario, et une incertitude subsiste sur la Colombie-Britannique. Buchanan se place à contre-courant de l'opinion publique et intellectuelle canadienne-anglaise, où l'attrait d'une annexion américaine est en voie de disparition rapide, même en cas de sécession du Québec. La présence, dans le concert des médias américains, de voix qui trouvent avantage à l'indépendance du Québec manquait cruellement à René Lévesque entre 1977 et 1980. Il n'y rencontrait alors que méfiance et hostilité. Maintenant, Robert Bourassa a droit à toute la gamme : hostilité encore, dans certains quartiers ; méfiance ; neutralité ; bienveillance sur les meilleures tribunes ; résignation souvent ; appuis tapageurs ailleurs. La zizanie canadienne n'effraie plus, au point que plusieurs la banalisent jusqu'à s'en moquer, comme le font Joel Garreau dans le *Washington Post* et Michael Kinsley dans le *New Republic,* riant des Canadiens parce qu'ils se soucient trop, justement, de ce que les Américains pensent d'eux et de leur avenir.

LES COUSINS FRANÇAIS

Le conseiller du président François Mitterrand, Jacques Attali, pense-t-il avoir sorti le chat du sac ? Beaucoup de fédéralistes canadiens, en tout cas, affirment avoir vu le chat, et l'ont appelé, en toute franchise, un chat. De quoi s'agit-il ? Dans son livre intitulé *Verbatim,* qui révèle les dessous de la vie politique et diplomatique au palais présidentiel français, Attali écrit que François Mitterrand « n'a jamais éprouvé de passion pour la cause québécoise, qu'il juge dépassée ».

Verbatim, publié en 1993, couvre la période qui va de 1981 à 1986. La phrase sur Mitterrand s'applique-t-elle encore à 1990 et à la mort de Meech ? Il ne faut pas en douter. Car l'absence « de passion » mitterrandienne pour la cause québécoise date du jour où de Gaulle a crié « Vive le Québec libre ! » au balcon de l'hôtel de ville de Montréal en 1967 et ne s'est jamais démentie depuis, moult témoignages en font foi. Après l'esclandre gaullien, Mitterrand, alors en pleine phase antiaméricaine, explique aux journalistes que les francophones du Canada sont « d'abord des Américains » — et non des « Français » comme l'affirme de Gaulle — et que, loin de « neutraliser le pouvoir d'attraction américain », la dissolution du pacte canadien favoriserait « la superpuissance voisine » plutôt que la France lointaine. Modifiant substantiellement sa pensée après l'accession de Lévesque au pouvoir, Mitterrand, de passage au Québec en 1978, déclare qu'il accueillera la décision des Québécois « comme l'affirmation d'un peuple frère ». Puis il prodigue, en privé, des encouragements modérés à de « courageux » souverainistes, à qui il s'adresse ainsi : je « souhaite que vous réussissiez, dans des formes qu'il ne m'appartient pas de définir pour vous, que ce soit la souveraineté, la souveraineté-association — que j'essaie de comprendre —, ou sous la forme d'autres arrangements avec le Canada ». Mais on peut porter ces propos au compte de la pure politesse et tenir pour acquis que Mitterrand, le plus européen des présidents français, trouve le combat québécois « dépassé », car plusieurs de ses interlocuteurs souverainistes, dont deux anciens délégués généraux à Paris, Yves Michaud et Louise Beaudoin, rapportent avoir eu beaucoup de mal à faire partager leur point de vue au chef des socialistes.

Les esprits simples en tirent la conclusion que les souverainistes québécois n'ont par conséquent aucun appui à attendre de la France. Ce qui est triplement fâcheux, car il s'agit de la princesse de la francophonie, d'un membre phare de l'Europe et d'un participant permanent au Conseil de sécurité des Nations unies.

La phrase de *Verbatim* constitue au contraire la meilleure pièce à conviction qui soit pour démontrer la force et la permanence du soutien dont jouit la souveraineté sur la place de Paris. Car ce soutien résiste aux passions des occupants du fauteuil de l'Élysée. Il n'est pas tributaire des coups de cœur de de Gaulle, de Giscard ou de Mitterrand. Ce dernier, comme ses prédécesseurs, a donné au cours des ans des manifestations d'appui au mouvement souverainiste québécois à l'extrême limite — au-delà, parfois — de ce qui est diplomatiquement acceptable au Canada.

Ces gestes passent parfois inaperçus. C'est que les Québécois ont entamé cette relation avec la France en ressentant d'emblée l'*overdose* : de Gaulle au balcon. Depuis, tous les politiciens français qui ne répètent pas la phrase célèbre sont pris pour des suppôts du *statu quo*.

D'abord, réglons en quelques lignes le cas de Gaulle. Il est incompréhensible qu'avec tout le matériel historique maintenant réuni sur ce sujet, des reportages mettent encore en doute (par exemple *Le Point*, de Radio-Canada, en 1992) sa « passion » souverainiste. Qu'on se le dise, de Gaulle était souverainiste avant le balcon, pendant le balcon et après le balcon. Avant : trois ans plus tôt, en marge de la visite du premier ministre Lester Pearson à Paris en 1964, il écrit une note à ses conseillers, où on lit que « le Canada français deviendra nécessairement un État et c'est dans cette perspective que nous devons agir ». Pendant : la veille de son laïus du balcon, il affirme que le Québec doit « dans tous les domaines disposer de lui-même ». Après : en conférence de presse à Paris en novembre 1967, de Gaulle soutient désormais qu'« il faut » que le Québec soit « un État souverain » ; c'est une « grande œuvre française essentielle de notre siècle ». Dans ses mémoires inachevés, écrits quelques mois avant sa mort en 1969, il racontera avoir été partisan, dès son premier séjour à Montréal en 1960, de « l'institution d'un État de souche française », « indépendant » au Québec. Mais l'expérience de de Gaulle fournit un important enseignement aux responsables français : rien ne sert de vouloir précéder les Québécois dans leur marche vers l'autonomie. De Gaulle croyait avoir « mis le contact » en lançant son cri du balcon de l'hôtel de ville de Montréal. Il constate ensuite avec amertume que « son ami » le premier ministre Daniel Johnson manque du « culot » nécessaire, dit-il, pour faire l'indépendance.

En 1977, le président Valéry Giscard d'Estaing ajuste le tir. Dans une phrase négociée mot à mot entre son conseiller Bernard Dorin et la Québécoise Louise Beaudoin, le premier des Français annonce : « Ce que vous attendez de la France, c'est sa compréhension, sa confiance et son appui. Vous pouvez compter qu'ils ne vous manqueront pas le long de la route que vous déciderez de suivre. » Giscard reçoit avec faste René Lévesque et crée sciemment une demi-douzaine de précédents protocolaires, pour bien marquer l'importance qu'il accorde à cette visite d'un premier ministre pourtant provincial. La diplomatie américaine, qui s'y connaît en signaux, note dans un bilan de la visite : « Sauf à reconnaître le Québec comme un État souverain, on voit mal comment la France aurait pu aller plus loin. »

A Mitterrand, froid mais accueillant !

Une tâche autrement plus délicate incombe à François Mitterrand. Lorsqu'il prend le pouvoir, en 1981, les Québécois ont déjà dit Non, à 60 %, au projet souverainiste. On veut bien « mettre le contact », on veut bien donner « son appui » le long du chemin, mais encore faudrait-il que le véhicule se décide à bouger. Et puis Mitterrand, qui souffre toujours de la comparaison avec de Gaulle et qui ne peut pas supporter Rocard, que chacun sait favorable à la souveraineté, se sent un peu mal à l'aise dans le rôle. Il s'en ouvre au Québécois qui l'escorte, lors de son voyage au Québec en 1987, l'ambassadeur Lucien Bouchard :

> Les Québécois ne m'aiment pas vraiment. En tout cas, pas comme ils ont aimé de Gaulle. Même les envolées de Chirac leur plaisent davantage. Ils ont tort d'attendre de moi des discours enflammés. Je n'ai pas le droit de me mêler de leurs affaires. De toute façon, c'est à eux de prendre leurs décisions.

Animal politique à sang froid, peut-être Mitterrand ne fait-il que broder une dentelle sans conséquence lorsqu'il déclare, quelques jours plus tard, à Gaspé : « Je prononce ce mot Québec avec amour. Je le prononce avec respect. Je le prononce avec espoir. » Amour ? Espoir ? Voilà qui ne se trouve pas dans le lexique habituel des relations internationales. Si Mitterrand trouve la cause québécoise dépassée, il cache bien son jeu. À moins qu'il ait voulu « mettre le contact » d'une chaleur québécoise qu'il ne ressent que trop peu. À un émissaire québécois venu le voir à l'Élysée à la fin de la décennie 80, Mitterrand met finalement les points sur les *i* : « On vous aidera dès lors qu'une majorité de Québécois auront répondu Oui à une question claire sur l'indépendance. » En attendant, laissez-nous tranquille...

Mais les Québécois ne le laissent pas tranquille. À partir de la mort de Meech, ils sonnent à sa porte. Notez le degré de difficulté : de Gaulle venait au Québec à l'invitation d'un premier ministre nationaliste (Égalité ou indépendance), Daniel Johnson ; Giscard recevait à Paris un premier ministre souverainiste, René Lévesque. Déjà, ces présidents tiraient un peu loin l'élastique politique et diplomatique et faisaient des mécontents au sein d'un pays allié, le Canada, en offrant des tribunes à ceux qui souhaitaient sa fragmentation ou, comme on dit à Ottawa, sa « destruction ». Au moins, ces invités québécois étaient drapés d'une légitimité : les électeurs les avaient portés au pouvoir. Mais les souverainistes en ont été chassés en 1985. À quel titre le chef d'un des États les plus puissants au monde les recevrait-il ? Lorsque Lévesque était dans l'opposition, en 1973, il n'avait pu franchir le seuil de l'Élysée ni celui du bureau du premier ministre français. Tout juste si un jeune et brillant conseiller du chef du gouvernement, un certain Jacques Delors, avait accepté de le recevoir.

Il faut encore noter que de Gaulle n'était pas entiché de Lester B. Pearson et que Giscard n'avait que faire de Pierre Trudeau. Mitterrand, lui, trouve Brian Mulroney d'une compagnie agréable. Le premier ministre canadien lui a permis, après tout, de faire décoller la francophonie. Et il se permet, en privé, de tutoyer « François », qui ne semble pas s'en formaliser, à la grande surprise de son entourage. (Mitterrand ne tutoie même pas son épouse.) Puisque Mulroney s'est attribué la tâche de faire le pont entre « François » et « George » (Bush), les relations entre Paris et Ottawa deviennent cordiales, le président ouvrant même les portes de sa maison de campagne à Brian et Mila. Il serait donc facile, pour le chef d'État français, d'ignorer même l'existence des souverainistes québécois. Facile, pour ne pas dire bienséant.

Mitterrand, pourtant, crée un précédent. En février 1991, il reçoit l'émissaire de Parizeau, Louise Beaudoin, puis en avril, il accueille Jacques Parizeau lui-même dans son salon de l'Élysée. Un séparatiste, pas même au pouvoir, qui veut démembrer un pays allié de la France, un pays dirigé par quelqu'un qui nous tutoie. Il faut donc que Mitterrand, si froid qu'il puisse être envers la cause québécoise, soit singulièrement déterminé à mécontenter le Canada. Imagine-t-on Mitterrand recevant le chef de l'opposition sécessionniste de la Catalogne ? du Pays basque ? de l'Écosse ? En d'autres siècles, on déclenchait des guerres pour moins que ça.

Parizeau rencontre aussi le chef de l'opposition et futur candidat présidentiel, Jacques Chirac, qui naguère confessait publiquement ses pulsions souverainistes, mais se fait moins disert depuis qu'il s'est lié d'amitié avec Robert
Bourassa au mitan des années 80. Chirac fait cependant savoir qu'il n'en pense
pas moins.

B Rocard, champion des prédécents

Puis il y a le cas Rocard. Premier ministre de France en 1990, Michel Rocard
n'a jamais fait mystère de ses amitiés souverainistes — il a même aidé René
Lévesque à rédiger la section de son Livre blanc de 1979 consacrée aux modalités de l'éventuelle association Québec-Canada. C'est Rocard qui a inspiré la
structure associative entre le Québec et le Canada proposée par les péquistes.
Entre lui et Bourassa, les choses n'ont par conséquent jamais tourné rond.
Depuis son retour au pouvoir en 1985, Bourassa a d'ailleurs laissé la principale
relation extérieure du Québec à l'abandon, sauf pour sa présence aux trois
sommets de la francophonie. Comme représentants à Paris, il a choisi des
seconds couteaux, sans éclat et sans esprit d'initiative.

Les rapports Bourassa-Rocard, déjà tièdes, prennent un nouveau coup de
froid à l'été de 1990, alors que Rocard est attendu en visite officielle au Québec. D'abord, le *bunker* est extrêmement tatillon. « Dans les préparatifs de la
visite, nous avons eu une collaboration exceptionnelle et très professionnelle de
la part du responsable du bureau de Brian Mulroney, M. Luc Lavoie, explique
à l'auteur le responsable français de cette opération. Mais du côté québécois,
dont M. Jean-Claude Rivest était responsable, ce n'était que délais et difficultés.
On avait franchement l'impression qu'ils ne voulaient pas nous voir. »

Quand survient la crise autochtone en juillet 1990, Bourassa demande à
Rocard d'annuler sa visite, mais suggère que le Français prenne la responsabilité de la chose, qu'il use du prétexte de la tension qui monte alors au Proche-
Orient, où l'Irak vient d'envahir le Koweit, pour affirmer qu'il ne peut quitter
Paris. Rocard est furieux de tant d'outrecuidance, d'autant plus qu'il doit aussi
se rendre au Chili et qu'il n'est pas question que le mensonge suggéré par
Bourassa le cloue à Paris. Lorsqu'un communiqué émis à Québec laisse
entendre que Rocard est pour quelque chose dans l'annulation de la visite, un
porte-parole français affirme que c'est faux. Bonne ambiance.

Côté initiatives prosouverainistes, Rocard fait de la surenchère et coiffe
Mitterrand au poteau. En juin 1989 puis en avril 1991, le premier ministre
français reçoit évidemment Parizeau, — qui, à sa première visite, n'est même
pas membre de l'Assemblée nationale québécoise — mais il fait plus encore. En
mars 1991, il donne à son amie Louise Beaudoin copie d'une lettre qu'il avait
envoyée à René Lévesque peu après la défaite référendaire de 1980 et lui
permet de la rendre publique. On y lit :

Je voudrais vous dire ma conviction que le travail de construction de l'identité collective du Québec que vous avez entrepris ne sera pas pour autant interrompu. [...] Il était difficile de faire bouger tout cela d'un seul coup, d'autant plus qu'un grand nombre de Québécois dépendent pour leur carrière et leur avenir d'une organisation sociale et économique dominée par les anglophones. Ce qui restera du travail que vous avez accompli, c'est la pédagogie, c'est la première phase d'un éveil de la conscience collective. Je suis sûr que cela portera ses fruits. [...] L'avenir du Québec dépend des Québécois seuls. Mais cela n'enlève rien ni aux sentiments personnels ni à l'approbation que beaucoup d'entre nous portent à votre cause.

Résumons : le premier ministre d'un pays allié du Canada ne se contente pas d'accompagner ni d'appuyer un mouvement qui prône la fragmentation dudit pays, mais lorsque ce mouvement échoue, il se dit confiant qu'il triomphera plus tard ; ce premier ministre permet la diffusion de ce texte alors que les souverainistes sont dans l'opposition. C'est beaucoup. En décembre 1991, Rocard en remet. Il reçoit quelqu'un qui n'est même pas le chef d'un parti politique reconnu : Lucien Bouchard. La gifle ainsi infligée à Ottawa est à la fois politique et personnelle, car Rocard sait combien le premier ministre Mulroney en veut à Bouchard de l'avoir laissé tomber.

On peut longuement s'interroger sur les mobiles d'hommes comme Mitterrand, Rocard, Giscard et Chirac*. Qu'ont-ils à gagner, qu'est-ce que la France a à gagner, de la création d'un État québécois souverain ? Qu'est-ce qui les pousse à surmonter, dans certains cas, leur indifférence à la cause, et à lui donner coup de pouce après coup de pouce, au mépris de la diplomatie, du protocole, de la stricte bienséance politique ? L'auteur pense que l'indépendance du Québec serait pour la France un gain géopolitique net. Mais des thèses contraires raisonnables pourraient être avancées et il serait trop long de les confronter ici. Il faut cependant juger les hommes politiques à leurs actes. Jugés selon ce critère, Mitterrand et Rocard prouvent plus qu'il n'en est besoin qu'ils appuient la cause souverainiste.

Dans la période qui suit la mort de Meech, un premier ministre québécois qui se découvrirait des convictions indépendantistes trouverait à Paris des alliés prévenants, et précieux dans l'opération de reconnaissance internationale du nouvel État ; à Washington, des partenaires bourrus mais résignés, presque pressés qu'on en finisse.

---

* Si on met ensemble les trois visites de Parizeau à Paris de 1989 à 1993, on obtient un palmarès que peu de chefs d'États étrangers ont égalé. Le chef péquiste rencontre, à gauche, le président Mitterrand (deux fois) ; les ex, actuels, ou futurs premiers ministres Rocard (trois fois), Laurent Fabius (deux fois), Pierre Bérégovoy et Pierre Mauroy ; à droite, les ex-premiers ministres et candidats présidentiels Jacques Chirac et Raymond Barre (deux fois) ainsi qu'Alain Juppé, futur ministre des Affaires étrangères. Quant à Édouard Balladur, qui deviendra premier ministre en 1993, lors de son premier contact avec un représentant péquiste, il est devenu rapidement évident qu'il ne savait pas qui, au juste, était ce Robert Bourassa dont on lui parlait.

LES SOUS

Le principal problème avec l'avenir, c'est que rien n'est certain. C'est particulièrement vrai en ce qui concerne l'économie. Calculer l'impact économique de la souveraineté du Québec relève plus de la magie noire que du calcul différentiel. En 1990, un constat s'impose : Pierre Trudeau ; le ministre des Finances du Canada, Michael Wilson ; la Banque de Montréal et la Banque Toronto-Dominion affirment tous et toutes que le Québec serait un État économiquement viable. Ils n'en disaient pas autant 10 ans plus tôt.

Très bien, mais encore ? L'Abitibi en février à -42 °C est viable, mais pas très confortable. L'économie québécoise survivrait, mais dans quel état ? Toutes les estimations sont permises. Le Canada et le Québec étant des États très proches de la tête du championnat des pays industrialisés endettés, Robert Bourassa a raison de poser avant toute autre la question de la cote de crédit du Québec, donc du prix à payer en intérêts sur sa gigantesque dette.

Bourassa bénéficie d'un net avantage sur son prédécesseur René Lévesque. Ce dernier s'avançait en terrain inconnu et a donc débroussaillé le chemin. Entre l'élection du PQ en novembre 1976 et le référendum sur la souveraineté en mai 1980, Lévesque et Parizeau ont imposé aux marchés américains et mondiaux une répétition générale de ce qui pourrait maintenant se passer, 10 ans plus tard. Reçus comme des socialistes sécessionnistes malpropres à New York, ils ont infligé aux experts américains un cours de québécitude.

Après le boycottage déjà évoqué et une sensibilisation graduelle au caractère modéré de l'engeance indépendantiste (Wall Street, au début, la comparait toujours au castrisme), le boycottage s'est évanoui, la cote de crédit n'a pas bougé et l'écart enregistré entre l'intérêt imposé aux Québécois et aux Ontariens pour leurs emprunts s'est réduit jusqu'à atteindre des proportions quasi négligeables.

Après cette expérience, note William Diebold, expert canadien du Council on Foreign Relations de New York, qui regroupe l'élite financière de l'endroit, Wall Street est « beaucoup, beaucoup, beaucoup, beaucoup mieux informé » et moins affolé qu'auparavant sur la situation québécoise.

Le fait est qu'en 1990 et 1991, les marchés internationaux « escomptent » le risque que pourrait représenter la souveraineté du Québec, comme ils avaient « escompté », au printemps de 1990, le risque que Meech meure. Cela signifie que les Québécois et les Canadiens paient, à l'avance, pour les inquiétudes des investisseurs, les taux d'intérêt étant déjà gonflés ; ce qui explique pourquoi, après l'échec de Meech, les marchés ont très peu réagi. Ils avaient « escompté ».

À l'été de 1991, l'auteur a la conversation suivante avec le plus gros emprunteur québécois sur les marchés internationaux, le président d'Hydro-Québec et ami d'enfance de Robert Bourassa, Richard Drouin.

L'auteur : Pour construire Grande-Baleine et, plus au sud, le projet NBR, vous

vous préparez à emprunter jusqu'à 60 milliards de dollars — le tiers à l'étranger — alors qu'on ne sait pas quelle sera la devise du Québec dans trois ans. Ne prenez-vous pas, pour utiliser une expression chère à M. Bourassa, un « risque non calculé » ?

Drouin : Les financiers de Toronto, de New York et de Tokyo sont suffisamment au fait de la conjoncture politique canadienne pour évaluer cette possibilité. Or, nos plans d'emprunts pour 1991 ont déjà été dépassés, et on empiète sur 1992. Donc ça ne les préoccupe pas. Le message qui passe au niveau international en ce moment, c'est que, quel que soit l'avenir qu'on réserve au Québec, ça va se faire dans un esprit civilisé. Ils savent que ce ne sera pas facile, mais pensent que ça va déboucher sur quelque chose d'économiquement rentable. Et quelle que soit la devise du Québec, ça n'enlève rien aux actifs d'Hydro-Québec.

Cette vision des choses semble effectivement partagée par les grandes maisons d'investissement new-yorkaises au point que, on l'a vu, les firmes Merrill Lynch et First Boston affirment en 1990 que la cote de crédit d'un Québec souverain ne serait pas notablement modifiée par ce changement de statut pourtant radical.

Évidemment, elles peuvent se tromper. Mais il est difficile, au-delà de ces prédictions, d'établir à partir de quel critère un premier ministre pourrait convenir que la situation serait suffisamment « sûre » pour s'engager sur ce terrain. Ce critère existe-t-il ?

La cote de crédit, ce n'est pas tout. Il y a le chômage, le ralentissement économique, les coûts de consolidation des services fédéraux avec les services québécois, le déficit budgétaire qui en résulterait, des hausses de taxes ou des coupures de services qui s'imposeraient peut-être. Comment les quantifier ?

L'auteur n'est pas économiste et ne prétend pas comprendre à fond les tenants et aboutissants du débat sur les coûts de la transition vers la souveraineté. En observateur attentif, il a cependant parcouru la plupart des études publiées à ce sujet au cours de la période 1990-1992. Pour ce qui est des grands équilibres financiers, les arguments des économistes canadiens-anglais et de leurs collègues québécois tendent à s'annuler les uns les autres. Patrick Grady, ancien haut fonctionnaire fédéral maintenant à l'emploi du Fraser Institute, est plus catastrophiste (mais sans excès, il récuse par exemple les grossières élucubrations que publiera la Banque Royale pendant la campagne référendaire d'octobre 1992). Ses calculs, comme ceux de John McCallum, de l'université McGill, sont assez bien réfutés par les Québécois Pierre Fortin et Yves Rabeau ainsi que par les études du secrétariat de la commission Bélanger-Campeau. Il est significatif que les anglophones insistent sur les coûts mais pas sur les bénéfices de la souveraineté, les francophones faisant l'inverse.

En gros, les économistes calculent combien le choc de la souveraineté ralentirait la croissance de l'économie québécoise, à la manière d'une récession. L'amplitude est mesurée par rapport à la croissance du Produit intérieur brut (PIB). Les évaluations varient, certaines prévoyant un impact de 0 % (c'est la thèse de l'économiste de l'Université de Montréal Rodrigue Tremblay, et de Jacques Parizeau-l'optimiste) d'autres, comme Patrick Grady-le-pessimiste, allant jusqu'à prévoir un choc de -10 % à court terme et de -5 % à long terme. Utile point de comparaison : la crise économique de 1981-1982 avait entraîné au Québec une chute du PIB de 2,5 %, occasionnant la perte de 220 000 emplois, perte qui s'est résorbée en trois ans.

Dans un de ses textes, l'économiste Pierre Fortin écrit fort candidement : « La corrélation entre les opinions politiques et les évaluations économiques est probablement proche de 100 %. » Une commission parlementaire québécoise qui se penchera sur la question en 1992 conclura que « les prévisions les plus vraisemblables font état d'une baisse du PIB à court terme de -1,5 à -4 % » à condition qu'il y ait un marché commun Canada-Québec utilisant la même monnaie. À moins d'une dégradation des relations entre les deux nouveaux pays, « une partie de ces effets serait de nature temporaire et se résorberait une fois l'incertitude de la période de transition disparue », juge encore la commission.

Un économiste du Département d'État américain qui a eu la tâche, pendant la période post-Meech, de lire et d'analyser pour ses supérieurs ces colonnes de chiffres avec un intéressant recul a déclaré à l'auteur que, de toutes les études, la plus pesée, pensée et posée lui semblait être celle du Conseil économique du Canada. Choix intéressant, car c'est la seule pour laquelle des experts francophones et anglophones ont travaillé de concert. Publiée au début de 1991, elle concluait à un impact économique de la souveraineté équivalent à la récession de 1981-1982 (entre -1,4 et -3,5 %), mais soulignait qu'une partie de ce choc pourrait être résorbé ou compensé par les « gains dynamiques » que permettrait la constitution d'une société plus petite, plus cohérente, mieux rompue au partenariat et plus apte à prendre rapidement les virages technologiques et économiques. Le rapport soulignait également les « gains d'efficience gouvernementale » qu'entraînerait la disparition de tout un palier de gouvernement au Québec. La publication de ce rapport, dénoncé par le premier ministre Mulroney, fit beaucoup pour entraîner la mort du Conseil économique du Canada, organisme paragouvernemental fédéral.

L'auteur a pour sa part été frappé par deux approches originales sur la question.

• Celle, prosouverainiste structurelle, développée par l'économiste torontoise d'origine américaine Jane Jacobs, dans son livre non traduit *The Question of Separatism : Quebec and the Struggle over Sovereignty*, paru en 1980. Économiste hors norme, elle a réinventé la façon de comprendre comment se crée la richesse et ses thèses connaissent une vogue nouvelle dans certaines universités américaines. Jacobs affirme que la prospérité future du Québec — et de sa locomotive, Montréal — ne sera possible que si le nouvel État, frappant sa propre monnaie, se coupe de toute dépendance envers le Canada anglais et se régénère en entrant lui-même dans la joute économique des nations.

• Celle, antisouverainiste conjoncturelle, de Marcel Côté, ancien conseiller de Bourassa et de Mulroney. En une quarantaine de diapositives dans une présentation audiovisuelle faite à l'UQAM en mars 1992, Côté explique comment un nouveau Québec souverain devrait encaisser : 1) des chocs économiques réels, découlant du démantèlement canadien ; 2) un resserrement du crédit ; 3) une politique fiscale restrictive. S'appuyant sur les prévisions optimistes d'économistes francophones comme Pierre Fortin, Côté explique que chacun de ces facteurs pris isolément n'a rien de catastrophique ou d'inhabituel, mais que leur combinaison, dans un même laps de temps, provoquerait une situation dysfonctionnelle inusitée et un ralentissement économique progressif et prolongé.

La sobriété de la présentation de Côté donne froid dans le dos. Mais lorsqu'il énumère ensuite les conditions qu'il faudrait réunir pour effectuer une transition réussie vers la souveraineté, il nomme des facteurs qui, selon Jacobs dont Côté est pourtant un admirateur, ne pourront exister qu'une fois le Québec devenu souverain. Ces conditions existeront d'ailleurs de moins en moins, dit Jacobs, tant que le Québec fera partie de l'ensemble canadien, dont les politiques économiques sont inadaptées à ses besoins.

Le travail de prospective économique est toujours périlleux. Plus la situation à venir est complexe, moins les prédictions sont fiables. Comme le concluera le rapport d'une commission parlementaire québécoise, « ces études se heurtent aux limites de la science économique ». Mais personne ne jette plus de doute sur le travail des économistes que Marcel Côté lui-même. Dans son excellent bouquin sur la croissance intitulé *By way of advice* (qui devrait être lecture obligatoire pour tous les commissaires industriels), il écrit que « les économistes font partie d'une profession étrange où il est plus important d'avoir l'air cohérent que d'avoir raison ». Rien n'illustre mieux cette situation qu'un retour sur la performance passée des économistes. Chaque mois, 50 éminents économistes américains sont appelés à donner leurs prévisions pour l'économie américaine. Un des indicateurs économiques les plus simples à évaluer, et les plus importants, concerne l'évolution des taux d'intérêts à court terme, donc sur une période de six mois. Côté publie le tableau (page suivante), où les prévisions des économistes sont signalées en lignes pointillés, l'évolution réelle en ligne continue.

« Il est surprenant de constater, conclut Côté, que malgré leurs lamentables résultats, les économistes sont toujours en demande. » Bien vu. Comme le disait Cicéron au sujet des augures romains — précurseurs des spécialistes de la prédiction économique — « deux augures ne peuvent se croiser dans Rome sans rire ».

« Le rôle des considérations *non* économiques doit donc être — et sera — déterminant », écrit l'Association québécoise des économistes dans son mémoire déposé à l'automne de 1990 devant la commission Bélanger-

Incapacité des économistes américains
à prédire les taux d'intérêts à court terme

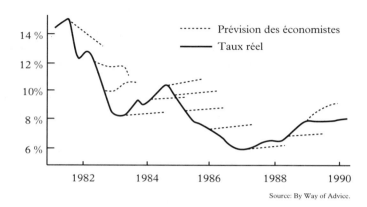

Source: By Way of Advice.

Campeau. Voilà très exactement ce qu'écrivait le Département d'État américain en 1977 : « La variable inconnue et déterminante est et doit être la volonté du peuple du Québec. » C'est dire qu'au-delà des calculs économiques, *la volonté politique* des Québécois doit être le facteur déterminant. Cette volonté doit donc être suffisamment forte, ce qui se mesure par le nombre de citoyens adhérant au projet, et solide en termes de conviction non seulement pour enclencher le processus, mais pour résister et survivre aux remous économiques, politiques et sociaux de la transition vers la souveraineté.

On l'a vu dans un chapitre précédent, à l'automne de 1990, puis à l'hiver de 1991, pour la première fois de l'histoire du Québec, du moins depuis l'époque de Louis-Joseph Papineau, ces conditions de volonté politique sont réunies. Elles vont s'exprimer comme jamais auparavant dans un forum dont Robert Bourassa a permis la création : le comité constitutionnel du Parti libéral, où vont s'observer d'étonnantes conversions.

4

L'ORIENTEUR

Soyez à l'écoute des Québécois.

Message de ROBERT BOURASSA, de son lit d'hôpital,
aux militants libéraux réunis le 25 novembre 1990
pour discuter de constitution.

*58 % des Québécois veulent un « pays indépendant »,
66 % veulent la « souveraineté-association ».*

La Presse, le lendemain.

LE RAPPORT ALLAIRE aurait pu s'appeler le rapport Castonguay. Mais quand le nom de l'ancien ministre et père de l'assurance-maladie québécoise est proposé, en mars 1990, pour diriger le nouveau comité constitutionnel du Parti libéral, une objection est soulevée, entre le *bunker* et la permanence du parti : « Faites-nous pas ça, il est trop têtu. » Le rapport Allaire aurait pu s'appeler le rapport Bélanger, du nom de Michel Bélanger, ex-mandarin de la révolution tranquille devenu banquier. Mais une objection est soulevée entre le *bunker* et la permanence du parti : « Ah ! non, les Anglais viennent de le nommer sur plein de conseils d'administration ! »

Le rapport Allaire est passé à un cheveu de s'appeler le rapport Décary. Avocat constitutionnaliste du grand bureau Stikeman Elliott, Michel Décary est professeur à l'Université de Montréal et auteur d'un avis juridique remarqué sur l'accord du Lac Meech. Contacté, l'expert a accepté. Le directeur général du Parti libéral, Pierre Anctil, le fait monter dans sa voiture et les deux hommes s'en vont rencontrer Bourassa à Québec pour officialiser la nomination, qu'on compte annoncer la semaine suivante. « Je dois te dire quelque chose, commence le constitutionnaliste à la hauteur de Drummondville. Je ne sais pas si ça pourrait te poser un problème. » Proche de Pierre Marc Johnson, l'avocat avait versé un bon chèque au ministre du Parti québécois, pendant sa course à la chefferie en 1985. C'est maintenant qu'il lâche le morceau. Anctil peste intérieurement. Arrivé au *bunker,* il prend Bourassa à part. « On a un petit problème. » Il n'est évidemment pas question que le comité chargé de revoir en profondeur le programme constitutionnel du parti soit dirigé par quelqu'un qui a flirté avec le camp ennemi. On a l'esprit ouvert, mais pas à tous les vents. Les contributions électorales sont publiques, il se trouvera bien un journaliste pour retrouver cette trace. « Pauvre toi, un tour de voiture pour rien, lance Bourassa, amusé. »

L'histoire du comité avait débuté dans le ronron des opérations de la machine libérale. En congrès, alors que l'accord de Meech semblait une affaire conclue, les militants avaient donné mandat à la Commission politique du parti de former un groupe qui élaborerait les demandes québécoises pour le « deuxième tour » des discussions constitutionnelles, la phase de l'après-Meech. Une opération de strict maquillage politique. Lucide, la Commission politique repoussa la chose à plus tard. En décembre 1989, quand la soupe de Meech chauffe, il devient urgent de s'agiter. Dans son *Plan d'orientation 1990-1993,* Anctil propose « d'élargir le mandat du [futur] comité » pour l'amener à se « pencher sur les scénarios alternatifs à l'accord du Lac Meech en termes de changement de stratégies ou de changement d'options ».

Vous avez dit « changement d'options » ? Ce n'est pas un lapsus. Anctil a entendu Bourassa parler du caractère « non éternel » du fédéralisme, le soir de l'élection de septembre 1989. Le directeur général sonne aussi une discrète alarme en signalant qu'en cas d'échec de Meech, le travail du comité sera « susceptible de mettre en cause les fondements mêmes de la coalition centriste qui constitue la base politique actuelle de notre parti ».

Le *Plan d'orientation* passe comme une lettre à la poste au Conseil général de décembre 1989. En février 1990, quand Bourassa et Rémillard viennent ameuter un autre Conseil général contre les fossoyeurs de Meech, les militants approuvent formellement la création du comité et son nouveau mandat de formuler des « scénarios alternatifs ». Les esprits plus calmes comprennent que ce n'est encore qu'un hochet. Bourassa pourra l'agiter devant ses partenaires canadiens pour les inciter à avaler Meech, de travers s'il le faut, mais une fois pour toutes. Les esprits plus lucides comprennent qu'un « deuxième tour » est maintenant inévitable, même en cas de ratification de Meech, ne serait-ce qu'à cause des demandes de l'Ouest sur le Sénat et de celles des autochtones sur l'autonomie gouvernementale. Le Québec, dont l'opinion publique est en voie de radicalisation nationaliste, n'aura d'autre choix que de réclamer son bout de gras. Le comité pourra lui déblayer un peu le terrain.

Désigner les membres du comité n'est pas trop compliqué. La liste est constituée en consultation avec le bureau du premier ministre et conjointement à la « grille » que respecte traditionnellement le PLQ dans la constitution de tels groupes : des jeunes, des femmes, un « anglo », un « allo », une représentation équilibrée des régions, etc.

On y trouve des « poids lourds ». Thérèse Lavoie-Roux, une femme de tête, présidente de la CECM avant de devenir ministre de la Santé en 1985, puis, en septembre 1990, sénatrice conservatrice, doit donner le ton : compétence, réalisme. Laurent Picard, ancien président de Radio-Canada, compagnon de route de Pierre Trudeau, grand sage ayant diagnostiqué le mal économique de Montréal dans un rapport aussi célèbre qu'inappliqué, doit envelopper la discussion de son expérience de grand fédéraliste. « Je l'ai dit à Pierre que ça n'avait pas de bon sens... » lancera-t-il parfois pendant les débats, parlant de l'ex-premier ministre. Fernand Lalonde, vieux routier du parti, ami de Robert Bourassa et ancien ministre, doit représenter, plus que tout autre, l'orthodoxie, la tradition libérale, l'esprit du chef.

On y trouve des « opérationnels ». Pierre Anctil doit en être la cheville ouvrière, car la chose prend de l'importance. Pierre Saulnier, un militant de longue date, administrateur efficace et taciturne, est membre d'office. Anctil l'a propulsé, au début de 1990, président de la Commission politique du parti. Michel Lalonde, directeur des communications du parti, assiste aux réunions à titre d'observateur. Il a été recruté au PLQ en novembre 1989 par son ancien ami d'université : Anctil. Ces trois *apparatchiks,* encadrant le futur président du comité, forment l'équipe de pilotage du groupe. Seul Saulnier y exercera un droit de vote. Un invité, Daniel Denis, de la firme conseil Secor, assistera à titre personnel à la plupart des réunions et peaufinera le document final. Anctil l'a choisi pour la qualité de sa plume.

On trouve aussi au comité des « sectoriels ». Le président de la Commission jeunesse, Michel Bissonnette, a un siège réservé. Un représentant de la communauté anglophone, William (Bill) Cosgrove, ingénieur et ancien cadre supérieur de la Banque mondiale, vient s'y consoler d'avoir été ramené de Washington par Bourassa l'année précédente pour mordre la poussière dans une circonscription qu'on disait pourtant archisûre, Westmount. Outrés par la loi 178 (dont Cosgrove ne connaissait pas l'existence, en début de campagne), les richards de la montagne lui ont préféré le Parti Égalité et son bouffon, Richard Holden. Le président de l'ultra-fédéraliste Commission des groupes ethniques du parti, l'avocat Saturnino (Sam) Iadeluca, un bon gars, vient mettre son grain de sel multiculturel.

On y trouve aussi des « agents de liaison ». Comme la chef de cabinet de Gil Rémillard, Suzanne Levesque, fille de Gérard D., le ministre des Finances, un fidèle de Bourassa. Et Marcel Parent, président du caucus des députés, et responsable d'un comité constitutionnel de la députation libérale qu'il ne trouvera jamais le temps de convoquer.

Finalement, on y trouve les « militants ». Bénévoles actifs dans le parti, consacrant soirées et fins de semaine à écrire des rapports, à commenter des décisions, à voter des résolutions. Bref, à se donner l'illusion du pouvoir. Trois membres de l'exécutif prennent ainsi place autour de la table : le président du Parti, le comptable Jean-Pierre Roy, qui est plus qu'une potiche mais moins qu'un poids lourd ; Denis Therrien, comptable aussi, président de la Commission d'animation-organisation et candidat libéral défait à l'élection de 1989 à Québec ; Philippe Garceau, avocat, conseiller régional pour la région de Laval/Laurentides/Lanaudière. Deux membres actifs, pour finir, Jacques Gauthier, avocat, et Lucie Granger, directrice générale d'une organisation professionnelle du monde de l'assurance*.

Le premier ministre, bien sûr, sera membre d'office. Il ne viendra qu'une fois, au début. Rarement un absent aura-t-il été aussi audible. Mais on anticipe.

Manque toujours le président de cet illustre rassemblement. Saulnier, de la Commission politique, veut quelqu'un de connu. Mais maintenant que le comité est doté de quelques célébrités, pense Anctil, son président n'a pas besoin d'être une vedette. Surtout que le temps file et qu'on ne trouve personne. « Il nous fallait quelqu'un qui projetait une certaine neutralité et ouverture d'esprit, quelqu'un qui n'avait pas un passé, qui ne pouvait pas être cité sur des écrits qu'il aurait publiés sur le dossier constitutionnel, tout en ayant une certaine crédibilité en la matière, explique Anctil. On s'est rendu compte que quand on mettait tous nos critères un après l'autre, le nombre de candidats qui satisfaisaient l'ensemble des éléments était égal à un ensemble vide. »

JEAN ALLAIRE, CEINTURE NOIRE

On le sait, Anctil a une devise : « La politique, c'est la gestion des perceptions. » Il en a une autre : « La politique, c'est le sens du *timing*. »

La liste des membres du comité constitutionnel, président inclus, doit être présentée à la réunion de l'exécutif du parti le 28 mars 1990, en présence de Bourassa. Faute de président, la réunion est reportée au 5 avril 1990 à 17 h. Le 5 avril, à midi, on cherche toujours la figure de proue.

---

* Quelques précisions pour les anthropologues des réseaux de pouvoir : Anctil avait connu Lucie Granger au collège Brébeuf, pépinière de l'élite québécoise. À l'Université de Montréal, c'est avec Michel Lalonde qu'il avait rédigé une « Charte des droits des étudiants » pour le RAEU, Rassemblement des associations étudiantes universitaires. À l'exécutif de l'AEP, Association étudiante de Polytechnique, Anctil avait milité avec Daniel Denis, des Sciences économiques, alors responsable du journal étudiant (la plume, déjà). L'AEP, dont Anctil était responsable des Affaires extérieures, était affiliée à la FAECUM, Fédération des associations étudiantes du campus de l'Université de Montréal. Anctil siégeait à l'exécutif, où il a rencontré Jacques Gauthier, qui allait en devenir le secrétaire général. Aussi dans les parages à cette époque (1978-1981) : Thierry Vandal, président de l'AEP quand Anctil en était vice-président, et qui allait devenir membre de la Commission politique du PLQ ; Pierre Bourgeois, de la FAECUM, allait lui devenir chef de cabinet du ministre Daniel Johnson. Un réseau Pierre Marc Johnson côtoie ces futurs libéraux : Charles Larochelle, aussi de la FAECUM, allait devenir directeur des communications du PQ ; Stéphane Le Bouyonnec et sa future épouse Isabelle Courville, très proches de Pierre Marc, étaient à l'AEP ; Denis Guindon, futur permanent de Pierre Marc Johnson, était secrétaire général du RAEU et Jean Baillargeon, qui passerait du personnel de Jacques Parizeau à celui de Johnson, était à l'exécutif de la FAECUM.

« L'idée de Jean Allaire comme président du comité, je l'avais derrière la tête depuis un certain temps », avoue Anctil. Mais il se retenait bien de cracher le morceau. Michel Lalonde, son directeur des communications et ami depuis leur militantisme étudiant à l'Université de Montréal, décrit la technique : « Dans les semaines qui ont précédé la nomination de Jean Allaire, moi, je me souviens de l'avoir vu régulièrement au parti. Moi, je crois qu'Anctil le testait sur ses orientations. [...] Il avait son candidat. Mais il attendait, il attendait, il attendait. Arrive le midi du 5, on était plusieurs membres de la direction au restaurant L'Avventura sur Laurier, près de la permanence du parti. Là on était vraiment nerveux. "Hostie, qu'est-ce qu'on va faire, la réunion commence à 5 heures ?" ; "On a pas de nom, comment on va piloter les communications ?" Puis là, mon Anctil lâche le nom de Jean Allaire. Moi, j'ai sauté dessus, tout le monde a sauté dessus. "Crisse ! Allaire ! C'est vrai !" Ça fait plus de 30 ans qu'il est militant, c'est un avocat, il est directeur d'un contentieux [de la ville de Laval], il est respecté par les Anglais, il est respecté par les allophones, il a des *chums*, puis il a des contacts partout, c'est un gars du parti, c'est pas quelqu'un qui a une autorité externe, comme Castonguay, ou qui pourrait partir en peur. Il avait toute ! Il avait toute ! Anctil dit : "O.K., il faut que je le teste avec Bourassa." »

Anctil fait venir Allaire à son bureau peu avant la réunion de l'exécutif, dont Allaire est un membre influent, à titre de président de la Commission juridique. Devant lui, il appelle Bourassa. « Qu'est-ce que vous penseriez de Jean Allaire ? Il est devant moi, je ne lui ai pas posé la question encore. »

« Fais-moi pas ça ! » proteste mollement Allaire.

« Ah ? Ça pourrait fonctionner », répond le patron, qui connaît Allaire pour l'avoir côtoyé dans le parti depuis le début des années 60. En privé, les deux hommes se tutoient, s'appellent par leurs prénoms. L'affaire est dans le sac. Anctil a trouvé son cavalier.

Si Allaire avait *toute*, c'est aussi, et presque surtout, parce qu'il n'avait rien. Son passé constitutionnel se résumait à avoir choisi de rester assis, comme Bourassa, en 1967 dans la salle de bal du Château Frontenac, quand René Lévesque et quelques acolytes avaient claqué la porte du congrès libéral. Allaire avait fait les bagarres électorales contre le PQ en 1970, 1973, 1976, le référendum de 1980 pour le Non, puis les élections de 1981, 1985 et 1989. « Président de la Commission juridique », ça signifiait qu'il présidait les congrès du parti avec doigté et rigueur, donnait des avis sur l'application des statuts, vérifiait les contrats d'achat et de vente d'équipement.

Allaire n'avait jamais figuré parmi les « penseurs » libéraux, les concepteurs d'orientation, les fabricants de programme. À 60 ans, il était un vétéran du parti comme on est de la vieille garde du club Rotary ou des Chevaliers de Colomb. Membre d'un club social avec d'autres comptables, avocats et ingénieurs, qu'on retrouve au club de golf ou au condo en Floride. Né à Villeray, dans le nord de Montréal, Allaire avait fait du taxi et livré du lait, avait travaillé sur des chantiers de construction et dans des piscines municipales pour payer ses études, faire son barreau. Chemin faisant, il s'était entraîné au judo jusqu'à décrocher une ceinture noire et une médaille d'argent, en 1953, aux championnats canadiens.

Au printemps de 1990, le militant Allaire était, politiquement, une feuille blanche. Et si Anctil l'avait rencontré pour « le tester », il n'avait pu trouver en lui que le fédéraliste fatigué, déçu de Trudeau, meurtri par le rapatriement constitutionnel de 1982 et dégoûté de Chrétien, charmé par Mulroney mais révulsé par Wells. Un libéral québécois francophone moyen, donc. Un baromètre.

Jean Allaire avait lu les sondages, au début de 1990, dans lesquels des majorités de Canadiens anglais rejetaient le concept de société distincte. Il les avait crus et avait fait son deuil, avant d'autres, de l'Accord. Les Canadiens anglais, il les connaissait un peu plus que le Québécois francophone moyen. Il les avait vus dans l'armée, où il avait fait un bref passage. Il les avait fréquentés pendant ses 25 ans de droit corporatif. Il allait les voir chaque année, au congrès du Club automobile canadien dont il présidait la section québécoise.

Il y est justement, à ce congrès, dans les jours précédant la mort de Meech, en juin 1990. Le club est réuni à Vancouver. À sa direction, chacun le sait membre actif du Parti libéral québécois, donc attaché aux objectifs de Meech. La réaction d'Allaire est typique du personnage : « J'allais manger à la salle à dîner et je faisais exprès pour m'asseoir à une table où il n'y avait personne. "S'ils veulent avoir des explications, ils vont venir s'asseoir", me suis-je dit. » Mais le blocus de Harper, le dédit de Wells, la déclaration de Bourassa ne suscitent chez ses compagnons de l'autre Canada aucun geste de regret, aucune poignée de main compatissante, aucune admission que l'abandon de Meech constitue « la plus grosse erreur politique de toute l'histoire du Canada », comme le pense leur collègue. « Ça m'a confirmé dans l'opinion que j'avais », explique l'avocat de Laval. « Je savais que c'était une réaction contre le Québec. »

Allaire fait une seconde découverte au Club automobile. Il réunit des membres de sa direction québécoise. Plusieurs vieux amis, fédéralistes comme lui. Au Club automobile, on est prudent, sur la route comme en politique. « Eux disaient : "Il y a pas d'autres solutions que la souveraineté." Ça, ça m'a réellement estomaqué. Je me suis dit : "Ce sont des réactions peut-être viscérales, de la déception." Les gens étaient amers. Je l'ai pris avec un grain de sel. » Allaire retire tout de même de ces deux réactions antinomiques — le silence canadien, l'amertume québécoise — un « sentiment de réalisme froid ». Propulsé à la tête de ce qu'on appelle maintenant le « comité Allaire », il attend l'annonce officielle du décès de la clause de société distincte.

De sa constitution en avril jusqu'à la mort de Meech à la fin de juin, le comité Allaire fait du surplace. On y lit des documents, ébauche un calendrier. Le 22 juin change tout. Dans sa déclaration du Salon rouge, Bourassa, chef du gouvernement, envoie la balle au parti, ce qui lui permet de justifier un premier délai avant l'action : « Avec le rejet du lac Meech, le programme du Parti libéral du Québec, en même temps, a été rejeté, dit Bourassa. Il nous faut un nouveau programme et c'est normal que nous prenions le temps de discuter avec les militants du Parti libéral. » Finie la « deuxième ronde », commencent les « scénarios alternatifs ».

LES CONSIGNES DU *BUNKER*

Oui, mais dans quel corridor ? Y a-t-il une borne à ne pas franchir ? Un garde-fou ? Un virage défendu ? Un rivage interdit ? On n'en trouve aucune trace dans le mandat de la commission. À la fin de juin, Bourassa déclare publiquement qu'il faut écarter « le *statu quo* et l'annexion aux États-Unis ». Voilà des bornes fermes, mais la marge est vaste. Gil Rémillard, à la même époque, affirme qu'il faut procéder à « des changements substantiels, dans la continuité » ce qui ne signifie « pas nécessairement » le fédéralisme. La direction libérale est trop aguerrie au jeu politique pour prendre cette déclaration pour argent comptant. Elle veut des instructions privées, pas des pirouettes publiques. Elle les obtient.

« On avait donné des signaux à Allaire de n'exclure aucune option », affirme John Parisella, sans nuance.

Au courant de l'été, Anctil rapporte à des membres du comité, dont Michel Lalonde, une petite phrase que le premier ministre a prononcée devant lui : « Je n'ai pas de problème conceptuel avec la souveraineté. » Dès le début de juillet, Michel Bissonnette, de retour de sa rencontre de la rue Maplewood, est en mesure de confirmer cette information. Au début d'août, chacun peut constater que Bourassa n'a pas désavoué le document souverainiste des jeunes, même s'il a une façon bien à lui d'en interpréter le contenu.

Au moment de la formation du comité, Bourassa donne une autre consigne à Anctil, qui la répercute autour de lui : « S'il y a un clivage, je veux que les nationalistes soient avec nous. » Bref, si le comité n'arrive pas à faire l'unanimité sur une résolution, il est préférable que la majorité inclue les nationalistes (donc aussi les jeunes) et exclue les plus fédéralistes, probablement anglophones et allophones. « Ça, se souvient le militant Jacques Gauthier, mis au parfum, c'était assez clé. »

Ainsi orienté, entre le début de l'été et le début de l'automne, sans percevoir le moindre feu rouge à l'horizon, le directeur général du Parti libéral du Québec glisse dans le camp du rêve. À son copain Michel Lalonde, il confie : « Si on ne s'engage pas sur la voie de la souveraineté, on va vivre 10 ans de médiocrité. » (Anctil nie avoir tenu ses propos, Lalonde réplique qu'ils sont gravés dans sa mémoire.)

En 1980, on l'a vu, il dit avoir voté Non. « J'imagine que ce qui était le plus fort à ce moment-là, chez moi, c'était le doute, explique-t-il. Depuis, j'ai appris, non qu'il faille dissiper ces doutes. Mais j'ai appris que, des doutes, il en reste tout le temps. À un moment donné, il faut que tu fasses la part des choses, puis il faut pas que le doute t'empêche d'agir. »

Il est souverainiste, mais pas indépendantiste. Il a rapporté d'un récent voyage en Europe une passion pour la structure communautaire européenne et se targue de « connaître ça mieux que les Européens eux-mêmes ».

Dans sa tête, il n'y a pas de confusion. Comme Pierre Bibeau, Jean Lapierre et Gilles Rocheleau, Anctil pense que le Parti libéral non seulement peut, mais doit changer d'option. Pour satisfaire « les intérêts supérieurs du Québec », pour éviter « 10 ans de médiocrité », pour... rester au pouvoir. Même s'il faut pour cela « mettre en cause les fondements mêmes de la coalition centriste qui constitue la base actuelle de notre parti », comme il l'a écrit en décembre 1989. Bourassa a bien sacrifié, sur l'autel de l'affichage unilingue, trois ministres anglophones et quatre circonscriptions naguère imprenables. La souveraineté du Québec complétera ce repositionnement. Le PLQ ravira au PQ le centre francophone nationaliste, ne laissant à Parizeau que les radicaux. Et si le premier ministre lui laisse les mains aussi libres à la direction effective du comité, pense Anctil, c'est qu'il lui fait confiance. Il ne sera pas déçu.

LE CLUB DU LUNDI SOIR

On dirait que les 13 membres du comité sont de retour à l'école. Presque chaque lundi soir de l'été et de l'automne, ils reviennent en classe. Souvent, c'est pour entendre un cour magistral. Les meilleurs conférenciers du Québec viennent déverser leur science devant ces adultes studieux, qui prennent des notes, posent des questions. Les experts invités parlent avec d'autant plus de franchise qu'ils sont à huis clos, les membres du comité ayant juré d'entourer leurs délibérations d'un secret absolu.

À cette école du soir, il n'y a presque pas de problème de discipline, sauf de la part de Laurent Picard, qui aime semer la pagaille dans les réunions et se fait parfois amicalement ramasser par Anctil, main de velours dans un gant de fer. Souvent, les « étudiants » se font imposer des lectures. Documents constitutionnels, extraits de livres, glossaires, études à la douzaine. Souvent, ils doivent faire des devoirs. De petites compositions, à remettre au professeur Allaire, qui fait un inspecteur scolaire très crédible.

Parmi les professeurs invités, personne ne voit l'avenir en rose. Claude Castonguay, pas encore sénateur, vient parler des tendances lourdes du fédéralisme canadien. La thèse des deux nations est rejetée par nos partenaires. La compétitivité canadienne est en perte de vitesse. Les dédoublements de compétences nous rendent inefficaces. Le Canada anglais a tendance à importer des morceaux de la culture américaine : judiciarisation par la charte des droits, volonté d'obtenir un Sénat égal comme à Washington. Que faire ? Certainement pas la souveraineté, dit-il, fidèle à ses convictions. Il pense que la scission créerait un degré d'acrimonie tel que les relations entre le Québec et le Canada anglais seraient à jamais endommagées. Mais le réformiste est pessimiste. Il parle comme quelqu'un qui trouve la marée haute, qui « pense que le fédéralisme est quand même préférable », mais qui s'attend à être emporté par le courant.

Serge Saucier, le supercomptable de la firme Raymond Chabot Martin Paré (certains disent qu'il est plus simplement le comptable supervisible de la firme) et conseiller épisodique de Bourassa*, comme Guy Saint-Pierre, ancien ministre libéral et président de SNC, viennent prédire que, Meech enterré, « une seconde ronde de négociation est impossible ».

Combien coûterait l'indépendance ? Saint-Pierre surprend l'assistance en prédisant une chute du Produit intérieur brut de 15 %. Un cataclysme. Kimon Valaskakis, spécialiste de la prospective pour le groupe Gamma et trudeauiste convaincu, prévoit que le Québec deviendrait bientôt un pays du tiers-monde s'il quittait la fédération, car il ne pourrait pas, prétend l'expert, avoir accès au libre-échange.

Les économistes, banquiers, spécialistes se succèdent à la table du comité. Aucun n'est aussi troublé que Saint-Pierre et Valaskakis. L'économique optimisme d'Yves Rabeau est contrebalancé par le pessimisme d'André Raynauld. Le prudent banquier André Bérard est contré par le souverainiste coopératif Claude Béland et le syndicaliste indépendantiste Gérald Larose. De l'amoncellement de chiffres et de prédictions, le comité tire deux conclusions générales : 1) il est possible de décrire le présent et le futur proche de l'économie canadienne : ça va mal, ça va empirer, et le système est bloqué ; 2) il est impossible de quantifier le coût de la souveraineté**. Ça pourrait être supportable, ça pourrait être catastrophique, ça dépend de nous et des autres.

Avec ces inutiles boules de cristal, des libéraux prudents pourraient convenir que tous les chemins sont : au pire, minés : au mieux, incertains. Qu'à tout

---

* Autres notes pour les anthropologues des réseaux de pouvoir : à la grande société comptable Raymond Chabot Martin Paré, Saucier est le président de Jean-Pierre Roy, président du PLQ et membre du comité Allaire. Les deux hommes sont d'excellents amis de Claude Béland, président du Mouvement Desjardins. Roy est le comptable de Jean Allaire. Béland et Allaire se sont connus à l'Université.

** Plusieurs membres du comité se souviennent en particulier de la présentation de Ghislain Fortin. Ancien haut fonctionnaire fédéral, spécialiste à la Banque du Canada et au Conseil économique, conseiller de la commission Pépin-Robarts, il fut d'abord l'intellectuel-à-tout-faire de la Commission politique du parti puis un des plus hauts fonctionnaires de l'État québécois (secrétaire général associé), poste qu'il occupe toujours. Il fixe sa prévision du coût de la souveraineté, qu'il entoure de mille nuances, à un maximum de 5 % de chute du PIB, sur une période de deux à cinq ans. Soit deux fois la crise de 1981-1982. Il a aussi une hypothèse basse, qu'il ressortira en d'autres lieux : 1,5 % de chute seulement, soit un ralentissement économique notable mais supportable. Il pense qu'à long terme, les effets positifs vont compenser, sinon surpasser, les effets négatifs.

prendre, il n'y a pas de meilleure voie que le *statu quo*. Comme disait René
Lévesque, le Canada « c'est pas le goulag ».

Cette voie leur est spécifiquement interdite. Bourassa répète à tous vents
qu'il faut écarter « le *statu quo* ». Il faut donc bouger. Des libéraux prudents
pourraient décider de remettre l'ouvrage constitutionnel sur le métier, selon les
bonnes vieilles méthodes. Là encore, une borne placée par Robert Bourassa les
contraint. Plus « jamais » de négociations à 11. Il faut définir une autre formule.
Sortir des sentiers battus. Le 4 septembre, dans une loi créant une commission
parlementaire spéciale, et dont chaque mot a été soupesé, le gouvernement
Bourassa affirme « la nécessité de redéfinir le statut politique et constitutionnel
du Québec ». Pas « le souhait », mais « la nécessité ». Le comité n'a pas le choix,
il doit innover.

Pendant l'été, en juillet, chaque membre de la commission remet un premier devoir : « Quel sens faut-il donner à l'échec de l'accord du Lac Meech ? »
En août, ils déposent chacun une proposition de « grille d'analyse », un tamis,
à partir duquel chacune des options politiques devra être jugée. Une synthèse
des grilles est faite, discutée, amendée, adoptée. Résultat : L'option ultimement
retenue par le comité devra répondre aux besoins : 1) d'autonomie politique du
Québec ; 2) d'intégration économique avec ses voisins et de croissance ; 3) de
respect des libertés et de la paix sociale ; 4) de stabilité du filet de programmes
sociaux. Certains y ajouteront un cinquième critère : le réalisme.

Il s'agit ensuite de définir les fameuses options qui seront soumises au
débat du comité et des militants. Car le groupe doit s'inspirer, dans ses travaux,
non seulement des conférenciers savants, mais du pouls de la base. Déjà, juste
avant Meech, les associations locales avaient été réunies pour mesurer les
souhaits du militant. On avait surtout perçu son dépit. À la fin de septembre,
une seconde tournée de consultation, plus didactique, doit commencer. Des
animateurs présenteront un vidéo faisant l'historique du problème puis, utilisant de grandes pancartes définissant des statuts possibles pour le Québec de
demain, ils susciteront des débats.

Au début de septembre, il faut établir la gamme d'options. Le *statu quo* et
l'annexion aux États-Unis n'y figurent pas, c'est entendu, l'ordre est venu d'en
haut. Que reste-t-il ? À la permanence du parti, Anctil sait où il veut aller, il
pense savoir comment s'y rendre. C'est un passage délicat. Il fait comprendre
à Michel Lalonde les subtilités de la vie politique : Il va tourner ça comme
ceci... Il va l'enfermer comme ça... Il va y avoir quatre options souverainistes,
il va y avoir une option fédéraliste.

Quatre contre un. D'une part, c'est parfaitement défendable. Dans l'esprit
du temps, du débat public. Ils choisissent :

1. La fédération, le système actuel, tel quel ou réformé d'une façon qui
reste à préciser ;

2. La confédération, c'est-à-dire l'union d'États souverains qui se dotent
d'une structure centrale commune, y envoyant des représentants généralement
délégués ;

3. Le modèle européen, dont Robert Bourassa s'inspire : États souverains, intégration économique, Parlement commun doté de peu de pouvoirs ;

4. La souveraineté-association, le programme de René Lévesque : États souverains, union économique, structures communes légères ;

5. L'indépendance, sans garantie d'association, ajoutée à la liste parce que les Québécois font la distinction avec l'option précédente.

D'autre part, c'est rusé. En bons centristes, les militants seront tentés de rejeter « les deux extrêmes » et de choisir le centre. En plaçant le fédéralisme à un bout, on le déconsidère. En l'éliminant, on se retrouve les deux pieds sur le terrain de la souveraineté. Ne reste qu'à en choisir sa saveur favorite.

Reste à présenter cette nomenclature au comité. Anctil vend sans mal sa liste à l'équipe de pilotage du comité qui se rencontre, au Café Laurier, avant chaque réunion. On y trouve Allaire, Anctil, Saulnier (politique), Lalonde (communications). Parfois aussi, le président du parti, Jean-Pierre Roy. Quand arrive la réunion du comité proprement dit, un des copilotes doit aller au front avec les options. Allaire, au-dessus de la mêlée, est neutre, il ne peut le faire. Même argument pour Anctil. Lalonde est un « employé » et un observateur non membre du comité, il ne peut prendre une telle responsabilité. Au moment où chacun s'installe autour de la grande table de la permanence, rue de Gaspé, Anctil s'aproche de Pierre Saulnier, pose la main sur son épaule, lui tend le texte des options et lui souffle, dans un sourire entendu, « tiens, Pierre, pour ta présentation ».

Pierre Saulnier est le plus bourassiens des *apparatchiks* du parti, ce qui n'est pas peu dire dans une formation où l'imitation du chef est une occupation répandue. Froid, impassible, Saulnier n'aime pas se commettre, fermer des portes, s'avancer. Voilà qu'il doit porter le ballon. Évidemment, venant de Saulnier, il a l'air moins gonflé.

Ces préliminaires n'enlèvent rien au fait que les membres du comité étudient cette liste, chacun avec son bagage. Lavoie-Roux, Picard, Lalonde, Cosgrove ne sont pas tombés de la dernière pluie. Lavoie-Roux fait modifier des mots dans le synopsis du vidéo, discuté le 10 septembre, notamment la phrase « le gouvernement fédéral ne cesse d'empiéter dans les champs de juridiction provinciale » qu'elle voudrait plus claire. À la réunion suivante, les membres visionnent le vidéo, donnent des directives quant à l'organisation des présentations aux militants.

« Bill avait exigé de pouvoir lire l'ensemble du matériel des animateurs de la consultation, et la façon dont ils présentaient [les cinq options], parce qu'il commençait à avoir un niveau de stress assez élevé, se souvient Bissonnette. On avait reconvoqué une réunion spéciale du comité Allaire pour revoir l'ensemble du matériel avant qu'ils partent en consultation. »

« J'étais étonné de l'absence d'objection au scénario, raconte Jacques Gauthier. Moi j'y étais favorable, ça posait les questions de la bonne manière. Ceci dit, j'étais surpris que des gens comme Thérèse Lavoie-Roux et Laurent

Picard ne posent pas plus de questions sur ce que le scénario amenait comme conclusion, car ça mettait clairement les gens dans un *mood* très nationaliste. Mais ils l'ont approuvé. » Pour ce qui est de la création d'atmosphère, les concepteurs avaient entre autres collé une musique funeste sur la scène où Trudeau et Elizabeth signent la constitution rapatriée, en 1982.

« Le travail a été bien réalisé et très bien présidé par Jean Allaire », convient Bill Cosgrove. « C'était vrai pour chaque étape : choix des options, définitions des options, modifications, que tout le monde a acceptées. »

Personnellement, il jugeait « qu'il y avait très peu de chances qu'on arrive à décider que c'était l'option souverainiste qu'on retenait. Mais quand même il fallait regarder toute la gamme pour être capable de dire : "Nous l'avons regardée, et ça a été éliminé pour telle et telle raison." »

« Nous n'étions pas un comité de savants, après tout, soupire Cosgrove. C'était un comité du parti. Le but d'un parti, toujours, c'est d'être réélu, de garder le pouvoir. Alors face à cette réaction de la population, il faut se poser des questions. Si on est là pour offrir une solution, et en même temps répondre aux besoins sentis par les gens qu'il faut représenter, alors nous avons réalisé que c'est ça qu'ils cherchaient. »

Il dit ne pas avoir remarqué que quatre options présupposaient la souveraineté, au moins comme point de passage vers une re-confédération. Michel Lalonde et Michel Bissonnette affirment que ce fut clairement établi. Jacques Gauthier, le modéré, précise qu'on « ne prononçait le mot souveraineté, lorsqu'on présentait les options, que de façon banalisante ». Pas d'alerte rouge, donc. Le vidéo est pourtant on ne peut plus clair. Lorsque le mot « confédération » apparaît à l'écran, la voix hors champ dit ceci :

> La deuxième option est la mise en place d'une confédération. Le Canada n'est pas, contrairement à ce que certains pensent, une confédération, mais bien une fédération. Dans une confédération, les États membres sont souverains et délèguent certains pouvoirs à un gouvernement central. Ainsi, dans une telle option, les provinces canadiennes — individuellement ou par bloc — auraient le statut d'États souverains. Le Canada serait un ensemble confédératif, une sorte d'alliance structurelle entre les États.

À l'écran, sous le mot « confédération », apparaissent les mots « États souverains ; délégation de pouvoirs à un État central ». Difficile de se tromper...

Légèrement modifié, approuvé et béni par le comité Allaire unanime, le vidéo est distribué dans les réseaux du parti pour visionnement et débat.

Quand Parisella prendra connaissance de cette nomenclature, lorsque le vidéo qu'il appelle avec dédain « le commercial » sera projeté en novembre aux chefs de cabinet des ministres, il reconnaîtra la technique, pour l'avoir déjà utilisée. « Ça me fait penser à la convention à l'investiture de Christos Sirros, quand on a mis quatre Grecs contre un Italien pour faire passer un Grec, dit-il. C'était ça. C'est de même que ça s'est fait. » Il en voudra à Anctil d'avoir présenté le « fédéralisme à la Meech, qui venait d'échouer », plutôt que le

« fédéralisme renouvelé ». (En fait, au sein de l'option « fédération », le vidéo présente quatre variantes : *statu quo,* centralisation, décentralisation, statut particulier/fédéralisme asymétrique.) Henri-François Gautrin, député de Verdun et ancien président de la Commission politique du parti, est « très frustré » lors du visionnement : « C'est quasiment Maurice Duverger, première année de sciences politiques », dit-il, parlant du professeur français dont le manuel d'introduction à la politique fait autorité. Il reprochera surtout au vidéo d'occulter « ce qui avait toujours été la position du Parti libéral, le Livre beige de Claude Ryan qui n'avait jamais été rescindé et qui en termes de pouvoir était quand même assez élaboré ». Quant au ministre John Ciaccia, on dit que lorsqu'il fut mis au courant, il a voulu pendre Anctil.

Mais trois mois après Meech, trois mois après le rejet de cinq « conditions minimales », personne au comité Allaire ne croit que les savantes et audacieuses propositions de Ryan, ou qu'un Meech à la puissance 2, 5 ou 10 soit envisageable au sein de la fédération. Surtout que Jean-Claude Rivest, un des premiers conférenciers invités, est venu expliquer que les revendications libérales étaient passées du plus ambitieux (le « statut particulier » de Paul Gérin-Lajoie de 1967 élaboré dans un document intitulé *Québec, société distincte*) au plus songé (le Livre beige de 1980) au plus modeste (Meech), et que mêmes ces dernières n'avaient pu franchir le seuil de l'opinion canadienne.

Les militants ne sont pas les seuls à devoir se prononcer. Au comité Allaire, chacun est appelé à écrire son petit devoir et à évaluer les cinq options à la lumière des objectifs définis. On va passer aux choses sérieuses.

LA LOGIQUE DE MONSIEUR SPOCK

S'il avait été membre de l'équipage du vaisseau spatial *USS Enterprise,* il aurait tenu le rôle de Monsieur Spock. Même visage longiligne. Même extérieur sans humour. Même froideur apparente. Même esprit calculateur. En plus, il connaît bien le capitaine et jouit de sa confiance. Il ne lui manque que les oreilles pointues.

Fernand Lalonde, car c'est de lui dont il est question, va entraîner les débats dans leur premier virage. Durant 15 réunions, on apprend, on étudie, on papote. À la 16e, ce 1er octobre, on se met au travail.

L'ancien ministre se commet d'abord à l'oral. Au procès-verbal de la réunion, on lit :

> Fernand Lalonde émet l'hypothèse que si la faveur de l'opinion publique favorisait la souveraineté, il serait bon de faire un référendum afin d'éviter une victoire du Parti québécois lors de la prochaine élection générale. Nous opterions pour une souveraineté avec association économique avec le Canada et, s'il y avait refus [du Canada], nous devrions penser à une souveraineté comme position de repli.

Deux semaines plus tard, il passe à l'écrit, remet son devoir. Quatre pages, à simple interligne. Il établit d'abord son vœu personnel : un Canada des

régions, où le Québec formerait une région plus autonome, capable de « promouvoir son caractère distinct et [de] poursuivre ses objectifs propres ». Il pose
ensuite un constat : à cause de l'échec de Meech et pour un temps prévisible,
les Québécois vont appuyer la souveraineté-association. Comme le PQ est le
seul porteur de ce programme, « le simple passage du temps et un accident
électoral risquent de confronter le Québec à l'aventure proposée par le PQ ».

Il avance une première hypothèse, assez mollement : le déclenchement
d'une élection où le PLQ proposerait le « fédéralisme des régions » et plus
d'autonomie pour le Québec. Une carte prudente, dont « on peut douter
qu'elle soit suffisante » pour maintenir le parti au pouvoir ou pour « provoquer
des négociations positives et décisives avec le Canada anglais ».

Comme à regret, il présente cette conclusion :

> L'autre hypothèse de stratégie pour dénouer l'impasse actuelle voudrait que le
> gouvernement libéral procède lui-même à la tenue d'un référendum (i) sur la
> souveraineté et (ii) sur la négociation d'une entente économique avec le reste du
> Canada. [...]

> Cette stratégie aurait un double effet :

> – à l'intérieur, elle aurait pour conséquence de dégager la souveraineté du Québec
> du débat partisan et de réduire le débat électoral prochain à la seule dimension
> économique, c'est-à-dire là où le PLQ de M. Bourassa peut l'emporter sur le PQ
> de M. Parizeau ;

> – à l'extérieur, elle serait le meilleur moyen pour provoquer une négociation avec
> le reste du Canada en plein contrôle de notre agenda.

> Toutefois, une telle démarche présume aussi de l'appui par le gouvernement
> libéral de la première proposition, c'est-à-dire la souveraineté du Québec, ce qui
> aurait pour effet de créer un schisme profond dans notre clientèle.

> Les conséquences d'une telle démarche sur le PLQ pourraient être fatales, car il
> n'est pas sûr que l'on pourrait récupérer chez la clientèle naturelle du Parti qué-
> bécois suffisamment d'appuis de modérés pour compenser l'abandon de ceux qui
> ne pourraient pas nous suivre dans ce cheminement.

> Autre risque : si le Canada ne veut rien savoir une fois qu'on aurait choisi la
> souveraineté, il faudra se débrouiller tout seul et payer le coût de l'isolement. Mais
> c'est pratiquement impossible. La *realpolitik* prévaudra tôt ou tard.

> Il s'agirait donc d'une stratégie audacieuse et risquée, mais peut-être gagnante.

> Il y a toujours le *statu quo*. Les Québécois n'en voudront pas, car il est désho-
> norant.

On pensait que la poussée souverainiste viendrait de Bissonnette, déjà
commis à ce sujet. De Garceau ou de Therrien, qui portent leur nationalisme
en bandoulière. Personne ne voyait venir la salve du côté de Lalonde, le fidèle
compagnon de Bourassa.

Fernand Lalonde introduit d'un coup et avec fracas la thèse de la « stratégie de rupture ». Il met dans la balance l'intérêt électoral du parti (voler son

option à l'adversaire), suscite la surprise dans le pacage nationaliste. Michel Bissonnette est « renversé » et pense voir Suzanne Levesque s'éclipser pour appeler son ministre. « Je ne me souviens pas des 40 réunions, dit Michel Lalonde, mais je me souviens de celle-là. J'ai senti que la balance venait de pencher d'un côté, que le passage se dégageait. »

Fernand Lalonde immobilise surtout le camp fédéraliste. Jacques Gauthier, qui n'en était pas, dit qu'il « présumait que M. Lalonde devait avoir une ligne directe avec le premier ministre ». Il ne doit pas être le seul. Déjà, Laurent Picard est songeur. Lui aussi se dit favorable à une fédération décentralisée, voire à une confédération. Mais, demande-t-il, « quel sera le pouvoir de négociation du Québec ? » On revient toujours se buter à ce mur. L'Italo-Québécois Iadeluca encaisse, dubitatif. Thérèse Lavoie-Roux est absente des trois réunions d'octobre et rate ce virage. Cosgrove, frappé par l'audace de Lalonde, ne peut que constater avec lui. « Si on regardait uniquement l'objectif, on arrivait à une option [les régions], si on regardait la stratégie, on arrivait à l'autre [la souveraineté]. »

Mais le comité doit-il s'intéresser à la stratégie ? N'est-ce pas du ressort du premier ministre ? Le comité ne devrait-il pas dessiner le paradis constitutionnel, et laisser aux archanges le soin d'en dégager les voies d'accès ? Cosgrove s'enquiert auprès de son ami John Parisella qui le rassure. Oui, Bill, vous avez le droit de parler de stratégie. Ah bon !

Le 12 octobre, Jean Allaire rend visite à Bourassa, rue Maplewood. Le chef de gouvernement est affaibli ; il revient de Bethesda, près de Washington, où il s'est rendu, incognito, se faire traiter pour un cancer de la peau. Affaibli, mais lucide. Allaire raconte :

« Robert, on est rendu loin dans notre réflexion. Ça va très loin, là. »

« Pas la pleine souveraineté j'espère ? proteste le premier ministre. »

« Non, mais pas loin. Fort probablement une confédération. »

Comment réagit le premier ministre ? En ne réagissant pas, raconte Allaire : « Robert, c'est un drôle de gars, hein ? Il n'a pas eu de réaction, là. Pouf ! Rien. Alors je lui ai dit : "Mais Pierre [Anctil] a dû te conter ?" ; "Oui, Oui". »

À la mi-octobre, Cosgrove lui-même ajoute une pierre à l'édifice. Il se rend à l'université Queens, à Kingston en Ontario, où se tient à huis clos une réunion d'une soixantaine de membres de la mafia constitutionnelle du pays, sous les thèmes : « Où sommes-nous ? » « Où allons-nous ? » « Comment y arriver ? » Il leur montre le nouveau vidéo libéral. Il fait rapport au comité la semaine suivante : « Il ressort de cette rencontre que le Québec a très peu de chances que les autres provinces acceptent des changements si les négociations se font à l'intérieur de la constitution. Pour éviter le processus, le Québec doit sortir du cadre constitutionnel actuel. » Sortir du cadre ? Si mêmes les meilleurs esprits du Canada anglais le disent... Cosgrove ajoute même selon le procès-verbal : « Les participants de cette rencontre, majoritairement, affirment qu'il n'y a plus d'intérêt à rester ensemble et qu'aucune des options ne va donner de résultats satisfaisants. » Bigre.

Bourassa fait une rare sortie publique, le 19 octobre, à l'émission *Le Point*. « Ce que nous proposons, c'est des changements importants dans plusieurs secteurs, mais on propose le maintien de l'espace canadien, aménagé de façon différente », dit-il. « Il doit y avoir une espèce de gouvernement économique au Canada, de manière à assurer la stabilité économique des Québécois. On ne veut pas de passeport au Québec. » Ce sur quoi il répète sa phrase sur le *statu quo* et l'annexion aux États-Unis. Air connu. Rien de neuf, rien pour faire dérailler les travaux du comité, sauf cette notion qu'il faut une sérieuse association économique.

Le 22 octobre, c'est Suzanne Levesque, chef de cabinet de Gil Rémillard, qui dépose sa brique. Sans en être certain, chacun pense, autour de la table, qu'elle n'agit pas sans l'appui tacite de son patron. (Peu après la création du comité, Allaire avait confié à Rémillard : « Écoutez, je comprends qu'on demande la confidentialité, mais dans votre cas, Suzanne Levesque est votre représentante. » Le ministre pouvait donc être mis dans le coup.) La dame est studieuse et généralement réservée : elle a la manie de toujours vouloir s'exprimer en dernier. Des membres du comité lui adressent parfois tout exprès des questions embêtantes, sachant qu'elle hésite à se commettre. Mais le 24 septembre, dans une grande entrevue au *Devoir,* son patron Rémillard s'est beaucoup avancé. Il réclame un « fédéralisme d'association », décentralisé au point où le Québec contrôlerait peut-être ses affaires étrangères, sa défense et sa monnaie. Pour y arriver, il suggère d'obtenir, par voie de référendum, un « mandat de négocier ». Aujourd'hui, sa chef de cabinet va pousser plus loin. L'option politique, écrit-elle (ou il ? ou ils ?) en introduction, est « la peinture ». La démarche stratégique est « le cadre ». Le texte, qui fait 11 pages serrées, est sa (leur ?) première épître aux allairiens.

Usant du texte de Lalonde comme d'un socle, elle écarte d'abord l'option des « régions » comme peu prometteuse, politiquement, juridiquement, et dans le temps imparti avant la prochaine élection. La souveraineté, par contre, « en dépit de l'indéniable facteur de risque qui y est associé » paraît « plus valable et plus profitable » notamment parce que :

> ★ elle permettrait au Québec de se présenter en position de force en vue de négociations avec le reste du Canada. De plus, dans ces négociations, le Québec privilégierait une approche bilatérale, seule avenue réaliste dans la problématique actuelle ; [...]

> ★ les volets souveraineté et mise en commun (ou association) reflètent très bien l'évolution politique dans le monde actuel. [...] À ce titre, l'Europe de l'Ouest, l'Europe de l'Est et l'URSS sont des exemples probants de cette évolution ;

> ★ il existe une ouverture sans précédent à cette option chez nos partenaires traditionnels, soit les États-Unis et la France.

Levesque parle beaucoup de souveraineté, peu des « structures communes » qui devraient être négociées ensuite. Elle se contenterait d'une « association par traités » entre les deux nouveaux États. Elle précise un échéancier pour le référendum sur la souveraineté qui :

> pourrait se tenir à l'été ou à l'automne de 1991 [...] afin de profiter du sentiment populaire (qui devrait logiquement se maintenir), de ne pas permettre au PQ de présenter un front uni et dans le but de tenir compte de l'échéance électorale à l'automne de 1993.

Deux questions seraient prévues, une sur la souveraineté, l'autre sur l'association. Levesque répond ensuite aux facteurs de « danger » évoqués par Fernand Lalonde, notamment la perte d'une partie de la clientèle du PLQ.

> Où irait-elle ? Certainement pas vers le PQ. Vers le *Equality Party* ? Cette formation ne jouit pas d'une grande crédibilité, pas même aux yeux d'une bonne partie de la communauté anglo-québécoise. La création d'un groupe ou même d'un parti politique ? [...] Cette coalition disposerait-elle du temps nécessaire pour s'organiser ? [...] Le risque qu'encourrait ce groupe serait de se « ghettoïser » au sein de la société québécoise. Cette désertion pourrait n'être que temporaire.

La chef de cabinet entraîne ensuite le lecteur dans le processus de négociation de la souveraineté. Elle en examine les délais, insiste sur l'intérêt qu'aurait le Canada, au plan international et économique, de faire vite, étudie l'impact politique de la souveraineté sur les élections qui suivraient, soupèse l'utilité du Bloc québécois. Sans compter — thème favori de M. Rémillard — la rédaction rapide d'une constitution québécoise. Et elle conclut :

> En somme, pour des raisons de logique économique, de bon sens politique, de respect des valeurs démocratiques universelles et de prudence devant les réactions de l'opinion publique internationale, cette stratégie complexe serait certes risquée, mais elle comporte des points positifs non négligeables et apparaît peut-être comme la plus susceptible de placer le Québec en position de force afin qu'il puisse obtenir des résultats concrets et significatifs.

Après Lalonde, le copain de Bourassa, voici que l'adjointe de son ministre des Affaires constitutionnelles trace la voie. Les membres plus nationalistes du comité, Bissonnette, Garceau, Therrien, n'ont qu'à regarder passer ces trains. À la fin d'octobre le convoi, pour l'essentiel, est prêt. Il ne s'agit plus que de le faire entrer en gare.

LA LIGNE, LE CHIEN ET LES ROBES ROUGES DE SEARS

Le comité Allaire est convenu de se réunir plus longuement, de faire un Lac-À-L'épaule comme on dit au PLQ, une fin de semaine, les 9 et 10 novembre. Si les membres fédéralistes du comité veulent monter une contre-offensive, l'heure est venue. Malheureusement pour eux, les événements des jours qui précèdent cette rencontre cruciale ne sont pas « porteurs ».

Dix jours avant : Désemparé, Brian Mulroney crée la commission Spicer, sorte de supersondage des états d'âme canadiens. Commentaire de Gil

Rémillard : « On se souvient de Pépin-Robarts. Le rapport [fédéral pour une décentralisation de certains pouvoirs] est sur une tablette, dans un musée, quelque part... »

Six jours avant : En congrès au mont Sainte-Anne, l'aile québécoise du Parti conservateur adopte une résolution sur le droit du Québec à l'autodétermination, mais ne peut s'entendre sur des projets de « confédéralisme » avancés par quelques députés. Le constitutionnaliste du parti, le sénateur Gérald Beaudoin, vient leur dire au micro : « Si vous voulez le confédéralisme, vous devrez d'abord passer par la souveraineté. » Tiens donc.

Trois jours avant : Ouverture des travaux de la commission Bélanger-Campeau. Bourassa vient y répéter, presque mot pour mot, les discours prononcés à la mort de Meech. « La décision de rejeter [Meech] remettait logiquement en cause notre avenir politique », dit-il. « On ne peut plus faire confiance désormais aux mécanismes de négociation et de révision constitutionnelle à 11 gouvernements. » Gil Rémillard pousse la vapeur : « Les pouvoirs et compétences du Québec, selon la constitution canadienne, sont nettement insuffisants et même, à plusieurs égards, pénalisent le Québec dans son développement. » À la question : « Comment doit-on procéder ? » Rémillard répond : « La volonté du peuple québécois, clairement exprimée, devrait être notre première référence. »

Deux jours avant : Le surprenant mémoire quasi souverainiste de la Chambre de commerce du Québec est présenté devant la commission Bélanger-Campeau. La section québécoise de l'Association des manufacturiers canadiens abonde dans le même sens. John Parisella croise Ghislain Dufour, président du Conseil du patronat et membre de la commission parlementaire. « Ghislain, il y a deux fédéralistes au Québec : toi pis moi, pis vice versa ! »

Au jour dit, ils sont venus, ils sont tous là. Les poids lourds et les militants, les sectoriels, les agents de liaison et les opérationnels. En fait de lac, ils n'ont droit qu'à un ruisseau paresseux des Laurentides, à quelques kilomètres de L'Estérel, coquet terrain de jeu de la moyenne bourgeoisie québécoise, où Georges Simenon a écrit quelques romans. Les membres du comité Allaire n'ont pas autant de chance. Ils sont logés à l'Alpine Inn, en bordure de la route nationale. L'hôtel hésite entre une imitation de manoir normand, de chalet suisse (d'où « Alpine ») et de maison canadienne. Difficile de dire si jadis, l'endroit a eu du panache. « Je trouvais que c'était une place *cheap* », dit un participant, surpris que le parti gouvernemental ne puisse trouver mieux.

Ces touristes politiques se présentent à la réunion avec des états d'esprit divergents. Michel Bissonnette est calme. Il a fait son pointage, il juge qu'une majorité de participants sont maintenant sur sa longueur d'onde. Bill Cosgrove pressent la même chose : la souveraineté l'emportera. « Je le revois, dit Michel Lalonde. Il s'était rendu à l'Alpine Inn comme un gars qui s'en va vivre son chemin de croix. Il avait pas hâte. » Allaire trouve que « ça va bien ». Anctil sait que tout doit encore se jouer. Il a apporté une arme secrète.

La session du vendredi soir sert de période de réchauffement. Anctil fait une présentation générale du contexte international (intégration des marchés, montée des nationalismes) ; du contexte canadien (blocage constitutionnel, montée du Reform Party et du Bloc québécois, sous-performance de l'économie, dette) ; du contexte québécois (sentiment souverainiste majoritaire dans l'opinion, fardeau de la preuve maintenant sur les épaules des fédéralistes, usure du pouvoir libéral, nécessité de ressourcement).

Les participants échangent ensuite leurs opinions, comparent les stratégies, ressassent leurs points de vue. On ajourne. Le soir, autour d'une bière dans un des salons de l'hôtel, plusieurs découvrent que Monsieur Spock a de l'humour. Il raconte des blagues sur le premier mandat de Bourassa, taquine Suzanne Levesque qu'il a connue toute petite. Le groupe se fréquente maintenant depuis six mois. Il est imbibé de camaraderie, de convivialité. Il n'a pas encore traversé d'épreuve de force.

Samedi matin. Anctil ouvre le débat. Faut-il trancher tout de suite la question de la souveraineté ? Le fruit ne semble pas mûr, ou les esprits pas suffisamment en éveil. On reporte ce débat crucial à plus tard. On bifurque sur une autre tâche : la distribution des pouvoirs.

Sur un tableau, Anctil inscrit la liste des responsabilités gouvernementales, 28 au total. Il faut décider lesquelles seront « exclusives au Québec », lesquelles seront « concertées » avec Ottawa, lesquelles seront dévolues exclusivement à une future « superstructure ». Les données brutes proviennent du ministère de la Justice, qui signale les nombreuses zones où Ottawa empiète en territoire québécois.

Une dynamique singulière se développe dans les trois heures qui suivent. Puisque la majorité des participants est favorable à ce que le Québec devienne un État souverain — et, à des degrés divers, associé — mais qu'ils n'ont pu encore se compter, ils s'évertuent à charger le Québec de pouvoirs, comme pour démontrer que le résultat ne peut être autre chose que la souveraineté. « On va décrire la bibitte avant de la nommer », indique Jean Allaire. En effet.

La discussion commence. Tout de suite, elle va bon train. Les sujets d'interminables négociations fédérales-provinciales sont réglés en un tourne-main. Sept minutes par pouvoir. En moyenne. C'est le temps que les membres du comité prennent pour redessiner la carte politique du pays.

Développement régional : Québec. Formation de la main-d'œuvre : Québec. Assurance-chômage : Québec.

« J'ai dit : "Pierre, vas-y", raconte Allaire. Et Pierre aimait ça, il était bon là-dedans. Il fait bien ça. Puis il y allait pas avec le dos de la cuiller à part ça, parce que à ce moment-là, il laissait libre cours à son sentiment souverainiste. Je pense qu'il l'était autant que Michel Bissonnette. »

Énergie : Québec. Recherche et développement : Québec et concertation ; Fiscalité : Québec et concertation.

« On y allait d'instinct, se souvient Gauthier. On n'avait pas nécessairement une démarche documentée sur chacun des pouvoirs. Le réflexe des membres, en grande majorité, était de dire : "Ça va principalement au Québec, à moins qu'il y ait de bonnes raisons que ça aille au fédéral." »

Ressources naturelles : Québec. Institutions financières : Québec et concertation. Tourisme : Québec.

« La rapidité du partage m'a surpris », dit Bissonnette, qui avait préalablement étudié la liste, de son côté, avec d'autres nationalistes comme Therrien et Garceau. « Je m'attendais à beaucoup plus de débats. Mais ça déboulait très vite. La seule façon qu'un pouvoir puisse être désigné "concertation", c'était que certains aient de maudits bons arguments, et il fallait qu'ils soient nombreux à le dire. »

Culture : Québec. Communications : Québec. Éducation : Québec. Santé : Québec.

Lavoie-Roux intervient sur la Santé, fait valoir que des normes nationales d'hygiène fonctionnent admirablement, et qu'il serait fou de dédoubler un système efficace. Anctil inscrit au tableau : « par entente ? »

Monnaie : Ottawa. Immigration : Québec et concertation.

« Je ne pouvais pas croire qu'en une seule journée, on allait décider de la répartition des pouvoirs, se souvient Cosgrove. Il y en a pas mal. »

Habitation : Québec. Services sociaux : Québec. Justice : Québec. Mariage et divorce : Québec.

Laurent Picard et Bill Cosgrove interviennent. « Écoutez, peut-être qu'on va trop vite. Il faut qu'il reste quelque chose. »

Une fois la discussion terminée, le gouvernement fédéral conserve : la monnaie et, sous réserve, les Jeux olympiques. À la colonne « concertation », outre la libre circulation des biens, des capitaux et de la main-d'œuvre, on trouve les douanes, les télécommunications, l'immigration, l'agriculture, les institutions financières, la fiscalité, l'environnement ainsi que la recherche et le développement. (La défense ne figure pas sur cette première liste.) Sur 28 lignes, une seule affiche un « X » dans la colonne de la future structure commune, 15 n'affichent qu'un « X » sous les mots « Exclusif Québec ».

« Le réflexe a été de dire, quand on est rendus là, on est quasiment souverain », dit Gauthier. Vue sous l'angle de l'État souverain, la liste est généreuse dans ses propositions d'association. Vue sous l'angle d'une province réclamant, au sein d'une fédération, plus de responsabilités, la liste est gargantuesque.

Après le lunch, le *crunch*.

Sur une grande feuille de papier, Pierre Anctil a encore inscrit les cinq options. Maintenant, il présente les résultats de la seconde tournée de consultation, menée avec le vidéo et les cinq grands panneaux explicatifs. Depuis la mi-septembre, plus de 4500 membres ont été vus, informés, écoutés. Des assemblées ont été tenues dans chacune des 125 circonscriptions. « La plus grande consultation de l'histoire du Parti libéral », affirme Allaire, que personne ne contredit, car il a raison.

Anctil est au meilleur de sa forme. Intense, étudié, l'homme possède un certain magnétisme. Engageant sans être familier, il appelle un peu d'empathie. Intelligent, souvent ironique, il possède le talent de décalage propre à sa génération, c'est-à-dire une façon d'accomplir sérieusement quelque chose de grave, tout en observant la scène avec un œil narquois. Calculateur, Anctil a des paupières un peu tombantes qui réduisent l'effet menaçant ou supérieur que son regard et son front dégagé pourraient autrement projeter. Bref, on veut être avec lui. De son bord. D'accord.

Mais voici quelque chose d'inattendu. Les animateurs, explique Anctil, ont tenu un pointage des commentaires des militants, pendant les discussions qui ont suivi chaque présentation. Ils ont fait des additions. « Indicatives et pas scientifiques », souligne le directeur général. Tout de même, les chiffres sont là. « On va savoir si on franchit La Ligne, ou pas », dit-il, et il se met à écrire ces chiffres :

Fédération	Confédération	Modèle européen	Souveraineté-association	Indépendance
21 %	28 %	21 %	20 %	10 %

Il existe aussi une distribution régionale de ces statistiques, instructive car elle valide, par ses variations, les résultats. Dans l'ouest de Montréal, les anglophones ne se sont pas trompés : 52 % ont choisi la fédération, comme 38 % de leurs cousins de l'Outaouais. La confédération fait un tabac en Abitibi-Témiscamingue (50 %), dans l'est de Montréal (43 %) et au centre du Québec (40 %). Le modèle européen est préféré par le Saguenay–Lac-Saint-Jean (33 %). Le premier choix des habitants de Québec est la souveraineté-association (27 %). L'indépendance n'est l'option préférée d'aucune région mais 29 % des militants du Saguenay–Lac-Saint-Jean y souscrivent.

C'est le total qui compte. Il y a trois façons de voir les choses, explique Anctil. Si on retire les extrêmes, la fédération et l'indépendance, on trouve 68 % des militants sur les trois cases centrales. Si on fait un calcul d'écart du militant moyen, selon une formule que l'ingénieur Anctil présente, les colonnes fédération et indépendance portent un signe négatif (-10 et -15), les trois autres, un signe positif, avec +16 pour la confédération.

Il y a une troisième façon de calculer. Il y a une ligne qui scinde ce tableau en deux, explique-t-il avec un grand geste. Une ligne qui départage la fédération des quatre autres options. La Ligne de la souveraineté. À gauche, 21 % de nos militants. À droite, 79 %. *Nos* militants. De *notre* parti fédéraliste. Les autres Québécois, les indécis, les partisans du PQ, tous les sondages vous disent où ils logent.

Ces chiffres sont tombés comme une tonne de briques sur les derniers fédéralistes, émiettant leurs convictions. Ils sont tombés comme un chargement de ciment, bétonnant les positions des tenants de la souveraineté. « L'utilisation que Pierre a fait de ces chiffres était magistrale », raconte l'expert en communications Michel Lalonde, encore admiratif. « On a eu droit à tout un spectacle. »

Voilà, fait Anctil en relançant la discussion de groupe. « Il y a un nœud gordien. On coupe ou on ne coupe pas. C'est l'un ou l'autre. *L'un ou l'autre.* »

Jean Allaire est le président. Alors il préside. Pose la question clé : « Le Québec doit-il devenir un État souverain ? »

On commence un premier tour de table. Plusieurs s'esquivent, tournent autour du pot, refusent de répondre directement. Des fédéralistes trouvent que la question est posée de façon trop simpliste.

Iadeluca, par exemple, est ambigu. D'une part, il est certain que les communautés culturelles « que je représente, dit-il, préfèrent le fédéralisme renouvelé » ; d'autre part, il convient que le Canada se trouve dans une impasse qui « force le Québec à prendre un virage catégorique ».

Laurent Picard voudrait bien essayer de « sortir du cadre » canadien pour mieux y rentrer ensuite, mais si ça ne marchait pas ? « La stratégie à un palier apparaît extrêmement dangereuse, dit-il. Et une stratégie sans *back up* [position de repli] semble impossible. Discuter d'un État souverain sans parler des risques et des coûts est tout à fait abstrait. »

« On risque de tout détruire et de se trouver à genoux, dit-il encore. Si on est réduit à appeler le reste du Canada ou les États-Unis à notre aide, qu'est-ce qu'on aura obtenu, qu'est-ce qu'on aura, comme société distincte ? » Cela dit, ajoute-t-il, « le Québec n'a pas beaucoup de *steering power* », de marge de manœuvre.

Jacques Gauthier lui répond qu'on y est, à la position de repli. Que Meech était le palier supérieur et que le Québec est maintenant contraint de se replier sur la souveraineté.

Fernand Lalonde met son poids dans le débat. « On ne voit pas comment, dans le contexte actuel, amener le reste du Canada à reprendre la négociation dans le cadre d'une fédération, qu'elle soit asymétrique ou qu'elle soit une fédération des régions, sans d'abord faire une affirmation. » Aussi, il souligne l'enjeu partisan : « Pour éviter aux Québécois l'aventure du Parti québécois, le Parti libéral a le devoir de gagner la prochaine élection. » On connaît sa méthode : voler son option à l'adversaire.

Finalement, il lâche cette phrase : « Il va falloir qu'on soit autre chose qu'un chien qui jappe et qui ne mord jamais. »

Jean-Pierre Roy, le président du parti, partage avec la petite assemblée l'état de sa réflexion : « C'est comme si on était un acheteur pour un grand magasin comme un Sears, commence-t-il. Et il n'y a plus personne qui veut de robe rouge. Si t'es un acheteur intelligent, t'arrêtes d'acheter des robes rouges chez le grossiste. Comme il n'y a plus personne qui veut du fédéralisme, faut arrêter de parler du fédéralisme dans ce parti-là, il faut maintenant parler de souveraineté. » CQFD.

Chez les nationalistes, l'affaire est entendue. Bissonnette est souverainiste. Garceau et Therrien, de l'exécutif, fondent leurs arguments sur l'état d'esprit du parti, et signalent que dans l'est du Québec ou dans le nord, les militants sont pressés, veulent en finir, sont prêts pour le grand saut. Que le comité, donc, doit les suivre.

On discute sans trancher. Anctil insiste. Les « pousse dans l'entonnoir », décrit Michel Lalonde. Il faut choisir. Il faut voter. Allaire veut que chaque personne s'exprime, « de telle façon que personne ne puisse dire par la suite : "Si j'avais eu à parler, j'aurais dit telle chose." J'ai assez l'expérience de ce genre de réunions et ça, ça m'horripile, ça me fait grimper dans les rideaux. » Comme pour dorer la pilule, quelqu'un dit : ce sera un « vote indicatif ». Tu parles !

Moment électrique. Moment de tension. Moment de vérité.

Chacun prend des notes pour préparer son intervention finale. Cosgrove est le plus déchiré de tous. « C'était logique. L'argument était que n'importe quelle option sauf le *statu quo* implique la souveraineté. J'étais contre le *statu quo*. Donc si j'acceptais la prémisse, j'aurais dû dire oui. Mais j'ai pas réussi à faire se saut-là », raconte-t-il dans un éclat de rire.

Au contraire, il serre le frein comme si sa vie en dépendait. « L'option la moins risquée et la plus sage est définitivement le fédéralisme décentralisé, dit-il. Il faut qu'on se demande quels seraient les coûts de la souveraineté pour la masse de la population. Est-ce qu'on a vraiment épuisé toutes les possibilités de revoir une nouvelle formule d'amendement ? Il faut être responsable. »

Quelqu'un lui répond que, pour changer la formule d'amendement, il faut l'unanimité des provinces. Il faut que Wells dise oui.

Cosgrove se cramponne, étale les risques de l'opération. Son drame, c'est qu'il n'a rien à proposer. Il critique la position qui émerge comme majoritaire, sans pouvoir offrir de solution de rechange. Personne n'introduit l'idée d'une « dernière chance au Canada ». Meech est encore trop récent. « Cosgrove s'est débattu, s'est débattu, raconte un nationaliste. Puis un moment on a dit : "Écoute, Bill, c'est plate, mais le groupe est là." Ça se résume à ça. »

Lavoie-Roux, moins véhémente, exprime le même regret. « Jusqu'à ce qu'on trouve une meilleure formule, on n'a peut-être pas le choix », dit-elle, toujours réticente.

Iadeluca annonce son vote ainsi : « Si ma commission [des groupes ethniques du PLQ] savait la position que je prends aujourd'hui, certains seraient très fâchés. »

Bissonnette parle vers la fin du tour de table. Il pensait devoir renverser un mouvement, il ne fait qu'ajouter sa voix aux autres. Ni Allaire ni Anctil ne s'expriment.

Comment le vote se tient-il ? À main levée, disent des participants. En disant oui ou non à la fin de l'intervention, pensent d'autres. Cosgrove affirme que ce sont Allaire et Anctil qui ont déduit la marque finale, à partir des interventions de chacun. Mais un chiffre apparaît au procès-verbal, adopté sans modification à la réunion suivante.

Pour la souveraineté du Québec :	11
Contre la souveraineté du Québec :	2
Abstention :	1

Ne votent pas : Allaire, Anctil, Lalonde, qui, tous, auraient rejoint le premier groupe. Contre, bien sûr, on retrouve Bill Cosgrove. Le second vote négatif appartient à Thérèse Lavoie-Roux. L'abstention, à Suzanne Levesque qui ne veut pas mouiller son ministre, mais qui n'en pense pas moins. Cosgrove affirmera que Picard a aussi voté contre, ce qui est contesté par des témoins gardant, comme Bissonnette, le souvenir vif que « le *chum* de Trudeau avait voté pour la souveraineté ». Quelle que soit la marge d'erreur, la majorité est écrasante. La Ligne est franchie.

LE CROISÉ DE L'ARRIÈRE-GARDE

Anctil a les yeux qui brillent, car il n'en revient pas. Aucun pointage ne lui avait fait prévoir un tel raz-de-marée. Il regarde un Bissonnette « ébahi », « surpris de voir à quel point ça va être facile » (pas « ça a été », mais « ça va être »). Étonné aussi, « que la décision se prenne sans que Bourassa soit lui-même venu intervenir ». Mais, bon, « tout le monde percevait tellement Fernand comme étant le porte-parole de M. Bourassa à la table... » Allaire, qui craignait que « ça casse », est ravi que « ça passe » et trouve le vote « hors de l'ordinaire de la part de certaines personnes ».

Il pose une seconde question, pour mieux définir la volonté du groupe. Parmi les quatre options qui figurent à droite de La Ligne, « Est-ce que vous privilégiez les options confédération et modèle européen » avalisées par la plupart des militants ? Cosgrove et Lavoie-Roux se rangent. Levesque continue de s'abstenir. La marque est : 13 oui, 1 abstention.

Les électeurs de Westmount ont commis une gigantesque bourde, en 1989, en refusant de choisir William Cosgrove comme député. Cet homme est tenace, infatigable, inusable. Le mot défaite refuse de s'inscrire sur ses réseaux synaptiques.

Le vote pris, il refuse qu'on inscrive au procès-verbal qu'il s'agit d'un consensus ; il faudra écrire « une majorité ». Puis, il met en cause la qualité des débats, la richesse de l'information recueillie, le processus ayant mené à la décision. Il propose d'embaucher des experts de la négociation et du compromis, le fameux groupe du Dr Roger Fisher, de Harvard, auteur de *How to get to yes,* qui sera utilisé par les commissions fédérales Spicer puis Beaudoin-

Dobbie, avec des succès douteux*. Mais ces vaudous du consensus coûtent 10 000 dollars pour une fin de semaine. Lors d'une réunion subséquente, Anctil et Allaire refusent.

Devant la petite assemblée, Cosgrove grogne. Il se souvient même d'avoir frappé du poing sur la table. « Je ne comprends pas. C'est tellement évident que nous sommes une société distincte, c'est ridicule d'aller jusqu'au point de possiblement la détruire pour le prouver ! » Combien d'emplois seront perdus dans cette aventure ? Les économistes entendus n'ont pas pu le dire. Cent mille ? Trois cent mille ? « Je regarde autour de la table et c'est fort probable que personne ici ne va perdre son emploi, quelle que soit l'option que nous allons proposer. [...] Si on demandait aux Québécois : "Êtes-vous prêts à perdre tant d'emplois, ou que quelqu'un de ta famille perde son emploi pour un an ou deux pour arriver à cet objectif, êtes-vous d'accord ?" Je suis convaincu que la réponse serait non. » Évidemment, présenté comme ça...

Dans deux mémos qu'il enverra à Allaire et à l'ensemble des membres du comité au cours des mois qui suivent, et dans ses interventions aux deux réunions suivantes, il propose l'embauche de spécialistes de la prospective économique, comme il en a vu à la Banque mondiale, pour élaborer de meilleurs scénarios d'impact économique de la souveraineté. Puisque cet impact dépendra beaucoup du degré d'acrimonie que la rupture provoquerait au Canada anglais, pourquoi ne pas embaucher aussi des experts de la psychologie de masse, pour faire des projections scientifiques ? Il en a vu, aussi, à la Banque mondiale. On lui renvoie l'argument budgétaire, encore. Les sommes en jeu seraient astronomiques. « C'est cher puis c'est pas cher, rétorque Cosgrove. On parle d'un pays. »

Maintenant qu'il a eu le temps d'étudier les chiffres présentés par Anctil sur la consultation des militants, il les dépèce, il les critique, il les condamne.

---

* Ces experts seront aussi mis à contribution par l'hebdomadaire canadien *Maclean's*. Réunissant 12 Canadiens dont 2 indépendantistes québécois dans un même lieu en juin 1990, ils ont réussi à susciter l'unanimité entre les participants, en évitant soigneusement de parler du statut politique du Québec. *Maclean's* a titré trompeusement « *How Canadians can agree on their future* » comme s'ils avaient obtenu la preuve qu'un accord était possible. Puisque les deux indépendantistes l'étaient restés malgré la dynamique de groupe, *Maclean's* aurait dû titrer : « *Test proves : break-up inevitable* ». (Juillet 1991). *Maclean's* a récidivé l'année suivante (6-1-92) avec le même groupe, mais n'a pas pris de risques. Le magazine a invité des « conseillers », tous de la même tendance, des fédéralistes accommodants : David Peterson, ex-premier ministre ontarien ; Lorne Nystrom, du NPD ; Dorothy Dobbie et Gérald Beaudoin, deux parlementaires conservateurs responsables de la commission fédérale sur la constitution portant leur nom et Paul Martin, député libéral fédéral pro-Meech. Le rôle de ces invités était de « guider les participants à travers le brouillard constitutionnel ». Aucun « guide » de la tendance Trudeau/Wells/Reform Party, encore moins de la tendance Parizeau/ Bouchard/Allaire ne fut invité. Surprise : après 50 heures de débats, les 12 participants sont tombés d'accord sur un texte. Les Québécois, ayant réussi à faire inscrire une clause de société distincte musclée et à faire reconnaître le principe du fédéralisme asymétrique, ont signé. À Toronto, on appelle ça du journalisme.

Lorsque les militants ont dit « confédération », ils ne voulaient pas dire « souveraineté » clame-t-il*. Il ne fallait pas comptabiliser les interventions, ajoute-t-il encore, car « ceux qui parlent beaucoup ont parlé, ceux qui ont l'habitude de se taire et de penser n'ont pas parlé ». Comment expliquer alors le vote fédéraliste des militants de l'ouest de Montréal ?

Il est vrai que les jeunes parlent beaucoup à ces réunions, et en particulier au cours de l'automne qui a suivi le congrès de LaPocatière. Des séances de formation avaient été organisées par la Commission jeunesse en vue de cette tournée de consultation, et la CJ avait choisi « son » panneau, celui du modèle européen. Deux raisons à cette initiative, explique Mario Dumont : d'abord, il fallait que les jeunes soient « articulés » et prennent leur place proportionnelle dans le débat (33 % du parti) ; ensuite, il fallait freiner les ardeurs de ces ados néo-souverainistes. « Tu sais jamais, explique Dumont, tsé ? Le jeune trop enthousiaste qui se *pitche* sur le panneau de l'indépendance, c'est le genre d'affaire que tu veux, autant que possible, éviter ! »

Bill Cosgrove, résume un membre du groupe, « se débattait comme un chat dans l'eau chaude ». « Monsieur Bourassa est-il au courant ? » demandent Lavoie-Roux et Cosgrove à la sortie de l'Alpine Inn. « Oui, on le tient régulièrement informé », répondent Anctil et Allaire.

Bill Cosgrove dit avoir quitté les lieux « en maudit », mais personne sauf lui ne semble s'en être rendu compte. Bissonnette pense avoir pris une bière avec Allaire, Garceau et Therrien et s'être répété combien la journée était incroyable. Michel se souvient que le groupe s'est dispersé très vite, après l'ajournement de 16 h 15. Il a regardé, derrière l'hôtel en bois rond, les drapeaux du Québec et du Canada. « Je me suis dit *fuck* ! il vient de se passer quelque chose d'historique, puis tout le monde est parti. C'est plate ! »

La réunion a-t-elle jeté un mauvais sort sur l'endroit ? L'Alpine Inn n'allait pas survivre longtemps à la réunion historique du comité Allaire. À l'été de 1993, le groupe « Écoute ton corps » en prendra le contrôle. (L'auteur songe à introduire ici une métaphore sur le thème de la santé politique, mais se retient.)

« Bourassa est-il au courant ? » Bonne question. Le surlendemain du vote, le premier ministre quitte le Québec pour Bethesda où il doit subir quelques opérations de routine. Des complications opératoires vont l'immobiliser pour plusieurs semaines et lui faire perdre beaucoup de poids. Il ne reviendra rue Maplewood que le 7 décembre.

---

*   Même dans cette hypothèse, fausse on l'a vu, 51 % des militants ont choisi les options plus souverainistes encore. Détail intéressant : 28 % ont opté pour la confédération même si le vidéo indiquait trois fois que cette option supposait la souveraineté, et seulement 21 % ont choisi le modèle européen, pour lequel le vidéo n'utilisait pas le mot souveraineté, tenant probablement pour acquis que les militants savaient la France et l'Allemagne souveraines. Hypothèse de l'auteur : le mot souveraineté a agi comme un aimant.

Anctil affirme lui avoir parlé, au téléphone, dans les jours suivant le franchissement de La Ligne. « On s'en va dans une orientation très autonomiste et très contraignante pour vous », dit-il. « J'avais choisi des mots que je savais qu'il comprendrait, car c'était au téléphone », explique Anctil, et Bourassa, à l'époque, craignait les écoutes*. « Je savais qu'il comprendrait ce que j'étais en train de lui dire, parce que je lui avais déjà parlé préalablement des hypothèses de souveraineté, d'autonomie, tout ça. »

« Couvrez bien la question économique, là, couvrez bien la question économique, Pierre », répond Bourassa.

« Oui, oui, évidemment, la question économique, ça va être central », rétorque Anctil, qui connaît son homme.

« C'était au cœur de sa maladie, suppute le directeur général. Je n'ai aucun moyen de vérifier ou de confirmer si vraiment il avait complètement assimilé. »

En l'absence du patron, les affaires du parti suivent leur cours, les sondages s'accumulent. Un IQOP-*Le Soleil* indique que chez les francophones, 73 % favorisent la souveraineté-association. C'est beaucoup. Louise Robic, ministre ultrafédéraliste, trouve la vie dure. « Le beau rêve de revoir le fédéralisme s'est évanoui », dit-elle le 21 novembre.

Personne au parti n'est informé de l'extraordinaire vote qui a eu lieu à l'Alpine Inn. Personne, sauf la poignée de coordinateurs de la CJ, que Bissonnette tient toujours informés, consigne du silence ou pas. C'est donc en toute spontanéité que les ministres, députés et militants libéraux se réunissent à Québec, les 24 et 25 novembre, pour un nouveau Conseil général. Dans une des salles, le comité Allaire reçoit des mémoires de groupes intéressés. Le Congrès juif canadien est du nombre. Il est pour le fédéralisme, renouvelé de préférence. Sa position de repli : le *statu quo*.

Un mémoire plus surprenant est présenté par les cinq associations libérales de la région de Laval, y compris, donc, celle de la ministre Lise Bacon, qu'on dit présente à cette séance. Le mémoire a fait, lit-on, « l'unanimité » des représentants de ces associations, dont les circonscriptions et les militants comptent bon nombre d'anglophones et d'allophones. Le mémoire est piloté par Benoît Fradette, le plus jeune des députés libéraux (il a 25 ans), et un proche de la Commission jeunesse. Le texte propose que, lors d'un référendum, les Québécois se prononcent pour la « pleine autonomie politique » de leur État, assortie tout au plus d'une union monétaire et douanière avec le Canada et de

---

* À l'auteur, Bourassa expliquera en 1991 que récemment, « les fédéraux » avaient mystérieusement eu connaissance d'éléments d'une conversation téléphonique entre Jean-Claude Rivest et Lucien Bouchard. C'est pourquoi lui et ses principaux collaborateurs « se parlent un peu en code », dit-il. À une autre occasion, en entrant dans le bureau de Pierre Anctil à la permanence du parti, il lui a demandé : « Penses-tu être écouté ? » Il l'a prévenu : « Ne prends pas pour acquis que tu ne l'es pas. Il y a eu des précédents, pendant le premier mandat. »

la libre circulation des biens, des capitaux et de la main-d'œuvre. On croirait
lire du Parizeau. Les libéraux lavallois précisent le processus :

> ... que le Québec obtienne sa pleine autonomie politique par la voie de négociation
> directe avec le gouvernement fédéral. Toutefois [...] une limite de temps devrait
> être convenue pour ne pas s'enliser indéfiniment dans ces négociations. Dans le
> cas d'un échec, le Québec ne devrait pas hésiter à rapatrier unilatéralement ses
> pouvoirs.

Voilà qui vient gonfler le courant et confirmer la consultation d'Anctil.
Dans les corridors du Conseil général, les députés nationalistes sont souriants,
les fédéralistes rasent les murs. « Le mouvement vers la souveraineté est irréversible », affirme par exemple Henri Paradis, député de Matapédia. Le message envoyé aux délégués par Robert Bourassa, depuis son lit d'hôpital de
Washington, ne recèle aucune balise : « Soyez à l'écoute des Québécois.
Demeurez fidèles aux valeurs d'ouverture et de tolérance, en vue de l'élaboration d'un Québec fort, confiant et prospère. » Parisella et Bacon affirment à *La
Presse* que, de Bethesda, le premier ministre se tient au courant du débat
constitutionnel qui s'amorce au sein du parti, qu'il prend note de la moindre
déclaration de ses députés et ministres, qu'il parle plusieurs fois par jour avec
ses collaborateurs et sa vice-première ministre Bacon. Il se fait envoyer chaque
matin un dossier de presse complet, dans lequel on peut suivre, ces jours-ci,
la dérive nationaliste de plusieurs membres du caucus. Il faut prendre ces
propos rassurants avec un grain de sel.

Une fois Bourassa remis, Bacon racontera que le contact n'était ni si
fréquent ni si aisé. Pendant plusieurs jours, elle ne pouvait tout simplement pas
lui parler, car Bourassa était pris d'un violent hoquet. Bacon avait son propre
indice de l'évolution de l'état de santé du chef : l'attitude de l'entourage de
Bourassa, mieux informé. « À un moment donné, ils étaient très près de moi.
À un moment donné, ils se reculaient. Alors je me disais, "il va bien" ou "il va
plus mal". Je le sentais comme ça, par vagues. »

Chargé de « garder le gouvernement fonctionnel », Parisella dit avoir pu
parler à Bourassa « tous les jours, sauf la journée de sa première opération et
la journée de sa deuxième opération ». Le chef de cabinet annonçait au premier
ministre les décisions prises en son absence, ou lui présentait une ou deux
options sur des dossiers importants. Bourassa tranchait, au téléphone.

Le dimanche soir 25 novembre, Anctil-l'Européen et Parisella-le-Canadien
cassent la croûte. Anctil se garde bien d'aviser John que La Ligne a été franchie, à 11 contre 2. Mais, selon le récit de Parisella, « il me parlait beaucoup
de différentes options, largement inspirées par le fameux vidéo, mais qui
s'axaient plus sur le modèle européen ». Dans sa tête — mécanisme de défense
et effet de la fréquentation du patron — Parisella traduit « modèle européen »
par « une espèce de fédéralisme ». Occupé à gérer l'État, entre une réforme de
la santé et une réforme fiscale, il se laisse bercer par ses propres illusions.

Parallèlement à la consultation des militants, Allaire et Anctil procèdent à une auscultation politique des membres du caucus. Ils rencontrent les députés, par groupes et dans plusieurs cas un par un, à Québec. Henri-François Gautrin, de Verdun, et Jean-Guy Lemieux, de Québec, se lancent dans un débat contradictoire digne de la campagne référendaire de 1980. Gautrin anime un groupe d'une douzaine de députés fédéralistes, gardiens de l'orthodoxie ; Lemieux est au centre d'une confrérie de députés nationalistes, tentés par l'audace. Pour le reste, le constat est prévisible : les députés anglophones, allophones et une poignée de francophones sont irréductiblement fédéralistes. Un groupe de francophones, autour de Lemieux, sont activement souverainistes. Au centre, on trouve une espèce de magma de députés, épidermiquement nationalistes comme leur électorat, mais qui attendent la consigne.

Les allairiens ne reviennent pas les mains vides de leur tournée du caucus. Lemieux et quelques députés nationalistes leur ont remis un texte, où ils ont studieusement calculé les dates, aligné les étapes, « jusqu'au moindre détail », écrivent-il. Voilà des garçons organisés. Extraits :

NOTRE PLAN DE MATCH

[...] APRÈS LE CONGRÈS [de mars 1991]
DU 15 MARS 1991 AU 30 JUIN 1991 :

— [...] À l'interne, préparation du contenu du plan de communication et de l'organisation électorale en vue du référendum sur l'avenir politique et constitutionnel du Québec. [...]
DU 5 AOÛT 1991 AU 23 AOÛT 1991 :
— [...] Débat sur le projet de loi proposant la tenue d'un référendum
   [...] et dévoilement de la question référendaire.[...]
— La question devrait être unique :
« Le Québec est une société distincte, capable d'assumer son destin.
Accordez-vous au gouvernement du Québec le mandat d'obtenir, au cours des deux prochaines années, des pouvoirs et une autonomie accrus relativement aux sujets et aux juridictions suivants :
1. la formation de la main-d'œuvre ;
2. l'immigration ;
3. la formule d'amendement ;
4. les communications ;
5. le développement régional ;
6. l'environnement ;
7. l'agriculture ;
8. la politique monétaire ;
et, à défaut d'atteindre ces objectifs, accordez-vous au gouvernement du

Québec, à la fin de cette période, le mandat de déclarer unilatéralement la souveraineté politique du Québec et de prendre tout moyen démocratique pour réaliser l'autonomie politique du Québec ? »

OUI :
NON :

DU 23 AOÛT 1991 AU 2 OCTOBRE 1991 :

1. Tenue de la campagne référendaire ;
2. Avantages : Une seule question de cette nature nous permettrait de conserver notre base fédéraliste et de heurter moins radicalement les autres provinces [...]. D'autre part, la réaction prévisible du Parti québécois serait d'opter pour le camp du NON parce que cette démarche est contraire à la leur [...]. Nous croyons que les voteurs québécois voteraient massivement OUI à cette question [...].

DU [RÉFÉRENDUM] AU 2 OCTOBRE 1993

1. Négociation intensive du gouvernement du Québec avec le Canada ;
2. Tenue d'une élection fédérale [...] les représentants du Canada reçoivent un mandat électoral clair [du reste du Canada pour négocier avec le Québec...] ;
3. Au Québec, élection probable du Bloc Québécois [... qui] représente, avec ses 40, 50 ou 60 députés [sur 75 circonscriptions fédérales au Québec] la balance du pouvoir, soit un outil indispensable pour la modification de la structure fédérale [...].

7 OCTOBRE 1993 :

ALTERNATIVE 1 :

— Il y a entente satisfaisante en faveur du Québec :   GAIN ;
ALTERNATIVE 2 :

— Il n'y a aucune entente possible ; dans ce cas :

DU 1er OCTOBRE 1993 AU 15 OCTOBRE 1993 :

1. Rédaction de la déclaration de souveraineté ;
2. Préparation des interventions et du plan de communication en vue du débat historique ;
3. 6 octobre 1993 : tenue du Congrès général extraordinaire du Parti libéral du Québec et finalisation du cadre institutionnel, constitutionnel et associatif d'un Québec souverain basé sur le modèle confédératif.

DU 15 OCTOBRE 1993 AU 15 NOVEMBRE 1993 :

1. Débat sur le projet de loi déclarant la souveraineté du Québec à l'Assemblée nationale ;

2. Avantages : Nous prenons le leadership de l'avenir politique et constitutionnel du Québec.

Nous annihilons la plate-forme constitutionnelle du Parti québécois.

DU 15 NOVEMBRE 1993 AU [...] 1er AVRIL 1994 :

— Négociation continue par le PLQ du rapatriement des pouvoirs [...].

— Préparation de la campagne électorale.

DU 18 MAI 1994 AU 23 JUIN 1994 :

1. Tenue de l'élection ;

2. Avantages : [...] Le Parti québécois se verra dépouillé de toute sa plate-forme constitutionnelle [... et] montrera aux Québécois des signes de division profonde [...].

Et surtout, si la négociation du rapatriement des pouvoirs et/ou de l'association n'est pas complétée, les Québécois seront portés à laisser l'équipe libérale terminer sa tâche dans la confiance de cette seconde révolution tranquille. [...]

Lemieux explique être l'auteur de ce document « à 90 % », et ajoute que d'autres députés, notamment George Farrah, y ont aussi travaillé. Le document a été distribué à une quinzaine d'exemplaires et semble faire consensus dans la mouvance des députés nationalistes, sans toutefois qu'il ait été formellement discuté ou adopté en réunion. Lemieux dit en avoir remis une copie à Jean-Claude Rivest. Forts de ces appuis au caucus, Allaire et Anctil s'affairent en particulier à compléter le pointage qui compte : celui du conseil des ministres. Ils rencontrent plusieurs ministres un à un, en privé.

Suzanne Levesque et son patron Gil Rémillard s'adonnent-ils au même exercice ? Dans une seconde épître aux allairiens, produite au début de décembre, Levesque s'attache en tout cas à préparer le groupe pour le dur combat à venir et à le prévenir contre de dangereuses dilutions :

Si le comité propose un scénario comparable à celui suggéré dans notre étude[*] il suscitera sans nul doute des discussions ardentes au sein du parti, avant et pendant le congrès. Cependant, si on désire satisfaire aux attentes de nos militants et, par surcroît, de la population du Québec, ce scénario devra être clair. Un rapport dilué, où chacun trouverait son compte, ferait éclater des dissensions profondes, et peut-être même fatales à notre parti, lors du congrès de mars prochain.

En outre, on doit reconnaître, dès maintenant, que la position constitutionnelle de notre parti créera des déchirements et entraînera sans doute des départs. Cela apparaît inévitable. [...]. L'erreur (peut-être fatale) qu'on pourrait commettre serait d'ériger la cohésion de notre parti en dogme et de rechercher un compromis global pour plaire à tous et à chacun. [...]

---

[*]   La première épître, proposant la souveraineté. Notez ici l'utilisation du mot « notre ».

Le Parti libéral est un parti de pouvoir. Il en connaît les exigences et les limites. Il sera donc prudent afin de le conserver. Toutefois, l'imprudence serait de ne pas saisir cette opportunité politique que nous offrent nos militants et la population, et cela dans une conjoncture très rare dans l'histoire d'un peuple.

La chef de cabinet du ministre responsable des affaires constitutionnelles poursuit avec d'intéressantes remarques selon lesquelles « le gouvernement fédéral, bien qu'il le nie officiellement, se prépare déjà à la possibilité d'un Québec souverain (eg. problématique d'un Québec souverain au sein du GATT ; partage de la dette ; union monétaire)* ». Dans une section chiffrée et avec référence, l'épître insiste sur les dangers économiques et démographiques qui guettent le Québec, s'il s'avisait de rester membre de la fédération canadienne.

Le comité Allaire approche de la fin de son long cheminement. Le 1er décembre, ses membres ont choisi un lieu au nom prometteur, le Château Bonne Entente, à Sainte-Foy, pour apporter quelques fioritures à leur gros œuvre. Puisqu'on a décidé, à l'Alpine Inn, de devenir souverain, mais confédéré ou européanisé, il faut définir un peu mieux ces nouvelles structures.

Cosgrove, c'était couru, pousse de toutes ses forces pour fédéraliser au maximum la future association. Avec quelques alliés, il contraint le groupe à reconnaître un rôle fédéral dans la défense, la péréquation, les pêcheries, les télécommunications. C'est déjà ça. Il nourrit l'espoir secret qu'en poussant très fort, on pourrait franchir à nouveau La Ligne, à rebours. Il est loin du compte.

Et il se heurte aux réticences de Gauthier, de Therrien et de Garceau, qui refusent que le futur Parlement commun Québec-Canada soit élu, ce qui lui donnerait selon eux trop de légitimité. Ils préfèrent y envoyer des parlementaires délégués, responsables devant l'Assemblée nationale, seule dépositaire directe de la souveraineté populaire.

La position de Bourassa sur cette question est claire. Lorsqu'il jongle tout haut avec l'idée de « superstructure », il l'associe toujours a un Parlement élu. Fernand Lalonde s'en fait le porteur. « Il faut que ce soient des gens élus », dit-il. Pour une fois, Allaire plonge dans le débat et opte, au contraire, pour la délégation de membres de l'Assemblée nationale. Anctil reste muet. Le groupe n'arrive pas à s'entendre. Le comité doit constater que la divergence est profonde et se résoudre à ne pas aborder la question dans le rapport, dont il n'existe pas encore une seule ligne.

À la sortie — c'est devenu une tradition — Cosgrove demande : « Monsieur Bourassa est-il au courant ? » Fernand Lalonde se joint à lui. « Qu'est-ce que Robert en dit ? » demande-t-il.

---

* Au cours d'un entretien avec l'auteur en août 1993, Paul Tellier, greffier du Conseil privé, donc plus haut placé des fonctionnaires fédéraux pendant cette période, affirmera qu'il n'a jamais commandé ni n'a jamais eu connaissance de tels préparatifs. Il assure que des travaux, même théoriques, sur un sujet aussi sensible n'auraient pu être enclenchés sans son autorisation où que ce soit dans l'appareil fédéral.

Fernand ? Robert ? Ils ne se parlent pas ? Un petit clignotant s'allume dans quelques esprits. On peut presque y lire : « Danger : Terrain Glissant ».

Ce sont les pilotes qui sont responsables de la rédaction du rapport. Anctil, Allaire, Saulnier et Michel Lalonde. La bonne plume, Daniel Denis, et un collègue, Roger Poupart, passent leurs journées devant leurs claviers d'ordinateur, collant les morceaux qu'on leur envoie, donnant au texte un semblant de continuité. Ils se heurtent au même problème que Bissonnette et Dumont à l'été précédent : Comment parler de la souveraineté sans copier René Lévesque ? « Comment écrire un discours authentique, original, alors qu'il y a déjà un parti qui a été créé pour ça ? » demande Michel Lalonde. Il faut, répond Anctil, que la question économique soit centrale. Il faut faire un lien, de Lesage à Meech, en passant par Gérin-Lajoie.

L'accouchement est difficile. Des tensions naissent entre Allaire, qui veut écrire une introduction, et les scribes, qui ont conçu leur plan sans cet appendice jugé répétitif. « Allaire a fait un bon président d'assemblée, mais c'était pas sa grande force, écrire », soupire Anctil. « Alors quand il écrivait quelque chose, on était pris avec ça. Fallait lui parler. »

Les premières versions des scribes sont trop molles, trop guimauve. Il faut plus de *punch*. Les vacances de Noël approchent. Des désaccords se développent entre Anctil, directeur général, et Saulnier, président de la Commission politique, donc premier responsable dans la pyramide. Qui est *boss* ? Qui décide ? Anctil devient autoritaire, événement rare. Lalonde traduit pour Saulnier : « Il dit : "Couché, Saulnier, couché !" ». Anctil rage, claque la porte. Normal, tout est normal. Ces documents sont toujours écrits sous la pression, en dernière heure, au son des grincements de dents.

Le *bunker* commence à émettre des signaux d'impatience. Le patron, en convalescence à Miami, aimerait savoir ce qui se passe. Allaire souhaite lui présenter la chose de vive voix, veut se rendre à Miami. Bourassa refuse. « On va faire ça par téléphone, décide le chef. S'ils viennent, ça va se savoir. Tout se sait. » Il demande à voir le document. Anctil ne veut pas le lui envoyer, car il trouve la copie encore trop faible à son goût. Des bruits courent. Offuscation ? Désinformation ? L'impatience monte. Le 28 décembre, Daniel Denis vient porter le quatrième projet de texte. Quarante-cinq pages, six sections. Pourquoi et comment le PLQ fera la souveraineté. Marqué « Confidentiel ». Pour l'instant, ça devra aller. Bourassa ne l'aura toutefois pas en main pour son premier *briefing*. Anctil et Allaire veulent le travailler à chaud. Le texte suivra quelques jours plus tard.

Le vendredi 28 décembre, à 13 h 15, un appel conférence est logé. À la permanence du parti, rue de Gaspé, Jean-Pierre Roy, Pierre Anctil et Jean Allaire sont presque au garde-à-vous devant le téléphone, réglé à la position « main libre ». À Miami, dans son condo de Harbour House, Robert Bourassa tend l'oreille.

Salutations. Bons vœux. Joyeux Noël et prompt rétablissement. Et ce rapport, messieurs ?

« Robert, dit Jean-Pierre Roy, on a travaillé, on a travaillé fort, puis y'a un gros degré de consensus autour de ce qui va être présenté, là. » Le président du parti passe la balle à Allaire.

« Bon, monsieur Bourassa, commence Allaire avec le ton formel qu'exige l'occasion, on a consulté, on a fait deux tournées de consultation des militants, on a parlé aux députés, et je pense que là, les conclusions qu'on tire sont assez inéluctables. Alors, je vais laisser Pierre vous les présenter. »

Pierre Anctil, regardant les feuilles de notes étalées devant lui, entreprend le plus difficile travail de persuasion de sa jeune carrière.

Grand Angle

LA FENÊTRE IV
Les compagnons de route

Dans ce métier, il y a des choses
pour lesquelles il vaut la peine de mourir.

DAVID PETERSON, premier ministre ontarien,
défendant Meech devant ses ministres.

Il y a des moments où
il faut savoir se battre et choisir.

MICHEL ROCARD,
premier ministre français, pendant une crise.

IL EST MINUIT MOINS 10, LE 31 DÉCEMBRE 1990. Dans une résidence cossue d'Outremont, les invités sont presque tous arrivés. Smoking et tenues de soirée exigés. Chacun apporte une bouteille de champagne. « Je ne suis pas Desmarais, quand même », a averti l'hôtesse, une des vedettes de la tribu médiatique québécoise, Denise Bombardier.

L'année n'est pas tout à fait morte quand arrive un grand bonhomme à l'allure énergique, au torse sportif et aux cheveux en bataille, sous un chapeau qui dénote style, audace et volonté d'être vu. Keith Spicer serre quelques mains et, d'un regard un peu perdu — il n'est pas tout à fait dans son élément —, prend les présences dans le salon bondé de personnalités. Un des invités politiquement les plus pesants s'avance vers lui, sourire aux lèvres et clope à la main : Jacques Parizeau.

En français, Spicer lui demande comment il voit la situation. Parizeau dirige la conversation, alors que s'agglutinent en grappe autour d'eux des invités trop heureux d'assister à l'échange inespéré et inattendu. « Il s'est passé des choses cette année », commence le chef du PQ d'un ton jovial qui, par instants, fait songer au capitaine Bonhomme, « que les historiens devront nous expliquer, car je n'arrive pas à en discerner toutes les causes ». Le souverainiste en chef parle, c'est sûr, de la montée du sentiment indépendantiste, qui frise en cette fin d'année les 70 % dans les sondages. L'échec de Meech, en juin, a beaucoup fait pour piquer l'orgueil des Québécois. Mais Parizeau pense qu'il y a plus. Il est à deviser sur la caution que plusieurs voix du monde des affaires ont donnée à l'idée d'indépendance lorsque Spicer, profitant d'une ouverture dans la prose généreuse de Parizeau, insère son énorme grain de sel.

Insensible à l'analyse des causes, l'homme récemment chargé par Brian Mulroney de diriger un ambitieux « Forum des citoyens » qui doit recueillir les humeurs des Canadiens face à leur avenir, veut embrayer directement vers les solutions. Il annonce tout à trac l'issue qu'il envisage pour le Québec et le reste du Canada : « Je pense qu'on aura peut-être intérêt à devenir complètement indépendants les uns des autres, ne serait-ce que pour cinq minutes. » Nos intérêts économiques nous forceront à faire un certain nombre de choses ensemble, explique-t-il encore. « Pour l'amour et l'affection, c'est secondaire », on verra.

Est-ce une ouverture, un message, une perche ? Une conversion de l'ancien commissaire aux langues officielles trudeauiste à la souveraineté-association ? Pourquoi cet empressement, devant cet auditoire ? On observe, chez Parizeau, un réflexe psychologique, un mécanisme de défense : le déni. Impossible, indique une majorité de contacts synaptiques, que la nouvelle vedette du sauvetage fédéral vienne sérieusement d'annoncer comme souhaitable la mort de la fédération canadienne. Il doit y avoir erreur, bruit de fond dans le salon, intervention des bulles de champagne, problème linguistique, effet sur les cordes vocales du passage du froid subzéro qui vous trucide au-dehors à la chaleur humaine qui vous enveloppe au-dedans. Pas de risque à prendre. Plutôt que de relancer Spicer, de lui demander ce qu'il veut dire, de s'enquérir des modalités, du nombre de convertis à cette approche à Ottawa, plutôt que de le féliciter pour son analyse, Parizeau reprend son exposé là où il l'avait laissé avant l'interruption.

« Oui, je pense bien qu'on cherchera encore longtemps tous les déclencheurs qui ont influé sur les Québécois cette année. Vous savez, le Québécois moyen s'y connaît assez peu en économie, mais le fait que des hommes d'affaires qui, eux, s'y connaissent, parlent d'un Québec souverain comme viable et peut-être souhaitable a probablement beaucoup fait pour les rassurer. »

On en est là du double monologue lorsque, de la pièce attenante, un air de piano s'impose avec insistance. L'hôtesse vient elle-même briser l'attroupement, invitant ses hôtes de marque à venir participer à la chansonnette, lancer un dernier *Au revoir mes frères* à l'année où le Canada s'est tiré dans le pied. Parizeau, Spicer, le ministre conservateur fédéral Marcel Masse, sa collègue-ennemie québécoise Liza Frulla-Hébert (qui a aidé à préparer les salades du réveillon), l'avocat libéral fédéral Michel Robert (qui a convaincu la Cour suprême que le Québec n'avait pas de droit de veto), des célébrités des arts, de la fonction publique et des médias, derrière leurs nœuds papillon et leurs robes scintillantes, s'embrassent ensuite au-delà des frontières politiques et médiatiques, souhaitant à chacun une « bonne et heureuse » et se demandant s'il s'agira de la dernière année canadienne.

Keith Spicer, enfant terrible de la politique fédérale, n'est pas le fidèle représentant de la pensée canadienne-anglaise, en cette fin de 1990. À quelques reprises, pendant l'année qui vient, alors qu'il mesurera, d'une mer à l'autre, l'ampleur du sentiment populaire antiquébécois, il répétera que la souveraineté, ou la souveraineté-association, sont des options qu'il ne faut pas rejeter, tellement est profond le schisme canadien, irréparable la cassure. Il le dira même lors d'une entrevue à la CBC, forçant Brian Mulroney, au cours de la période des questions le lendemain aux Communes, à se dissocier de ses paroles. « Si jamais le Québec se séparait, dit même l'Ontarien Spicer à un journaliste, j'aurais probablement une très grande envie d'y demander l'asile politique. »

Spicer est un cas. Mais comme on l'a vu, au Canada anglais, il n'est pas seul à penser ainsi. La conversation Parizeau-Spicer symbolise l'extraordinaire conjonction politique qui se présente à Robert Bourassa alors qu'il reçoit, presque simultanément, le projet de rapport Allaire.

Du partenaire canadien, une conviction diffuse que tout a été tenté, que rien ne marchera et qu'il vaut peut-être mieux trancher dans le vif pour mieux guérir plus tard. Du leader indépendantiste, un aveu que le renouveau de son option est fondé sur des forces qu'il ne pouvait ni prévoir ni contrôler : la contagion de la souveraineté bien au-delà de ses souches d'origine, et jusqu'aux milieux d'affaires.

Les deux hommes ne se parlent pas, mais parlent de la même chose : en cette fin d'année, les conditions sont mûres pour franchir La Ligne. À ce point que Parizeau est prêt à La franchir au bras — voire à la traîne — de son adversaire de toujours : Robert Bourassa. Le chef péquiste n'est d'ailleurs qu'un des joueurs politiques québécois qui espèrent ou qui attendent du premier ministre le signal du départ. Mais il est de loin le plus important.

LE PARTENAIRE INTERNE

Robert Bourassa a parlé. « Quoi qu'on dise, quoi qu'on fasse... » C'est la veillée funèbre de l'accord du Lac Meech, le 22 juin 1990. Devant lui, Jacques Parizeau se lève. Un discours bref, ni triomphal (je vous l'avais bien dit), ni dénonciateur (dans quel pétrin vous nous avez mis), ni partisan (vous avez échoué, démissionnez). Plutôt, des phrases d'ouverture, des mots de compatriotes, une proposition d'avenir.

> Indépendamment des querelles que nous avons pu avoir, indépendamment des accusations que nous avons pu nous porter, indépendamment de ce que nous avons pu nous dire et qui, de temps à autre, pouvait être très blessant, alors je dis,

M. le Président [de l'Assemblée], à *mon* premier ministre : Essayons de nous retrouver.

Il faut que nous puissions trouver une autre voie, puisque celle qu'il avait choisie se révèle être un cul-de-sac. Il faut que nous puissions trouver une autre voie. Et je dis, M. le Président, à *mon* premier ministre : *Je vous tends la main.*

Cherchons, cet automne, tous ensemble, une voie de l'avenir du Québec. Je sais, moi, quant à moi, la voie que je préférerais. Je suis souverainiste et je resterai souverainiste. Mais puisque ce soir nous nous retrouvons tous ensemble, entre nous, acceptons simplement de pouvoir nous retrouver entre nous et discuter entre nous — pas avec toute espèce d'autres gens — entre nous, de notre avenir et de ce qui doit nous arriver.

Pourquoi ce geste ? « J'ai jamais cru, moi, que le Québec pouvait retirer un avantage quelconque d'être faible ou par terre, explique Parizeau à l'auteur. Je sais très bien qu'après la nuit des longs couteaux, en 1981, dans quelle situation nous comme gouvernement on était placé. On était écrasé. Ça m'a beaucoup frappé, cet épisode-là. Et quand, après Meech, il était clair que le premier ministre du Québec lui aussi était écrasé, ça me paraît presque nécessaire, sur le plan de l'intérêt public [de faire un geste]. Quel que soit le premier ministre du Québec, c'est jamais bon qu'il soit par terre. » Et puis, ajoute-t-il, « les gens ont horreur qu'on cogne sur quelqu'un qui vient de perdre ».

Le 22 juin, Jacques Parizeau ouvre une parenthèse inédite dans l'histoire des relations partisanes québécoises. Celle dite « de la main tendue ». Le lendemain, au Salon rouge, Robert Bourassa le remerciera « de la manifestation de solidarité dont il a fait preuve hier soir. Le Québec est toujours plus fort quand il est uni. » Le geste de Parizeau n'était ni facile, ni évident, ni spontané. Il était l'aboutissement d'un cheminement entrepris huit mois plus tôt dans la mauvaise humeur.

A   *La main tendue*

Au soir des élections provinciales du 25 septembre 1989, Jacques Parizeau n'est pas fier des électeurs québécois. Surtout de ceux qui n'ont pas voté pour lui. « Je suis en hostie ! » souffle-t-il à un proche, alors que les écrans de télévision annoncent la victoire de Robert Bourassa et de son équipe, et la portion congrue laissée aux députés péquistes, 29 sièges seulement, malgré leur résultat de 40 %. « Comment ont-ils pu faire ça ? », dit-il encore, parlant des Québécois. « Pourquoi ne comprennent-ils pas ? » peste-t-il devant plusieurs témoins,

Parizeau revenait de tellement loin et avait déjà franchi une telle distance qu'il avait cru pouvoir atteindre le but du premier coup. Quand il avait pris la direction du Parti québécois, en mars 1988, c'était comme s'il s'était présenté à une vente de faillite. Sonné par la défaite référendaire de 1980, l'usure de neuf ans de pouvoir, le schisme provoqué par le « beau risque » de René Lévesque en 1984, la défaite électorale en 1985, l'incessante querelle entourant ensuite le *leadership* de Pierre Marc Johnson, le recul de l'idéal souverainiste dans l'opinion, puis la perspective, en 1987, d'un accord de Meech consacrant la place du Québec comme « société distincte », le parti s'était effondré. Un membre de la direction donne « les vrais chiffres » du membership : au moment de la victoire de novembre 1976, le PQ comptait 110 000 membres ; après la campagne référendaire de 1980 et la réélection de 1981 : 225 000, un maximum. Quand Parizeau est arrivé en mars 1988, il n'y en avait plus que 49 000. En un an, il a réussi à ramener suffisamment de brebis au bercail pour atteindre 116 000 membres. Puis, à la fin de la campagne électorale de 1989, 140 000.

À l'extérieur du Parti québécois, où le style de Parizeau est constamment un sujet de railleries, on aura peine à comprendre pourquoi son *leadership* ne sera jamais sérieusement remis en cause au cours des années suivantes. Bernard Landry, qui a longtemps rêvé de succéder à René Lévesque et pense sans doute encore pouvoir occuper un jour le siège du chef, explique : « Parizeau a sauvé le parti. On était dans les dettes, on avait pas 50 000 membres, on n'avait plus d'idées, on n'allait nulle part avec Pierre Marc. Parizeau revient, nous remet en selle. Nul ne peut toucher à Parizeau. Et celui qui lève un doigt sur Parizeau est un homme ou une femme politiquement mort. Ça s'applique à tout le monde, y compris donc à Lucien Bouchard. » Et à Bernard Landry, n'a-t-il point besoin d'ajouter.

Remis en selle, le PQ pense faire bonne figure à l'élection provinciale de 1989. Depuis le départ de Lévesque et l'élection de 1985, le parti, dont la base électorale est d'environ 40 %, stagne à 25 % dans les sondages. Parizeau veut « remettre les choses en l'état », donc revenir à 40 %. C'est faisable. Mais voici que le marché électoral devient porteur : grève des infirmières, qui jouissent de l'appui de la population et du PQ ; balades sans fin de barils de BPC refoulés à chaque escale, plongeant le gouvernement dans l'embarras. Des grévistes du réseau hospitalier, moins populaires, attendent Bourassa à chaque arrêt et lui gâchent ses journées. De plus, sur le terrain, Parizeau étonne. Devant les étudiants de l'Université de Montréal, il rétorque à un militant pro-vie qui l'interroge sur l'avortement : « Je ne pense pas que la religion des uns doive se transformer en la loi des autres. » Acclamations dans la salle. Une réplique préparée à l'avance, en comité, confie un proche, ce qui ne lui enlève rien de sa justesse. À l'émission *Le Point*, il se fait défenseur de l'environnement, au prix de la fermeture d'une usine s'il le faut, se démarquant du cafouillage écologique de ses adversaires. Dans l'opinion, sa cote et celle de son parti montent. À un tournant, le PQ n'est plus qu'à 4 % du PLQ.

Parizeau se met à croire la victoire possible, probable même. Le coup est classique : contents de la performance de leur chef, ses stratèges se gardent de trop l'informer des ratés de la machine, surtout dans les circonscriptions où le travail de réparation des avanies partisanes encore récentes est loin d'être terminé.

Au soir de l'élection, Parizeau est prêt pour le pouvoir, par pour une « victoire morale ». Il encaisse d'autant plus mal la défaite. Surtout que plusieurs circonscriptions sont perdues faute d'une bonne mobilisation locale. Parizeau a remis le parti en selle, mais l'appareil est au trot, pas encore au galop. Lui-même sent les années s'écouler. « Je suis trop vieux », s'était-il plaint avant même la campagne, à des proches qui lui répondaient en citant les âges de Ronald Reagan et de Jean Paul II. Maintenant, il devra encore vieillir peut-être de quatre ou cinq ans avant de prendre, peut-être, le pouvoir.

Parizeau rage d'autant plus qu'il sent déjà venir la fronde canadienne-anglaise et qu'il prévoit que Meech va s'écrouler — il l'a déclaré « mort » pendant la campagne —, entraînant à la fois une crise gigantesque et une occasion historique. Il jure contre les Québécois qui ont encore choisi pour chef un frileux comptable alors qu'il fallait un rigoureux radical. Il rage donc, pour reprendre les mots de Gaston Miron, contre « ce pays qui n'en finit pas de ne pas naître ».

Après la défaite, le comité de stratégie du PQ se réunit, comme chaque lundi matin. C'est là que réside le vrai pouvoir péquiste. Là, bien plus qu'au caucus ou qu'à l'exécutif, dont les membres s'en plaignent d'ailleurs souvent. Le comité est constitué d'abord du chef, bien sûr. À ses côtés, le vice-président Bernard Landry, dont le pouvoir est suffisamment considérable pour qu'une ancienne ministre à qui il demandait si elle reprendrait du collier politique lui réponde : « Seulement si tu me donnes un ministère, Bernard. » Fait partie du comité aussi le vice-président de la région de Québec, Paul Bégin, qui se joindra au groupe au début de 1991, et le député Guy Chevrette. Ce sont les quatre élus. Puis, viennent les *apparatchiks,* les permanents.

Jean Royer, conseiller spécial de Parizeau, présent dans son orbite depuis 15 ans, est l'homme de toutes les besognes. C'est le Jean-Claude Rivest de Parizeau. C'est d'ailleurs avec Rivest que Royer négociait la composition de Bélanger-Campeau. Le chef péquiste investit en Royer, 34 ans, une grande confiance, et lui délègue beaucoup de responsabilités. C'est son filet de sûreté. Selon John Parisella, qui a eu à travailler avec et contre lui, Royer est « un bon opérateur », mais plus idéologue, plus tête dure que beaucoup de péquistes. Il est « très nationaliste, indépendantiste pur et dur ».

Hubert Thibault, le chef de cabinet en titre de Parizeau, l'est sensiblement moins. Ce qui n'est qu'une question de nuance. Car voilà un péquiste entré en politique après l'échec référendaire de 1980, dans le but de faire la souveraineté. Un cas rare de ralliement en pleine traversée du désert. « Je ne suis pas en politique parce que je pense qu'il faudrait bâtir de meilleurs centres d'accueil, quoique ce soit important. Ma motivation fondamentale, c'est la souveraineté du Québec. »

« Très affable, bon contact, pas un style de confrontation, dit Parisella. Il a peut-être un peu plus le style du messager, on le voit. Quand il parle c'est parce qu'il a eu la directive de parler. » Avocat de formation, Thibault, 32 ans en 1990, avait travaillé avec Parizeau au ministère des Finances avant le schisme de 1984. À son retour à l'Assemblée nationale à la fin de 1989, Parizeau l'a trouvé sur le siège du chef de cabinet du leader parlementaire péquiste. Il l'a gardé.

Pierre Boileau, secrétaire général, est l'homme d'organisation. Les associations locales, les travailleurs d'élections, la motivation des militants, ça le regarde. Quand des élections sont déclenchées, il devient en quelque sorte le numéro deux du parti. L'air d'un intellectuel bagarreur, Boileau, 45 ans, vient de la gauche, dont il a longtemps gardé le signe extérieur de rébellion : une barbe bien fournie. Il l'a coupée après Meech, donc après que Paul Piché ait fait de même.

Le comité de stratégie dirige les activités du parti à court terme. On y échange des informations sur les étranges repositionnements qui ont cours dans les syndicats, le patronat, la députation fédérale. Dans les mois qui suivent l'élection de septembre 1989, Parizeau et son comité font un pari : Meech ne passera pas. « J'ai monté toute ma stratégie sur l'hypothèse que Meech va échouer », explique Parizeau. « Je me targue de connaître un tout petit peu le Canada anglais. » Mais il fallait un peu aider Meech à échouer, pour autant que le PQ ait quelque pouvoir à cet égard. Deux pressions contradictoires sont exercées.

La première, à l'Assemblée nationale, pour forcer Bourassa à tenir fermement à l'Accord tel quel, à « le renchausser » comme dit Parizeau, pour qu'il n'accepte aucun des compromis qui accommoderaient le Canada anglais. Mission accomplie : une résolution bipartisane de l'Assemblée nationale, le 5 avril 1990, réaffirme la volonté du Québec de faire adopter l'accord du Lac Meech dans son intégrité.

La seconde, au Canada anglais, pour l'inciter à dire non. « On a tout fait pour provoquer le Canada anglais pour pas qu'ils acceptent Meech », avoue un membre du comité de stratégie. Parizeau va notamment s'ouvrir à Barbra Frum, du *Journal*, de son intention, s'il prend le pouvoir, d'utiliser Meech au maximum pour rendre le Québec de plus en plus distinct, et informe les téléspectateurs que l'Accord n'est qu'un début dans l'interminable combat québécois pour obtenir encore plus de responsabilités. C'est tout à fait exact et Bourassa ne dit pas vraiment le contraire. Mais de voir Parizeau, un séparatiste, poser ces jugements entre deux ricanements satisfaits, cela a de quoi donner la nausée au mieux disposé des meechistes anglophones. « Pour que le Canada signe pas ça, il fallait que Parizeau fasse ces sorties-là », glisse le stratège.

Tout allait bien pour la stratégie péquiste pendant le printemps de 1990. Le 6 juin, Pierre Boileau réunit dans les locaux du parti quatre alliés de la mouvance souverainiste pour préparer la grande parade de la Saint-Jean. Ils décident d'un slogan pour le défilé : « Notre *vrai pays*, c'est le Québec ». Quelle n'est pas leur surprise, le 9 juin au soir, de constater que 11 premiers ministres, réunis à Ottawa, resignent un document adoptant Meech et d'entendre Bourassa lancer la phrase : avec Meech, « pour tous les Québécois, le Canada sera un *vrai pays* ». Boileau lance un « Tabarnak ! On est *buggés* au parti ! »

Au-delà de cet emprunt (?) de slogan, le PQ a un problème de taille : tel Lazare, Meech renaît. « Là, j'ai une alerte chaude », admet Parizeau. « On a l'impression que c'est sur le point d'aboutir. Dans mon entourage, on est extraordinairement nerveux ! Mon hypothèse est en train de s'écrouler. » Tels les pleureuses italiennes, des membres du caucus l'implorent : « Mais si Meech passe, de quoi on aura l'air ? » Néanmoins, Parizeau maintient le cap. « Six jours avant l'étape ultime, je le sais que ça marchera pas, dit le chef péquiste. Comme tout le monde, je veux simplement savoir pourquoi ça marchera pas, ou comment. » Le 22 juin, dans le salon des parlementaires attenant à l'Assemblée nationale, il assiste sur les écrans à la mort de Meech. Bourassa n'a pas cédé (ou si peu), le Canada non plus, tout le monde a joué le rôle prescrit par le chef péquiste. L'occasion historique peut maintenant survenir. Parizeau peut tendre la main.

Il a son parti derrière lui. Ce n'était pas évident. Depuis plusieurs mois, alors que se jouait l'agonie de Meech et qu'émergeait le sentiment souverainiste, le PQ se heurtait à un mur : le calendrier politique. Bourassa ayant été élu en 1989, il tient le pouvoir jusqu'en 1994 s'il le veut. Vague souverainiste ou pas, le PQ est condamné à attendre. Et pendant ce temps, le nombre de souverainistes croît jour après jour, dans l'opinion, chez les hommes d'affaires, dans le caucus libéral, chez les ministres, même.

Que faire ? Au comité de stratégie et au caucus, des voix s'élèvent dès le début du printemps 1990 : tendre la main. Au comité de stratégie, c'est Pierre Boileau qui mène d'abord ce combat. Il a un livre de chevet : une étude en profondeur préparée en 1984, appelée *Motivation et résistance face à l'indépendance,* et qui trace un portrait sociologique et psychanalytique de l'âme québécoise face à la sécession. Une de ses conclusions : les Québécois, comme Bourassa, n'aiment pas « le trouble ». Si les deux partis, plutôt qu'un seul, étaient bien disposés envers la souveraineté, l'opinion « débloquerait », un verrou sauterait et la vague monterait.

Boileau a intégré ces données. Il pousse sa stratégie au comité. « La politique de main tendue fait avancer l'idée de la souveraineté, parce que les gens sont moins insécures de cette façon-là », dit-il. Au caucus, deux députés se font les défenseurs de cette thèse. Deux députés pourtant jugés « purs et durs » : Louise Harel et Michel Bourdon, d'anciens époux devenus complices. C'est justement parce qu'ils veulent la souveraineté par-dessus tout qu'ils sont prêts à la faire faire par d'autres. Denis Lazure, un vétéran, est dans leur camp.

Au printemps, le débat fait rage. Plusieurs s'opposent à cette idée. Jacques Léonard et Jean Garon font de la résistance. Bernard Landry, aussi, qui « trouvait ça effrayant que le Parti libéral fasse l'indépendance ». Plusieurs débats s'enchevêtrent, car il y a ceux qui ne veulent pas de cette stratégie, et il y a ceux qui n'y croient pas. Boileau leur affirme que le PQ joue gagnant dans tous les cas : « Bourassa va tout faire pour éviter la souveraineté, leur dit-il. Mais s'il la fait, tant mieux ! » Tant mieux pour le référendum sur la souveraineté, qui pourrait attirer 75 % des votes. Tant mieux pour les coûts de transition, qui seraient beaucoup moindres.

Mais pour Bernard Landry, c'est presque une question de tripes, raconte un témoin. « Il voyait Claude Forget [ancien ministre libéral] ambassadeur à Paris, puis les libéraux qui mettent en place tout leur appareil à eux. "Ils ont combattu la souveraineté toute leur vie," disait-il. Il était pas capable de voir ça. »

Ni de le concevoir. Lorsque, au printemps 1990, le démographe Georges Mathews publie un livre de politique-fiction, *L'Accord. Comment Robert Bourassa fera l'indépendance,* Landry trouve la chose loufoque. Mais de débat interne en débat interne, le vice-président du PQ finit par se ranger à l'opinion des Boileau, Harel et Bourdon. Si le PLQ veut la faire, aidons-le. Et tant pis pour l'ambassade de Paris.

À Alma, le 20 mai, le PQ tient son Conseil national (plus haute instance entre les congrès). Le 20 mai, donc 10 ans après le référendum de 1980. C'est là que Parizeau lit la lettre du « ministre » Lucien Bouchard, qui ne sera plus ministre 48 heures plus tard. Là aussi que se fait le débat de la main tendue. Bernard Landry en devient un des meilleurs défenseurs. « S'ils veulent la faire, on la fera avec eux », déclare-t-il. C'est un peu comme si le PQ acceptait de donner sa raison d'être à son vieil adversaire, du moins de la partager avec lui. « La phrase clé de l'époque, résume Landry, c'était : "La patrie avant les partis" »

Des membres du caucus péquiste abordent aussi leurs collègues libéraux nationalistes, pour répandre la bonne nouvelle. « Les députés péquistes, je devrais vous dire, que peu importe avec qui ils la feraient, ils voulaient la faire », se souvient Jean-Guy Lemieux, député libéral de Québec, approché par plusieurs collègues de l'opposition. D'autres cependant lui semblaient « sceptiques, ils avaient des doutes » sur la réelle volonté de Bourassa. Lemieux se souvient que Lazure et le député André Boisclair, entre autres, lui ont dit : « On est prêts à vous suivre dans ce sens-là*. »

La mort de Meech amplifie cette volonté bipartisane. Plusieurs qui y avaient adhéré par conviction souverainiste et par tactique deviennent de véritables convertis. Premier d'entre eux : l'ex-sceptique Bernard Landry. Avec

---

* Le lecteur aura noté que cette générosité bipartisane n'était pas réciproque. Dans son *Plan de Match,* loin de proposer une coalition souverainiste avec le PQ, Lemieux et ses collègues se targuent de lui nuire : « Nous annihilons la plate-forme constitutionnelle du Parti québécois. » Les cyniques en tireront la conclusion que ceux qui sont dans l'opposition veulent partager le pouvoir, mais non l'inverse.

le « quoi qu'on dise... », il craque. « Là, Bourassa a été assez raide dans les heures qui ont suivi » la mort de Meech, rappelle Landry. « En disant que le Québec est une société distincte pour toujours et ainsi de suite, moi j'ai pensé, là, sérieusement, que Robert Bourassa venait, après 25 ans d'hésitation, de se rendre à nos arguments et qu'il allait maintenant tranquillement s'orienter vers la souveraineté du Québec en se ménageant de l'espace de virage. »

Landry a le réflexe d'appeler Louis Bernard, l'ancien bras droit de Lévesque qui venait de vivre le *sprint* de Meech à Ottawa en compagnie de Bourassa. Landry, comme beaucoup de décideurs québécois, a beaucoup de respect pour la capacité d'analyse de Louis Bernard. C'est le contraire d'un excité. Il résiste aux modes et aux enthousiasmes. C'est pourquoi le numéro deux du PQ le croit lorsque Louis Bernard lui dit au bout du fil : « Là je crois que Bourassa va cheminer vers la souveraineté. » (Louis Bernard ne se souvient pas d'avoir été aussi définitif, mais presque : « Si j'ai dit ça, c'est un résumé, dit-il. Tout son parti [libéral] et le Québec dans son ensemble allaient dans ce sens-là, alors je pensais que Bourassa aurait cheminé lui-même là-dedans. »)

Bernard Landry, vice-président du PQ, plante donc profondément son pavillon dans le camp du rêve. Fini les inquiétudes sur le partage des ambassades. « Nous voulons la souveraineté plus que toute autre chose dans notre vie publique, explique-t-il, plus que le pouvoir, plus que de dire : "C'est nous qui l'avons fait !" » Et il se répand dans les salons avec cette phrase : « Dans une république du Québec souverain, il y a un président et un premier ministre. » Sous-entendu : que Bourassa choisisse son titre, nous prendrons l'autre. La création de la commission Bélanger-Campeau, on l'a vu, conforte Landry dans son jugement.

Mais Parizeau, dans tout ça ? Dans les débats précédant la mort de Meech, « il est en réserve », se souvient Bourdon. Aux réunions du lundi matin, « il parlait pas dans ces affaires-là, il écoutait, raconte un stratège. Il écoutait avec un petit sourire. »

« Moi, affirme Landry, je me souviens très bien que j'ai rapporté à Parizeau les paroles de Louis Bernard, et je les ai rapportées à plusieurs reprises. Moi qui avais tendance à croire Louis Bernard, je voyais Parizeau très sceptique. »

Que pensait-il ? Quand l'auteur lui demande, trois ans après le fait, s'il jugeait que Bourassa ferait la souveraineté, Parizeau répond comme s'il s'agissait d'une gigantesque blague. Le chef péquiste fait un peu de surimpression historique. En janvier 1991, devant des journalistes du *Soleil,* il jongle tout haut avec cette possibilité :

> Quand on a été 20 ans en politique, comme M. Bourassa, dont 11 ans comme premier ministre, on doit vouloir laisser son nom dans l'histoire. [Ce doit être] une remarquable tentation pour M. Bourassa [qui] ne voudra peut-être pas être celui qui a approché d'une solution, puis a laissé simplement derrière lui le bordel et le chaos.

Au printemps de 1991, en entrevue avec Jacques Godbout, Parizeau confirme y avoir songé :

> Je me disais : peut-être est-ce que vraiment ils accepteraient de s'embarquer dans un référendum sur la souveraineté ?

Puis, à l'auteur, à l'automne de 1991, il déclare :

> J'ai jamais été persuadé, absolument, que M. Bourassa accepterait un jour de faire la souveraineté. Peut-être, mais loin d'être certain. C'est un nationaliste. Est-ce qu'il aurait été jusque-là ? Je ne sais pas. Est-ce que le fait de lui tendre la main pouvait l'amener un peu davantage ? Peut-être.

À l'été de 1990, après la mort de Meech, Parizeau, comme le reste de son parti, fait en quelque sorte le pari politique de Pascal. Si Bourassa-le-souverainiste existe, leur vœu sera exaucé. S'il n'existe pas, qu'auront-ils perdu à essayer ?

B La coalition si nécessaire

Cinq jours après la mort de Meech, Parizeau lance sa grande perche. Il propose à « *mon* premier ministre » une démarche en trois temps : États généraux (qui deviendront Bélanger-Campeau), adoption d'une constitution québécoise, puis tenue d'un référendum sur la solution que la commission aura proposée, probablement souverainiste. Dans l'intervalle, Bourassa a affirmé au quotidien français *Le Figaro* : « C'est le pays qui choisira[*]. » Parizeau le prend au mot. « Je comprends que ces tendances contradictoires [au sein du PLQ] placent le premier ministre dans une situation difficile. Mais le pays doit passer avant le parti. »

On l'a vu, Parizeau devient très sceptique quant à l'ouverture réelle de Bourassa à la souveraineté au cours de l'automne de 1990. « Pendant un certain temps, amoché par l'échec de Meech, M. Bourassa a semblé se chercher, dit-il en octobre 1990. On sait maintenant de façon certaine qu'il ne s'aligne pas sur la souveraineté. Dans le fond, son attitude n'a pas vraiment changé. »

Le numéro un péquiste n'abandonne cependant pas tout espoir. Ne serait-ce que tactiquement, il continue à tendre la main. Il le fait dans de grandes entrevues données en janvier 1991 au *Soleil* et au *Devoir*, alors qu'il propose à Bourassa de modifier la loi des référendums pour que le premier ministre soit dispensé de présider un des deux comités parapluie, du Oui ou du Non, en cas d'appel au peuple. Que Bourassa, au-dessus de la mêlée, laisse ses ministres libres de faire campagne pour ou contre la souveraineté, mais qu'il accepte ensuite le verdict populaire. Parizeau précise :

---

[*] Dans cette entrevue déjà évoquée, Bourassa affirme au sujet de l'avenir du Québec : « Tout est ouvert. Une vaste confrontation d'idées va avoir lieu [...] Pour la première fois, le Québec ne participera pas cette année à la traditionnelle conférence des premiers ministres de la confédération. En somme, nous coupons les ponts. [...] Il est prématuré de parler d'indépendance. C'est le pays qui choisira la meilleure formule, en tenant compte avant tout de ses intérêts économiques. »

Ce n'est pas drôle pour un parti qui n'est pas souverainiste de constater qu'un consensus autour de l'idée de souveraineté est en train d'apparaître. Qu'est-ce qu'ils ont comme possibilités ? Se déchirer ? Ou bien, pour éviter de se déchirer, ils peuvent laisser le peuple trancher. [...]

S'ils acceptaient de faire un référendum et de ne pas diriger le camp du Non, on arriverait à une bonne majorité pour la souveraineté. Ma proposition tient toujours. On pourrait faire la souveraineté ensemble. Ça, c'est un cas classique où la patrie doit passer avant les partis politiques. Ce serait un moment inouï dans notre histoire.

Le chef péquiste est même prêt à accepter une question référendaire à-la-Bourassa, c'est-à-dire une question qui ne proposerait la souveraineté que comme position de repli à une tentative de rapatriement massif de pouvoirs :

Si la marche est tellement haute qu'il est clair comme de l'eau de roche qu'Ottawa va refuser, ça peut toujours s'examiner. Mais vous me permettrez d'évaluer la hauteur de la marche [avant de donner mon approbation].

Tenir un référendum sans que le chef du gouvernement s'en mêle, c'est rare, pas inédit. Même Clyde Wells avait évoqué cette possibilité au printemps 1990, disant qu'il pourrait laisser les Terre-Neuviens se prononcer sur Meech sans faire campagne personnellement. Mais Wells n'est peut-être pas une référence.

Reste que le geste du péquiste en chef a du panache. Voilà que Parizeau ne se limite plus à prêter son option fondamentale à l'adversaire, il lui suggère même un scénario sans risque. Il propose un dispositif par lequel Bourassa serait le fondateur du Québec souverain, sans même avoir mis la main à la pâte, sans même avoir convaincu les électeurs, sans avoir contraint son parti, payé son billet d'entrée.

Au sein du PQ, une fois le principe de la main tendue accepté au printemps de 1990, Michel Bourdon et Louise Harel vont plus loin. Ils se mettent à parler d'un « gouvernement de coalition ». Si Bourassa a peur de perdre des plumes fédéralistes orthodoxes de son cabinet — les Ciaccia, Johnson ou Ryan —, qu'il vienne piger dans le poulailler péquiste, où on trouve bien quelques compétences.

Bourassa est au courant de ce débat. Dans un cocktail, le premier ministre aborde d'ailleurs Bourdon, ex-cadre syndical à la CSN, avec cette phrase : « Vous me feriez un bon ministre du Travail ! » Pendant la période des questions, à un député péquiste qui lui pose une question dure, Bourassa répond, taquin, à peu près en ces mots : « Attention, si vous voulez être dans un gouvernement de coalition avec moi, soyez poli ! »

Dans leurs conversations en privé et en petit comité, pendant l'été de 1990, Parizeau et Bourassa n'abordent jamais l'hypothèse d'une possible coalition. Est-elle valable ? Bourassa jouit d'une forte majorité à l'Assemblée nationale : 91 libéraux sur 125 députés. Il lui faudrait perdre 28 députés (plus d'un député libéral sur quatre) pour que la majorité absolue lui échappe. Même en cas de virage souverainiste, c'est très peu probable.

Mathématiquement, l'alliance n'est donc pas indispensable à Bourassa, s'il veut franchir La Ligne. Sur le plan partisan, les propositions de Fernand Lalonde et de la mouvance de Jean-Guy Lemieux lui indiquent la voie à suivre pour annihiler l'adversaire. Ces calculs manquent singulièrement de panache, de sens politique plus large que l'horizon partisan et certainement de sens historique.

On sait Bourassa inquiet des coûts de transition de la souveraineté et dubitatif quant à la solidité, dans l'opinion, de la vague souverainiste. Pour franchir La Ligne avec un maximum de soutien, il faut trouver la combinaison qui mobilise le plus de Québécois. Assurément, la coalition souverainiste serait plus vaste si Bourassa en était le *leader* et le maître d'œuvre. Un tandem Bourassa/Parizeau à égalité aurait pour effet d'apeurer certains nationalistes libéraux modérés qui n'accepteraient de s'engager dans cette voie que si Bourassa en était le guide principal. *A contrario,* l'absence de participation péquiste et la méfiance que provoque Bourassa en certains milieux indépendantistes empêcheraient une saine mobilisation de cette frange.

La combinaison gagnante, à moindres frais pour Bourassa, serait l'utilisation de compétences péquistes comme appoint à son œuvre. Suffisante pour engager derrière lui les troupes péquistes et l'ensemble des partisans du PQ, insuffisante pour qu'il perde le contrôle de la situation et apeure ses militants les plus timorés.

Plusieurs formules *ad hoc* pourraient être développées. Bourassa pourrait créer un Conseil national québécois au sein duquel Parizeau, Bouchard, Béland, Bélanger et quelques autres auraient pour tâche de conseiller le premier ministre dans toutes les affaires concernant la transition vers la souveraineté. Bourassa pourrait nommer Parizeau ministre délégué à la négociation du partage de la dette et des actifs, mais l'exempter d'assister au conseil des ministres sur les autres sujets de la gestion de l'État. Il pourrait désigner Gil Rémillard et Jacques-Yvan Morin coprésidents d'un comité chargé de dresser la future constitution québécoise. Bernard Landry ne serait-il pas un chargé de mission tout désigné pour aller charmer les Mexicains, qu'il courtise activement depuis quelques années ? Et Louise Beaudoin, de concert avec Ronald Poupart (chargé de la francophonie), ne pourrait-elle pas faire jouer son *rolodex* français pour la bonne cause ?

Dans cette affaire, Bourassa a le gros bout du bâton. Puisque Parizeau a tendu la main, le chef libéral peut décider de n'en prendre qu'un ou deux doigts, et le péquiste sera poussé, pour des raisons politiques, à se contenter d'une participation réduite, si tant est qu'elle semble raisonnable.

L'entrée de, disons, cinq péquistes dans un gouvernement d'union nationale serait plus problématique. Mais la chose n'est pas impossible. Point n'est besoin de remonter jusqu'en 1945, dans le gouvernement de libération français où communistes et gaullistes cohabitaient, pour trouver des précédents. En 1960, le démocrate John Kennedy nommait des républicains à deux postes stratégiques de son cabinet : la Défense et le Trésor. En 1968, le président Richard Nixon, de la droite républicaine, faisait entrer à son cabinet quelques figures démocrates de centre gauche, dont le sénateur Patrick Moynihan. Dans les années 70, le président français Valéry Giscard d'Estaing allait chercher loin à l'extérieur de sa formation les ministres Françoise Giroud et Michel Jobert. De 1984 à 1990, deux partis opposés par une farouche partisannerie, le Likoud, de droite, et le Parti travailliste, de gauche, ont formé en Israël une coalition. Leurs chefs se sont même échangé, entre 1984 et 1988, le poste de premier ministre. L'électorat leur avait imposé ce mariage de raison, mais aucun rabbin n'aurait prédit que la noce allait durer si longtemps. Pendant ce temps, en France, l'électorat obligeait le président socialiste François Mitterrand à cohabiter pendant deux ans (1986-1988) avec un premier ministre de droite, Jacques Chirac. Après 1988, Mitterrand faisait entrer au gouvernement redevenu socialiste des personnalités de centre droite.

Mais pourquoi franchir les mers ? À Ottawa, depuis 1984, des souverainistes à peine repentis ont côtoyé des fédéralistes au Conseil des ministres. Les Benoît Bouchard, Lucien Bouchard, Monique Landry, Gilles Loiselle, tous supporters soupçonnés ou déclarés du Oui de 1980, ont été accueillis par Brian Mulroney dans une grande tentative de réconciliation nationale. Elle s'est soldée par un échec, certes. Mais elle fut tentée dans la bonne foi par d'anciens adversaires unis pour une cause commune.

Devant ces exemples, force est de constater que la jonction entre péquistes et libéraux québécois présente un niveau de difficulté comparativement très bas. Les péquistes sont au centre-centre gauche, les libéraux se situent au centre-centre droit. À la fin de 1990, le nationalisme des libéraux frôle celui des péquistes, pour ne pas dire plus. Un sentiment d'unanimisme a été créé par les discours de Bourassa et de Parizeau, et par la création de la commission Bélanger-Campeau. Il ne manque qu'un ingrédient : la volonté politique du premier ministre québécois.

Bourassa lui-même a créé une sorte de précédent, lors de son premier mandat. Après la mort, aux mains des felquistes, de son ministre du Travail Pierre Laporte, Bourassa a fait appel à un ancien ministre du Travail de l'Union nationale, Jean Cournoyer, pour le remplacer au cabinet. L'Union nationale et le Parti libéral, dans l'histoire du Québec, c'était le feu et l'eau. Ce transfert brisait une longue tradition de cloisonnement étanche entre bleus et rouges. La raison de son geste ? Bourassa l'a donnée, à l'époque. Elle est excellente :

> Il y avait à ce moment-là le problème de la construction, problème très aigu et très important. [...] M. Cournoyer était un spécialiste dans ce secteur-là. J'avais au

cabinet des experts dans le secteur du travail, mais pas dans le domaine de la construction. M. Cournoyer était particulièrement bien préparé. Ce n'était pas un libéral, mais je croyais qu'il serait opportun, après une crise si importante [la crise d'octobre 1970], de faire un geste non partisan. Certains membres du caucus n'ont pas apprécié cette décision, mais finalement ils s'y sont ralliés et l'ont acceptée.

Évidemment, dans ce cas, Cournoyer est devenu libéral. Ce que le PQ, 20 ans plus tard, n'envisage nullement. Reste que les autres conditions sont réunies : il y a eu une crise importante — Meech —, qui appelle un geste non partisan, pour régler des problèmes très aigus et très importants : la transition vers la souveraineté, une spécialité de l'opposition. Certes, le caucus libéral regimbera mais, comme d'habitude, il se ralliera.

À la mi-janvier 1991, Bourassa souligne combien le climat est propice aux mains tendues : « On connaît au Québec, depuis le 23 ou le 24 juin, une plus grande unité, une plus grande solidarité. La force du Québec s'est affirmée davantage dans ce climat d'unité. » Pourquoi s'arrêter en si bon chemin ?

L'APPAREIL MÉDIATIQUE EN PHASE

Des sondeurs canadiens-anglais, comme Allan Gregg, sont frappés de la volatilité de l'électorat québécois. « Meech a prouvé que l'opinion publique québécoise pouvait changer à cause des initiatives et des exhortations des élites, explique Gregg. Au début, la plupart des Québécois disaient : "Vous savez, Meech sera refusé de toute façon, il n'y a pas de quoi s'énerver." Mais à la fin, ce rejet était une humiliation. » Dans ce cas, l'évolution du dossier et les « initiatives et exhortations » des élites ont aidé à concentrer l'attention de l'opinion sur le sujet. Sault-Sainte-Marie, Brockville, Chrétien, Wells et Carstairs ont également largement contribué à clarifier l'enjeu.

Mais il est vrai qu'au-delà des tendances lourdes, comme la modification de leur identité, il arrive que les Québécois se montrent ouverts, à première vue, à des idées ou à des propositions bizarres — ce que la suite de ce récit va prouver, notamment en ce qui concerne le Sénat égal. Cette volatilité est toute temporaire, car il suffit que suffisamment de porte-parole québécois du monde politique et médiatique rappellent quelques évidences pour que l'opinion québécoise lance un grand « ah ! oui ? pardon, on avait oublié », puis se replie sur une position plus conforme à ses tendances lourdes. Il n'y a pas de cas, cependant, où les « exhortations » des élites ont mené l'opinion à se ranger à un avis contraire à ses tendances lourdes.

Le rôle des médias dans ce processus n'est pas déterminant en soi. Un discours de Castonguay, de Parizeau ou de Ryan ont plus de poids sur leurs marchés politiques respectifs que mille éditoriaux. Mais les médias offrent un bruit de fond et parfois, un coup de clairon, qui peuvent, sur les marges, faire la différence.

À l'automne de 1990, ils sont au diapason du public québécois.

• Dans la presse écrite, le plus gros tirage au Québec est détenu par le *Journal de Montréal* et il est plus élevé encore si on additionne les ventes de son frère le *Journal de Québec*. Le propriétaire de ces tabloïds populaires, Pierre Péladeau, est souverainiste. Il n'aime pas les éditorialistes, mais a ouvert ses pages à Lucien Bouchard en lui offrant une chronique régulière en 1990. La politique québécoise est par ailleurs commentée de manière colorée dans ces journaux par le journaliste Normand Girard, dont le point d'équilibre politique se situe nettement dans la mouvance nationaliste libérale. Deux chroniqueurs politiques complètent le bouquet : Jean-V Dufresne, qui exprime un sain scepticisme envers tous les pouvoirs et qui ne répond pas aux sirènes souverainistes, serre un peu le frein. Mais Michel C. Auger, qui commente la politique fédérale, compense en appuyant un peu sur l'accélérateur.

À Québec, Robert Normand est éditeur du *Soleil* — et membre trouble-fête de la commission Spicer, qu'il accuse de « banaliser le cas québécois ». Normand, ex-mandarin de la fonction publique québécoise sous Bourassa et Lévesque, est un partisan affiché de la « stratégie de rupture » : souveraineté d'abord, négociation ensuite. Dans la page éditoriale, Raymond Giroux, J.-Jacques Samson et le chroniqueur Michel David partagent une forte fibre nationaliste. Le chroniqueur de la scène fédérale, le vétéran Michel Vastel, affiche ses couleurs. Dans un livre consacré à Bourassa en 1991, il l'invite clairement à faire l'indépendance et lui soumet une feuille de route.

À Montréal, un changement de garde a lieu au *Devoir* à l'été de 1990. Le fédéraliste Benoît Lauzière cède la place à Lise Bissonnette au poste de directeur. Dans une réception, Bissonnette croise le trudeauiste Marc Lalonde. Après l'échec de Meech, lui dit-il, « il ne faut surtout pas reparler de constitution ». Bissonnette rétorque : « On ne va parler que de ça ! » Elle tient parole. La nouvelle directrice du *Devoir* était favorable au Oui en 1980. Elle n'a rien renié en 1990. « Le Québec est mon pays, je n'ai aucun doute là-dessus », lance-t-elle au journaliste Knowlton Nash. L'arrivée de Bissonnette est importante, non pas parce que *Le Devoir* a une influence directe sur l'opinion. Son tirage est trop réduit, à quelque 24 000 exemplaires, pour avoir un impact. Mais son influence indirecte est considérable. Au printemps de 1990, *The Gazette* avait très justement intitulé « Comment un journal petit et influent est devenu seulement petit » un article sur l'histoire récente du *Devoir*. Bissonnette va rétablir le second attribut. Dans les mois qui viennent, elle va donner une assise intellectuelle aux nationalistes québécois qui, à leur tour, influencent l'opinion. L'auteur se souvient d'un souper où une demi-douzaine de journalistes québécois, dont quelques cadres de l'information, étaient intarissables sur la qualité des éditoriaux de Bissonnette, qui leur servaient de boussole idéologique[*].

---

[*]   Selon Ronald Poupart, Bourassa « tient à la survie du *Devoir*. Il se dit que si Paul Desmarais, Conrad Black et Pierre Péladeau étaient seuls sur un bateau sur l'océan, ils pourraient prendre des décisions peu catholiques pour l'information. Mais *Le Devoir* est toujours là, qui assure le pluralisme. C'est moins vrai maintenant à cause de la télé et de la radio, mais lui y croit beaucoup. »

L'influence directe sur le public est exercée à Montréal par *La Presse*, où la situation est plus confuse. Paul Desmarais, le propriétaire, est un tenant du fédéralisme à tout prix et avait jadis envoyé à tous ses éditorialistes une missive interdisant l'expression d'un sentiment prosouverainiste dans ses pages. Desmarais est un ami de Bourassa et de Mulroney et joue parfois les émissaires dans les situations délicates. C'est surtout un oligarque qui joue dans les ligues mondiales. L'auteur se souvient de l'avoir vu, lors d'une réception à la Maison-Blanche sous Ronald Reagan, se mêler au gratin du capitalisme américain avec une grande aisance. Un moment révélateur : Desmarais s'approche du puissant président de la Fed (Federal Reserve Bank équivalent de la Banque du Canada), Paul Volker, le tire à l'écart, et les deux hommes conversent seul à seul pendant un quart d'heure sur le ton des conspirateurs.

L'éditeur choisi par Desmarais pour remettre *La Presse* sur ses rails après les problèmes syndicaux qu'elle a connus dans les années 70 est Roger D. Landry, qui a transformé auparavant les Expos en succès commercial et qui a, de fait, redressé la situation au grand quotidien de la rue Saint-Jacques. Au tournant des années 90, Landry a quelques ambitions politiques. Parfois, il se voit maire de Montréal ou succédant à Robert Bourassa. Deux avenues pour lesquelles il doit rester en bons termes avec le chef libéral. Sa famille politique est conservatrice et libérale ; il déteste les péquistes et les indépendantistes comme s'ils avaient dévoré un de ses enfants. Un jour que Bernard Landry (pas de lien de parenté, mais de vieilles connaissances) se plaignait devant lui de l'absence de voix souverainiste dans ce quotidien francophone, dont au moins 50 % des lecteurs (compte tenu du découpage démographique de son lectorat, essentiellement francophone scolarisé) favorisent bon an mal an la souveraineté (et 70 % en 1990-1991) Roger D. lui a rétorqué tout à trac : « On possède le journal, on dit ce qu'on veut. C'est ça, le capitalisme ! » Tout de même, il consent à jeter un peu de lest en nommant Pierre Gravel dans l'équipe éditoriale. « Ça, c'est notre os, dit le vice-président péquiste, on a eu Gravel, il faut s'en contenter ! » C'est un peu comme si un *Hell's Angel* devait se contenter d'une trottinette.

Mais à la fin de 1990, la famille politique de Roger D. Landry se souverainise à vitesse grand V. En privé, on entend même l'éditeur s'exclamer contre « les maudits Anglais ». Y a-t-il un flottement ? Certains, autour de lui, le prétendent. S'il existe, il sera de courte durée. À la tête de l'équipe éditoriale, Alain Dubuc jouit d'une crédibilité considérable, accumulée pendant des années de chroniques économiques. En prenant ses fonctions, Dubuc a montré patte blanche et, dans un premier éditorial, a annoncé qu'il ne s'approcherait jamais de deux bornes interdites : la souveraineté et le socialisme. Une promesse qui a fait ricaner quelques-uns de ses vieux amis, car à l'université, Dubuc était... souverainiste et socialiste. Il dirigeait un petit journal d'extrême gauche, *La Taupe rouge,* plus bon enfant que dangereux. Personne ne doute que Dubuc ait sincèrement évolué depuis, mais on peut le soupçonner parfois de surcompensation. À la barre de l'éditorial, Dubuc offre aux lecteurs le double avantage de la jeunesse et de l'intelligence fédéraliste. Reste qu'à la fin de 1990, comme tous les fédéralistes québécois qui ne nient pas, comme Trudeau ou Chrétien, l'existence d'une nation québécoise, Dubuc se cherche. Dans un éditorial du 5 décembre 1990 intitulé : « Le souverainisme : vague de fond ou feu de paille ? », il répond à sa question :

> Nous sommes en présence d'une vague de fond, profonde, durable et différente [... qui] ne rencontre pas sur son chemin un projet fédéral crédible. Le *vacuum* canadien est tel qu'il est improbable que le reste du Canada puisse proposer au Québec un cadre constructif et acceptable. [...] Avant de faire un choix, les Québécois doivent obtenir des réponses aux nombreuses questions que soulève un projet de changement constitutionnel majeur. Mais il est loin d'être évident qu'ils obtiendront plus de réponses dans un débat qui s'étire. L'expérience canadienne a montré que les longs palabres peuvent aussi tourner en rond : pensons à Meech.

On sent dans la plume de Dubuc, à ce stade crucial, une certaine résignation à l'échec de l'expérience canadienne. Si Bourassa donnait le signal du franchissement de La Ligne, Dubuc serait probablement un accompagnateur critique et sceptique, mais accompagnateur tout de même, tout le long du chemin.

Dans les pages de *La Presse,* on trouve une signature très influente, celle de la chroniqueuse Lysiane Gagnon. Son parcours est particulier. Très proche, dans les années 60, du Rassemblement pour l'indépendance nationale, Gagnon fut longtemps indépendantiste. À lire ses chroniques pendant l'ère Lévesque, ça ne sautait pas aux yeux. C'est que Gagnon, sur cette question, était opposée à l'étapisme introduit par Claude Morin et Lévesque comme stratégie d'accession à la souveraineté. Au début de 1991, elle exprimera ce rejet en déclarant que « Robert Bourassa est l'héritier logique de René Lévesque ». Gagnon gardera ce point de vue pendant tout le débat qui s'ouvre. Elle admet l'argument indépendantiste, elle admet l'argument fédéraliste, mais elle récuse toute tentative médiane, allant de l'association à la superstructure. Plus important, cependant, est le retournement fondamental qui s'opère chez elle au tournant des années 90 : elle devient antinationaliste, en ce sens qu'elle associe le concept de souveraineté à celui de tribalisme ou de volonté de pureté ethnique, ce en quoi elle rejoint Pierre Trudeau. À mesure que les mois passeront, cette nouvelle position de principe aiguillonnera ses écrits, à tel point qu'on ne saura plus parfois si c'est Gagnon ou Bill Johnson (chroniqueur de la *Gazette* qui assimile nationalisme et racisme) qui tient la plume.

Bref, à la fin de 1990, la situation de *La Presse* est mouvante. Dubuc juge cependant que l'absence d'une chronique politique de tendance souverainiste est problématique, dans un journal francophone à grand tirage. Une tentative est faite d'attirer Pierre Bourgault, mais le passionné de l'indépendance se brouille avec le journal lorsque Gagnon note au crayon rouge que dans son dernier livre, *Maintenant ou jamais,* Bourgault suggère à l'État québécois d'embrigader les médias dans la défense de la cause souverainiste : « L'État devrait-il "conscrire" pour un certain temps les médias d'information ? écrit-il. [...] Je ne suis pas assez naïf pour ne pas voir le danger de pareille action, mais je ne suis pas assez naïf non plus pour ne pas la croire nécessaire en certaines circonstances. » Une proposition répugnante et d'autant plus malhabile qu'elle est inapplicable.

Dans la presse écrite québécoise, peu de médias jouissent de l'impact du magazine *L'actualité,* devenu bimensuel au début de 1990. Un électeur québécois sur cinq en a une copie dans les mains, toutes les deux semaines, et lui trouve sérieux et crédibilité. À l'extérieur des grands centres, *L'actualité* se trouve, avec le *Sélection du Reader's Digest,* dans toutes les chaumières. Le créateur et l'âme de la publication est Jean Paré, qui y tient un éditorial où l'énergie et les idées ne manquent jamais, mais qui a cette particularité d'être imprévisible et parfois contradictoire d'une saison à l'autre. « Je m'en suis fait sortir une série, l'autre jour, notait devant l'auteur un conseiller du premier ministre fédéral. Il ne pèche pas par cohérence. » Sans doute, et parfois le virage est pris entre le premier et le dernier paragraphe d'un même éditorial. Reste que Paré exprime à merveille le sentiment rebelle, anarchiste de droite, anti-autoritaire, qui a probablement permis au peuple québécois de survivre.

Sur la question nationale, Paré a longtemps fluctué, à la fois par souci de ne pas effaroucher une partie de sa clientèle et par indécision personnelle. Il est déchiré par l'idée que les Québécois pourraient céder leur titre de propriété sur le reste du Canada, un pays qu'ils ont « découvert, défriché, nommé et mesuré », dit-il. Il a aussi de forts doutes sur la compétence des politiciens québécois qui prétendent faire la souveraineté, comme sur la réelle volonté politique des Québécois de la faire. En 1979, dans une lettre, il avait suggéré à René Lévesque de produire un Livre blanc sur la souveraineté qui serait comme « un coup de poing » et qui dresserait une « liste catastrophique, dite LISTE NOIRE du fédéralisme actuel, faite d'au moins une centaine d'horreurs — réelles — imposées par le système ». Cependant Lévesque, comme tous les lecteurs de *L'actualité,* a eu bien du mal à décoder la consigne de vote que donnait Paré dans son éditorial précédant le référendum de 1980. C'est une pièce de collection. Paré se targuera d'avoir dirigé « le seul média à ne pas avoir appelé à voter Non », ce qui n'est pas faux.

À l'été de 1990, en réaction à Meech, le directeur de *L'actualité* se permet cependant une grande clarté dans la pensée et dans la consigne. En éditorial, Paré appelle Bourassa à :

> agir plus vite encore que le souhaite Jacques Parizeau. [... Il] doit gérer une évolution pour laquelle il n'a jamais montré de ferveur, avec un instrument, le Parti libéral, plutôt taillé pour le contraire ! Mais l'histoire est vraiment au rendez-vous. À Robert Bourassa d'agir. De montrer ce qu'il a dans le ventre. Et de se réserver une place dans l'histoire, plutôt qu'un clou pour une photo de plus dans un couloir de l'Assemblée nationale.

Quelques autres voix animent *L'actualité*. Celle de l'écrivain et cinéaste Jacques Godbout, qui distille pendant cette période une savante ambiguïté*. Il fut indépendantiste, il ne semble plus vraiment l'être, mais il se dira encore tel, une fois la vague passée, lorsque le journaliste Stéphan Bureau lui remettra quelques-unes de ses vieilles citations sous le nez. Paré garde aussi comme chroniqueur Benoît Aubin, ancien journaliste de la maison ensuite employé de *The Gazette* après un passage au *Globe and Mail* (il passera au *Devoir* en 1992). D'une plume alerte, Aubin s'emploie à ne jamais donner le bénéfice du doute au moindre argument nationaliste mais à le donner, toujours, à l'action de Robert Bourassa.

Mais à la fin de 1990, Paré s'embauche un « rédacteur en chef adjoint » pour ses pages politiques : Jean-François Lisée, ancien collaborateur du magazine à Washington. (L'auteur ne voyant pas pourquoi il ne s'imposerait pas le même traitement que celui qu'il inflige à ses collègues, il enchaîne...). Absent du Québec depuis 1981 et auteur d'un livre sur les relations États-Unis–Québec, Lisée n'est guère connu pour ses opinions sur la question nationale. Quelques vérifications permettraient de constater qu'il était membre du PQ en 1972 (à 14 ans !). En 1976, il ne votait cependant pas pour le PQ car, à l'université, il cédait à la mode maoïste et devenait un fervent défenseur de « l'unité de la classe ouvrière canadienne ». (Le lecteur notera la nuance entre le gauchisme estudiantin indépendantiste — trotskiste — de Dubuc et le gauchisme estudiantin fédéraliste de Lisée.) Réalisant que le maoïsme n'était pas une forme supérieure de la démocratie — il lui aura fallu deux ans ! — il en claquait la porte, à temps pour voter Oui en mai 1980.

Revenu, à l'été de 1989, de ses détours idéologiques et géographiques, Lisée retient un axe principal dans ce qui lui tient lieu de pensée : il est démocrate (et c'est l'axe autour duquel ce livre est écrit). Il respecte les dérivés de ce choix : la responsabilité, la légitimité et la transparence. Ses idoles politiques ont pour nom Pierre Mendès-France, Franklin Roosevelt, Charles de Gaulle — il a donc un penchant pour l'intégrité et la profondeur de conviction, l'effort, l'esprit de décision, l'audace raisonnée et la grandeur. Lisée se définit par la suite comme un souverainiste sceptique. Souverainiste, pour que les Québécois existent au monde et prennent l'entière responsabilité de leurs échecs comme de leurs succès. Sceptique, parce qu'incertain que la pulsion nationaliste soit

---

*   Il le fait probablement par gaminerie, un aspect essentiel de sa personnalité. Mais de 1990 à 1992, il fait de sérieux zigzags. Zig : À la fin de 1990, dans le mémoire d'« expert » qu'il remet à la commission Bélanger-Campeau, il affirme que « pour maîtriser notre destin, nous devons assumer totalement toutes nos responsabilités » et parle de « la souveraineté nécessaire ». Zag : En juillet 1992, dans *L'actualité*, il écrit : « Peu importe la structure politique que nous nous donnerons — et que pour ma part je souhaite la plus complexe possible, assurant un certain gaspillage car ce sont les doubles et triples juridictions qui engendrent la créativité et favorisent la liberté. »

suffisamment forte, avant Meech, pour assurer le succès de l'opération et parce qu'incertain de la faisabilité économique, dans ces conditions, de la transition.

Un important nouveau joueur est venu s'ajouter au paysage médiatique québécois à la fin des années 80 : l'hebdomadaire *Voir*. Guide culturel montréalais distribué gratuitement, *Voir* s'est imposé comme l'organe des jeunes lettrés de la génération postbébéboumeur (de 17 à 35 ans). Anticonformiste sans être radical, tanguant de semaine en semaine entre le *politically correct* et le refus du *politically correct*, *Voir* a l'arrogance de la jeunesse et la prétention de révolutionner le journalisme. Il n'en couvre pas moins un territoire sociologique et générationnel que ni Alain Dubuc, ni Lise Bissonnette, ni Jean Paré ne peuvent prétendre embrasser. Ses deux responsables et chroniqueurs sont le littéraire Jean Barbe, maître de l'introspection et du raccourci périlleux, et le politico-social Richard Martineau, qui écrit généralement plus vite qu'il ne pense mais qui rattrape parfois la vérité. (Le second remplacera le premier à la rédaction en chef en 1992.) Barbe et Martineau sont ouvertement indépendantistes, quoique antipéquistes et, cela va sans dire, anti-Bourassa. Des nuances qui importeraient peu lors d'une campagne référendaire sur la souveraineté.

Il n'est point besoin de parler de *The Gazette,* sauf pour signaler que le quotidien est schizophrène. Rompu à la pratique nord-américaine du journalisme — travail, rigueur et équilibre — pour tous les sujets sauf l'avenir du Québec et la langue, ce *Dr Jekill* du journalisme montréalais se transforme en *Mr Hyde* dès que ces deux sujets sont abordés. Il devient alors un journal de combat, revanchard et mesquin. Son incapacité à comprendre l'existence même d'un mouvement souverainiste sera résumée d'une façon exquise dans une chronique écrite par son rédacteur en chef Norman Webster. S'avisant de la pulsion indépendantiste, il écrira comme dans un sanglot :

« *But why, oh why ?* »

• À la télévision, l'ancien chef de cabinet de Robert Bourassa, Mario Bertrand, prendra au début de 1991 la direction du réseau TVA, premier réseau français au Québec. Son pouvoir sur le contenu de l'information est cependant minime. « Mario avait des indignations de libéral moyen qui conspue devant son écran de télé, explique un de ses cadres. Il traitait les journalistes de "bande de péquistes". Mais il n'essayait pas de nous influencer en tant que patron. Il se plaignait, comme un militant. Mais on savait que lui subissait une pression considérable de la part de ses amis libéraux. »

Pour se démarquer de Radio-Canada, son concurrent, TVA a d'ailleurs choisi une orientation franchement québécoise et un tantinet nationaliste. C'est un choix de mise en marché (on dit un « positionnement ») qui a des conséquences politiques. Le plus important magazine d'affaires publiques de la chaîne, *Le Match de la vie,* parfois écouté par près d'un million d'auditeurs, est d'ailleurs présenté par l'ex-ministre péquiste Claude Charron (qui tient aussi une chronique politique dans le magazine hebdomadaire populaire à grand

tirage *7 Jours*). À l'émission du matin, très écoutée, *Salut bonjour!* c'est Serge
Turgeon qui présente la revue de presse. En 1990, plus de Québécois prennent
leur information à TVA (bulletins de 18 h et de 23 h combinés) qu'à Radio-
Canada.

Dans la grande tour en forme de boîte de chiffons J de Radio-Canada, sur
le maintenant rebaptisé boulevard René-Lévesque, un branle-bas de combat
profédéraliste est en marche à partir de 1988. Cette année-là, la chaîne
accueille un nouveau président : Gérard Veilleux, ami personnel de Jean
Chrétien et ancien mandarin de Pierre Trudeau et de Brian Mulroney. Un jour
où l'émission *Le Point* démolira une (bien fragile) proposition constitutionnelle
d'Ottawa, on entendra le premier fonctionnaire du pays, Paul Tellier, lancer
dans un corridor : « *Le Point* charrie pas mal, il faut que j'appelle Gérard. » Ce
dernier soulèvera ensuite personnellement le « problème » avec les artisans du
Point, tout en affirmant n'avoir reçu d'appel de personne. Trudeauiste
convaincu, Veilleux affirme qu'une « société Radio-Canada forte et stable aura
la tâche noble d'aider le Canada à survivre ». Cette volonté est traduite dans
une nouvelle mouture des « lignes de conduite » journalistiques à suivre « pour
la couverture du débat constitutionnel », approuvée par le conseil d'administration peuplé de partisans conservateurs à l'été de 1991 et publiée en septembre.
On y lit :

> Les émissions d'affaires publiques [comme *Le Point* ou *Aujourd'hui Dimanche*]
> doivent refléter le Canada comme nation et évoquer les avantages sociaux, écono-
> miques, culturels et politiques apportés à chacun d'entre nous, au fil des ans, par
> l'appartenance à la communauté canadienne.

Il faut, ajoute le document, « également dépeindre les tensions », mais
seulement « en vue de les réduire ». La directive ne parle pas d'évoquer en
ondes de possibles « désavantages » à l'appartenance au Canada. À la même
époque, Veilleux fait le grand ménage parmi les cadres de la maison et met à
la porte le pape de l'information depuis 14 ans, Pierre O'Neil, pourtant
trudeauiste comme lui. (Il s'agit de l'ancien attaché de presse de Trudeau.)
Veilleux aimerait le remplacer par le journaliste Jean-François Lépine, en qui
il voit le prototype du Canadien bilingue, intelligent et compétent. Lépine a
cependant un sens aiguisé de l'éthique — il fut président de la Fédération
professionnelle des journalistes du Québec — et il dénonce en privé et en
public les « lignes de conduite » de Veilleux. « Si le PQ brandit ça [les directives]
en pleine campagne référendaire, nous on est faits ! Notre public est poten-
tiellement à moitié indépendantiste et ne comprendrait pas. » En effet. Cette
candeur lui vaut de ne pas obtenir le poste convoité.

Il ira à Claude Saint-Laurent, cosignataire des directives et ancien directeur
de l'information à *La Presse,* où il avait bien équilibré la couverture référendaire
de 1980. La réalité de Radio-Canada est cependant à l'image d'un oignon.
Saint-Laurent a signé les directives parce qu'il le fallait, mais elles lui répugnent

comme à tout autre professionnel de l'information. En bon louvoyeur, il se garde bien de les dénoncer de front, mais fait comprendre qu'il ne les gardera pas en évidence sur sa table de travail. Une fois confirmé dans ses fonctions, une de ses premières tâches est de faire réviser le texte, pour l'expurger du passage inacceptable précité. La position politique personnelle du nouveau directeur est superbement résumée par un de ses principaux adjoints en ces termes : « Saint-Laurent s'en câlisse que le Canada reste uni ou non. Tout ce qui l'intéresse, c'est de faire des bonnes émissions et de planter TVA une fois de temps en temps. »

Quant au jugement que Saint-Laurent porte sur Veilleux, il se résume en une phrase, glissée à l'auteur en fin d'interview : « Veilleux, parfois il a de bonnes idées. Parfois, elles sont moins bonnes. »

Claude Saint-Laurent s'assurera donc de la stricte neutralité de l'information au *Téléjournal* (comme son collègue Marcel Pépin le fait à la radio de Radio-Canada) mais son choix du journaliste Jean Pelletier comme responsable du magazine *Le Point* en 1992 donnera à l'émission une approche où l'hostilité au nationalisme ressort parfois. Lui aussi ex-président de la Fédération des journalistes, auteur d'un des plus grands *scoops* de l'histoire du journalisme québécois (les otages américains en Iran cachés par les diplomates canadiens), Pelletier ne fait pas toujours dans la nuance. Quelques mois avant de prendre ses fonctions, il écrit dans *Cité Libre* que Trudeau n'avait pas tort de dire que, avec la clause de société distincte, le Québec pourrait déporter des anglophones, s'ils devenaient trop nombreux. Ça ne l'empêche pas d'être compétent.

Dans l'ensemble, la situation radio-canadienne se présente comme suit : au sommet, le président incite comme jamais auparavant la boîte à suivre une ligne pancanadienne. Aux échelons intermédiaires, des cadres intègres gardent la forteresse et amortissent la plupart des coups. À la base, les artisans accomplissent leur travail avec un minimum d'interférence et personne ne dicte à Anne-Marie Dussault (*Aujourd'hui Dimanche*), à Simon Durivage ou à Madeleine Poulin (*Le Point* en 1991, jusqu'à la mi-1992), à Jean Pelletier et à Jean-François Lépine (*Le Point*, mi-1992), à Denise Bombardier (*L'Envers de la Médaille*, puis *Raison-Passion)*, ni à Michel Lacombe (*Le Midi dix* à la radio), quelles questions poser, ni à qui les poser. « De toute façon, tranche une de ces personnes, quiconque essaiera de contrôler Radio-Canada va se casser les dents. »

Ce tour d'horizon des principaux piliers de l'univers médiatique québécois francophone à la fin de 1990 permet de faire un constat. Dans la plupart des cas, les faiseurs d'opinion sont soit favorables à une poussée souverainiste (*Journal de Montréal/Québec, Soleil, Devoir, L'actualité, Voir*), soit bien disposés (TVA), soit mélangés et un peu désemparés (*La Presse*), soit neutres (Radio-Canada).

Si le premier ministre québécois décidait de franchir La Ligne, il est certain qu'il aurait un effet d'entraînement sur plusieurs faiseurs d'opinion qui suivent, plutôt qu'ils ne précèdent, les vagues et le pouvoir. Robert Bourassa, vieil observateur des médias et des journalistes, pourrait aussi se faire renvoyer quelques ascenseurs, au besoin.

Sans être endémique, la chose est courante. Un proche collaborateur de Bourassa a confié à l'auteur que le chroniqueur de *La Presse* Jacques Bouchard fut nommé au poste très convoité de conseiller de presse à la délégation générale de Paris et le journaliste de l'agence Presse Canadienne Maurice Girard au même poste à New York pour... « services rendus ». Bouchard et Girard avaient beaucoup contribué, entre 1982 et 1985, à garder Robert Bourassa médiatiquement « visible » tout le long du chemin du retour de sa traversée du désert. Bouchard est décédé en 1992. De retour à la Presse Canadienne après son mandat new-yorkais, Girard publie des articles caustiques et sans complaisance sur le second mandat de Bourassa.

L'auteur ignore où sont distribués tous les IOU journalistiques de Bourassa, mais il serait curieux de savoir combien de squelettes de journalistes et de cadres de la presse le premier ministre a entassés dans son placard en 30 ans de vie politique[*].

Bref, à la fin de 1990, la presse québécoise francophone est en phase avec le sentiment souverainiste populaire, et s'il s'agit d'influencer les médias qui ne le sont pas, Bourassa ne manque pas d'arguments.

LA DÉTRESSE DES FÉDÉRALISTES QUÉBÉCOIS

À l'automne de 1990, quelques mois après la mort de Meech, « les plus fédéralistes avaient pas encore tout à fait mis leur chapeau habituel du fédéralisme, tsé ? Moi inclus ! » L'aveu provient du plus fédéraliste des membres de l'entourage de Robert Bourassa, John Parisella.

---

[*] La chose n'est pas nécessairement lugubre et il est parfois difficile de saisir le lien de cause à effet entre le service rendu par Bourassa à un scribe et la gratitude de ce dernier. Le plus beau cas est celui de Pierre Bourgault. Ostracisé au début des années 70 à cause de son radicalisme, mis sur la touche par René Lévesque qui fut toujours très mesquin à son égard, Bourgault demande à Bourassa, un copain de Brébeuf, un coup de pouce. « Il m'avait dit : "Je suis mal pris" », se souvient Bourassa, qui demande à son ministre de la culture, Jean-Paul L'Allier, s'il n'aurait pas un peu de travail pour l'ex-chef du RIN. Le lendemain, L'Allier lui offre un contrat. Bourgault, « en avait par la suite manifesté de la gratitude », dit Bourassa. C'est une litote. Sans jamais se départir de son esprit critique, Bourgault est devenu, jusqu'en 1991, la meilleure caution intellectuelle de Bourassa dans le camp ennemi. Pas un portrait de Bourassa, écrit ou audiovisuel, ne se faisait sans que Bourgault mette sa grande crédibilité au service de Bourassa, le dise « grand premier ministre », « social-démocrate » « très généreux » et *tutti quanti*. Le retour politique sur investissement est incommensurable. Il est certain que Bourgault était de bonne foi. Mais aurait-il eu autant de bonne volonté et d'éloquence probourassienne sans le petit service rendu ?

On a vu les Picard, Lavoie-Roux et Cosgrove tenter de trouver leur chapeau au comité Allaire, sans succès. On a vu Fernand Lalonde lui préférer la casquette souverainiste. Au sein du cabinet Bourassa, plusieurs ministres, vieux fédéralistes québécois, se promènent nu-tête. Un phénomène qui sera examiné en détail au chapitre suivant. Mais pendant ce temps, les fédéralistes québécois qui résident à Ottawa risquent le rhume de cerveau.

A *Les fédéraux en* stand-by

La tendance aux atermoiements de Benoît Bouchard n'est un secret pour personne. Il n'a pas besoin de prétexte pour répandre ses états d'âme. L'auteur, qui l'a rencontré pour la première fois par hasard dans un déjeuner, au début de 1991, ne lui a pas posé la question. Il a quand même eu droit à la réponse : « Quand le Québec se posera la question de son avenir, je serai au rendez-vous. »

Le ministre des Finances, Gilles Loiselle, tient des propos approchants, en public. Ce que des chroniqueurs anglophones notent avec effroi. Le nationalisme militant de Marcel Masse ne fait de doute pour personne. Chacun sait que, dans le caucus conservateur québécois, plusieurs se tâtent quant à leur avenir personnel et politique.

Les ministres Marcel Masse, Benoît Bouchard et Gilles Loiselle, les trois piliers québécois du gouvernement Mulroney, ne sont pas passés au Bloc québécois. Ils n'en discutent pas moins ensemble, en 1990, de l'opportunité de sauter la clôture, si, à Ottawa, quelqu'un tentait de leur faire avaler quelque couleuvre. Ils jonglent aussi avec une autre hypothèse. Et si quelqu'un, à Québec, s'avisait de leur lancer un appel ? L'auteur pose la question à deux d'entre eux :

À Benoît Bouchard :

L'auteur : Si Bourassa avait fait un référendum proposant la souveraineté et une offre de superstructure, auriez-vous fait la campagne avec lui ?

Benoît Bouchard : Je me rappelle avoir dit publiquement : « Ne me forcez pas à choisir entre le Québec et le Canada, parce que je sais ce que je vais faire. » [...] Je suis pas sûr que j'aurais pas fait mes valises et que je serais pas allé faire le débat avec eux autres. [...] Si Ottawa avait répondu à Bourassa par la ligne dure, par « on veut rien savoir », je pense que le caucus du Québec se serait dissous.

À Marcel Masse :

L'auteur : Bourassa aurait pu dire : « Écoutez, tout le monde est de bonne foi, tout le monde a essayé, ça ne marche pas, on va faire une souveraineté en espérant qu'elle soit confédérale. » Qu'est-ce que vous auriez fait, les trois [Masse, Bouchard, Loiselle] ? [...]

Masse : Si Bourassa avait organisé avec raison à ce moment-là une campagne sur la souveraineté, à mon avis il y aurait pas eu grand-monde à Ottawa qui se serait opposé à ça. Je vois réellement pas, tsé ? Qui ? Écoute...

L'auteur : Robert De Cotret, Jean Charest ?

Masse : Ah ! Non.

L'auteur : Même pas ?

Masse : Non.

L'auteur : Mais, il y a une différence entre ne pas s'opposer [à la souveraineté] et faire campagne pour [la souveraineté].

Masse : Ben, c'est ça. Je veux dire, faire campagne, là, contre ? Le Québec ? Je ne vois réellement pas qui, de façon sérieuse, crédible et avec un poids qui lui permettait d'être un élément, disons, important dans le débat, serait allé faire un débat semblable.

Bourassa a même aidé à créer le véhicule qui permettrait de regrouper tous les nouveaux convertis fédéralistes à sa cause : le Bloc québécois. Il y a poussé des conservateurs (Lucien Bouchard), des libéraux (Jean Lapierre, Gilles Rocheleau), il pourrait appeler tous les députés fédéraux du Québec à s'y joindre, sur une base temporaire, pour la campagne à venir. Et s'il craint de perdre des orthodoxes dans son cabinet à Québec, il pourrait inviter, à une prochaine élection, plusieurs de ces poids lourds fédéraux à se joindre au Parti libéral, et rapiécer ainsi sa coalition, peut-être pour le mieux.

B *Les orthodoxes réversibles*

Il est évident que si le pape se prononce en faveur du mariage des clercs, beaucoup d'évêques emboîteront le pas, certains par conviction, d'autres par conformisme, d'autres encore par opportunisme. De même, si Bourassa franchit La Ligne de la souveraineté, toute une mouvance libérale fédéraliste le suivra, certains en maugréant et en traînant les pieds, mais en se disant que, le chef ayant viré capot, la cause est perdue, il faut faire avec. Qu'il faut même se faire les artisans, sinon les champions de la nouvelle option, pour préserver sa place dans les réseaux de pouvoir, pour tirer son épingle du nouveau jeu. En jargon politique, ça s'appelle « s'asseoir sur les sièges d'en avant » d'un autobus dont on ne souhaitait pas, hier, le départ. Mais puisqu'il part, il faut prendre les bonnes places, le plus tôt possible.

Le cas de la souveraineté dépasse cependant le changement de cap ordinaire. Il s'agit d'engager tout un peuple dans un labeur difficile, qui nécessite une mobilisation des énergies. Plusieurs fédéralistes québécois se définissent, au pied de la lettre, comme « fédéralistes » et « québécois ». À cause du deuxième terme, ils se sentiraient tenus de participer au succès d'une opération qui les engage en tant que citoyens du Québec, même s'ils auraient préféré qu'elle ne fût point lancée.

Dans un discours prononcé au Cercle canadien de Montréal en novembre 1991, Guy Saint-Pierre, président de SNC, affirmera par exemple que la souveraineté serait une « erreur historique ». Mais si les Québécois étaient assez fous pour s'y engouffrer, ajoutera-t-il, « je donnerais le meilleur de moi-même pour contribuer au succès de l'aventure ».

De même, le président de Dohonue, Charles-Albert Poissant, un fédéraliste viscéral, confie à l'auteur en entrevue :

> J'ai dit à quelques reprises : si on se séparait, si la majorité des Québécois se séparent, ben moi je ferai l'essentiel pour que ce soit une réussite.

Et Marcel Côté, qui ne croit pas la souveraineté faisable, prédira en 1991 que si le PQ prend le pouvoir et tente de la faire, Parizeau fera appel à ses services, et qu'il ne lui dira pas non.

Qui peut douter que la plupart des grands hommes d'affaires québécois, de Claude Castonguay à Marcel Dutil, raisonneraient de la même façon ? Laurent Beaudoin, président de Bombardier ? Après la mort de Meech, raconte Mario Bertrand, Beaudoin ne « savait plus s'il fallait qu'il parle pour le Québec ou le Canada » ! Il s'est finalement branché, mais si le signal de Bourassa était clair ? Ici et là, sûrement, on trouverait des poches de résistance, quelques tentatives de sabotage économique. Certains, voyant le PLQ les lâcher, appelleraient à la création d'un autre parti fédéraliste, mais avec quel succès ?

Dans les grands moments historiques, une fois la décision prise, bien des adversaires d'hier deviennent les meilleurs alliés de demain. Or le Québec est en présence, à son échelle, d'un grand moment historique. Il n'est pas le seul.

TOUTES FENÊTRES OUVERTES

Dans la période qui va de 1989 à 1992, la planète vit une sorte d'épidémie de *fortune,* selon la définition de Machiavel, et de fenêtres. Un peu partout dans le monde, elles s'ouvrent et des peuples s'y engouffrent.

En juin 1989, un parti politique issu d'un syndicat naguère clandestin, Solidarnosc, prend le pouvoir en Pologne. La fenêtre était grande ouverte. En juillet 1989, des milliers de jeunes Chinois réclament la démocratie sur la place T'ien an Men, mais leur mouvement est réprimé dans le sang. La fenêtre s'est refermée sur eux. Temporairement ? En novembre 1989, le mur de Berlin tombe. Le chancelier allemand, sans attendre de calculer l'impact de sa décision sur la cote de crédit de son pays, annonce la fusion prochaine des deux Allemagnes et l'extension de l'utilisation du mark à l'Allemagne de l'Est. Il se lance dans la fenêtre. Un à un, dans les mois qui suivent, les régimes communistes de l'Est tombent. Ils sont défenestrés. En février 1990, le chef du Congrès national africain, Nelson Mandela, est libéré de prison par le premier ministre blanc F. W. de Klerk, et les deux hommes prennent un risque considérable en entamant un difficile processus de démocratisation du pays et de réconciliation entre ses ethnies. On ne sait pas encore si cette fenêtre tiendra bon. Pendant toute la période, Mikhaïl Gorbatchev enclenche une libéralisation de l'Union soviétique. Lorsqu'un coup d'État militaire tentera de mettre fin à l'expérience, en août 1991, Boris Eltsine — champion toutes catégories de l'utilisation maximale de la *fortune,* par un déploiement foudroyant de sa *virtù,* pour reprendre l'autre mot de Machiavel — se lance à toute allure dans l'interstice et démantèle rapidement chaque vestige du pouvoir communiste sur lequel il peut mettre la main. Il devra terminer le boulot en septembre 1993, mais la fenêtre tient. En décembre 1991, l'Empire soviétique se désintègre.

On pourrait prolonger la liste, mais à quoi bon ? En tout, pendant cette période, une vingtaine de nouveaux pays apparaissent, la plupart avec un minimum d'éraflures, quelques-uns dans la guerre et la destruction. Ce phénomène d'une soudaine poussée internationale de changement n'est pas inédit. À la fin du dix-huitième siècle, l'indépendance américaine et la révolution française n'avaient pas eu besoin de CNN pour s'influencer l'une l'autre. Au siècle suivant, la révolution de février, à Paris en 1848, avait entraîné des mouvements révolutionnaires dans toute l'Europe. La fin de la Seconde Guerre mondiale, de même, ayant ébranlé les vieilles structures, avait permis à des dizaines de peuples de tenter l'aventure de la décolonisation.

La planète est aussi en présence, au tournant de la décennie 90, d'un vent d'association, de confédéralisme. Les nouveaux États européens de l'Est frappent à la porte de la Communauté économique européenne, alors que ses vieux membres sont occupés à négocier un traité qui va renforcer les liens entre eux. Que des peuples naguère opprimés, en Lituanie ou en Ukraine, décident de rompre avec leurs oppresseurs pour recouvrer leur liberté, c'est une chose. Le Québec ne tombe pas dans cette catégorie. Il s'apparente plutôt aux pays d'Europe de l'Ouest qui, eux, semblent marcher dans une direction opposée.

Le lecteur sait que le traité européen confédéralisant de Maastricht mordra suffisamment de poussière, en 1992, pour se vider singulièrement de son sens. Déjà, en 1990 et 1991, ce débat européen est perceptible, surtout pour un observateur aguerri comme Robert Bourassa, ex-citoyen de Bruxelles. Il a dû noter ces deux citations diamétralement opposées, glanées chez deux grands Européens :

Jacques Delors, le président de la commission européenne — qui, confie-t-on, retourne volontiers les appels de Bourassa —, dit par exemple ce qui suit lors d'un passage à Montréal, lorsqu'on l'interroge sur la souveraineté des États :

> Si, par souveraineté, vous voulez dire qu'une fois par an, il y aura une « fête de la souveraineté » où les gens pourront marcher dans les rues et crier « nous sommes souverains ! nous sommes souverains ! » et l'oublier le reste de l'année, pourquoi pas ? La réalité, c'est qu'il faut s'unir pour régler ensemble des problèmes communs.

Dur. À mesure que le débat sur Maastricht progressera, Delors cessera d'user d'une telle arrogance face aux souverainetés nationales. À la même époque, le premier ministre britannique conservateur, John Major, lui sert la réplique qui suit, à lui et aux partisans d'une Europe plus forte qui, à Londres, avancent des arguments économiques.

La défense de la culture et des instincts nationaux est fermement enracinée en nous. Elle ne devrait pas être balayée par de la rhétorique sur la croissance économique ou par des slogans sur l'unité.

Pour le reste, Bourassa sait très bien que, si le Québec est le sous-État le plus puissant de l'Occident, il l'est extraordinairement moins que n'importe lequel des États membres de la CEE. C'est vrai en 1990, ce le sera encore lorsque le traité de Maastricht sera en vigueur, s'il le devient jamais. C'est pourquoi Bernard Landry se mettra à répéter qu'il est prêt à se joindre à Bourassa pour proposer une association Québec-Canada sur le modèle de Maastricht, sachant que cette proposition équivaudrait à un démantèlement extrême du pouvoir fédéral canadien.

Plusieurs des peuples qu'on vient d'évoquer, et plusieurs de leurs leaders, ont laissé tomber la prudence pour s'engouffrer dans ces fenêtres, sans trop savoir ce qu'ils allaient trouver de l'autre côté. Le Québec doit-il en faire autant ?

Homme imprévisible à la fenêtre

« Je lis l'histoire depuis l'âge de sept ans, a dit Robert Bourassa dans une entrevue donnée en juillet 1990. Alors je vois ce qui se passe un peu partout dans le monde. Je ne pense pas que le Québec se trouve dans une situation tellement différente de celle d'autres peuples. »

Bourassa dit vrai. Il lit l'histoire immédiate. Tous les samedis, il dévore la revue britannique *The Economist* et tente d'y flairer des tendances mondiales qui viendront un jour bousculer le paysage québécois. Il porte une telle attention à cette lecture que certains de ses ministres, dont Daniel Johnson, ont aussi pris l'habitude de consulter cette revue pour avoir l'air intelligent lorsque leur patron leur demandera, inévitablement : « T'as vu l'article à ce sujet dans *The Economist* ? »

Il lit aussi l'histoire des puissants. De ceux qui ont su profiter des fenêtres, comme Churchill, dont il dévore, en 1989, la biographie écrite par William Manchester, une brique dont le premier tome fait 800 pages. En 1988, il s'était mis à la lecture de la biographie d'un autre audacieux de l'histoire qui, celui-là, avait ouvert à force de pur volontarisme sa propre fenêtre dans un mur qui semblait impénétrable : Charles de Gaulle, raconté par Lacouture. Ce sont d'augustes modèles.

Il reconnaît donc les indices de la présence d'une fenêtre. Il en connaît le mode d'emploi. Il sait qu'elle ne sera pas éternellement ouverte. Il est cependant difficile d'évaluer, à la fin de 1990, si elle le sera pour 6, 12 ou 24 mois. Bourassa connaît surtout les Québécois. Il sait que le marché électoral local est généralement plus généreux pour les prudents (Duplessis, Bourassa) que pour les audacieux (Lesage, Lévesque). Comment définir la prudence, dans le cas du Québec ? Dans son essai intitulé *De la prudence,* le politologue Guy Laforest observe :

Qu'est-ce qui est préférable pour un État fédéré comme le Québec, qui se veut aussi une société distincte, un peuple et une communauté nationale : le fédéralisme renouvelé ou la sécession ? On peut agir tout aussi prudemment en s'engageant dans une entreprise sécessionniste qu'en se rangeant dans le camp du fédéralisme renouvelé. Il n'y a pas de réponse universelle à cette question. Cela dépend beaucoup de la situation. Selon les époques, pour un État fédéré comme le Québec, la sécession peut être jugée imprudente, puis devenir prudente, avant de cesser de l'être assez soudainement. [...]

Il ne faut pas confondre prudence et culte de l'immobilisme. Pour cheminer vers la prudence, les peuples doivent parfois trancher dans le vif, être audacieux. Entre 1989 et 1991, en Europe de l'Est, des peuples ont été guidés par d'autres mobiles que le désir de sécurité économique et la crainte de prendre des risques de toutes sortes. Ont-ils été imprudents pour autant ? Je ne le crois pas. Ils ont deviné que les conditions de leur vie politique avaient changé. Ils ont senti qu'une occasion se présentait à eux, et ils l'ont saisie.

Robert Bourassa est à la fenêtre. Il peut faire la souveraineté. Les conditions sont réunies comme jamais auparavant. Peut-être ne se représenteront-elles jamais dans un si beau bouquet. Il n'y est cependant nullement forcé. Personne ne peut lui reprocher d'être fédéraliste. Il a bien entonné quelques phrases vagues sur « la superstructure » et le caractère « non éternel » du fédéralisme. Reste qu'il vient d'être élu, en septembre 1989, pour quatre ou cinq ans. Pendant cette campagne, il n'a pas promis de faire la souveraineté, il n'a donc ni le mandat ni l'obligation de la faire.

Bourassa, dont l'esprit est fixé sur la condition la plus problématique de l'accès à la souveraineté — les coûts —, peut légitimement penser qu'il ne faut pas la faire. Ou du moins qu'on ne peut pas la faire à un coût raisonnable.

Depuis la mort de Meech, il a laissé se dérouler le débat dans le public et dans son parti. Il a distribué des feux verts aux souverainistes, certes. Aux jeunes de son parti et aux fondateurs du Bloc québécois, aussi. Il n'est pas intervenu dans les délibérations du comité Allaire, sauf pour les orienter dans une direction qui ne pouvait les mener qu'à la souveraineté. Il a donné tous les signes de celui qui entend « tranquillement s'orienter vers la souveraineté du Québec en se ménageant de l'espace de virage », pour reprendre l'expression du péquiste Landry. Mais rien encore n'est irréversible.

Ses deux engagements solennels — n° 1 : Négocier dorénavant à 2 et non à 11 (Discours du Salon rouge, 23 juin) et n° 2 : Nécessité de redéfinir le statut politique du Québec (Loi instituant la commission Bélanger-Campeau, 4 septembre) — peuvent se lire comme les balises posées à un processus de réforme interne de la fédération. Et cette « redéfinition », si le Canada n'en veut pas, peut-être le Québec pourrait-il en accomplir unilatéralement une part, en adoptant, par exemple, sa propre constitution, comme le suggère Rémillard. Surtout, Bourassa n'a rien signé de sa main, rien voté, qui engage vraiment sa parole, sa fonction, sa légitimité ou son honneur, sur la voie souverainiste.

Il peut, c'est sûr, appuyer sur l'accélérateur, prendre son ticket pour l'histoire, franchir le rebord de la fenêtre. Faire comme Helmut Kohl et prendre, selon une expression qu'il affectionne, « un risque mal calculé ».

Mais ce n'est pas parce que la mer est belle qu'il faut prendre le large. Ce n'est pas parce que tous les matelots s'activent à gréer le navire qu'il faut hausser la grand-voile. Certes, sur la terre ferme, les voisins deviennent hargneux et il y a peu de chances — en fait, aucune — qu'une entente satisfaisante puisse être conclue avec eux. Reste que la troupe est au sec. Qu'elle mange à sa faim. Que, disait un autre capitaine, « ce n'est pas le goulag ». Et qu'au-delà de l'éclaircie et de l'horizon calme qui se présentent depuis la berge, il y a peut-être — sûrement — une zone de tempêtes. Et si on faisait naufrage ? Et si on s'échouait sur une terre encore moins hospitalière que celle-ci ? Et si, à mi-parcours, en plein remous, les mousses prenaient peur et réclamaient qu'on rebrousse chemin, pour débarquer, plus pitoyables que jamais, au point de départ ?

Lorsqu'il prend l'appel de Pierre Anctil, le 28 décembre 1990, dans sa chambre d'hôtel de Miami, Robert Bourassa est le chef du Parti libéral du Québec, le premier des ministres du gouvernement québécois. Il peut mettre le frein, arrêter la musique, déclarer que le jeu n'en vaut pas la chandelle. Annoncer aux Québécois, à son retour de convalescence, que, tout bien considéré, la souveraineté est une aventure trop risquée et qu'il ne faut pas compter sur lui pour les y plonger. Si certains veulent provoquer ce débat, il pourra les confronter, visière levée, et débattre argument contre argument. S'il est mis en minorité par son parti, il pourra, comme René Lévesque en 1984, tenir un référendum auprès des militants, un « Robertrendum ».

Si, à l'extérieur de son parti, les Québécois tiennent vraiment si fort à la souveraineté, s'ils descendent régulièrement dans les rues, peut-être devra-t-il mettre sa légitimité en jeu, comme de Gaulle après mai 1968. Comme lui, il en tirerait les conclusions. « Quel homme serais-je, disait de Gaulle avant le référendum sur la régionalisation de 1969, si je ne tirais pas sans délai la conséquence d'une aussi profonde rupture ? » À minuit, le soir de sa défaite, il remettait sa démission. Il avait perdu ce pari, il en avait gagné bien d'autres, envers et contre tous, pendant sa carrière. Car, disait-il aussi, « ce qui est salutaire à la nation ne va pas sans blâme dans l'opinion ».

De Gaulle avait su affronter l'opinion, et le plus souvent la convaincre qu'il avait raison, qu'elle avait tort. Quand il réussissait ce tour de force, et emportait l'adhésion de l'opinion, il en sortait grandi et la France avec lui. Parfois, il échouait, et n'avait alors pas l'arrogance de se cramponner à un pouvoir qu'il aimait pourtant sans partage.

Le 28 décembre 1990, Robert Bourassa est donc placé devant un choix historique et éthique. S'il se rend aux arguments d'Anctil, donc de son parti, donc de son peuple, il aura la lourde tâche de créer un pays. Comme Churchill, il pourrait aviser les Québécois, avant de prendre la mer, qu'il faudra « de la sueur et des larmes » pour se rendre à bon port. En cas d'échec du périple souverainiste, on dira qu'il a au moins répondu à l'appel du large et de l'équipage. En cas de succès, on dira qu'il a évolué, qu'il a pris le virage de sa vie, qu'il a choisi le bon moment, qu'on avait bien fait de l'attendre. On le dira courageux, pionnier, timonier. Il aura sa photo en première page de *The Economist*. On écrira sa biographie.

Il entend l'appel du large, il sait que le bateau peut partir, et il le dira, six mois plus tard, dans une entrevue au quotidien *Le Soleil* : « *J'aurais pu, il y a un an, passer à l'Histoire ; si j'avais décidé de faire un référendum sur la souveraineté en septembre 1990, je pense bien que, là, ça y était.* » À l'été de 1991, il ajoute : « *Si on avait fait un référendum au mois de juin [1991], si on l'avait gagné, quelque chose comme 58 % à 42 %, on aurait fait quoi ?* » Une jolie marque, 58 %. Mieux que celle de 1867, en tout cas.

S'il refuse les arguments d'Anctil, comme c'est son droit, il aura la très difficile mission de ramer contre le courant, de convaincre ses compatriotes de ne pas prendre le large. Cette tâche est ingrate. On le traitera de lâche et de poltron, de briseur de rêves et de fossoyeur de peuple. On le dira cependant, aussi, homme de conviction et de détermination, comme un autre grand fédéraliste, Pierre Trudeau, qui appelle tous les acteurs du drame, en 1990, à « jouer cartes sur table, se battre pour ainsi dire à visière levée — et se fier à la chance autant qu'à l'habileté ». Si Bourassa est franc, direct et honnête dans l'adversité, on le dira homme d'État. On fera une série-documentaire sur sa vie.

Le 28 décembre 1990, Robert Bourassa est à la fenêtre.

Sa décision est prise. Il se met à bouger. Que fait-il ? Il ne franchit pas le rebord de la fenêtre. Il ne tente pas de la fermer. Il tire les rideaux, cependant, pour tenter maladroitement de la cacher. Puis il lui tourne le dos, mais s'appuie tout de même d'une main sur son rebord. Bizarre. On ne sait pas exactement s'il prend appui pour faire le saut, ou s'il se cramponne pour bloquer le passage. La pose est équivoque. C'est voulu.

Deuxième partie

Le Rameur

Il faut gagner la rive comme les rameurs,
en lui tournant le dos.
RICHELIEU

5

LE DOMPTEUR

Monsieur Bourassa adresse des félicitations à monsieur Allaire
et aux membres du Comité constitutionnel. Il souligne le réalisme
du document, qui met l'accent sur les aspects économiques.
Il spécifie que le rapport reflète bien la volonté du Parti libéral du Québec
qui est de promouvoir avant tout le progrès du Québec.

Procès-verbal de la réunion de l'exécutif du PLQ,
28 janvier 1991.

Si j'avais pu revenir une semaine avant,
y'en aurait pas eu, de rapport Allaire.

ROBERT BOURASSA, à un ministre fédéral,
en août 1992.

ROBERT BOURASSA SE SOUVIENT. Sans joie. De la conversation. « J'avais mes trois opérations dans le corps », dit-il. Les ingrats. Les indélicats. Qu'est-ce qu'ils lui en ont fait baver !

« Quand avez-vous pour la première fois appris où se dirigeait le comité Allaire ? » demande l'auteur.

« En Floride. Le 28 décembre », répond-il, sur le ton du reproche.

« On a perdu le contact avec le parti, à ce moment-là, dit-il. Il y a eu des réunions pis des militants, évidemment, avec la fièvre qui existait, avec le climat qui existait... » Soupirs...

Le chef de parti est un peu plus expansif, pendant l'épreuve, avec un de ses vieux complices, Ronald Poupart, qui l'appelle pour lui souhaiter la bonne année.

« J'espère que tu te reposes », lui dit Poupart au bout de la ligne.

« Non, non ! Je me repose pas ! Si tu savais dans quoi je suis pogné... »

Poupart, un fédéraliste qui introduit peut-être un brin de sa propre colère dans le récit, rapporte la teneur de la conversation : « Robert Bourassa, par rapport au rapport Allaire, d'abord c'est un homme vidé, épuisé physiquement. Donc il ne vit pas le rapport Allaire. Il le reçoit en pleine face. Et il découvre le monstre qu'il a devant lui. C'est lui, malade, qui supplie les gens d'amender ça, pour que ça soit moins violent. [...] Il me dit qu'il a trouvé ça dur, épuisé comme il était, fatigué comme il était, d'être obligé de négocier par téléphone des heures et des heures. Essayer de convaincre des gens de ne pas rendre public un document qui allait aussi loin — je ne savais pas de quoi il parlait, j'avais pas vu le document — qui allait aussi loin que ce qu'il avait vu. Ça l'a pris complètement par surprise. Le document est inacceptable à ses yeux et sera invendable aux militants du parti. Ce sont ses termes. Inacceptable, invendable. Il dit : "Il faut absolument que je tente de convaincre tout le monde d'être plus raisonnable." [...] Mais il est abattu, là. La maladie a été un méchant coup pour lui, moralement et intellectuellement. Il fait des efforts. Mais s'il avait été en pleine possession de ses moyens, je suis convaincu que le rapport Allaire n'aurait pas été aussi loin. »

LA CÉCITÉ, LES AUTRUCHES ET LES RUMEURS

Arrêt sur image. Rembobinage. Changement de caméra. Date : 1er décembre. Lieu : Château Bonne Entente, scène finale. Protagoniste : Bill Cosgrove. *Play.*

À la sortie — c'est devenu une tradition —, Cosgrove demande : « Monsieur Bourassa est-il au courant ? » On lui dit que oui. Il n'en croit rien. De retour chez lui, il se met au téléphone. Tant pis pour la consigne du secret. Il veut en avoir le cœur net. Robert Bourassa est à Bethesda. Il appelle la vice-première ministre, Lise Bacon.

« Je ne peux accepter la tangente qui se développe avec Allaire, lui dit un Cosgrove tout à fait nerveux, se souvient Bacon. C'est ni plus ni moins la séparation du Québec qui s'en vient, il n'y a pas de différence avec le PQ ! »

« Évidemment, c'est là que j'ai arrêté les choses, raconte Bacon. J'ai appelé John Parisella pour lui dire : "Il faut arrêter ça absolument." »

John et Bill. Le couple d'Anglo-Québécois le plus triste en ville. « C'est pas possible, Bill, c'est pas possible », répète le chef de cabinet, en faisant non de la tête. Mais Bill jure. Il y était. Il a vu. Il a entendu. Malheureusement, il n'a pas de texte à présenter. Rien n'est encore rédigé. « C'est pas possible, on n'a pas idée », dit John. Mais, Thérèse ? Mais, Laurent ? Mais, Sam ? Mais, Jean-Pierre ? Et l'autre, le vrai pilote, celui dont « il est fier » et qu'il considère « un peu comme un protégé » ? Mais, lance John comme un cri du cœur...

« ... Pierre Anctil ne laissera pas une telle affaire arriver ! »

Le lendemain, Parisella coince Anctil lors d'une assemblée libérale, dans le comté d'Anjou. La logique ne permet pas d'expliquer le processus mental de Parisella. L'intéressé a peine à cerner son propre comportement, mais offre un indice qu'il faut saisir : « Ça se peut que j'étais très préoccupé [par d'autres dossiers], que j'étais distrait, que j'en ai peut-être mis... — j'étais tellement aveugle. Ou peut-être qu'il m'a donné des paroles réconfortantes. »

Qu'on en juge, à partir d'éléments tirés strictement du récit qu'en donne le chef de cabinet. Anctil et Parisella conversent, assis dans un coin de la salle. Sur les murs, des affiches de Bourassa, chemise ouverte, leur souriant. « Il m'a pas donné le score. Ça, je suis sûr de ça, dit Parisella. Ça m'aurait frappé, 11-2, là [pour la souveraineté]. Ça m'aurait frappé. Mais il m'a dit que le monde avait voté pour. Oui, effectivement. Ça, il me l'a dit. Pis il m'a aussi dit que c'était sur la souveraineté. »

« Écoute, lui répond Parisella, on n'est pas pour aller dans cette voie-là ! »

Parisella dit qu'il n'a « pas compris » que le principe voté allait se refléter dans la version finale. « Mon impression c'était que, au début de décembre, des gens écrivaient dans une hypothèse : "Qu'est-ce que ce serait, la souveraineté, vue par un Parti libéral", qui serait pas nécessairement comme celle du PQ. Je pensais qu'il y avait toutes les options ouvertes, pis que ça s'en allait vers un système confédéral, mais avec une modification semblable à celle de La Pocatière [Parlement élu, pouvoir de taxation]. [...] J'ai pas senti que c'était cette hypothèse qui arriverait à M. Bourassa dans trois semaines pour approbation. [...] S'il m'avait dit : "C'est le mandat, on écrit sur ça, pis c'est ça qui va être présenté au premier ministre", j'aurais sûrement, sûrement sauté ! [...] Il me semble que j'aurais allumé en maudit, là. [...] Donc j'ai quitté, ce soir-là, pas très à l'aise mais pas très alarmé. »

Il avise Bourassa, tout de même, le lendemain, rapportant que le rapport s'oriente « sur une voie assez audacieuse ».

« Surveille ça », répond simplement le patron.

Parisella surveille. Fait venir Allaire à son bureau le 7 décembre, pour lui tirer les vers du nez. Le président du comité indique que « ça va très loin » et que c'est « dans le sens du consensus qu'il y a au Québec ». John, se souvient Allaire, « était nerveux ».

Mais le parti, c'est un principe, parle directement au patron. Ni Allaire ni Anctil ne se sentent tenus de « faire rapport » à l'adjoint du premier ministre, à déballer, dans le détail, toute la marchandise. Surtout qu'il s'agit d'un adjoint aux convictions fédéralistes dures, qui pourrait, ensuite, présenter la chose au chef sous son jour le plus noir.

« C'est vrai sur tous les dossiers, explique Anctil. Le parti insiste toujours pour un contact direct avec le chef. Toute question de substance est traitée directement avec le premier ministre, tout le temps. Tsé ? Jean Allaire voulait ça, mais je peux dire que même quand le président de la Commission politique veut discuter des orientations du parti, il va pas voir le chef de cabinet. »

Compte tenu de ce principe et de l'importance de l'enjeu, force est de constater qu'Allaire et Anctil en ont dit beaucoup au « chef de cabinet ». Anctil annonce qu'un vote a été tenu. Sur la souveraineté. Qu'un texte est en préparation. Sur la souveraineté. Ce devrait être assez. Allaire ajoute que le rapport ira « très loin », « dans le sens du consensus » québécois. Ce devrait être trop.

L'analyste politique, l'historien, le journaliste se heurtent souvent à ce comportement qui tient plus de la psychologie que de la science politique, mais qui façonne l'histoire, petite et grande. De la construction de la ligne Maginot aux accords de Munich, de l'appui américain donné au shah d'Iran en 1979 à la signature d'une constitution, sans le Québec, en 1982, il s'agit partout, toujours, d'un problème oculaire grave : l'aveuglement. Les amoureux sont seuls au monde. La foi transporte les montagnes. Le déni prépare les catastrophes.

Où habitaient-ils, les Bourassa, Parisella, Bacon et Poupart, à l'automne de 1990 ? Sur quel nuage ? Dans quelle dimension étrange et pas suffisamment parallèle ?

Devant plusieurs interlocuteurs, à partir de janvier 1991 et au cours des deux années qui suivent, Robert Bourassa expliquera le rapport Allaire par ces formules : « j'étais malade », « j'étais parti ». Outre que Bourassa ait encouragé, on l'a vu, l'équipe d'Allaire à s'engager sur la voie qu'elle a suivie, l'explication est un peu courte. Avec le temps, s'impose l'impression que Bourassa était constamment absent, à l'automne de 1990. La réalité est plus nuancée. Voici les dates de ses absences : il a d'abord quitté le Québec au début de septembre, deux mois après que le comité Allaire eut commencé à étudier « toutes les options ». Il fut opéré le 12 septembre à Bethesda, puis revint au Québec à la fin du mois. Il est « opérationnel », disons, à mi-temps, pendant tout le mois d'octobre, au cours duquel il voit son caucus et ses conseillers, donne des entrevues et participe au lancement de la commission Bélanger-Campeau. Il ne repart pour Bethesda que le 12 novembre, le surlendemain du vote de l'Alpine Inn, donc après que « le gros œuvre » d'Allaire eût été complété. Ensuite, des complications opératoires le mirent totalement hors jeu pour, probablement, trois semaines. Au début de décembre, il est convalescent et se tient au courant des dossiers, recevant John Parisella et Mario Bertrand à Bethesda. Il dit alors multiplier les appels et lire sa revue de presse quotidienne, mais il ne travaille probablement pas plus de deux ou trois heures par jour. De retour à Outremont le 7 décembre, il reste au Québec pendant deux semaines sans faire d'apparition publique, et avec une charge de travail réduite. Puis il part pour Miami le 22 décembre. Sur les 16 semaines qui courent du début de septembre jusqu'à la fin de décembre, en comptant large, on peut conclure que M. Bourassa fut « inconscient » du déroulement des événements québécois pendant, au grand maximum et cumulativement, huit semaines. Or, le dossier de l'avenir du Québec n'était pas alors un obscur problème sectoriel. C'était le sujet dominant toute l'actualité politique de l'automne.

Alors ? Pris complètement par surprise, Robert Bourassa ? Même les autruches savaient, à la fin de novembre 1990, que les Québécois de toutes couleurs, libéraux compris, étaient souverainistes. Allaire et Anctil avaient avisé le premier ministre, de vive voix, que le rapport « irait loin », qu'il serait « très contraignant ».

Bourassa n'était pas le seul informé de la progression des travaux des allairiens. Qu'on en juge.

Avant le vote de l'Alpine Inn, une conseillère au *bunker*, Marie Gendron, présidente de la Commission jeunesse avant Michel Bissonnette et encore superbement branchée dans ces milieux, avertit son supérieur hiérarchique :

« Je te dis, John, les jeunes sont partis en grande, et ils sont *hot* pas mal. Ça va chauffer. »

« Inquiète-toi pas, je parle à Anctil, il y aura pas de problème. »

Six jours après le vote de l'Alpine Inn, le 16 novembre, Parisella croise Fernand Lalonde au grand souper-bénéfice de relance du quotidien *Le Devoir*. Le Tout-Québec politique et corporatif y est, de Brian Mulroney à Hydro-Québec, à 800 dollars le couvert. Parisella (oui, Parisella !) raconte :

« J'avais appris ce qui s'était passé dans le Nord là, [au Alpine Inn ? Ah bon !] pis je lui ai donné mon point de vue.

"Ça a pas d'allure, êtes-vous tombé sur la tête de faire un référendum sur la souveraineté ?"

"Oui, oui, mais c'est pour une meilleure position de négociation, répond Fernand Lalonde."

"Tu fais pas ça avec six millions de personnes ! Tu vas sortir toute la fierté, parce que c'est avec ça que se gagne un référendum sur la souveraineté, pis après tu vas leur dire : 'Non, non, c'est juste pour aller chercher un pouvoir de plus ?' Franchement, c'est malhonnête avec la population, c'est pas de même que ça se fait."

« Ça je me souviens avoir dit ça. À table, dit Parisella. Pas juste pour le taquiner là, tsé ? Je l'ai dit parce que j'y croyais. Je continue à penser que c'était absolument ridicule comme point de vue. » Lalonde « a reviré ça à la blague ».

Si cette conversation ne suffit pas à éclairer une lanterne bien poussive, des articles de journaux, grâce à des fuites distillées notamment par Bissonnette par la voie de son copain Denis Lessard dans *La Presse*, indiquent, noir sur blanc, que le comité Allaire étudie des scénarios souverainistes. N'entendent-ils pas Gil Rémillard réclamer, dans *Le Devoir*, jusqu'à une monnaie québécoise ? N'entendent-ils pas leurs propres députés et ministres clamer « l'irréversibilité » du processus souverainiste ?

Bien sûr, ils se méfient des distorsions du discours public et de l'amplification qu'en font les médias. C'est pour la galerie. Les vrais décideurs préfèrent l'information directe. Non édulcorée par la mise en marché des ambitions. Ghislain Dufour, président du Conseil du patronat, obtient un indice. Dans les allées et venues croisées du comité Allaire et de la commission Bélanger-Campeau, à l'automne de 1990, le patron des patrons tombe sur ses amis libéraux, réunis au restaurant d'un hôtel. Allaire, Jean-Pierre Roy. Sa *gang*, quoi. On est en famille, on va manger ensemble, propose-t-il.

« Ils m'ont dit : "Écoute, t'aimeras pas entendre ce qu'on dit, tu ne pourras pas être d'accord avec la discussion. Le bar est de l'autre côté." »

Allaire est plus disert avec un autre chantre fédéraliste du patronat. Charles-Albert Poissant, un ami de Bourassa, est président du conseil d'administration de Donohue et conseiller de Pierre Péladeau, dont il ne partage pas les convictions souverainistes. Un jour de l'automne de 1990, les deux hommes prennent le même avion pour Québec. Allaire lui confie : « Tsé, Poissant, il y a beaucoup plus de séparatistes qu'on pense dans le Parti libéral. Même des ministres m'en ont fait part privément. » Poissant n'en croit pas un mot et est un peu choqué qu'Allaire soit « parti sur cette donnée-là ».

Gérald Larose, président de la CSN, a droit à cette même bande-annonce. Il croise Allaire au Hilton, une semaine après l'Alpine Inn. Ils se connaissent ; Larose a témoigné, quelques mois plus tôt, devant le comité. Il s'informe de la marche des travaux. « Les grandes décisions ont été prises », lui dit Allaire, dans un sourire entendu, que Larose n'a aucune peine à décoder.

Même la direction du Parti québécois est au courant. Daniel Denis, le scribe d'Anctil, travaille à la firme conseil Secor. « C'est plein d'intellectuels, chez Secor. Intellectuels et PQ, ça va ensemble », dit, narquois, Bernard Landry. Le vote de l'Alpine Inn est évoqué, peu après sa tenue, à une des réunions hebdomadaires du comité de stratégie du PQ. « On était au courant de ça, on en parlait entre nous autres, dit un autre membre de la direction. Ils voulaient convaincre Bourassa d'aller vers la souveraineté. »

Si le président du Conseil du patronat et un de ses membres les plus fédéralistes s'en doutent, si le président de la CSN l'a compris, si l'opposition officielle l'a appris, comment le premier ministre peut-il être dans le noir ? Parce que l'épouse trompée est toujours la dernière informée ?

Mario Bertrand et Pierre Bibeau, qui parlent à Bourassa en décembre, affirment tous les deux : « Il le savait. » Bibeau a une théorie : « Bourassa lui-même jongle avec ça, cherche quelque chose, et c'est pour ça qu'il laisse quand même aller, dans Allaire, une bonne secousse. Il savait où ça s'en allait. » Dans cette hypothèse, Bourassa aurait senti venir l'orage mais, velléitaire comme à l'accoutumée, n'aurait songé à sortir son parapluie qu'aux premières chutes de grêle. Explication plausible.

« C'étaient des rumeurs, dit Bourassa. Mais on en entend tellement en politique. On prend pas toujours ça pour du comptant. » (Même quand Allaire, en octobre, et Anctil, en novembre, l'en informent directement ?)

Jean Allaire a bien sûr sa façon de présenter les choses : Si Bourassa n'a pas compris, « c'est parce qu'il ne voulait pas comprendre ».

Aveuglement, donc. Cécité politique. C'est le nom de la maladie qui afflige la haute direction libérale à la fin de l'année 1990. Certes. Mais quelle en est la racine, la cause ? Il n'y en a qu'une : la possession tranquille — beaucoup trop tranquille — de la vérité. Car Bourassa, Parisella, Bacon et Poupart sont parmi les seuls qui savent. Ils savent qu'il ne faut pas rêver. Ils le savent tellement qu'ils ne voient pas qu'autour d'eux, beaucoup de gens rêvent. Et ils ont un problème. Un détail, vraiment. Une vétille. Leur savoir, ils ont oublié de le partager avec les autres.

Blague : J'ai les formulaires d'adhésion aux Nations unies !

Pierre Anctil parle en direction du téléphone avec une foi propre à convaincre Alexander Graham Bell lui-même. À l'autre extrémité, cependant, au bord de l'Atlantique, l'interlocuteur n'a pas la passion de l'inventeur, ni son goût du risque et de l'expérimentation.

« Couvrez bien la question économique », lui avait dit Bourassa, un mois avant. Alors Anctil la couvre, ce 28 décembre. Il la couvre tellement que c'en est un peu gênant pour un premier ministre dont la carte de visite est l'économie.

D'abord, Anctil brosse un sombre tableau de l'économie canadienne, comme les Castonguay, Saint-Pierre, Rabeau et Fortin l'ont fait devant lui et le comité. De tous les pays industrialisés, depuis 10 ans, le Canada affiche la moins bonne performance en termes de gain de productivité. De tous les pays industrialisés, le Canada se place parmi les trois plus endettés, selon le ratio dette/PIB. Compte tenu de la situation politique canadienne, explique Anctil, « on ne peut pas anticiper de changement significatif » à ce déclin économique.

Couplet, ensuite, sur l'union économique canadienne, qui fonctionne moins bien que l'union européenne, qui regroupe pourtant des pays souverains. Anctil sort ses chiffres. Les échanges entre provinces comptent pour 45 % du PIB, alors que les échanges entre pays européens comptent pour 55 % du leur.

« La conclusion, soutient Anctil, c'est que le *statu quo* n'est plus rentable économiquement, ce n'est plus un *winning proposal,* [une proposition gagnante] et l'impératif de changement politique se reflète aussi dans la situation économique canadienne. »

Voilà. Il veut des chiffres, de l'économie. Il en a. Anctil embraie sur son second volet, constitutionnel.

« La conclusion qu'on tire de Meech est que la formule d'amendement de la constitution a fait ses preuves : elle est bloquée et incontournable.

« Alors il faut provoquer l'enjeu par un référendum. La conclusion qu'on tire est que ça prend un référendum sur la souveraineté. On propose une réforme selon trois axes : union économique, autonomie politique du Québec, Parlement supranational. »

Sur ce troisième point, de la « superstructure », Anctil ne s'avance pas trop. « On lui expliquait qu'on avait quelque chose en tête, mais que ça restait à préciser. »

Bref, résume le directeur général du parti, qui guette les grognements que lui adresse le patron au bout du fil, « ça nous prend la réforme, il faut qu'on la décrive, puis ça prend absolument une démarche qui accrédite notre sérieux, qui dit au monde : "Là, on passe à l'action, c'est ben d'valeur !" »

Bourassa, raconte Anctil, se met alors à poser « de vraies questions ».

Sur « l'utilisation conjoncturelle de la politique monétaire », par exemple. Il veut dire : comment un Québec souverain utilisant la monnaie canadienne mais brouillé avec le Canada pourrait-il se passer du pouvoir relatif qu'il détient aujourd'hui, via la Banque centrale, de faire fluctuer le dollar et les taux d'intérêts, au gré des cycles économiques ? Il serait alors à la merci de décisions prises par le Canada, sans lui et peut-être contre lui.

Un bon argument, mais passé de mode économique, rétorque Anctil-l'Européen qui évoque les nouvelles thèses néo-libérales, selon lesquelles les monnaies seront de moins en moins fluctuantes et tendront à se fixer, en Europe face au mark, en Amérique face au dollar. Bref, la Banque centrale canadienne sera de moins en moins utile à qui que ce soit.

Bourassa n'est pas le dernier venu dans le débat monétaire, qu'il manie contre la souveraineté depuis 1967, entraînant le plus souvent ses interlocuteurs sur des sommets théoriques où il est presque le seul à pouvoir s'y retrouver. Arrivé là, il s'amuse à désorienter l'adversaire, qui ne distingue bientôt plus le haut du bas. Avec Anctil, il avance des contre-arguments, le coince parfois sur une arête technique. Anctil promet de se renseigner et de lui « revenir là-dessus le lendemain ».

Car cette conversation dure plusieurs jours, sans que ses acteurs puissent distinguer par la suite avec précision comment les arguments s'échangent après cette première présentation, dans quel ordre, sur quel ton. Le 28 décembre, Anctil se souvient que Bourassa « ne se commettait jamais complètement », Allaire perçoit chez Bourassa « des réticences ». Le chef veut voir les textes. Ça vient, ça vient, lui dit-on. Anctil et son équipe améliorent, allongent, bétonnent le texte.

Bourassa rumine-t-il tout ça pendant le réveillon du premier de l'An ? Tout le monde retient son souffle, en tout cas, jusqu'au 4 janvier, alors qu'a lieu une autre conversation. Ce jour-là, enfin, on lui télécopie le rapport préliminaire, à Miami. (Ce n'est déjà plus la version 4, de 45 pages, datant du 28 décembre, et elle doit approcher les 89 pages de la version 9, datée du 10 janvier. Les archives le diront peut-être un jour.)

Texte en main, réalisant peut-être la fermeté du propos, la profondeur de la conviction, l'ampleur du travail réalisé, l'existence d'un « monstre » complètement formé, Bourassa est plus dur, le 5 janvier. « Il a réellement poussé », se souvient Allaire. Puis il y a les conversations du 6, 7 et 8 janvier. Anctil est toujours à un bout, avec Allaire et une fois sur deux, avec Jean-Pierre Roy.

« C'était "on décrète la souveraineté avec la question". Ça allait loin », se souvient Bourassa. « C'est pas faisable, objecte-t-il. Je vois pas comment je peux faire ça. Sur le plan économique, comment est-ce que ça va être perçu ? »

Comment Bourassa réagit-il, intérieurement ? « En ces moments-là, on n'a pas le temps d'avoir des sentiments. Vous connaissez mon style, Jean-François, c'est purement intellectuel. » Purement ? Pas tout à fait. « C'était pas une colère, c'était pas l'enthousiasme. Intellectuellement c'est que c'est inacceptable. Alors j'utilise des arguments intellectuels pour dire que c'est pas acceptable. Et ça durait une heure et demie », le premier jour. Avec trois opérations dans le corps. Parisella, à qui Bourassa parle peu après la première conversation, se souvient d'un premier ministre « inquiet, concerné, préoccupé ».

Préoccupé, beaucoup, de la question du délai. La proposition ne prévoit pas de calendrier à l'intérieur duquel le gouvernement doit faire la souveraineté. Mais les discussions, comme le document de Fernand Lalonde, tiennent pour acquis que ce référendum doit se faire assez tôt pour que le parti puisse en récolter les bienfaits avant l'élection, prévue normalement pour l'automne 1993. Dans son propre document, Suzanne Levesque est plus précise : elle suggère le printemps ou l'automne 1991. C'est ce que défendent aussi quelques députés nationalistes qu'Anctil et Allaire ont rencontrés. Deux semaines avant cette conversation du 28 décembre, un sondage Multi-Réso/*Le Devoir* révélait que 63 % des Québécois désirent un référendum en 1991, dont 43 % avant l'été. Les deux tiers des Québécois veulent profiter de cette occasion pour dire Oui à la souveraineté-association.

Bourassa, lui, est formel : « Ils m'ont lu les conclusions, et c'est 1991. » Il s'en souvient d'autant plus qu'il déteste cette date et se met immédiatement en branle pour « me garder une marge de manœuvre, ce que je n'avais pas si c'était 1991 ».

L'économie, le délai, ce n'est pas tout. Il y a la politique. Les appuis.

« Dans mon cabinet, ça passe pas. Dans mon caucus, c'est divisé », leur lance Bourassa. « Mais leur argument était toujours le même », se souvient-il.

« Si vous prenez position, plaident Allaire et Anctil, les ministres vont se ranger, le caucus va suivre, ça va passer. »

« Parce qu'ils avaient fait leurs calculs ! » s'exclame Bourassa. Ah ! ça oui ! Les calculs, ils les avaient faits. Car la politique, aurait pu dire Anctil, c'est la gestion de l'information.

Le gouvernement libéral peut-il prendre ce virage sans se casser en mille miettes ? Anctil répond que oui. Il a assisté à toutes les rencontres de consultation des députés, a évalué l'ensemble du caucus dans lequel, selon lui, il y a « du deux pour un » en faveur de la démarche souverainiste. Dans le cabinet, c'est « beaucoup plus corsé ». Depuis l'échec de Meech, il a rencontré chaque ministre individuellement, à deux ou trois exceptions près. Les a « évalués ». Il se sent en mesure d'annoncer à Bourassa, le 28 décembre, que le cabinet, à froid, va appuyer la démarche « à 15 contre 12 ». Restent quelques inclassables, dont Lise Bacon et Gérard D. Levesque qui, pense-t-il, vont suivre la consigne du chef.

(Plus tard, Levesque confirme cette impression devant Anctil. « Le système actuel m'a bien servi, dit l'aîné de l'Assemblée nationale. Mais si toi ou d'autres qui allez vivre avec le système que vous allez décider maintenant, vous voyez ça autrement, je ne peux pas m'y objecter. C'est plus toi que ça concerne. » Toi, et Suzanne...)

Dans sa présentation, Anctil n'entre pas dans le détail, n'offre pas de liste. « J'ai toujours parlé en termes agglomériques des tendances », dit-il, cultivant son jargon d'ex-polytechnicien.

Cependant, on peut reconstruire les pointages d'Anctil et d'Allaire [et l'auteur ajoute ici des confidences recueillies chez des « pointeurs » fédéralistes] qui placent à peu près ainsi, par ordre décroissant de ferveur, les « amis de la souveraineté », tels qu'ils apparaissent en décembre 1990 : Yvon Picotte, Marc-Yvan Côté, Gil Rémillard, Michel Pagé, Liza Frulla, Albert Côté, Yvon Vallières, André Vallerand, Lucienne Robillard, Monique Gagnon-Tremblay, Robert Middlemiss, Lawrence Cannon et même ! André Bourbeau (13).

Parmi les « adversaires », il faut compter : Daniel Johnson, Pierre Paradis, John Ciaccia, Christos Sirros, Sam Elkas, Louise Robic, Violette Trépanier, Raymond Savoie, Norman Cherry, Robert Dutil et Guy Rivard (11).

Chez les « suiveux », « sans opinion », « mous » ou autres indécis : Lise Bacon, Gérald Tremblay, Gérard D. Levesque, Gaston Blackburn (4)*.

Un cas à part, Claude Ryan.

Anctil admet que Bourassa peut « en perdre quelques-uns ». Des anglophones — Elkas, Ciaccia —, peut-être. Mais il ne faut « pas se traumatiser avec ça ». Il y a un problème plus épineux : Daniel Johnson, le président du Conseil du trésor. Anctil le connaît assez bien, il avait participé à sa campagne au leadership, en 1983, contre Bourassa. « C'est un gars de principe, un gars qui a des idées, un gars qui a des convictions », juge Anctil. Des convictions canadiennes. Johnson est un nationaliste version Duplessis. Il veut que Québec « récupère son butin », donc refoule la présence fédérale, mais sans jamais pour autant remettre en cause l'unité canadienne. « Le Canada, faut pas jouer avec ça », pense-t-il. Or le rapport Allaire joue énormément avec ça. « Il pouvait mettre un cran d'arrêt puis il fallait pas prendre ça à la légère », dit Anctil.

Dans le souvenir de Bourassa, Anctil lui donne une évaluation en trois parts du Conseil des ministres : 10 ministres souverainistes, 10 fédéralistes, 10 qui suivront la consigne du chef. Quelle que soit la répartition, 15-12 ou 10-10-10, la chose est jouable. Si Robert Bourassa jette le poids de son *leadership* du côté du rapport, il pourra circonscrire, amollir, neutraliser une bonne partie des 12 ou 10 résistants. Il pourrait peut-être en perdre trois ou quatre, comme pour la loi 178, ce qui est fâcheux, mais pas fatal.

Un ministre nationaliste, Yvon Picotte, est d'accord avec ce pointage : « C'est évident que Robert Bourassa en aurait convaincu, dit-il. Il aurait pu

---

* Pour arriver à son pointage de 15 pour et 12 contre, Anctil, qui affirme avoir reçu des confidences de chaque ministre, doit probablement inclure le Saguenéen Blackburn parmi les souverainistes ainsi qu'un quinzième. Gérald Tremblay ?

convaincre la très grande majorité de tout le Conseil des ministres. Mais M. Bourassa ne fonctionne pas comme ça. »

Bourassa a une autre évaluation, faite par son entourage, probablement par Parisella — qui n'en a pas souvenir —, selon laquelle le cabinet est fédéraliste à 22 contre 8. Pas mollement, mais fermement fédéraliste, donc 22 ministres pour lesquels ce serait « une question de principe » et qui « présenteraient des problèmes de gestion », dit le chef de cabinet — euphémisme signifiant qu'il faudrait beaucoup travailler pour les convaincre ou les contraindre.

Anctil est frappé par ce chiffre, mais est surpris surtout de constater « à quel point il [Bourassa] n'avait pas été en profondeur sur cet aspect-là », comment, donc, le chef ne s'était pas adonné à sa propre évaluation du rapport de forces chez ses ministres. En privé, en mars 1991, Claude Ryan évaluera à 25 % le nombre de membres souverainistes du cabinet, ce qui donnerait aussi huit souverainistes. Mais son décompte des « fermement fédéralistes » n'est pas connu.

Le premier ministre évoque surtout le départ possible de ministres anglophones. Allaire, le vieux militant, intervient :

« Robert, à choisir entre les anglophones qui nous ont toujours fait dans les mains et qui ont voté contre le Parti libéral quand ça faisait leur affaire, qui ont voté pour l'Union nationale quand ça faisait leur affaire [il veut dire en 1976, ce qui a provoqué la défaite de Bourassa] et qui sont prêts encore à nous faire danser ou nous faire chanter, à choisir entre eux autres puis les jeunes, mon choix est fait. Moi, je choisis l'avenir. »

« J'étais très direct, raconte Allaire. J'ai dit [au sujet des ministres anglophones] : "Il n'y a personne qui est irremplaçable." Il y a eu un grand silence. Il répond pas. Il répond pas dans ce temps-là. Tsé ? Il passe à autre chose. »

« Indépendamment de ça, c'est pas réalisable. C'est pas réaliste », rétorque Bourassa pour couper court[*]. « J'invoquais le réalisme. Et les risques. »

À un moment, Bourassa lance à peu près ceci : « De toutes façons, la souveraineté, c'est compliqué, les problèmes de reconnaissance internationale, et tout. » Y as-tu pensé, Pierre ?

« Ben, monsieur Bourassa, je vous ai fait venir tous les formulaires des Nations unies, on a toutes les copies qu'il faut », lance Anctil dans un sourire. C'est une blague.

« Ah ! rétorque Bourassa sur le même ton, je suis sûr que rendu là, on saura ce qu'il faut faire. »

Qu'est-ce qu'on rigole !

---

[*] Voici comment Bourassa présente cette problématique, six mois plus tard, à l'auteur : « Si je décide d'embarquer, j'aurais un bon appui dans le parti. Ça c'est clair, nettement majoritaire. Mais j'aurais des gens de calibre qui, probablement, iraient de l'autre côté, s'associant aux autres fédéralistes. [...] J'aurais pas tous mes ministres. Des gens de calibre dans mon cabinet, articulés, convaincants, pourraient passer de l'autre côté. »

Tel un enfant tombant du haut d'un arbre, Bourassa s'accroche à chaque feuille, à chaque extrémité, à chaque branche, espérant trouver un point d'appui, un frein à sa chute.

Si on retirait la liste de pouvoirs du rapport, de manière à « déléguer ça à un autre comité pour que ce soit examiné », suggère-t-il, et qu'on attendait de voir ce que la commission parlementaire Bélanger-Campeau va dire ? Anctil et Allaire se rebiffent. « C'est une partie importante de la substance », c'est le cœur du rapport. On peut chipoter sérieusement sur la distribution, certes, mais l'objectif est l'autonomie politique du Québec, donc le rapatriement d'un nombre substantiel de pouvoirs.

Oui, oui, fait Bourassa. L'objectif est louable. Autonomie du Québec. C'est bon ça. On garde ça. Parlons de la démarche pour y arriver.

La souveraineté, ce n'est pas l'objectif, en soi, du comité ?

Non. C'est un moyen. Pour « sortir du cadre » canadien, et s'y associer ensuite à notre façon.

« Alors, glisse le premier ministre, si on était capable, là, en gardant le même objectif, de trouver une autre démarche... »

Pourquoi ?

Les marchés financiers ! Y as-tu pensé, Pierre ?

Bon sang, mais c'est bien sûr !

« On est le parti au pouvoir, enchaîne Bourassa. Si on dépose un document qui dit : "Le Québec va faire un référendum sur la souveraineté, puis va négocier d'autres arrangements après", immédiatement les marchés vont escompter que ça va se réaliser. [En clair : les taux d'intérêts imposés aux emprunts du Québec vont immédiatement bondir.] Moi, si je dis ça en janvier 1991, le monde vont dire : "C'est fait !" Je peux pas faire ça, là, en plein milieu d'une récession. À la limite, c'est même pas démocratique, parce que ça va être pris pour acquis avant même le congrès. Alors je ne peux pas me permettre de faire ça. Il faut trouver une formule qui permette aux militants de discuter, de s'exprimer, là, mais qui n'engage pas le Québec de façon irréversible dans une voie, au mois de janvier 1991. »

Et puis, ajoute-t-il : « On n'est pas prêt. Qui seront nos interlocuteurs ? On ne connaît pas les implications ! »

Cette dernière volée d'arguments, prétend Anctil, « m'a vraiment frappé comme une locomotive ». Si le premier ministre du Québec annonce, au moment du dépôt public du document à la fin de janvier, qu'il est favorable — mieux, qu'il propose — un référendum sur la souveraineté, l'impact sur les marchés sera massif, la démarche enclenchée sera irréversible. « J'ai trouvé franchement, là, que j'étais obligé de reconnaître la pertinence de sa préoccupation. » Voire ! N'avait-il pas pensé qu'il y aurait un moment, en janvier, précisément, sept mois après le « quoi qu'on dise... », où le premier ministre allait se commettre, enclencher le processus, casser quelques œufs économiques et politiques ? Poser la question, c'est y répondre. La « locomotive » d'Anctil est d'une autre nature. La réalité est plus complexe.

PATINER, À RECULONS

Allaire, lui, s'il ne connaît rien à « l'utilisation conjoncturelle de la politique monétaire », sait reconnaître une couleuvre lorsqu'il en voit une. Et il n'est pas disposé à l'avaler.

« J'étais choqué ! C'est rare que ça m'arrive avec Robert Bourassa, on se connaît depuis 40 ans, pis j'ai jamais rien eu de personnel contre lui. Mais là, il me tordait les bras. Il me tordait les bras considérablement. Et j'aimais pas ça. Et je lui ai dit, puis j'étais choqué à part de ça. [...] J'étais en maudit, parce que c'est pas mon rapport, moi. C'est pas moi. C'est le groupe, tsé ? Puis je dis : "Je suis le porte-parole. C'est le résultat de tout ce qui a été fait, de toutes les consultations, c'est un consensus québécois à mon avis". »

Bourassa parle taux d'intérêts, Allaire répond pourcentage de souverainistes dans le parti, lui renvoie les chiffres de la consultation des militants, le nombre d'experts entendus, les syndicalistes, les députés, les ministres, les « gens qui m'arrêtaient sur la rue puis qui me disaient : "ça marche, là, tsé ?". Et des souverainistes... surprenant ! Alors là, Bourassa voulait nous faire patiner de reculons. »

Étrange tout de même qu'après 35 ans dans le Parti libéral, Allaire pense que le pouvoir s'y édifie de bas en haut, plutôt que de haut en bas. Entrant dans le détail, Bourassa demande, par exemple, qu'on remette l'environnement dans la colonne des pouvoirs partagés, plutôt que québécois. « Je disais : "Robert, moi je peux pas changer ça comme ça, c'est la décision du groupe ! [...] On est 16 là-dedans, 16 personnes raisonnables". Mais lui [Bourassa] est pas habitué à ça. Il fonctionne pas trop comme ça. Il fait son propre consensus à lui, et ensuite il le fait accepter par les autres. [...] Lui, sa conception, c'est que le chef est tout-puissant ! »

C'est au tour d'Allaire de tomber de son arbre et de s'accrocher à chaque brindille. Les pourcentages de consultation ne marchent pas ? Le fait que « le groupe » ait déterminé les conclusions n'entame pas l'opposition du chef ? Il invoque le calendrier serré de publication du rapport. Robert, on peut pas tout chambouler, « j'ai un comité de lecture du rapport le 11 janvier », dans quelques jours. Bourassa n'est pas impressionné.

Peut-être que s'il y allait, en Floride, Allaire, il pourrait le convaincre. Pour la seconde fois, il se dit partant. « S'il faut, là, on va prendre l'avion, puis on va y aller ! » Entre quatre yeux ? Entre vieux militants ? Rien à faire.

Changer la démarche ? Pour arriver aux mêmes objectifs ? « Bourassa essayait subtilement de nous faire changer des bouts qui changeaient considérablement tout le fond », dit-il. « Après tout le travail qu'on avait fait, il était en train de défaire un consensus dans la société québécoise... En tout cas... » Soupirs.

« Alors la conclusion ça a été qu'ils étaient pour réfléchir », se souvient Bourassa. (Notez l'utilisation du mot « ils ».) Et pour leur pénitence, dès le 28 décembre, il les envoie se confesser auprès de Claude Ryan. Il pense leur jouer un vilain tour. Il se trompe.

LES COMMANDEMENTS DU PÈRE RYAN

Événement rare. Depuis qu'il a quitté la direction du Parti libéral en 1983, Claude Ryan arpente rarement les corridors de la permanence du parti. En ce 28 décembre, à 16 h, il y est pourtant. Car on a besoin de ses lumières.

Devant lui, Anctil joue son Bourassa et inonde l'homme de lettres de considérations économiques défavorables au *statu quo*. Sans dévoiler toutes ses batteries, il lui parle « d'une piste », évoquée au comité, pour contourner le problème du blocage constitutionnel canadien : souveraineté d'abord, reconfédération ensuite.

L'auteur du Livre beige ne se laisse pas déborder par la rhétorique de ce jeunot. « Moi, je ne suis pas convaincu que Meech a démontré hors de tout doute qu'il est impossible de réformer la fédération de l'intérieur. » Ah ? Non, poursuit-il. D'ailleurs, « on a nos torts » dans Meech. Lesquels ? Mystère.

Dur moment à passer pour Allaire et Anctil. Loin de franchir La Ligne, Claude Ryan reste sagement planté en territoire fédéré. Et il ne connaît encore que les paramètres du rapport. Lorsqu'il aura le texte complet devant lui, au début de janvier, il aura ce commentaire : « Ça me fait penser aux projets de conventions collectives que je recevais au *Devoir* dans les années 70, quand le syndicat faisait des projets absolument échevelés dans sa première version. »

Anctil a-t-il, ce 28 décembre, une illumination ?

« Êtes-vous ouvert à l'idée d'un test ultime ? propose-t-il à Ryan. On va dire au Canada : "On veut ça, puis on prend tant de temps pour s'entendre." »

« Ah ? fait Ryan. Peut-être, il faudrait regarder ça. »

Le « test ultime », la « dernière chance ». L'idée circule déjà à la commission Bélanger-Campeau. Le politologue Léon Dion, entre autres, l'a évoquée. Ryan se demande tout haut si on ne pourrait pas remettre tout simplement les modestes conditions de Meech sur la table, sans y ajouter de nouvelles revendications, mais en y assortissant un échéancier quelconque.

Les trois hommes discutent un peu de l'éternelle question de la « position de repli ». Que faire si ça ne marche pas ? Dans des entretiens séparés avec l'auteur, Allaire et Anctil évoquent tous deux spontanément ce souvenir : Ryan, qui les avait fort refroidis par la timidité de ses ambitions de réforme, ajoute qu'en cas d'échec du « test ultime », « je ne serai pas le dernier embarqué » dans le train de la souveraineté. « Vous verrez, je ne suis pas le plus peureux des hommes [...] Je n'ai pas peur de la souveraineté. » Et il laisse entendre qu'une fois « hors du cadre », il faudra y rester. Il n'a pas l'engouement de Bourassa pour la multiplication des structures communes.

Hallucination des deux A, Anctil et Allaire ? Non. Un ami de Ryan, le journaliste Michel Roy, affirme avoir parfois entendu son ancien patron du *Devoir* entonner ce refrain. « Pour toute la "question nationale", il est, je dirais, réconcilié avec l'idée d'une sortie du Québec si vraiment les conditions sont telles qu'on ne pourra pas négocier un accord satisfaisant. Il ne veut pas n'importe quel accord. Alors il dit : "S'il faut rester dans le Canada, il faut des liens fédéraux, il faut certaines attaches." Certains parlent d'une fédération de type confédéral, deux États associés. Lui ne veut pas ça. Si c'est pour être une fédération, il faut une fédération plus lâche, certes, mais quand même une fédération. Mais si ça ne va pas, il préfère qu'on en sorte complètement. S'il trouve que le pays ne veut pas, alors sortons-en. Ça, ce sont des choses qu'il ne m'étonne pas qu'il ait dites, parce qu'il me les a déjà dites. »

Mais pour en revenir à nos histoires de test ultime, reprend Anctil, ne pourriez-vous pas nous écrire une bafouille là-dessus, monsieur Ryan, vous qui avez une plume si agile ? Le 10 janvier, Ryan rend sa copie. On y lit, mot pour mot :

Projet de résolution

A) Que le Québec institue une nouvelle démarche en vue d'obtenir :

1- La révision de la formule d'amendement de manière que toute modification à la constitution canadienne soit sujette à l'approbation d'une majorité substantielle de provinces devant représenter ensemble au moins 50 % de la population du Canada, l'une de ces provinces devant obligatoirement être le Québec ;

2- l'adoption d'une disposition constitutionnelle stipulant clairement qu'en dehors des institutions fédérales, le Québec se verra reconnaître un pouvoir de législation prépondérant en matière linguistique ;

3- l'engagement des gouvernements du Canada à instituer un processus de révision en profondeur du fédéralisme canadien — sous l'angle des institutions, du partage des pouvoirs, de la fiscalité et des droits minoritaires — sur la base des propositions contenues entre autres dans le Livre beige du Parti libéral, le rapport de la Commission Pépin-Robarts, l'accord du Lac Meech et le rapport de la commission Bélanger-Campeau [alors encore à venir].

B) La démarche évoquée à l'article précédent devra déboucher sur un accord dans des délais raisonnables. À défaut de quoi le Parti libéral du Québec recommandera :

1- Que la population du Québec soit invitée par voie de référendum à se prononcer en faveur de la souveraineté politique ;

2- qu'une fois arrêté le choix de la population en faveur de la souveraineté, le gouvernement du Québec propose au reste du Canada une entente en vue du maintien d'un espace économique commun et de la gestion commune de fonctions gouvernementales à définir ;

3- qu'un délai précis soit prévu entre le choix de la souveraineté et l'entrée en vigueur de celle-ci, de manière à permettre les négociations nécessaires en vue de la liquidation des actifs de la fédération canadienne et la mise au point de modes d'association appropriés entre le Québec et le reste du Canada.

10 janvier 1991

En clair, Claude Ryan fait deux choses. Au plan des revendications spécifiques du Québec, il place la barre remarquablement bas. Deux demandes absolues : qu'une nouvelle formule d'amendement redonne au Québec son droit de veto ; que le Québec soit seul maître à bord en matière linguistique, sauf en ce qui a trait aux institutions fédérales. Réparation, donc, des gifles de 1982. Le reste est un catalogue de vœux de changements et de références à des rapports, dont le sien. Il ne précise pas dans quelle mesure l'éventuelle réforme devrait en adopter les recommandations.

Ce petit appétit, même Bourassa le trouvera trop réduit. « Je ne pense pas que les Québécois se satisfassent de ça », dit-il lorsque Allaire et Anctil lui font part des idées de Ryan, au téléphone, dans les jours qui suivent.

Mais au plan de la démarche, Ryan en met plein la vue, et il faut souligner les mots. En l'absence d'accord dans des *délais raisonnables,* imprécisés, le PLQ *recommandera* la tenue d'un référendum où les Québécois seront *invités* à se prononcer *en faveur* de la *souveraineté.* Le Québec souverain recherchera *des modes d'association,* qui pourraient ne pas dépasser le stade d'*une entente.* Nulle trace cependant de l'idée que la souveraineté serait conditionnelle à l'association. Au contraire un *délai précis* doit être prévu pour *l'entrée en vigueur* de la souveraineté.

Bref, le président du comité du Non au référendum de 1980 est clair : on ne veut pas grand-chose, mais on le veut absolument. Sinon, on part ! Deuxième message de l'ancien chef du Parti libéral : PLQ et fédéralisme ne sont pas des synonymes parfaits. Dans certaines conditions, le parti pourrait, devrait même, faire la promotion de la souveraineté.

L'intervention de Ryan désorganise considérablement les projets de Bourassa, qui espérait éloigner une fois pour toutes de ses lèvres la coupe référendaire. Voici que le bon père la lui brandit devant la bouche. Au moins, elle est assortie d'une condition — le test ultime — et d'un délai.

Bourassa a aussi demandé à ses deux tourmenteurs Anctil et Allaire de se rendre chez Gil Rémillard. Probablement par acquit de conscience. Pensant que Suzanne Levesque est son porte-parole et son rapporteur, les deux hommes ont mis Rémillard sur leur liste de souverainistes.

« C'est un tournant dans l'histoire d'un pays, lui avait dit Allaire à l'automne, moi je ne finirai pas ma vie à genoux. »

« T'inquiètes pas, lui avait répondu Rémillard, je ne la finirai pas à genoux, moi non plus. »

Devant un autre membre du comité Allaire, à la même époque, Rémillard avait été plus net encore : « La meilleure solution, c'est la souveraineté-association, m'a dit Gil Rémillard *straight* dans un déjeuner », confie cet allairien.

Pierre Anctil et Jean Allaire vont donc le voir à son bureau du Palais de justice de Montréal le 9 janvier. À cette date, il a reçu copie du projet de rapport. Qu'en dit-il ?

« Il n'a pas eu beaucoup de commentaires, à mon souvenir », rapporte Allaire. Ce n'est pas inhabituel. Plusieurs interlocuteurs de Rémillard reviennent chez eux avec cette impression que le ministre a beaucoup parlé, mais n'a rien dit. Tout de même, en cherchant bien, Allaire a l'impression que le ministre « semblait penser comme nous ». Nulle trace cependant, chez les allairiens comme au *bunker,* d'une intervention du ministre pour soutenir, avancer, défendre les concepts du rapport, à ce tournant critique. Rémillard est un membre de l'auditoire, pas un acteur.

Entre le 28 décembre et le 16 janvier, l'avenir du PLQ se joue. Là où ça compte, c'est-à-dire chez le premier ministre. Deux semaines cruciales. C'est maintenant qu'il faut peser, influer, bloquer — ou pousser.

On a beaucoup dit que Lise Bacon a joué de son influence pour faire dérailler le rapport. Un député nationaliste s'en est même plaint à *La Presse,* lançant méchamment : « Que fait-elle dans le dossier constitutionnel avec son cours de secrétaire ? » Rien n'indique que la vice-première ministre soit intervenue en haut lieu, sauf pour tirer l'alarme après l'appel de Cosgrove. Pour le reste, elle raconte plutôt que c'est Bourassa qui lui a raconté combien le comité Allaire lui causait de soucis.

Daniel Johnson est présenté, avec Claude Ryan, comme le grand empêcheur. A-t-il pesé pour que Bourassa serre les freins ? « À la fin de l'automne de 1990, dit Johnson, on a des contacts avec le bureau du premier ministre, son chef de cabinet. On a des amis sur le comité. Les gens trouvent que ça s'en va un petit peu loin, sur la fin. » Johnson s'exprime, certes. Après le 28 décembre, Bourassa demande à Parisella de le rencontrer pour prendre note de ses réactions et de ses intentions. Ça tombe bien, le ministre Johnson et son ancien *supporter* Parisella sont sur la même longueur d'onde.

Mais la vraie question demeure : Johnson irait-il plus loin que la simple mauvaise humeur ? Dit-il à John que ses valises sont prêtes ? « Ce n'était pas nécessaire, à mon sens, répond Johnson. Je n'avais jamais pensé qu'on irait là, [c'est-à-dire jusqu'à proposer la souveraineté], j'ai jamais senti que la question se poserait. » Lui et Parisella se comprennent à demi-mot, ajoute-t-il. Son refus de suivre cette démarche s'impose « à l'évidence. Ils ne m'ont pas posé la question. Ils connaissaient la réponse. Ils savent ce que je pense de ça. »

Et la loyauté envers le chef aurait-elle joué, s'il vous avait demandé de le suivre dans cette voie, s'enquiert l'auteur ?

« On n'est plus là-dessus, là, tranche Johnson. Souveraineté ou pas souveraineté, c'est une question de choix absolument fondamental. À un moment donné, on s'affiche. »

Pour résumer, Bourassa n'a donc reçu aucune menace de démission de la part de Ryan ou de Bacon. Le premier ministre pouvait cependant déclarer un « état de démission appréhendée » de la part de Johnson. Il pouvait s'inquiéter aussi de l'attitude de quelques ministres anglophones. De quelques députés, aussi. Car au sein du caucus, Henri-François Gautrin, *leader* naturel d'un groupe d'une douzaine de fédéralistes, exerce une « pression indirecte ». Informé par Ryan des grandes lignes du rapport Allaire, il avise Parisella « qu'une position aussi radicale créerait une scission dans le parti ».

Bourassa est trop fin renard pour penser que toute menace de démission est exécutoire. Cent fois il a entendu des ministres annoncer leur départ. Dans le cas de la loi 178, par exemple, plusieurs anglophones, en plus des trois démissionnaires, feignaient de se diriger vers la sortie, et Daniel Johnson était philosophiquement, fondamentalement opposé à l'affichage unilingue, où que ce soit. Ils sont restés. Ambition, peur du chômage, goût du pouvoir, souci de « sauver les meubles » de l'intérieur, ou de rester pour gagner « la prochaine bataille », les raisons de rester l'emportent le plus souvent sur la menace du départ.

Autour du rapport Allaire, bref, Bourassa entend du bruit. Le bruit politique produit par tout virage un peu rude. En fait, il n'en entend pas tant que ça, compte tenu de l'enjeu. Mais il en entend d'autant moins qu'il s'en préoccupe peu, étant lui-même le premier des résistants à Allaire. S'il a des raisons de s'inquiéter, elles résident dans le camp adverse, celui des nationalistes, des « amis de la souveraineté ».

Rémillard, on l'a vu, ne se manifeste pas. Marc-Yvan Côté non plus, du moins pas à ce stade. Dans le caucus, les souverainistes regroupés autour de Jean-Guy Lemieux grondent, rugissent même. Mais ils le font uniquement quand deux conditions sont réunies : sous couvert de l'anonymat, et devant des journalistes. Le premier ministre ne reçoit directement aucune pression de leur part.

Non, Bourassa a compris. La réelle menace souverainiste n'est pas à Québec, au Conseil des ministres ou dans la députation. Elle est dans le parti. Elle a deux visages : Jean Allaire et Michel Bissonnette. Allaire est un homme seul, il ne représente que lui-même. Bissonnette est un cas plus complexe. Il a une base de pouvoir, une légitimité : la Commission jeunesse.

La menace a surtout, en coulisses, un organisateur, un penseur, un décideur. Quelqu'un qui conseille Bissonnette sur ses stratégies, quelqu'un qui tient le volant quand Allaire fait semblant de conduire. Sans lui, Bissonnette et Allaire ne rejoignent pas les bons réseaux, n'adoptent pas le bon style, n'attachent pas les bons fils. Sans lui, le courant souverainiste n'atteint pas la masse critique.

« Je mesure le poids du mot, là, mais le pivot nationaliste au parti, ce n'était pas un vice-président ou un ministre, comme c'était le cas dans le camp fédéraliste, analyse Michel Lalonde. Le pivot nationaliste, c'était Pierre Anctil. » C'est lui, donc, qu'il faut dompter.

L'ÉDUCATION POLITIQUE DE PIERRE ANCTIL

Il n'y a jamais eu de coup de foudre entre Robert Bourassa et Pierre Anctil. Président de la Commission jeunesse en 1982, Anctil, alors âgé de 23 ans, était plutôt mal disposé envers l'ex-premier ministre, qui tentait un retour à la direction libérale. Chez les jeunes, Bourassa était l'homme du passé. L'expression « les fantômes de 1976 » revenait souvent dans les conversations, entraînant avec elle des images de scandales et des rumeurs de corruption, des odeurs de faiblesse et d'indécision. Anctil et Bourassa se rencontrent pour la première fois cette année-là à un colloque de la CJ où Bourassa est conférencier et Anctil, animateur. Bavardant pendant une pause, le président des jeunes interroge :

« M. Bourassa, qu'est-ce que vous allez leur proposer aux jeunes ? »

« Les jeunes, je vais leur promettre un bel avenir, puis je vais me faire élire, puis après on verra... »

Bien que libéral, Anctil n'est pas habitué à ce niveau de cynisme. « Lui, se dit-il, il vient de perdre mon vote. »

Lorsque la campagne à la chefferie s'engage pour de bon, à l'été de 1983, Bourassa fait venir Anctil à sa résidence d'été, à Sorel. Le 14 juillet, jour de l'anniversaire de l'ex-premier ministre, près de la piscine, les deux hommes discutent du grand projet du revenant : la seconde Baie James. La présentation de Bourassa fait généralement bon effet. Mais l'ingénieur Anctil, expert en questions d'énergie pour le député Fortier, soulève des questions techniques et affirme que la technologie nécessaire pour transporter l'électricité depuis le Grand Nord jusqu'au Sud n'existe tout simplement pas. C'est chimérique, dit-il. (De fait, la technologie adéquate a été développée depuis, et l'ingénieur Anctil allait travailler sur un aspect de la conception du « réseau multi-terminal intégré de transformation du courant alternatif au courant continu ».) Quant au projet de Bourassa de construire les barrages avant même de trouver des clients, Anctil le trouve un peu folichon.

Bourassa change d'angle d'approche. Montre au cadet le grand livre où il a consigné ses appuis dans chaque circonscription, les sondages qui le disent gagnant. Car Bourassa n'a eu qu'une activité à temps plein depuis trois ans : redevenir premier ministre. Son habileté à gagner ensuite les 24 délégués de presque chaque circonscription lui vaudra le surnom « B-24 ». Le président de la Commission jeunesse serait une bonne prise additionnelle dans cette chasse aux appuis. « Écoute, dit Bourassa, je peux même te sortir des listes des exécutifs de tous les comtés » qui lui sont acquis.

Anctil ne veut pas les voir. « Pour moi, ce n'est pas une question de nombre, c'est une question de principes. Mais je vais vous dire : j'ai bien l'impression — je ne peux pas vous le dire définitivement, parce que je n'ai pas encore rencontré Daniel Johnson, je l'ai seulement entendu faire son discours au dernier Congrès-jeunes — mais je vais vous dire, j'ai bien l'impression que je ne vous appuierai pas. »

Anctil, qui avait imposé aux membres de la direction de la CJ une stricte neutralité dans la campagne, s'engage corps et âme dans l'organisation du principal adversaire de Bourassa, Johnson, dont le slogan, un peu plat mais direct, est « Pour un nouveau chef libéral ». On voit Anctil, à la permanence Johnson, tenter de recruter des délégués, d'insuffler un peu de vie à une campagne malade de son retard à l'allumage, de l'inexpérience de son chef, de la désorganisation de son équipe. Lamentable. Parti second, Johnson devait arriver troisième, Bourassa balayant le congrès à la chefferie d'octobre 1983 comme une tornade. Il obtient 75 % des votes, Pierre Paradis et Johnson se divisent le reste.

Que faire ensuite avec le jeune rebelle de la CJ ? Des jeunes pro-Bourassa préparent un putsch. Un organisateur de Bourassa, Pierre Bibeau, demande à Anctil s'il souhaite que le nouveau chef intervienne pour calmer ses partisans, arranger les choses. C'est une main tendue, un investissement, un prêt politique qui devra, forcément, être remboursé un jour. Anctil va voir Bourassa. « Si vous voulez ma démission, je vous la donne immédiatement, et je continuerai à militer dans le parti à un autre titre. » Bourassa ne la demande pas. Très bien, mais Anctil ne veut pas de son aide. Prenant les putschistes de vitesse, il réunit la direction de la Commission jeunesse à huis clos, prononce un discours sur le thème de la solidarité, puis demande sur-le-champ un vote de confiance. Il l'obtient, préservant ainsi sa base de pouvoir au sein du parti sans rien devoir à Bourassa.

Dans l'intervalle entre la course à la chefferie de 1983 et l'élection de 1985, Pierre Bibeau avise Anctil que Bourassa, en panne de visibilité, souhaite être présent à une conférence de presse qu'il doit tenir incessamment. Le président des jeunes refuse. Bibeau et un autre proche de Bourassa, Mario Bertrand, insistent. Anctil pose une condition : d'accord, seulement s'il peut rédiger lui-même la déclaration que Bourassa fera à cette occasion. C'est d'accord. Anctil y fait dire au chef libéral qu'il compte donner aux jeunes des prestations d'aide sociale égales à celles des plus de 30 ans et qu'il maintiendra le gel des frais de scolarité. Bourassa lit la déclaration telle que dictée, et tiendra parole tant qu'Anctil dirigera la CJ.

Malgré cette audace, Anctil se fond dans la machine libérale, s'active pendant la campagne électorale de 1985, gravit les échelons au sein de la Commission politique jusqu'à en devenir le président. En 1988, quand Parisella quitte la direction générale du parti pour aller travailler au *bunker*, il propose qu'Anctil le remplace « sur une base temporaire ». Bourassa accepte. Anctil gère le parti pendant l'épreuve électorale de 1989. Son statut temporaire se transforme en permanence.

« Bourassa n'a de respect que pour les gens rigoureux, intelligents et honnêtes, explique son ancien chef de cabinet Mario Bertrand. Les autres, il les tolère. » Il faudrait ajouter que le patron apprécie ces qualités dans les limites de la loyauté et de l'obéissance. Intelligence, d'accord, mais pas au point de se muer en menace. Jusqu'à ce que l'aventure Allaire commence, au printemps de 1990, Anctil était toujours resté dans le corridor de l'intelligence respectueuse. Au moment de la mort de Meech, ses propositions, ses critiques, ne sont pas prises à la légère par Bourassa, qui aime connaître l'éventail complet des positions libérales, pour peu qu'il soit seul à en faire le tri.

Anctil pratiquait donc Bourassa depuis huit ans, lorsqu'il se lance à toute vapeur, à l'automne de 1990, dans la confection d'un rapport souverainiste. Pense-t-il que le patron est prêt à faire ce saut ?

« Pendant toute la démarche de l'automne, la stratégie de Pierre, à mon sens, a été de pousser le comité le plus loin qu'il le pouvait, sachant que peu importe le point d'arrivée, ce serait probablement trop loin pour Bourassa », explique Michel Lalonde, un *Anctil-watcher* pendant 10 ans, et alors son collaborateur le plus proche.

Une stratégie classique. À la présidence de la CJ, Anctil avait pris l'habitude de convoquer une conférence de presse avant d'en aviser le patron. Il appelait ensuite Bourassa pour lui dire de quoi il comptait parler aux journalistes. « Je vais en mettre assez dans ce que je vais lui dire pour qu'une fois qu'il m'ait demandé de retrancher *a, b, c* et *d*, j'arrive à un compromis qui soit satisfaisant pour moi », expliquait-il autour de lui.

« Le rapport Allaire, c'est rien de moins que ça, dit Lalonde. Anctil n'a jamais hésité à pousser et les événements l'ont bien servi. [...] Les gens qui étaient là pour représenter Bourassa ont suivi le mouvement. Il y en avait comme Thérèse Lavoie-Roux qui aurait normalement dû être sur les *breaks* qui n'était pas assez présente ; Picard aurait dû être sur les *breaks* mais a été comme emporté dans la dynamique du comité ; Fernand Lalonde qui était censé être sur les *breaks* a au contraire joué un rôle clé dans le déblocage, il a quasiment donné le mot de passe pour aller de l'avant.

« Alors on s'est retrouvé avec un rapport qui était souverainiste. Anctil l'a envoyé à Bourassa et a dit : "Robert, qu'est-ce que t'en penses ?" Sachant que le gars allait rentrer dans son banc. On le savait tous. »

Mais Pierre Anctil n'est plus président de la Commission jeunesse. Il est directeur général du parti au pouvoir. Il n'a plus 23 ans, mais 32. Il est passé de l'autre côté. De trublion, il est devenu rouage. Comment a-t-il pu ne pas voir La Ligne, la vraie ? Pas celle du programme politique et du statut politique du Québec, mais La Ligne du pouvoir. On est avec ou on est contre le pouvoir. C'est l'un ou l'autre.

Quelqu'un va se charger de le lui rappeler, ou de le lui apprendre.

Autour des puissants gravite un petit essaim d'« anges gardiens » volontaires, prévenant les coups, les rendant au besoin. Anciens ou futurs conseillers et assistants, organisateurs et hommes de main. Le lien qui les lie au chef est réel mais imprécis. C'est le domaine du demi-mot. L'ange gardien interprète la volonté du chef sans qu'elle soit exprimée. Il l'exécute sans que l'ordre ait été donné. En matière d'espionnage, cela donne la *plausible deniability*. Traduction : le patron, le président, le premier ministre peuvent, sans mentir, affirmer n'avoir jamais autorisé telle intervention, tel putsch, telle explosion du navire d'un groupe écologique.

Lorsque l'ange gardien a exécuté plusieurs besognes sans que le chef le semonce, il sait être sur la bonne voie : il tient son autorisation du silence même, *a posteriori,* de son protégé. Évidemment, il y a parfois une marge d'erreur. Pas cette fois-ci.

« Je connais la pression des petits Pierre Anctil de ce monde », dit le plus actif des anges gardiens de Bourassa, Mario Bertrand. En décembre 1990, Pierre Bibeau et lui savent que le comité Allaire est parti pour la souveraineté. Ils décident de s'en mêler. Ils n'en parlent pas à Bourassa — « on a pris sur nous, comme ça arrive souvent, dit Bertrand, on n'était pas en service commandé » —, mais vérifient tout de même auprès de Parisella, qui dit avoir été mis « au courant, avant pis après ». Ils vont s'occuper du domptage.

Anctil, on l'a dit, croit que « la politique, c'est l'art du *timing* ». Il doit par conséquent être admiratif du moment choisi par les anges gardiens pour intervenir. « À partir du moment où ils ont constaté que ce gars-là jouait un rôle déterminant, commente Michel Lalonde, ils comprennent qu'ils doivent faire aussi rapidement que possible, avant que ça devienne un véritable désastre. » Anctil a parlé à Bourassa le 28 décembre. La balle vient donc tout juste d'être mise au jeu. Il ne se passe pas 48 heures avant que les anges entrent en action.

L'occasion : un souper chez Pierre Bibeau, sur la Rive-Sud. Trois couples. Les Bibeau, les Bertrand, les Anctil. L'objectif : ramener le *hard core* du groupe Allaire, selon l'expression de Bertrand, sur la bonne voie.

Bibeau a fait ses classes au parti. Permanent pour la Commission jeunesse, il fut ensuite le principal organisateur du parti de 1978 à 1985, avant d'accéder au *bunker,* où il supervisait le patronage (on dit : « les nominations »). Il fut ensuite récompensé en étant lui-même nommé au poste de président de la RIO*. Il connaît donc la culture partisane. Bertrand, lui, est passé directement du secteur privé — il était grand manitou des communications chez Labatt, où il devint vice-président à l'âge de 28 ans — dans l'entourage de Bourassa, puis au *bunker,* de 1987 à 1989. Au début de 1990, il tente un redressement des

---

* Il est de bon ton de décrier l'ensemble de ces nominations politiques comme étant mauvaises en soi. Dans les faits, un ancien organisateur comme Bibeau ou d'anciens chefs de cabinet de ministre déploient dans leurs fonctions une compétence égale ou supérieure à celle de beaucoup de dirigeants d'entreprises. Si un cadre supérieur de Provigo peut devenir président d'une société d'État, l'inverse est également vrai. Dans les deux cas, des incompétents passent cependant la barre du privé au public, ou vice versa. C'est pourquoi

Magasins M (rachetés l'année précédente par son ami Michel Gaucher avec l'argent de la Caisse de dépôt, suivant les conseils du chef de cabinet Bertrand). Au début de 1991, il préside aux destinées du premier réseau privé de télévision au Québec, TVA. Bref, le parti, il n'en a rien à cirer.

L'ex-chef de cabinet du premier ministre explique n'avoir « jamais eu beaucoup de chimie avec cette espèce de pseudodémocratie partisane. Ces gens-là sont imbus d'une mission. » Ici, les étudiants de Sciences Po devraient prendre des notes, car il n'y a rien à jeter : « Comme je leur disais souvent, poursuit Bertrand, il y en a qui font de la politique par désœuvrement, d'autres par ambition, d'autres par passion, d'autres pour échanger de l'information. Moi, j'ai toujours fait de la politique uniquement pour gagner. »

Autour de la table, la conversation se déroule à deux niveaux : le *fond* du problème et le *rôle* des acteurs. Bertrand insiste sur le second niveau : « Vous, votre responsabilité, dit-il aux Anctil, se limite à amener des options, à ouvrir des options à Bourassa, et pas à le coincer. »

Pierre Anctil et son épouse Carole répondent au contraire qu'il leur incombe de refléter les vœux de la base. « C'est la volonté du peuple, c'est la volonté du parti, répondent-ils, parlant du fond, selon le souvenir de Bertrand. Vous êtes dépassé, vous êtes d'une autre culture, d'une autre génération », lui disent-ils.

Dans ce débat, Carole Diodati-Anctil est présente, « virulente », se souvient Bertrand. « Carole, elle n'a jamais été passive, dit Bibeau, et elle ne l'était pas ce soir-là. »

Amener des options ? C'est ce qu'on fait, répond Anctil. « Mais il faut qu'on aboutisse à quelque chose. Tu veux pas dégager un consensus pour dégager un consensus. Il faut que tu aies un consensus matériellement significatif. Il faut que ça t'amène quelque part. [...] C'est assez ardu, on cherche une piste d'atterrissage, une option avec laquelle la plus grande majorité des gens puissent vivre, mais qui nous amène à dénouer l'impasse et à faire un pas en avant. »

« J'embarquerai pas sur le débat, reprend Bertrand, revenant sur la question du rôle, c'est pas votre *game*. Votre *game*, là, la raison d'être du comité Allaire, c'est d'ouvrir davantage la marge de manœuvre du PM, pas de la réduire ! »

---

la plupart des nominations du secteur public — outre celles qui touchent les très grandes sociétés d'État à caractère quasi ministériel comme la Caisse de dépôt et Hydro-Québec — devraient faire l'objet d'un processus de sélection impartial et indépendant. L'auteur pense que, dans ce cas, beaucoup de membres du personnel politique, dont la compétence est réelle, en sortiraient gagnants. Les nuls seraient recrachés par le processus, les bons verraient leur légitimité renforcée. Le seul perdant : le premier ministre, pour lequel le « pouvoir de nomination » est une arme de gestion des ressources humaines dont on soupçonne peu l'importance. François Mitterrand, par exemple, a déjà dit qu'il s'agissait là d'un des principaux attributs du pouvoir.

Le fond et le rôle. Sur le fond, Bibeau est déchiré. Souverainiste, il souhaite que le patron fasse l'histoire. Mais il a depuis longtemps choisi son côté de La Ligne. Est même devenu ange gardien, comme Bertrand. « J'ai vu que Bourassa devait ramer à l'envers, et que la position du comité Allaire ne lui donnait pas assez de marge de manœuvre, c'était assez évident, et elle lui en enlevait en mettant des échéanciers. Elle lui enlevait la possibilité de jouer avec le temps. » Comme Bertrand, Bibeau pense que le parti n'existe que dans un but : servir le chef.

Dans la discussion, Bibeau n'embarque pas « sur le fond de dire ce qui était représentatif ou pas » de la volonté du peuple ou du parti. C'est secondaire. « Mais je disais : "Le parti enlève à son chef sa marge, [et] ça a pas d'allure d'attacher le chef comme ça." »

Servant le vin, il tente parfois de calmer le débat ui, dit-il, « est devenu *heavy* une secousse ». Bertrand est parfois surnommé « l'abrasif ». Il ne se retient pas.

« C'est qui ton *boss*, Pierre ? demande-t-il. C'est le parti ou le chef ? Le parti ou le chef ? »

Anctil n'est pas démuni quand il s'agit de son rôle. Il ne nie pas qu'il doive travailler pour Bourassa. Mais pas seulement pour lui. « À ce moment-là, je travaillais avec l'ensemble du parti, explique-t-il. J'étais un pion sur l'échiquier », lance-t-il, faussement modeste. Et il demande comment Bertrand peut prétendre définir le rôle du directeur général du parti. « Tu ne l'as jamais fait, dit-il, je sais très bien comment m'acquitter de mon rôle. »

De toute façon, enchaîne-t-il, « je n'ai pas l'impression d'avoir travaillé d'une façon contraire aux instructions que j'ai reçues ». « J'ai toujours considéré que j'étais la personne la mieux placée pour juger de ce que j'ai pu avoir comme discussion avec mon patron. Je suis en contact direct avec lui, je n'ai pas besoin d'interprète. »

C'est une flèche, car entre Bertrand et Anctil, ce genre de conversation a déjà eu lieu. Pendant la première année d'Anctil à la direction générale, Bertrand était encore chef de cabinet et lui disait parfois : « Le PM voudrait que tu fasses ceci ou cela. » « Ah oui ? répondait Anctil, pas de problème. Je vais en parler au PM ! »

La discussion dérive alors sur la qualité de l'interprétation qu'Anctil a pu faire des consignes de Bourassa. « Des fois, ça porte à confusion, explique Bibeau. Le fait qu'il ne te dit pas non, ça peut te laisser supposer que c'est oui. Tu penses que c'est oui. Mais dans le fond, il ne s'est pas prononcé. Il te laisse aller, point. »

Selon une version, Bertrand va plus loin et déclare qu'Anctil a tellement mal décodé son patron qu'il a commis une gigantesque bourde, pour ne pas dire qu'il a préparé une embuscade à Bourassa, à qui il a « enfoncé le rapport Allaire dans la gorge ».

Anctil retourne le compliment ; il signale que Bertrand, à ce moment, n'est « même plus dans le décor », ayant quitté ses fonctions gouvernementales un an plus tôt. « Je fais affaire avec qui ? Le président des Magasins M ou quoi ? »

Bertrand juge que le souper « s'est soldé par un retentissant échec, pour Bibeau et pour moi. [...] Ils m'ont envoyé promener, ils m'ont remballé dans mon petit paquet. » Sur le coup, Anctil a tenu bon, Bibeau et Bertrand pensent ne pas l'avoir fait bouger.

Mais la séance de rééducation a eu de l'impact. Anctil en parle autour de lui, dans les jours qui suivent. Qui est son *boss* ? Le parti ou le patron ? La question le tenaille. Car c'est vrai, il a « peinturé Bourassa dans le coin », comme le dit Bibeau. Il a tout fait pour lui fermer sa marge de manœuvre, comme le dit Bertrand. Et il sait, même si ça le met de méchante humeur, que Bertrand est le plus proche confident de Bourassa.

« Ça l'a ébranlé. Moi je suis sûr que ça a dû l'ébranler, dit Parisella, parce que Bibeau a toujours été un petit peu un maître à penser pour lui. Faut pas oublier que Bibeau, on a tous passé dans son école. [...] T'avais l'ancien chef de cabinet, qui était quand même resté un ami, pis t'avais l'homme qui était en charge du Parti libéral pendant 10, 12 ans. »

C'est une impression, ou une conclusion ? « Il y a eu un moment, dit Michel Lalonde, où il y a eu un déclic dans sa tête [d'Anctil], où il n'était plus un personnage autonome qui avait un *agenda* politique, mais il était quelqu'un qui était directeur général du parti, puis son *agenda*, c'était celui du chef. » Les deux anges gardiens et Bourassa, Parisella, puis Jean-Claude Rivest, « ont fait ce qu'ils ont pu avant le 11 janvier », et poursuivi dans les mois subséquents « l'opération de charme », dit Lalonde, alors aux premières loges.

Il aurait été brutal de virer le trouble-fête, et probablement contre-productif. Il aurait été malpropre de le menacer. C'est une pratique de plus en plus rare dans les partis modernes, et généralement peu efficace. Il aurait été risqué de l'acheter, et on n'en connaissait pas le prix. Le mieux était de le retourner — comme on dit dans le monde de l'espionnage —, d'en faire un transfuge. Le mieux, et de très loin. Car lui retourné, il devenait le plus utile, le plus habile, le plus crédible, le plus précieux des alliés. Il fallait à Bourassa, dit Lalonde, « rapatrier ce gars-là dans le cercle des intimes de manière à ce qu'il participe à la définition du jeu et au déroulement des événements d'une manière qui soit constructive pour le chef du parti ».

Pendant la première quinzaine de janvier, un travail de modification en profondeur du rapport Allaire, un travail de dénaturation, en fait, est entrepris. « Anctil, à ce moment là, était *on side* », dit Parisella.

On side, c'est-à-dire de notre côté, avec nous.

Le 8 janvier, Bourassa revient à Montréal. « À ce moment-là, à toutes fins pratiques, dit-il, j'avais réussi à retourner la situation. »

Anctil a franchi La Ligne. Il a rejoint ceux qui savent. Ceux qui savent que le seul rêve autorisé est celui du chef.

LES JOIES DU TRAITEMENT DE TEXTE

Au cours des premiers jours de janvier, Allaire est insomniaque. Ce n'est pas son habitude. Les confrontations téléphoniques avec le patron l'ont marqué. Le vieux militant ne fut jamais rebelle. Bourassa le fait réfléchir aussi. Sur la difficulté de la démarche, sur la volonté des Québécois d'y faire face. Sur les implications. « Je suis très inquiet sur une suite possible d'un vote sur la souveraineté, pense-t-il. On s'en va vers une explosion sociale... » Et puis, si Bourassa refuse d'endosser le rapport Allaire, c'est cuit. Le présenter sans son aval, c'est provoquer un débat qui déchirerait le parti comme jamais auparavant. Un dégât bien pire que celui de 1967, quand René Lévesque avait claqué la porte.

Jusqu'à 4 h du matin, dans sa résidence lavalloise au bord de l'eau, Allaire tourne en rond. « Ça me turlupine, il faut trouver un moyen qui fasse consensus à l'intérieur du parti et chez les Québécois », pense-t-il. Un moyen de convaincre Bourassa de s'associer au rapport et de préserver l'unité du parti. À l'aube, il a une idée, rédige une nouvelle ébauche de conclusion pour le rapport, y intégrant la notion de « test ultime » de Ryan.

Le lendemain, il prend rendez-vous avec Bill Cosgrove, pour lui soumettre sa nouvelle approche. Depuis leur dernière rencontre, la position de Cosgrove s'est durcie. Il est maintenant convaincu que le comité a erré et est allé trop loin, que « les pouvoirs proposés pour le gouvernement du Québec, et la structure proposée, dépassent ceux dont on aura besoin afin d'assurer l'autonomie politique nécessaire au développement de l'identité québécoise ». Il a préparé sa propre proposition, qu'il fait connaître dans un mémo le 7 janvier :

> Nous proposons comme approche que l'Assemblée nationale déclare l'objectif du gouvernement du Québec de négocier une [nouvelle] constitution avec le reste du Canada, en même temps déclarant que si un progrès appréciable à cet effet n'est pas conclu dans une période raisonnable, il y aura un référendum au Québec qui demandera si les Québécois veulent procéder dorénavant à l'indépendance.

La thèse du test ultime, toujours. Elle occupe aussi Pierre Anctil et Michel Lalonde, à la permanence du parti. Anctil annonce à son directeur des communications que Bourassa n'embarque pas. Qu'il ne veut pas poser de geste irréversible. Qu'il a besoin de temps. Lalonde rétorque que le problème de Bourassa est probablement plus profond, qu'il est tout simplement opposé au projet. Anctil ne nie pas. Mais le problème reste entier. Il faut changer d'approche. Introduire le test ultime, et le référendum en cas d'échec.

Lalonde doute que la notion même de réforme en profondeur assortie d'un test ultime soit crédible. « On vient de dire : "voici cinq conditions minimales", et on s'est cassé la gueule ! » Les deux anciens militants étudiants décident de « tester » au téléphone deux ou trois hypothèses auprès d'ex-collègues d'université, politisés et modérés, pas nécessairement libéraux, pour voir... Ils rejoignent un ancien camarade de la FAECUM, la Fédération des associations étudiantes de l'Université de Montréal, qui était responsable, en 1980, du

LES ALLAIRIENS

Jean Allaire, nommé président du comité constitutionnel libéral une heure avant la conférence de
presse annonçant la formation du comité. « On avait
donné des signaux à Allaire de n'exclure aucune
option », dit John Parisella.

ernand Lalonde, vieux compagnon de Robert
ourassa. Il surprend le comité en proposant
une stratégie audacieuce » : que le PLQ propose
souveraineté.

Bill Cosgrove, le combattant de l'arrière-garde.
Un des deux seuls membres du comité à voter
contre la « stratégie de rupture ».

LE NATIONALISTE
ET LE DOMPTEUR

Anctil et Bourassa : au téléphone, le 28 décembre 1990, une conversation lourde de sens.
La majorité des députés libéraux, au moins la moitié des ministres sont prêts à faire le saut,
rapporte Anctil. « Ils avaient fait leurs calculs », soupire Bourassa.

LES ANGES GARDIENS

Mario Bertrand, confident et ex-chef de cabinet de Bourassa. « Moi, j'ai toujours fait de la politique uniquement pour gagner. »

Pierre Bibeau, ex-organisateur du parti. « Le parti enlève à son chef sa marge de manœuvre. Ça a pas d'allure. »

« À partir du moment où Bibeau et Bertrand
ont constaté qu'Anctil jouait un rôle déterminant,
ils comprennent qu'ils doivent faire
aussi rapidement que possible, avant que
ça devienne un véritable désastre. »

LA VISITE DE RYAN

Claude Ryan introduit la notion de « dernière chance » du fédéralisme. En cas d'échec, écrit-il, il faudrait « que la population soit invitée par voie de référendum à se prononcer en faveur de la souveraineté », sans superstructure.

La main du ministre, l'œil du nationaliste.

LE RAPPORT ALLAIRE

Fruit du « compromis d'Outremont », le rapport Allaire est publiquement défendu par Bourassa. « Nous avons une obligation de résultat », dit-il.

LE CONGRÈS

Bourassa s'adressant aux militants :
« Le *statu quo* est la pire solution pour le Québec. »

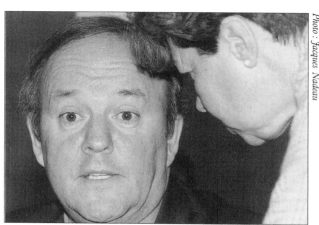

Marc-Yvan Côté, un des
ministres allairistes, qui promet
d'en découdre avec Ryan. « Je
ne suis pas prêt à aller bien en
deçà du rapport. »

Michel Bissonnette, intervenant contre
l'amendement de Ryan. « Il y a eu un
standing ovation, j'ai vu tout de suite
qu'il n'y avait plus de danger. »

Se lèvera? Se lèvera pas? « Monsieur Ryan, c'est pas quelqu'un qu'on bouge facilement. »

Même Lise Bacon a voté pour le rapport Allaire. « On est rendu là », dit-elle. Comme Gil Rémillard, Yvon Picotte, Lawrence Cannon, Gérald Tremblay, André Vallerand. Daniel Johnson, par contre, s'est absenté, devant recevoir « un appel important » !

Mouvement des étudiants pour le Oui (MÉOUI), Normand Lapointe, devenu haut fonctionnaire à la Ville de Montréal.

« Si le PLQ proposait une réforme en profondeur du fédéralisme, serions-nous crédibles ? » demandent-ils.

« Non, vous passez pas au travers », rétorque Lapointe.

« Si on dit : "une réforme en profondeur", qu'on y met une échéance, O.K. ? puis qu'on ajoute : "si c'est pas ça, c'est la souveraineté" ? »

« Bourassa dirait ça ? » demande Lapointe.

« Oui. »

« Ah ! ben ça par exemple, vous êtes plus sérieux. Mais ça dépend de l'échéance. »

« Si on dit : "avant l'élection provinciale", "dans le mandat" ? [donc théoriquement jusqu'en septembre 1994 au plus tard, un délai de presque quatre ans.] »

« Ah ! non ! Vous allez nous fourrer. Un an, max ! »

Entre eux, Anctil et Lalonde jouent avec ce concept. Un an, Bourassa ne voudra jamais. Un an et demi, peut-être. L'automne de 1992, ça pourrait aller.

Anctil et Lalonde appellent Daniel Denis, leur scribe : « Là, tu réécris l'histoire ! Notre conclusion, ce n'est plus la souveraineté, mais seulement le fait qu'on soit sur le bord de la souveraineté. Alors il faut que ton texte arrive là. » Exemple ? « Le Canada n'est plus "une suite d'échecs", mais offre "le plus haut niveau de vie au monde". »

Des paragraphes sautent, des phrases font demi-tour. Des analyses changent du tout au tout. Dans la version d'origine, on lisait :

> Le cadre politique actuel est incompatible avec une démarche allant dans le sens d'une plus grande maîtrise du Québec sur ses propres leviers de développement économique, social et culturel. [...] le Canada pourrait interpréter cette démarche comme la première étape de l'établissement d'un fédéralisme asymétrique, ou d'un fédéralisme décentralisé ; des formules auxquelles une partie du reste du Canada est fondamentalement opposé.

Cette analyse, qui tire les leçons de Meech et offre une vision précise du futur proche, est éliminée au profit d'un roman à l'eau d'érable :

> Le Canada dans sa forme actuelle doit être profondément repensé. Il n'est pas exclu que d'autres provinces ou régions saisissent l'occasion pour définir un nouveau cadre d'exercice du fédéralisme. Une réorganisation des régions et des forces en présence demeure un scénario possible auquel le Québec pourrait participer, à condition que le nouvel ordre réponde à ses aspirations.

Le changement d'analyse conduit logiquement à un changement d'objectif. Avant, on lisait :

> La proposition du Parti libéral du Québec prévoit l'accession du Québec au statut d'État souverain.

Mais maintenant que « la réorganisation » est un « scénario possible », on lit, dans la version finale :

La proposition du Parti libéral du Québec prévoit l'autonomie politique du Québec par l'occupation exclusive de nombreux champs de compétence.

Chaque fois qu'ils le peuvent, les scribes collent au maximum au texte d'origine. Surtout que le temps presse. Puisque leur document de départ décrivait ce que serait un Québec souverain, le document d'arrivée est pour le moins radical dans sa définition de la « réforme en profondeur ». Par exemple, on lisait à l'origine, sous l'intertitre *Accéder au statut d'État souverain* :

> Le Québec rapatriera les pouvoirs généraux de dépenser et exercera « la faculté de déterminer lui-même l'étendue et le mode d'exercice de ses compétences. Il jouira, dans les limites de son territoire, d'une autonomie entière, d'une compétence exclusive, discrétionnaire et totale en ce qui a trait à sa législation, son administration, l'exercice du pouvoir juridictionnel et la contrainte sur ses nationaux .» Voilà ce que signifie la souveraineté.

La citation qui apparaît dans cet extrait est tirée du tome de Jacques Brossard, *L'accession à la souveraineté et le cas du Québec*. Dans la version finale, la référence à Brossard est disparue, mais ses mots et son esprit subsistent. Sous le nouvel intertitre *L'autonomie politique de l'État québécois,* on lit :

> Le Québec jouira d'une compétence exclusive, discrétionnaire et totale dans la plupart des domaines d'intervention. Il éliminera le pouvoir fédéral de dépenser dans ses champs de compétence exclusive et exercera la faculté de déterminer lui-même l'étendue et le mode d'exercice de ses compétences dans tous les secteurs revendiqués.

Plusieurs lecteurs du document final seront frappés par ce langage absolutiste, qui tranche avec d'autres paragraphes du texte, comme cette ode au Canada, bizarrement placée en tête du chapitre *L'impasse du fédéralisme actuel* :

> Dans l'ensemble, le Québec et le peuple québécois ont été capables d'agir et de se développer à l'intérieur du cadre fédéral. Il serait erroné de prétendre que le fédéralisme n'a eu que des impacts négatifs sur le Québec. Le Québec bénéficie d'un des niveaux de vie les plus élevés au monde. Il s'est doté, à l'instar du Canada, d'un système de santé et de services sociaux des plus généreux. Le Québec est une terre de liberté. En tant que partie du pays canadien, le Québec participe et profite de la réputation enviable dont jouit le Canada dans la famille des nations.

Des paragraphes souverainistes, en revanche, semblent avoir été « oubliés » par les correcteurs, comme ce passage fort bien tourné, qui contredit chacun des arguments européens de Bourassa :

> En Europe de l'Ouest, les pays de la Communauté européenne inventent de toute pièce un nouveau modèle de concertation politique et réalisent l'intégration économique sans compromettre leur souveraineté politique nationale. Ils démontrent que les frontières économiques transcendent littéralement les frontières politiques. Cette dissociation entre univers politique et économique est relativement nouvelle. Elle découle de la libéralisation croissante des échanges sur la scène internationale. Ce phénomène facilite l'émergence de souverainetés locales. D'une

part, les nouvelles nations, peu importe leur taille, gardent accès à un vaste marché économique. D'autre part, la redéfinition des frontières politiques permet l'éclosion d'entités plus homogènes qui favorisent la cohésion sociale et la gestion des finances publiques.

Pour passer de l'objectif de « souveraineté confédérale » à celui de « réforme en profondeur », il faut revoir les listes de division de pouvoir. Dans le rapport souverainiste, les auteurs avaient finalement tout regroupé en deux sections : juridiction exclusive au Québec, 26 pouvoirs ; juridiction partagée avec le pays voisin, 9 pouvoirs. L'éventuelle négociation de la structure commune définirait lesquels de ces 9 pouvoirs seraient totalement dévolus à l'entité supranationale, lesquels seraient gérés en commun. Dans le nouveau rapport, une troisième colonne apparaît, celle de la compétence exclusive du Canada, et beaucoup de pouvoirs déménagent*.

Cette réorientation crée une série de distorsions majeures dans le projet Allaire. Que faut-il garder du projet d'origine ? La réforme en profondeur doit-elle équivaloir au Québec autonome décrit au départ ? Si la souveraineté était un moyen pour atteindre un objectif, ne faut-il pas tenter d'atteindre le même objectif à l'intérieur du Canada ? Faute de quoi, ensuite, on le fera « en sortant du cadre » ?

Bourassa ne prend pas de chances. Dès la réception du rapport, il donne à Parisella et à Jean-Claude Rivest mandat de faire intégrer dans le rapport ses deux conditions fondamentales : Il faut un Parlement commun, élu au suffrage universel — donc doté d'une réelle légitimité politique —, et il faut que ce Parlement ait un droit de taxation directe — qu'il soit donc doté d'un réel pouvoir économique. Le rapport qu'il a en main ne parle que d'un Parlement formé de « délégués » nommés par les États membres, et confère au Québec seul le pouvoir de taxer ; il remettrait ensuite une enveloppe fixe au Parlement commun.

Allaire résiste farouchement à la notion de Parlement commun élu, car c'est en invoquant la légitimité que lui donnait ses députés élus au Québec que Pierre Trudeau a unilatéralement rapatrié et modifié la constitution en 1982 et que le Québec se retrouve aujourd'hui en crise. Mais, bon, il finit par se rallier. Si la réforme en profondeur s'effectue à l'intérieur du fédéralisme, la Chambre des communes sera toujours là.

---

*		Exclusif Québec	Partagé	Exclusif Canada
	Avant :	26 pouvoirs	9 pouvoirs	0 pouvoir
	Après :	22 pouvoirs	9 pouvoirs	6 pouvoirs

Il y a deux pouvoirs supplémentaires : c'est que la monnaie et la dette sont désormais comptabilisés séparément, et que la définition de certains pouvoirs a changé. On a ajouté tourisme et langue, scindé éducation et formation, enlevé politique économique nationale, etc.

Jean-Claude Rivest se voit confier la tâche de convaincre Anctil de laisser à Ottawa son pouvoir de taxation. Au restaurant du Ritz, pendant un long après-midi du début de janvier, Rivest mène l'assaut. Anctil n'est pas contre. Bourassa l'a déjà ramolli sur ce point, en lui disant avoir « de la difficulté à concevoir qu'on donne des responsabilités un tant soit peu significatives à une instance centrale sans qu'on lui donne les ressources et la capacité de se doter de ressources en toutes circonstances ». Mais Anctil sent que le problème viendra d'ailleurs : de Michel Bissonnette et de la Commission jeunesse.

Toujours facétieux, Rivest lui montre un truc simple. Pour mieux « vendre ton affaire aux jeunes » dit-il, « mets des paragraphes en caractère gras » dans le rapport. Le paragraphe sur le référendum sur la souveraineté, qui se tiendra en cas d'échec de la réforme, par exemple. Ils vont l'aimer, celui-là ? Mets-le en gras ! « C'est ma contribution personnelle, dit Rivest. Elle est bonne, hein ? » (L'impact sur Bissonnette fut minime, mais Cosgrove allait s'élever contre ce traitement de faveur typographique.)

Parisella fait son propre *lobbying* pour « faire transférer de colonne » les pouvoirs de la langue et de l'environnement. Sans succès.

Anctil et son équipe de scribes ne jettent pas au panier leur première version. Ils la rebaptisent « version A ». La nouvelle version, avec les changements intégrés, devient la « version B ». Il s'agit maintenant de la vendre au comité.

LES QUÉBÉCOIS VONT ENCORE S'EFFOUARER...

Michel Bissonnette a loupé presque toutes les péripéties qui ont suivi le vote de l'Alpine Inn. Atteint d'une double pneumonie agrémentée d'une mononucléose, il a passé les vacances de Noël sur le dos — on lui a prescrit trois mois de repos —, reprenant des forces pour la grande aventure de la souveraineté qui, pense-t-il, ne saurait maintenant tarder. Du 31 décembre au 6 janvier, il absorbe les rayons réparateurs du soleil de Miami, à quelques kilomètres de la chambre d'hôtel où Robert Bourassa se bat avec « le monstre ».

À son retour, il rencontre les responsables de la CJ, car il faut préparer le mémoire à déposer à la commission Bélanger-Campeau, à la fin du mois. Les jeunes ont convenu de faire un pas supplémentaire par rapport à leur congrès de La Pocatière, et d'annoncer qu'en cas d'échec des négociations Québec-Canada pour établir une structure commune, le Québec se contenterait de la souveraineté. Une position identique à celle qui apparaît dans le rapport Allaire d'origine.

Par courtoisie, par tradition, Bissonnette doit informer le *bunker* du contenu de son mémoire. Le 10 janvier, il rencontre Parisella. « Là, raconte Bissonnette, j'ai le *speech* de A à Z. » Le chef de cabinet l'informe que la position des jeunes, et d'Allaire, est contraire à la tradition libérale et que, si Bissonnette s'y tient, il n'est donc « pas un bon libéral ». Le leader de la CJ comprend que le combat pour l'adoption du rapport Allaire est commencé, que les positions vont se durcir et qu'il y a « une partie de tordage de bras qui s'en vient ». Par des voies détournées — des volontaires de la CJ travaillent à la permanence du parti —, il a obtenu copie de segments du rapport (version A), et il voit bien que sa thèse y triomphe.

Il s'entretient brièvement avec Bourassa. Qui lui parle de la guerre mondiale. En ce début de janvier 1991, les troupes occidentales, y compris canadiennes, sont massées à la frontière du Koweit où elles s'apprêtent à attaquer l'ennemi irakien. « Avec la guerre mondiale qui s'en vient, dit Bourassa, c'est pas le temps de créer de l'incertitude. » Sans doute, mais sur le fond ? « Il émet des réserves, se souvient Bissonnette, mais il n'est aucunement catégorique en disant : c'est hors de considération qu'on puisse aller avec l'option A », donc la souveraineté, raconte Bissonnette qui ignore encore l'existence d'une « version B ».

Robert Bourassa réussit à compartimenter ses rapports avec ses différents partenaires. Il varie les discours et les arguments selon les interlocuteurs. Depuis l'été, sa conversation avec Bissonnette se déroule sur un fond de rupture du lien fédéral. En janvier, il n'assomme donc pas son cadet avec le grand retour du test ultime. Au contraire, il aborde le problème comme le vieux routier qui indiquerait à l'apprenti le meilleur itinéraire pour arriver à la destination désirée.

« Faut s'assurer d'avoir bien joué nos cartes, dit-il. Faut qu'on me laisse le temps de pouvoir aller expliquer de personne à personne à la France, à l'Angleterre, pourquoi notre démarche est légitime, les assurer que le processus est démocratique », résume Bissonnette.

C'est un thème qu'il reprendra quelques jours plus tard devant la direction de la Commission jeunesse. « Faut que vous me laissiez le temps de faire mon *footwork* à Washington et à Paris », leur dit-il, se souvient Dumont. Il parle de son ami John Sununu, ex-gouverneur du New Hampshire, maintenant chef de cabinet du président George Bush, qu'il doit aller voir pour assurer ses arrières. Il doit aller rencontrer Mitterrand, aussi. Bourassa tiendra exactement ce langage devant l'auteur trois mois plus tard : « Je ne peux pas m'engager à ce que le Québec devienne souverain, comme ça, sans examiner toutes les conséquences. Je ne sais même pas quelle va être la réaction de Washington ! C'est un élément important. Si à Washington on me dit : "On accepte pas ça", ils ont quand même des moyens, des façons de le faire savoir, que ce soit dans les négociations sur le libre-échange pis les autres traités. Faut que j'en tienne compte. Si les Français disent : "On va vous appuyer mais on peut pas, quand même, se mettre le Canada à dos." Vous les connaissez ! C'est pour ça que je ne peux pas m'engager dans une position irréversible, sans même connaître la situation du Québec dans une telle hypothèse. »

Malheureusement, la conjoncture n'est pas idéale, soupire-t-il. « Je viens d'être malade, puis on a eu les Indiens [la crise d'Oka], déjà que ça a inquiété l'international... »

« Ça va prendre du temps, il faut pas brusquer le Canada anglais, glisse-t-il encore à Bissonnette. Faut pas que vous me mettiez des bâtons dans les roues en m'obligeant à la faire tout de suite. » Bref, je vous mènerai à la souveraineté, je sais comment m'y rendre, de grâce, ne me nuisez pas !

Le président de la CJ sort de cette conversation rasséréné. Bourassa et lui s'entendent toujours sur l'objectif de la souveraineté. Ils divergent seulement sur l'approche à adopter, la stratégie, la tactique. Tout baigne ! Bissonnette n'est donc pas préparé pour ce qui va suivre.

Vendredi 11 janvier, 14 h. Première réunion du comité Allaire depuis décembre. Séance de lecture du rapport. Ils sont venus, mais pas tous. Fernand Lalonde est en Thaïlande et le député Marcel Parent est... en Floride.

Jean Allaire est président, alors il préside. Il explique que, conformément aux décisions prises à l'Alpine Inn et au Château Bonne Entente, un texte a été préparé. Mais que depuis, des consultations ont eu lieu avec Robert Bourassa, Claude Ryan et Gil Rémillard, qui ont soulevé un certain nombre d'objections. On y reviendra tout à l'heure. Pour l'instant, on va vous distribuer le premier texte, nommé « Version A ». Allaire suggère aux membres de prendre des notes sur des feuilles à part, et avise que tous les bouts de papiers seront ramassés à la fin.

Les souverainistes du comité lisent la version A avec délectation. Tout y est. En fait, elle dépasse leurs attentes, en profondeur, en détails et en style. Les fédéralistes ont la réaction inverse. Cosgrove annote comme un forcené, à chaque page. Tout est à refaire, tout est à jeter.

Quand le temps de lecture est terminé, Allaire dit : « Je ne veux pas de commentaires sur le texte, seulement sur le processus. »

« J'ai une question, intervient Cosgrove. Si ça c'est le texte qui va sortir, je veux savoir où et comment l'opinion minoritaire sera exprimée ? Est-ce qu'elle va faire partie du rapport ou est-ce que le groupe minoritaire va écrire son rapport à part ? »

Pas de panique, fait Allaire. Il y a une seconde version, qui intègre les recommandations de Bourassa, Ryan et Rémillard. Il fait distribuer le second texte, nommé « Version B ». (La version présentée ne comporte pas de date limite pour la tenue d'un référendum en cas d'échec de la réforme, Bourassa étant toujours opposé à toute définition de délai. Le texte parle de « délai raisonnable ».)

Nouvelle séance de lecture. Mêmes réactions, intervenants différents. S'engage alors une période de questions et de débats. Des souverainistes comme Denis Therrien, « absolument furieux », et Philippe Garceau, « vraiment choqué », contestent aux membres extérieurs du comité le droit de changer la nature des travaux et des recommandations. « Va-t-on revenir maintenant, après que toutes nos discussions sont terminées, va-t-on accepter de devoir modifier notre position à cause des idées de membres du comité qui n'étaient pas présents ? » interroge l'un. « On le tient le motton, là, on l'a le rapport, là, il est fait. Il faut pas le lâcher », dit l'autre.

Ryan et Rémillard (dont le nom est mis dans la balance pour faire bonne mesure) ne sont pas membres du comité, leur cas est net. Mais Bourassa *est* membre, répondent Allaire et Cosgrove, il faut prendre ses opinions en considération.

Picard et d'autres évoquent la maladie du chef, le fait qu'il aurait été un participant plus actif n'eût été de ses hospitalisations. Anctil pénètre au cœur du débat : la version B présente la réforme la plus audacieuse que le PLQ ait jamais mise de l'avant. Bourassa est prêt à l'endosser, donc à lui donner une légitimité considérable. La version A va plus loin, mais le chef n'embarquera pas, car c'est une souveraineté précipitée, irréversible, coûteuse. Sans Bourassa, elle mourra sur le plancher du congrès, dans un bain de pleurs et de récriminations.

À l'Alpine Inn, Anctil avait démontré sans l'ombre d'un doute que le système canadien était bloqué, que nulle réforme ne pouvait se faire de l'intérieur. Deux mois plus tard, il affirme sans rire que le Canada peut se redéfinir de fond en comble grâce à la seule menace de la souveraineté. Comme si Brian Mulroney et plusieurs autres n'avaient pas brandi, brutalement, cette même menace pour encourager le passage de la bien plus modeste réforme de Meech.

Qui que ce soit, autre qu'Anctil, ayant tenu un tel discours aurait été hué par le petit groupe de nationalistes. Mais c'est leur chef qui parle ainsi. Alors sa présentation fait mouche auprès de modérés comme Jacques Gauthier. Celui-ci achète l'argument de la « souveraineté mal préparée ». Il pense qu'il y a une chance de procéder à une réforme en profondeur en 18 mois, si la menace de la souveraineté est brandie. Et il est certain que, sans Bourassa, la recommandation du comité n'ira nulle part. Lucie Granger, membre, comme Gauthier, du « réseau Anctil », opine.

Pour Thérèse Lavoie-Roux et Bill Cosgrove, la nouvelle de l'existence de la version B et l'annonce des réticences de Bourassa ont l'effet de la bouée de sauvetage lancée aux nageurs exténués. C'est un permis pour l'illogisme. Ils sont les deux meilleurs lecteurs, autour de cette table, de l'état d'esprit canadien-anglais. Évidemment, la réforme du fédéralisme proposée n'a aucune chance d'être acceptée par le Canada. Ils le savent. Ils savent que Bourassa le sait. C'est donc qu'ils ne sont pas tenus à la rigueur, à la logique. C'est un jeu. On peut dire n'importe quoi. Quelle délivrance ! Pourquoi ne nous en a-t-on pas informés plus tôt, ça aurait évité tant de frustrations ? Ils se jettent sur la version B dont ils comprennent qu'elle n'est qu'un lourd — très, très lourd — maquillage cachant la vraie position de repli du chef : le *statu quo*.

Laurent Picard ne suit pas le même raisonnement, mais se sent beaucoup plus à l'aise avec la nouvelle version, bien qu'il fasse une sombre prédiction : « Ça passera jamais dans le reste du Canada, pis les Québécois vont encore s'effouarer ! »

Il faut voter, encore. Version A ou version B. Le groupe se divise en trois.

Pour la version A, souverainiste, et rien d'autre : Michel Bissonnette, Philippe Garceau, Denis Therrien ;

Pour la version A mais peuvent se rallier à la version B : Jacques Gauthier et Lucie Granger ;

Pour la version B : Bill Cosgrove, Laurent Picard, Thérèse Lavoie-Roux, Jean-Pierre Roy, Pierre Saulnier et Suzanne Levesque, l'ex-pourfendeuse de « rapport dilué, où chacun trouverait son compte ». S'ajoutent, par procuration, Marcel Parent et Fernand Lalonde, qui a probablement appris, depuis l'engueulade de Parisella à la soirée du *Devoir,* que le chien québécois doit japper toujours, ne mordre jamais.

Ne votent pas, à leur habitude : Allaire et Anctil.

À l'Alpine Inn, ils étaient 11 contre 2 pour un rapport souverainiste. Maintenant que le chef a parlé, ils sont 11 contre 3 pour un rapport non souverainiste. Est-ce une illustration de ce que Mario Bertrand appelle la « pseudodémocratie » ?

Bissonnette regarde la scène avec un mélange d'effroi et de fermeté. Le climat, d'abord, a changé. « Tu sentais que tu passais du Club Optimiste à l'affaire politique, là. » Il observe, ensuite, le gouffre qui sépare ce que le premier ministre lui a dit de ce que Anctil et Allaire rapportent de leurs conversations avec lui. « J'ai même l'impression que certains biaisent ses propos pour défendre leurs propres intérêts. Mettons que j'y crois encore à ce moment-là. »

Il a peine, surtout, à suivre le cheminement d'Anctil. « Pierre a commencé à devenir plus nébuleux à partir de ce moment-là. » Bissonnette avait toujours pu compter sur Anctil. « Il m'expliquait que j'étais celui qui avait le rapport de force. Je le rencontrais, lui et sa blonde. Et sa blonde disait : "Si c'est pas ça que vous votez [la souveraineté], y'a pus de raison d'être libéral." Tout d'un coup il devenait celui qui, au lieu d'être mon allié pour s'opposer à ce que je considérais être inacceptable, devenait le porte-parole pour venir me proposer des compromis inacceptables. Et c'est là que, pour moi, la rupture s'est établie. Il avait reviré. Comme si le *one-way* venait de changer de bord. »

Bissonnette l'étudiant se retrouve sans maître. On va maintenant découvrir s'il a bien retenu la leçon de l'ancien président de la CJ. « Je me sentais investi d'un rapport de force à l'intérieur du comité, explique-t-il. Le fait que Thérèse dise oui ou non, je m'en foutais un peu. C'était important, mais je savais que la *game* sur le libellé final ne se jouerait pas dans le cadre de cette réunion-là, à ce moment-là. »

Le président des jeunes est... président des jeunes. Il représente son congrès, son conseil des représentants, son comité de coordination. En gros, 33 % des membres du parti. Autour de la table, il est le seul à pouvoir en dire autant. Ce soir-là, et dans les jours qui suivent, il a quelques atouts. « Je savais d'ores et déjà que Bourassa voulait pas avoir les jeunes en minorité, contre le libellé final. Pierre [Anctil] me l'avait clairement laissé entendre. Donc j'avais ce poids-là. »

Dans les 48 heures suivantes, il a aussi une intéressante conversation avec Jean Allaire. « Ce qui est important pour moi, dit le vieux militant, c'est que ce projet-là soit pas fait pour les vieux de la vieille, mais qu'il soit fait pour les jeunes. Et si les jeunes, vous embarquez pas, je signerai pas moi non plus. »

« Je voulais rien pousser dans la gorge des jeunes, confirme Allaire. C'était de leur avenir qu'on parlait, là. »

Garceau et Therrien sont, eux aussi, très amers et pourraient se joindre à une dissidence. Après la réunion, ils évoquent la possibilité de produire un rapport minoritaire.

Michel Lalonde, qui assiste aux débats et que Bissonnette met au courant de ses propres conversations avec Bourassa, tire ses conclusions : le premier ministre est en train de berner tout ce petit monde. Jamais il ne mettra la menace de référendum sur la souveraineté à exécution, pense-t-il. Il ne faut donc pas plier. Il faut garder le fort. Tenir à la version A. Advienne que pourra.

Lalonde, 32 ans, est un bon reflet des francophones québécois qui ont adhéré au PLQ dans la seconde moitié des années 80. Sur la question nationale, il était plutôt « lévesquiste » ; sur l'orientation économique, il était plutôt libéral. C'est Meech qui l'avait réconcilié avec le parti fédéraliste québécois. « J'étais un apatride, explique-t-il, j'ai été libéral depuis la signature de Meech, c'est là où j'ai dit : "Ah ! c'était toute Trudeau qui était le fucké dans tout ça", tsé ? Ça a comme débloqué les affaires. » Comme son ami Anctil, devenu directeur général du parti, se cherchait un directeur des communications en 1989, Lalonde saute sur l'occasion. « Je suis devenu confortable au Parti libéral, très heureux. » Au tournant des années 90, l'endroit grouille de jeunes enthousiastes comme lui, mordus de politique, allant du centre droit au centre gauche, affichant sans complexe un nationalisme gradualiste, et heureux d'être au pouvoir, confiants d'y rester jusqu'au prochain millénaire. C'est le bonheur politique, donc, jusqu'à ce que Meech, de réparateur, devienne le révélateur du refus canadien et réveille le lévesquiste assoupi.

Lalonde n'est pas un joueur central dans cette affaire. Mais il peut exercer une influence sur le « réseau Anctil » qui est aussi, par définition, le sien : Jacques Gauthier, Lucie Granger. Peut-être même, qui sait, sur Pierre Saulnier, et un peu, aussi, sur Jean Allaire. Si le comité se dirige vers la scission et que Lalonde se joint aux rebelles, tout peut déraper.

Son réflexe est d'aller s'ouvrir de ses cogitations auprès d'Anctil, son vieux copain et complice, son supérieur hiérarchique en même temps que — mais la notion ne lui vient pas à l'esprit — son employeur. Il faut garder la version A, lui dit-il. Sinon, on se fait prendre. Anctil lui ressert toute la série de ses excellents arguments, mais aucun n'a prise sur Lalonde, trop habitué au flot de paroles d'Anctil pour être pris au piège de sa mauvaise foi. Alors, avec autant de tact et de savoir-faire qu'il le peut, Anctil dit :

« Là, écoute-moi ben. Y'a ben des avenirs en jeu. Ton avenir est en jeu.
Mon avenir est en jeu. L'avenir du Québec est en jeu. »

Une menace a-t-elle été proférée ? Un congédiement ? Difficile à dire.
C'était peut-être une figure de style. Il y a la répétition. L'appel à la solidarité :
ton et mon avenir. L'immersion dans le tout : le Québec. Est-ce un appel à la
responsabilité, ou un rappel de la ligne d'autorité ? Là réside la beauté de la
phrase, toute en ambiguïté. Mais le travail de Lalonde est de coder et de
décoder les communications. « Je me suis dit, là, il est plus sur le fond, là. » La
complicité établie depuis 10 ans est fêlée.

Bissonnette et Bourassa, le match des convalescents

Le samedi matin, Bissonnette rencontre son COCO, le comité de coordination
de la CJ, formé des principaux permanents. Il a réussi — merci aux bénévoles !
— à sortir des coffres du PLQ une copie de la version B. Ses complices, dont
Mario Dumont, peuvent à loisir mesurer l'ampleur du désastre. L'unanimité se
fait rapidement. La CJ n'endossera pas ce document, incompatible avec la
position souverainiste massivement adoptée par le congrès des jeunes, cinq
mois plus tôt. Certains évoquent déjà une démission en masse de délégués-
jeunes au congrès de mars.

Bissonnette monte à nouveau les marches de la maison-*blockhaus* de la rue
Maplewood. Il ne vient pas chercher un acquiescement, il vient signifier un
refus.

« J'accepte pas l'option B, y'a rien à faire, dit-il au premier ministre, fort
du mandat de ses jeunes. Mais, c'est pas plus grave que ça, je vais juste voter
contre. Pis on est pas pires amis pour autant... »

Croit-il s'en tirer à si bon compte ? Poser la bombe sur la porte du PM,
puis partir sans devoir subir un exténuant travail de désamorçage ? Bourassa
le retient. Dans le petit salon, sous le Marc-Aurèle Fortin, l'épreuve commence
à peine que déjà les protagonistes sont fatigués. Bissonnette n'est pas remis de
sa double pneumonie et de sa mononucléose. Bourassa reste affaibli par ses
trois opérations et sa considérable perte de poids. Le cadet a l'avantage de la
jeunesse. L'aîné a l'avantage de l'expérience et, toujours, du pouvoir.

Au cours de leur dernière conversation, Bourassa avait joué à l'auguste
diplomate international devant préparer les capitales pour le grand soir de la
souveraineté québécoise. Sununu, Paris, *footwork* et compagnie. Cette fois, il
met son chapeau de chef de parti.

« C'est pas facile, lui dit-il. Il y a les Johnson pis les Ryan à qui j'ai à faire
face tout le temps. Claude [Ryan] est pas acquis au rapport. Beaucoup de
militants sont très respectueux de ce monde-là. Il faut pas brusquer leur évolution. Même Gérald [Tremblay] arrête pas de me dire que la relance économique ne peut pas se faire dans un contexte comme celui-là. Faut que tu me
comprennes... »

« C'est pas mon problème, rétorque Bissonnette. Moi, je n'accepte pas de signer une version comme celle-là, je n'embarque pas là-dedans. »

Bourassa plaide pour l'unité du parti, reproche au cadet son intransigeance, met en doute que les jeunes soient vraiment aussi déterminés qu'il le dit. Les militants du parti, certainement, ne sont pas rendus aussi loin.

« Tu ne comprends pas la réalité canadienne, tu ne comprends pas le contexte international, tu ne comprends pas la réalité du parti, lui dit-il. On risque de diviser le parti comme ça ne s'est jamais produit, j'ai vécu 1967 [le départ de René Lévesque] pis c'est pas des moments qu'on veut répéter. Politiquement, c'est jamais payant. »

À Bissonnette qui lui parle de la consultation effectuée à l'automne, Bourassa — à l'évidence bien préparé par Parisella — répond en critiquant la méthode de consultation, la qualité des résultats, insiste pour dire que de grandes fractions du parti ne peuvent s'associer à la souveraineté. Qu'il faut se replier plutôt sur la « dernière chance au Canada ».

Bissonnette comprend. Il n'y a plus de *footwork* qui tienne. Plus d'acquiescement au document du congrès des jeunes. Il avait encore un doute, en entrant — non, un espoir — que le chef n'était pas vraiment l'instigateur de la version B.

C'est le syndrome du bon roi ignorant les sévices exercés par son surintendant sur le petit peuple. « Si le roi savait qu'on manque de pain, pensaient les rebelles français de 1789, il ferait le nécessaire ! » Ils sont allés le chercher à Versailles pour l'en informer. Il était au courant. Ils lui ont tranché la tête.

« Il fallait que je l'entende de sa propre bouche », dit Bissonnette au sujet de Bourassa. C'est fait. Il n'est même plus certain que Bourassa accepte, en cas d'échec de « la réforme », de tenir un référendum sur la souveraineté. « C'est très nébuleux son *war-game* à ce moment-là. C'était pas la souveraineté, c'était juste : "On devra trouver une autre solution." »

On a fait le tour des arguments. Bissonnette semble plus blindé que jamais. Reste fermement de son côté de La Ligne. « On votera non, pas pires amis pour ça... » répète-t-il avant de prendre congé du premier ministre. Mais Bourassa est loin d'avoir terminé cette conversation. « Je vais reparler à John, je vais reparler à Pierre, pis on se rappelle, essaye de voir avec tes jeunes, bonne réunion, j'ai compris ton point de vue, on va trouver une solution. » Tiens ! Une ouverture.

Retour au comité de coordination. Deux solutions sont envisagées. La première : refuser de signer le rapport et défendre un rapport minoritaire au congrès. Stratégie grave, difficile, honorable et probablement perdante. Il y en a peut-être une autre, plus songée, plus habile. Le souci que met Bourassa à convaincre Bissonnette est un signe, une confirmation du rapport de force de la CJ. On peut donc faire bouger Bourassa. Plutôt que de défendre la version A, pourquoi ne pas remplumer, radicaliser la version B, pour pouvoir la signer et se l'approprier, dans un premier temps. Bissonnette interprétant la version B, c'est plus audacieux que Cosgrove interprétant la version B. Dans un deuxième temps, sur le plancher du congrès, la Commission jeunesse déposera des amendements pour terminer le travail, parcourir la distance qui séparera encore la version B de la version A. Franchir, bref, La Ligne.

Le président de la CJ reçoit des appels d'appuis, d'une dizaine de députés nationalistes. Jean-Guy Lemieux, Benoît Fradette, quelques autres. « Lâchez pas parce que si vous lâchez, même les députés embarqueront plus après », lui disent-ils. Des présidents d'associations libérales de circonscriptions francophones représentées par des députés d'opposition lui signifient aussi leur appui. Michel Bissonnette a 24 ans. Il est devenu le pivot souverainiste du parti. Il tient le ballon.

Bissonnette est chez lui, le dimanche soir 13 janvier à 20 h, quand on l'appelle. « On est chez M. Bourassa, on aimerait ça que tu te joignes à nous. » Nous ? Pierre Anctil, John Parisella, Jean Allaire, Jean-Pierre Roy, Robert Bourassa.

C'est ce que La Presse appellera « le compromis d'Outremont ». L'expression, du journaliste politique Denis Lessard, est utilisée depuis par les participants pour décrire ce qui s'y est produit.

Essentiellement, un troc a lieu. D'une part, Bissonnette consent à s'associer à la version B. D'autre part, Bourassa doit accepter un resserrement des boulons, un rapetissement de sa marge de manœuvre.

Premier et plus important élément : le délai. Bissonnette, comme Lemieux et plusieurs autres, veut 1991. Bourassa insiste pour qu'on écrive « dans le mandat », c'est-à-dire 1994. Selon Parisella, Anctil laisse entendre que Ryan a proposé l'automne de 1992. (En fait, Ryan avait dit préférer juin 1993, même s'il ne l'a pas inscrit dans son texte.) Anctil, en tout cas, dit au patron que « si vous décidez la fin du mandat, ce sera pas crédible. Le monde vont dire que vous voulez gagner du temps. Plus c'est contraignant, plus vous avez des chances d'être crédible. » Allaire tient *mordicus*, aussi, à 1992. Dit que les élections fédérales devront avoir lieu à l'automne de 1992 de toutes façons, Mulroney ayant alors complété quatre ans de mandat. Le dossier doit donc se régler d'ici là. « Les Québécois ne comprendraient pas qu'on remette ça quasiment aux calendes grecques », ajoute-t-il.

« Tsé, dit Bourassa, les élections fédérales pourraient avoir lieu en 1993 [le mandat traditionnel est de quatre ans, le mandat maximal, de cinq ans]. »

« Oui mais c'est des peut-être, rétorque Allaire. Il faut qu'on fixe une date, sinon il y a rien qui va bouger dans le reste du Canada. »

De toute façon, ajoute Allaire, Bourassa ne peut vendre « dans le mandat » à la majorité des membres du comité. Dans le salon de Maplewood, Anctil, Roy et Bissonnette opinent du chef.

Alors le chef opine. D'accord pour l'automne de 1992. Mais faut-il vraiment inscrire noir sur blanc qu'il y aura un référendum ? Même le document des jeunes de La Pocatière n'était pas aussi précis. Bissonnette met le chef à jour : les jeunes, le comité Allaire, une dizaine de députés nationalistes au moins, des militants régionaux, la majorité des Québécois veulent un référendum en 1991. Alors, qu'il ait lieu en 1992, c'est une chose ; qu'il n'ait pas lieu du tout, c'est impossible.

Bissonnette fait exprès d'établir devant le premier ministre la liste de ses appuis au sein du caucus, de la machine du parti, de la base militante. Bourassa doit comprendre que le jeune frisé qu'il a devant lui est plus qu'un excité. C'est le représentant de toute l'aile nationaliste du parti. La démonstration est probablement superflue. Si Bourassa ne le savait pas, il n'investirait pas tant de temps à le convaincre.

Un référendum sur quoi ? Sur les offres si elles sont bonnes, d'accord. Mais sinon ? Bissonnette veut obtenir la garantie que Bourassa accepte la « position de repli » : le référendum sur la souveraineté. Il accepte, seulement à la condition d'y introduire quelques formes bourassiennes. Le texte final n'est pas colligé là, rue Maplewood, mais les paramètres en sont fixés. Il deviendra l'article 2, alinéa b, sous-section 2 de la résolution finale. Pour tout le monde, on le nommera le « 2b2 ». Il se lit, avec des caractère gras comme l'avait suggéré Rivest :

Il est proposé :

2 • **Qu'afin** de donner aux Québécois un cadre politique et constitutionnel qui réponde à leurs aspirations les plus légitimes, le PLQ et le gouvernement qui en est issu s'engagent : [...]

b) **à tenir, avant la fin de l'automne 1992, un référendum auprès de la population du Québec,** [...]

2• **dans le cas où il n'y aurait pas entente sur la réforme proposée par le Québec, que le gouvernement issu du Parti libéral du Québec propose l'accès du Québec au statut d'État souverain ; que dans cette deuxième hypothèse, le Québec offre, au reste du Canada, l'aménagement d'une union économique gérée par des institutions de nature confédérale ;**

Une question reste posée. Que se passe-t-il si le reste du Canada refuse l'offre québécoise d'union économique ? Quelle est la position de repli de cette position de repli ? Là-dessus, Bourassa ne se commet pas. On verra...

Le ton de la discussion est civil, mais franc. Pas de faux-fuyant dans cette pièce. Pas de Club Optimiste. Parisella et Roy sont très effacés. Bissonnette et Bourassa sont les principaux protagonistes, avec Anctil et Allaire dans les chœurs. Quelques blagues viennent détendre l'atmosphère. Bourassa, après un passage difficile, lance à Bissonnette : « Aye ! C'est pas facile de tordre les bras ! »

Quoi d'autre ? Les pouvoirs. Bissonnette insiste pour que certains pouvoirs qui ont « changé de colonne » entre les versions A et B reviennent à leur point de départ. Lesquels, jusqu'où ? La question reste en suspens.

Et puis, si Bissonnette accepte d'endosser la version B, Bourassa doit faire de même. Ce n'est pas acquis. À partir de la création du comité et jusqu'en décembre, tout le monde parlait de la signature du rapport. Depuis quelques jours, on informe les membres qu'il n'y aura pas de paraphe, seulement une « approbation globale ». Le premier ministre va-t-il s'esquiver ? Là-dessus, Anctil emboîte le pas. « La proposition, personne ne va l'aimer et tout le monde doit l'appuyer, lui dit-il. Les nationalistes pressés qui veulent faire la souveraineté demain matin seront insatisfaits, les fédéralistes trouveront qu'on s'engage dans quelque chose de très contraignant. » « Si on est pour passer au travers, il va falloir que vous vous y associiez. »

Anctil, on le constate, n'est pas devenu un laquais : il n'a rien perdu de sa verve et de son talent de calcul politique. Il « participe à la définition du jeu », il aide le chef à faire les gestes qu'il sait indispensables. À contrecœur, Bourassa consent. Le rapport Allaire sera aussi le sien.

On aborde même la question de la mise en marché du rapport. Bissonnette veut savoir si le premier ministre va le considérer comme une « base de négociation » avec le Canada anglais ou comme un tout à prendre ou à laisser. Le jeune libéral commence à pouvoir repérer, à l'avance, les échappatoires du chef. Évidemment, Bourassa ne peut dire que c'est à prendre ou à laisser. La bouchée est grosse, gigantesque. Avec l'aide d'Anctil, on convient d'un mot : on dira que le gouvernement « présente » ses revendications au Canada, non qu'il veut les « négocier ». Ça ira.

On s'est entendu sur les principes. On n'a pas encore vu les textes. Mais le compromis d'Outremont est là. « Pour M. Bourassa, accepter une date précise, ce qui n'a jamais été dans son mode de fonctionnement d'une part, pour Bissonnette qui avait perdu la foi dans le renouvellement du fédéralisme, accepter un ultime effort d'autre part, c'était significatif », résume Parisella. L'adhésion de chacun est conditionnelle. Bissonnette veut encore en parler à son comité de coordination, qui se réunit le lendemain à Québec. Il invite Bourassa à venir constater avec lui à quel degré de radicalisme sa CJ en est rendue, car le chef pense que Bissonnette exagère. Rendez-vous est pris.

Vers la fin, Allaire chuchote à l'oreille de Bissonnette : « Michel, qu'est-ce que tu en penses ? » Bissonnette marmonne : « Ouin. C'est pas toute, mais... » Ça va peut-être aller.

Quand le jeune trublion est parti et que chacun se dirige vers la sortie, Bourassa s'approche de Jean Allaire et lui répète sa remarque de tout à l'heure sur le « tordage de bras » qui devient de plus en plus ardu, avec les années. « Tant que c'est pas du tordage de conscience, réplique Allaire. Il y a certaines limites qu'on peut pas dépasser. »

Dur, pour un premier ministre qui vient de se montrer souple.

Il n'est pas au bout de ses peines. Il vient de traiter avec le jeune loup. Il va maintenant avoir affaire à la meute. Et la rencontre va mettre en lumière un aspect intéressant de la personnalité de Bourassa.

Pendant cette période, Jacques Godbout accumule de la pellicule pour son film *Le Mouton noir*, produit par l'ONF, un essai sur le Québec de l'après-Meech. Parallèlement, l'auteur de ce livre entame son travail d'entrevues. « Il n'y a pas de *scoop* à trouver », explique le sage cinéaste et auteur au scribe. Godbout connaît Bourassa depuis l'enfance. Dans ses entrevues, ils se tutoient. « Bourassa dit exactement ce qu'il est en train de faire, il n'y a qu'à écouter attentivement. Il est transparent. Il ne ment jamais, il se contente de restrictions mentales. » Godbout excusera l'auteur d'écrire ici qu'il n'a pas complètement tort. Parfois, souvent même, Bourassa indique par une phrase, une remarque, un geste, la nature de sa véritable intention. Malheureusement, ce signal est la plupart du temps accompagné de bruits, de gestes et de paroles qui le brouillent, le contredisent. Mais comme si l'araignée en avait parfois marre de tous ces fils qui lui pendent autour, Bourassa devient parfois clair, au risque de laisser échapper sa proie. En plus, il lui arrive de ne même pas s'en apercevoir.

« Ça a bien été », dit-il par exemple à Anctil, après sa rencontre avec les jeunes membres du COCO.

« C'est bien pour dire, rétorque Anctil, j'ai pas le même compte rendu de vous que j'ai eu de Michel. Il a pas l'air aussi convaincu que vous que ça a bien été. En fait, je pense que vous avez réussi à les convaincre de débarquer ! »

La session s'était plutôt mal passée. Informés du « compromis d'Outremont », disposés à se ranger, à cette étape, pour revenir à la charge au congrès, les jeunes voulaient s'assurer que Bourassa allait rester ferme sur les revendications qui constituaient « la grande réforme » de la version B.

Le premier ministre a accepté, rue Maplewood, de dire qu'il « présenterait » le rapport. Ce qui ne signifie pas qu'il considère réaliste la liste de pouvoirs réclamés. En fait, il la prend pour ce qu'elle est : ridicule. Mais comme il fait semblant de croire que la réforme est possible « de l'intérieur », il est tenu, logiquement, de la défendre. Sinon la version B est complètement vide de sens. Bref, c'est un jeu, c'est le sien, mais il faut jouer. Ce soir-là, il n'a pas le goût. En quelques réponses, il explique aux jeunes que le Québec a déjà beaucoup de pouvoir, qu'il pourrait récupérer la main-d'œuvre, le développement régional, les éléments de Meech, quelques autres, et que tout le monde serait content.

Le fond de sa pensée, quoi ! Enfin, un des fonds.

« Je suis toujours pas pour leur conter des histoires ! » proteste-t-il au téléphone avec Anctil.

« Je vous demande pas de conter des histoires, je vous demande de changer d'idée. Ce que vous avez dit là, ça a pas de bon sens ! »

La réformette version Bourassa ne peut être vendue ni aux jeunes, ni au comité Allaire, ni au Congrès, encore bien moins aux Québécois, majoritairement souverainistes par les temps qui courent.

Après cette éclairante rencontre, les jeunes ruminent, dans un coin d'un restaurant Marie-Antoinette de Québec. Ils ont vu le roi, ils l'ont entendu.

C'est lui qui déprime tout le processus, pas son surintendant. Faut-il lui trancher la tête ?

Le groupe broie du noir. C'est pire que tout ce qu'ils avaient imaginé. Benoît Savard, un permanent de la Commission jeunesse qui travaillera plus tard au *bunker*, pose la question : « Sentez-vous qu'il est déterminé à respecter le rapport d'une manière ou d'une autre ? On va faire un tour de table. Dites juste Oui ou Non. » Personne ne répond Oui.

Bissonnette, Dumont, les jeunes s'interrogent. Peut-être Bourassa serre-t-il les freins devant nous, souverainistes, alors qu'il pousse la vapeur, et défend les positions de la CJ devant les fédéralistes comme Cosgrove et Ryan, suppute Bissonnette ? L'espoir est un inépuisable réservoir. Bourassa leur a refait, aussi, le grand numéro de « l'international ». « On a entre 19 et 25 ans, explique Dumont à l'auteur, le PM nous parle et nous dit qu'il faut qu'il prépare l'international. Si tu crois pus à ça, tu crois pus à rien ! »

Le scepticisme est un muscle. La Commission jeunesse soulève des poids depuis bientôt un an. Claude-Éric Gagné, un membre de l'exécutif qui a de l'ambition, comme Roxanne Larouche, du cabinet de Marc-Yvan Côté, prônent la ligne dure. C'est contraire à la position de La Pocatière, disent-ils.

Bourassa dit une chose, la version B en dit une autre. « Si on dit, c'est la souveraineté, un point c'est tout, demande Dumont, qu'est-ce qu'on fait après ? Soit qu'on démissionne, soit qu'on reste là comme des imbéciles, puis on a enlevé tout l'impact au document. »

Après un long débat, Bissonnette est autorisé à appuyer la version B, telle que modifiée. Les écrits restent, pensent-ils. D'abord la version B, ensuite les amendements au congrès. On finira bien par arriver aux portes du pays...

Quelques jours plus tard, pour la première fois depuis son retour de Miami, Bourassa se montre à la presse. Le temps de démentir les informations de la *Gazette* voulant qu'il ait repoussé une première version très nationaliste du rapport Allaire. « Il n'y a pas eu de rapport, affirme-t-il devant les micros, ce n'est pas vrai. » En conférence de presse le lendemain, il déclare ne pas vouloir influencer les délibérations du comité Allaire. Bourassa a une notion très constructionniste du droit à l'information : les journalistes ont le droit de poser n'importe quelle question ; lui a le droit de répondre n'importe quoi.

J'AI HONTE D'ÊTRE LIBÉRAL CE SOIR !

C'est la guerre. Pas celle des versions. Celle des garnisons. Dans un local de la permanence du parti, rue de Gaspé, un téléviseur diffuse les images de la peur. Une explosion à Tel Aviv. Des résidants munis de masques à gaz. Un missile intercepté en plein vol. Bagdad, la nuit, sous un ciel constellé d'étoiles filantes vertes, partant du bas, allant vers le haut.

Le comité Allaire tient sa dernière réunion plénière, et c'est la guerre. La juxtaposition des deux événements induit des comportements divers. Pour certains, l'invasion d'un pays par un autre, les pertes de vies humaines qui vont s'ensuivre, banalisent le cas québécois. Franchement, on n'a pas de gros problèmes comparés à ça. Pourquoi s'énerver! Chez d'autres, la situation provoque le raisonnement inverse. Franchement, c'est pas grand-chose de faire l'indépendance du Québec, à côté des contorsions que la planète vit ces temps-ci. Mais l'irruption de cette étrange guerre, vécue en direct, dans les délibérations du comité ajoute une dose d'émotion et de tension.

« Dans la vie, il y a des moments difficiles », commence Jean Allaire, pour annoncer que la version A est morte, présenter la version B modifiée et la soumettre au débat. Il a acquis la conviction, ces derniers jours, que jamais Robert Bourassa n'appliquera la clause 2b2. Que jamais, il ne fera la souveraineté. Il a décidé de ne pas faire état de cette conviction ce soir, pour ne « pas mettre d'huile sur le feu », ne « pas être négatif ». Mais en ouvrant la séance, la dernière de son comité, celle au cours de laquelle on doit adopter un rapport qui portera son nom, sa gorge se noue, soudain. Le cocktail de duplicité, de responsabilité, de notoriété à venir, c'est trop. « Dans la vie, il y a des moments difficiles... » Sa phrase n'est pas terminée, mais les mots ne viennent plus. Il quitte la pièce et va reprendre ses esprits à l'abri des regards.

La rencontre est constamment interrompue. On parle dans les corridors. On regarde les missiles. On multiplie les conciliabules.

Jacques Gauthier, par exemple, déjà bien disposé envers « la réforme », a droit à tout le manège d'Anctil dans ces dernières heures. « Ce soir-là, Anctil m'a convaincu, je me souviens très bien, on était dans le corridor de la cuisine », raconte Gauthier. Bourassa? Anctil affirmait : « On lui a fait faire un bout de chemin qu'il pourra difficilement nier par la suite. »

Gauthier devient dès lors un allié utile et compétent pour rallier Granger, Therrien, Garceau et Bissonnette. C'est une technique d'approche logique. On convainc par ordre de ferveur. Le modéré convainc le réformiste qui convainc l'audacieux qui convainc le radical qui convainc le rebelle qui convainc le révolutionnaire. Il faut maintenir le courant, car il peut aussi voyager dans l'autre sens. « Moi je leur disais, raconte Gauthier : "On connaît les réticences du PM sur les questions constitutionnelles, on connaît ses réticences à se commettre sur n'importe quelle question. Alors notre *job*, c'est de l'emmener dans un coin avec un galon de peinture et de peinturer vers le coin." »

« Il vient d'acheter du temps », objecte Bissonnette.

« Oui, mais il a un délai et une sanction. Et le rapport contient le *S word*! [...] Lui faire endosser la version B, c'est changer le cours de l'histoire! »

De retour à la table, les allairiens font leurs commentaires. Thérèse Lavoie-Roux, cette fois-ci, n'a pas pris de chance. Elle s'est informée auprès de Parisella pour connaître la position du patron. Selon lui, la version B « c'est le mieux qu'on peut faire », c'est « un compromis honorable ». Mais elle hésite encore. D'ailleurs, elle doit partir tôt. Prendre son autobus pour Ottawa.

Debout, presque partie, elle consent à donner son aval, conditionnel à la lecture du texte final.

Bill Cosgrove juge le rapport encore beaucoup trop radical et rédigé sur un ton inutilement provocateur envers le Canada. Il veut y apporter des modifications de détail. « Avec beaucoup de regret, je me sens obligé de dire que je vais approuver le rapport », dit-il.

Jean-Pierre Roy serait « heureux si on obtenait toute la liste de demandes, et qu'on ne parle pas de fédéralisme renouvelé ». Merci, Jean-Pierre.

Laurent Picard confie partager un peu du scepticisme des nationalistes sur les vraies intentions de Bourassa. Mais il se dit prêt à « vivre avec les risques ». Suzanne Levesque vote Oui, car le compromis « évitera peut-être la fragmentation du parti ».

Denis Therrien se dit « mal à l'aise » et parle de « suicide politique ». Il se rallie au groupe par solidarité, mais annonce qu'il ne faut pas compter sur lui pour « défendre le fédéralisme renouvelé ».

Michel Bissonnette a l'impression d'assister à un enterrement. La veille, et le matin encore, il a négocié avec Bourassa les derniers pouvoirs, les derniers mots. Ils se sont battus sur le pouvoir de taxation, surtout, Bissonnette insistant pour que le Québec soit seul percepteur, puis verse une enveloppe à Ottawa pour les besoins communs. Bourassa ne veut rien entendre. C'est un de ses principes sacrés : Ottawa doit taxer ! (Si Maurice Duplessis ou Daniel Johnson père l'entendaient !) Anctil est intervenu pour proposer un libellé : « l'établissement de balises précises visant à limiter sévèrement les déficits et à encadrer le pouvoir de taxation de l'État central. » Compromis accepté.

Bissonnette n'avait pas épuisé la liste de changements demandés. Il se battait avec le premier ministre sur l'utilisation du mot « notamment » dans telle résolution, sur un autre adverbe, dans tel alinéa. Événement rare : au téléphone, Bourassa a levé le ton : « J'ai fait ma part de compromis, c'est assez ! »

Le président des jeunes a le mandat de voter pour la résolution B. Mais il se sent investi d'une responsabilité. À son niveau, c'est quand même lui le chef. C'est lui qui devra répondre de son geste. Il est sur le point de voter pour un texte auquel il ne croit absolument pas. Et à mesure que la journée s'est déroulée, à mesure qu'il a suivi les échanges autour de la table, un sentiment a monté en lui : l'impression d'être en train de se faire avoir. La conviction que tout ceci est une gigantesque arnaque.

Il est troublé. « J'avais vraiment le motton, là. » C'est visible, car Lucie Granger, assise à côté de lui, doit l'encourager à prendre sur lui pour « passer au travers de la réunion ». Il ne peut pas. La guerre, la pression, le premier ministre au téléphone tous les jours depuis une semaine, l'impression de sombrer dans un traquenard...

C'est à son tour de parler. « Je suis déçu, dit-il. J'ai honte d'être un libéral ce soir ! » C'est trop. Il n'en peut plus.

Il va se réfugier aux toilettes. Il pleure à chaudes larmes. Anctil vient le rejoindre. « Si toutes nos craintes se réalisaient ? » risque Bissonnette entre deux sanglots. « Le texte est là, c'est écrit », répond Anctil. Oui, mais Bourassa va s'en évader, dit Bissonnette, « ce n'est pas assez contraignant ». Anctil, qui sait qu'il « y a des votes qui valent plus qu'un vote », doit absolument convaincre son successeur à la CJ. « Peu importe ce qu'on va écrire, dit-il, le chef va toujours avoir le droit de gouverner. Même avec la version A. On peut pas l'attacher complètement. » On est allé aussi loin qu'on le pouvait.

O.K. O.K., Pierre, t'as raison. On n'a pas le choix.

C'est la guerre. Mais à la dernière réunion du comité Allaire, on signe les accords de Munich. La version A est amputée de son organe premier, la souveraineté comme préalable à la réforme. Mais les fédéralistes sont apaisés et, c'est juré, ils n'avanceront pas plus loin.

Bissonnette, invoquant le « réalisme politique », vote finalement B. Philippe Garceau est le dernier à parler, à la fin du tour de table. « Si je n'étais pas le dernier, et si tous les autres n'avaient pas dit Oui, j'aurais dit Non. » C'est le mot de la fin. Ils sont partis. Ils sont tous las.

Pendant la semaine qui suit, les allairiens sont invités à lire le texte à la permanence — aucune copie ne doit en sortir, il s'agit du secret le mieux gardé au Québec — et plusieurs viennent ajouter un mot, biffer une ligne, modifier un adverbe. Thérèse Lavoie-Roux, entre autres, vient deux fois. Picard vient une fois, puis il envoie une lettre à Anctil disant que, de toute sa carrière, jamais il n'avait vu un comité aussi rondement mené. Cosgrove fait plusieurs visites. Reste jusqu'à 12 heures d'affilée. « J'espère que tu vas aimer cette copie-là, Bill, parce que c'est la dernière », lui dit Anctil lorsqu'on approche de l'heure de tombée de l'imprimeur.

Au cours d'une de ses dernières visites, Cosgrove croise Parisella, venu lui aussi passer le texte à la loupe. Un seul exemplaire est disponible. Les deux hommes se passent les feuilles, soupirant aux passages les plus nationalistes, peinant devant la colonne de pouvoirs réclamés pour le Québec. John et Bill. Le couple d'Anglo-Québécois le plus studieux en ville. Lisant un passage particulièrement audacieux, Bill s'inquiète : « Le Canada va tellement être choqué par ce rapport qu'il ne reviendra jamais à la table de négociation. » John le rassure :

« Après tout, Bill, le gouvernement ne prendra pas le rapport Allaire comme base de négociation ! »

6

L'ÉTRIPAILLEUR

La question, dit Alice, est de savoir si vous avez le pouvoir
de faire que les mots signifient autre chose que ce qu'ils veulent dire.
La question, riposta Humpty Dumpty, est de savoir
qui sera le maître... Un point c'est tout.
LEWIS CARROLL,
De l'autre côté du miroir.

ON DIRAIT LA FEMME DE LOTH. Après le coup d'œil interdit. Même immobilisme. Même fixité du regard. Même stupeur furieuse. Même acidité dans le mutisme. Elle n'a pas vu Sodome et Gomorrhe. Ou plutôt oui, elle vient de les voir. La dépravation, morale mais surtout politique, s'est incarnée dans un rapport. Jean Allaire a présenté la chose, comme si tout était normal, à l'aide de jolies diapositives colorées, dans une grande salle du Château Frontenac. Le premier ministre, assis à côté du *leader* impie, semble acquiescer. Des députés, des ministres trépignent d'enthousiasme.

Pour la ministre Louise Robic, cette réunion du caucus offre une vision de fin du monde. De fin d'un monde. Ce n'est pas sa journée. Ni celle de Ciaccia ou de Johnson. Henri-François Gautrin, qui feuillette le document, commence à maugréer contre le ton « tellement àcerbe » de l'analyse, et cherche à saisir le concept de « souveraineté confédérale ». « Je ne l'ai jamais compris », dira-t-il. Il a cinq semaines, avant le congrès libéral de mars, pour mobiliser les troupes.

Pendant que les ultra-fédéralistes ragent ou broient du noir, Marc-Yvan Côté donne le signal des réjouissances nationalistes. Il intervient tout de suite après la présentation, de façon extrêmement positive. « Excellent rapport », dit-il, il en « félicite » les auteurs, déclare y voir « énormément de matière ». Il prononce à peu de chose près les termes dont il usera en public, peu après : « J'ai déjà dit que les colonnes du temple [fédéraliste] étaient fortement ébran-lées [...]. Le PLQ prend un virage majeur très intéressant. Je vais travailler pour qu'il soit entériné par le parti et par le gouvernement. C'est un document qui m'apparaît comme un tout. [...] Je ne suis pas prêt à aller bien en deçà du rapport. »

Le ministre Yvon Vallières est du voyage : « C'est une démarche irréversible, je suis très satisfait. » André Bourbeau et Lawrence Cannon sont souriants.

À la table du caucus, ce 28 janvier, André Vallerand pose une question sur les accords commerciaux du GATT. Dans cette « grande réforme », qui, exactement, représentera le Québec au GATT ? Euh... le Canada, je pense bien, dit Allaire.

Vallerand est-il déçu ? Il déclarera en tout cas que « les enjeux sont clairs, on est rendu à cette étape-là, on donne un dernier délai de grâce ». Et il fera venir Bissonnette le 1er mars pour l'assurer de son appui total. Malheureusement, Vallerand précise qu'il devra rester muet sur le plancher du congrès.

« Pourquoi muet ? » demande l'auteur à Bissonnette.

« Ah ! Y'a des questions comme ça, auxquelles on n'a jamais eu de réponse... »

Au caucus, quelqu'un pose une question sur la charte canadienne des droits. Le rapport, sur ce point, se fait le reflet fidèle d'un courant dominant chez les constitutionnalistes nationalistes (et chez Léon Dion) en faveur du rapatriement au Québec de « l'administration des tribunaux » qui appliqueraient, en matière de droits, la Charte québécoise des droits de la personne, enchâssée dans une constitution québécoise.

C'est un thème qu'Allaire ne maîtrise pas complètement et il parle vaguement d'une « entente » qui pourrait être signée avec le Canada, si on y restait, bien sûr. Allaire n'a pas le coup de patin de Bourassa et il devient admiratif quand le patron, qui connaît le document beaucoup moins que lui, répond avec grâce à une question rude. « Plus funambule que toi... » lui glisse Allaire à l'oreille. Un peu plus tard, Bourassa lui rend le compliment. Sidéré que le comité Allaire ait adopté la version B à l'unanimité, il demande, flatteur : « Veux-tu me dire comment t'as fait pour atteindre un consensus là-dessus ? » « Je te conterai ça un jour », répond Allaire. Ils n'en auront pas l'occasion.

La réaction de Gil Rémillard est, disons, bizarre. Il offre aux allairiens un appui mou. « Le rapport Allaire est comme une maison dont on peut bouger les murs », dit-il. Comprenne qui pourra.

LES SOULIERS DE ROBERT

Les députés de la mouvance souverainiste rassemblés autour de Lemieux sont ambivalents. Eux savent que le texte présenté ce soir est une version édulcorée, mais ils n'ont pas idée du psychodrame que viennent de vivre les allairiens. Surtout qu'ils ont eu droit à leur propre séance d'anesthésie de groupe. Ils ont tenté, cinq jours plus tôt, le 23 janvier, un dernier assaut sur la question du délai : ils voulaient un référendum avant la fin de 1991. L'occasion était une rencontre du premier ministre avec les présidents de caucus régionaux, un groupe plus restreint de députés qui voient parfois Bourassa entre les réunions plénières de la députation. Leur *Plan de Match* en tête, ils avaient plaidé pour une action rapide, pour « donner un mandat » au Québec. Georges Farrah, des Îles-de-la-Madeleine, affirmait qu'il fallait « trancher vite, ne pas rester dans le vide politique ». Pierre Forget, des Laurentides, allait dans le même sens, comme Guy Bélanger, de Laval. « Il faut battre son frère pendant qu'il est chaud », avait lancé Bélanger, dont l'humour n'aurait pas détonné dans *Symphorien*. Ces députés se sentaient en bonne compagnie. Une bonne majorité des Québécois — près des deux tiers — étaient d'accord avec eux, ainsi qu'avec les maires de Québec et de Montréal, et 150 personnalités qui formaient, ces jours-là, un mouvement non partisan appelé *Québec 91* revendiquant un référendum sur la souveraineté avant la fin de l'année. Gautrin, présent, était plus froid. Mais il avait peu à dire, car Bourassa faisait tout le travail.

Le premier ministre avait ses arguments encore bien en tête lorsqu'il les a répétés, le lendemain, à un scribe : « Le référendum ? Il faut utiliser cette force au bon moment. Je ne veux pas la gaspiller à un moment où je ne peux pas l'utiliser. Le Canada anglais n'est pas prêt, ils sont en commission [il parle de la commission fédérale Spicer et de plusieurs commissions provinciales mises sur pied pour examiner la constitution]. Si on le fait tout de suite, ils vont dire : "Laissez-nous terminer !" Précipiter les gestes, ça peut perdre de son efficacité avec le temps. » S'adressant à des députés libéraux, il leur a parlé de l'histoire libérale. Souvenez-vous, a-t-il dit, à l'élection de 1973, on a fait élire 102 députés. « Six mois après, l'effervescence était tombée ! » (Peut-être, mais il avait quand même les mains libres pour cinq ans, s'il le voulait.)

Non, voyez-vous, a-t-il fait comprendre à Lemieux et à sa bande, nous sommes dans le même bateau, mais il faut savoir naviguer. Le référendum est une bombe. Elle vous brûle les mains. Moi, je sais qu'il faut la lâcher au bon moment. « Si on était pour la souveraineté prudente, on faisait pas ça en 1991 », dira-t-il, pour résumer son débat avec les députés. « Je les ai convaincus. »

C'est donc avec un pincement de cœur que les Lemieux, Farrah, Bélanger et compagnie constatent, trois jours plus tard, qu'un nouveau sondage IQOP/ *Le Soleil* chiffre à 72 % la proportion des Québécois favorables à la souveraineté, ce qui vaut aussi pour 58 % des électeurs libéraux. Une nuance s'impose cependant. Les députés libéraux nationalistes, tout comme Jean Allaire ou Jacques Gauthier, ne sont pas des amants de la souveraineté en soi. Ils considèrent cette étape indispensable, la souhaitent parfois comme une délivrance. Mais leur objectif est l'autonomie du Québec. Et si leur patron affirme qu'elle est possible à l'intérieur du cadre canadien, ils veulent le croire, au-delà de leur scepticisme. Ils s'approprient donc le rapport Allaire comme on tient un scalpel. Ils veulent que le Québec crève l'abcès puis referme la plaie, si possible, ou ampute le membre, si nécessaire.

Guy Bélanger exprime le mieux l'état d'esprit de cette mouvance, et ce faisant, il remporte le prix de la métaphore la plus cocasse : « C'est une partie d'échecs qui se jouait à ce moment-là entre le Québec et le Canada, et si on jouait bien nos cartes, je pense qu'on était capable de remporter nos billes et de gagner la partie... »

La présentation d'Allaire et de Bourassa au caucus réuni au grand complet le 28 janvier s'est déroulée devant un parterre gagné d'avance, côté nationaliste, assommé et désorienté, côté fédéraliste. Désorienté ? Qu'on en juge. Interrogé le surlendemain quant à la tenue du référendum de l'automne de 1992 proposé par le rapport, Daniel Johnson répond : « Je n'ai pas vu de date ! » Il faut toujours lire deux fois les documents qui nous déplaisent.

Bourassa a « bien performé », pensent Allaire et Anctil, qui en sont à moitié surpris. Car, deux heures avant la réunion du caucus, devant l'exécutif du parti, il avait été minable.

Il y a deux façons de faire prendre un virage aux députés et ministres libéraux. S'il s'agit de faire adopter une mesure nationaliste, l'ordre de marche est le suivant : premier arrêt à l'exécutif du parti, à la fibre plus nationaliste donc bien disposé ; second arrêt au caucus des députés, où les nationalistes, assez nombreux, arrivent à noyer les voix des ministres ; dernier arrêt au Conseil des ministres, alors mis devant le fait accompli. C'est la route de la moindre résistance. S'il faut au contraire faire adopter une mesure fédéralisante, on commence par les ministres, mieux disposés, qui se dispersent ensuite dans le caucus, pour finalement présenter le fait accompli à l'exécutif. Le rapport Allaire suit le premier chemin.

À la première station, le chef s'était presque écroulé. Pour ajuster la métaphore, disons qu'il laissait percevoir son déplaisir à devoir porter le rapport Allaire, croix et bannière. L'anecdote révèle une autre facette de sa personnalité, que Jean-Claude Rivest a souvent eu l'occasion d'observer : « Quand le PM décide de pas avoir de maintien, quand il sait qu'il n'a pas de contrainte de caméras, c'est épouvantable. Il sort sa chemise, il se détend, il a les cheveux tout croches. » Quand il sent, aussi, que l'occasion n'est pas solennelle. Pas pour lui, en tout cas. Car ce 28 janvier, à l'exécutif du parti, chacun attend avec trépidation le dévoilement de la nouvelle position constitutionnelle du parti, promise depuis de longs mois et jusque-là entourée du plus grand secret et des plus alléchantes rumeurs.

L'endroit où se déroule la réunion impressionne. C'est « la soucoupe », la salle de réunion ovale sans fenêtre du *bunker* où se tiennent les Conseils des ministres. Robert Bourassa a enlevé ses souliers. Par moments, il se met les deux pieds sur la table, en chaussettes. Approuve-t-il ce rapport que Jean Allaire vient de distribuer et de résumer à l'aide de diapositives dont certaines se sont coincées dans le projecteur, d'autres se présentant à l'envers, ou la tête en bas ?

Certainement, répond Bourassa, qui tourne autour du pot, badine, se cale au fond de sa chaise. Le langage du corps crie : rapport Allaire ? Connaît pas, jamais rencontré ! Gilles Trahan, l'aîné de l'exécutif, cheveux blancs, conscience canadienne, représentant de l'Outaouais, capte le message. « C'est pas un document libéral ! » s'exclame-t-il. Et puis, l'exécutif est-il tenu d'adopter ce rapport ? demande-t-il. Bourassa l'informe que le comité Allaire déposera son texte directement au congrès. Ah bon !

« Quelqu'un qui n'était pas émotivement impliqué là-dedans serait parti à rire tellement Bourassa n'avait pas de sérieux dans ce qu'il disait », rapporte Michel Lalonde.

Philippe Garceau, qui représente Laval et les Laurentides à l'exécutif, contient mal sa furie. « Tu vois, dit-il à un allairien, il nous a fourrés ! On aurait jamais dû accepter la version B. »

Anctil n'est guère plus heureux. Entre la réunion de l'exécutif et celle du caucus, il s'isole avec Bourassa pour l'inciter à plus de tenue. Si le chef compte maintenir cette attitude, il peut dire adieu à l'unité du parti. « Je lui ai remis les pendules à l'heure », dit Anctil à son retour.

Au caucus, Bourassa garde ses chaussures. Le lendemain, à la conférence de presse où on lance le document, il joue les convertis. « Après 25 ans de discussions, nous voulons une obligation de résultat, tranche Bourassa. La seule façon d'obtenir un résultat, à notre avis, est de fixer un échéancier [et] 18 mois, c'est assez long. »

À *La Presse,* il parle d'un Québec « souverain dans une structure confédérale » si nécessaire. Quant aux 22 pouvoirs que demande le rapport pour le Québec, Bourassa indique que « ce que nous demandons correspond à l'intérêt du Québec. » Souliers, bâton de pèlerin, Bourassa semble y prendre goût, à ce damné rapport ! Même devant les journalistes de *The Gazette,* sans prononcer le mot souveraineté, le premier ministre défend la liste de demandes, prétend qu'elle n'étripera pas le gouvernement fédéral. Tripatouiller, oui ; étripailler, jamais !

En entrevue avec Michel Vastel, il en met un peu plus. La souveraineté ? « S'il faut passer par une telle démarche... Comme disait Mackenzie King : "pas nécessairement, mais si nécessaire !" »

Les journalistes se jettent sur le document bleu comme s'ils étaient — et ils l'étaient — en manque. Nulle part on n'y lit : « rapport Allaire. » Son vrai titre : *Un Québec libre de ses choix,* n'a pas été facile à trouver, et n'a pas été choisi au hasard.

En termes de communication, donc de perception, trois choses seulement existent vraiment dans un rapport politique : le titre, la page couverture, la résolution finale. C'est ce que l'immense majorité des gens connaîtront. Peu liront le reste. Alors il ne faut pas se tromper. Le PLQ étant un parti moderne, ayant intégré les techniques de mise en marché, tout doit être testé.

• La page couverture : un beau bleu (nationalisme), rappel du drapeau québécois, dans un ton moderne, ferme, solide. On aurait pu l'appeler le Livre

bleu. Les exemplaires que les journalistes ont en main le mardi 29 janvier sont
tellement neufs que l'encre leur reste sur les doigts. Un document dont on
s'imprègne.

• Le titre : Le sondeur du parti, Grégoire Gollin, avait réuni des groupes
tests *(focus groups)* pour évaluer plusieurs possibilités. Ces groupes ne sont pas
formés de génies, mais de gens ordinaires qui offrent une gamme de réactions.
En anglais, on dit qu'ils permettent des *disaster checks,* c'est-à-dire qu'ils peuvent attirer l'attention sur un élément choquant d'un produit, auquel le concep-
teur n'avait pas pensé. Les allairiens avaient beaucoup joué, c'est normal, avec
le mot « nation », comme dans : *Pour des nations associées,* ou *Un pacte entre deux
nations.* « Les gens nous ont dit ben spontanément que tout ce qui avait le mot
nation, ça faisait Mohawks ! » raconte Michel Lalonde. La crise d'Oka n'est
alors vieille que de quatre mois. « Quelle gaffe on aurait fait ! »

C'est Anctil qui a l'idée d'utiliser une phrase prononcée par Bourassa au
Salon rouge : *Un Québec libre de ses choix.* Le slogan, qui inclut un clin d'œil
gaullien — « Vive le Québec libre » —, a plu aux groupes tests. Mais il ne s'agit
pas seulement de plaire, il faut bien se « positionner ». Il faut que le rapport
contente l'électorat nationaliste, tout en maintenant une différenciation nette
avec le PQ. Gollin a préparé un graphique sur lequel il peut juger de la justesse
du tir, selon le titre choisi — ce qui s'appelle une « carte conceptuelle ». *Un
Québec...* atterrit tout juste au bon endroit.

• La résolution : Le sondeur soumet aussi à la critique le nom du concept
central du rapport, « l'étiquette » qui pourrait ressortir du projet de résolution
final. Les mots « souveraineté confédérale », par exemple, que Gautrin a utilisés
pour assez bien résumer la proposition, ne figurent nulle part au rapport. Tout
ce qui contenait le mot fédéralisme était rejeté complètement par les groupes
tests, explique Anctil : néo-fédéralisme, fédéralisme renouvelé, solution confédérale, fédéralisme asymétrique. Seule l'expression "États-partenaires" avait un
certain succès. Les copilotes du comité Allaire ont donc décidé de n'utiliser
aucune étiquette.

Puis il faut que le tout « décolle » correctement. Que la conférence de
presse de lancement se déroule sans anicroche, selon les thèmes choisis. Il faut
trouver un mot clé, une phrase-choc qui, en l'absence d'une étiquette, pourra
frapper l'imagination, être retenue dans les titres des journaux, les extraits de
commentaires à la radio et à la télé. On s'entend sur : « obligation de résultat. »
L'expression est habile : il faut que le processus de réforme engagé aboutisse
à un résultat concret pour le Québec, mais, dans la phrase, le résultat n'est pas
strictement défini. Bourassa utilise l'expression jusqu'à plus soif, en conférence
de presse, à la radio, à la télé, pour les journaux. Devant la caméra de Jacques
Godbout, pour la postérité, il devient tranchant. À propos du rapatriement
unilatéral de 1982 et de Meech, il parle « d'injustice » infligée « à la dignité du
peuple québécois » : « à deux reprises, le Québec a dû encaisser, de la part de
ses partenaires canadiens, un affront qui après deux fois devient intolérable.

Donc il y a une obligation de résultat. Pour le Québec et pour le Canada. »
C'est une variante de l'engagement pris dans la loi qui a donné naissance à la
commission Bélanger-Campeau. Bourassa y affirmait « la nécessité de redéfinir
le statut politique du Québec », précédemment retenue comme « Engagement
n° 2 ». Aujourd'hui, le premier ministre dit la chose autrement. On note tout
de même, pour plus de sûreté :

ENGAGEMENT N° 2 BIS : OBLIGATION DE RÉSULTAT.

Rien à faire : à la conférence de presse et sur les ondes, tout le monde n'en a
que pour le « *S word* ». La manchette du *Devoir*, le lendemain, donne le ton :
Bourassa prêt à la souveraineté. Vraiment ? Puisque c'est écrit !

Même ceux qui lisent le rapport au complet sont renversés. Surtout les
Canadiens anglais. Un vieux sage du fédéralisme canadien, le mandarin
Gordon Robertson, déclare que le départ du Québec vaudrait mieux que la
révolution proposée par Allaire. De Terre-Neuve, Clyde Wells affirme que la
position du comité « équivaut au démembrement du Canada en tant que
nation » et donnerait au Québec « une situation privilégiée », commentaires qui
ont plutôt pour effet de susciter chez les Québécois l'adhésion au rapport. Les
chroniqueurs politiques et les éditorialistes foncent sur le document comme s'il
s'agissait de *Mein Kampf*. À Ottawa, Benoît Bouchard soupire : « les Québécois
sont déjà partis... »

Les députés du Bloc québécois, en tout cas, pleurent de joie ! Jean
Lapierre, qui ne manque jamais une occasion de se faire des amis au PQ, croise
le secrétaire général péquiste, Pierre Boileau, qui n'est pas lui-même le moins
partisan des *apparatchiks*. « Je l'ai bavé, raconte Lapierre, toujours membre du
PLQ, en lui disant : "Écoute, mon Boileau, inquiète-toi pas, nous autres les
libéraux, on sait faire les choses !" » Même des péquistes sont renversés. Le
président des jeunes du PQ, Joseph Facal, sent que le colis de textes souverainistes envoyé au PLQ le printemps précédent a eu un effet inespéré. « Ça m'a
tellement surpris qu'une fois que j'ai terminé de le lire, j'ai tout de suite recom-
mencé pour être bien sûr que j'avais compris ! »

PREMIER VOYAGE EN ABSURDISTAN

Les allairiens n'avaient pas réalisé que version B signifiait version Bombe. Le
décalage entre ce qu'ils savent des reculs encaissés à huis clos et ce que les
Québécois perçoivent de l'onde de choc publique est gigantesque. Le phénomène devient classique. D'abord le 22 juin, « quoi qu'on dise... », ensuite le
Salon rouge, « fini le Canada à onze... », maintenant ça.

À la conférence de presse où on dévoile le rapport, un journaliste
s'approche de Michel Bissonnette et lui demande : « Vous êtes enthousiaste ? »
certain que le président des jeunes veut bondir de joie. « Je suis satisfait que ce
soit un document qui soit soumis aujourd'hui aux militants du parti », répond-
il, se retenant de ne pas en dénoncer la mollesse.

« Nous, on voyait qu'on venait de reculer beaucoup trop, mais les gens nous trouvaient rendus tellement loin que la perception dépassait le document, explique Bissonnette. Nous on voyait où la brèche avait été faite, et on pensait qu'on allait se faire rentrer dedans. Mais tout le monde nous donnait la paternité d'avoir emmené le rapport si loin et on était rendus d'un coup sur une étoile, là. On ne pouvait plus se battre contre la perception. Avoir été contre le rapport Allaire, on aurait eu l'air extrémistes. »

Amender le rapport au congrès pour le rendre souverainiste, et conforme à la position de La Pocatière, devient de ce fait hors de portée. La Commission jeunesse se résigne à défendre le rapport tel quel en entonnant le slogan d'une réforme « à prendre ou à laisser » contre ceux qui voudraient l'affaiblir.

Car il y en a. Chaque jour, il y en a un peu plus. La femme de Loth commence à bouger. Toute sa famille va se mettre en branle. À commencer par le parrain qui est d'assez méchante humeur.

Vexé, d'abord, de lire ce rapport qui, en plusieurs points, n'est pas conforme au document remis à Anctil le 10 janvier. Claude Ryan était convaincu que chacune de ses recommandations allait être entendue, acceptée, intégrée au document final. Pourquoi le dérange-t-on, sinon ? Sa réaction fait penser au texte ironique préparé par le journaliste français Philippe Meyer à l'intention d'un autre grand seigneur de l'intellect et du pouvoir, l'ex-président Valéry Giscard d'Estaing : « Si l'on vous sait démocrate, on sent bien que vous vous étonnez que les autres aient encore quelque chose à dire quand vous avez fini de parler. » Anctil, informé que Ryan ne reconnaît pas son œuvre dans le produit fini, doit lui écrire un rapport répondant point par point à ses demandes et explicitant le processus. Ryan, faut-il le rappeler, n'était pas membre du comité Allaire.

Offensé, ensuite, de ne pas avoir été consulté personnellement, avant que le document soit publié. Il n'est pas dans le coup constitutionnel, lui, l'auteur du Livre beige. Il se verrait bien ministre des Affaires constitutionnelles. Bourassa lui a préféré Rémillard, pour lequel Ryan a peu de respect. On pourrait au moins, aux tournants importants, lui demander son avis, obtenir son *imprimatur*.

Contrarié, de plus, par la facture intellectuelle du document. Enfin, ça n'a pas de sens. La réforme proposée est, à sa face même, une hérésie pour les fédéralistes canadiens. Le Livre beige était audacieux, mais respectueux. Non seulement le Canada anglais ne peut pas accepter un tel montage, mais il ne devrait pas le faire, pour son bien. « Si ça devait être un catéchisme fermé, comme le catéchisme du concile de Trente, je ne pense pas que ce soit réaliste en soi à l'intérieur d'un choix fédéral », dit-il.

Piqué, enfin, il donne le signal de l'assaut. Gautrin, son groupe de fédéralistes au caucus, le ministre Pierre Paradis, quelques autres, vont faire le ménage dans ce texte écrit par des gamins. Nous sommes un parti d'adultes.

Nous voulons donner une dernière chance au Canada. Nous voulons que ça fonctionne. Nous allons nous y prendre de la bonne manière.

Si le rapport Allaire est le catéchisme du concile de Trente, Ryan et son groupe vont lui faire vivre Vatican II. Reprenant le texte de la résolution, seul amendable, ils reconfigurent paragraphe par paragraphe la « réforme ». Sur les 22 pouvoirs réclamés pour le Québec, 11 lui appartiennent déjà. Seule la « plénitude » de leur exercice est demandée. En clair : qu'Ottawa cesse d'y mettre son gros doigt. Bravo ! Ryan n'y touche pas. Sur les 11 nouveaux pouvoirs convoités pour le Québec en exclusivité, Ryan et consorts proposent d'en soustraire 7. (Ryan tient cependant *mordicus* à ce qu'on récupère les pouvoirs sur la langue.) Voilà qui est plus réaliste.

Cinq autres amendements visent à ramener les institutions de la « nouvelle structure Québec-Canada » proposée, plus semblables au *statu quo*.

Voilà pour le gros œuvre. Reste la pièce maîtresse, qui commande toutes les autres. Si la proposition de réforme est sérieuse, constructive, c'est qu'on veut aller discuter avec le partenaire canadien, trouver un arrangement nouveau, mais mutuellement satisfaisant. En un mot : négocier. Alors, *basta* ! de l'utilisation du mot « présenter » posé dans la résolution comme le cache-sexe de l'intransigeance. Qu'on le remplace, tout simplement, par le mot « négocier ».

Et puisqu'on parle sérieusement, allons jusqu'au bout. C'est bien beau la rhétorique de « fini le Canada à onze ». Mais c'est de la pensée magique, non ? « À l'intérieur d'un choix fédéral », comme le dit Ryan, ce n'est pas réaliste. Ils sont dix. Brian Mulroney répète qu'il ne négociera pas « à deux », même avec son ami Robert. Le voudrait-il qu'il ne le pourrait pas, lui dont la cote de popularité est inférieure à sa pointure de chaussure. Quelle légitimité a-t-il ? Bon, alors ! Assez de sottises. Assez joué. Disons franchement qu'il faut négocier avec « le reste du Canada ». Et adoptons ces deux principes — négociation, reste du Canada — d'un seul et beau coup de crayon : l'amendement n° 5.

Plusieurs circonscriptions fédéralistes du groupe Ryan-Gautrin s'attaquent de plus à la fameuse clause 2b2, la position de repli : le référendum sur la souveraineté. Certains veulent rallonger le délai — « dans le présent mandat » au lieu de « l'automne de 1992 » —, d'autres veulent qu'en cas d'échec, la « dernière proposition globale d'Ottawa » soit mise aux voix, ou encore qu'on offre, en plus de la souveraineté, l'option d'une « continuation des négociations avec le Canada ».

Ryan les laisse faire mais, détail intéressant, n'associe sa propre circonscription d'Argenteuil, *leader* de la fronde, à aucune de ces tentatives. L'homme est cohérent, limpide, cartésien. Il reste fidèle à sa position de base : on ne veut pas grand-chose, mais on le veut absolument. Sinon, on part !

Le cas Ryan compte parmi les plus intéressants de l'équation libérale. Ses rapports avec La Ligne sont particuliers. S'agissant de La Ligne de la souveraineté, à ce point du récit, elle ne lui fait pas peur, mais il ne pense pas indispensable de la franchir. S'agissant de La Ligne du pouvoir, Ryan représente aux yeux des jeunes l'image de l'*establishment*, de la vieille garde, de la réaction. Pourtant, il rêve, lui aussi. Un rêve réformiste modéré, certes, mais il rêve tout de même. Aucun indice ne porte à penser qu'à cette étape il soit membre du club de ceux qui savent.

Au contraire, s'il savait, il ne s'évertuerait pas, comme il le fait, à modifier le rapport. Il verrait que c'est un jeu. Il passerait la fin de semaine plongé dans ses dossiers, son occupation normale, plutôt que de descendre dans l'arène.

Il ne sait pas que les passagers du congrès libéral de mars 1991 prennent un aller simple pour l'Absurdistan. Les interventions de Bourassa sur les travaux du comité Allaire ont placé tous les acteurs en porte-à-faux. Transformé les idéalistes en contorsionnistes. Les combattants fédéralistes dont Ryan est le *leader,* et qui comptent beaucoup d'anglophones et d'allophones, font semblant de vouloir « la réforme ». En fait, le *statu quo* leur va à ravir, et c'est leur confortable position de repli. Savent-ils que Ryan leur fausserait compagnie à la jonction essentielle ? La clarté, la vérité voudraient qu'ils demandent au Congrès de statuer qu'en aucun cas, pour aucune circonstance, le PLQ ne proposera la souveraineté aux Québécois. Voilà le vrai débat. Ils ne le provoquent pas.

La position des jeunes est plus tordue encore. Privés de version A, ils sont loin de vouloir rendre le rapport plus « réaliste ». « Notre objectif », explique au contraire Bissonnette, est de maintenir l'intégrité du rapport à son niveau « le plus inacceptable possible pour le Canada anglais, de façon à ce que le 2b2 devienne la suite logique ». La clarté, la vérité voudraient qu'ils demandent au Congrès de déclarer le PLQ souverainiste, sans délai ni dernière chance. Voilà leur vrai désir. Ils ne l'expriment pas.

Si Ryan avait été jésuite, il s'y serait retrouvé. Mais à l'Action catholique, dont il fut le secrétaire pendant 17 ans, Ryan était plutôt porté sur Thomas d'Aquin et sa logique linéaire.

S'il prend la route, c'est peut-être qu'il pense triompher. La victoire est un fruit doux qu'il n'a pas goûté, au parti, depuis longtemps. Ça ne lui déplairait pas de rabattre le caquet à Michel Bissonnette, un blanc-bec prétentieux qui a eu le culot, quand Ryan était ministre de l'Éducation, de lui fermer la ligne au nez ! Une histoire de dégel de frais de scolarité, encore.

Il peut être tenté de triompher sur quelques collègues aussi, auprès desquels il cultive l'inimitié. Ryan et la mesquinerie sont de vieux compagnons. On l'a vu, vainqueur de la course à la chefferie de 1978, n'avoir pas un mot décent pour son concurrent Raymond Garneau, puis procéder à une purge sans merci. On l'a entendu dire à Lise Bacon qu'elle « devrait aller se recycler ». On l'a vu hargneux et revanchard, le soir de sa victoire référendaire de mai 1980, alors qu'à Ottawa, Trudeau, d'ordinaire arrogant, avait trouvé les mots pour partager la peine des vaincus. En 1991, il se sent plus vindicatif que jamais, et il y a un moment qu'il ne s'est pas défoulé.

Au congrès, il pourra le faire contre Marc-Yvan Côté et ses colonnes du temple. La barbe ! Surtout que Côté commence à tanguer un peu fort du côté souverainiste. Même des ministres fédéraux, comme Benoît Bouchard, homologue de Côté dans plusieurs secteurs, dont la Santé, s'en rendent comptent, à l'hiver et au printemps de 1991. « On s'est parlé souvent au téléphone, dit Bouchard. Marc-Yvan était très agressif, très nationaliste et presque souverainiste. » Ryan a d'autres raisons de s'en plaindre. « Sa réforme de la santé, ça nous aura coûté 50 millions puis ça aura rien donné ! » peste-t-il en privé. Le ministre Yvon Picotte, qui s'est associé au rapport Allaire comme si c'était la Bible, Ryan ne peut pas le supporter. Naguère chargé des affaires municipales, Picotte a refusé de mettre en vigueur la révision, brutale et nécessaire, de la fiscalité municipale. Le ballon, de forte taille, a été refilé à Ryan. Alors, que Picotte se taise ! Mais non, il proteste à qui mieux mieux contre la réforme Ryan. « Picotte avec M. Ryan, c'était à ne pas mettre dans le même appartement à ce moment-là », confie un député.

Plusieurs des députés nationalistes associés à Allaire sont aussi des résistants à la réforme Ryan. Heureuse coïncidence, pense sans doute le ministre. On fera d'une pierre deux coups. Puis il y a Rémillard, monsieur Constitution ! Tu parles ! Ryan ne voit en lui qu'un poids plume. Et se souvient des lourdes corrections que ses textes devaient subir avant d'être publiables, quand le jeune professeur les envoyait au *Devoir*, dès 1974. Récemment, à la commission Bélanger-Campeau, télévisée, Rémillard a fait le beau. Ryan lui a transmis, par les médias, une note amicale : ceux qui ne veulent pas de « lien canadien institutionnel et significatif », ce qui semble être le cas de Gil, peuvent « traverser la chambre », c'est-à-dire passer au PQ. Tiens, toi ! Et puis, il a trouvé un peu rustres, à l'automne, les manœuvres de Rémillard pour préparer sa succession à Robert Bourassa, alors souffrant. « Il y en a qui sont pressés », a-t-il pesté, en privé. Alors Ryan ne serait pas mécontent de lui voler la vedette constitutionnelle au congrès libéral, et d'enseigner quelques trucs à ce malotru.

Le lecteur est-il surpris de l'intensité des rivalités qui dressent des ministres et des députés d'un même parti les uns contre les autres ? Une blague populaire chez les vieux parlementaires canadiens exprime le plus crûment cette maladie intrinsèque à la politique : Un jeune député idéaliste de l'Ouest siège pour la première fois aux Communes, sur les banquettes de l'opposition. À quelques mètres devant lui, de l'autre côté de l'allée centrale, il voit le premier ministre, les ministres, autant de célébrités qu'il n'avait aperçues auparavant qu'au petit écran. Impressionné, il partage son émotion avec son voisin de banquette, un vétéran. « C'est quand même extraordinaire ! D'ici, on voit nos ennemis en chair et en os. On peut presque les toucher ! » Le vétéran le regarde, contrit devant tant d'ignorance. « Petit, tu n'as rien compris. En face de toi, là-bas, ce sont tes adversaires. Tes ennemis, ils sont assis tout autour de toi. »

Ryan et ses fédéralistes pensent avoir le vent en poupe, suffisamment pour terrasser leurs « ennemis ». Au parti, Michel Lalonde est chargé de recevoir et de compiler les 200 propositions d'amendements qui se bousculent sur les télécopieurs avec une telle insistance qu'on doit d'urgence installer des appareils supplémentaires. « Des gens pensaient qu'il y avait 14 personnes [les allairiens] qui avaient déliré seules dans leur coin et qu'au congrès, ils allaient se faire ramasser. »

La résistance va si bien, la perspective d'une victoire prochaine est si palpable, que des fédéralistes offrent à Bourassa lui-même de s'associer aux amendements, ce qui ne se fait normalement jamais, le chef devant rester au-dessus de la mêlée. (Parisella tentera en vain de convaincre Bourassa d'appeler les militants, en discours d'ouverture du congrès, à adopter les amendements touchant la charte des droits.) Cosgrove en parle au chef, qui décline l'offre, à regret. Le patron en profite-t-il pour défendre devant lui des positions plus souverainistes, comme Bissonnette l'a supputé devant son Comité de coordination ? Pas tout à fait. « J'ai eu l'impression dans nos discussions qu'il aurait aimé arriver à une autre conclusion, raconte Cosgrove. [... Et] il m'a dit : "Bill, merci d'avoir attiré mon attention sur le problème, parce qu'autrement, ça nous aurait échappé complètement, et ça aurait été un désastre." »

Les circonscriptions anglophones sont toutes prêtes au combat. On peut en rallier d'autres, sur les marges, comme Vaudreuil, circonscription composée à 25 % de non-francophones, et dont le représentant est Daniel Johnson, a qui la stratégie du rapport Allaire donne de l'urticaire.

« Un ultimatum est valable seulement si vraiment tu vas l'exercer et lui donner suite. Je n'ai jamais pensé ça, dit Johnson. Que le Parti libéral du Québec prônerait la souveraineté à un moment donné ? Voyons ! » Et ce manque de crédibilité de l'ultimatum, donc de la stratégie, est selon lui « une faiblesse inhérente à l'exercice [...]. Sur l'international ça n'avait aucun sens, ça niait tout le discours qu'on tenait comme gouvernement. »

Il s'oppose à la stratégie non seulement parce qu'elle n'est pas bonne, mais parce qu'elle n'est pas sincère. Il fait partie de ceux qui savent que c'est un jeu. Il préférerait ne pas y jouer. « Ce n'est pas son style, explique un ami. Il aime adopter quelque chose auquel il croit vraiment. »

Aspirant non déclaré à la succession de Bourassa — dont il fut le challenger, on l'a vu, en 1983 — Johnson prend sur lui de livrer sa circonscription au clan anti-Allaire. Il rencontre ses militants, un samedi matin de février, dans le cadre de la « tournée de consultation » organisée par le parti pour informer ses membres du contenu du rapport. « Quels sont ceux d'entre vous dont les voisins, les amis, ou vous-mêmes croyez à la nécessité pour le Québec d'obtenir toutes ces revendications ? » demande le ministre. Johnson se souvient que seule une minorité — des jeunes — a défendu à la lettre le rapport Allaire. Thierry Vandal, un militant fédéraliste envoyé par le parti pour animer l'assemblée, se souvient plutôt que Johnson fut « surpris par la réponse, presque unanime, des militants qui disaient : "Oui, tout est important" ». Divisée, la délégation de Vaudreuil ne peut se joindre au camp Ryan.

Bissonnette juge tout de même que les ministres fédéralistes deviennent fort visibles et audibles. Pierre Paradis attaque par exemple le saut dans le vide que constituerait la souveraineté. Avec Violette Trépanier et Louise Bégin, il propose subtilement qu'on reporte l'adoption de larges pans du rapport à plus tard, le temps de réaliser des études sur le coût des transferts de pouvoirs demandés. Même Gil Rémillard commence à vaciller. Bissonnette appelle son ami Lessard, de *La Presse,* lui lance une déclaration épicée sur ces méchants ministres : « Je me pose de sérieuses questions, dit-il. Est-ce qu'ils respectent vraiment les règles démocratiques ? » Au Conseil des ministres, les fédéralistes visés se plaignent de tant d'outrecuidance. Ils ont leur carte de membre du PLQ après tout ! Ils ont le droit de s'exprimer, non ? Bourassa appelle Bissonnette : « Tu as été trop loin, tu ne me fais pas la vie facile, j'ai été obligé de te défendre au Conseil ! » Outrecuidant ? Lui ? Absolument, et il le prouve sur-le-champ : « Vous non plus, vous ne me faites pas la vie facile, alors je comprends votre situation parce que vous me faites vivre la même ! » Le ton est bon enfant. Mais l'histoire ne dit pas si Bourassa trouve ce traitement rafraîchissant ou insupportable.

Parisella dit son patron préoccupé par les tensions qui tiraillent, sinon déchirent son Conseil des ministres. Bourassa cache bien son jeu car, à la dernière réunion du Conseil avant le congrès de mars, le temps alloué à préparer les ministres du gouvernement à ce tournant historique est de zéro minute. Quelqu'un demande, tout de même, « quelle est la ligne de conduite, pour les ministres, au congrès ? » Si Bourassa a répondu, il a tellement patiné que personne ne retient le sens de sa réponse. Aucun feu rouge, en tout cas, pour les anti-Allairiens. Bizarre, pour un premier ministre qui s'est associé au rapport, de ne pas suggérer aux ministres de rentrer dans le rang. À la sortie, Lise Bacon, qui fut présidente du parti de 1970 à 1973, suggère à ses collègues de « laisser parler les militants » et de se faire rares aux micros. « Les militants aiment toujours mieux s'exprimer », c'est leur parti après tout.

Bissonnette craint le coup de Jarnac. Allaire, le vieux militant souventes fois président d'assemblée et au courant de toutes les combines, l'avise que dans le passé, il est arrivé que les préposés au comptage de vote au congrès — pour les scrutins à main levée, surtout — soient à la solde d'un camp. Ils étaient avisés, avant le vote, du résultat désiré. Quand les militants avaient la main levée, les compteurs faisaient mine de compter, puis venaient « rapporter » le chiffre prédéterminé. Bissonnette ne prend pas de risque et recrute suffisamment de jeunes volontaires pour « doubler » la structure officielle de comptage.

Mais à mesure que le mois de février s'écoule et que le congrès de mars approche, la boule de neige de l'opposition à Allaire garde curieusement le même volume. La Commission jeunesse annonce de son côté que 14 circonscriptions vont se joindre à ses amendements visant à serrer quelques boulons mineurs au texte et à créer de la monnaie d'échange pour d'éventuels trocs avec les anti-Allairiens. Quatorze, c'est presque autant que toutes les associations que Ryan a pu réunir[*]. La CJ, de concert avec des députés pro-Allaire dans des réunions tenues à Québec et à Drummondville, a préparé un petit manuel des allairiens qui passe en revue, et à la moulinette, chacun des amendements que Ryan a proposés. Les jeunes n'en reviennent pas de devoir expliquer en détail aux députés, qui prennent des notes, quels arguments employer contre telle ou telle objection de l'adversaire.

L'allairien Jacques Gauthier, qui joue le rôle d'animateur de consultation dans des circonscriptions de l'Est du Québec, prend la température politique du Québec profond : « La réaction des militants, c'était qu'on nous trouvait beaucoup trop généreux [pour le Canada]. On laissait trop de délai, on ne prenait pas assez de pouvoirs, le référendum n'arrivait pas assez vite ! Les gens trouvaient que c'était trop peu, trop tard. »

À la permanence, Lalonde et Anctil pensent aussi que le congrès va se transformer en « une locomotive » pro-Allaire. Trois tournées de consultation convergentes en huit mois ne peuvent pas mentir complètement. Parlant des fédéralistes, « on se disait : "pauvre eux autres !" »

« Eux autres », dans les derniers jours, sentent aussi que le congrès ne leur réservera pas un triomphe. Si les 14 allairiens ont « déliré seuls dans leur coin », ils ont réussi à bien capter la rumeur ambiante, car ils sont sur le point d'être

---

[*]   Voici la liste des associations, ministres et députés, qui ont participé aux préparatifs des deux camps, pro-Commission jeunesse et pro-Ryan, avant le début du congrès, tel qu'en fait foi le cahier d'amendements. La marque à la ligne de départ est 15/15.
Pour la CJ :
Zéro ministre :
11 députés : Rémi Poulin, de Chauveau ; Jean-Guy Bergeron, de Deux-Montagnes ; Jean-Guy Saint-Roch, de Drummond ; Georges Farrah, des Îles-de-la-Madeleine ; Guy Bélanger, de Laval-des-Rapides ; Michel Després, de Limoilou ; Claire-Hélène Hovington, de Matane ; Paul-André Forget, de Prévost ; Serge Marcil, de Salaberry-Soulanges ; Jean-Guy Lemieux, de Vanier ; Benoît Fradet, de Vimont.
4 associations orphelines (de circonscriptions représentées à l'Assemblée nationale par d'autres partis) : Chutes-de-la-Chaudière ; Joliette ; Marie-Victorin ; Masson.
Pour Ryan :
2 ministres : Claude Ryan, d'Argenteuil ; Louise Robic, de Bourassa.
8 députés : Yvan Bordeleau, de l'Acadie ; Louise Bégin, de Bellechasse ; Albert Houde, de Berthier ; Huguette Boucher Bacon, de Bourget ; Jean A. Joly, de Fabre ; Jean-Claude Gobé, de Lafontaine ; Russell Williams, de Nelligan ; Henri-François Gautrin, de Verdun.
5 associations orphelines : Abitibi-Ouest ; Labelle ; Notre-Dame-de-Grâce ; Rouyn-Noranda–Témiscamingue ; Westmount.

plébiscités. Henri-François Gautrin, entre autres, un vétéran des congrès et du parti, pense qu'il faut se résigner. Dans ces cas-là, il n'y a qu'un recours : négocier avec l'adversaire, et sauver la face. Au cours de la semaine précédant le congrès, les tractations commencent. Le compromis, cet enfant de la solidarité et de la nécessité, naît toujours dans la douleur. Cette fois-ci, le bébé se présente par le siège. Il fait semblant de vouloir sortir, mais n'y met pas beaucoup de bonne volonté.

« M. Ryan, il faut le savoir, est un homme qui, dans tous les compromis, est souvent inflexible », soupire Gautrin, qui est son plus grand admirateur. « Combien de fois il a fallu le convaincre — combien de fois il m'a accusé de faire des "compromis *marshmallow*", comme il le dit — mais dans un deuxième temps, on arrive à le convaincre. Alors au début, l'autre côté a pu percevoir une certaine rigidité de notre part. »

Ça ne surprend pas Bissonnette, encore fulminant de sa dernière négociation avec Ryan — que la CJ avait perdue — sur les frais de scolarité. Les tractations suivent des fils nombreux, entrecroisés, mal attachés. Tout de même, la tradition libérale veut que le vainqueur présumé soit magnanime. « On avait convenu dans les jours qui précédaient qu'on était prêts à accepter, pour ne pas lui faire perdre la face, qu'un de ses amendements soit voté », raconte Bissonnette. À la condition cependant que cet amendement soit modifié au congrès — on dit « sous-amendé » — par le groupe de Ryan pour, dans les faits, le « vider de son sens ».

L'artifice est connu, bien rodé. Quand tout se passe bien, chacun constate que le changement introduit par le groupe minoritaire est infinitésimal, dérisoire même en regard de l'intention d'origine, mais, bon, les braves peuvent se dire, le soir, qu'ils ont quand même fait voter leur truc et qu'on est tous compagnons malgré tout. Quatre jours avant le congrès, Bissonnette avise Parisella que si Ryan veut « discuter de son amendement 5 [sur lequel tout va se jouer], il faut que ça se fasse au moins 72 heures avant le congrès parce que sur le lieu même, je discuterai pus ! »

Le délai passe, sans qu'une entente ne soit forgée. Anctil et Parisella montent au créneau, tentent de trouver la formule magique, le mot passe-partout qui éviterait la crise. Ryan veut « négocier » le projet de réforme « avec le reste du Canada » plutôt que de le « présenter » « au gouvernement du Canada ». Tous les mots sont codés, bien sûr. « Reste du Canada » ça peut vouloir dire plusieurs, négociation multilatérale, comme au lac Meech, quoi !

Anctil et Parisella tentent de convaincre Ryan de dissiper ce « malentendu » sans introduire formellement un sous-amendement. Si vous alliez au micro, samedi, pour dire que vous n'avez jamais voulu revenir à ce mode de négociation « discrédité », qu'on vous a mal compris, que le « reste du Canada » signifie un seul partenaire canadien, mais déterminé par eux plutôt que par nous ? La CJ déclare qu'elle consentirait probablement à s'incliner devant tant d'humilité. Pas Ryan, il renvoie les intermédiaires à leurs devoirs.

Ils reviennent. Pourquoi ne pas dire, dans un sous-amendement, que la réforme sera discutée « avec un représentant mandaté par le reste du Canada », ce qui indiquerait que nous serons respectueux des choix de nos partenaires ? Pour Ryan, c'est encore *niet* !

Le temps file. Nous sommes vendredi soir, 23 h. Le débat commence le lendemain à 15 h. Le troisième membre du trio, Jean-Claude Rivest, passe par là et met son grain de sel. Comme d'habitude, il est génial. Pourquoi ne pas remplacer dans l'amendement ce vilain « reste du Canada » par une référence au discours du Salon rouge du 23 juin, où Bourassa décrivait, avec ses propres nuances, sa décision de ne plus se réunir à 11 ? Qui pourra s'opposer à une référence à ce discours magique, mythique ? Qui pourra voter contre le chef ? Pas Bissonnette, qui se montre intéressé, pour autant qu'on règle aussi le second problème, l'introduction du mot « négocier ». Anctil retourne voir Ryan avec cette trouvaille.

Ryan le reçoit sèchement. « Je ne pense pas que je vais pouvoir m'associer à ça, Pierre ! »

Ça va mal.

En plus, il y a toujours ce « négocier » qui, telle une verrue, défigure la proposition, selon la CJ — dont le réel objectif, faut-il le rappeler, est de rendre la proposition inacceptable au Canada, pour passer au plus vite à la souveraineté. Les jeunes ne sont pas bouchés. Ils sont têtus. Anctil a une idée. Pourquoi ne pas remplacer le mot honni par l'expression « mettre en place » ? Voilà de beaux mots, neutres, lisses, sans agressivité aucune. Il présente la proposition à la CJ, qui regimbe. Mais comment se battre contre un tel changement, s'il est proposé ? « Moi j'étais prêt à changer pour "mise en place" », se souvient Bissonnette. L'affaire reste floue, ce vendredi soir, alors que 2700 militants s'assemblent dans la grande salle du Palais des Congrès de Montréal.

La Commission jeunesse campe dans la chambre de la circonscription de Vimont, à l'hôtel Méridien, qui occupe une des tours du Complexe Desjardins, un pâté de maisons plus loin. Les jeunes mettent la dernière main à leur « stratégie de plancher » pour le lendemain, dessinée déjà depuis quelques semaines. Ils distribuent les derniers arguments à leurs 15 porte-parole pré-identifiés, formés, articulés, qui iront au combat. Dans une autre des tours du Complexe Desjardins logent les bureaux montréalais du ministère des Affaires municipales. Là, Claude Ryan et ses comparses dépensent aussi une énergie considérable. Mais on ne sait pas exactement à quoi ils la consacrent. Car la « stratégie de plancher » dont ils feront preuve le lendemain semble avoir été mise au point par le couple Dupont et Dupond.

LE CLUB TRÈS OPTIMISTE EN CONGRÈS

Sur la vaste mezzanine du Palais des Congrès, y'a d'la joie. C'est qu'on parle peu de politique, pour l'instant. Des délégués endimanchés des quatre coins de la province se promènent, se perdent, se retrouvent, se reconnaissent, s'embrassent. Retrouvailles sur le parvis, avant la grand-messe. Si le Parti libéral est un Club Optimiste, voici son congrès biennal. On renoue avec des vieux copains, vétérans de batailles passées et, pour la plupart, remportées. J'en ai collé des enveloppes avec toi ! s'exclame l'un. J'en ai fait du porte à porte avec toi ! se souvient l'autre. J'en ai transporté des petits vieux le jour du vote, avec toi ! lance le troisième. J'en ai passé des télégraphes avec toi ! se rappelle un autre encore, qui n'a plus beaucoup de cheveux.

Venir au congrès, c'est un cadeau, une récompense. L'association de comté paie le transport, les frais d'inscription, l'hôtel au centre-ville, deux bons repas au moins. Mais même s'ils devaient payer, beaucoup de militants ne manqueraient cette occasion pour rien au monde. Dans la vie partisane, il y a les moments où on somnole, entre les élections. Les moments où on s'agite, pendant les campagnes de financement. Les moments où on travaille, pendant les élections. Puis il y a les moments de récompense pure, (nominations, subventions et contrats mis à part, bien sûr). Il y deux catégories : 1) les congrès pléniers où, sous le prétexte de voter résolutions et amendements, toute la tribu se rencontre pour jaser, blaguer, distribuer des cartes d'affaires, trinquer pendant deux jours. 2) les congrès à la chefferie. C'est le suspense, la frénésie. Film de détective, d'horreur, d'espionnage et d'amour en une seule, parfois interminable représentation. C'est le nirvana du délégué. On se bat vraiment pour y être. Ça n'arrive qu'une fois par décennie. On en parle pendant 20 ans.

Deux catégories, oui. Car on n'ose pas mettre dans une catégorie les occasions comme celle qui se présente ce soir. On ose à peine espérer y être associé un jour. On dit souvent, pour la frime, que tel conseil général, tel congrès, est historique. On le pense rarement. L'histoire, ça se passe en Europe ou à Washington. Au PQ, ils ont l'illusion de la faire depuis 20 ans, mais font tantôt patate, tantôt chou blanc. Le congrès du rapport Allaire, c'est la vraie histoire. Parce que le parti qui le tient a le vrai pouvoir.

La dernière fois qu'un congrès du PLQ a fait l'histoire, c'était en 1967, et c'est parce que quelqu'un en était sorti, René Lévesque. Ça n'avait pas été très gracieux. Hargneux, plutôt. Lui parti, on avait voté sans trop le lire et sans trop y croire un document constitutionnel préparé par Paul Gérin-Lajoie et qui ressemble à s'y méprendre au rapport Allaire, la position de repli en moins. Une fois élu chef, Bourassa allait faire comme s'il n'en avait jamais entendu parler.

Comme les temps ont changé. Le parti, comme le dit Mme Bacon, « a évolué », « s'est modernisé » depuis ces tristes événements. Il y a eu Trudeau, il y a eu Chrétien, il y a eu Clyde et Elijah. Rien n'est plus pareil. Aucune tablette ne pourrait tenir ce poids. Mais la question ne se pose pas, car Robert, plus que tous les autres, a évolué. Il n'y a qu'à l'entendre, depuis un mois, défendre le rapport Allaire sur les écrans de télévision.

Les délégués qui se perdent et se trouvent sur la vaste mezzanine savent de quoi il retourne. Trois fois, depuis huit mois, ils ont été consultés pour le façonner, ce damné rapport. Des militants sollicités pendant les tournées, les 2700 porteurs de cartes assemblés ici sont parmi les plus assidus, les plus studieux.

Ils ont lu le rapport, puis ils ont vu les chiffres. Dans le bimensuel *L'actualité*, sorti quelques jours plus tôt, un petit malin a testé le principe du rapport Allaire au Canada anglais, par sondage. (Un allairien lui avait validé les questions à l'avance, sans préciser laquelle des hypothèses testées serait finalement retenue.) Trois Canadiens sur quatre pensent que « des pouvoirs accrus pour le Québec sont contraires à la nature du Canada ». On ne saurait mieux dire. Six sur dix proposent de « ne rien faire pour empêcher le Québec de quitter le Canada » ; c'est bon signe. Deux sur trois sont « favorables à une association avec un Québec souverain » si on les convainc qu'il en va de leur intérêt économique. Alors, la dernière chance, c'est vraiment pour vous faire plaisir ! Devant le Palais des Congrès, un petit groupe de manifestants séparatistes accueille les piétons. Sur une pancarte, on lit : « Canada, on vous aime, mais on vous aimera mieux une fois indépendants. » Les beaux jours du RIN vengeur sont bien loin...

Les délégués libéraux, arborant cravates à la mode ou tailleurs élégants mais sans ostentation, sont venus à un lancement, à un tournant, à un spectacle interactif. Dans la grande salle du Palais, le décor est fonctionnel, mais riche. Nous sommes un parti moderne. Sur l'estrade, on peut lire le titre du rapport, thème du congrès : « Un Québec libre de ses choix. »

De longues rangées de chaises coussinées attendent les délégués. Pas de quoi s'endormir, mais assez pour tenir. Pas de table de travail, par contre, pour étaler ses documents, prendre des notes. On n'est pas au PQ. On n'est pas un parti de professeurs. Quoique. Avocats et ingénieurs, comptables et gérants d'assurance abondent. Pour ajouter des tables, il aurait fallu louer une salle encore plus grande, donc un centre sportif quelconque. Ça, ça fait cucul. Ça, ça fait PQ. Pas question. On sera serrés, mais chic. Nous sommes un parti confortable.

Les lumières sont tamisées, la musique monte, la messe commence. On présente les coprésidents du congrès : un nationaliste, une allophone. Nous sommes le parti des funambules. Le nationaliste est allairien, Philippe Garceau. L'allophone est membre de l'exécutif : Rita de Santis. Un beau couple, dont on attend peu, la présidence du congrès étant surtout honorifique. Celui qui travaille vraiment, au podium, est le président d'assemblée, qui gère les débats.

D'abord, il y a le vidéo. Ode à l'histoire libérale. Honte aux fossoyeurs de Meech. Oh ! le beau rapport Allaire. Les chaises des délégations du West-Island grincent. Ailleurs, on s'autocongratule de la facture professionnelle du montage. Nous sommes un parti haute définition.

Des coulisses apparaît la première star, l'homme du jour, le nom du mois, l'auteur de rapport de l'année : Jean Allaire. Ovation debout. Prolongée. Nourrie. Les chaises des délégations du West-Island grincent. Ce sont les seules utilisées, à cet instant. L'accueil des militants parle fort. Rien de ce qu'Allaire dit n'importe davantage.

Les délégués sont à peine calmés qu'arrive leur guide à tous, leur bienfaiteur, celui qui les a menés quatre fois au pouvoir, le bâtisseur de la Baie James, le ressuscité de 1976, l'auteur du « Quoi qu'on dise... », le rétabli de Bethesda. La salle craque. Une minute et 30 secondes d'applaudissements. « Je vois que je n'ai pas été le seul à m'être ennuyé », dit-il. S'il ne s'agissait pas de libéraux, ce serait le délire.

« Un rendez-vous avec l'histoire. » Bourassa le dit, c'est donc vrai. On a bien fait de venir. « Il y a une très forte volonté d'unité politique » dans le parti, affirme-t-il, comme pour conjurer le sort. Il faudra rester uni, car la tâche est gigantesque. Il dénonce les dédoublements de pouvoir, qui grèvent les coffres de l'État et gaspillent les énergies. Il parle de l'autonomie québécoise qu'on réclame avec tant de justesse et de légitimité. Il encense Allaire, son travail, son rapport. C'est le signal, la consigne. Les délégués indécis — il y en avait — prennent note.

« La modération a été rejetée » par le Canada anglais, continue-t-il. C'était notre premier choix. « Nous nous retrouvons face à une crise, mais ne blâmez pas le Québec. Ceux qui, entre 1987 et 1990, ont torpillé l'accord du lac Meech seront jugés par l'histoire. » Il est bon, ce soir, Bourassa. Il est bon.

Il devient excellent, et lâche cette phrase cristalline :

« Le *statu quo* est la pire solution pour le Québec. » La pire ? Pire que la souveraineté ? Pire que l'indépendance ? C'est beaucoup. C'est fort. On note :

> ENGAGEMENT N° 3 : LE *STATU QUO* EST LA PIRE SOLUTION POUR LE QUÉBEC[*].

On ne peut pas réunir des libéraux, même en des temps historiques, sans se payer un peu de bon temps au détriment de l'adversaire péquiste. Lorsque Bourassa aborde cette partie de son discours, ses yeux s'allument, la joie envahit son visage. Il n'y a rien que Bourassa préfère à l'espièglerie. « Hier, M. Parizeau m'interpellait, raconte-t-il. "Parbleu ! dit-il, je veux savoir si [le premier ministre] est fédéraliste ou souverainiste." » L'orateur et les auditeurs rient comme s'il s'agissait de la question la plus incongrue jamais formulée. « Je suis libéral ! » tonne le chef. C'est le *punch*. Ça veut tout dire.

---

[*]   Petit rappel au sujet de ces engagements, dont l'auteur tient la liste, à mesure que M. Bourassa les prend, dans des moments importants et publics. On a déjà répertorié : n° 1 : Négocier dorénavant à deux et « jamais » à onze (23 juin 1990, Salon rouge) ; n° 2 : Nécessité de redéfinir le statut politique du Québec (loi instituant la commission Bélanger-Campeau, 4 septembre 1990) ; n° 2 bis : Obligation de résultat (Présentation du rapport Allaire, 29 janvier 1991).

Puis il va s'amuser avec les journalistes, en conférence de presse. Eux ne trouvent pas la question incongrue du tout. Êtes-vous souverainiste ou fédéraliste ? Il ne répond pas. « C'est une question un peu académique. » Vraiment ?

Convocation inattendue, samedi matin. Michel Bissonnette, Mario Dumont, quelques députés et présidents d'associations libérales de la région de Québec sont mandés dans une petite salle du Palais, pour y rencontrer Gil Rémillard. Le ministre constitutionnel a rajusté son tir, depuis un mois. Il a décidé de s'associer au rapport Allaire « tel quel ». En faire bouger les murs ? Il n'en est plus question. Tout à l'heure, devant des journalistes, il dira ne consentir qu'à changer la teinte de « la peinture sur les murs » dorénavant inamovibles. Plus sérieusement, il est opposé à toute suggestion de retour à une table « à onze » et veut donc participer au blocus anti-Ryan sur ce point. L'intérêt du Québec exige la fermeté. L'orgueil du ministre, en prime, sera requinqué si le congrès, en accord avec Rémillard, remet Ryan à sa place !

Devant le petit bataillon de nationalistes, Rémillard, impayable, annonce sur le ton du conspirateur : « Bon, je pense qu'il faut qu'on établisse la stratégie ! » Dumont ne sait pas s'il faut rire ou pleurer. La stratégie de la Commission jeunesse est prête depuis trois semaines. « Et si M. Ryan défend son amendement ? » demande Bissonnette. « Si M. Ryan fait ça, il fait une erreur stratégique, réplique Rémillard, martial, et on n'a pas à le suivre. » Irez-vous au micro donner la réplique à Ryan, dans ce cas, M. le ministre ? demande un nationaliste. Il y a des questions, comme ça, auxquelles on n'a jamais de réponse...

D'autres ministres se manifestent, en début d'après-midi. Marc-Yvan Côté vient donner son encouragement à la CJ. « Ah ! ben, si les fédéralistes brassent, dit-il à Dumont, moi je suis prêt à aller au batte ! »

Ryan contre Côté. On sent que les billets d'entrée n'ont pas été vendus suffisamment cher.

Yvon Picotte vient voir Bissonnette : « Le crisse de Ryan, là, rentrez-y dedans. Je suis avec vous autres. Faites-vous pas avoir. » Le ministre de Maskinongé, se souvient Dumont, trouvait que le rapport « allait pas assez loin sur la souveraineté ».

Des députés, comme Jean-Guy Lemieux, George Farrah, Serge Marcil et Guy Bélanger, encouragent Bissonnette à ne faire aucun compromis. « C'est Allaire ou rien, dit Bélanger. Allaire, il passe ou il casse, alors il faut qu'il passe. Si on commence à diluer, c'est une brèche. Chaque amendement, c'est une brèche dans l'affaire. On va en ouvrir combien des brèches, là ? Il va rester quoi à l'autre bout ? Alors je dis : c'est la ligne dure, tout le long. » D'ailleurs, Bélanger s'asseoit « bien en évidence » pour pouvoir intervenir dans les conciliabules et « éviter toutes ces tractations-là ».

Dans un corridor, Parisella, jouant les médiateurs, tente de le calmer : « C'est ben important, parce que si M. Ryan s'en va... »

« Il partira ! coupe Bélanger. Qu'est-ce que tu veux que je te dises ! On fera une élection partielle ! Mais maudit, on va pas se faire manipuler par ça. »

Assis avec sa délégation, Jean-Guy Saint-Roch, député de Drummond, a donné la consigne : « Nous sommes des gardiens de but. » On vote contre tous les amendements qui affaiblissent le rapport, et en faveur de tous ceux qui le renforcent, quels qu'ils soient ! « T'as eu un espèce de climat qui s'est créé que ce rapport était un tout inviolable et intouchable », dit-il. Avec Lemieux et quelques autres, ils décident de rester dans la salle du congrès jusqu'à ce que le tout dernier amendement ait été débattu. « Des fois à la fin s'il ne reste que 250 personnes, et si eux sont assez nombreux, tu peux t'en faire passer une petite vite ! »

Les esprits s'échauffent. Bissonnette est débordé sur sa gauche par ces députés « qui voulaient absolument qu'on le batte [Ryan], juste pour qu'il perde la face ».

La collision semble inévitable. Et sur quoi ? Des vétilles ! « Négocier » au lieu de « présenter » ! « Reste du Canada » au lieu de « gouvernement du Canada » ! Comme si Bourassa n'allait pas faire à sa tête dans la minute qui suivra la tenue du vote ! « Honnêtement, confie Anctil, moi j'aurais aimé qu'on ait un bon débat sur le délai ou sur quelque chose ! Un sujet dans lequel les gens auraient pu mordre un peu. »

Une heure avant l'ouverture des débats, Anctil et Parisella décident de changer de tactique. D'imposer le compromis aux belligérants. « Notre stratégie va viser à imposer le compromis aux deux, malgré l'un et l'autre », explique Anctil à Pierre Saulnier et à d'autres membres de la Commission politique. Une stratégie qui suppose d'étirer la vérité très légèrement, pour que les contraires se touchent. De telle façon d'ailleurs, que les protagonistes ne sont pas très certains de ce qui s'est produit.

Henri-François Gautrin, en tout cas, un des membres les plus réalistes de la faction Ryan, réussit ce matin-là à convaincre son ministre favori de prendre une bouchée de *marshmallow*. La circonscription d'Argenteuil proposera le sous-amendement « conformément à la déclaration de Robert Bourassa du 23 juin ». Lui dit que la Commission jeunesse va marcher là-dedans ? Peut-être. Anctil, lui, calcule que Bissonnette ne pourra pas appeler à voter contre le chef.

Jean Allaire étant une des stars de la fin de semaine, il ne peut à l'évidence présider le congrès. Michel Bouliane le remplace. Un bon gars, qui connaît les statuts, mais dont la main est moins sûre. Tout étant arrangé d'avance, dans la mesure du possible — ce qui est généralement beaucoup, mais se révèle trop peu aujourd'hui —, on informe Bouliane qu'un sous-amendement du comté d'Argenteuil sera introduit pendant le débat et que, *yes sir !*, il le déclarera recevable. (Les règles du congrès stipulent que les amendements doivent être acheminés avant une date limite. Après, seules des modifications mineures peuvent être introduites. Sinon, on n'en sortirait jamais.)

Mais qu'advient-il de « négocier » ? Gautrin a l'impression que si les pro-

Ryan proposent « conformément à la déclaration de Robert Bourassa... » la CJ l'appuiera. Dans un deuxième temps, pense-t-il, la Commission jeunesse proposera « mettre en place » plutôt que « négocier », et les pro-Ryan renverront l'ascenseur. Enfin, c'est un espoir. Gautrin confirme que Ryan n'a pas donné sa bénédiction à ce second recul.

Cosgrove calcule que si Ryan propose et que Bissonnette soutient, le sous-amendement d'Argenteuil récoltera bien 80 % des suffrages. Un beau chiffre. Évidemment, si tout le monde est pour, tout le monde sera pour.

« On est entré sur le plancher sans savoir, dit Gautrin. On commençait à avoir une espèce d'embryon de compromis à la dernière minute. » Il peste contre ce jeu de téléphone arabe où les messages transitent par le parcours Ryan-Gautrin-Parisella-Anctil-Bissonnette, multipliant les occasions de dérapages. « On aurait dû, bon Dieu ! moi ou quelqu'un d'autre, s'asseoir avec Bissonnette directement. » On aurait dû ! Si on avait su ! « Si les chiens avaient des si, blague Mario Dumont, y'aurait pus de poteaux de téléphone ! »

La méthode Anctil-Parisella est en action. Les pro-Ryan semblent s'engager dans le tunnel stratégique. Reste à y faire glisser les jeunes. Anctil, cheveux défaits, cravate de travers — c'est sa tenue « énervons-nous, l'heure est grave ! » —, court chercher Bissonnette pour l'entraîner dans une arrière salle où Bourassa, Parisella, Pierre Saulnier et quelques autres l'attendent.

« Crisse, Michel, on a réussi à parler à Ryan », lui dit-il. Le compromis est à portée de la main. Bissonnette est au centre du jeu. C'est la dernière fois. Ce matin, lors d'une assemblée des jeunes délégués, il a passé le sceptre de la Commission jeunesse à Mario Dumont. C'est donc Dumont qui devra « vivre avec » les conséquences des compromis de dernière heure. Mais Dumont est un dur, comparé à Bissonnette, ce qui n'est pas peu dire. Comme Ryan, il n'est pas acheteur de « compromis *marshmallow* ». D'abord, il s'oppose au principe même des sous-amendements. Que Ryan retire son amendement d'origine, dit Dumont, ou qu'il perde le vote. C'est le seul choix. D'ailleurs, Dumont ne pense pas que les statuts du parti permettent de valider le sous-amendement tel que proposé. On l'informe que Bouliane a déjà rendu son jugement. Il va autoriser le sous-amendement. Ah ? Dumont prend note.

Surtout, Dumont a une bonne mémoire. Il se souvient des modifications que Bourassa avait fait apporter à son texte (*son* texte) de La Pocatière, et de l'usage que le chef avait ensuite fait de ces modifications dans son discours de clôture, pour ne pas dire de suture. Si la CJ acceptait de laisser passer « conformément au discours du 23 juin », sur la fin du Canada à onze, dit Dumont, « Bourassa aurait retrouvé un autre bout à son discours » du Salon rouge, un bout qui ferait son affaire, un bout de glace supplémentaire pour le patinage politique. « Aye ! Je le connais ! » dit Dumont.

« Mais c'est pour l'unité du parti ! » réplique Anctil.

« Y'a rien qu'à rester uni, le parti, coupe Dumont. Nous autres on a déjà fait nos compromis puis c'est pas 15 minutes avant le débat, avec des sous-amendements irrecevables... » Dumont menace de faire battre le type d'amendement dont on vient de lui parler.

Anctil reste optimiste. Dans le feu de l'action, aller s'opposer, devant 2700 libéraux adorateurs de Bourassa, à un bout de phrase qui loue son intervention historique du 23 juin (qu'Anctil avait détestée, mais passons)... Les jeunes ne pourront pas, n'oseront pas. Ce serait une faute politique. Et ils en font peu. Anctil le sait, il les a formés.

Bouliane est au podium. Rassasiés, les délégués sont assis. Sur grands écrans, les textes de la proposition Allaire, des amendements et des sous-amendements seront lisibles. Les micros sont disposés sur de petites estrades. On ne peut pas les manquer.

De bon enfant, l'atmosphère devient studieuse. Les délégués tournent les pages de leur *Cahier des amendements au rapport constitutionnel,* aussi volumineux que le rapport lui-même, qu'ils ont posé sur leurs genoux. Ce serait trop dire que d'affirmer qu'ils veulent du sang. Certainement, des rumeurs de démission circulant dans les corridors, ils veulent de l'action. Ils savent où sont regroupés les jeunes : en arrière, au centre. Par moments, trois têtes sur cinq se retourneront, pour voir quel signal Bissonnette donne à ses partisans. Ils savent bientôt où sont regroupés les anglos : dans la section d'extrême droite, naturellement.

L'écran géant affiche l'amendement numéro 1. Sans intérêt, il est retiré par son proposeur. On entend 2700 pages tourner. L'amendement numéro 2, incompréhensible, est retiré par son proposeur. 2700 pages sont tournées. L'amendement numéro 3... Wô ! Gros morceau. C'est la circonscription du ministre Pierre Paradis qui, avec quelques complices, vise rien de moins que *le dépôt du rapport,* dépôt, sur une tablette s'entend, jusqu'à ce que le gouvernement complète des « études d'impact » du rapatriement proposé des pouvoirs. On reconnaît bien là le ministre de l'Environnement. On se croirait au Bape[*] ! Car, comme pour Grande-Baleine ou Soligaz, aucun délai n'est fixé pour la remise finale desdites études.

Le débat s'engage. C'est un amuse-gueule. La proposition est vitrifiée par les délégués. Pour la première fois, les allairiens se sont comptés. Ou plutôt non. Ils ont constaté leur majorité écrasante. Mais cet assaut fédéraliste orthodoxe était trop balourd. Une attaque plus fine pourrait avoir plus de succès.

Deux mille sept cents pages tournent. L'amendement numéro 4 est savamment pervers. En changeant un seul mot, il rendrait le rapport nul et non avenu. Le PLQ s'engagerait, avec cette modification, à présenter « un » projet de réforme, indéfini, plutôt que « le présent » projet. Le proposeur, pris d'un remords, retire son texte.

---

[*] Bureau d'audiences publiques sur l'environnement.

Deux mille sept cents mains tournent 2700 pages, et n'y toucheront plus pour un bon bout de temps. L'amendement numéro 5, d'Argenteuil, est arrivé.

LE COUP EST PARTI TOUT SEUL !

Le débat s'amorce, sur le fond, pendant quelques minutes. Tout de suite, le président de l'association libérale d'Argenteuil, Luc Lépine, se présente au micro. Gautrin ne le trouve pas suffisamment aguerri pour affronter une telle salle sous une telle tension. Mais Ryan lui a dit : « Lépine, c'est un bien bon gars, on l'envoie. » Et les pro-Ryan ont décidé de « laisser les militants s'exprimer », comme l'a demandé Mᵐᵉ Bacon. Enfin, des militants de leurs choix, dans un ordre qu'ils déterminent. Ils sont convenus de garder leurs députés en réserve, sans compter leur arme non secrète, Ryan. Car il va parler, c'est certain. Le groupe en a décidé ainsi à sa dernière réunion de stratégie, ce matin même. Mais à part lui, « la qualité d'orateur qu'on avait était moins bonne que la qualité d'orateur que la CJ avait », soupire Gautrin.

Lépine, d'Argenteuil, propose son sous-amendement. Que l'on remplace « reste du Canada » par « conformément à la déclaration de Robert Bourassa du 23 juin 1990 ». Dans le coin des jeunes, près du mur, c'est la surprise. Quoi ? On a dit Non et ils le font quand même ! C'est un piège ? On discute, on s'insurge, pendant que Bouliane déclare recevable — *yes sir !* — le sous-amendement. De son poste d'observation, Gautrin juge que l'affaire se présente bien. « On a la salle avec nous », pense-t-il.

Le premier coup est parti tout seul. De la cohorte de partisans anglophones pro-Ryan. Un bon militant enthousiaste, un certain Tennenbaum, n'ayant auparavant jamais vu la binette de Lépine, n'ayant pas saisi la référence à Argenteuil, le prenant pour un agitateur de la CJ et ayant peu suivi les tractations du matin, croit que le sous-amendement est une vile machination. « Attention, s'écrie-t-il devant ses amis fédéralistes, vous êtes en train de vous faire fourrer ! » Et il part, comme une flèche, vers le micro. Avec l'énergie du redresseur de torts, il apostrophe Bouliane, et lui demande dans un français presque compréhensible : C'est quoi ça, le discours du 23 juin ?

Le deuxième coup est parti tout croche. Bouliane, préalablement informé du sens du sous-amendement, aurait pu répondre, tout simplement, qu'il s'agissait du fameux discours où notre premier ministre adoré a déclaré qu'on ne négocierait plus à 11. Voilà. Merci, couché ! Mais non ! Scrupuleux lecteur de statuts, il reconnaît que l'intervenant a le droit de se faire lire le texte précité. Et demande au proposeur de s'exécuter.

Le troisième coup s'est logé dans le pied. Lépine, d'Argenteuil, revient. Perd une minute, car il faut trouver une copie du fameux discours. Le texte enfin trouvé, plutôt que d'en lire le bref extrait pertinent à son sous-amendement, et sans doute emporté par la prose exubérante du chef, Lépine se met à la lire in-té-gra-le-ment. In-ter-mi-na-ble-ment. Et d'une voix qui ne le promet pas à une carrière radiophonique.

La lecture dure un bon 15 minutes. « Le délégué moyen ne comprend plus ce qui se passe, raconte Gautrin, il est las d'entendre ce gars-là ânonner au micro. » La salle s'impatiente. Qu'est-ce que c'est que ces simagrées ? De quoi parle-t-il au juste ?

Un président d'assemblée aguerri, Jean Allaire, observe la scène depuis son siège. À ses côtés, un autre vieux routier : Fernand Lalonde.

« Penses-tu la même chose que moi, demande Allaire ?

« Oui. Ils vont se faire railroader tout à l'heure, parce que les gars commencent à être en sacrament ! »

À l'écart, dans la délégation de Westmount, maintenant conscient de sa bourde, Tennenbaum pleure à chaudes larmes.

« Ça se peut pas, faire une erreur comme ça, ajoute Allaire. Ça va être une explosion. »

Enfin, l'épreuve se termine. Le débat peut reprendre.

Le quatrième coup frappe un nerf. Autour de Bissonnette et de Dumont, la fièvre est forte. Philippe Garceau entre autres, allairien, président de l'association de Vimont et à ce titre, partie à la petite équipe de stratégie des nationalistes, n'en revient pas que Bouliane donne tant de corde aux pro-Ryan. Qu'il déclare l'amendement irrecevable et qu'on en finisse. Dumont pousse Garceau à intervenir. « Ah oui, crisse, on le poussait à aller faire ça ! Mets-en ! On disait : "Il faut que quelqu'un le fasse, il faut que quelqu'un le fasse !" »

Garceau arrive au micro tout énervé. Point d'ordre ! Point d'ordre ! Bouliane lui donne tout de suite la parole, d'autant plus que Garceau est coprésident du congrès ! Ce sous-amendement est-il recevable ? demande-t-il, n'ayant pas entendu Bouliane, tout à l'heure, dire qu'il l'était.

Le cinquième coup a ricoché. Surpris de la question, Bouliane répond, hésitant : Certainement, je l'ai accepté. Il devrait prendre un ton ferme, couper la parole à l'intrus, puisque le point d'ordre est sans objet — Couché ! — et passer à un autre appel. Mais il retourne la balle à Garceau : Voulez-vous en appeler de ma décision ? (Dans un congrès de ce genre, l'assemblée a le droit de renverser la décision du président sur un point de procédure, par vote majoritaire.) Deuxième prise pour Bouliane. Surpris à son tour, Garceau, impulsif de nature, s'entend dire : « Oui. »

« L'imbécile ! » maugrée Gautrin.

La CJ donne la consigne de voter contre la décision du président.

Le plus important vote du congrès où le PLQ introduit la notion de souveraineté dans son programme va donc porter sur la justesse de la décision du président de reconnaître la recevabilité d'un sous-amendement qui vide de sens la moitié d'un amendement visant à assouplir quelque peu le mode de mise en œuvre du rapport Allaire. Officiel : Le samedi 9 mars 1991, vers 16 h, le Palais des Congrès de Montréal *est* le parlement de la capitale de l'Absurdistan.

Les délégués, qui suivent le débat de plus près qu'on peut le penser, renversent la décision du président à 1000 contre 900 et beaucoup d'abstentions.

Dans un coin, Anctil et Garceau s'engueulent comme des débardeurs. Il faudra longtemps avant qu'ils s'adressent de nouveau la parole.

Le sixième coup s'enraie dans le chargeur. Maintenant que le sous-amendement « conformément » au discours du 23 juin est disparu des écrans, la discussion revient sur l'amendement d'origine, — « négocier » « avec le reste du Canada » au lieu de « présenter » « au gouvernement du Canada ». La chose, on le sait, est inacceptable pour les jeunes et, c'est maintenant clair, pour la majorité des délégués. Gautrin sent que le vote est perdu. Il pourrait, à ce moment, faire introduire le second sous-amendement, « mettre en place » plutôt que « négocier ».

Dans le fond de son cerveau de professionnel de telles assemblées, il espère que Bissonnette va le faire. « On venait de se faire battre sur la recevabilité. On pouvait pas envoyer quelqu'un ! Bon, on aurait pu. On a pris une décision : on a fait une erreur. Mais moi, je suis conscient, avec quelques personnes, qu'on commence à étirer l'élastique du président d'assemblée. Déjà il s'est fait renverser par le congrès. Si c'est encore quelqu'un de notre groupe qui tente de le tester [avec un second sous-amendement non prévu au programme]... On pense que c'est la CJ qui va venir. »

Mais la CJ n'est plus de cette humeur, si elle l'a jamais été. Et on n'a jamais su si Ryan aurait approuvé ce second « compromis *marshmallow* ».

Alors le débat s'engage, après plus d'une demi-heure gaspillée, sur l'amendement initial. Les queues s'allongent derrière les micros. Lavoie-Roux et Cosgrove interviennent. Quelques arguments font mouche.

Tel un gérant d'estrade, Yvon Picotte fouette les jeunes, qui ne sont pas certains d'apprécier ce parrainage. Parlant, toujours, de Ryan, il dit à Bissonnette : « Le vieux ! Va le planter ! Laisse-toi pas faire ! » Aux autres, il lance : « Allez-y au micro, tabarnak ! y'a toujours ben une centaine de nationalistes dans ce parti-là, câlisse ! »

Un peu plus loin, Marc-Yvan Côté discute avec son vieux comparse Gilles Rocheleau, maintenant au Bloc québécois, naguère ministre de Bourassa, comme lui. Dans le coin, se souvient Rocheleau, toujours membre du PLQ, les ministres Cannon, Vallières et Rémillard vont et viennent. « Il y avait toutes sortes de qualificatifs que ces gens-là attribuaient à Ryan, raconte-t-il : Le Seigneur, Dieu le père, Vieux crisse. Ils disaient : "C'est pas lui qui va venir nous dire quoi faire." Il y avait beaucoup d'hostilité. » Y compris de sa part.

« On était tous d'un commun accord et on surveillait Ryan avec son petit groupe d'anglos du West-Island qui amenait des résolutions, puis là on était paqueté sur notre côté pour battre ça à tout coup, l'affaire était *ketchup*. »

Chacun attend l'intervention annoncée de l'ex-chef du parti. « Si Ryan y allait, se souvient Rocheleau, il y en a qui y allaient aussi. J'avais l'impression que Yvon Picotte ou Marc-Yvan Côté ou Rémillard seraient allés. Moi, je m'étais dit que j'irais aussi. »

Non, les billets n'avaient vraiment pas été vendus suffisamment cher.

Bissonnette entend les arguments favorables à l'amendement et juge que personne, parmi les envoyés de Ryan, ne tente d'en réduire la portée, de plaider un quelconque « malentendu ». Pas de quartier, donc. Il se met en branle. Pour la première fois, il va parler.

Le chef des jeunes n'est pas certain que la réception de la salle va être bonne. « C'est impressionnant, des milliers de délégués », explique-t-il. Le président sortant de la CJ connaît des centaines de militants, mais la salle est bondée de visages inconnus. « T'as pas nécessairement la sympathie de tous les délégués. Tu passes ta journée à te faire traiter de "petit péquiste", de "petit baveux", pis t'en viens comme avec le *feeling* que le plancher du congrès est loin de t'être acquis pis que tu vas te faire planter. »

« Quand je suis arrivé pour intervenir, je me suis présenté : "Michel Bissonnette, président de la Commission jeunesse." Il y a eu un *standing ovation*. J'ai vu tout de suite que j'avais le 50 % nécessaire pour pouvoir faire passer n'importe quoi. Ça se voyait, ils étaient par talles ceux qui se levaient pas. À partir de ce moment-là, y'avait plus de danger. »

Ce congrès est historique, dit Bissonnette au micro, « parce que notre chef, Robert Bourassa, après l'échec de l'accord du Lac Meech, a déclaré que le processus était discrédité ». Puisque l'amendement demande de revenir aux « négociations à 11, je pense qu'on doit être contre cet amendement-là ». Applaudissements nourris.

Depuis une heure et demie, les 2700 mains n'ont pas touché à leur cahier. Il reste 56 pages à tourner. Le débat collectionne les redites. Depuis plusieurs minutes, des caméras de télévision tournent autour de la rangée de fauteuils où Claude Ryan et la délégation d'Argenteuil observent l'avancement du désastre.

Cosgrove vient s'asseoir près du ministre.

« Je pense que je vais peut-être être obligé de me lever », lui dit Ryan.

« Si vous avez l'intention de le faire, répond Cosgrove, vous êtes mieux de le faire tout de suite, parce que j'ai l'impression, d'après le *mood* de l'auditoire, que même si vous êtes debout, ils vont clore le débat et vous n'aurez pas la chance de dire ce que vous voudrez. »

« Ils n'oseront pas faire ça », tranche Ryan.

Cosgrove repart. « M. Ryan, c'est pas quelqu'un qu'on bouge facilement, faut en être conscient, raconte Gautrin. Et il prend du temps à se mettre en ligne pour aller au micro parce qu'il pense que le débat va durer longtemps. »

Responsables des opérations de plancher du groupe Ryan, Gautrin et ses adjoints décident : « Il faut envoyer Ryan au micro au plus vite. » L'ordre est transmis par un membre du cabinet du ministre.

Bissonnette, mentalement préparé à devoir donner la réplique à Ryan, ne comprend pas ce qui se passe. Ne le voit pas bouger. Pense qu'il a décidé de se taire. Il s'apprête à donner à un volontaire le signal de demander le vote, la fin du débat. Il n'a pas le temps de le faire.

Le septième coup s'est logé dans l'histoire du PLQ. Un jeune, spontanément, est allé demander le vote au micro. « Je ne me souviens plus qui, dit Bissonnette, mais c'est un bon *move*. Il était temps que ça se fasse. »

En termes de procédure, ça s'appelle « la question préalable ». On n'en débat pas. Normalement, le président d'assemblée regarde qui est encore en ligne pour parler et, s'il voit des figures importantes derrière des micros, demande — fermement — au proposeur de la question préalable de laisser intervenir ceux qui sont déjà debout. Mais Bouliane a beau regarder, il constate qu'aucun ministre, aucun député, aucune célébrité n'est dans la file, ou ne bouge pour s'y rendre. Pour une fois, Bouliane fait son boulot correctement. Il demande à l'assemblée si elle est prête à voter. Elle l'est, massivement, à 95 %.

Alors on vote. L'amendement est rejeté par les deux tiers des délégués. (C'est dire que, parmi les 95 % qui ont accepté de voter tout de suite, on trouvait la quasi-totalité des pro-Ryan, se considérant suffisamment informés pour voter.) Les deux tiers ! La vague est tellement forte que les compteurs de la CJ n'ont pas besoin de doubler ceux, officiels, qui font superbement leur travail. Ce sera Allaire, tel quel.

Parmi les convertis tardifs à la cause allairienne, on distingue nettement Lise Bacon. Elle a « cheminé », explique-t-elle, et « se sent à l'aise » avec le rapport, y compris avec sa position de repli. Le congrès rejettera un amendement auquel elle tenait, mais elle ne s'en formalisera pas. Est-elle heureuse que son vieil ennemi Ryan soit humilié ? Elle ne le dit pas, mais on le lit dans ses yeux. Gérald Tremblay est moins disert, mais il a voté aussi avec la majorité. « Je ne sais pas pourquoi les journalistes disent que je suis un fédéraliste convaincu », dira-t-il à l'auteur. « Je ne sais même plus ce que ça veut dire. » Il est plutôt agnostique, sur la question de l'avenir du Québec.

LES PORTES BATTANTES

Mais la gifle — pas le résultat du vote mais le fait qu'il ait été demandé — est ressentie par les fédéralistes avec une force telle que Gautrin et plusieurs autres jurent « avoir vu » Ryan dans la file d'attente au micro, au moment où le débat s'est abruptement terminé. L'outrage aurait été direct, personnel, calculé. Ce détail est important, car il conditionnera pour longtemps la dynamique au sein du PLQ. La colère embrouille les mémoires. Ryan n'avait pas encore esquissé le geste de se lever quand le débat fut prononcé clos, si tant est qu'il ait vraiment voulu le faire.

Parisella, assis non loin du ministre et témoin de la scène, a ce commentaire dans lequel on ne sait pas encore quoi, de la colère ou de la mémoire, va l'emporter : « C'est faux de prétendre qu'il était pas en ligne ; il était pour être en ligne ! » Cosgrove est plus posé : « Il était pas au micro. Mais il était sur le point de se lever. » Mario Dumont a sa propre lecture des faits : « Ma conviction profonde, là, puis je connais le vieux, là, c'est que Ryan voulait pas aller parler. Pour ne pas perdre. » Mais « si M. Ryan s'était retrouvé derrière le micro, dit Bissonnette, les militants n'auraient jamais osé demander le vote sans qu'il se soit exprimé ». Il n'existe aucune raison d'en douter.

Reste qu'à partir de ce moment et pour la suite de l'histoire, Ryan, Parisella, Cosgrove, Gautrin, la femme de Loth et tous les fédéralistes du parti tiendront la CJ, Bissonnette et Dumont coupables du crime. Ils ont coupé la parole à quelqu'un qui allait peut-être se lever pour aller la prendre. Ça ne pardonne pas. Et ça jette un discrédit sur toute l'opération du congrès. Le blâme vient de haut.

« C'était un congrès-jeunes, là, à toutes fins pratiques, dit Parisella, encore furieux deux ans plus tard. Ça se fait, hein ? C'est superfacile la "stratégie-intervenants". Inquiète-toi pas, ça se fait. Tu contrôles les micros. T'as tes *walkie-talkies* en ligne, pis comme ça, tout de suite quand tu spottes quelqu'un qui va être contre, t'as quelqu'un qui appelle le vote. Ça se fait. [...] Moi je le sais, j'avais du monde qui étaient installés dans la salle, qui l'ont vu faire. Il y a eu définitivement une gestion de micros, bien organisée, bien concertée. »

Bissonnette ne nie pas s'être organisé, au contraire. Mais il rapporte avoir été débordé par la spontanéité de beaucoup d'interventions et n'avoir presque pas eu à utiliser ses ressources. Gautrin, qui dirigeait sa propre « stratégie-intervenants » pour le camp Ryan, en veut à la Commission jeunesse d'avoir mis fin au débat. Mais il ne pense pas pour autant que l'assemblée ait été « paquetée », que la CJ avait le pouvoir de la diriger. Il pense qu'elle s'est politiquement égarée, c'est différent*.

Mais Parisella, ancien directeur général du parti, n'en démordra jamais. « C'est pas libéral ce que vous faites ! » dit-il à Bissonnette. « C'est pas le Parti libéral, ça. » Le congrès de mars 1991, comme le rapport Allaire, sont une aberration, une fabrication, une machination.

Louise Bégin vient traiter le président de la CJ de « petit crisse de baveux », et son geste est repris par quelques responsables d'associations ouest-montréalaises.

---

* Deux autres témoignages, sur ce point. Une ancienne présidente du parti, Lise Bacon, observe sobrement : « Les jeunes avaient travaillé. Mais si les aînés n'avaient pas fait leurs devoirs, ce n'était pas de la faute des jeunes ! » Pierre Bibeau, qui a enseigné aux uns et aux autres le *b-a ba* de l'organisation libérale, affirme : « Au congrès du parti, ça a pas été du tripotage, du tordage de bras pour que les gens s'expriment. C'était vraiment la volonté des délégués qui étaient là, et jusqu'à preuve du contraire, les délégués étaient représentatifs de leurs milieux. »

Daniel Johnson est assis sur une table, dans un corridor. Curieusement, Johnson, l'homme de principes, s'est esquivé pendant le vote. « J'ai été appelé au téléphone », dira-t-il dans un sourire complice. Il voit passer Jean Allaire. Il lui lance, railleur : « T'es content ? » Il se console en devisant avec quelques badauds sur le lieu où réside le vrai pouvoir : « Il y a 3000 délégués au congrès, 300 au conseil général, 30 ministres au gouvernement. » Soit dit entre démocrates.

Un ministre francophone fédéraliste tient Anctil pour responsable du désastre : « Je viens de voir la plus belle opération de *highjacking* idéologique qu'il m'ait été donné de voir », lui crache-t-il au visage, l'accusant d'être « au cœur de la manipulation ». Un ministre anglophone, Christos Sirros, sarcastique, lui demande, en anglais : « Alors, comment te sens-tu ? »

« Je suis désolé que ça ne se soit pas déroulé de façon plus hospitalière pour vous », répond Anctil, aussi en anglais, à Sirros qu'il considère comme un frère d'armes.

« *You know ? I don't think you mean it !* rétorque le ministre. (Tu sais ? Je ne pense pas que tu sois sincère !)

Dans le quartier des Picotte, Côté, Rocheleau et compagnie, l'atmosphère est à la fête. « C'étaient des gens heureux, rapporte Rocheleau. C'étaient des gens qui avaient gagné. Marc-Yvan et Picotte, ce sont des gens émotifs et quand ils gagnent, ils s'exclament. »

Jean Lapierre, assis avec les Lemieux, Farrah et Marcil, jubile. « On était partis ! Pis là on était très contents d'être allés au Bloc, parce que notre parti venait de nous rejoindre ! »

Plus cérébral, Rémillard part à la recherche de micros. « J'interprète ce vote, dit-il lorsqu'il en a trouvé un, comme la confirmation par les militants de ce que le premier ministre a déclaré. J'ai voté pour qu'il soit clair que nous ne retournerons pas nous asseoir à 11 avec un Clyde Wells qui n'a pas honoré sa signature. »

Mais qu'est-ce que c'est, ce brouhaha, vers la sortie ? Un petit mouvement de foule. Une agglomération de caméras. C'est Claude Ryan. Il a franchi une des portes battantes de la salle. Il est sur la grande mezzanine. Il s'en va. Ryan dira à Bourassa qu'il avait cherché une porte discrète, mais n'en avait pas trouvé. Ryan dira qu'il partait pour une réunion administrative prévue de longue date. Ryan dira beaucoup de choses. Mais pour l'instant, sous les projecteurs, il en dit juste assez.

« Je suis déçu, évidemment... Le débat aurait dû se prolonger davantage. Plus de militants auraient dû se faire entendre. » Lui-même avait l'intention d'intervenir, avant « le glissement du débat » sur la question de procédure, mais n'en a pas eu le temps. Puis, une seconde fois, « je m'apprêtais à intervenir, mais le vote a été demandé ». Où va-t-il ? demandent les journalistes. (Une journaliste de la télé de Radio-Canada, entre autres, certaine du pôle d'attraction que constitue son média, lui crie : « Par ici, Radio-Canada, monsieur Ryan, par ici ! » Ryan l'ignore.) « Ces choses sont si importantes qu'il faut prendre le temps de réfléchir », dit-il. Ces choses ? Quelles choses ? « Je dois consulter les gens... réfléchir à tout ce qui regarde l'avenir... je vais mesurer toutes les implications de ce résultat... dans ces grandes choses-là, on n'agit pas seul. » Tout s'éclaire : il y a de la démission dans l'air. La nouvelle se répand. C'est une traînée de poudre.

De la salle, quelques centaines de délégués fédéralistes suivent Ryan, sans précipitation. Une hémorragie.

Dans le coin des Picotte, Côté et Rocheleau, la réaction, rapporte ce dernier, est lapidaire : « Que le diable l'emporte, vieux bon dieu, qui s'en aille ! » Chez les jeunes, on n'écrase pas de larmes. « Ryan, ça nous faisait rien, dit Dumont, parce que les jeunes l'haïssaient tellement, tsé, c'est pas disable ! C'était une joie qu'il soit plus dans la salle, probablement pour 90 % des jeunes, là. J'ose même pas situer dans quel pourcentage j'étais ! » En fait, plusieurs à la direction de la CJ espèrent qu'il démissionne. « Ça enlèverait du poids de l'autre côté et ça viendrait confirmer à quel point on s'en va dans une direction », explique l'un d'eux.

Des députés nationalistes, comme Saint-Roch, prennent la chose avec plus de philosophie : « Tu fais pas d'omelette sans casser des œufs. M. Ryan a fait une bonne bagarre. Mais en politique, il faut savoir quand entrer et quand sortir. C'est le vœu du peuple. »

Sortir. C'est ce qu'ils font. Bill Cosgrove, les députés Cosmo Maciocia, Louise Bégin, Huguette Boucher-Bacon, Yvan Bordeleau, Michel Tremblay et Jean-Claude Gobé, qui, lui, rameute des comparses, comme Gautrin, et les entraîne à sa suite. Ils vont tous dans la grande salle des Affaires municipales. En comptant les militants, ils sont une cinquantaine à écouter Ryan réfléchir tout haut sur son avenir.

« J'envisage très sérieusement la possibilité de démissionner. Je dois parler à un certain nombre de personnes. » Et il leur explique que, de tout temps, il a gardé sa lettre de démission dans sa poche, s'est ménagé une sortie. C'était vrai au *Devoir*, c'est vrai aujourd'hui.

Selon Gautrin, plusieurs des militants et quelques élus lui disent : « Si vous démissionnez, nous, on vous suit. » Jean-Claude Gobé se souvient d'avoir confié alors à ses proches : « Peut-être que je vais remettre en cause mon engagement politique. »

Courroucé, lésé, choqué, Ryan parle longtemps. Du manque de respect et de démocratie. De cette souveraineté déguisée qu'on lui présente. De l'intransigeance des nationalistes. Du refus de prendre en compte ses recommandations du début de janvier. De l'illogisme du rapport qui s'en est suivi. Du fait qu'à moins de se déclarer souverain, le Québec est une province, et qu'une province ne peut refuser de négocier à 11. Et du fait qu'ils ne lui ont même pas permis de sauver la face.

Jean-Claude Rivest, ce jour-là « commente » le déroulement du congrès sur les ondes de CKAC avec le péquiste Claude Charron. Voyant la caravane de députés anglophones partant s'agenouiller devant Ryan, il offre aux auditeurs une de ses tirades les plus cyniques : « C'est extraordinaire la politique ! Tous ceux qui vont supplier Claude Ryan de rester dans le parti sont exactement les mêmes députés qui se sont dissociés du même Claude Ryan en 1981, quand il s'est opposé au rapatriement de la constitution. Ils ont voté contre la motion [du PQ que Ryan avait appuyée ; le député Rivest, lui, l'avait soutenu]. Et c'est ce rapatriement qui est à l'origine du problème que nous vivons ! »

La séance de défoulement collectif des fédéralistes orthodoxes dure de 17 h à plus de 19 h. Cosgrove voit Ryan à part, avant de prendre congé. « Il avait pleinement l'intention de partir, dit-il. Il m'a dit qu'il aurait beaucoup aimé, réellement aimé, travailler avec moi au sein du gouvernement. [Cosgrove avait été défait en 1989]. Qu'il espérait qu'un jour j'allais m'y trouver. C'était sa façon d'exprimer la décision qu'il avait prise, de ne plus y être. Il avait dit aussi à son personnel qu'il s'en allait. »

Ryan profite de ce moment pour vérifier une information avec Cosgrove, ex-membre du comité Allaire. « Avez-vous eu connaissance de mon texte du 10 janvier, est-ce que le comité l'a vu ? »

« Non », répond Cosgrove. Ah ! « C'est ce que je soupçonnais », dit-il. Il n'y a rien à ajouter. La preuve est là. On ne veut plus de nous.

Parisella l'appelle. Bourassa l'appelle. « Je suis en réflexion », répond Ryan.

« Il concluait que la discussion aurait pu être plus ouverte et que le rapport Allaire avait été une orientation très risquée, se souvient Bourassa. J'avais confiance, étant donné qu'on était un peu sur la même longueur d'ondes, qu'il resterait. » Confiance, d'autant plus que Bourassa n'en est pas à sa première menace de démission de Ryan. Le ministre l'avait brandie au moment de l'adoption de la loi 178, du débat sur le financement des universités et de celui sur la réforme de la formation de la main-d'œuvre.

L'amertume de Ryan ne se nourrit pas seulement de l'affront constitutionnel qu'il a subi aujourd'hui. Elle mord solidement dans le dossier de la réforme fiscale, entre autres. Un proche du ministre explique à un journaliste le lendemain que Ryan « est un peu tanné d'être le seul à prendre tout le blâme dans des dossiers controversés comme les frais de scolarité ou la fiscalité municipale, alors qu'il ne fait qu'appliquer les décisions des Finances et du Conseil du trésor ». Gautrin confirme le même jour que Ryan « sent ses collègues lui tirer le tapis sous les pieds » à propos de la réforme de la fiscalité, et qu'il apprécierait un peu plus de solidarité.

Comme il le fait dans les moments graves — sa décision de se lancer en politique en 1977, celle de quitter la chefferie en 1982 —, Ryan appelle à ses côtés ses deux plus solides conseillers. Ses deux frères, Yves, maire de Montréal-Nord et Gérald, juge à la Cour supérieure du Québec. Il parle aussi à ses grands enfants. Selon une version, quand il les aborde, c'est pour leur dire que le sort en est jeté. Qu'il ne peut plus reculer. Ce serait se dédire. Il n'utilise pas le mot raclée, ni l'expression « humiliation publique ». Mais il le pourrait. Pourtant, tous lui conseillent de rester. Tous lui disent qu'il est plus utile en dedans qu'au-dehors. Que la politique de la chaise vide n'a jamais rien donné. Gautrin, aussi l'implore au téléphone de ne pas laisser le groupe fédéraliste du caucus sans gouverneur, sans gouvernail.

Michel Roy, son ancien employé et collègue, récemment devenu conseiller constitutionnel de Brian Mulroney, le joint au téléphone en fin de soirée : « Surtout, lâchez pas le parti, quand même ! lui dit-il. Vous allez pas faire une folie pareille sur un coup de tête ! » Ryan peste, au bout du fil, contre « la machine de la Commission jeunesse », mais il semble déjà un peu plus calme. Fatigué peut-être. Ou flatté. Car on s'occupe de lui. On lui dit combien il est indispensable. Des gens importants lui font la cour en ces heures difficiles.

Brian Mulroney l'appelle : « C'est de la folie, lui dit le premier ministre, parlant du congrès. C'est un parti qui a perdu le nord. » Il lui parle de ces « jeunes hors de contrôle ». Sans l'inciter spécifiquement à rester — Mulroney considère que ce n'est pas à lui de faire ça —, il lui dit « j'ai vu pire que ça moi, Claude » parlant sans doute des conservateurs ingrats qui lui avaient préféré Joe Clark au congrès de 1976, une défaite que Mulroney n'a jamais complètement avalée.

« Vous seriez surpris de savoir qui m'a appelé », dit encore Ryan.

RAPPORT ? QUEL RAPPORT ?

Quand l'équipe du premier ministre se réunit, le dimanche matin, la « crise Ryan » fait toujours rage. S'il part, plusieurs le suivront. Même les ministres anglophones qui préféreraient rester seraient mis dans une situation intenable. Comment expliqueraient-ils leur immobilisme à leurs électeurs, si Ryan, un francophone, avait claqué la porte ? Herbert Marx, ministre mécontent de la loi 178, avait été presque éjecté de son siège par ses partisans en furie. Personnellement, Marx aurait préféré rester, mais aurait-il fallu qu'il rase les murs de sa circonscription* ? Les conseillers de Bourassa font leur calcul : six, sept départs peut-être. Le filleul politique de Ryan, Daniel Johnson, plus fédéraliste

---

* L'adoption de la loi 178 fut considérée comme une trahison d'une promesse du PLQ à la communauté anglophone de rétablir l'affichage bilingue en tous lieux. Herbert Marx a constaté que sa démission était inéluctable lors d'une réunion de son association libérale de D'Arcy McGee, où il voulait annoncer au contraire qu'il restait au gouvernement. À la réunion, un membre de l'exécutif a relevé sa manche, montré le numéro dont il avait hérité d'un passage à Auschwitz, et a dit : « J'ai vécu ça une fois, je ne veux pas le vivre encore. » Un autre membre a interrompu Marx dans son petit discours pour lui dire : « Quelle que soit ta décision, Herb, on va comprendre. Mais souviens-toi de Victor Goldbloom [ministre de Bourassa en 1974]. Quand il n'a pas démissionné après la loi 22 [reconnaissant le français comme seule langue officielle], nous lui avons craché à la figure. Alors si toi, tu décides de rester, on va comprendre. Et on va te cracher à la figure. »

encore que le parrain, vivrait une crise politique aiguë. Et il n'y a pas que les élus. Beaucoup de militants anglophones de premier plan iraient grossir les rangs du Parti Égalité.

Parisella, Anctil, Rivest tombent d'accord : il faut rectifier le tir dans le discours que Bourassa doit prononcer ce dimanche après-midi. Bourassa lui-même le leur demande. C'est dommage, car dans ce discours de clôture, le premier ministre devait se tourner vers le Canada anglais, brandir le document constitutionnel fraîchement et massivement adopté par ses militants comme sa nouvelle arme chimique et se servir, pour la première fois, du nouveau rapport de force établi en sa faveur par son parti.

Exit l'appel au Canada. *In* l'appel à Ryan. Il n'y a pas que ça. La sortie du ministre, et les événements qui l'ont entourée, ont donné au congrès, donc au parti, une tonalité cassante, sectaire, qu'il faut contrebalancer. Anctil, qui a le sens de la formule, en trouve une. Il faut dire : « Le PLQ lance un message de fermeté, pas de fermeture. » Joli. Le fait que le Congrès ait adopté, avec une faible majorité, l'amendement permettant au Canada de garder le Sénat, à condition de le réformer, est un de ces signes de « non-fermeture ». Il y en a d'autres. On fait la liste, qu'on remet au patron.

Parisella a une tâche urgente : retrouver Cosgrove, qui a disparu. Quelqu'un l'a vu, à un atelier du matin, puis il s'est éclipsé. « J'avais décidé de quitter le parti », explique-t-il. Il va se recueillir à la messe, puis en revenant, trouve trois messages de Parisella sur son répondeur. « Tu ne peux pas faire ça à M. Bourassa, lui dit-il quand il le tient au bout du fil. C'est ton ami. Il prépare un discours que tu vas vouloir entendre et tu dois être présent. » Si tu n'en es pas satisfait, ajoute-t-il, tu pourras repartir.

De retour à la salle du congrès, endroit dorénavant maudit, Cosgrove hésite quand on demande aux membres de l'exécutif, dont il fait partie, de prendre place sur l'estrade, derrière le podium, pour l'arrivée du premier ministre. Il y monte à regret. Il y retrouvera bientôt le sourire.

Les caméras tournent. Le discours est retransmis en direct. Ryan écoute, à distance. Robert Bourassa regarde ses petites fiches. Il a préparé un bon couplet sur Ryan. « Je regrette que l'ancien chef du parti ait été désappointé, mais je voudrais l'assurer que ceci n'altère d'aucune façon la profonde admiration que nous avons pour lui et pour son travail exceptionnel. » Ovation de la foule.

Les libéraux sont polis, mais généralement pas exubérants, surtout avec Ryan. S'ils se lèvent presque tous pour le saluer ainsi, c'est que les permanents du parti, disséminés dans la salle, donnent le signal. « Je me souviens des permanents politiques dans les allées qui disaient : "Envoye !" » se souvient Michel Lalonde. Il y a de ces spontanéités qu'on doit organiser.

Bourassa flatte mais, sur le fond de sa divergence avec Ryan, ne flanche pas. « J'ai moi-même personnellement dit, au mois de juin, que la formule d'amendement constitutionnelle était discréditée, et je ne parlais pas sous le coup de l'émotion, précise-t-il. Je parlais à la suite d'une expérience personnelle, de même que celle de mes collègues et de mes prédécesseurs. » L'engagement n° 1 est donc reconfirmé. C'est bon à savoir. Cependant, il donne à Ryan un mot qu'il cherchait : « négocier. » « Nous négocierons avec le gouvernement fédéral », dit-il. Les « présentations », c'est bon pour la Vierge Marie et l'Enfant Jésus. Tant pis pour le « compromis d'Outremont ».

Dans le coin des ministres francophones, on commence à trouver le temps long. « On murmurait "Ouin, c't'assez" ; "On'n'a assez entendu" ; on avait notre voyage ! » se souvient Rocheleau. Les libéraux sont polis et respectueux. Mais plusieurs qui, dans cette salle, ont mal digéré le *leadership* de Ryan, de 1978 à 1982, savent que le ministre n'a jamais été prodigue d'éloges à l'endroit de quiconque — et encore moins à l'endroit de Bourassa — et qu'il n'y a donc pas beaucoup d'ascenseurs à renvoyer. « Il y a des vieilles blessures, dit un député, il faut pas que tu grattes longtemps pour que ça refasse surface. » Et puis, c'est bien beau de louanger le *leader* de la minorité, mais la majorité aimerait un peu de fleurs, aussi. « J'ai eu de la difficulté à rester sur le plancher », dit le député Jean-Guy Lemieux. « J'ai jamais compris ce discours de M. Bourassa, là, pour temporiser les choses, pour ramener M. Ryan. Est-ce qu'il aurait fait pareil pour nous [les nationalistes] ? J'en suis pas certain. » Rocheleau peste de même : « C'était quand même pas à nous autres de partir, on venait de remporter une victoire absolument écrasante ! »

Pas si vite ! Le rapport qu'ils viennent d'adopter et celui que le premier ministre va maintenant décrire, en direct et en couleurs, n'est pas tout à fait le même. Le rapport n'a pas été adopté tel quel, insiste-t-il. Les militants libéraux, le Parti libéral, se sont montrés souples, flexibles et ouverts, comme à leur habitude. D'abord le Sénat. On a accepté de le réintroduire. Ensuite, un amendement sur la charte des droits fut adopté, un autre sur la contribution historique des communautés allophones et anglophones du Québec. Vous voulez de l'ouverture ? En voilà.

« Mon objectif, expliquera Bourassa, c'était de mettre en relief les changements qui avaient été apportés dans la journée de samedi et qui étaient passés inaperçus. » Certains changements étaient cependant « passés inaperçus » pour une bonne raison. L'amendement 56, dernier du cahier, proposé par des nationalistes contre la volonté de la Commission jeunesse, reprenait le débat de « la réforme à prendre ou à laisser », et voulait faire en sorte que le congrès déclare la réforme proposée : « complète, finale et non négociable. » Dumont et Bissonnette considéraient que ce détail était déjà réglé, à l'amendement 5, avec le triomphe du mot « présenter » contre le mot « négocier .» À 22 h 30 le samedi soir, après sept heures de débats, alors que la salle se vide, le nationaliste ayant proposé l'amendement 56 décide de le retirer, à la grande joie de Mario Dumont. Il n'a donc même pas été voté.

Le dimanche après-midi, Bourassa utilise cet exemple comme s'il s'agissait d'un point central de la discussion de la veille. « On avait retiré l'amendement disant que c'était à prendre ou à laisser, alors j'ai mis ça en relief, raconte Bourassa. J'ai dit : "Écoutez, là, le rapport a pas été adopté tel quel." » C'est une figure de style. Aucun des amendements auxquels la Commission jeunesse s'est opposée n'a été adopté. Les militants du parti fédéraliste du Québec ont plutôt passé la journée à repousser 48 tentatives de canadianisation du rapport le plus autonomiste jamais adopté par le PLQ. Jean Allaire lui-même n'a pu convaincre le Congrès d'adopter une modification pour corriger « un oubli » quant à la définition de la formule d'amendement.

Bourassa n'en a cure. Mieux encore qu'à La Pocatière, il présente les changements minimes, et l'amendement 56, comme les joyaux du rapport Allaire, ses organes vitaux. Le Parlement commun, le droit de taxation qu'il a lui-même fait introduire dans le texte en janvier en sont le cœur et le cerveau. Loin d'expliquer l'anatomie du rapport, il en fait l'autopsie. Le draine, le dépece, l'éviscère. Il le tripatouille, c'est sûr. Mais surtout, il l'étripaille. Quand il a fini, il est méconnaissable.

À ceux qui n'auraient pas compris son intention de jeter Allaire au panier, Bourassa explique qu'il a droit à une marge de manœuvre dans l'application des désirs du parti : « Le gouvernement applique 80 % du programme du parti », déclare-t-il. Les habitués notent que la marge de manœuvre vient de doubler, car Bourassa a l'habitude d'utiliser le chiffre 90 % pour ce genre d'équation invérifiable.

Puis il frappe encore. Encore plus fort. Comme à son habitude, il avait lu son texte, à l'avance, à son public privilégié : Jean-Claude Rivest. Son conseiller, alors immergé dans le *sprint* final de la commission Bélanger-Campeau, comptait beaucoup sur le congrès et le rapport Allaire pour donner un électrochoc au Canada anglais. À son avis, l'opinion publique canadienne-anglaise « avait manifestement pas compris » que Meech n'était pas « un échec constitutionnel comme y'en avait eu 50 000 dans l'histoire et que c'était pas banal. Dans ce sens-là, c'est important de faire quelque chose. » Exemple ? « Le rapport Allaire, c'est exactement dans cette ligne-là. » À cause de la crise Ryan, Rivest a approuvé le changement de ton apporté au discours de clôture du congrès. Mais Bourassa fait exprès de ne pas lui lire la phrase clé, celle qui fera la manchette, et que Rivest découvre avec effroi, de son siège de commentateur à CKAC : « Il nous faut, comme premier choix, développer le Québec à l'intérieur du Canada, dans une structure fédérale. » Structure fédérale ? Premier choix ? Rivest veut bien que Bourassa y croie, il ne veut pas qu'il le dise. Il voit déjà les manchettes canadiennes du lendemain. (*Canada First Choice of Liberals, Bourassa says,* titrera effectivement le *Globe and Mail.*) Adieu l'électrochoc ! On en est réduit à l'électrolyse, sur un ou deux poils irritants tout au plus. « Il me l'a pas lu avant, dit-il. Il a dénaturé » le congrès. « J'avoue que j'étais un peu inquiet après le congrès, explique Rivest un mois plus tard. Dans le fond, Bourassa est terriblement déroutant. »

Rivest n'est pas le seul à le penser. Guy Bélanger déclare : « Mon congrès s'est terminé samedi soir ! » C'est Mario Dumont, nouveau président de la Commission jeunesse, qui subit l'électrochoc. « J'ai comme réalisé, tsé, que ça allait pas ben mon affaire, là. J'allais avoir un mandat pour le moins tumultueux. [...] Les premières entrevues, une demi-heure après le discours de Bourassa, immédiatement devenu "un discours historique" par sa volte-face par rapport aux positions votées par le congrès... Aye ! là j'ai patiné pas à peu près. [...] Il fallait dire que non, que ce qui avait été voté, c'est ça qui était important. Tsé ? Des fois tu dis aux journalistes des choses que tu sens que, si t'étais assis dans ton salon à te regarder parler à la télé, tu te croirais pas. Pis ça, ce jour-là, ça en faisait partie. »

Dumont rencontre Bourassa. C'est leur premier tête-à-tête.

« C'est pas exactement le discours que j'attendais », se plaint le président des jeunes.

« Ah ! Les réactions du Canada anglais ont été mauvaises. Quand ils ont vu leurs journaux ce matin, ils trouvaient pus ça drôle, dit un Bourassa pour sa part assez guilleret. Mais c'est correct, t'inquiète pas... »

L'apprentissage est rude. Dumont commence à comprendre. Bourassa a le pouvoir de faire que les mots signifient autre chose que ce qu'ils veulent dire. Bourassa est le maître. Un point c'est tout.

Le PM donne ensuite une conférence de presse. Il va s'amuser avec les journalistes pour la deuxième fois en trois jours. Ryan « n'est pas un lâcheur », leur dit-il, admettant n'avoir pas de garantie qu'il reste. Pas de garantie, mais une bonne idée. Car selon l'expression qu'il utilisera plus tard en privé, il pense avoir « fait le nécessaire pour que [la démission] ne se réalise pas ». Pas tout à fait.

En partant, il croise Gilles Lesage, du *Devoir,* un vétéran de la tribune de la presse de Québec.

« Êtes-vous satisfait ? » demande Bourassa, narquois

Satisfait des réponses de Bourassa ? Voilà qui serait rare. Lesage lui répète la question que lui posait il y a un moment un éminent collègue anglophone, Graham Fraser, du *Globe and Mail* : Doit-on interpréter le congrès à la lumière de l'adoption presque intégrale du rapport Allaire, ou selon le message final, fédéraliste, du chef du parti ?

« Mais, je me situe au milieu, au centre, voyons. *In medio stat virtus.* »

« Comme au collège ? » demande Lesage, qui était d'un an le cadet de Bourassa, au collège Brébeuf.

« C'est en plein ça », fait-il en éclatant d'un grand rire, s'éloignant ensuite, entouré de sa famille et de ses gardes du corps.

Tout baigne !

Entrez donc, M. Ryan, faites comme chez nous...

Ryan se présente rue Maplewood à 21 h. Il vient confesser le premier ministre. Mieux, il vient l'exorciser des démons allairiens et des diablotins comme Rémillard.

Il arrive d'assez bonne humeur, si on en juge par la conversation qu'il vient d'avoir avec son ami Gautrin. « Il était flatté du discours, raconte le député. Très flatté. Très, très, très flatté. Quand je dis ça, c'est l'interprétation personnelle que je fais d'un homme que je respecte et que j'aime beaucoup et dont je connais bien, aussi, les petits défauts et les petites vanités. »

Au-delà de l'orgueil, Ryan a bien aimé l'exercice de détournement du rapport Allaire auquel Bourassa s'est livré. « Il est vrai qu'il faut que je prenne en considération que M. Bourassa a replacé tout le congrès dans une perspective tout à fait différente, ce qui fait que ma position peut être différente », dit-il.

Bourassa et Ryan. Un tête à tête exquis et exceptionnel. Ces deux-là vont rarement dans les coquetels, ne s'y croisent donc pas, et ne se fréquentent jamais, hors des heures de bureau. Car ils ont tout un passé. Ça s'était plutôt bien engagé, entre les deux. Ryan était depuis 1964 le directeur du *Devoir* et la conscience de l'intelligentsia modérée. Quand Bourassa devient chef libéral au début de 1970, Ryan lui donne sa bénédiction, notant en éditorial que « M. Bourassa annonce un gouvernement inspiré par le réalisme, la sobriété et la discipline » et louant « le fonctionnalisme rationnel de cet homme qui étudie avant de parler, qui sait non seulement compter mais aussi lire, qui tient en toutes circonstances un langage responsable ». En fait, Ryan avait déjà constaté une étonnante convergence entre sa propre vision des choses et celle de Bourassa. Ce n'était pas un hasard. Jeune premier de l'opposition libérale, de 1967 à 1970, Bourassa avait écrit quelques articles pour *Le Devoir*. Un de ses anciens collègues du caucus raconte sa technique : « Si *Le Devoir* me demandait d'écrire un article sur un sujet donné, je fouillais dans mes idées et puis je l'écrivais. Pas Bourassa. Lui, il relisait d'abord tous les éditoriaux de Ryan des derniers six mois et analysait sa ligne de pensée. Ensuite, il écrivait son article en reflétant plus ou moins fidèlement cette ligne de pensée. »

Une fois élu, le jeune premier ministre, au moment de déposer un projet de loi important, en envoyait une copie à Ryan, qui le lui corrigeait. Un jour de 1972, Bourassa omet de consulter Ryan avant un remaniement ministériel. Patatras ! Le lendemain, l'éditorial est titré : « Le triomphe de la médiocrité. » « Ryan m'était précieux, dira plus tard Bourassa, c'était un des rares intellectuels qui nous appuyaient. » Enfin, parfois... (René Lévesque fut puni de ne pas avoir recherché l'*imprimatur* du pape du *Devoir*. « J'étais accoutumé à ce que les gouvernements respectent mon journal, me respectent et tiennent compte de mes opinions. J'ai vite compris que le gouvernement Lévesque serait différent », expliquera Ryan sans pudeur. Les éditoriaux seront vengeurs. « C'était la guerre », résumera Michel Roy.)

Ryan avait cependant été extrêmement critique de la position de Bourassa pendant la crise d'octobre 1970. Il avait même évoqué en petit comité la possibilité de le remplacer par un gouvernement de salut public — ce qui avait déclenché des rumeurs folles de putsch, alimentant le climat de panique. Quand le calme fut revenu, Ryan avait incité Bourassa à dire non à Trudeau, après la conférence constitutionnelle de Victoria, en 1971, où le Québec ne s'était fait offrir que des « miettes », écrivait Ryan. À partir de 1974, les éditoriaux de Ryan étaient devenus grinçants. « J'étais de plus en plus frustré, résumera-t-il. J'estimais que le gouvernement Bourassa ne livrait pas la marchandise. Dans le domaine social, le premier ministre avait perdu tout crédit à tort ou à raison. Et on disait qu'il avait perdu beaucoup de son autorité sur le cabinet. J'avais du mal à le prendre au sérieux comme homme public. Après six ans de pouvoir, il patinait et refusait d'aborder franchement la situation. Je me disais que ce n'était pas le genre de *leadership* que méritaient les Québécois. » Deux jours avant l'élection du 15 novembre 1976, Ryan souhaitait en éditorial la défaite des libéraux, dans le but de « les obliger à réviser en profondeur leur *leadership* ». Et il allait bientôt prendre, à la tête du PLQ, la place du *leader* déchu. En 1981, quand Ryan dirige l'équipe libérale à l'élection qu'il est certain de gagner, il fait un geste que d'autres auraient jugé irréparable. À Bourassa qui veut se représenter, même pour accéder à une fonction mineure, Ryan annonce : « Je préfère perdre sans vous que gagner avec vous. » Ryan perd. En 1983, presque expulsé, à son tour, du siège du chef, il appuiera Johnson contre Bourassa, le revenant.

Il est donc stupéfiant que le ressuscité de la politique québécoise accepte, contre les avis de Lise Bacon entre autres, de garder Ryan à ses côtés pour l'élection de 1985. Il lui confie le dossier de l'éducation. « S'il réussit, mon gouvernement va en tirer profit, explique Bourassa. S'il échoue, j'en serai débarrassé. » Il n'a pas échoué. Au contraire, Ryan a servi à la tête de plusieurs ministères avec efficacité, sinon avec brio. Il a apaisé les esprits après le choc de la loi 178, dégelé les frais de scolarité. Le voilà chargé de taxer les villes, de garder la marmite autochtone à un niveau de bouillonnement raisonnable, de tenir la Sûreté du Québec en laisse. Personne n'est irremplaçable, c'est certain. Mais le cabinet ne compte pas suffisamment de forçats en son genre pour que Bourassa le laisse aller aussi facilement.

Et puis, parlons franc, l'épisode du congrès sert admirablement le chef libéral. Lui qui cherchait depuis trois mois un contrepoids à la Commission jeunesse et aux nationalistes, voici qu'il a trouvé son épouvantail anti-souverainiste. Ce fut une bonne occasion de changer de cap, de prendre la bretelle de sortie de l'autoroute Allaire. La colère de Ryan fut un don du ciel. Heureusement qu'il a pris la grande porte battante pour sortir de la salle du congrès. Heureusement qu'il a rencontré la meute de journalistes, qu'il a bâti ce psychodrame. Sinon, la tonalité souverainiste des débats aurait été incontrôlable, indomptable.

Mais voilà, c'est fait. La tâche est accomplie. Le virage est pris. Pour peu que Ryan reste au gouvernement, Bourassa n'a plus vraiment besoin de lui, sur ce dossier. Il ne le lui dira pas. Ryan s'est fait avoir, hier, par la foule. Il va se faire avoir, ce soir, par le chef.

« Il était heureux de la réaction de la salle à la mention de son travail, à la mention de sa contribution au gouvernement, raconte Bourassa. Alors on a parlé des autres problèmes*. »

Il y en a quelques-uns. En ce qui concerne la réforme fiscale, c'est réglé. Parisella a déjà annoncé, plus tôt dans la journée, que « M. Ryan a l'appui inconditionnel de M. Bourassa ; il n'est pas question que nous reculions, tout le cabinet est derrière le ministre Ryan ». Dans les semaines qui vont suivre, les ministres et députés rebelles sentiront qu'il est désormais mal vu de critiquer Ryan sur ce point.

Miséricordieux, Ryan est prêt à passer l'éponge sur les incartades de la CJ cette fois-ci. Mais pas question d'absolution. Il ne faut pas que ça se reproduise. Il demande à Bourassa de faire modifier les statuts du PLQ pour que les jeunes cessent d'y exercer un tel ascendant. « Ces gens-là ont matraqué le congrès, dit-il, et le plus dramatique, c'est qu'ils n'en sont même pas conscients. »

Oui, oui, oui, promet Bourassa, on va s'attaquer à ça, il faut qu'on change ça, ça n'a pas de bon sens. Dès que l'occasion se présentera, bien sûr. Ce ne serait pas le moment tout de suite. Ryan l'admet, il reviendra à la charge, dans une autre conversation, avant la fin de l'année, et Bourassa renouvellera son engagement de faire modifier le règlement. On attend toujours.

Passons aux choses sérieuses. Ryan a une vraie condition à poser : il veut être consulté, à partir de maintenant, sur la conduite des affaires constitution-nelles. Mais, acquiesce Bourassa, comment pourrais-je me passer de vos lumières ? Bien sûr. D'ici peu, un comité interministériel formé de trois ou quatre ministres essentiels, comme vous, sera mis sur pied pour piloter cette affaire importante. Le comité sera chargé de la planification stratégique du dossier. J'en ai parlé à Rémillard, il est d'accord. (Comme s'il avait le choix !)

« Je lui ai dit qu'il serait conseiller, confirme Bourassa. C'est quand même très important de l'avoir. Il connaît ça, il a écrit le Livre beige. »

Ryan est arrivé à la toute fin de sa liste. Son épicerie est complète.

---

*   Note de l'auteur. Partout dans ce livre, les récits et les dialogues rapportés l'ont strictement été à partir de quatre types de sources : un participant à l'action décrite, un témoin direct, un enregistrement ou une source documentaire (mémo, transcription). C'est la « règle de preuve » adoptée pour ce livre. Lorsque les versions divergent, ces divergences sont indiquées. Cette règle souffre d'une seule exception : dans le cas de la rencontre Bourassa-Ryan, une partie de la description provient de Bourassa, mais pas l'ensemble. Une autre partie provient du récit que Ryan en a fait à un proche que l'auteur considère comme digne de foi et bon « rapporteur ». Les fragments de dialogue provenant de cette source ne sont cependant pas indiqués ici entre guillemets.

« Il m'a dit qu'il restait. Ça ne m'étonnait pas », raconte Bourassa.

Ryan repart content. Demain matin, il annoncera à un peuple soulagé sa décision de rester à la barre. Constitution, à genoux ! Attends ta délivrance. Accueille ton maître. Hier paria, demain pilote. Ryan pense que s'il joue bien ses cartes, il pourra déloger Rémillard et atteindre son véritable objectif : ministre des Affaires constitutionnelles. Le comité ministériel de planification sera son marchepied. En novembre 1991, il ira d'ailleurs en catimini manger avec le ministre fédéral chargé du dossier, Joe Clark, à Edmonton, histoire de se faire la main. Ryan trace des plans sur sa propre comète.

Las ! Il aurait dû consulter le sénateur Roch Bolduc, à ce sujet, avant de crier victoire. Bolduc aurait pu lui en conter une bonne et lui éviter quelques désillusions. Car le « comité de planification constitutionnelle » se réunira trois ou quatre fois, en 1991. Plus jamais, ensuite. En un an, le « conseiller constitutionnel » Ryan aura le loisir de converser seul à seul avec le premier ministre — tous sujets et dossiers confondus et en comptant cumulativement — un gros 10 minutes.

Avant d'être sénateur, Bolduc fut pendant 19 ans mandarin de la fonction publique québécoise et, de 1986 à 1988, premier fonctionnaire de l'État, sous Robert Bourassa. Les deux hommes s'étaient connus bien avant, lors du premier passage de Bourassa au pouvoir, quand Bolduc était notamment membre de l'Office de planification et de développement du Québec. « C'était la grande époque des comités de planification, raconte Bolduc. Tout le monde en parlait, tout le monde en créait. Il y avait des ministres là-dedans, des sous-ministres et des adjoints. Un jour, j'étais tout seul avec Bourassa, pour parler d'un dossier. Il me regarde en souriant et me dit : "On est ici, toi pis moi ?" ; Je lui dis "Oui ?" ; "Ben, il répond en riant, le comité de planification est réuni !" »

Le premier ministre a beaucoup changé depuis. Bolduc parle de l'époque où Bourassa pensait que deux personnes suffisaient à planifier une stratégie. Il a plus d'expérience en 1991. Et en ce qui concerne la constitution, la moitié de cet effectif lui suffit amplement.

7

LE PIÉGEUR

M. Parizeau, vous connaissez M. Bourassa depuis longtemps. [...]
Vous ne craignez aucun piège, de sa part ?
— Dans l'état actuel des choses ? Non, vraiment.

JACQUES PARIZEAU,
au début de la commission Bélanger-Campeau.

Là, ils ont réalisé qu'ils étaient un peu piégés.

ROBERT BOURASSA,
à la fin de la commission Bélanger-Campeau.

LE FORFAIT EST COMMIS SANS PRÉVENIR, en fin de journée. « Ce fut la plus dure épreuve », raconte Ghislain Dufour. Les membres de la commission Bélanger-Campeau, chargés de dessiner « l'avenir politique et constitutionnel du Québec », sont assis autour d'une grande table, dans une pièce un peu trop petite pour le groupe et à l'acoustique déficiente, au domaine Maizerets, habitation seigneuriale sise en bordure de Québec. C'est le lieu des discussions à huis clos de la commission. Elles se déroulent, pour un tiers, avant le congrès libéral du 9 mars et, pour l'essentiel, dans les semaines subséquentes.

Après un tour de table improductif, ce 19 février 1991, les coprésidents annoncent qu'ils ont une proposition à déposer. Jean Campeau en explique les attendus, puis passe la parole à Michel Bélanger. Il faudrait, explique-t-il, que les Québécois soient appelés à voter par référendum sur le principe de la souveraineté, dès cette année, en septembre 1991. Mais cette souveraineté ne serait mise en vigueur que deux ans plus tard, le temps de réaliser les études et préparations nécessaires. Si, dans l'intervalle, des offres de refonte du fédéralisme étaient formulées par le Canada anglais, et que le Québec les considérait satisfaisantes, l'Assemblée nationale pourrait alors les accepter et conserver le lien canadien.

La proposition emprunte son constat de base à l'ensemble des témoignages entendus pendant les audiences de la commission à l'automne, comme au discours de Bourassa du 23 juin : le système canadien est bloqué, il ne bougera pas tout seul. Elle tire son délai — septembre 1991 — des opinions exprimées dans de nombreux mémoires et de nombreux sondages. Elle tire son dispositif des témoignages de quatre experts entendus en décembre et en janvier : 1) Léon Dion, politologue et épisodique conseiller de Bourassa et de Rémillard, qui a prédit que le Canada ne bougera pas à moins qu'on lui mette « le couperet sur la gorge » (tout le monde le citera dorénavant de travers, mais sans trahir le sens de ses paroles, en disant : « le couteau sous la gorge ») ; 2) Claude Castonguay, sénateur fédéral et ancien ministre libéral québécois, qui a évoqué l'utilité du délai de deux ans avant qu'une menace de souveraineté soit mise à exécution ; 3) Louis Bernard, bras droit de René Lévesque, puis conseiller de Bourassa à Meech, qui a évoqué le concept de « vote souverainiste suspensif » ; 4) Claude Morin, qui a démontré à huis clos, à l'aide d'un graphique assez convaincant, l'impossibilité de la réforme constitutionnelle canadienne*. De tous, Morin et Bernard ont aux yeux de Bélanger le plus de crédibilité dans cette affaire. (Morin et Bélanger s'étaient liés d'amitié à la faculté d'économie de l'université Laval, puis s'étaient beaucoup fréquentés, en tant que mandarins de la révolution tranquille, et sont restés en bons termes depuis, malgré leurs divergences politiques.)

Bélanger avait écouté les témoignages et consulté les mémoires déposés, explique l'attachée politique libérale Marie Gendron ; il les avait « lus en entier, plus que le ministre Rémillard ». « Si on réduit ça à sa plus simple expression, explique-t-il en entrevue, c'est qu'il y a des gens qui sont pour la souveraineté tout de suite, presque dans un esprit religieux — soit dit avec juste le degré de méchanceté qu'il faut — et d'autres qui étaient pas nécessairement pour la souveraineté, mais qui disaient que si le Canada anglais veut rien comprendre, ça va finir par arriver. Alors l'idée de la proposition était de mettre ça sur la table : puisque ça peut finir par ça, faudrait peut-être prendre conscience de ce que ça implique, et donc il faudrait commencer par demander [par référendum] si c'est ça qu'on veut. Ensuite, si c'est bien ça qu'on veut, on pourra décider si on veut ça quoi qu'il arrive, ou seulement en dernier ressort. »

Quelles que soient les constructions logiques du coprésident, il reste qu'il franchit d'un coup deux lignes interdites : 1) il veut que le gouvernement Bourassa invite les Québécois à se prononcer pour le principe de la souveraineté ; 2) il veut qu'il le fasse dès 1991.

---

*   Dans son texte présenté à la commission le 18 décembre 1990, Louis Bernard écrit : « Je suggère donc à votre commission de recommander au gouvernement de tenir un référendum sur la question suivante : "Acceptez-vous que le Québec déclare son indépendance si, après une période de négociation d'au plus deux ans, une entente de souveraineté-association ne peut être conclue avec le Canada ?" »

Sur un seul point, un seul, il rejoint la volonté du chef du gouvernement : mettre d'accord une majorité des 36 commissaires sur une même proposition. Bélanger, Campeau et Henri-Paul Rousseau, le secrétaire, ont établi leur pointage de l'évolution idéologique de chacun des commissaires. Ils sont au courant des alliances forgées entre souverainistes non péquistes (les non-alignés) et entre fédéralistes non libéraux (les fédéralistes associés). Ils sont même conscients des clivages existant au sein même des partis politiques.

Sans être omniscients, on peut supposer que leur liste, à ce stade préliminaire des débats à huis clos, doit s'approcher de celle présentée en page 352.

L'ÉDUCATION POLITIQUE DE MICHEL BÉLANGER

« Bélanger a viré souverainiste ! » pestent certains, dont Louise Bégin, absolument furieuse. « C'est la faute à Henri-Paul Rousseau », accusent des libéraux fédéralistes. « On était un peu beaucoup fourrés », explique Jean-Claude Rivest, qui note que Bélanger n'avait pas émis « un son » avant-coureur. « Tout le monde regardait Michel Bélanger en se disant : "Comment a-t-il pu se rendre là ?" commente Claude Béland, qui en est aussi ravi que surpris. Surtout que pendant tout le temps de la commission, on disait : "Faut donner du support à Jean Campeau, il va se faire manger." On arrivait à la [proposition] on disait : "Coudonc, Jean a gagné !" »

« Je trouvais qu'il y avait trop de risques » dans la proposition de Bélanger, raconte Rivest, qui comprend mal pourquoi *son* coprésident franchit aussi allègrement les tabous de Bourassa. « Tout à coup, les gens l'auraient prise ! Le PM aurait pas été d'accord avec ça ! »

Les fédéralistes associés, surtout, se sentent trompés, trahis par leur chef, celui qui devait défendre le fédéralisme à la coprésidence. « Ghislain et moi, on a tombé en bas de notre chaise », raconte Marcel Beaudry, qui parle probablement au figuré. « On a dit ça s'peut pas, ça. [...] Pour nous autres, les gens des affaires — moi, Michel Bélanger, je le connaissais comme président de la Banque Nationale, c'est ma banque —, Bélanger était un fédéraliste inconditionnel. Mais pour les fins du débat, il s'affichait pas. Mais quand ils sont arrivés avec cette fameuse proposition [...] ça avait pas de bon sens pantoute ! On s'est dit, comment ça se fait que Michel Bélanger a pu se faire embarquer pour tomber dans un panneau comme ça ! »

Dans les mois qui avaient précédé, Campeau avait confié à des non-alignés : « Moi, mon lit est fait, c'est la souveraineté, et je vais essayer d'emmener Bélanger sur mon terrain. » En fait, Bélanger est venu tout seul, car la proposition est bien plus la sienne que celle de Campeau, qui s'est contenté de le laisser faire.

On ne peut pas parler de « conversion » de Michel Bélanger. Le mot « cheminement » s'applique un peu mieux. Le mot exact est « voyage ». Bélanger est allé au Canada anglais, a rencontré ses collègues directeurs de conseils

Les souverainistes	Les débranchés	Les fédéralistes

Les souverainistes

Coprésident :
Jean Campeau

1) Le Parti québécois

a) les orthodoxes
Jacques Parizeau*
Jacques Léonard
Louise Harel

b) les accommodants
Guy Chevrette*
Jacques Brassard*

c) les autres
Jeanne Blackburn
Pauline Marois

2) Les non-alignés

a) les souverainistes sûrs
Lucien Bouchard* (Bloc)
Gérald Larose* (CSN)
Serge Turgeon (UDA)
Lorraine Pagé (CEQ)
Louis Laberge (FTQ)

b) les pro-mandat de grève
Claude Béland
(Desjardins)
Jacques Proulx (UPA)
Jean-Claude Beaumier
(munic.)
Roger Nicolet (munic. régionales)

Total : 17

les non-commissaires
• au secrétariat
Henri-Paul Rousseau*

• au Parti québécois
Jean Royer*

Les débranchés

1) Le Parti libéral

a) les chercheurs d'option
Gil Rémillard*
Christiane Pelchat
Cosmo Maciocia

b) les quasi-souverainistes
Guy Bélanger
Claire-Hélène Hovington

c) l'absent/l'énigme
Robert Bourassa*

Total : 6

les non-commissaires
• chez Bourassa
Jean-Claude Rivest*
André Tremblay

Les fédéralistes

Coprésident :
Michel Bélanger

1) Le Parti libéral

a) Les Canadiens malgré tout
Louise Bégin
Claude Dauphin
Russ Williams

b) l'absent
Claude Ryan

2) Les fédéralistes associés
a) les gens d'affaires
Marcel Beaudry*
Ghislain Dufour (patronat)
Charles-A. Poissant
(Donohue)
Cheryl Campbell Steer (B of T)

b) le scolaire
Guy D'Anjou (comm. scol.)

c) les députés fédéraux
André Ouellet (PLC)
Jean-Pierre Hogue (PC)

d) le clown
Richard Holden (Égalité)

Total : 12

le non-commissaire
• au fédéral
Gérald (007) Valiquette

* désigne les personnes qui vont jouer un rôle important dans les négociations à huis clos

d'administration. Il a parlé avec eux. Il a vu le mur. Il raconte : « Dans la période qui a précédé de quelques semaines le mois de juin 1990, avant l'effoirement de Meech, à l'occasion de dîners, de rencontres au Canada anglais, certaines gens que je connaissais et d'autres que je connaissais peu, me semblaient n'avoir aucune espèce de conception de ce dont il s'agissait [Meech]. Ils semblaient avoir l'impression que tout ça avait commencé avec Meech, qu'il n'y avait rien avant ça, que ça, c'était le problème. »

Or, Bélanger fait partie de cette variante de fédéralistes québécois qui considèrent que tout allait pour le mieux dans le meilleur des mondes canadiens jusqu'à ce que Trudeau touche à la constitution en 1982. « Ma perception a été renforcée aussi par une émission du réseau anglais de Radio-Canada dans les jours qui ont suivi la débandade du mois de juin, dit Bélanger. Il y avait à l'écran un bon fermier du Manitoba, qui n'était pas un méchant gars, mais qui disait : "Bon, le Québec, il en demande toujours. Mais de toute façon, ils s'en iront pas." Et ça, ça me semblait refléter la vision de bien des gens. »

L'objectif de Bélanger n'est donc nullement la souveraineté en soi. Son objectif est de briser le carcan constitutionnel imposé par Trudeau et Chrétien. « Foncièrement, ma position, c'est qu'on avait un système idéal au point de vue constitutionnel avant 1981, malgré tout ce que le Québec a pu dire, parce que c'était un élastique, une constitution essentiellement écrite et non écrite. La partie écrite était verbeuse, la partie non écrite pouvait et avait évolué. En 1981, on y avait flanqué des choses gelées. »

Mais ses amis du grand capital canadien, comme son bon fermier du Manitoba, ne sont pas disposés à l'aider dans la tâche de dégeler le texte fondamental, pour revenir à l'idéal pré-1981, et ne prennent pas au sérieux la menace souverainiste. Voilà ce à quoi il veut remédier. Voilà pourquoi il faut voter d'abord pour la souveraineté, advienne que pourra.

Le référendum suspensif, c'est la théorie du « mandat de grève ». On le vote tout de suite, pour forcer la négociation, mais on ne l'exercera que dans un délai prédéfini. Voilà le grand choc.

Lorsque Bourassa avait contacté Bélanger, à l'été de 1990, pour diriger la commission, le banquier avait déjà ces quelques idées en tête. Mais personne ne l'a interrogé. « Une fois qu'il a accepté, qu'il a dit oui au PM, je suis allé à son bureau à la Banque Nationale, lui expliquer c'était quoi le projet, c'était quoi le mandat, raconte Jean-Claude Rivest. Pis moi je t'avoue que j'ai même pas posé la question, j'ai même pas discuté de ses options. »

S'il l'avait fait, il aurait compris pourquoi Bélanger a embarqué dans le petit jeu du PQ pour choisir le souverainiste Rousseau comme secrétaire. Dans des camps opposés en 1980, Bélanger et Rousseau se trouvent, 10 ans plus tard, presque dans la même famille. Il y avait un autre indice de l'évolution du banquier. Les acteurs de la classe politique, notamment libérale, sont habitués au théâtre, aux grandes phrases qui ne veulent rien dire. Voilà pourquoi ils n'entendent pas le discours d'ouverture que Bélanger prononce à la commission, qui annonce assez clairement ses couleurs :

> Ce mandat [de la commission] fort important et vaste qu'il nous appartient de remplir en étant pleinement conscients des raisons qui le justifient, s'inscrit dans un contexte historique et politique inédit. Il émane d'un extraordinaire consensus au sein de la population du Québec, consensus animé par le gouvernement et l'opposition. [...]
>
> C'est un mandat qui porte plus loin le seuil des espoirs à ne point décevoir. [...] Les efforts du Québec en vue de tenter de convaincre les membres de la fédération canadienne de la légitimité et du bien-fondé des conditions minimales qui lui auraient permis d'adhérer dignement à la loi constitutionnelle de 1982 sont restés vains et ont été annihilés, d'où l'impasse, source d'instabilité. [...] Une nouvelle définition de la relation entre le Québec et le Canada, de la place du Québec au sein ou à côté du Canada est l'objet de notre démarche.

Les efforts du Québec « annihilés » ? La place du Québec « au sein ou à côté » du Canada ? Étrange vocabulaire, pour un fédéraliste inconditionnel. La tournée régionale, puis l'audition des experts : Dion, Castonguay, Bernard et Morin, ont achevé l'œuvre de dépositionnement politique de Michel Bélanger. Comme les autres Québécois, Bélanger a entendu les discours de Bourassa, il analyse la situation politique, il ne voit aucun feu rouge, ne reçoit aucune consigne. Il conclut que l'avenir est ouvert. Il tombe, à sa façon, logique, « calculatrice », dirait Parizeau, dans le camp du rêve. « Au fond la proposition était : faisons face à la situation », dit-il. Comme les allairiens, Bélanger se pense véritablement investi du mandat de crever l'abcès, de conduire les Québécois à une vraie décision et « d'arrêter de faire de la théologie sur le sujet », commente-t-il encore. Comme quoi l'information circule remarquablement mal au sein des « fédéralistes inconditionnels », ou présumés tels.

Un dernier élément contribue à sa radicalisation : le calendrier des événements. Bélanger a très mal pris le rapport Allaire, dévoilé par Bourassa trois semaines avant qu'il ne présente sa propre proposition. « Il s'est senti bousculé, raconte Lucien Bouchard. Il a dit : "Ben oui, mais mon rapport, qu'est-ce qu'il veut dire, moi ?" Tsé ? Ça l'a aidé à se durcir. Parce que c'est un gars ben orgueilleux, encore plus orgueilleux que fédéraliste. Alors, quand il a vu qu'il se faisait bousculer comme ça — ça je le sais, il l'a dit —, il était pas content de se faire court-circuiter par les libéraux. »

S'il n'a pas émis un son avant de lâcher sa proposition, il a laissé filer un signe avant-coureur, avant même la publication du rapport Allaire. À la mi-janvier, le secrétariat prépare déjà des projets de texte pour le rapport, et un de ces projets, de 70 pages, est distribué aux commissaires. On y constate crûment que les deux visions du Canada, celle du Québec et celle des autres provinces, sont irréconciliables.

Charles-Albert Poissant, déjà ulcéré par sa tardive découverte de la filiation politique d'Henri-Paul Rousseau, l'ancien économiste pour le Oui en 1980 devenu secrétaire de la commission, trouve le texte indigeste. C'est « un document excessivement biaisé qui m'a révolté », lance-t-il. Il appelle Gil Rémillard et Claude Ryan pour s'en plaindre, mais les ministres affirment ne pas en avoir encore complété la lecture. Poissant écrit aux coprésidents et va rencontrer Michel Bélanger. « J'ai appris des choses qui m'ont estomaqué, se plaint-il. C'est pas la bonne orientation. Il faut qu'on écrive les faits », le pour et le contre, plaide-t-il.

Selon un témoin, Poissant s'attend tout naturellement à ce que Bélanger soit son allié. « On compte sur toi, lui dit-il. Penses-tu que je devrais voir Jean Campeau ? »

« C'est essentiel que tu ailles le voir », répond Bélanger, qui ne confirme ni n'infirme son adhésion à l'orientation du texte. La visite chez Campeau n'est pas très fructueuse, et Poissant en ressort avec l'impression que « l'effet Campeau-Rousseau avait été prédominant » sur ce pauvre Michel, tellement influençable comme chacun sait...

Le 19 février, à Maizerets, il n'y a plus de supputations qui tiennent. Bélanger a été retourné. La proposition modifie le climat, ouvre le débat. « C'était la première fois qu'on parlait du vrai problème, raconte Rivest. Pendant les mois d'avant, on posait des questions, puis on discutait entre nous, ce qui était très gentil, mais il n'y avait aucune espèce de conclusion. »

Confrontés à une proposition inattendue, les acteurs du huis clos improvisent une réplique. « Tout le monde a joué la comédie, rapporte Rivest, Comme c'est tous des pros, personne était dupe, mais moi j'ai trouvé que c'était la scène la plus drôle que j'aie vue de ma vie. »

Gil Rémillard, au courant des préventions de Bourassa, devrait bondir de colère. Mais ce serait avouer aux commissaires qu'il ne contrôle pas le jeu et indiquer aux souverainistes qu'ils ont marqué des points. Alors il dit le contraire de ce qu'il pense : « Oh ! proposition très intéressante... Nous allons y penser... Proposition sérieuse... » Le contraire de ce qu'il pense, ou exactement ce qu'il pense mais n'a pas le droit de dire... Avec Rémillard, c'est difficile à déterminer, on s'y perd.

Jacques Parizeau devrait bondir de joie à l'idée d'un référendum sur la souveraineté dans les 11 mois, avec l'*imprimatur* de Bélanger. Mais il ne veut pas qu'on sache qu'il est agréablement surpris, alors il dit le contraire de ce qu'il pense. « Totalement inacceptable... C'est une concession... C'est la souveraineté par dépit. »

Lucien Bouchard et ses acolytes ont aussi des raisons de pavoiser, car ils viennent de créer un mouvement public, appelé Québec 91, dont la raison d'être est la tenue d'un référendum pendant l'année 1991. Ils répètent cette date comme un mantra — « on avait mis un disque », dit Bouchard — et arborent tous une petite épinglette *91*. Voilà que les deux coprésidents pourraient se l'accrocher aussi au veston. En plus, Bouchard a lui-même tenté, ces dernières semaines, de propager la notion du « mandat de grève » que Bélanger défend maintenant. Serge Turgeon, de l'Union des artistes, entre autres, est d'accord sur la forme et sur le fond : « Cette proposition qui, de façon très démocratique, dit : "Si on a quelque chose de mieux à offrir que la souveraineté, pourquoi est-ce qu'on le prendrait pas ?", c'est quelque chose avec lequel on peut bien vivre. »

« On était d'accord, confirme Bouchard, mais pour pas trop inquiéter les fédéralistes par une exubérance suspecte, on s'est montrés mitigés. » Lorsque vient son tour de parler, il se retient : « Ce n'est pas trop acceptable, enfin... »

Les seuls qui disent ce qu'ils pensent sont les fédéralistes associés. Ils sont livides. « Débobinés », se souvient Beaudry, « on s'est objectés à ça au boutte ». « Si ça restait sur la table, explique Dufour en entrevue, nous les gens d'affaires, avec Guy D'Anjou, Jean-Pierre Hogue et André Ouellet, on allait probablement refuser de continuer de siéger. Parce qu'on peut pas s'associer à ça. [...] Cette proposition, ça nous a pris 15 jours à s'en sortir. On a consenti tous nos efforts, tous les lobbies possibles et inimaginables. [...] On a passé des heures à essayer de convaincre d'abord les libéraux de faire leur *job*, de faire enlever ça de la table, pis avec Campeau et Bélanger, on est allés souper, etc. »

Quelques tentatives de repêchage de Bélanger sont lancées, mais échouent lamentablement. L'ex-mandarin et ex-banquier est tellement peu influençable qu'il ne se rend même pas compte du lobby qui s'active autour de lui. « Je me souviens que Charles-Albert Poissant avait organisé un dîner avec des gens comme Campbell Steer, Marcel Beaudry. [...] C'était pour parler de l'évolution du problème. Mais ça n'avait rien à voir avec mon opinion. Ou, en tout cas, si c'est du monde qui pensaient m'impressionner, je ne m'en suis pas aperçu. Au contraire, bon Dieu !, j'ai jamais pu savoir ce qu'ils voulaient ! »

Il n'est pourtant pas indispensable de déployer toute cette énergie de lobbyiste. Bélanger trouve sa proposition excellente, mais il ne s'y tiendra que dans la mesure où elle peut susciter un consensus. Si les fédéralistes associés et les libéraux n'en veulent pas, il n'y aura pas de consensus, il la retirera donc.

Le lendemain du dépôt de la proposition Bélanger, le débat reprend de plus belle. Les fédéralistes associés montent au créneau. « Une fois que le référendum est passé et que le vote est pris, c'est plus suspensif ! explique par exemple Beaudry. La volonté du peuple s'est fait entendre ! Comment on dira qu'on va attendre de voir quelles sont les offres qui viennent du Canada ? D'abord on va antagoniser le reste du Canada, puis on aura pas d'offres. Et quand même qu'il y en aurait, les gens vont dire : "On a voté pour la souveraineté, alors ça donne quoi d'attendre ?" »

En coulisse — car il n'a pas droit de parole pendant les séances — Rivest travaille Bélanger et les non-alignés. « Ou bien c'est sérieux qu'on est souverainistes, ou bien ça l'est pas, leur dit-il. On ne se prononce pas pour la souveraineté à l'égard de nous-mêmes, c'est un message qu'on adresse aux autres. "Je suis souverain", tsé ? c'est pas banal de dire ça. Alors, selon la proposition, on ajouterait : "Je suis tellement convaincu d'être souverain que dans trois mois [ou deux ans] je peux changer d'avis !" C'est complètement idiot comme proposition. Tsé ? J'aime mieux dire : "Je suis fédéraliste et si ça marche pas, je fais la souveraineté." Il me semble que c'est une démarche logique. »

Quelqu'un explique même à Bélanger que son hypothèse est inacceptable pour le PLQ, car le parti l'a déjà rejetée. « Un des embarras qu'on m'a mentionnés à l'époque et dont je ne suis même pas sûr qu'il soit vrai c'est que ça avait aussi été une démarche écartée au sein du comité Allaire et que donc, c'était pas une démarche acceptable au Parti libéral. » (Au comité Allaire, Anctil avait jugé que l'idée d'un référendum suspensif, suivi d'un second référendum, était « un scénario qui pouvait engendrer l'absurde », si les Québécois se contredisaient d'une fois à l'autre.)

En fin de journée, Gil Rémillard fait un petit numéro devant les commissaires. D'abord, comme si quelqu'un venait tout juste de lui serrer des boulons idéologiques, il entonne un surprenant couplet : « Je suis fédéraliste, le Parti libéral est fédéraliste et nous voulons accorder une dernière chance au fédéralisme ! » Cela dit, il remet son propre document, une « proposition en sept points ». Dans son scénario, l'Assemblée nationale adopterait une résolution, ou « déclaration solennelle », par laquelle le gouvernement du Québec accorderait une dernière chance au Canada de formuler des propositions de renouvellement du fédéralisme. Le Québec se réserverait le droit de faire des contre-propositions. Puis, à la fin de 1992, le gouvernement tiendrait un référendum soit sur l'état des négociations, soit sur la souveraineté.

Une proposition beaucoup moins audacieuse que le rapport Allaire, rendu public un mois auparavant et qui doit être débattu au congrès libéral deux semaines plus tard. Les sorties ménagées à Bourassa dans la proposition Rémillard s'ouvrent grandes comme des portes de grange, nombreuses comme celles du Stade olympique.

Curieux, donc, que Parizeau s'y montre réceptif. Dise trouver la chose « intéressante », multiplie les questions à l'adresse de Rémillard, pendant que les députés péquistes fulminent, selon un témoin. En fait, le chef péquiste est plutôt ravi que la position gouvernementale soit si timide, si en retrait par rapport à Allaire. Car plus les libéraux se fédéralisent, plus le thème de la souveraineté n'appartient qu'au PQ, qui peut donc diriger la famille souverainiste alors en pleine expansion. S'il questionne Rémillard avec tant de courtoisie, c'est pour lui permettre de « se peinturer dans le coin » du *statu quo*.

La proposition Rémillard clôt la première phase du huis clos et les travaux sont suspendus pour deux semaines, question de laisser passer le congrès libéral. Les commissaires se séparent sans qu'un consensus ait été établi, sans qu'une majorité ait surgi.

À la sortie, fort de ce qu'il a entendu de la part de Rémillard, Parizeau annonce que la commission s'achemine vers la production de deux ou trois rapports séparés. Un rapport souverainiste, « pluralitaire » (c'est à dire qui réunirait le plus grand nombre de commissaires, mais pas une majorité) ; un fédéraliste orthodoxe excluant toute idée de souveraineté et un troisième reflétant la proposition Rémillard, donc fédéraliste modifiée, assortie d'une bien timide menace de référendum sur la souveraineté.

Avec un effort supplémentaire, qui sait ? les souverainistes pourraient peut-être même produire un rapport majoritaire, donc « le » rapport de la commission. « Très tôt, Parizeau a pensé à ça », raconte Bouchard, qui se montre intéressé : « Oui comme pis-aller. Ça aurait pas été mauvais, hein ? Ça aurait même été pas mal. Le rapport de la commission Bélanger-Campeau, c'est la majorité, alors il est souverainiste. On aurait pu faire un grand bout de chemin avec ça. »

Parizeau est content. Les événements se déroulent comme si le PQ en était le maître d'œuvre. Des audiences prosouverainistes, une commission divisée mais dont la part du lion est souverainiste, que demander de mieux ? La victoire péquiste semble entière. Le pouvoir a complètement perdu le contrôle de la commission. Il s'en pincerait. Il commet une bévue stratégique grave. Il ne peut pas prévoir. Il ne peut pas savoir. Il lâche la proie pour l'ombre.

La proposition Rémillard, qui lui fait si chaud au cœur, est destinée dès sa conception à la poubelle. « C'était rien », résume Rivest. Du vent, pour occuper le terrain. L'objectif gouvernemental, selon Rivest, est « d'avoir le monde derrière soi », donc de réunir une majorité de commissaires. Bourassa sait dès le départ que la proposition Rémillard est du théâtre. De l'ombre.

La proie, c'est la proposition des coprésidents. Parizeau devrait l'adopter telle quelle, s'asseoir dessus et ne plus bouger. En comptant les coprésidents et toute la famille souverainiste, elle réunit 18 commissaires sur 36. La moitié exactement. Pas mal, sachant qu'il est peu probable que les 18 opposants puissent rester unanimes sur une seconde et unique option. (Gérald Larose calcule même que le libéral Guy Bélanger puisse faire le pas, et devienne le 19e signataire, donnant la majorité absolue à la proposition.) En l'adoptant, le PQ se montrerait flexible — le délai suspensif de deux ans. Où est le risque ? Si Parizeau-le-perspicace avait jugé que le Canada anglais serait trop inflexible pour adopter les cinq conditions de Meech, pourquoi craindrait-il que, les Québécois ayant voté le principe de la souveraineté, le Canada anglais produise une offre raisonnable ? « Le choc » proposé par Bélanger et Campeau aurait assommé toute volonté conciliatrice au Canada — si tant est qu'il en existe une, ce qui est douteux — et aurait ouvert, non une autoroute, mais une voie royale vers la souveraineté. Cette proposition, « on la trouvait fort acceptable », dit Hubert Thibault, le chef de cabinet de Parizeau. « Il restait, comment dire ? un peu d'ajustement pour qu'elle nous soit véritablement acceptable comme telle. » Ajustements ? Enlever l'effet suspensif. Donc le cœur du compromis.

« Tout à coup les gens l'auraient prise ! » s'émeut Rivest. En la « prenant », le PQ aurait forcé Bourassa à jouer les empêcheurs de faire le consensus, que Bélanger lui-même avait imaginé. Depuis des mois, Parizeau se doute que Bourassa n'est pas sérieux lorsqu'il parle de souveraineté. Voici une occasion d'en faire la preuve.

Mais Parizeau laisse courir, le 20 février, campe sur son objectif de produire un rapport souverainiste de bout en bout, sans délai ni suspension, et voit partir ses ouailles, dont certains non-alignés qui pestent contre la partisanerie. « Si je viens passer toutes ces heures pour apprendre que les péquistes sont souverainistes et que les libéraux ne le sont pas, j'aurai pas appris grand-chose », dit l'un d'eux à la sortie. « Deux rapports, c'est pas de rapport », dit Lucien Bouchard, résumant la « ligne de parti » des non-alignés.

« La proposition des coprésidents a été mise sur une voie de garage à la satisfaction des deux partis, raconte la commissaire péquiste Harel. Mais quand on y repense vraiment, il aurait peut-être fallu la prendre au vol, la saisir. » Presque un mois plus tard, le 14 mars, les péquistes constateront leur gaffe, affirmeront « faire un compromis » en acceptant la proposition des coprésidents. Trop tard : elle est morte. Elle ne reviendra plus. C'était le haut de la vague. « Je me souviens des débats qu'on a eus [ce soir-là] au sein du groupe des neuf non-alignés, raconte Larose. On disait : "Crisse, c'est ben le temps d'être pour, astheure. Ils auraient pu l'être avant !" » Il faut maintenant gérer la décrue.

Mais au moment de l'ajournement du 20 février, tout semble aller comme sur des roulettes pour le PQ. Car Parizeau sait aussi que le secrétariat de la commission est à l'œuvre sur plusieurs études et rapports savants. « C'est clair que la commission est en train de préparer des études sur la souveraineté et une étude sur [la dette et les actifs] que j'aurais adoré faire, moi, depuis longtemps, raconte Parizeau. Je vois certains des meilleurs techniciens de ces choses-là être rassemblés par Rousseau pour procéder. Il va y avoir des scènes absolument extraordinaires où on va me consulter sur ces études-là en tant qu'économiste — pas du tout en tant que chef de l'opposition officielle — parce qu'il y a certaines de ces choses dans lesquelles j'ai beaucoup travaillé dans ma vie. Et on va me montrer des tableaux et des études en me disant : "Qu'est-ce que vous en pensez ? Est-ce que là, on devrait ajouter telle sorte de fonds d'amortissement ?", ou je ne sais quoi ! »

L'étude sur la dette conclut que le Québec pourrait n'avoir à assumer que 18 % de la dette nationale canadienne, plutôt que 25 % (sa proportion de la population) ou 30 % comme l'allèguent certains économistes canadiens. La somme de neurones respectables ayant œuvré sur ces colonnes de chiffres est impressionnante : en plus de Rousseau et de Parizeau, il faut compter Bélanger et Campeau et deux experts internationaux. « Il y a pas un chrétien qui pensait qu'on finirait vraiment la négociation à 18 %, explique Bélanger, mais c'était bon de noter qu'on pouvait arriver raisonnablement à ce chiffre-là*. »

Parizeau est donc aux anges. Qui plus est, le surlendemain de l'ajournement, Lucien Bouchard et le groupe Québec 91, dont le PQ fait partie et contrôle bientôt la machine « *cleanée* » de ses embêtants johnsonniens**, promettent d'organiser des manifestations monstres pour forcer Bourassa a tenir un référendum en 1991. « Je peux vous dire qu'en mai et en juin, il va y avoir du trafic dans les rues de Montréal », avertit Bouchard.

C'est Harel qui a raison. Les péquistes auraient dû soigner leurs relations personnelles avec les non-alignés. Parce qu'à quelques heures de cette déclaration, Bouchard et Larose rencontrent secrètement Rousseau à Montréal et discutent d'un arrangement : reporter le référendum sur la souveraineté à 1992 tel que le réclament Rivest et Bourassa, mais seulement si le premier ministre s'engage par déclaration solennelle à tenir ce référendum. Le marchandage a commencé. Il ne pourra réussir que grâce à l'habileté manœuvrière de Jean-Claude Rivest.

La phrase qui précède mérite un amendement :

Il ne pourra réussir que grâce à l'habileté manœuvrière *et à la conversion* de Jean-Claude Rivest.

L'éducation politique de Jean-Claude Rivest

« Dans l'entourage de Bourassa, explique Mario Bertrand, Jean-Claude a toujours été plus fédéraliste. Il a toujours réussi à ménager, à guidouner comme il faut avec les péquistes, mais ça a toujours été un fédéraliste dans l'âme. » Sans doute. Et les positions que prend Rivest le jour et le lendemain de la mort de Meech montrent que malgré toutes les amitiés qu'il entretient avec les souverainistes, il a choisi le Canada.

Mais puisqu'il est à la fois conseiller constitutionnel et éclaireur de Bourassa, puisqu'il doit multiplier les missions aussi bien en terre fédérale qu'en espace souverainiste, il se met à construire, pièce par pièce, une stratégie qu'il veut gagnante pour le Québec, pour son parti, pour son chef. Ayant vécu Meech de l'intérieur et dans ses moindres détails, il est conscient de l'énorme difficulté que représente une réforme de la fédération.

Surtout qu'il place la barre assez haut. « Ma théorie c'est que, écoute, ça fait 25 ans que ce maudit problème-là existe, d'une façon très sérieuse, très profonde. Il faut que les Québécois sentent qu'y'a une vision, pis qu'y'a un changement, pis qu'y'a une compréhension fondamentale de leur différence

---

*   Un mois après sa publication, Jean-Claude Rivest commente comme suit l'étude en question : « La problématique, la méthodologie de l'étude de Rousseau est pas parfaite, mais elle est très bonne, très valable, très crédible. C'est la meilleure étude qui a été faite. Mieux que les études des années 70, là. » Il déplore qu'elle n'ait pas eu plus de retentissement.

**   Voir chapitre 2, section « Parizeau-Bouchard, la valse à contretemps ».

[par le Canada]. Tu peux maintenir le lien fédéral, les institutions, un paquet de choses, mais il faut que ça se traduise, tsé, il faut qu'il y ait un *shifting* profond qui dise : "Le Québec, vous avez besoin de ci ! Vous pouvez vous occuper de ça ! Vous allez faire mieux ! Ploum !" Il faut qu'il y ait un déplacement significatif et substantiel des choses, pas juste jouer sur les marges, là. » Il faut, ajoute-t-il, « pouvoir faire quelque chose de profond et d'important, sinon c'est cuit. »

Mais, depuis Meech, ses contacts avec les représentants fédéraux ne le rassurent nullement sur l'existence d'une nouvelle « ouverture d'esprit » que son patron affirme apercevoir à l'horizon.

Un soir du début de 1991, par exemple, Gil Rémillard reçoit à souper un de ses anciens mentors, le constitutionnaliste Gérald Beaudoin, devenu sénateur conservateur et coprésident d'une commission fédérale chargée de trouver une solution au problème épineux de la formule d'amendement. Quand Denise Bombardier, également au nombre des invités, a fini de raconter son dernier séjour parisien, Beaudoin s'avise de tester quelques idées avec Rivest, que Rémillard a placé tout exprès juste à côté de l'imposant sénateur.

« Est-ce que le Québec pourrait accepter une formule qui ne lui donnerait qu'un veto sur la langue et la culture ? » plutôt que sur les institutions fédérales comme le prévoyait Meech, demande le sénateur, considéré comme un bon ami des positions québécoises.

« M. Beaudoin, là, réplique Rivest un peu revêche, c'est pas compliqué, là : Québec en matière de formule d'amendement peut rien accepter de moins que Meech ! Vous vous rappelez Meech, j'espère ? »

« Mais, ah ! j'y avais pas pensé », dit Beaudoin, penaud.

Rivest en vient rapidement à la conclusion, comme les fédéralistes tels Castonguay, Dion, Bélanger et son ami souverainiste Louis Bernard, que le Canada a besoin d'un choc. Voilà pourquoi il comptait sur le rapport Allaire, voilà pourquoi il veut que la commission Bélanger-Campeau fasse monter les enchères. Un choc, sinon rien n'arrivera.

Comme les autres commissaires, il est à la recherche d'une combinaison gagnante, mais il en veut une qui respectera les *desiderata* de son patron. La proposition des coprésidents et toutes les variantes du « mandat de grève » sont donc exclues. Mais il retient des témoignages d'experts que la menace de la souveraineté doit faire partie du dispositif.

Rivest ne franchira jamais, comme Fernand Lalonde, Pierre Bibeau, Jean Allaire ou Pierre Anctil, La Ligne de la souveraineté comme premier choix, ou comme point de passage obligé. Il restera toujours, avec son patron, du côté « fédéralisme-premier choix ». Cependant, à l'automne de 1990 puis à l'hiver de 1991, il bascule, comme Bélanger, dans le camp du rêve. Dans le camp du : une vraie dernière chance mais, en cas d'échec, on part !

Cette conversion, de la part d'un des deux plus proches confidents de

Robert Bourassa, est significative. Il ne la ferait pas s'il n'était pas convaincu que son patron lui-même envisage de l'y retrouver. Car s'il juge Bourassa « terriblement déroutant », il s'est fixé une ligne de conduite qui lui évite généralement des ulcères : « Moi, mon rôle puis ma façon, c'est ben simple, je travaille pour Robert Bourassa, point. Je connais comment il fonctionne, puis ma théorie, c'est simplement de lui réserver sa marge de manœuvre puis d'aplanir les bosses. »

C'est ce qu'il fait, à la commission. Mais comme aplanir la plus grosse bosse — le trouble — consiste à trouver une formule qui dégagera à son patron un bonne marge de pouvoir dans la future négociation, dans la future dernière chance à donner au Canada, il va trouver la meilleure façon de la lui donner : la menace d'un référendum sur la souveraineté.

Depuis mai 1980, alors qu'il faisait du porte à porte contre les séparatistes, il a personnellement évolué sur ce thème, plus que son patron. Il l'indique dans un entretien d'avril 1991 :

L'auteur : Tu te considères plus nationaliste que lui ou plus fédéraliste ?

Rivest : Moi ? Plus. Moi, j'aurais pas de drame à évoluer dans la souveraineté.

L'auteur : Ah oui ?

Rivest : Pas du tout. Mais j'ai moins la responsabilité [que Bourassa]. C'est pas la même affaire. Et moi, ce que je n'aime pas, c'est la religion de la souveraineté. Je déteste ça à mort. Tu me feras jamais pratiquer cette religion-là, les sacrements, la liturgie, tsé ? Je regarde des gens que j'aime beaucoup, comme Lucien Bouchard. Je l'appelle le chanoine Groulx des temps modernes. Il a tous les mauvais réflexes de ça, c'est épouvantable. J'aime pas le pétage de bretelles puis le nombrilisme.

L'auteur : À quoi tu penses quand tu dis ça ?

Rivest : Y'a tellement d'attitudes, tsé ? Le monde du spectacle, les artistes. Gilles Vigneault, j'suis pas capable de l'entendre, ça m'horripile. Pas parce qu'il est pas bon. Mais je trouve ça épouvantable. Il y a une phrase qui m'avait frappé. On était au consulat de France à Québec au moment où le film de Denys Arcand, *Jésus de Montréal,* était en compétition à Cannes. Le consul avait vu le film et avait trouvé ça très bon — moi, je l'ai même pas vu. Finalement le film n'a pas gagné la Palme d'Or. Ça a été considéré comme une catastrophe dans tous les journaux ici, des gens disaient que c'était la faute des maudits Français mesquins et cinquante affaires. Le consul m'arrive, il dit : « C'est incroyable, ça, c'est un trait qui est remarqué des Québécois, quand ils font quelque chose de bien, il faut nécessairement que ça soit reconnu comme un chef-d'œuvre ! »

Rivest est donc un nationaliste froid, prêt à tenter l'aventure souverainiste s'il le faut, mais à la condition qu'on ne lui demande pas de composer un nouvel hymne national. Il a tissé des liens serrés avec un nationaliste chaud, Lucien Bouchard. Les deux hommes se sont connus lorsqu'ils négociaient ensemble à Paris, en 1986, les modalités du premier sommet francophone, et que Bouchard représentait les intérêts fédéraux. Leur relation s'était transformée en complicité l'année suivante, quand Bouchard était venu négocier à Québec les modalités du second sommet francophone, qui allait se tenir dans la Vieille Capitale*.

Rivest et Bouchard s'étaient tout naturellement retrouvés, au début de la commission. Le conseiller de Bourassa avait insisté, on l'a vu, pour que Bouchard soit membre de la commission, pour la dépolariser. L'opération a fonctionné au-delà de ses espérances. Bouchard a été tout de suite propulsé à la tête d'un groupe de neuf membres, qui détient donc la balance du pouvoir à la commission. Convaincre les neuf non-alignés, c'est détenir le fondement du consensus. Les deux hommes sont conscients de leurs divergences, mais certains de leurs convergences.

Rivest a été désigné par Bourassa pour donner un coup de pouce au Bloc québécois et à son ami Jean Lapierre. Plus encore que Bourassa, Rivest voit l'utilité du Bloc comme garde-fou contre des offres trop molles du fédéral. Pour qu'un projet fédéral faible « se fasse planter par Lucien, il faut que Lucien existe » explique Rivest, il faut donc l'aider, « sans ça, on n'aura rien. Donc, on va y aller en souveraineté, ce qui n'est pas notre premier choix. Tout ça, ça faisait partie de la même *game*. »

Politiquement, et socialement, Rivest garde régulièrement le contact. Si Parizeau et Bouchard sont des alliés, Rivest et Bouchard deviennent des amis. « Rivest, lui, avait l'air d'un gars qui s'en allait vers la souveraineté à ce moment-là », dit Bouchard. « Il ne l'écartait pas, et il nous donnait à entendre que dans le Parti libéral, il y en avait qui croyaient que c'était assez, là, puis qu'il fallait que l'aile nationaliste prenne le contrôle, s'affirme plus, puis tasse Ryan et les autres », raconte Bouchard. « Ça venait de Lapierre en particulier — il était plus ouvert avec Lapierre — tsé ? "Ryan puis sa gang en mènent trop large". Moi j'avais l'impression, puis Rivest me le confirmait tout le temps, qu'ils pourraient aller jusqu'à la souveraineté. [...] Il était vraiment très ferme. Il disait: "S'il le faut, on va la faire." C'était clair son message à lui. »

Le message de Rivest est confirmé par l'autre conseiller constitutionnel libéral à la commission, le professeur et avocat André Tremblay, vieux compagnon de route du Parti libéral. Bouchard le connaît bien, il a fait des études de droit avec lui, à Laval, dans les années 50, en compagnie d'un troisième larron : Brian Mulroney. Tremblay n'est pas personnellement souverainiste, mais

---

* Bouchard avait un pépin. Il était prévu qu'un régiment de l'armée canadienne, le Royal 22e, présente les armes aux chefs d'État étrangers pendant une cérémonie officielle. Mais Gil Rémillard insistait pour qu'un contingent de la Sûreté du Québec fasse de même. Bouchard s'y opposait, trouvant que ça ferait un peu police d'opérette. « Je pense qu'ils avaient déjà commencé à concevoir un uniforme d'apparat pour la SQ », se souvient l'ex-ambassadeur. Le ridicule ne parvenant pas à tuer cette idée, Bouchard réclame que Rivest s'en mêle. Le conseiller arrive, écoute les arguments. « Qu'est-ce que t'en penses, Jean-Claude ? » demande Bouchard après un moment. « C'est complètement idiot », tranche Rivest, au grand dam de Rémillard, qui devra se passer de son corps de policiers en gants blancs.

« quand il me parlait de l'évolution du côté libéral, il me laissait entendre que ça allait vers la souveraineté », raconte Bouchard. Tout le monde le fait, fais-le donc !

Est-ce que Rivest ne continue tout simplement pas, pour reprendre l'expression de Mario Bertrand, à « guidouner » avec les souverainistes ? Non, car il tient le même discours avec les fédéralistes. « C'est lui qui nous faisait le plus peur », avoue par exemple Ghislain Dufour.

> L'auteur : Est-ce qu'il disait que s'il n'y avait pas de bonnes offres, il était prêt à y aller à la souveraineté ?

> Dufour : Oui, c'est vrai qu'il nous a dit ça, dans des rencontres de restaurant. Je pense qu'il nous a toujours dit, Jean-Claude, que le fait de parler de référendum sur la souveraineté, pour lui, n'était pas négatif, que ça pouvait forcer le fédéral à faire des offres acceptables.

> L'auteur : Mais Jean-Claude disait : "Si à la fin ça ne marche pas, on exécutera la menace", alors que M. Bourassa n'a jamais dit ça ?

> Dufour : C'est vrai, c'est vrai cette distinction-là, très claire, entre M. Bourassa et Jean-Claude et Rémillard. Parce que Rémillard parlait un peu de la même façon que Jean-Claude.

Marcel Beaudry tire exactement la même conclusion. Dufour se souvient aussi que Rivest appuyait lourdement sur cet argument lorsqu'il était attablé avec les députés fédéraux Ouellet et Hogue, et avec le représentant du bureau d'Ottawa des relations fédérales-provinciales, « l'agent 007-Valiquette ». « Si vous faites pas des bonnes offres, leur disait-il, on va y aller. Un moment donné, faut finir ça ! »

Lorsque survient la proposition des coprésidents, Rivest sait cependant qu'il doit tout faire pour épargner à son patron la tenue d'un référendum en 1991. « On voulait éviter que le ciel nous tombe sur la tête », dit-il. Et puisqu'il veut que la commission débouche sur un rapport majoritaire auquel le gouvernement va s'associer, il doit jeter du lest aux souverainistes. Il ne négocie pas avec les péquistes, ce n'est pas la peine. « Très rapidement, les deux partis politiques ont été éliminés dans cette commission-là, explique Rivest, ils ont été déclassés. » La vraie négociation se fera à l'extérieur du huis clos.

Quelques jours après l'ajournement du 20 février, les non-alignés sont prêts à bouger sur la date du référendum. Rivest, comme prévu, met la proposition Rémillard à la poubelle. Lui et Rémillard remettent en secret aux coprésidents et à Rousseau une nouvelle proposition. Rivest en résume les éléments : « Un référendum sur la souveraineté, mais en 1992, et deux commissions parlementaires, une sur les offres fédérales [espérées], une sur la souveraineté. »

L'absolue nouveauté de la proposition Rivest, c'est que le gouvernement y propose, secrètement, de tenir le référendum que Bourassa tente, publiquement, d'écarter. Il n'y a de consensus avec Bouchard et compagnie qu'à ce prix. « Ce qu'ils voulaient, explique Rivest, c'était des garanties qu'il va y avoir un référendum sur la souveraineté », et sur rien d'autre. Rivest est prêt à céder sur ce point, car, tactiquement, il est parfaitement d'accord avec eux.

Rémillard ajoute publiquement sa pierre à l'édifice en déclarant que « si le gouvernement réalise que rien ne se produit, qu'il perd son temps et qu'Ottawa ne bouge pas, alors il pourra décider de tenir le référendum plus tôt » que prévu par la commission.

Sur ces bons augures, toute l'opération Bélanger-Campeau prend deux semaines de vacances, le temps de laisser aux libéraux le soin d'adopter en congrès, au début de mars, un programme constitutionnel.

LES ENFANTS D'ALLAIRE

Le dimanche 10 mars, l'étripailleur a réglé son cas au rapport Allaire, embobiné Ryan, dérouté les Québécois. Missions accomplies. Le lundi 11 mars, il se met au travail sur l'autre chantier, cette commission dont le ciel pourrait bien lui tomber sur la tête. Il ne reste que deux semaines avant la date de remise du rapport à l'imprimeur, le 25 mars. Déjà, Rivest, ses alliés non alignés, Rousseau et Bélanger ont fait bouger les choses. La proposition des coprésidents est morte, faute de partisans. Ce soir, Jacques Parizeau, mal informé de ce qui se trame entre Rivest et Bouchard, vient rencontrer Bourassa en secret au *bunker*, en présence des coprésidents, pour discuter de la suite des événements.

Parizeau « était venu pour savoir », pour tâter le terrain, raconte le premier ministre. « Il y avait tout le débat sur le référendum en 1991, se souvient Bourassa. Et moi je disais "j'peux pas". [...] La récession, on avait pas le temps de se retourner pour se préparer. » Air connu. Les coprésidents présentent l'esquisse de compromis : référendum sur la souveraineté au printemps de 1992, déclaration solennelle, deux commissions parlementaires. Ni Bourassa ni Parizeau ne se commettent, et ils continuent, dès le lendemain, à la période de questions à l'Assemblée nationale, à pratiquer l'escrime oratoire sur l'année du référendum.

Bourassa trébuche d'ailleurs dans un de ses « moments-vérité » dont on a déjà parlé. En une phrase, il découvre clairement son jeu. En réponse à une question du péquiste Jacques Brassard, il déclare : « J'ai dit que je m'engagerais formellement à ne rien proposer qui puisse mettre en danger la sécurité économique des Québécois. Proposer un référendum en 1991 sans garantie sur le fonctionnement de l'union économique si la souveraineté est choisie, je mets en danger la sécurité économique des Québécois. » Puisque ces « garanties » n'existeront jamais, le message est clair.

Les commissaires non alignés n'écoutent manifestement pas la période de questions. Sous le charme de Rivest et du rapport Allaire, il prêtent peu d'attention au discours de clôture du congrès libéral. « Quand on voit Bourassa détourner un congrès, lance Guy Chevrette, on ne peut pas lui faire confiance sur quoi que ce soit en matière constitutionnelle. »

Peut-être, pense Claude Béland, mais il « faut certainement faire confiance à son parti ». Le président du Mouvement Desjardins est très impressionné par le rapport Allaire, et compte sur la pression que ses amis Jean-Pierre Roy, Jean Allaire et compagnie pourront exercer au sein de la machine libérale. « M. Bourassa est un démocrate, déclare-t-il, il va tenir compte de ce qu'il entend. Nous ne sommes pas en dictature. Il a son parti derrière lui. On l'a vu samedi [jour de l'adoption intégrale du rapport Allaire]. Et s'il veut contredire son parti, c'est peut-être parce qu'il a décidé de quitter la politique. » Et s'il la quitte, il n'ajoute pas, « il y aurait peut-être quelqu'un, en cherchant bien, qui se lèverait pour reprendre le flambeau allairiste ».

L'adoption du rapport Allaire par le congrès agit comme un tonus sur la majorité des commissaires libéraux. « Pour la première phase [les audiences] et la moitié de la deuxième phase [le huis clos], on peut dire que les libéraux étaient sans gouvernail, ça tirait à hue et à dia, raconte Gérald Larose. On savait pas à qui s'adresser, même. [...] Après Allaire, là on a vu un alignement. »

Allaire élargit surtout la fracture entre souverainistes péquistes et non péquistes. « Quand le rapport Allaire est sorti, il y a eu une réunion. Parizeau fulminait contre le rapport. Nous, on disait : "Attention, y'a du stock là-dedans, ça va se retourner contre eux [les libéraux], c'est un rapport souverainiste en vérité. Regardez la partie de l'option 2b2*." Parizeau nous a pas crus, il a fait une sortie publique très, très malhabile contre le rapport. On était pas d'accord. Tsé ? Là-dessus, on parlait assez raide. »

Au sein du huis clos, après le congrès libéral, Rémillard lance une grande offensive pour que le calendrier d'Allaire soit adopté par la commission : un référendum à l'automne de 1992, sur les offres si elles sont bonnes, sur la souveraineté sinon. Les coprésidents et les non-alignés tiquent sur le délai. Ils préfèrent « avant l'été 1992 ». Certains non-alignés seraient prêts à acheter l'idée du double référendum, ou proposent un référendum à deux questions, mais ils sont mis en minorité au sein de leur propre groupe.

Au-delà du calendrier, la liste d'épicerie du rapport Allaire multiplie les adeptes. « Si on avait tout ce qu'il y a là-dedans, affirme Béland pendant le huis clos, ça serait satisfaisant ! » Béland note aussi que, lors de son témoignage à huis clos devant la commission, l'ancien stratège péquiste Claude Morin a déclaré que « le rapport Allaire est un rapport souverainiste ». Alors, pourquoi se gêner ? Jacques Proulx, Serge Turgeon et Jean-Claude Beaumier, des municipalités, sont plutôt d'accord sur le fond. Même Lorraine Pagé vacille. « Campeau pensait comme moi, et bien d'autres », dit Béland. Certains ne

---

* Voir chapitre 4. La clause 2b2 du rapport Allaire se lit comme suit : « Il est proposé [...] Dans le cas où il n'y aurait pas entente sur la réforme proposée par le Québec, que le gouvernement issu du Parti libéral du Québec propose l'accès du Québec au statut d'État souverain ; que dans cette deuxième hypothèse, le Québec offre, au reste du Canada, l'aménagement d'une union économique gérée par des institutions de nature confédérale. »

croient cependant pas que le Canada anglais puisse livrer une telle marchandise, donc ils prévoient que la position de repli — la clause 2b2, le référendum sur la souveraineté confédérale — est inévitable.

Quelles que soient les convergences des non-alignés sur le fond du problème, plusieurs ne prisent guère que Béland affirme, au cours du huis clos, qu'il pourrait vivre avec le rapport du Parti libéral.

Larose, pour une rare fois, intervient pour contredire Béland : « On est pas un *rubber stamp* du Parti libéral ni du rapport Allaire. »

Quand les péquistes entendent leurs amis souverainistes chanter ainsi les louanges du programme libéral, ils enragent. « C'est pas ça, être un souverainiste », peste Chevrette à l'adresse de Béland. « Il y en a qui, dans les journaux, déclarent qu'ils sont souverainistes. Si les gens les entendaient ici, ils comprendraient autre chose. » Lui et Jeanne Blackburn demandent d'ailleurs la levée du huis clos, pour que tout le monde puisse observer les compromis auxquels les non-alignés sont disposés. Les rapports s'enveniment.

De son côté, Rivest a du fil à retordre avec ses fédéralistes. Au sein du Parti libéral, les débats du congrès ont modifié les alignements. Cosmo Macioca et Christiane Pelchat, notamment, ont fermement planté leurs drapeaux politiques dans le camp fédéraliste orthodoxe. Ils rejettent donc l'esquisse de compromis qui ne parle que de référendum sur la souveraineté — la proposition Rivest. Même objection chez les fédéralistes associés.

Le conseiller de Bourassa fait de son mieux pour leur présenter le référendum sous son plus beau jour, dans des termes qu'il reprend devant l'auteur à l'époque : « Un référendum sur les offres fédérales ou un référendum sur la souveraineté, c'est la même chose », leur dit-il, « c'est le bonnet blanc du blanc bonnet. » Il leur raconte une petite histoire : Au référendum de mai 1980, alors qu'il était député de Jean-Talon, il a fait du porte à porte. La question portait sur « un mandat de négocier la souveraineté », avec assurance que rien ne serait définitif avant la tenue d'un second référendum. Rivest raconte avoir vu le même vieux militant libéral à la retraite, au début et à la fin de la campagne référendaire.

Au début, le vieux militant lui dit : « Savez vous, monsieur Rivest, y'a un deuxième référendum, c'est une question sur une nouvelle entente, puis si on dit non à ça, de quoi on va avoir l'air ? » Beaucoup de libéraux réagissaient ainsi. « Je suis revenu à peu près trois semaines plus tard. Ni lui ni personne ne parlaient de la question. C'était pour ou contre l'indépendance. »

Morale, serine Rivest à ses amis fédéralistes : la question posée n'a aucune importance. Seule la réponse compte. Donc, pour le bien du consensus, acceptons qu'il n'y ait qu'un référendum, sur la souveraineté. Si les offres sont bonnes, le Non triomphera, comme en 1980, et tout le monde sera content. Une dizaine de commissaires, fédéralistes et souverainistes, assurent avoir entendu Rivest et Rémillard tenir souvent ce raisonnement, en séance à huis clos et en coulisses, dans la semaine qui a suivi le congrès libéral. L'argument a l'énorme avantage de rassurer les non-alignés, qui non seulement atteignent leur objectif — un référendum sur la souveraineté seulement — mais comprennent pourquoi l'homme de Bourassa leur fait un cadeau. L'offre est crédible. Tout baigne.

Mais les fédéralistes associés ont déjà vu des vessies, ils ont déjà vu des lanternes, et ils savent faire la différence. Il n'est pas question que le président du Conseil du patronat (Dufour) ou que le conseiller constitutionnel de Jean Chrétien (Ouellet) signent un document qui propose uniquement un référendum sur la souveraineté. « On va se faire jouer avec ça », dit Dufour. « Moi, je suis pas né de la dernière pluie, enchaîne Ouellet. Si jamais ça porte sur la souveraineté, le référendum, la souveraineté va gagner. » Il n'y a qu'à regarder les sondages. Et Ouellet trouve que le fédéralisme à la Rivest n'est pas le bon vieux fédéralisme qu'il connaît.

Les péquistes observent ces tractations d'un air renfrogné, mais non catastrophé. La division du camp fédéraliste les rassure. Si les péquistes finissaient, grâce à ce cafouillis, par rallier les non-alignés, une pluralité pourrait toujours se dégager pour la souveraineté.

Le jeudi 14 mars, quand la commission ajourne ses travaux pour la fin de semaine, à 11 jours de son dénouement, le pointage n'est pas bon pour le PQ, mais semble transitoire. (Voir le tableau de la page 369.)

Les commissaires se côtoient maintenant depuis six mois. Les amitiés et les inimitiés se sont forgées, au-delà des clivages politiques. Gérald Larose et Ghislain Dufour, par exemple, ont développé des affinités imprévues et poursuivront, dans une correspondance privée, certaines discussions de fond entreprises en marge de la commission.

Marcel Beaudry se révèle être bien plus qu'un organisateur libéral. Il sait discuter, imaginer des compromis, être un joyeux camarade. « Si y'avait un prix de la recrue de l'année, dans le groupe des 36, ça aurait été Marcel Beaudry », affirme Rivest. André Ouellet, vu comme un épouvantail trudeauiste au début — le « gros rouge qui tache », selon une expression qui court —, s'est fait intelligent et amical. Il accumule même, au fil des semaines, mais dans la limite de ses convictions fédéralistes, un petit capital nationaliste québécois.

Le lieu de leurs interminables rencontres y est peut-être pour quelque chose. Le domaine Maizerets et son bâtiment principal — qu'on appelle tantôt « le manoir » ou « le château » — respire et transpire le régime français, le Québec de ses racines, de sa fierté. La terre appartenait aux Jésuites dès le milieu du dix-septième siècle, le manoir fut construit à la fin du dix-huitième, et les seuls Anglais à en troubler la quiétude furent les membres d'un détachement américain venu l'occuper en 1776, puis l'incendier en prenant la fuite l'année suivante. (Merci, les gars !) En 1990, l'endroit n'a rien perdu de son charme vieux français.

Les « souverainistes un point c'est tout »	Les « consensuels »	Les « pas question de souveraineté »
	Coprésidents : Jean Campeau Michel Bélanger	
1) Le Parti québécois	1) Le Parti libéral	1) Le Parti libéral
a) les orthodoxes Jacques Parizeau* Jacques Léonard Louise Harel	a) les allairisés Gil Rémillard* Claude Dauphin Claire-Hélène Hovington Guy Bélanger	a) les orthodoxes Louise Bégin Cosmo Maciocia Russ Williams Christiane Pelchat
b) les accommodants Guy Chevrette* Jacques Brassard*	b) l'absent/l'énigme Robert Bourassa*	b) l'absent Claude Ryan
c) les autres Jeanne Blackburn Pauline Marois		
	2) Les non-alignés	2) Les fédéralistes associés
	a) les calculateurs Lucien Bouchard* Gérald Larose* Louis Laberge	a) les gens d'affaires Marcel Beaudry* Ghislain Dufour Charles-Albert Poissant Cheryl Campbell Steer
	b) les allairisés Claude Béland Jacques Proulx Serge Turgeon Jean-Claude Beaumier	b) les députés fédéraux Jean-Pierre Hogue André Ouellet
	c) les solidaires Roger Nicolet Lorraine Pagé	c) le clown Richard Holden
		d) le scolaire Guy D'Anjou
Total : 7	Total : 16	Total : 13
les non-commissaires • au Parti québécois Jean Royer* Hubert Thibault*	les non-commissaires • au secrétariat Henri-Paul Rousseau* • chez Bourassa Jean-Claude Rivest* André Tremblay	le non-commissaire • au fédéral Gérald (007) Valiquette

* désigne les personnes qui vont jouer un rôle important dans les négociations à huis clos.

Les rencontres se font dans une grande pièce sonore, au second étage, sous un plafond aux poutres apparentes, sur un plancher vernis et entre d'épais murs de pierre. Ces parois sont généreusement trouées de fenêtres à battants, découpées de carreaux d'où on peut voir quelques bâtiments, dont une des dernières granges de pierres du Québec. À l'intérieur, les esprits s'échauffent souvent. Il arrive cependant que l'atmosphère soit glaciale envers celui-ci, ou celui-là.

« La commission a été unanime sur une chose, dit un commissaire, sous le sceau du secret : tout le monde haïssait Poissant. » Charles-Albert Poissant, que Louis Laberge insiste pour appeler « Paiement », en référence à son côté richard, a le don de hérisser presque tous ses interlocuteurs. Fédéraliste jurassique — il veut que la souveraineté ne se fasse que si 70 % des Québécois votent Oui à un référendum —, Poissant a le ton cassant, l'argument suffisant, le raisonnement mesquin et pointilleux qui met tout le monde d'accord. Insensible au sentiment qu'il crée autour de lui, il distribue à ses collègues des copies autographiées d'un ouvrage de son cru : *Les dix hommes les plus riches du monde - les raisons de leur succès*.

« Ti-Louis » Laberge est celui qui déride l'atmosphère, pendant les innombrables interruptions de séance, en débitant son inépuisable répertoire de blagues. Son apport au débat est cependant proche du zéro absolu, notamment parce qu'il souffre de surdité et qu'il est assis, dans la grande salle de Maizerets, au bout de la table, à laquelle il présente sa mauvaise oreille. « Tu discutais pendant 20 minutes, raconte Dufour, puis là mon Louis prenait la parole : "Je peux tu vous parler de...", et il recommençait tout le débat. »

« Moi, j'étais assis à côté de Jean-Pierre Hogue qui parlait tout le temps de toute façon », se plaint Dufour. Véritable moulin à parole, Hogue est l'as des interventions vides de sens et des questions sans objet.

« Et moi, j'insiste, M. le président, a-t-il répété cinquante fois, qu'est-ce qu'un consensus, M. le président, je veux que la présidence définisse ce que c'est qu'un consensus ? »

Excédé, Michel Bélanger lui cloue un jour le bec : « Écoute, là, Jean-Pierre, le consensus, si je l'avais rencontré, je te l'aurais présenté depuis longtemps. Je le connais pas ! » Lorsque Hogue doit s'absenter, il est remplacé par un député du Témiscamingue, Gabriel Desjardins. « Ça a été la période glorieuse du Parti conservateur, dit Rivest, là on a eu un gars brillant. » (Au moment de constituer la commission, le bureau de Bourassa avait recommandé à Mulroney la nomination de Desjardins ou, mieux encore, celle de la conservatrice Gabrielle Bertrand, veuve de l'ancien premier ministre unioniste Jean-Jacques Bertrand.)

Dans la catégorie des hérissons, Richard Holden fait bonne figure. Le commissaire du Parti Égalité prend la commission pour une rigolade et se targue d'être à l'origine de bien des fuites.

Il y a aussi le cas Gil Rémillard. Ministre responsable des Affaires constitutionnelles, chef de la délégation libérale à la commission, il ne fait pas, c'est le moins qu'on puisse dire, forte impression sur la galerie. D'entrée de jeu, en septembre 1990, il avait donné au *Devoir* une entrevue aux relents souverainistes détonnants, parlant même de monnaie et d'armée québécoise, et d'un rendez-vous référendaire très prochain. Puis, aux audiences, il avait valsé d'un côté et de l'autre de La Ligne avec l'aisance d'un Mack Truck. « Il était inqualifiable, dit un membre de sa délégation. Il changeait d'un jour à l'autre. Une vraie anguille. »

Au retour des fêtes, c'est un Rémillard fédéraliste qui se présente à la commission et plusieurs, dont Lucien Bouchard, pensent que son grand virage idéologique s'est fait là : fin décembre, début janvier. Une date qui coïncide avec le début des efforts de rectification de Robert Bourassa.

Pendant l'entracte du huis clos, Rémillard fait venir individuellement à son bureau plusieurs membres du groupe des non-alignés. Il leur parle d'avenir, du Québec, de la commission, du fédéralisme. Mais son propos est vague, à tel point que plusieurs invités en sortent ne sachant nullement quel en était l'objectif. « J'ai trouvé ça totalement creux », dit Larose. « Je suis sorti de cette réunion-là en me demandant : "qu'est-ce qu'il voulait au juste" », rapporte Turgeon. « Je me suis demandé si à ce moment-là il préparait pas sa course à la chefferie libérale. »

Dans les négociations du huis clos, Rémillard est ensuite insaisissable, raconte Claude Béland : « Le soir, on prenait un café avec lui, on lui présentait nos arguments et il nous disait : "oui, oui". Le lendemain il revenait et il avait changé d'idée. Je lui avais dit : "Vous êtes le ministre, vous êtes l'expert dans ça et vous changez d'idée à 24 heures d'avis." Il répond : "Ben oui, mais je suis pas tout seul ! Je suis dans un parti, M. Béland, vous comprenez pas ça !" »

À la direction de la commission, il y a deux surprises : Campeau et Rousseau. Campeau brille par sa pâleur. L'homme qui a laissé une trace indélébile sur la Caisse de dépôt se transforme en courant d'air à la commission qui porte son nom. Lorsque c'est son tour de diriger les débats (il alterne avec Bélanger), sa poigne est plutôt faible ou, en tout cas, sélective.

« C'était drôle, note Rivest, la façon dont Campeau recevait un mémoire souverainiste, il arrêtait pas de les féliciter, ça enrageait nos députés. » Un de ces témoins souverainistes raconte avoir largement dépassé la période prévue pour sa présentation. « Je trouve que je dépasse mon temps », chuchote-t-il à l'oreille de Campeau. « Non, ça va très bien, continuez », répond le coprésident.

Une fois les audiences terminées, la contribution de Campeau au débat à huis clos est effacée, en retrait. « C'est comme si Campeau, le maximum qu'il avait pu faire était d'emmener [Bélanger] à la proposition des coprésidents, dit Turgeon. Voyant que ça marchait pas... », il s'est comme effacé. « Campeau, durant cette période-là, il a pas été fort du tout, explique un commissaire important. Campeau est devenu étonnamment évanescent », tellement que la rumeur a couru qu'il s'était senti physiquement mal, dans les deux dernières semaines, cruciales, du huis clos. « Un moment donné il était indisposé, il était pas là, il était comme absent, là, physiquement. » Un témoin non aligné note qu'au retour de l'entracte imposé par la tenue du congrès libéral, « nous on a l'impression que Campeau s'est écrasé. À tel point qu'on a de la difficulté à le remonter un petit peu. Il est là et il est pas là. [...] Il est moins combatif, il se tait, tout simplement. Il dit plus rien. Il était moins présent à ce point qu'on aimait mieux que ce soit Bélanger qui préside les discussions. »

Une absence et une indécision qui mettent Parizeau dans un état d'impatience marquée, en petit comité. « C'est notre ami mais, crisse, on pourrait avoir un ami plus vif ! » lance-t-il un jour, se souvient Bernard Landry.

Le secrétaire de la commission, le souverainiste Rousseau, paquet surprise placé par le PQ sur le chemin de la commission, est vif à souhait. Mais il fait comme s'il n'avait jamais rencontré Jacques Parizeau. Le PQ espérait un rapport souverainiste pluralitaire, plutôt qu'un consensus mou. Rousseau, lui, « était quasiment le dixième non-aligné, commente Bouchard. On prenait pas de position sans parler à Rousseau, parce que lui savait des choses qu'on savait pas, alors parfois on s'abstenait ou on dosait nos interventions en fonction de sa stratégie. » Il « a forcé la note à gauche et à droite pour avoir un consensus, explique Rivest. Son mandat, il le tenait des présidents, qui tenaient à avoir un consensus. Mais il aurait pas fait un bon président, parce qu'il est trop rude. Au hockey, ça prend le genre Jean Béliveau, qui avec élégance loge la rondelle dans les buts. Mais ça prend un bagarreur aussi, qui va chercher la rondelle sur le bord de la bande tout croche, là, tsé ? Ça c'était Rousseau. »

À la fin de la première période du match Bélanger-Campeau, le PQ était en avance, grâce aux mémoires et aux audiences. À la fin de la deuxième période, on ne peut lire le résultat, car il y a trop d'équipes sur la glace. Tout va se jouer dans la troisième période. Il n'y aura pas de prolongation.

MACHIAVEL, C'EST L'UN ; LE ROI, C'EST L'AUTRE

Le compromis élaboré dans l'axe Bouchard-Rousseau-Bélanger-Rivest-Rémillard est sensé. Dans cette commission, comme dans la société québécoise, il y a des libéraux. Donc, explique Gérald Larose, « si on veut un rapport qui puisse être signé par tout le monde d'une façon minimalement responsable, il faut de l'espace pour les libéraux », il faut leur aménager une plage, une période pour tester leur option : la « dernière chance ». Dans cette commission, comme dans la société, il y a des souverainistes. Donc, explique Jean-Claude Rivest, il faut leur donner une occasion de tester leur option, la souveraineté, donc il faut un référendum sur — et seulement sur — la souveraineté.

Dans l'électorat, les souverainistes sont plus nombreux et plus pressés ? Certes. Mais, bon, ils ne sont pas au pouvoir, et il faut bien composer avec la réalité : Bourassa est en début de mandat. « Moi, je pouvais pas rendre tout ça conditionnel à l'élection du Parti québécois, dit par exemple Béland. Là, on avait un Parti libéral [au pouvoir], alors... » La fenêtre est ouverte, c'est maintenant qu'il faut se lancer. Et lorsque l'échec de la dernière chance viendra, à la fin du délai, pense-t-on, une forte majorité des fédéralistes se replieront, avec leur parti, sur la solution souverainiste. Les Dufour et Ouellet ne veulent pas embarquer ? Tous ne peuvent pas être du voyage, on le conçoit. Ce pacte entre souverainistes modérés (les non-alignés) et fédéralistes autonomistes (les libéraux) qui occupent tout le centre politique québécois est un tantinet compliqué — mais pas plus que la question référendaire de 1980. Il est surtout transparent, logique, et il mène à une résolution certaine du problème. C'est ce que veut Bélanger. C'est ce que veulent les Québécois. En 1992, s'il y a des offres, les Québécois jugeront de leur valeur, et décideront, ou non, de leur préférer la souveraineté, seule option inscrite au bulletin de vote.

(Sensé, mais audacieux, car, s'il y a des offres, que le gouvernement Bourassa les défend et se fait battre au référendum, l'équipe qui aura combattu la souveraineté sera chargée de la réaliser. Ce n'est pas inconcevable. Si l'anticommuniste Nixon a reconnu la Chine, l'antisouverainiste Bourassa pourrait se faire reconnaître à l'ONU. C'est parier sur un renversement de tendance. Mais puisque Bourassa s'y engage, en signant le document...)

Définitif ? Logique ? Transparent ? Le prince du brouillard, selon l'expression de Bernard Landry, abhorre la transparence. L'esquisse de ce pacte ne lui est pas aussitôt présentée que Bourassa, car c'est de lui qu'il s'agit, va apporter au dispositif plusieurs retouches de son cru.

Premier machiavélisme, cette « déclaration solennelle » dont Bélanger et Rivest lui rabâchent les oreilles. C'est dangereux. « Quand t'as fait une déclaration solennelle, t'as donné ta parole, [...] une déclaration solennelle, ça ne s'amende pas », objecte Bourassa à Rivest. « C'est ta crédibilité. Alors qu'une loi, ça s'amende, toutes les lois s'amendent. » Proposons plutôt de garantir, par législation, la tenue du référendum sur la souveraineté. Les souverainistes « eux autres ont trouvé ça très bon, ben meilleur ! rapporte Rivest. Faire une loi, c'est plus fort qu'une déclaration solennelle », pensent-ils.

Marcel Beaudry frappe à la porte de Bourassa pour se plaindre de ce référendum sur la souveraineté qu'on veut lui imposer, et qu'il n'endossera pas, qu'il s'agisse d'une déclaration ou d'une loi. Beaudry et ses amis ne pratiquent pas la religion du consensus. « C'était pas ben important pour nous autres », dit-il. Il se plaint que « certains membres de la délégation libérale étaient plus souverainistes que ceux qui étaient du côté du PQ ». Il demande à Bourassa quelle est la stratégie du gouvernement, s'il y en a une.

Le consensus est important pour Bourassa, qui veut réunir un maximum de signatures, donner l'impression qu'il dirige une grande coalition de Québécois, qu'il est, avec le peuple, au centre, pas à un extrême. Mais, insiste Beaudry, on dérive vers la souveraineté ! Bourassa l'informe que le compromis en voie d'élaboration permettra de créer aussi une commission parlementaire sur les offres fédérales et ainsi, la recommandation de Bélanger-Campeau validera l'idée que des offres devront être faites, reçues, étudiées, acceptées, peut-être.

Oui, mais Beaudry n'aime pas la théorie de Rivest voulant que le référendum porte seulement sur la souveraineté. Bourassa n'ose pas contredire son conseiller spécial, mais il fait un bon travail de persuasion, car, après 45 minutes de discussion, « moi, dit Beaudry, j'étais convaincu qu'il n'y en aurait pas de référendum sur la souveraineté », parce que Bourassa allait « faire en sorte qu'on n'ait pas un référendum sur la souveraineté ».

Ghislain Dufour, qui se doutait un peu que Bourassa ne pouvait pas embarquer dans les pirouettes de Rivest, se souvient du rapport que lui fait Beaudry à son retour : « Marcel est allé se faire garantir ça par M. Bourassa. » Charles-Albert Poissant se souvient aussi que « c'était l'échappatoire qu'on voulait avoir ».

Mais Dufour est pointilleux. Les assurances verbales ne lui suffisent pas. Il est heureux de connaître l'intention du premier ministre, mais il veut aussi comprendre comment ce tour de passe-passe va fonctionner, techniquement. À cette étape, Bourassa remet les pendules de Rivest à l'heure, lui signifie qu'il n'achète pas sa thèse de la « question qui importe peu », qu'il faut trouver mieux, élaborer un second machiavélisme, qui gardera les non-alignés dans le consensus et ralliera les fédéralistes associés. Ainsi instruits, Rivest, Rémillard et André Tremblay vont maintenant informer les fédéralistes associés et les libéraux orthodoxes de la voie d'évitement qui a été trouvée pour pouvoir dire une chose et faire son contraire :

« Ça, ça a été un peu l'hypocrisie », admet Rivest. « On a dit à Lucien : "C'est parfait" [le compromis]. Mais de notre côté, on sait qu'à n'importe quel moment, on peut faire un référendum sur les offres. » Comment ? « On a la Loi sur les consultations populaires. » Voilà la soupape d'échappement. Depuis René Lévesque, le Québec est doté d'une loi qui permet la tenue de référendums sur tout sujet en tout temps. Il s'agit de la loi utilisée pour organiser le référendum de 1980. La future résolution de la commission, en voie d'élaboration, « ça amende pas la loi de la consultation populaire », explique Rivest aux fédéralistes.

« Pour nous, dit Dufour, c'était *clean cut*. On s'était fait expliquer très clairement par Tremblay la Loi sur les consultations populaires, sa priorité sur la loi spéciale sur le référendum sur la souveraineté [qui allait découler de la commission]. On s'était tout fait expliquer ça, alors, nous autres, on était très à l'aise. »

« Ça, ça a été la clé », ajoute Rivest, la clé de la jonction entre les libéraux, y compris les orthodoxes jusque-là réticents, et la plupart des fédéralistes associés. « Mais il fallait pas le dire. »

Le cynisme inhérent à cette manœuvre — un discours pour les souverainistes, un autre pour les fédéralistes — est symptomatique de la moralité qui règne dans les cercles libéraux dirigeants, au lendemain du traumatisme Allaire. « Je me rappelle que Jean-Claude, à l'époque, pouvait faire ces pirouettes-là, explique Pierre Anctil. Et il s'en est servi surtout pour convaincre les non-alignés. [...] "Un référendum sur la souveraineté ou un référendum sur le fédéralisme, c'est la même chose ; tu dis Oui à l'un, Non à l'autre, c'est la même chose." C'est un argument qui était probant dans le contexte et personne ne s'est arrêté à y réfléchir. Ça a marché. Tant mieux pour Jean-Claude. Tant mieux pour ce monde-là. On a eu notre rapport Bélanger-Campeau. Parfait. »

L'information qui parvient aux oreilles souverainistes, le dimanche 17 mars, huit jours avant le dénouement, est fragmentaire, mais alarmante. « Je me souviens qu'un moment donné — comment dire ? — le Jell-O va prendre de leur côté », dit Parizeau parlant des fédéralistes libéraux et associés, maintenant unis. Ça change tout le pointage. « C'était extrêmement important, raconte Louise Harel, ça voulait dire que la stratégie de la pluralité ne marchait plus. » « C'est Henri-Paul qui me l'annonce par téléphone et effectivement tout bascule, se souvient Larose. Moi, je pense qu'ils ont eu un ordre. Je pense que c'est Rivest qui a joué, je sais pas sur quelle corde... » Il s'est passé quelque chose. Ils ne savent pas quoi. Mais ils sont dans le pétrin.

Au bureau montréalais de Parizeau, place Ville-Marie à Montréal, des représentants péquistes et des représentants des non-alignés discutent longuement, en ce dimanche de la Saint-Patrick où l'hiver s'acharne à ne pas céder sa place au redoux. Les non-alignés Bouchard, Larose, Turgeon et Nicolet, qui prend une place importante dans la discussion, tentent de convaincre les péquistes Parizeau, Chevrette et Brassard qu'ils n'ont plus le choix. Il faut se rallier au compromis, grappiller encore quelques gains, ici et là, sur le texte en voie de préparation. Bourassa est même prêt à s'engager par une loi à tenir un référendum sur la souveraineté, leur disent-ils. M. Parizeau, une loi ! Vous rendez-vous compte ?

Personne ici n'est au courant des deux machiavélismes de Bourassa. Mais Parizeau résiste de tout son être à une négociation sur son option fondamentale, sa raison d'être en politique. « À travers le huis clos, qu'est-ce que je cherchais à faire ? » expliquera-t-il. « Je ne veux pas fondamentalement reconnaître qu'il y a deux voies », une fédéraliste et une souverainiste. « Il n'y en a qu'une : je ne crois pas que la réforme du système fédéral soit possible. [...] Jusqu'au bout, pour l'amour du saint ciel, je veux pas commencer à faire des viraillages de gauche à droite, un petit peu moins de souveraineté, un petit peu plus de souveraineté. On me dit : "Une occasion comme ça se représentera jamais" ; on me dit : "Si on fléchissait un peu, si on arrangeait ça autrement, peut-être qu'on pourrait enfermer le gouvernement dans un *deal*." Alors moi je fais : "Mon œil !" »

Et il regarde avec irritation les Larose et Bouchard, deux ex-négociateurs, tenter de concilier l'inconciliable. « Vous avez du côté des non-alignés beaucoup, beaucoup de gens qui ont passé leur vie à faire de la négociation et de la conciliation. Veut, veut pas, ils sont dans cette optique-là psychologiquement : "Il doit y avoir un moyen, comme dans toute bonne convention collective, là, de concilier tous les groupes et tous les intérêts de façon à ce qu'une entente existe, tout le monde signe et voilà." C'est un état d'esprit que je comprends fort bien, mais qui est aux antipodes de la façon dont un Parlement fonctionne. »

Un raisonnement que Harel explicite encore plus clairement : « C'est en vertu de ce bon vieux principe syndical : vous demandez un dollar, et vous êtes prêts à régler pour 50 sous [...]. Tandis qu'en politique, on est dans un système parlementaire britannique où depuis toujours, c'est tout ou rien. » L'incursion des Larose et Bouchard dans la négociation politique, « c'est comme si nous [péquistes] on s'était mis du jour au lendemain à essayer de négocier la convention collective du Syndicat des employés de la STCUM qui ont connu à peu près 13 conflits en 18 ans. Il y a une sous-culture — n'est-ce pas ? — dans toute organisation. La sous-culture syndicale de convention collective ne s'improvise pas. » Le jeu politique non plus, ajoute-t-elle, ce qui explique pourquoi les non-alignés « ont été complètement baisés » par les talents de Rivest, son « art consommé de diviser les souverainistes en péquistes et non-péquistes et puis d'adopter comme interlocuteurs privilégiés les non-péquistes ».

À la réunion de la place Ville-Marie, l'art de Rivest fonctionne merveilleusement. Les non-péquistes exercent une pression terrible sur les péquistes.

Et si Parizeau fait « Mon œil ! » il bouge quand même un peu. Permet à ses négociateurs de céder sur la date du référendum. Les coprésidents voulaient le printemps de 1992, le gouvernement avait d'abord proposé 1993, puis s'était rangé à octobre 1992. « On va pas s'obstiner pour six mois », disent des non-alignés. Le PQ continuait à parler de l'automne de 1991, mais « le temps passe, qu'est-ce que vous voulez, dit Parizeau. Un moment donné, ça devient presque irréel de parler d'un référendum en 1991. » Alors il lâche du lest. « Je me souviens pas que ce soit à ce point cosmique. »

Un non-aligné se souvient du contraire. « Parizeau voulait pas, absolument pas, il voulait pas entendre parler de ça. Il voulait pas qu'on concède l'écoulement d'une année pour faire un référendum. Il était contre, contre, contre, ça avait pas de bon sens ! [...] Il était pas logique. Il était un peu incohérent, même, puis il était très émotif, là-dedans. » Mais, bon, il cède.

Le chef péquiste avoue avoir « été difficile » sur l'aspect du compromis où on parle d'offres fédérales qu'une commission parlementaire pourra étudier. Il n'aime pas ça. Ça valide la voie fédéraliste. Et puis il y en a déjà eu, des offres. Vous vous souvenez de Meech ? Quelqu'un, probablement Chevrette, suggère d'apposer un verrou sur cette clause. De dire que la commission n'étudiera que des offres « liant » le fédéral et les provinces. Traduction : il faudrait que l'offre ait été adoptée par toutes les législatures provinciales et le Parlement fédéral. Même Meech n'avait pas passé ce test. « Ça c'était formidable, explique Bouchard. Ça, c'était l'assurance que ça marcherait pas. Quand tu connais la mécanique fédérale-provinciale, il était absolument évident que jamais il ne pouvait venir une offre comme le rapport Allaire dans le délai prescrit. »

Quand les souverainistes, péquistes ou non, quittent la place Ville-Marie ce dimanche-là, une conclusion définitive n'a pas été tirée. Harel marche longuement dans les rues enneigées, pestant contre le destin qui s'acharne à faire plier les souverainistes, même lorsque leur option réunit une majorité de la population.

Les négociations sont résumées ici à leur plus simple expression, mais le fait est qu'elles sont tortueuses, qu'elles butent sur chaque mot*. Du dimanche 17 au petit matin du mercredi 20 mars, Bell fait de jolies affaires sur le dos du contribuable. C'est la ligne en fête. Rivest se souvient avoir eu Larose sur une ligne et Bouchard en attente, proposant chacun un compromis. « Coudonc, parlez-vous donc tous les deux, ça va être bien moins compliqué, et moi je vais avoir la paix ! » leur dit-il.

Les échanges se poursuivent tard dans la nuit. Vers 3 h du matin, Rousseau, qui est le centre de tri de toute l'opération, appelle Rivest : « Jean-Claude, j'ai la solution ! » à un des nombreux problèmes. Rivest arrive, trouve l'idée de Rousseau acceptable, appelle Rémillard à 3 h 45, lui demande de venir voir ce texte prometteur. « J'ai pas mon chauffeur ! » s'objecte le ministre. « Prends un taxi, tu t'en viens. » Dépeigné, pas rasé, pas lavé, mal habillé d'un vieux chandail et du premier pantalon venu, le ministre se heurte à un gardien de nuit qui refuse de le laisser monter aux bureaux de la commission. « Je suis Gil Rémillard », lui dit-il. « Non, non, répond le gardien, je le connais M. Rémillard, pis c'est pas vous. » Il faut appeler Rousseau pour que le gardien obtempère.

« À 3 h du matin, raconte Parizeau, on me réveillait et on me disait : "Si on ajoutait un paragraphe à la page 2." À 3 h du matin ! J'ai dit : "Câlisse, c'est quoi c't'affaire là !" » Au petit matin, Rousseau et Thibault, qui gardaient le contact, « avaient les yeux cernés jusqu'en bas des joues », dit Parizeau.

Parmi les textes ballottés de gauche à droite, il y en a un en forme d'appât,

---

* À cette étape, la rédaction de la clause sur les offres est particulièrement laborieuse. Le PQ insistant pour qu'aucune référence au fédéralisme n'apparaisse dans la recommandation, il refuse dans un premier temps la formulation de Rivest voulant que la commission étudie des « offres de nature constitutionnelle », et veut en rester au seul mot « offres ». Rivest refuse, car cela peut vouloir dire des offres de souveraineté-association. Bouchard et Larose proposent à la place un mot neutre : « des offres de partenariat ». Rivest insiste sur « des offres de partenariat de nature constitutionnelle », ce qui peut aussi vouloir dire des offres de souveraineté-association. Le PQ accepte, à condition qu'une seconde commission parlementaire, sur les conditions d'accès à la souveraineté, ait aussi le droit d'étudier des « offres formelles de partenariat économique », donc, l'association.

pour Parizeau. Ce dernier trouve remarquablement important qu'un nombre croissant de groupes utilisent maintenant la même définition de ce que constitue la souveraineté. Les audiences l'ont montré. « On ne s'entend pas tous sur l'opportunité de la souveraineté, mais on est en train de s'entendre sur la définition, dit-il. Alors c'est une occasion qu'il ne faut pas rater. »

Puisqu'il tient tant à cette définition, pourquoi ne pas la lui donner, dans les recommandations de la commission ? Le texte prévoit qu'en cas de victoire de la souveraineté, en octobre 1992, le Québec acquerra « le statut d'État souverain une année, jour pour jour, après la date du référendum ». Mais quelle souveraineté ? Une superstructure nébuleuse à la Bourassa, ou un siège aux Nations unies à la Parizeau ? Étrangement, la définition provient du groupe des fédéralistes associés. Qu'on inscrive, disent-ils, que la souveraineté signifie « la capacité exclusive du Québec, par ses institutions démocratiques, de faire ses lois, de prélever ses impôts sur son territoire et d'agir sur la scène internationale pour conclure toute forme d'accords ou de traités avec d'autres États indépendants et participer à diverses organisations internationales ». Bourassa et Rivest acceptent. C'est fameux. La définition épouse de près celle de la question référendaire de René Lévesque de mai 1980. Le PQ n'a d'autre choix que d'acquiescer. Bourassa pourra définir ses offres, mais, en cas d'échec, c'est cette définition de la souveraineté qui prévaudra.

Bourassa et Rivest utilisent ici la même technique que des enfants dans une cour de récréation qui promettent quelque chose à un camarade en gardant une main dans le creux du dos, l'index et le majeur croisés. Car, pour eux, cette définition standard de la souveraineté « n'excluait pas du tout la superstructure ou la confédération », explique le galopin Rivest. Qui peut le plus, peut le moins, c'est sûr. Mais qui veut le moins devrait le dire, le proposer, l'introduire aussi dans le texte, par souci de transparence, d'honnêteté politique et intellectuelle. Mais ce n'est pas la transparence qui domine la stratégie gouvernementale, c'est le machiavélisme, dont voilà la troisième manifestation.

De retour à Maizerets, le mardi 19 mars, six jours avant le dénouement, l'information commence à circuler sur les raisons du ralliement des fédéralistes au compromis. « Dufour nous dit à peu près ceci, raconte Larose : il dit que lui, il va signer, parce que de toute façon, il est convaincu que le gouvernement fera jamais un référendum sur la souveraineté. Il signe sur la foi ou sur la base d'une certitude qu'il a, qu'il n'y aura pas de référendum sur la souveraineté. » C'est aussi que sa foi fédéraliste transporte des montagnes de doutes. « Les messages qu'on avait de nos amis Ouellet et Hogue, et la gang qui était leur *backing support* en arrière, dit Dufour, étaient : "Faites-vous-en pas, c'est évident que les offres seront acceptables au Québec." »

Bizarre, pense Larose. Mais enfin, Dufour a droit à son opinion. L'important, c'est qu'il signe ! Larose comprend toutefois que, techniquement, la loi qui découlera du travail de la commission pourra être éventuellement amendée si Bourassa le désire. C'est vrai du Code civil, du Code de la route et de toutes les lois, mais enfin, on n'annonce pas, le jour du dépôt d'un projet de loi, qu'on a fermement l'intention d'en amender l'article principal d'ici peu. Ce serait une invitation à tous les hors-la-loi de passer outre. Larose juge que Bourassa devrait payer le prix politique d'un tel retournement. Il n'a pas vent de la voie d'évitement : la Loi sur les consultations populaires.

Rivest informe directement Bouchard de ce machiavélisme. Entre amis, on se doit bien ça. Le chef du Bloc québécois est probablement attristé, mais pas révulsé par cette duplicité :

• En négociateur optimiste, il avait, à l'origine, voulu un dollar — en clair : un référendum sur la souveraineté en 1991, coulé dans le béton.

• En négociateur compétent, il pensait avoir 75 cents : son référendum sur la souveraineté, mais seulement en 1992, et mettant en balance des « offres ». Heureusement, obtenir ces offres relève d'une mission impossible, car elles doivent être « liantes ».

• En négociateur réaliste, il vient de descendre à 50 cents : si des offres sont acceptables, Bourassa fera un référendum sur les offres, et paiera le prix politique de tourner ainsi le dos aux recommandations de la commission. Heureusement, puisque ces offres doivent être « liantes », cette mission est impossible, le référendum sur la souveraineté aura donc lieu.

• En négociateur berné, il ne sait pas qu'il est en fait tombé à 25 cents, car Rivest a introduit un quatrième machiavélisme dans le compromis. Le PQ avait insisté pour que ces fameuses offres « liantes » soient « dûment votées par les assemblées législatives », test auquel Meech avait effectivement échoué. Rivest a refusé absolument, et a tenté de convaincre Bouchard de s'en tenir à des « offres liant les gouvernements », c'est-à-dire les seuls premiers ministres des provinces. Au début, Bouchard avait rechigné.

« Mais crisse, si y'a un Wells qui se réveille ! » avait-il objecté.

« Ben là, il y a une méchante différence, avait répondu Rivest. La dernière fois, Wells a pu faire péter l'affaire en disant : "Ça va être un échec constitutionnel traditionnel." Mais là, si un PM fait ça, Bourassa va être complètement cuit, avec un deuxième échec. Avec un premier, les Québécois sont à 70 % pour la souveraineté, si on leur en fait un deuxième dans le même mandat, ils vont péter le thermomètre. Fait que, t'as aucun risque. »

Bouchard avait accepté de retirer la référence aux assemblées législatives. Mais il se pensait toujours en terrain légal sûr : « "Liant", ça voulait dire "juridiquement" », dit-il. Ça veut encore dire qu'il ne manque légalement que l'approbation du Québec pour qu'une offre devienne une entente. « C'est comme la promesse de vente en droit civil », explique-t-il. La barre est haute. Bouchard ne sait pas qu'en enlevant le verrou du « liant les assemblées législatives », son ami Rivest vient de tout faire sauter.

« Tsé l'affaire de liant, là, les offres liant, là ? » dit Rivest à l'auteur un mois plus tard.

« Oui, oui ? »

« Bon. Ça, ça veut rien dire. Tsé ? Juridiquement, on a des avis, des avis du ministère de la Justice. Ça veut strictement rien dire. [...] Au sens de la constitution, y'a pas d'offres qui lient les gouvernements. La meilleure preuve que ça lie rien, c'est que les gouvernements ont signé [Meech], mais ça a lié personne. » Rivest et Tremblay font aussi cette démonstration devant Dufour, qui insiste pour lire les avis juridiques, mais doit se contenter de la parole de Tremblay.

Bref, Bourassa et Rivest font en sorte que Bouchard dise oui à une clause qui défait tout ce que le chef du Bloc québécois et des non-alignés souhaite et pense faire. Sa « mission impossible » devient, à son insu, envisageable. Puisque « liant » ne veut rien dire, tout est possible*.

Rivest est en train d'embobiner Bouchard. Mais il lui a tout dit, on l'a vu, en ce qui concerne la Loi sur les consultations populaires. Bouchard ne dénonce ni ne divulgue la manœuvre. « Il fallait pas le dire », explique le chef des non-alignés.

La plupart des non-alignés et tous les péquistes ne sont pas dans le coup et la consigne du mutisme est fermement observée par les libéraux. Serge Turgeon se souvient que, pendant une session à huis clos, il interroge Rémillard : « Qu'est-ce qui nous assure vraiment que vous allez le signer, ça ? »

« Si on signe, on signe. C'est notre honneur qui est là-dessus », répond le ministre.

« Allez-vous l'amender, cette loi ? »

« Jamais on amendera ça, répond Rémillard, on respecte ce qui est là ; ce sur quoi on s'entendra, on va le respecter. »

« Il l'a assuré, presque juré, affirme Turgeon. C'est comme ça qu'on l'a tous compris. [...] Pour nous ce qui était important, c'est qu'on vote sur la souveraineté, quelles que soient les offres, si mirobolantes puissent-elles être, pour qu'on dispose de ça une fois pour toutes. » Claude Béland se souvient d'avoir obtenu des assurances semblables, en privé, de la part de Rémillard.

Sur toutes sortes d'autres points, des palabres interminables se poursuivent en coulisses, alors qu'on interrompt les séances à huis clos. « On discutait pus, se souvient Béland. On attendait les instructions de part et d'autre. On a été des heures le groupe des neuf à faire les cent pas, à boire des cafés, des jus d'orange, ceux qui fumaient, à fumer. Ils nous disaient : "Donnez-nous une

---

*   Évidemment, tout ceci n'est qu'une restriction mentale, un autre cas de « doigts croisés », avis juridique ou pas. Le contexte de l'échec de Meech, alors vieux de 10 mois, impose à tous les lecteurs honnêtes de la vie politique la conclusion que cette clause des offres « liantes » existe spécifiquement pour éviter la répétition de ce désastre, que donc il s'agit bien de faire entériner toute offre par les assemblées législatives. D'ailleurs, dans une entrevue réalisée deux ans plus tard, la mémoire de Rivest a fait le ménage, écarté les entourloupettes, conservé le bon sens : « Bélanger-Campeau c'était pas ça, dira Rivest. C'était des résolutions dûment adoptées par les assemblées. »

demi-heure." Pis trois heures plus tard on voyait les ambassadeurs revenir avec leurs dossiers sous le bras. Pas des commissaires, mais Jean-Claude Rivest qui revenait et parlait à Rémillard.

« Ça a donné lieu à quelques petites prises de bec assez fortes. Jacques Proulx et Roger Nicolet et moi, on a dit : "Qu'est-ce qu'on fait ici ?" On est complètement inutiles, on est minoritaires et ça va se jouer entre les deux partis. On a menacé de partir, on est venu à deux cheveux. »

Ils vont dire leur mauvaise humeur à Michel Bélanger. « Vous faites ce que vous voulez, répond-il, c'est vous autres qui allez avoir l'air fou, incapables de subir la pression ! »

Par peur du ridicule, Béland et ses comparses se rassoient et recommencent à se tourner les pouces. On les informe que Parizeau continue de serrer les freins sur le compromis, refuse toujours d'inscrire dans la résolution la formation d'une commission parlementaire habilitée à étudier des offres.

« Je le connais, M. Parizeau, je vais le convaincre », déclare Bouchard à Béland, Beaumier et Larose. Ensemble, ils partent voir le chef péquiste qui les reçoit, seul, dans un des petits bureaux du second étage de Maizerets.

« M. Parizeau, plaide Bouchard, il faut accepter ! [Grâce au compromis, on peut] introduire un élément de rigidité dans le paysage, une date butoir. Si on sort d'ici sans rien, Bourassa aura toute la patinoire pour lui, il y aura rien pour l'arrêter, il fera ce qu'il voudra. Laisser passer ça, c'est une erreur politique, c'est une faute politique, M. Parizeau. »

Le chef péquiste répond « Non, non, non. » « Quand Parizeau est fâché, il vient tout rouge pis il discute plus », raconte un témoin. Cette fois, Parizeau dit encore quelque chose. Béland raconte :

« Il n'est pas question, affirme Parizeau, qu'on aille aussi loin que de donner l'occasion au Parti libéral de faire la souveraineté. Quand on fera la souveraineté, c'est moi qui la ferai ! »

« Parizeau l'a dit dans ces mots-là ? » demande l'auteur.

« Dans ces mots-là ! répond Béland. On savait que [les libéraux] comptaient beaucoup sur des offres, mais Parizeau disait : "S'il y a pas d'offres, puis c'est un référendum sur la souveraineté, ben c'est pas eux autres qui vont la faire, certainement pas !" »

« Parizeau exprimait-il un vœu, ou émettait-il une prédiction ["Bourassa ne la fera jamais"] ? insiste l'auteur.

« C'était : "Arrangeons-nous pour que Bourassa ne la fasse jamais", reprend Béland.

« Ah ! moi, quand j'ai entendu ça, j'ai dit : "Ça s'peut-tu ? Est-ce qu'on travaille pour la souveraineté ou quoi ?", s'exclame-t-il. Je me suis levé. J'étais pus capable d'entendre ça. Moi, je suis pas mauvais pourtant. Je ne suis pas soupe au lait. Mais là, j'en pouvais vraiment pus. Je me suis levé pis j'ai claqué la porte. Lucien Bouchard est venu me voir après. Je me souviens, il m'avait pris par l'épaule et me disait : "M. Béland, restez calme !"

« On s'était moqué de ça, après, on imitait Parizeau, on disait : "Le Roi, c'est moi !" »

L'anecdote a de l'importance. Elle contredit tout le discours public des péquistes sur leur volonté de mettre « la patrie avant les partis », d'offrir à Bourassa de diriger un gouvernement de coalition et *tutti quanti*.

Béland n'est pas le seul à avoir entendu, de la bouche d'autres membres de la délégation péquiste, un raisonnement semblable. Selon lui, « les gens [du PQ] disaient : "On n'a pas travaillé nous autres pendant tant d'années, puis quelqu'un d'autre va ramasser ça ! Jamais !" Quand j'entendais ça, je disais : "N'importe qui, mais faites-la au plus vite !" Mais ils n'étaient pas capables d'admettre que le Québec accède à une forme de souveraineté, si ce n'était pas par le PQ que ça se fasse. Et ça, ça bloquait à tout bout de champ. » C'était, dira Béland dans une entrevue publiée à la fin des travaux de la commission, « comme si on avait enlevé leur propre bébé des bras du Parti québécois. Ça criait. »

Parizeau nie avec force avoir jamais tenu de tels propos. Mais il affirme les avoir déjà rencontrés. « J'ai entendu cet argument-là : "les droits de séniorité". Mais moi, c'est un argument que je n'utilise jamais. Les droits de séniorité en politique, je n'y crois pas. C'est vrai que comme parti nous réfléchissons à ces choses-là depuis bien plus longtemps que d'autres. Mais, non, c'est pas le genre d'argument que j'utilise. Il y a une chose, oui, que j'ai utilisée comme argument, c'est : "Prenons pas des vessies pour des lanternes." Il y a deux grands partis politiques au Québec, c'est pas vrai qu'il y en a deux qui sont souverainistes. Il y en a un qui va faire la souveraineté du Québec, j'ai dit, ben sûr, ça va être le PQ. Si vous croyez que ce sera les libéraux, selon une expression que j'utilise souvent, *digitus ina culo.* »

La question de savoir si Parizeau exprimait une prédiction — Bourassa ne la fera jamais — ou un vœu — il faut empêcher Bourassa de la faire — est centrale. Car elle porte sur l'intégrité intellectuelle, sur la franchise du chef péquiste dans l'élément essentiel de son action politique : la recherche de la souveraineté. Si c'était une prédiction, Parizeau peut continuer à prétendre, comme il l'a fait pendant toute sa carrière, au titre d'homme d'État c'est-à-dire quelqu'un pour qui la politique est un instrument utile à un but qui le dépasse lui, personnellement. Si c'était un vœu, Parizeau est un politicien, fonction respectable mais pas intrinsèquement honorable.

D'autres témoins de la scène Béland/Parizeau et de scènes semblables divergent d'opinion. Gérald Larose appuie la thèse du vœu : « Quand M. Parizeau disait : "La souveraineté, c'est nous qui allons la faire", c'était comme une volonté. C'est l'interprétation qu'on en retirait. » « Il y avait plus la volonté que la prévision, dit un troisième. On sentait que pour lui, un vrai référendum c'est celui qu'il ferait. Que ça lui appartenait, tsé ? c'était pas légitime que Bourassa la fasse. » Un autre affirme avec le recul que les propos de Parizeau étaient suffisamment ambigus pour que Béland en tire le récit qu'il en fait.

« Devant un tribunal, on pourrait probablement faire la preuve que c'était une prédiction », dit-il. Des commissaires, dont Lucien Bouchard, se souviennent que Parizeau a plusieurs fois utilisé la phrase suivante : « Il n'y aura de référendum que celui que je ferai » ou « que nous ferons », selon les variantes. La plupart des non-alignés y ont entendu un vœu.

« Je ne me souviens pas de l'avoir dit à un moment particulier, affirme Parizeau quand on lui lit la citation. Mais j'ai dû, par toutes espèces d'expressions, de phrases, de périphrases, dire 2000 fois : "J'ai jamais cru que Bourassa ferait la souveraineté !" Alors, forcément, quand on me disait : "Il va la faire", je disais : "*Oh Yeah ?*" »

Louise Harel se souvient d'avoir entendu cette phrase de Parizeau, mais dans sa version « il n'y aura de référendum sur la souveraineté que celui que nous ferons ». Et elle dit y avoir toujours lu une prédiction, « un constat », dit-elle. « Notre analyse c'était de leur dire [aux non-alignés] : "Bourassa vous ment", explique Harel [...] Eux réagissaient en disant : "Vous dites ça parce que dans le fond vous êtes partisans, vous voulez pas qu'il la fasse, la souveraineté. Vous voulez la faire pour avoir le contrôle." C'était une opinion répandue chez les non-alignés. Lorraine Pagé portait ça, et surtout Jacques Proulx. » Une opinion, dit Harel. Turgeon aussi : « Entre nous, quand on essaie d'expliquer des réactions [des péquistes], on se disait : "C'est parce qu'ils veulent pas que d'autres la fassent". »

On se disait. Au congrès libéral de mars, des fédéralistes ont « vu » Claude Ryan en file pour parler au micro. Ici, des non-alignés ont « entendu » Parizeau mettre le parti avant la patrie. Il existe un vidéo du congrès libéral, mais pas d'enregistrement des mini huis clos de Maizerets. Le débat reste ouvert.

« Quand on me disait : "Il va la faire"... », raconte le chef péquiste. Parce qu'on le disait à Parizeau, à chaque détour. Derrière la volonté des non-alignés de pactiser avec Rivest et Rémillard, il y a cette donnée, conviction chez certains, espoir chez d'autres, que Robert Bourassa est personnellement en train de faire du slalom vers le grand fil d'arrivée souverainiste. À sa manière. Avec ses faux-fuyants. Et que, s'il hésite, tous les Clyde Wells du Canada le pousseront vers ce fil, en fin de course. Que, donc, il faut lui laisser le bénéfice du doute.

On le sait, depuis novembre 1990, Parizeau n'est plus du nombre des croyants. Son scepticisme croît de mois en mois[*]. Mais il se sent bien seul. « J'ai été très, très impressionné de voir à quel point un grand nombre étaient convaincus que Bourassa allait faire la souveraineté », dit-il. « Et ça, peut-être davantage dans le public que je rencontrais que dans la classe politique. On

---

[*] Parizeau est cependant toujours lié par l'offre publique qu'il a faite au début de janvier à Bourassa de tenir un référendum sur la souveraineté sans que Bourassa s'en mêle personnellement. Si Bourassa l'acceptait, Parizeau n'aurait d'autre choix que de tenir parole. (Voir le chapitre « La fenêtre IV », section *La main tendue*.)

rencontrait des gens sur la rue et, étant donné le poste que j'occupe, c'est clair que j'étais visé par beaucoup de ces remarques : "Vous qui avez passé votre vie à vouloir la souveraineté du Québec, comment vous allez prendre ça que Bourassa la fasse ?" C'est drôle, on se demandait d'où ça venait. Ça s'est répandu comme une traînée de poudre. [...] Je sais pas comment, par quel truchement de combinaison de déclarations publiques, de rumeurs souterraines ou de choses comme ça, comment il a réussi à répandre ça à ce point dans le public. Mais ça, c'est de la belle ouvrage ! [...] C'est du beau boulot ! C'est du beau travail ! J'aime ça, l'ouvrage bien fait ! »

Reste que tous ces gens qui l'entourent ne sont pas des idiots. Béland, Larose, Bouchard, Rousseau (Rousseau !), Campeau (Campeau !), qui le harcèlent pour lui faire signer un compromis, constituent un agrégat de neurones considérable. Depuis des semaines, Parizeau répète à ces négociateurs qu'aucune recommandation de la commission ne contraindra Bourassa. Bourassa est au pouvoir, il contrôle une majorité de députés, donc le Parlement. Et « le Parlement, dans le système britannique, peut tout faire sauf changer un homme en femme [quoique, aujourd'hui...] et donc, quelles que soient les ententes qu'il pourrait y avoir eu, le gouvernement fera ce qu'il veut. » Mais ce mardi soir 19 mars, à six jours du dénouement, Parizeau se laisse un peu aller et met un pied dans le camp du rêve. Dans le coin des Bélanger et Rivest, de ceux qui pensent que Bourassa n'est pas souverainiste, mais pourrait être forcé d'aller jusque-là, par l'équation politique, l'opinion publique, le consensus.

« Il y a une pression nerveuse qui est inévitable ! Quand vous avez passé des heures et des heures tous les jours, dit le chef péquiste comme pour s'excuser de ce moment de faiblesse, vous finissez par avoir l'impression que la décision que vous allez prendre, elle est importante. Elle est majeure. Même, de temps à autre, cette insistance qu'ont les négociateurs à vous dire : "Peut-être qu'on pourrait attacher le gouvernement..." Vous avez beau vous dire : "Non, non, non, quand même, on peut pas attacher un gouvernement", mais on se dit aussi : "Il osera quand même pas." » Bourassa n'osera pas défaire ce qu'on est en train de faire avec lui, il n'osera pas renier sa signature.

Alors Parizeau reçoit Bélanger, Campeau et Rousseau à son bureau du parlement et ils lui demandent son aval pour le texte de la résolution, maintenant sous sa forme presque finale. À quelques virgules et mots près, il la bénit. Les trois sages vont le même soir au *bunker,* pour montrer le travail à Bourassa. Il avait déjà été avisé par Rivest : « Bon ben, Michel a réussi ça, lui a dit Rivest, mais là c'est si tu veux. Parce qu'un référendum, ça peut être embêtant, et il y a un calendrier, et une date précise. Je sais que t'as jamais aimé les dates, toi. Si tu veux que je fasse péter ça, ça va péter comme ça. On a juste à dire non, la commission va finir. » Bourassa a répondu : « C'est correct. »

Il y a encore des obstacles, des mots de travers, et Rousseau travaille une partie de la nuit, sans pouvoir visser chacun des boulons. Mais, enfin, la machine est présentable.

On va se coucher, roupiller un peu. Profiter du sommeil qui suit l'effort, l'ouvrage bien fait. Surtout qu'on a besoin de ses forces, parce que demain, on met les bouchées doubles.

DESSERT INDIGESTE AU CONTINENTAL

« Quand la partie va très bien, moi, j'ai l'impression qu'il y a quelque chose qui ne marche pas, explique Michel Bélanger, le technocrate le plus espiègle que le Québec ait enfanté. J'ai l'impression que ça ne peut pas être vrai, qu'il y a quelqu'un qui n'a pas compris ou qui va se réveiller trop tard ou qui se prépare à tirer le tapis quelque part. Je sais que mon sentiment ce jour-là, c'est : "Est-ce qu'ils ont vraiment compris qu'on est en train d'en sortir s'ils acceptent ?" »

Au matin du mercredi 20 mars, à cinq jours du dénouement, chacun a l'impression qu'il y aura cinq jours de trop. Que presque tout est réglé. À Maizerets, Rousseau dépose le texte de la résolution, en distribue même des exemplaires aux journalistes. Tout y est : une loi qui prévoit un référendum — un seul — sur la souveraineté, aussi tôt qu'en juin 1992, mais pas plus tard qu'en octobre 1992 ; dans l'intervalle, deux commissions, l'une examinant les modalités d'accès à la souveraineté, l'autre étudiant des offres « liant les gouvernements » du reste du Canada ; en cas de victoire du Oui au référendum, une souveraineté, version René Lévesque, sera proclamée un an plus tard, jour pour jour. « On avait l'impression qu'on avait la fin de semaine pour attacher ça, dit Bélanger, et que le lundi, la dernière séance, ce serait la consécration. »

Quelques ficelles pendouillent, tout de même. Des commissaires affirment que, si telle est la recommandation, ils aimeraient bien pouvoir accrocher au rapport un petit texte de leur cru, une annexe, où ils insisteraient sur un aspect, expliqueraient pourquoi ils signent la chose, se démarqueraient d'une interprétation trop littérale. Le principe des annexes sera accepté, quoique avec quelques grognements de la part des non-alignés, qui auraient aimé publier un beau rapport d'un seul tenant, sans rognures qui dépassent.

Pour le reste, ça va tellement bien que la commission décide de se transporter au Salon rouge en après-midi, « pour donner une solennité à l'entente », dit Bouchard.

Dans la coulisse du Salon rouge, avant que la séance à huis clos reprenne, des journalistes interrogent les acteurs. Parizeau, parlant des non-alignés qui veulent laisser du temps pour que des offres soient présentées sans penser qu'elles seront bonnes, se montre flexible : « S'il y a des gens qui veulent encore perdre du temps, qui pensent que rien ne sortira de ça, et si la proposition est écrite de telle façon qu'elle n'engage à rien, alors nous sommes prêts à les écouter. »

Les scribes questionnent surtout Gil Rémillard sur cette grande et bonne nouvelle du jour. Alors c'est vrai ? Il y a un accord ? Votre gouvernement va tenir un référendum sur la souveraineté quoi qu'il arrive ? Pas du tout, fait Rémillard, où êtes-vous allés chercher ça ? « Sur ces offres, la loi référendaire est toujours là, il existe une loi générale qu'il ne s'agit pas de répéter. » Pardon ? Le ministre explicite, évoque la possibilité de tenir un référendum sur des offres avant un éventuel référendum sur la souveraineté, à moins que ce dernier ne soit rendu caduc par le premier, enfin voyez-vous, je m'y perds.

Le journaliste de *La Presse*, Denis Lessard, ne s'y perd pas du tout, et résume avec limpidité, dans son article du lendemain, la situation : « Autrement dit, le référendum sur la souveraineté n'est qu'hypothétique et le seul référendum dont il n'est pas question dans la proposition est celui dont on peut pratiquement être assuré. »

Quelqu'un entend Rémillard livrer ainsi le pot aux roses devant les micros. Une fois la séance reprise, à l'intérieur, derrière les portes closes, un péquiste demande au ministre de répéter ce qu'il vient de dire en public, question de vérifier si on a bien compris. Rémillard s'exécute, au propre et au figuré. Selon le souvenir de Ghislain Dufour, le ministre ne faisait pas dans la dentelle. « Rémillard leur a dit carrément : "C'est ça que ça voulait dire. Vous devriez le savoir, puis si vous le savez pas que la Loi des consultations populaires est là, ben crime, vous avez un problème !" »

Gérald Larose en garde un souvenir similaire : « Il disait que nous étions des gens décrochés de la réalité, qui ne tenaient pas compte de toute la réalité, qu'on avait un point de vue très partiel, etc., et qu'on sombrait facilement dans le simplisme. »

Dufour n'est pas fâché que le secret soit éventé, et il confirme que plusieurs, autour de la table, sont estomaqués. « Je dois dire qu'il y en a qui ne l'avaient pas vu. Lucien le savait, mais avait cru qu'il y avait une espèce d'entente tacite comme quoi c'était là, mais qu'on le disait pas ou qu'on s'exprimait pas face à ça. Mais Lucien savait très bien que moi, je n'avais pas le choix. J'aurais passé pour un imbécile si moi, je signais ça », sans que chacun sache que l'autre loi s'appliquait aussi. Maintenant que le ministre vend la mèche, Dufour peut mieux s'expliquer au Conseil du patronat. Marcel Beaudry, qui a suivi pas à pas les négociations, est moins heureux, car il comprend que le secret était une condition du succès du machiavélisme principal du dispositif. « C'est pour ça que j'étais déçu quand Gil Rémillard est arrivé avec sa déclaration et qu'il l'a dit. Puis là, ben... J'ai eu l'impression que sa parole a dépassé sa pensée. » Comme plusieurs autres, Béland constate que Rémillard vient de dire « le contraire » de ce qu'il avait dit auparavant, en privé avec lui et à huis clos avec le groupe.

Gérald Larose prend le crachoir. « Tout le monde se sent absolument trahi, raconte-t-il. Jamais dans tous les débats qu'on avait menés à huis clos, en privé, en public, il n'a été question de tenir deux référendums, un qui serait le vœu de la commission et un qui serait le vœu du gouvernement en vertu de la loi actuelle. » Sur-le-champ, et le lendemain matin dans un nouveau huis clos, il dénonce « la petite *gimmick* mesquine et partisane » des libéraux qui « rend ambigu ce qui est clair pour évacuer un consensus ».

Bouchard, le mieux informé de tous, harangue aussi Rémillard. « Le diable a pris, se souvient-il, parce que ça, il fallait pas le dire, tu comprends ? [...] On savait bien qu'ils pouvaient faire un référendum sur les offres à n'importe quel temps, mais on comptait qu'ils n'auraient pas le temps. On savait que c'était théoriquement possible, mais de le rappeler bêtement comme il l'a fait d'une façon presque provocatrice... Là je me rappelle, j'ai fait une grosse scène et ça a fini dans le bordel, la réunion. »

Rivest observe la scène avec désolation. Tout son édifice s'écroule devant lui, à cause de ce bavard de Rémillard. À sa place, il aurait pu limiter les dégâts, pense-t-il. Il aurait trouvé la manière. « Gil a vraiment été malhabile », juge-t-il. « Il a répondu : "Certainement, il y a une loi là !" Moi, j'aurais pas répondu ça. J'aurais dit : "Attendez, il faudrait peut-être regarder le texte, qu'est-ce qui arrive effectivement avec cette loi-là [sur les consultations populaires] ? Posons-nous la question !" » Il aurait fait l'idiot, donc. Mais pour faire l'idiot, il faut savoir faire la différence.

Rémillard a rendu service à la commission. Il a dit la vérité. Parizeau a compris le message. « On s'est fait rouler ! » Son séjour dans le camp du rêve s'arrête abruptement, après une vingtaine d'heures tout au plus. Le message du ministre, il le résume ainsi : « Il a dit : "Cause toujours, mon lapin !" » « On discute de référendum *ad hoc*, de référendum spécifique, et puis, dans la proposition on ajoute un peu ici et change le libellé là et, tout à coup, on nous dit : "Voilà : c'est dessiné. Maintenant, on fera ce qu'on veut par la Loi sur les consultations populaires." Alors là, vous vous foutez de nous ! »

« Mais, demande l'auteur, vous aviez dit que vous saviez que le gouvernement ferait ce qu'il voudrait de toute façon », qu'on ne pouvait pas l'attacher ?

« Oui. Mais, bon, c'est un peu gros. C'est de la provocation. Faut quand même pas essayer de mettre le nez des gens dans leur caca à ce point-là. On passe des jours, et des semaines, et des mois à discuter de quelque chose et, pendant qu'on est en train de discuter de ça, eux... On était furieux ! » finit-il dans un grand rire.

Ce qui étonne, effectivement, dans les événements de ce jour, c'est l'usage simultané du double langage. Même Rivest affirme aux journalistes que, quelle que soit la résolution, « le gouvernement reste le gouvernement », donc ne se lie pas les mains. Pourquoi alors tout ce cirque de négociations nocturnes pour en arriver à un consensus ? Certains, comme Hubert Thibault, chef de cabinet de Parizeau, croient que Bourassa a agi sciemment, pour une raison tactique : « Il ne pouvait pas ne pas en parler parce que l'odieux aurait été spectaculaire, six mois, huit mois après, de changer son fusil d'épaule. Alors il devait en parler. » Bref, si quelqu'un a l'intention de ne pas respecter le contrat qu'il signe, il est préférable qu'il le dise avant la signature, pour qu'on ne puisse invoquer la surprise lorsque, plus tard, il en violera chacune des clauses.

C'est une bonne description de la situation telle qu'elle se présente, mais pas telle qu'elle a été planifiée. En fait, le machiavélisme des Bourassa et Rivest, de l'apprenti Rémillard, des conspirateurs Dufour et compagnie et du complice Bouchard ne résiste tout simplement pas à la pression du réel. Le double langage est un art difficile, il ne marche pas à tout coup. Ici, l'enjeu est trop gros, le mensonge trop lourd. Il va sortir. D'ailleurs, Rivest est à ce point conscient de l'énormité de la duplicité qu'il est convaincu que tout le monde, y compris Parizeau, en a eu vent depuis sa conception cinq ou six jours avant. Il pense que les péquistes «font semblant» de la découvrir lorsque Rémillard la leur envoie en plein visage. « C'est du théâtre ! » lance le cynique, certain que tous sont aussi cyniques que lui.

Mais Rivest l'est beaucoup plus que les autres, et il va le prouver. En début de soirée, avec André Tremblay, il se rend voir un groupe de non-alignés réunis dans la chambre de Gérald Larose au Hilton. « Là, raconte Larose, peut-être qu'ils jouaient la comédie, mais ils disaient avoir été débordés par Rémillard, ou bien ça devait être tenu secret, mais ostensiblement il y avait eu un raté. [...] Tremblay disait que ce que Rémillard disait n'était pas juridiquement possible. Parce que dans la Loi sur les consultations populaires on ne peut pas tenir deux référendums sur le même sujet général dans la même année. Donc s'il y a un engagement du gouvernement d'en tenir un en vertu de Bélanger-Campeau, il pourra pas en être tenu un autre avant ou après. » Bref, Tremblay et Rivest font aux non-alignés la démonstration inverse de celle qu'ils ont faite, une semaine plus tôt, aux fédéralistes associés. Cinquième machiavélisme.

Rivest laisse les non-alignés ruminer ce morceau de désinformation et se rend au restaurant Le Continental, où il a justement pris rendez-vous avec Ghislain Dufour et Marcel Beaudry.

Parizeau, Chevrette, Brassard, Thibault et quelques autres tiennent leur propre conciliabule, peu après la scène du Salon rouge. « Compte tenu du piège qu'il y a là, qui est évident, qui est gros comme un piano, raconte Thibault, pour nous autres, y'est pas question d'accepter ça. » Les non-alignés ont vu le piège comme eux, pensent les péquistes, et ne vont tout de même pas se laisser berner à ce point. Il est maintenant possible de revenir à la stratégie de départ, celle du rapport pluralitaire. Surtout que André Ouellet et Richard Holden ont signifié pendant la journée que, même avec les précisions de Rémillard, la proposition est trop souverainiste, le délai trop court à leur goût, et qu'ils ne l'appuieront pas. Quant à Hogue, il se tâte. Information intéressante. La jonction des libéraux avec les fédéralistes n'est pas totale. Il y a 7 péquistes, 9 non-alignés, 15 libéraux/fédéralistes, 2 ou 3 orthodoxes restants, 2 coprésidents. Plusieurs combinaisons sont encore possibles.

La direction péquiste discute d'une nouvelle stratégie. Demain, jeudi, Brassard et Chevrette déposeront des amendements à la proposition d'aujourd'hui, des amendements virils, qui démasqueront définitivement le jeu de Rivest et de son patron.

Mais que se passera-t-il si les non-alignés, obnubilés par la religion du consensus, acceptent de signer quand même ? La direction péquiste envisage, ce soir, mais sans trop y croire, l'hypothèse de l'isolement. Voter un rapport péquiste minoritaire, seuls et contre tous.

Parizeau laisse ses députés et conseillers à la rédaction de leurs amendements et se rend manger, seul, à son restaurant favori : Le Continental.

Quand Ghislain Dufour, Marcel Beaudry et Cheryl Campbell Steer arrivent au Continental, le restaurant est déjà presque plein. On les asseoit à une grande table. La libérale Christiane Pelchat passe par là. « Viens souper avec nous, Christiane ! » Elle s'assoit. Cosmo Maciocia passe par là. "Viens souper avec nous, Cosmo !" » Il s'assoit.

Parizeau arrive. Il tient dans ses mains une pile de magazines, qu'il entend parcourir : *The Economist, Time,* etc. Le maître d'hôtel l'installe à une petite table, à 10 pieds du groupe, où il se met à ses lectures.

« Nous, on se dit : "Crime, Parizeau, souper tout seul !" » se souvient Dufour, qui est de bonne humeur. « D'autant que ce soir-là, nous, on avait un règlement dans nos poches, c'était fini, nous, on avait une satisfaction là-dedans, alors on lui dit : "Venez souper !" » Il s'assoit.

Rivest arrive comme prévu, il se joint au groupe, et on fait une entente : on ne parle pas de la commission. Très bien. Dufour poursuit son récit :

« On a eu un excellent souper. Il est le *fun,* Parizeau. Il est le *fun.* Je ne le connaissais pas comme homme. Il nous a conté des histoires, j'ai jamais tant ri. »

Rivest participe à la conversation, raconte des histoires du temps de Jean Lesage. Pour la première fois depuis des semaines, le ton est décontracté. C'est Beaudry qui invite. Il aime boire un cru en particulier, que la cave du Continental ne possède qu'en demi-bouteilles, ce qui limite singulièrement la consommation des convives. Beaudry et Dufour se souviennent que le niveau d'alcoolémie des dîneurs est donc assez bas.

« Y avait-il même une seule personne autour de la table, à la fin du souper, dont on pouvait dire qu'elle avait les facultés affaiblies de quelque façon que ce soit ? » demande l'auteur. « Non », « personne », « absolument pas », répondent Dufour et Beaudry.

L'endroit est agréable, la table est bonne. À quelques enjambées du Château Frontenac, rue Saint-Louis, Le Continental est presque la cuisine de Parizeau, qui y a une table bien en vue, non loin du maître d'hôtel. Un repaire de bon goût, sans être chic ni ostentatoire, et au style indéfinissable : murs de bois teint roux, divisions en plaques de verre ciselé, plafonds turquoise, sièges rembourrés sans mesquinerie.

On en est au fromage, après un peu plus d'une heure, lorsque Gil Rémillard passe par là. « Mon Rémillard, viens souper ! » Rémillard s'assoit directement en face de Parizeau. Il n'est pas avisé de la consigne voulant qu'on ne parle pas de la commission. « Je pense que c'est Rémillard qui est arrivé comme un cheveu sur la soupe à la fin du repas, pogné par son dossier, et il ne fait peut-être pas la bonne analyse de ce qui se passe », se souvient Dufour.

C'est lui qui ramène son intervention de l'après-midi sur le tapis. Confirme, s'il en était besoin, que le gouvernement se garde une voie d'évitement : la Loi sur les consultations populaires.

« Très intéressant », fait Parizeau, heureux d'avoir l'heure juste, en petit comité. Puis, la discussion dérape. Rémillard prend tout cela très au sérieux, il n'a pas un sens de l'humour très développé. Mais, tout à l'heure, à table, on faisait des blagues. Maintenant, on en fait aussi, sur ce sujet. Puisque les convives, sauf Parizeau, sont fédéralistes et contents de leur journée, les gags vont tous un peu dans la même direction.

On ironise surtout sur le thème des divisions entre Parizeau et Bouchard. « On a peut-être tiré la pipe [de Parizeau] un peu en disant : "Vous vous êtes rallié à sa position en tout cas", convient Beaudry. Il a figuré qu'on a voulu rire de lui, et c'est pas vrai. »

Selon une version, Jean-Claude Rivest prononce la formule qui pique le chef péquiste au vif, en lui disant qu'il doit maintenant choisir entre le beau risque et l'isolement. Beau risque, parce qu'en acceptant de signer le rapport, il cautionne l'attente d'offres fédérales, puis un référendum sur les offres tenu grâce à la Loi sur les consultations populaires. Ce faisant, il renie donc toute son action politique des six dernières années. Isolement, parce que tout le monde pense autour de la table que Bouchard et son groupe vont signer le rapport, avec ou sans les péquistes, qui auront l'air de furieux sectaires. Parizeau sait bien que Bouchard, Larose et compagnie ne le suivent pas en rangs serrés. Mais il entend les fédéralistes se gausser des divisions réelles ou appréhendées qui divisent le camp souverainiste. Il se soupçonnait cocu. Il constate que toute la ville en parle. Beau risque ou isolement, voilà le piège.

Rivest ne se souvient pas d'avoir été aussi net, mais pense « avoir signalé ça », en blaguant, peut-être. (Il en est bien capable. Avec l'auteur, il a ce trait : « J'imagine que Parizeau a reçu un appel de Pierre Marc Johnson pour dire : "Coudonc, moi j'ai perdu ma job pour rien !" ») Beaudry et Dufour pensent que c'est plutôt Rémillard qui aurait jeté du sel sur la plaie de Parizeau.

Un garçon vient aviser Parizeau qu'il y a un appel pour lui. Ce n'est pas Pierre Marc Johnson, mais c'est tout comme. C'est Doris Lussier, vieux membre de la famille souverainiste, indépendantiste impénitent, philosophe, auteur, mais connu surtout comme amuseur, sous les traits de l'indémodable père Gédéon. Depuis quelques mois, Lussier s'est lié d'amitié avec Lucien Bouchard. De plus, il vient d'avoir un appel du président de son syndicat d'artistes, l'UDA. Serge Turgeon a demandé à ce péquiste de la première heure d'intervenir auprès de Parizeau pour le convaincre de se rallier au compromis. Lussier obtempère, sans savoir qu'il dérange le chef péquiste à un bien mauvais moment. « J'avais tendance à croire que l'attitude de Bouchard était préférable », raconte Lussier, qui tombe sur un Parizeau « de mauvaise humeur ».

« Mais qu'est-ce que c'est que cette histoire de vouloir faire pression sur moi ? » lui dit Parizeau, dans un échange bref, civil et sec.

« Ce qui a déplu à Parizeau dans mon intervention, c'est le fait qu'elle ait eu lieu. Ça ne lui a pas plu que j'intervinsse », dit Lussier, un des rares Québécois à savoir, et à aimer, placer un imparfait du subjonctif dans la conversation.

Le chef péquiste se doutait, depuis le début, qu'on voulait le coincer. Il savait, depuis l'après-midi, comment on allait s'y prendre. Il constate à l'instant — merci M. Rémillard — que l'affaire est sérieuse. Il a une idée — merci M. Lussier — du lobby souverainiste qui pourra servir de seconde tenaille. Mais, plus que toute autre chose, c'est l'utilisation brutale des deux mots honnis — beau risque — qui le fait bouillir. « Il en avait peur comme le feu, l'eau », dit Rivest. S'il enrage, ce n'est pas parce qu'il va perdre la seconde phase de la commission Bélanger-Campeau, c'est parce qu'on tente de lui coller, contre son gré, contre sa conviction, une étiquette qu'il a combattue en 1984, au prix d'une rupture avec René Lévesque puis d'une traversée du pays des « pestiférés ». C'est l'effronterie avec laquelle on la lui jette au visage, ce soir, qu'il ne peut supporter. Il y voit l'échantillon de la joute politique qui s'annonce, du discours que ses rivaux tiendront à son égard. Il y devine l'esquisse d'un avenir proche qu'il lui faut par conséquent conjurer, écarter, faire avorter.

D'autres ne sont pas complètement au fait de ces codes : beau risque ? « On a jamais compris, dit Dufour. Ce sont des réflexions qui sont faites entre Rémillard, Rivest et Parizeau [...]. Nous, le vocabulaire que ces gens-là utilisent ou les références que ces gens-là utilisent, on les voit pas toujours passer. Il y a eu un accrochage dont on n'a pas mesuré la portée, parce que nous, on était contents, heureux. »

Parizeau le voit bien, ses voisins de table sont aux anges. « Tous les libéraux qui sont là, ils se fichent de moi. Ils trouvent la vie drôle. Ils disent que "on nous a roulés dans la farine", puis que "on en a jusqu'au-dessus des yeux". Rivest, il en pleure », dit Parizeau, mettant ses deux doigts sur ses joues pour mimer la chute des larmes de joie. « Ça se bidonne. »

« Moi, je vous avouerai que je la trouve beaucoup, beaucoup moins drôle. [...] Un moment donné, la moutarde me monte au nez. J'ai l'air du dindon de la farce. J'ai l'air d'un con. »

Dufour reprend le récit : « Parizeau a été très, très, très gentleman. C'était pus sa gang ben ben. J'aurais été à la place de Parizeau... Il s'est senti blessé par certaines interventions faites par Jean-Claude et par Rémillard. Tu sentais qu'il y avait un froid. Nous autres aussi, on a glacé. Quand un repas va bien... Nous, on avait convenu, Marcel et moi, qu'on invitait tout le monde. Parizeau a insisté pour payer. Il est parti en oubliant ses revues, c'est moi qui les ai ramassées. Tu as senti une blessure chez le gars. »

Parizeau la pansera longtemps, et intégrera dans son vocabulaire politique une nouvelle expression : « Ils me referont pas le coup du Continental ! »

Le chef péquiste a un rendez-vous, de l'autre côté de la rue Saint-Louis, au Château Frontenac, avec une vieille connaissance : Michel Bélanger. Entre anciens mandarins, entre esprits cartésiens, on va bien finir par s'entendre. D'une façon un peu perverse, ils s'entendent en effet à merveille. Tous deux abhorrent les compromis vaseux, les tentatives de tordage de libellés. Tous deux aiment la clarté. Pour Bélanger, depuis plusieurs semaines, depuis le retrait de sa proposition de départ, tout est clair : « Ça m'a toujours paru assez évident que si vous aviez des offres et que vous avez examiné ces offres, et que ces offres-là sont intéressantes... » il y aurait un référendum sur les offres. « L'essence de ça, c'est qu'il y avait deux voies, il y avait deux choix. [...] Est-ce que ça veut dire un référendum ou deux référendums, ça ne m'excitait pas, même jusqu'à la fin. Tout ce qui était : "Ah oui ! mais si c'est une loi, c'est donc magnifique, si c'est une déclaration, c'est pas bon", ça m'apparaissait de la mécanique, des mots. »

Bélanger a donc décroché du détail de la négociation. Il n'en retient que l'essentiel : s'il y a des offres, il y aura vote sur les offres, s'il n'y en a pas, il y aura vote sur la souveraineté. Le reste, c'est pour les linguistes.

Parizeau, lui, vient de s'éveiller à cette clarté. « Il avait trouvé un piège là-dedans », raconte Bélanger. Animé, Parizeau fait les cent pas dans la chambre du coprésident, une clope à la main. « Était-il sobre ? » demande l'auteur. « La réponse est oui », dit Bélanger.

Bélanger ne comprend pas l'émoi du péquiste en chef. « M. Parizeau est un homme extrêmement brillant, extrêmement intelligent, mais ça lui arrive quelquefois, à partir d'un point précis, d'en faire un peu une montagne. Pas nécessairement à tort. Comme je connais ce trait de sa personnalité, ma constatation c'est que ça accroche. »

« Je ne suis pas content, raconte Parizeau. Ce qui vient de se passer au Continental, et ce qui s'est passé dans le Salon rouge, fait que j'ai été assez raide avec Bélanger. » Parlant de la délégation péquiste, il déclare : « Même si nous sommes isolés, nous serons isolés. »

« J'avais tenté de lui expliquer qu'il n'y avait pas de piège », raconte Bélanger. « Ça a été un succès extrêmement relatif, je pense qu'il était encore plus convaincu qu'il y en avait un en partant qu'en arrivant. » Bien sûr, car le coprésident confirme à Parizeau que la commission est en route, à vitesse grand V, vers le beau risque : deux voix, deux choix, deux votes possibles !

Pendant que ce dialogue de sourds se déroule au Château Frontenac, Rivest, qui a quitté Le Continental un peu retourné, se rend au Hilton, chez les non-alignés. Plusieurs d'entre eux sont réunis, cette fois dans la chambre d'hôtel de Lorraine Pagé. « Il raconte qu'il vient d'avoir une *scrape* avec "Monsieur" [surnom de Parizeau], raconte Gérald Larose, que le *deal* qu'on avait ne tient plus, que [pour Parizeau] tout ça c'est cousu de fil blanc, c'est de la frime, que jamais il va cautionner ça. [...] Que Parizeau a menacé de rompre toutes les ententes. »

Mais, s'enquièrent les non-alignés, pourquoi le chef péquiste serait-il encore plus courroucé après ce souper qu'il ne l'était à la sortie du Salon rouge ? Deux raisons, répond Rivest. D'abord, il y a eu une blague, peut-être, qui a mal tourné, que Parizeau a mal prise. Bon. Et il y a une deuxième raison.

« Là il nous dit : "Parizeau est paqueté !" » rapportent deux témoins, dont Larose. Depuis le début, Rivest applique sa stratégie de diviser les souverainistes en péquistes et non-péquistes. Avec ce terrible mensonge, il touche, ici, le fond du baril.

Il se sait en terrain fertile. Les rapports entre Jacques Parizeau et le scotch font fréquemment l'objet de conversations dans la classe politique québécoise, surtout à cette époque. Parfois, le thème perce l'écran médiatique, comme c'est arrivé quelques semaines plus tôt, en page éditoriale de *The Gazette*. Pour commenter une déclaration du chef péquiste concernant la minorité anglophone, le caricaturiste Aislin y a dessiné, à son habitude, Parizeau sous un jour un peu repoussant. Il lui a fait dire : « Vous, les Anglais, vous ne comprenez pas les règles... Rien de ce que je dis le soir ne doit être pris au sérieux... » Puisque Parizeau, sur le dessin, a un verre à la main, l'allusion est transparente. Elle n'est pas inédite. Pendant la dernière campagne électorale, en septembre 1989, le ministre Yvon Picotte, ex-alcoolique avoué, a aussi laissé tomber en plein discours électoral, un indice que *Le Devoir* a rapporté : Jacques Parizeau, a lancé Picotte, « ce n'est pas nécessairement de l'eau qu'il boit ». Réalisant ce qu'il venait de dire, il a fait une longue pause et a balbutié : « C'est comme moi... »

Il n'y a pas de doute : Jacques Parizeau est un bon vivant, qui a fait ses classes lorsque politique et alcool étaient indissociables[*] et qui a une bonne capacité d'absorption. « Jacques a un estomac en béton, raconte Jacques Godbout. Je l'ai vu après un dîner chez des amis, s'arrêter ensuite à la pizzéria du coin avec son chauffeur. » En 1989 et 1990, Alice, son épouse, se meurt d'un cancer du poumon, et Parizeau en est gravement affecté. C'est la période critique. Il arrive que des militants se plaignent devant l'auteur que, tel soir, dans telle assemblée, le chef n'a pas aussi bien performé qu'il aurait dû, qu'il aurait pu, s'il avait moins arrosé son souper. Au printemps de 1990, prononçant à l'Assemblée, vers 20 h, un discours sur un projet de loi forçant le retour au travail des grévistes d'Hydro-Québec, Parizeau met ses collègues mal

---

[*] Dans sa biographie de Jean Lesage, bon buveur de whisky, l'historien Dale Thomson raconte que les rumeurs sur la consommation du premier ministre étaient tellement courantes qu'un jour en Chambre, alors qu'un page venait de verser de l'eau dans le verre de Lesage, Daniel Johnson père, alors chef de l'opposition, « l'apostrophait en lui disant qu'en effet, il valait mieux diluer un peu », insinuant du même coup que Lesage buvait en pleine Chambre. Devant ses ministres réunis en Conseil, en février 1965, Lesage s'engage officiellement à arrêter complètement de boire. Il ne tiendra pas parole. Un ancien collaborateur du premier ministre a confié à l'auteur que « Lesage n'était pas alcoolique. Mais il partait parfois sur des brosses. On passait derrière lui pour cacher les bouteilles. »

à l'aise, tant sa démarche et son élocution sont chancelantes. Un journaliste de la tribune parlementaire parle aussi d'un voyage en ascenseur, fait à la même époque, au retour du lunch, avec le chef péquiste : « Quand je suis sorti, je pensais moi-même être saoul », dit-il.

Au chapitre 2, l'auteur a fait état des appels d'un membre du caucus péquiste à l'entourage de Lucien Bouchard, à la fin de 1990 et au début de 1991, disant, au sujet de Parizeau : « Le bonhomme est très malade, [...], il est fini, prépare-toi. » Il manquait un segment à la citation. Voici l'intégrale : « Le bonhomme est très malade, il boit, il est fini, prépare-toi. » De trait de personnalité, l'affaire commence à influencer le jeu politique. À la direction du PQ, où on s'affaire avec succès à revamper l'image de Parizeau en 1990 et 1991 (nouveaux costumes, nouvelle coiffure, pas de cigarettes en public), on exerce une surveillance discrète et gênée sur la question. « Moi, je travaille avec lui tous les jours, et je peux te jurer qu'il est toujours parfaitement opérationnel », affirme un de ses proches à l'auteur à l'hiver de 1991. Un péquiste important affirme à la même époque avoir fait passer le message jusqu'au sommet : « Moi, je connais le problème, je l'ai vécu avec René Lévesque [en 1983-1984], et je ne le revivrai pas une deuxième fois, on ne me le refera pas. Et je suis heureux de dire qu'il n'y a pas de problème. »

Quand Parizeau arrêtera de fumer et se mettra au régime, en 1991, des proches, comme Jean Royer, affirmeront autour d'eux : « On a mis notre gars sur le *wagon* », expression qui signifie : au régime sec. C'est faux, ou bref. Parizeau, c'est son droit, aime le bon vin et le petit remontant, et il ne s'en cache pas. À l'automne de 1991, en fin de journée, après une session intense de trois heures d'entrevue où l'auteur, pour *L'actualité,* aura réussi à lui faire admettre qu'après une déclaration d'indépendance, le Québec ne serait nullement sous la protection du GATT pendant un vide juridique crucial, Parizeau soupirera : « J'ai besoin d'un bon scotch ! »

Au cours de l'année 1992, la fréquentation de la nouvelle femme de sa vie, Lisette Lapointe, puis son mariage avec elle, contribueront à le convaincre que si la modération n'a pas toujours meilleur goût, elle est certainement de bon goût. Deux journalistes de la tribune parlementaire, interrogés par l'auteur, affirment que le filet d'anecdotes concernant Parizeau et le scotch, régulier en 1990, s'est presque complètement tari ensuite. Et la veille du référendum d'octobre 1992, des journalistes étonnés verront la future Mme Parizeau mettre sa main sur un verre en disant : « C'est assez de vin pour ce soir, Jacques » à un chef péquiste bon enfant.

Bref, il n'y a pas (ou plus) de quoi en faire un plat, ni une nouvelle. Ni surtout un argument dans les moments décisifs de la Commission sur l'avenir politique et constitutionnel du Québec. Et c'est d'ailleurs le meilleur gage de l'autodiscipline de Parizeau que dans ces moments de grand stress, jusqu'au dénouement le lundi suivant, l'alcool ne fasse aucunement partie de l'équation.

C'est aussi ce qui rend l'attitude de Rivest, personnage par ailleurs très attachant, si repoussante.

Second voyage en Absurdistan

Mais l'attitude du compagnon de Bourassa contribue un peu à enfoncer toute la galerie de personnages de la commission dans un parcours irréel.

Le lendemain, jeudi 21 mars, à quatre jours du dénouement, Brassard et Chevrette débarquent à Maizerets avec leur arsenal antibourassien. « Nous refusons d'être les jouets consentants d'une mystification et nous ne serons pas dupes d'une autre opération de détournement montée par M. Bourassa et visant à dénaturer le sens et la portée des conclusions », déclare Brassard, devant Chevrette qui prétend décerner à Robert Bourassa « un doctorat *honoris causa* en entourloupettes ». Les amendements qu'ils ont formulés la veille constituent trois cadenas, en acier trempé : 1) qu'aucun autre référendum sur l'avenir politique et constitutionnel du Québec ne puisse être tenu, outre celui sur la souveraineté prévu par la loi qui découlera de la commission ; 2) que cette loi ou tout projet visant à l'amender ou à l'abroger doive, pour être présenté à l'Assemblée nationale, être accompagné d'une résolution signée conjointement par le premier ministre *et le chef de l'opposition,* donc Parizeau ; 3) que les fameuses « offres liant » ne soient considérées telles que si elles ont été adoptées par les assemblées législatives des provinces et d'Ottawa.

« C'est dans le sillage de "peut-on attacher un gouvernement ?" », explique Parizeau. « Puisqu'il y en a qui croient qu'on peut le faire, eh bien ! [on leur montre] que la façon d'attacher un gouvernement, c'est comme ça. Et il est évident que le gouvernement se laissera pas attacher. Il faut en faire la preuve. Il faut que le monde voie. »

À l'évidence, les amendements péquistes visent strictement à couler dans le béton ce que les mots de la résolution veulent dire. À empêcher le gouvernement de modifier unilatéralement, d'ici 19 mois, ce à quoi il s'engage en signant le rapport. La commission est inédite dans le contexte qui lui a donné vie, inédite par la méthode de nomination des participants, inédite par son mode de fonctionnement, pourquoi pas par le dispositif d'application de ses recommandations ?

Dans le huis clos de Maizerets, les couteaux volent bas. Chevrette fait une intervention musclée, Rémillard répond sur le même ton. « Tout ça est éminemment partisan, on est dans l'arène, on se serait crus à l'Assemblée nationale, se souvient Larose. C'est un moment exutoire. Ils se sortent toutes les crottes qu'ils ont accumulées dans les derniers mois et les derniers jours. »

Parizeau, revenant sur la conversation du Continental, avise les non-alignés du danger : « On essaie de nous repasser le beau risque, Rémillard me l'a dit, Rivest me l'a dit hier. » Une bonne intervention, se souvient Rivest, « c'était du Louis Jouvet, comme style ».

Larose lui-même laisse tomber les gants : « C'est pas vrai qu'on a appelé du monde à venir travailler dans ces conditions-là pour qu'on soit réduit à des jeux bassement partisans. C'est pas vrai que le Parti libéral du Québec va nous embarquer dans son train, dans son double langage, dans sa double stratégie. »

« Gérald a fait une scène à Rémillard, une scène de ménage, se souvient Louise Harel. Disant qu'il est scandalisé, hors de lui, horrifié, qu'il se sent trahi. À partir de ce moment-là, l'atmosphère se détériore. Les gens deviennent très agressifs. Il y a plusieurs altercations. » Selon le souvenir de Larose, arrive un moment où « Rémillard est sorti du débat. Il a encaissé et n'a pas répliqué. »

Normalement, à ce point du jeu, l'édifice construit par Rivest et Bouchard devrait s'écrouler. Il n'est évidemment pas question que Bourassa, le *junkie* de la marge de manœuvre, accepte de revêtir la camisole de force présentée par le PQ. Rivest en avise d'ailleurs immédiatement les commissaires. Par conséquent, les non-alignés n'ont pas de garantie que le gouvernement va respecter ses engagements envers eux. Ils ont plutôt la garantie du contraire, puisque, la veille, le ministre responsable a fait de la recommandation, un paillasson. Rageurs, trompés, les non-alignés campent pourtant sur leur position pré-Salon rouge. L'édifice tient.

Que reste-t-il ? La foi :

« Nous, explique Gérald Larose, on plaidait quand même, même si on avait des indices troublants, on comptait quand même sur l'honneur et les engagements qu'un premier ministre et que les ministres peuvent prendre. On est pas spontanément des gens qui voulons systématiquement remettre en question la bonne foi des gens. »

Que reste-t-il ? Le calcul :

« Personne s'imaginait qu'on pouvait faire confiance à Bourassa », affirme pour sa part Lucien Bouchard. « Mais nous, on voulait régler. Nous, on pensait que pas régler, c'était un désastre. » Lui et ses collègues calculent que, munis de la résolution telle que formulée : « On pouvait gagner la guerre des communications » contre Bourassa. Il s'agirait de prétendre, malgré les déclarations de Rémillard, qu'un seul référendum sur la souveraineté est prévu dans le rapport. Donc de forcer Bourassa, via l'opinion publique, à respecter les recommandations, notamment grâce à la mobilisation que pourrait fournir Québec 91. « On va essayer de s'organiser pour ne pas qu'il y ait de vide entre la fin de Bélanger-Campeau et le référendum », explique Serge Turgeon.

Que reste-t-il ? L'espoir :

« Dans notre for intérieur, on se disait : "Il n'y en aura pas, d'offres." On venait de sortir de Meech et on se disait : "Quelles sortes d'offres ils peuvent faire, qui seraient meilleures que Meech ?" » dit encore Béland. « On savait bien qu'à Ottawa, ils auraient pas le temps de se virer de bord », renchérit Bouchard. « Je le disais à M. Parizeau : "Si vous saviez à quel point les fédéralistes à Ottawa veulent pas de consensus comme ça, à quel point ils veulent pas une date, à quel point ils m'ont tous dit : 'Ça a pas de bon sens.'" On entendait dire : "Aye ! Il faut jamais que ça arrive [une date limite en] 92 ! 92 ? Jamais ! On n'a pas le temps ! On peut pas se virer de bord !" Ils savaient que l'opinion au Canada anglais était pas prête à faire des concessions au Québec qui ressemblaient le moindrement à ce qu'il y avait dans Allaire. Puis Allaire, c'était l'aune de la réussite. Parce que les libéraux nous avaient fixé le niveau de la réussite, là." » Bouchard en conclut que, courant 1992, « ça pourra plus négocier, ça va être la souveraineté ». Cet espoir suppose aussi que le PLQ a bien enferré son chef dans le rapport Allaire, et ne l'en laissera pas sortir. Pour toutes ces raisons, les non-alignés décident, selon l'expression de Larose, de « garder le cap ».

Que reste-t-il ? L'allié :

Malgré tous ses trucs, Rivest continue de croire et de dire que la stratégie du couperet sur la gorge va fonctionner. De machiavélisme en machiavélisme, il s'est éreinté à élargir la marge de manœuvre de son patron, mais il juge toujours que Bourassa n'a d'autre choix que de respecter, dans ses grandes lignes, le dispositif de la recommandation, jusqu'à et y compris la menace de souveraineté. Sinon, répète-t-il, Bourassa signe son arrêt de mort électorale, quand sera venue la fin de son mandat. Rivest-le-confident-du-chef le pense vraiment, il le dit avec conviction, et les non-alignés le croient.

Que reste-t-il ? L'écœurement :

« Moi, j'étais davantage dans le *mood* de dire : "Finissons-en, puis mettez donc vos annexes puis signons" », explique Claude Béland. La déclaration de Rémillard ? « Oui, c'est ça, on savait qu'on irait pas plus loin que ça, [...] Pendant tout le mois de mars, c'était le ton, pour moi et Proulx et Nicolet, et Beaumier. Nous, quand le vent partisan a commencé à nous secouer, notre réaction a été de dire : "Wo ! Nous, on a une idée, on va la garder, et que le diable les emporte." On se faisait engueuler par les deux partis. »

Réunis en caucus, les non-alignés rejettent par conséquent les amendements péquistes, les jugeant « absurdes » (Béland), hors d'ordre (Larose), ou dangereux pour le consensus — « trop fort casse » (Bouchard).

C'est ici qu'ils commettent leur bévue stratégique. Enfermés dans la stratégie Rivest-Bouchard qui les pousse à faire pression sur le PQ, ils ne voient pas qu'à ce stade, ils auraient beaucoup plus à gagner à faire l'inverse. C'est du moins l'analyse qu'en fait... Jean-Claude Rivest, un mois plus tard.

« Qui aurait mieux survécu à l'absence de consensus ? » demande l'auteur au conseiller constitutionnel de Bourassa.

« Si y'avait pas eu de consensus à Bélanger-Campeau, à mon avis ça aurait été dangereux parce qu'on [le gouvernement] aurait été isolé. Parizeau aurait été avec ses 60 % [de souverainistes dans l'électorat], Lucien pis les centrales syndicales auraient emboîté tout naturellement le pas. Ce sont des souverainistes de conviction, je vois pas pourquoi ils auraient changé de bord. [...]

L'opinion publique est évidemment sceptique sur nous, la souveraineté, les négociations. Donc, le Parti libéral, en participant à ça [le consensus], s'accrédite, participe à cette démarche-là. » Rivest explique qu'en s'associant au rapport, le gouvernement « ne se dissocie pas de la thèse de la souveraineté » archipopulaire dans l'opinion. En un sens, le gouvernement continue à « sortir avec » la souveraineté, sans l'épouser, sans même se fiancer avec elle. Il continue à poursuivre ses propres objectifs, sans donner l'impression de rompre avec le sentiment populaire. Bref, il gagne la guerre des communications.

Si Bouchard, Larose et Béland avaient menacé Rivest de le laisser tomber, deux choses auraient donc pu se produire : 1) Bourassa aurait jeté plus de lest, de peur du « danger » de l'isolement, et aurait pu être plus fermement « contraint » d'aller vers la souveraineté ou ; 2) Bourassa n'aurait pas signé, se démasquant ainsi au moins partiellement, ce qui aurait clarifié les lignes de démarcation au sein de l'opinion et du PLQ, et aurait levé le brouillard créé à dessein par le premier ministre. Ce qui aurait permis, donc, un débat plus net.

« On aurait pu survivre, ça aurait pas été la catastrophe, dit encore Rivest, on aurait trouvé n'importe quoi. Mais il reste que, politiquement, moi je pense que c'était mieux. »

Mais les non-alignés n'y voient que du feu et « gardent le cap ». Rivest ne les détrompe pour rien au monde. Au contraire, il en rajoute : « Nous, on voulait une entente quelconque. [... Mais] dans le *give and take*, quand il arrivait quelque chose d'inacceptable, on disait toujours : "Ah ! ben nous autres on vit pas avec ça. C'est ben d'valeur, ça marchera pas. Ça va virer en chicane et le Québec va être divisé." » Puisque Bouchard, Larose, Campeau, Rousseau et compagnie veulent plus que tout un consensus, la menace porte, la pression sur le PQ s'accroît.

À midi, ce jeudi-là, Parizeau s'adresse aux étudiants de l'université Laval. Dans sa tête, toujours, le dilemme : isolement ou beau risque. « Pendant ces jours-là, on va me le souligner souvent qu'il y a ce risque d'isolement, raconte-t-il en entrevue. Je vis entouré de cette idée : "Vous allez vous isoler - vous allez vous isoler." Et je sais que j'accepte à ce moment-là, pour moi, ce risque de m'isoler. La souveraineté a pris trop d'ampleur dans le public comme concept à ce moment-là pour qu'il y ait un risque politique à l'isolement. Ça ne me dérange pas. Il y en a qui sont très, très nerveux devant cette perspective-là. Moi, c'est curieux, à mesure que les journées passent, je suis de plus en plus calme avec ça. »

Pour la première fois, à l'université Laval, s'appuyant sur de récents sondages, il évoque publiquement cette possibilité. « Avec les deux tiers des Québécois, les trois quarts des francophones, je ne me sens pas seul. Pas seul du tout. Ce n'est pas souvent que les trois quarts des francophones sont d'accord. C'est un moment de grâce, lorsqu'on songe au débat qu'on a connu sur la couleur de la margarine ! [Débat surréaliste qui avait déchiré le gouvernement

Bourassa pendant deux ans.] » Il y a en effet un monde entre, d'une part, l'extraordinaire floraison que connaît l'idée de souveraineté dans le public, sans reflux depuis maintenant toute une année, clairement exprimée dans les mémoires entendus à la commission il y a quelques semaines — qui semblent maintenant longues comme des décennies —, éclatante dans la salle d'étudiants que Parizeau a devant lui, et, d'autre part, le climat politique étouffant qui règne entre les murs de pierre deux fois centenaires de Maizerets, où on veut lui faire signer un chèque souverainiste postdaté de 19 mois, conditionnel, et, on le sait maintenant, tiré sur un compte sans provision.

Entre deux salves d'applaudissements, Parizeau parle du « terrible désir de revenir aux choses claires ».

Le soir, péquistes et non-alignés se sont donné rendez-vous dans un restaurant de Québec. On n'est pas exactement en famille, mais tout le monde a apporté son linge sale. « C'était la grand-messe avec diacre et sous-diacre, raconte Louise Harel. Il y a plein, plein de monde. Nous, on est très déçus. On a le sentiment qu'eux ne sont pas conséquents. Eux sont déçus de nous. Quelques-uns d'entre eux voient notre attitude comme partisane, et nous on voit leur attitude comme, finalement, une incapacité à se rendre compte que le gouvernement est partisan. Et donc, qu'il va les entraîner à leur corps défendant dans une dynamique où ils vont complètement perdre l'initiative — où les souverainistes vont perdre l'initiative. Et le gouvernement cherche à gagner du temps.

« On leur dit : "Évidemment, là vous leur donnez tous les moyens de mettre la souveraineté sur une voie de garage." [...]

« Eux disent : "On va avoir un référendum, c'est ce qu'on voulait."

« Nous, on leur dit : "Vous allez voir, ce sera pas le bon."

« Ils disent : "Vous dites ça parce que dans le fond vous voulez pas qu'il la fasse."

« "Non, on dit ça parce qu'on sait qu'on peut pas leur faire confiance, on peut pas vous suivre sur ce terrain-là." [...]

« Eux disent : "Il faut faire une présomption de bonne foi, c'est la mauvaise foi qui se prouve." »

« Parizeau, confirme Larose, plaidait toujours la mauvaise foi du Parti libéral. Faut dire que les arguments ne manquaient pas. »

Comme le dit Harel, il y a beaucoup de monde, et plusieurs conversations simultanées. Autour de Parizeau, l'échange est civil, mais dur. Le chef péquiste tente de convaincre ses amis non alignés d'abandonner le compromis pour que tout le groupe des souverainistes vote ensemble un texte strictement pro-souverainiste, produit il y a peu par les non-alignés eux-mêmes, et demandant un référendum « dans les plus brefs délais ». Si vous proposez ça, répond Larose, « c'est pas sûr que les neuf seront là ». Le chef de la CSN joue toujours son rôle de *whip* du groupe des non-alignés et rapporte que certains membres de son troupeau ne se laisseront pas conduire dans ce pacage, considéré partisan.

Bouchard monte les enchères. « Vous nous divisez, dit-il pendant le souper, on va se diviser. Ça va être tragique. On va tous être obligés de prendre une décision. Moi aussi, j'en aurai une à prendre, et je ne vais pas laisser tomber mes amis non alignés. » Bouchard signale ainsi qu'il est prêt à diviser les souverainistes, mais pas les non-alignés. Larose confirme l'intention de son collègue. « Avant de sacrifier la cohésion du groupe des neuf, on va sacrifier bien d'autres choses, y compris le PQ. »

Parizeau encaisse sans broncher. Il regarde tous ces commissaires qu'il s'est battu pour installer à la commission, et qui maintenant l'encerclent, l'enserrent, le piègent. Il laisse comprendre que c'est très bien. « Il a toujours un ton civil, Parizeau, dit Bouchard. Même fâché, il garde un ton civil. Donc, on ne s'engueule pas. » Pas pires amis pour ça, fait le chef péquiste. Allez-y, dans la gueule du loup, mais sans moi. « Chez certains non-alignés, pendant quelques jours, on va m'en vouloir de ça, dit Parizeau. Quand on comprend que je suis prêt à y aller seul, il y a certains non-alignés qui trouvent pas ça très drôle. »

Le spectre de la division est évoqué, il hante ce souper, se matérialise presque. Presque. « On s'est quittés dans l'incertitude », se souvient Larose.

Et dans l'amertume. Car si Parizeau ne bronche pas, un peu plus loin, Chevrette bronche. Beaucoup. Selon le souvenir de Béland, le *leader* parlementaire péquiste est en furie, et lance invective sur invective au président du Mouvement Desjardins : « Ah ! vous êtes... — oui, vous êtes des traîtres ! Là on vous reconnaît ! Vous nous laissez tomber à la dernière minute ! Vous êtes pas des vrais souverainistes ! »

La fermeture du piège

L'action se déplace à Montréal pour la fin de semaine. Elle se déroule sur deux fronts : la pression et la négociation.

La pression est exercée sans grande subtilité. Larose, Bouchard et Turgeon se mettent à appeler une série de gens qui, croient-ils, peuvent avoir une influence positive sur le chef péquiste, le convaincre de signer le foutu rapport. L'appel de Doris Lussier, au Continental, n'était qu'un signal précurseur. Du vendredi soir au dimanche soir, tout le *rolodex* souverainiste se met de la partie. Jean-Roch Boivin, ancien chef de cabinet de René Lévesque, est en ligne. Claude Morin, qu'on ne présente plus, rejoint Jacques Brassard, et lui dit de « signer, il faut un rapport aussi unanime que possible, sinon on va avoir l'air fou dans le reste du Canada ». Ex-johnsonien, Brassard fait partie, on l'a vu, des « accommodants » au sein du PQ. « Il aurait pu faire partie de notre groupe », disent des non-alignés. Il signifie donc son accord à Morin, mais lui signale que le PQ compte toujours un bon nombre d'irréductibles.

Quelques autres encore composent le numéro du chef. (L'ancien ministre Yves Duhaime, que les non-alignés contactent, les informe qu'il n'est pas un bon choix de messager, ses divergences de vues avec Parizeau étant nombreuses, profondes et irrésolues.) Même Jean Campeau et Henri-Paul Rousseau s'en mêlent, demandant à Louis Bernard, ancien bras droit de Lévesque, de faire sa cabale procompromis, auprès de Bernard Landry et de quelques autres. « Je trouvais que c'était très, très important que l'on puisse s'entendre sur une démarche encadrée, avec des échéances, explique Louis Bernard. Je trouvais que ça valait la peine qu'on fasse un effort pour trouver le moyen de rendre conciliables les objectifs de chacun [...] en canalisant les événements dans un schéma encadré. Le danger, sinon, c'était qu'on laisse les choses aller sans échéance. »

Landry voudrait bien croire que ça va marcher, mais il a du mal. « Louis, la prévision que tu m'avais faite, elle tarde à se réaliser, elle tarde », lui dit-il. « Oui, répond Louis, mais elle *va* se réaliser, se souvient Landry, et c'est pour ça que Parizeau doit faire le compromis parce que ça va lier Bourassa dans le mécanisme poussant à la souveraineté. [...] Bourassa dérive vers la souveraineté, dit-il encore, ne t'inquiète pas. »

D'autres joueurs périphériques, comme Claude Malette, un autre ancien chef de cabinet de Lévesque, et Jean-Denis Lamoureux, son ancien directeur des communications, contactent des adjoints de Parizeau, comme le secrétaire général du parti Pierre Boileau, pour faire passer le même message.

Au bout du fil : la colère va croissant avec chaque appel. Parizeau en donne le récit le plus vivant. « J'étais tellement en furie quand le téléphone se met à sonner. Des gens dans l'entourage des derniers moments du cabinet Lévesque, qui étaient des partisans de la bonne entente, se suspendent au téléphone et me demandent de faire un *deal*. [Ici, Parizeau mime la réplique de ses interlocuteurs, avec trémolo dans la voix :] "Il faut que vous entendiez le bon sens ! Il faut que vous soyez raisonnable ! Il faut que vous vous entendiez avec M. Bourassa !" Et moi qui avais travaillé 10 jours en ligne, j'étais absolument furieux. "Qu'est-ce que c'est que cette histoire-là [leur répond-il], vous pensez pas un instant que le premier ministre du Québec, après tout ce qu'il a dit, écrit, répété, là, tout à coup, va virer de bord à 180 degrés ?" J'ai dit : "Jamais !" »

Louis Bernard, Jean-Roch Boivin et quelques autres poursuivent leur lobby proconsensus dans les coulisses d'un colloque, organisé cette fin de semaine-là par l'UQAM, sur la vie et l'œuvre de René Lévesque. L'auteur, conférencier invité, assistant en coulisse à une conversation animée entre Louis Bernard et Bernard Landry, a la mauvaise idée d'y introduire son doigt, et se le fait écraser :

« Mais, puisque vous êtes certains qu'il n'y aura pas d'offres, dit-il à Landry, quel risque y a-t-il à signer le consensus ? »

« Le sais-tu quelle question Bourassa va poser en 1992 ? Le sais-tu, toi ? » rage Landry.

« Euh, non », répond l'auteur, penaud.

« Ben nous non plus, on le sait pas ! Alors on le *trust* pas ! »

Le PQ retourne aux non-alignés la monnaie de leur pièce et fait en sorte que des membres de Québec 91 appellent leurs chefs pour leur demander comment, pourquoi, ils acceptent de retarder le référendum en 1992, alors que toute la logistique est alignée sur 1991, sans parler de la papeterie ? « Tabarnak, hostie, peut-être que le PQ a raison ! » lance un militant à Serge Turgeon. Lui et Larose sont obligés de réunir en catastrophe l'exécutif du mouvement en après-midi pour calmer le jeu. (Il sera rebaptisé *Mouvement Québec,* sans date. On n'est jamais trop prudent.)

Le samedi matin 23 mars, à deux jours du dénouement, Michel Bélanger convoque Parizeau. Ici, les souvenirs s'embrouillent. Bélanger convient qu'il a peut-être présenté la dernière version du compromis à Parizeau. Car autour de Rousseau, il y a eu un nouvel effort de négociation. Larose et Bouchard ont voulu qu'on modifie encore quelques éléments de la résolution, pour donner au PQ une raison de l'accepter. Ils ont convenu d'ajouter un mot au sujet des fameuses « offres liant ». Elles devront dorénavant lier « formellement » le reste du Canada*. C'est peu, mais c'est tout. Et pour Rivest, ça ne veut toujours rien dire. Bélanger informe sans doute Parizeau que l'élastique est tiré maintenant jusqu'à son point maximal et qu'en tant que président, il sait pouvoir réunir une forte majorité des commissaires sur ce texte, avec ou sans la délégation péquiste. Parizeau réalise qu'une fois de plus, le groupe de Bouchard et Larose a établi un nouveau compromis avec Rousseau et Bélanger, a produit un nouveau texte, un peu plus exigeant que le précédent, mais à peine. Parizeau se sent mis devant le fait accompli, se souvient un de ses lieutenants. « C'est ça qui nous mettait en crisse, là, des fois. Ils ont fait des affaires sans nous en parler, ils ont fait des *deals* sans nous en parler, puis nous autres un moment donné on est au courant de toute, là, on l'a su. [...] Pis là, Parizeau a pas aimé se faire baver par Bélanger de cette façon-là. »

Quand Parizeau revient à son bureau, il est « en furie » se souvient, entre autres, Bernard Landry. « C'était le fameux compromis pour lequel les pressions s'exerçaient sur lui pendant la fin de semaine, explique Landry. S'il l'acceptait, ça faisait que le PQ se rangeait à une autre hypothèse que la souveraineté. » En clair : le beau risque. « Parizeau était vraiment très monté contre

---

* Parizeau constate probablement l'échec de la dernière tentative de Chevrette de faire introduire, au sujet de l'offre canadienne, les mots « liant formellement les législatures ». Larose explique que, pendant les 24 heures précédentes, les non-alignés ont « ramolli la position du PQ » à ce sujet, en vertu de la logique suivante : si les législatures de toutes les provinces adoptaient une offre que le Québec, par la suite, rejetait, « c'est clair qu'il y aura jamais d'association [Québec-Canada] par après ». Ça sent très fort le Rivest.

Bélanger. Il trouvait que c'était de la manipulation et que c'était pas acceptable et il se sentait dévalorisé. [...] C'était dans le genre : *"No way, no fucking way !"* »

Le dimanche matin, à une journée du dénouement, les acteurs de la scène politique se réveillent en recevant une volée de chiffres. Un sondage IQOP, publié par *Le Soleil,* donne la température politique. La souveraineté, c'est oui pour 63 % des Québécois, toutes origines confondues. Quand ? Un référendum en 1991 : 48 % des répondants sont d'accord ; 28 % d'entre eux préfèrent en 1992. Les électeurs « sont sceptiques » sur l'orientation du gouvernement, a dit Rivest. Sceptiques et lucides, plus en tous cas que beaucoup de rêveurs : 66 % affirment que Bourassa est fédéraliste, 16 % seulement le pensent souverainiste. Parizeau a de quoi sourire, car son parti a 6 points d'avance sur le PLQ dans les intentions de vote. Seule ombre au tableau : le sondage ayant été réalisé cinq jours après le congrès libéral qui a adopté le rapport Allaire, 41 % disent préférer l'orientation constitutionnelle de Bourassa, 36 % celle de Parizeau. Chez les seuls francophones, les deux visions (souveraineté, ou menace de souveraineté) sont à égalité.

Le chef péquiste doit présenter le discours de clôture au colloque sur René Lévesque, ce jour-là. La salle bruisse de rumeurs sur les tensions qui divisent les souverainistes de la commission. Sur l'estrade, la dernière table ronde de la journée est assemblée. Un politologue, Pierre Fournier, qui conseille Gérald Larose à ses heures, avance une audacieuse proposition : puisque Bourassa refuse de tenir le référendum sur la souveraineté en 1991, comme le désirent les Québécois, pourquoi ne pas en organiser un, parallèle, pour lui forcer la main* ?

Pierre Bourgault, l'ancien chef indépendantiste, hausse le ton jusqu'au paroxysme : « Je trouve absolument tragique, dit-il à la tribune, martelant chaque syllabe, qu'aujourd'hui un seul homme puisse nous empêcher d'atteindre la souveraineté. Si Robert Bourassa décidait demain matin de faire

---

* Fournier n'explicite pas comment s'organiserait un tel référendum parallèle, mais il aurait été possible de procéder comme suit : les 30 députés du Parti québécois et les 7 députés du Bloc auraient pu démissionner simultanément et réclamer la tenue d'élections partielles à une même date, puis mettre au défi, par voie de pétitions et d'une campagne de presse, les autres députés d'en faire autant (probablement sans succès). La majorité des édiles municipaux s'étant prononcés pour la souveraineté, il aurait été envisageable de faire tenir des référendums municipaux sur la souveraineté dans les autres circonscriptions. Là où les municipalités auraient refusé, le très vaste réseau des Caisses Desjardins, à l'aide des listes électorales vieilles de moins de deux ans, aurait pu tenir lieu de bureaux de scrutin. Le résultat aurait été partiel, mais l'impact politique aurait été considérable. Cette hypothèse n'était applicable que dans une stratégie visant à démasquer et à débusquer Bourassa. Les non-alignés, notamment les représentants municipaux ainsi que Béland, n'en étaient pas là, et suivaient la stratégie inverse, visant à « accompagner » Bourassa jusqu'à, pensaient-ils, la souveraineté. Larose signale que le concept d'un référendum parallèle a déjà été soulevé au sein de la CSN, mais y avait reçu trop peu d'appuis pour qu'il soit répercuté à l'extérieur de la centrale.

l'indépendance, surtout quand on a vu le virage souverainiste de son parti, nous serions indépendants dans une semaine avec 80 % des voix. Depuis le début, il a été le seul frein. Et ce freinage, il est si tragique que l'on pourra un jour accuser M. Bourassa de trahison. »

Quand Bourassa reçoit son exemplaire du *Devoir*, dont il se fait livrer la toute première édition, vers minuit, avec celles de *La Presse* et de *The Gazette*, il montre la citation à sa femme Andrée. « Ah ! dit-elle, ça va vite ! »

« On m'accuse déjà de trahison, répond Robert, qu'est-ce que ça va être tout à l'heure ! » (Tout à l'heure ?)

Le mot est lâché. Trahison. Il sera repris, à la tribune, par un autre orateur. C'est au tour de Pierre Marc Johnson. Pétant d'énergie, volubile comme jamais, il tente de résumer dans ses 15 minutes réglementaires la pensée, l'action, la raison de René Lévesque. Il négocie chaque minute supplémentaire avec le modérateur Marc Laurendeau, qui applique son chronométrage avec une fermeté qui rappelle la caricature de général nazi qu'il a déjà incarné, dans une vie antérieure, dans la comédie musicale *Ixe-13*.

Les participants examinent le dépliant du colloque avec intérêt. Il y est inscrit que Jacques Parizeau doit aussi participer à la table ronde. Johnson et Parizeau, ensemble ? Événement rare. Les photographes, d'ailleurs, ont bien l'intention d'immortaliser ce compagnonnage, sinon cette poignée de main. Ils peuvent ranger leur pellicule. Parizeau ne fera pas d'apparition conjointe avec son prédécesseur et rival. Il n'est pas d'humeur à la faire, surtout entre deux coups de téléphone de johnsoniens qui le poussent vers le beau risque comme le diable vers l'eau bénite. Ses adjoints insistent d'ailleurs pour que les organisateurs fassent sortir Johnson côté cour pendant que Parizeau entre, côté jardin, pour prononcer son allocution de clôture.

Quand le chef péquiste arrive au lutrin, dans l'amphithéâtre moderne de l'UQAM, deux étages au-dessous du centre de la ville, on croirait entendre les cœurs battre. Celui de Lucien Bouchard, entre autres, assis dans la foule compacte du millier d'auditeurs, et qui a présenté, la veille et le jour même, quelques discours sur l'importance du consensus et de l'unité des souverainistes.

D'habitude, Parizeau est assez bon orateur. Plus, en tout cas, que la presse québécoise ne veut généralement l'admettre. Il sait faire sourire, parfois rire, il sait s'emporter et emporter avec lui, s'expliquer, s'indigner ou tourner l'adversaire en ridicule. Il n'arrive pas à faire en sorte que la salle s'identifie à lui, comme le faisait Lévesque et comme le peut Lucien Bouchard, mais il ne l'ennuie pas ni n'insulte son intelligence, comme le fait souvent Bourassa, ni encore ne l'agace, comme c'est souvent le cas de Brian Mulroney.

Cet après-midi, Parizeau est présent en entier. Tête, comme toujours, cœur, comme parfois, et tripes, comme rarement. Il présente d'abord son ode à Lévesque, un homme avec lequel il avait personnellement peu d'atomes crochus, un homme avec lequel il avait politiquement plus de convergences que de divergences, mais avec lequel il avait rompu avec fracas, en 1984, pour cause, toujours, de beau risque. Il faut donner à Parizeau ce mérite : lorsqu'il parle de Lévesque, il esquive toujours les zones d'ombre, mais il n'en nie pas l'existence. On ne l'entendra jamais applaudir chez Lévesque l'esprit d'équipe — il en avait peu —, l'homme de parti — il ne l'était pas —, ou le génie tactique — il lui en manquait.

Les mots que Parizeau trouve pour dire du bien de Lévesque, par contre, sont des mots vrais qui expriment une réelle admiration. Comme dans ces phrases qu'il prononce à l'instant : « À une époque où il était de si bon ton, dans certains milieux, et pas des moindres, de mépriser le Québécois, René Lévesque, d'une féroce lucidité parfois, joignait à l'exigence du changement une profonde compassion et une solidarité indéfectible. La modernité fut, pour lui, l'assise solide de la démocratie, et pour lui cela passait d'abord par l'honnêteté de la politique et une sainte horreur de la violence. »

De la biographie, de l'histoire, Parizeau passe aux affaires courantes, à l'actualité. Reprenant le mot de Bourgault, mais l'appliquant à d'autres qu'au premier ministre actuel, il déclare : « Ce serait trahir René Lévesque, si après toutes ces années à clarifier les choses, à chercher un pays, on laissait de côté un consensus de plus en plus net des Québécois, pour chercher un consensus de politiciens. On ne peut pas, dans la confusion, chercher des voies mitoyennes et obscures, complexes et aléatoires. Si c'est cela que nous faisons, ce n'est pas seulement René Lévesque que nous trahissons, c'est l'ensemble de la population. »

Dans la salle, le cœur de Bouchard bat un peu plus fort. Trahison. Le mot est fort. « Il vous parlait ? » demande l'auteur.

« Ah ! Oui, dit Bouchard. Parce que moi j'avais fait deux ou trois discours en fin de semaine, toujours sur le consensus. Là, j'avais ma réplique, là. Quand je suis arrivé au colloque, il m'a répliqué. »

Avec le sondage du matin, le discours de l'après-midi, quel était le pronostic ?

« C'était 50-50. Ça pouvait prendre n'importe quel bord. J'étais très inquiet, parce que je savais qu'on perdait tout si on n'était pas ensemble. »

Exemple parmi mille du décalage entre le drame politique réel et le discours fabriqué devant les micros : dans les minutes qui suivent, Bouchard affirme avec sa sincérité de ton habituelle être « d'accord avec M. Parizeau pour dire qu'il y a un consensus populaire et un freinage de la part de l'*establishment* politique. Ce n'est pas en recherchant un consensus qui ne serait pas significatif chez les politiciens qu'on va remplacer un consensus populaire. » Tout serait faux dans cette phrase si on en retirait un seul mot : « significatif ». Mais il y est, alors tout est vrai.

Dimanche soir, réunion des non-alignés. « Les gens font les cent pas, c'est difficile », se souvient Béland. On rediscute, on resoupèse, on décide. Si le PQ est seul, il sera seul. Les neuf voteront avec Rivest et Bourassa. « Formellement, on le fait savoir, dit Larose. C'est peut-être Lucien qui a appelé Brassard, mais on leur dit qu'on a fait le consensus et que nous, on n'a pas changé de position. » C'est ici que nos routes se séparent, camarades.

Le comité de stratégie du PQ délibère, comme chaque lundi matin, le jour du dénouement. Il y a les faucons, il y a les colombes. Landry, bien travaillé pendant la fin de semaine par Louis Bernard, a quelques doutes. Refuser le compromis, c'est lâcher la main du premier ministre, lui permettre, peut-être, de s'écarter du chemin. Hubert Thibault, le chef de cabinet, est aussi plutôt colombe. Il soupèse le grave danger politique que court le PQ en s'isolant des non-alignés : cela pourrait renforcer, dans l'opinion publique, l'image d'un parti sectaire et intransigeant, peuplé d'ayatollahs de la souveraineté. Larose leur a lancé jeudi soir : « Nous, le groupe des neuf, on estime qu'on représente quand même passablement de monde. » C'est indubitable.

Le comité de stratégie vit un dilemme politique classique. Les six stratèges, autour de la table, jugent que, fondamentalement, il est préférable de ne pas signer ce document. Mais la politique, dirait quelqu'un, c'est la gestion des perceptions. Et « parfois, disait John Kennedy, la perception modifie la réalité ». Mais faire un pas politique sur le seul terrain de la perception, c'est poser son pied sur un sable bien mouvant. Car quand la perception aura changé, la réalité surgira, et on sera bien empêtré. N'est-il pas préférable de perdre, à court terme, la guerre des communications, et de la gagner à long terme ?

Pierre Boileau, secrétaire général, a appelé les présidents d'associations régionales du PQ pour les consulter. Souverainistes seuls, ou alliés dans un compromis boiteux, bouetteux ? Il a constaté un grand désabusement chez les militants, qui ont pu observer, dans la presse quotidienne, la pointe de l'iceberg du compromis et du louvoiement, les résistances de Parizeau. « L'attente dans la population, et dans le parti, c'est de s'en aller vers la souveraineté, explique-t-il en substance. Alors pour moi, il faut suivre cette tendance-là, même en s'isolant. À long terme, ce seront les Larose, les Turgeon, les Bouchard qui seront discrédités auprès de la base souverainiste. »

Boileau, homme d'appareil, Chevrette, *leader* parlementaire, signalent d'ailleurs que le compromis « ne sera pas vendable à l'intérieur de notre parti, se souvient Landry. Faut pas oublier que nous autres, on s'est déjà divisés sur la question de la souveraineté. » Sujet épineux en effet. Toute proposition d'étape supplémentaire avant la réalisation de l'objectif du parti est considérée avec une vive suspicion. Nous sommes à la fin de mars. Pas plus tard qu'en janvier, un congrès du parti a mis fin à une querelle interne sur l'opportunité de déclarer le Québec souverain dès la prise du pouvoir par le PQ — qui sera pourtant fort probablement élu avec une minorité de suffrages. Parizeau avait convaincu ses militants de la nécessité de consulter plutôt la population par voie de référendum. Maintenant, à peine deux mois plus tard, faire avaler aux militants un délai de 19 mois, un référendum aléatoire et conditionnel, l'acquiescement à l'étude d'offres fédérales, c'est beaucoup. « Ils vont nous faire un tort fabuleux ! pense Landry, qui se range à ces arguments. On ne veut pas que l'agitation reprenne dans nos campagnes. »

Jean Royer, le conseiller spécial de Parizeau, abonde en ce sens. Le chef aussi, qui refuse que son parti signe quoi que ce soit qui ressemble à un flirt avec le beau risque. Chevrette, « toujours en furie contre Béland », raconte Landry, ferme la marche. « Nous serons seuls, avec la majorité de la population », décide le comité, unanime. Il calcule que, puisque Bourassa ne tiendra pas de référendum avant la fin de 1992 de toute façon, l'avenir durera longtemps, suffisamment pour que la raison l'emporte sur la perception.

Parizeau part pour Québec. Comme tous les autres commissaires qui convergent vers le domaine Maizerets, lieu du dernier acte. Tous ? Non. Le lundi 25 mars, le pointage compte encore quelques inconnues. (Voir le tableau de la page suivante.)

Il y a un nouvel abonné aux numéros absents : Jacques Proulx, de l'UPA. Il est sur une plage, dans les mers du Sud. Chaque année, à la même date, il prend le large avec sa compagne. Depuis longtemps, il avertissait ses collègues non alignés de ne pas compter sur lui au-delà du 22 mars, date naguère prévue de la fin des travaux. Certains avaient tenté de le retenir. Mais il était de si méchante humeur contre les péquistes — « J'haïs le PQ », a-t-il dit publiquement quelques jours plus tôt —, contre Rémillard, contre la politique, le GATT, la boue, la *slush*, le froid et le monde entier, qu'il eût été difficile de le retenir. La rumeur a couru que Proulx cédait à la pression de gros producteurs agro-alimentaires libéraux, et qu'il s'esquivait parce qu'il avait déjà un peu trop donné, côté souverainiste. Encore un coup des libéraux, ou des fédéraux ? Au bureau de Brian Mulroney, « on a tous eu la même réaction, raconte son conseiller constitutionnel, Michel Roy : "Qui, ici, a organisé l'absence de Jacques Proulx ?" » Mais on ne trouve aucun coupable.

Larose confirme : « À l'intérieur de son organisation [l'UPA], les choses sont serrées, c'est évident, et les libéraux ont essayé de le faire travailler au corps », mais il estime que Proulx tenait le coup, et que son départ tient plus du ras-le-bol que du complot ou du lobby. « On aurait aimé mieux qu'il reste mais, comme on voulait un rapport avec l'immense majorité, qu'il nous en manque un, ça ne nous a pas dérangés », affirme le *whip* Larose.

Les péquistes apprennent cette défection en lisant leur journal, le lundi matin. « C'est une circonstance historique, peste Landry, la moitié du Québec veut faire partie de la commission, lui en fait partie, et quand c'est le temps du *crunch*, il s'en va. Là, il a des éclaircissements à donner. » « On a pris bonne note », dit Thibault qui, s'il devient un jour chef de cabinet d'un premier ministre Parizeau, pourra consulter ses notes. Un autre stratège péquiste présente les choses ainsi : « Sur le plan historique, ça c'est dégueulasse ! »

Les « souverainistes un point c'est tout »	Les « souverainistes consensuels »	Les « fédéralistes consensuels »	Les « pas question de souveraineté »
	Coprésident : Jean Campeau	Coprésident : Michel Bélanger	
1) Le Parti québécois	1) Les non-alignés	1) Le Parti libéral	1) Les députés fédéraux
a) les orthodoxes Jacques Parizeau Jacques Léonard Louise Harel	a) les calculateurs Lucien Bouchard Gérald Larose Louis Laberge	a) les allairisés Gil Rémillard Claude Dauphin Christiane Pelchat Claire-H. Hovington	André Ouellet Jean-Pierre Hogue
b) les accommodants Guy Chevrette Jacques Brassard	b) les gardeurs de cap Claude Béland Serge Turgeon Jean-Claude Beaumier	b) les orthodoxes Louise Bégin Cosmo Maciocia Russ Williams	
c) les autres Jeanne Blackburn Pauline Marois	c) les solidaires Roger Nicolet Lorraine Pagé	c) l'imprévisible Guy Bélanger	
		2) Les fédéralistes associés	2) Le clown Richard Holden
		a) les gens d'affaires Marcel Beaudry Ghislain Dufour Charles-A. Poissant C. Campbell Steer	
		b) le scolaire Guy D'Anjou	
Total : 7	Total : 9	Total : 14	Total : 3
	L'absent Jacques Proulx	Les absents Robert Bourassa Claude Ryan	
les non-commissaires	le non-commissaire	les non-commissaires	le non-commissaire
• au Parti québécois Jean Royer Hubert Thibault	• au secrétariat Henri-Paul Rousseau	• chez Bourassa Jean-Claude Rivest André Tremblay	• au fédéral Gérald (007) Valiquette

Un de plus, un de moins, pour Parizeau, ça compte. Car il s'est remis à ses petits calculs. Il n'est pas le seul à savoir que 7 + 9, ça fait 16. Ça peut même faire 17, avec un peu de chance. En face, 17, c'est tout ce qu'ils ont sous la main.

LE RENCHAUSSEUR RENCHAUSSÉ

« On peut choisir d'enculer les mouches ou d'épépiner les groseilles. On a fait l'un et l'autre, aller-retour, pendant toute la journée et une partie de la soirée. »

Les acteurs se dirigent vers l'auguste château Maizerets, ce lundi après-midi, dans des états d'esprit divers. On doit la comparaison avec les mouches et les groseilles à Michel Bélanger, que le persiflage n'empêche pas de travailler. Mais pour quelqu'un qui prend pour une évidence que deux choix = deux voies = deux votes possibles, les débats de la soirée sembleront effectivement inutiles.

Dufour et ses fédéralistes associés sont satisfaits. Ils viennent parapher un document avec lequel ils sont en parfait désaccord, mais dont ils ont la garantie qu'il ne sera jamais appliqué. Bouchard, Larose et leurs non-alignés se présentent à la grande table inquiets du comportement de leurs cousins péquistes, mais sereins dans leur décision de signer un document avec lequel ils sont à demi d'accord, pour lequel ils n'ont pas une demi-garantie d'application, mais qui leur semble un bon pari sur l'avenir.

Les libéraux nationalistes pensent venir voter une version du rapport Allaire. Les libéraux fédéralistes partagent la vision de Dufour. Seuls les fédéralistes inoxydables, comme André Ouellet, pestent encore. Avant d'entrer dans l'édifice, Ouellet, bon ami de Bouchard dans le civil, offre cette analyse : « M. Bouchard tente de réconcilier deux points de vue irréconciliables. C'est d'ailleurs incroyable de constater que M. Bouchard, prétextant que les pourparlers de dernière minute pour sauver Meech étaient inacceptables, ait claqué la porte du gouvernement. Il est en train de faire exactement la même chose avec cette commission. Il tente d'obtenir un consensus impossible. » Sans doute, mais Ouellet se rend-il compte qu'il condamne du même coup le fédéralisme canadien, en convenant que Meech, dont il était un partisan, était une tentative « impossible » de « réconcilier l'irréconciliable » ? Passons...

Les péquistes hésitent entre deux pôles : le chagrin et la colère.

Chevrette est l'expert ès colère. Pour les journalistes, avant de grimper l'escalier, il se fend d'une jolie déclaration, expliquant ainsi l'hésitation péquiste face au compromis : « On n'a aucune espèce d'ombre de début de la queue du bout du poil du bout de la queue du chien de confiance envers M. Bourassa. »

Le chagrin est exprimé à l'auteur par Louise Harel qui ne saurait trouver, dans sa mémoire politique, de métaphore plus douloureuse : « On avait le même état d'esprit qu'au référendum de 1980, en fin d'après-midi, avant qu'on ait les résultats officiels, mais quand on savait déjà qu'on perdait. »

Le débat commence mal. Dans les semaines qui ont précédé, les commissaires ont adopté les parties du rapport qui portent peu à conséquence : l'introduction, l'historique, les voies de solution. Une cinquantaine de pages qui ne les engagent que modérément. Ensuite, il y a les conclusions puis, clou du spectacle, les recommandations.

Le texte des recommandations est scruté à la loupe depuis au moins une semaine. Mais celui des conclusions, qui fait 12 pages, n'est disponible que depuis le matin. On y lit d'abord ce passage, qui ravit les non-alignés, les libéraux allairistes et les péquistes :

> Le consensus exprimé dans le cadre des travaux de la Commission est clair : des changements profonds au statut politique et constitutionnel du Québec s'imposent. Quelles que soient les solutions retenues, il faut qu'elles mettent fin sans tarder et de façon durable aux incertitudes et à l'instabilité qui résultent de l'impasse actuelle.

C'est le paragraphe suivant que Parizeau reçoit comme un pavé sur la mâchoire.

> Dans la redéfinition de son statut, deux voies seulement s'offrent au Québec : d'une part, une nouvelle et ultime tentative de redéfinir son statut au sein du régime fédéral et, d'autre part, l'accession à la souveraineté.

Il n'est pas question que le parti souverainiste signe un rapport qui affirme sereinement qu'il y a deux voies, égales et parallèles, celle du beau risque et celle de l'indépendance.

Pour le moment, Marcel Beaudry, de l'Outaouais, insiste pour qu'on insère dans le texte des conclusions quelques lignes pour préciser que « l'emploi et l'activité économique de cette région pourraient être sérieusement affectés » par une réduction des activités de la capitale nationale, ou par la souveraineté, et qu'il convient donc de prévoir « la mise en place de façon urgente de programmes spécifiques destinés à [y] maintenir l'emploi et l'activité économique ».

Beaudry pensait faire passer ce texte sans anicroche, mais voilà que Jacques Brassard, Pauline Marois, responsable du dossier de l'Outaouais au caucus péquiste, et Louise Harel s'opposent à l'amendement avec la dernière énergie. Sur ce point de détail — sur ce pépin de groseille, dirait Bélanger — le débat est long, émotif, acrimonieux, et il donne le ton.

Car au moment du vote sur l'amendement outaouais, plusieurs non-alignés votent avec Beaudry et les libéraux, contre le PQ. Bonjour l'ambiance...

Deuxièmes au marbre, les libéraux veulent amender les conclusions. Deux voies égales, parallèles, ça fait malpropre. Au PLQ, on préfère la hiérarchie. Inscrivons que le premier choix de la commission est la dernière chance au fédéralisme, et que le second choix, en cas d'échec, est la souveraineté.

On vote. Cette fois, les coprésidents, qui préfèrent leur texte d'origine, votent contre l'amendement libéral, avec les non-alignés et les péquistes.

Résultat : 17 à 15 contre l'amendement. Exit la hiérarchie des voies. Il faut expliquer ces chiffres : Le 17 est constitué des 7 péquistes, des 8 non-alignés présents et des 2 coprésidents. Le 15 est constitué des 8 libéraux présents, de Robert Benoît, suppléant de Bourassa, des 5 fédéralistes associés et d'un orthodoxe, probablement Holden*. (Les deux députés fédéraux sont contre toute mention de souveraineté, hiérarchisée ou non.)

Ayant disposé des amendements, les commissaires doivent se prononcer sur les conclusions elles-mêmes. Le PQ se déclare contre la hiérarchie et contre le parallélisme des deux solutions évoquées. Il appelle à voter tout simplement contre les conclusions. Pendant une interruption de séance, des non-alignés vont trouver Parizeau pour le convaincre de ne pas faire ce test improductif, car eux-mêmes trouvent la conclusion fort bien faite et ils comptent l'entériner.

Mais Parizeau insiste : il veut que l'on sache que le PQ n'a pas approuvé ce texte, porteur du beau risque. On vote. Combien de non-alignés votent contre la position du PQ ? Les souvenirs s'embrouillent. « C'était tellement confus, les votes », dit l'un d'eux. Trois ou quatre, selon certains ; tous, selon d'autres. Malgré le PQ, les conclusions sont adoptées.

Le soleil s'est couché. Les interruptions de séance se multiplient. Larose, dans un coin, tente d'inventer des amendements aux conclusions que tout le monde pourrait adopter, PQ y compris. Bélanger lui suggère un adverbe prometteur. Rivest fait la tournée avec des bouts de texte. Dufour enlève un adverbe dévastateur. Larose se souvient d'avoir formulé son propre amendement sur les conclusions, mais le PQ vote contre, car ça ne va pas assez loin. On distribue des sandwichs. Holden part se restaurer à l'extérieur. Part sans laisser d'adresse. Hogue, ou Valiquette, donne une description téléphonique du match à des interlocuteurs à Ottawa.

Un peu avant 22 h, Parizeau prend une décision. Il veut que les commissaires se prononcent sur le principe de la souveraineté, incarnée dans un long amendement au chapitre des conclusions. Le texte est essentiellement celui que les non-alignés avaient préparé quelques jours auparavant, et que le PQ leur avait ressorti sans succès. Ils ne peuvent pas prétendre, en tout cas, ne pas s'y reconnaître.

L'amendement s'étire sur huit pages. Tous les boulons y sont vissés, et munis chacun de son écrou :

> Des travaux, mémoires et audiences de la Commission, il ressort que l'avenue à privilégier est la souveraineté du Québec.

---

* La loi créant la commission stipule que seuls les commissaires qui sont députés peuvent se faire représenter par un suppléant pour les votes sur les chapitres du rapport, dont la conclusion. C'est pourquoi Bourassa a un suppléant qui vote, mais pas Proulx. Ces suppléants n'ont pas droit de vote sur les recommandations du rapport, ce qui contribue au suspens à venir.

Ainsi, le Québec déciderait de se retirer du régime fédéral avec tous les attributs d'un État souverain. Cette souveraineté du Québec implique un pouvoir suprême reconnu à l'État québécois, dont l'exclusivité de ses compétences législatives et fiscales sur le territoire national et son indépendance dans l'ordre international où il n'est limité que par ses propres engagements. Cette souveraineté est un préalable à toute forme de partenariat visant à maintenir, par traité, l'espace économique commun entre le Québec et le Canada.

Il faut noter les mots « par traité » qui excluent la souveraineté confédérale ou superstructurelle de Bourassa. Le chef péquiste a plusieurs raisons de proposer une telle manœuvre. Plusieurs raisons, et une attitude : la mauvaise humeur. Depuis le début de la séance, rapporte un témoin non aligné, « il était tellement en tabarnak, il était en maudit, pis là il se garrochait d'un bord pis de l'autre, pis il cherchait de la diversion, peut-être, je sais pas, il y avait du transfert là-dedans ».

Parizeau veut d'abord, lui-même, pouvoir voter sur ce texte. Pouvoir dire qu'il a tout essayé, qu'il n'a pas perdu sans combattre. « On a pas le choix, explique Chevrette à Béland, vous réalisez pas qu'on a des militants dans le champ, nous autres, et les militants nous disent : "Comment ça se fait que vous prônez pas la souveraineté ?" On se fait engueuler partout ! »

Ensuite, Parizeau veut savoir qui sont les vrais souverainistes. Il le dit, dans une conversation de couloir, devant Larose. Qui, parmi les non-alignés, osera voter non, et se démasquer ? « Parmi le groupe des neuf, il voulait être sûr que Béland, peut-être Beaumier [voteraient oui], et qui sait ? » rapporte Larose.

Troisièmement, il veut qu'au-delà du consensus mou, on aperçoive les positions dures. « C'est important ce vote-là, terriblement important, expliquera-t-il. Parce qu'alors qu'on risque à la commission de terminer dans une impression de grand désordre psychologique, là on va terminer avec quelque chose de relativement clair. Il y a deux positions ? Il y a deux positions ! »

Quatrièmement, ce vote, il pense pouvoir le gagner. Comme, techniquement, l'amendement est considéré comme se rapportant au principe des recommandations (pourquoi ? tous les témoins s'y perdent), les suppléants ne peuvent y participer, seuls les présents ont droit de vote. Sept péquistes et 8 non-alignés présents, ça fait 15. En face, il y a 8 libéraux présents, 5 fédéralistes associés — ce qui fait 13 —, auxquels on ajoute trois fédéralistes irréductibles, ce qui fait 16. Euh, non. Holden est absent. Ce qui fait 15.

15 contre 15 ? Non, Parizeau annonce à des non-alignés que Jean Campeau va voter pour la souveraineté. Bon sang, mais c'est bien sûr ! Campeau ! 16 contre 15. Majorité souverainiste. Et Michel Bélanger ? Il va s'abstenir, apprend-on. Parfait. Il y a même une soupape de sûreté. Certains chuchotent que le libéral Guy Bélanger pourrait choisir ce moment pour faire le saut historique, lui qui tient un langage plus souverainiste, parfois, que celui de Jacques Léonard, indépendantiste de choc. À cette époque, se souvient Larose, « Guy disait qu'il serait candidat du Bloc québécois » aux prochaines élections

fédérales. Quelle meilleure entrée en matière que de faire basculer un vote historique, en rejoignant son futur chef Bouchard et les non-alignés ? Ça ferait 17 à 14 pour la souveraineté ? Le rêve !

Parizeau n'est pas seul à penser que c'est jouable. Brian Mulroney, averti par la filière 007, le croit aussi, et en est profondément troublé. Il appelle Bourassa. « Très inquiet », se souvient Bourassa, Mulroney demande : « Qu'est-ce qui arrive ? » Bourassa tente de le rassurer : « Ça vote sur la souveraineté, là, pis on va l'avoir, on va l'emporter. » Ce qui est plus un vœu qu'une prédiction, à ce stade. Car Bourassa se souvient que « même Jean-Claude était inquiet, un moment donné ça s'orientait pour 15-15. [...] On avait un problème. Est-ce qu'on fait venir M. Ryan, qui avait pris ses distances vis-à-vis la commission, juste pour voter ? Michel Bélanger et Campeau, comment ils vont voter ? [...] Je n'étais pas inquiet pour Michel mais Jean-Claude disait : "C'est pas sûr que [ton suppléant Robert] Benoît puisse voter à ta place." [...] Ça, si la souveraineté avait passé... » Bourassa, pas plus que Rivest ou Parizeau, ne connaît le résultat du vote avant que les mains soient comptées.

Chez les non-alignés, on court dans tous les sens. Bouchard et Larose tentent de convaincre Parizeau de ne pas tenir ce vote. « On va le perdre, affirme Bouchard. Pourquoi faire battre la souveraineté ? Pourquoi la faire battre ici ? Les dés sont pipés. Bourassa a constitué le forum, alors c'est évident que si on prend un vote sur la souveraineté dans ce forum-là on va le perdre. Il l'a justement créé en fonction d'un équilibre en sa faveur. »

Mais Parizeau est décidé. Béland résume la discussion : « Les gens du PQ nous disaient : "Vous êtes en train de montrer aux libéraux qu'on a plus notre cohésion [de souverainistes]." Alors on a dit O.K., on va voter avec vous autres, mais on savait qu'il passerait pas, donc ça ne risquait pas de mettre notre consensus en péril. » Turgeon a le même réflexe : « Quand c'est fini, tu t'en vas pas faire une bataille contre le PQ, t'allais pas t'en faire des ennemis à vie. »

Turgeon participe au suspens. « On faisait le compte et on disait aux libéraux : "Ryan est pas là, il vient pas." » Même Larose, vétéran des congrès syndicaux serrés, se prend au jeu. « C'est vrai, Holden est pas là, ça se peut que ça marche. »

Côté fédéraliste, Beaudry est nerveux. « On se disait : "Si ça passe, ça, on va s'être fait avoir !" »

Rivest, d'habitude très détendu, fonctionne à plein régime. *Sa* commission risque de voter pour la souveraineté. *Sa* commission risque de faire tomber le ciel sur sa tête. D'abord, il appelle Claude Ryan, lui dit de se tenir prêt, l'avertit qu'il devra peut-être faire une apparition surprise à Maizerets, devant ces commissaires dont il a naguère dit qu'ils perdaient leur temps. À ses amis souverainistes qui le narguent de leurs audacieux pointages, il montre du doigt la grange de pierre blanche jouxtant le château et lance : « Vous inquiétez pas, Ryan est dans l'étable. Dès que j'en ai besoin, je le fais sortir ! »

Il rigole, mais il gagne du temps, car ses estafettes sont parties à la recherche de Holden, finalement localisé dans un restaurant et ramené au bercail. Puis, les coprésidents statuent que le député Robert Benoît peut voter pour Bourassa. Rivest pense pouvoir s'en tirer sans faire sortir Ryan « de l'étable ».

On tient enfin le vote, Oui ou Non, sur l'amendement souverainiste, par ordre alphabétique, les coprésidents votant en dernier. Plusieurs prennent des notes.

Marcel Beaudry vote Non. 0-1.

Jean-Claude Beaumier vote Oui. 1-1.

Louise Bégin vote Non. 1-2.

Claude Béland vote Oui. 2-2.

Parizeau a maintenant pu vérifier le souverainisme de Beaumier et de Béland.

Guy Bélanger vote maintenant. Non. 2-3.

« Bélanger, raconte un membre de la délégation libérale, n'était pas aussi brave à l'intérieur du caucus qu'à l'extérieur. » Rivest, par exemple, n'a jamais douté du vote de son député, par ailleurs très proche de Gil Rémillard, ce qui est en soi un exploit car le ministre est difficile à suivre. « Tu te dis, bon Dieu, pourquoi j'hésite ? raconte le député Bélanger. Mais il reste un fond d'attachement au Canada. Je me disais, avant de détruire un pays, tu regardes ça comme il faut. Je me disais merde, allons-y [avec le consensus]. On va voir s'il y a des offres. D'un coup qu'y arrive quelque chose. Moi je me suis bâti un rapport de force dans lequel je me donne quand même des maudits éléments. Ce soir-là, c'était clair dans ma tête. » Tellement clair que lorsqu'il entend, avant lui, Beaumier voter pour la souveraineté, il en est tout retourné. Il découvre — « ben surpris », dit-il —, ce dernier soir et avec quatre mois de retard, que le militant libéral Beaumier fait partie des non-alignés. (Bravo pour le don d'observation.) « T'es donc ben putain », lui crache-t-il au visage après le vote. Soit dit entre gentlemen.

Jeanne Blackburn et Lucien Bouchard votent Oui. 4-3.

Pour Robert Bourassa, Robert Benoît est finalement autorisé à voter. C'est Non. 4-4.

Jacques Brassard, Oui. Cheryl Campbell Steer, Non. 5-5.

Guy Chevrette, Oui. Guy D'Anjou, Non. 6-6.

Claude Dauphin et Ghislain Dufour, Non. 6-8.

Louise Harel, Oui. Jean-Pierre Hogue, Non. 7-9.

Richard Holden (futur député péquiste), Non. 7-10.

Claire-Hélène Hovington, libérale naguère prosouverainiste, Non. 7-11.

Louis Laberge et Gérald Larose, Oui. 9-11.

Jacques Léonard, Oui. Cosmo Maciocia, Non. 10-12.

Pauline Marois et Roger Nicolet, Oui. 12-12.

André Ouellet, Non. 12-13.

LA PROPOSITION DES PRÉSIDENTS

Photo : Jacques Nadeau

Michel Bélanger et Jean Campeau. Le fédéraliste Bélanger surprend en proposant un référendum sur la souveraineté dès 1991. « On était un peu beaucoup fourrés », admet Jean-Claude Rivest.

À LA RECHERCHE DU CONSENSUS

Photo : Jacques Nadeau

Claude Béland : « Il faut certainement faire confiance au Parti libéral » pour appliquer le rapport Allaire. « M. Bourassa est un démocrate, nous ne sommes pas en dictature. Il a son parti. »

Le péquiste Guy Chevrette. « On n'a aucune espèce d'ombre de début de la queue du bout du poil du bout de la queue du chien de confiance envers M. Bourassa. »

Ghislain Dufour, du Conseil du patronat, se sent bien solitaire pour défendre le fédéralisme. « Rivest ? C'est celui dont on avait le plus peur. »

GRINCEMENTS ET DÉRAPAGES

Jacques Parizeau et Lucien Bouchard. Avec des amis comme ça...

Le ministre Gil Rémillard. Champion du zigzag. Au moment crucial,
il fait l'erreur de dire la vérité. L'édifice s'écroulera-t-il ?

LE TON MONTE

Photo : Jacques Nadeau

Gérald Larose, *whip* des non-alignés. « Gérald a fait une scène à Rémillard, une scène de ménage, disant qu'il est scandalisé, hors de lui, horrifié. À partir de ce moment-là, l'atmosphère se détériore, les gens deviennent très agressifs. »

« Un moment donné, la moutarde me monte au nez. J'ai l'air du dindon de la farce.
J'ai l'air d'un con ! » Parizeau jure qu'on ne lui refera pas deux fois « le coup du Continental ».

CEUX QUI SAVENT

Photo : Jacques Nadeau

L'Ontarien David Peterson, venu rencontrer Bourassa 11 jours après la mort de Meech, apprend que « jamais » son voisin n'envisagera de faire sortir le Québec du Canada. « Au pied du mur, s'il avait à choisir son camp, il choisirait le Canada. C'est le cœur du personnage. »

Photo : Jacques Nadeau

Élu en septembre 1990, le nouveau premier ministre ontarien Bob Rae entend la même rengaine. « Au risque de dire quelque chose d'imprudent, je dois admettre que le problème central de la stratégie de négociation du Québec était que nous [du Canada anglais] étions en présence d'un mécanisme dans lequel nous ne pouvions pas perdre. »

Lorraine Pagé et Jacques Parizeau, Oui. 14-13.

Christiane Pelchat, Non. 14-14.

Ce qui surprend Béland. Pendant des semaines, raconte-t-il, Pelchat était venue lui dire : « M. Béland, lâchez pas, M. Bourassa vous écoute. » « C'est incroyable, le discours que des représentants du Parti libéral qui siégaient à la commission nous faisaient ! dit Béland. On se disait : "Diable ! ils sont plus souverainistes que les souverainistes ici." Ils l'étaient plus que moi, parce qu'ils ne faisaient même plus de nuance. Et du jour au lendemain quand arrive le vote, ils disent : "Ah ! non, moi je ne peux pas !" J'étais allé les voir après et j'ai dit "Qu'est-ce qui s'est passé ?" Ils disent : "Écoute, j'ai pas le choix, faut de la solidarité." »

Charles-Albert Poissant et Gil Rémillard, Non. 14-16.

Serge Turgeon, Oui, Russell Williams, Non. 15-17.

Quand vient le tour des coprésidents, la souveraineté a déjà perdu. Bélanger annonce son abstention. Campeau regarde Bélanger, et dit : « Je m'abstiens. » Compte final : 15-17.

« Je me souviens, raconte Béland, que Jean Campeau avait dit : "Si moi, je vote et Bélanger vote pas, je vais perdre mon lien avec Bélanger, il va me tourner le dos. Bélanger suggère qu'on vote pas, donc on vote pas." Il prétendait que Bélanger le cuisinait bien. »

Parizeau, comme le dirait Thibault, « prend bonne note ». Le lendemain, dans le huis clos du caucus péquiste où on a exceptionnellement laissé entrer une caméra de l'ONF, il ne peut réprimer ce commentaire : « J'espère que, sans que ce soit moi qui le soulève, qu'un certain nombre de gens vont s'intéresser aux raisons qui ont fait que les deux présidents se sont, quant au choix du pays, abstenus. »

Ce soir, Parizeau, ayant perdu et son vote et son coprésident, se lève et quitte la salle. « Il était pas mal déboussolé », se souvient un témoin.

Bouchard raconte : « Là, le vote de la souveraineté est passé, O.K. ? Et là, dès que le vote a eu lieu, Rémillard s'est garroché dehors, il est allé faire une conférence de presse impromptue pour dire que la souveraineté venait de perdre.

Au Téléjournal, le journaliste Jean Bédard a ainsi le temps d'ajouter à son reportage les mots : « Aux dernières nouvelles, le camp souverainiste aurait subi un premier revers ; la commission, par 17 voix contre 15, viendrait en effet de rejeter la conclusion que la souveraineté est l'avenue privilégiée par les Québécois. »

« Là on était en tabarnak, tu comprends ? Excuse l'expression, mais là on trouvait que la stratégie de M. Parizeau nous avait conduits là... Puis il faut pas oublier qu'on est en huis clos depuis longtemps. Puis que la seule nouvelle qui sort de tout ça, là, dans le public ce soir-là, puis il y avait des journalistes *live* dehors [pour les informations télé du soir], c'était : la souveraineté est battue ! »

« Vous étiez en tabarnak contre Parizeau, mais pourquoi pas contre Rémillard ? » demande l'auteur.

« Ah ! Contre Rémillard aussi, bien sûr. Mais Rémillard, lui, dans le fond, il jouait sa *game*. On lui donne ce bonbon-là, il part avec, hein ? On lui a donné le bonbon. C'est pas lui qui a demandé le vote, Rémillard ! »

Bouchard et ses compagnons répandent leur colère sur Brassard et Chevrette. « Il y a eu de vraies engueulades. Là, ça a brassé, dit-il. "Vous voyez, on est rendu là !" »

Louise Harel se souvient qu'elle se sentait comme au soir du référendum de 1980, après que les résultats eurent été annoncés. Vivement qu'on en finisse, qu'on aille se coucher, qu'on ferme la lumière. Parizeau n'est pas si pressé.

Reste maintenant à régler le sort des recommandations. Voici les éléments essentiels des recommandations, dans leur version finale. Le document réaffirme « la nécessité de redéfinir le statut politique et constitutionnel du Québec » et prescrit l'adoption d'une loi qui prévoit :

- la tenue d'un référendum sur la souveraineté du Québec, soit entre le 8 et le 22 juin 1992, soit entre le 12 et le 26 octobre 1992 ;

- que ce référendum, s'il est affirmatif, propose que le Québec acquière le statut d'État souverain une année, jour pour jour, après la date du référendum ;

- l'institution et la composition d'une commission parlementaire spéciale de l'Assemblée nationale sur l'étude des questions afférentes à l'accession du Québec à la souveraineté [...] cette dernière signifiant la capacité exclusive du Québec, par ses institutions démocratiques, de faire ses lois, de prélever ses impôts sur son territoire et d'agir sur la scène internationale pour conclure toute forme d'accords ou de traités avec d'autres États indépendants [...] ;

- l'institution et la composition d'une commission parlementaire spéciale de l'Assemblée nationale ayant pour mandat d'apprécier toute offre de nouveau partenariat de nature constitutionnelle faite par le gouvernement du Canada et de faire à cet égard des recommandations à l'Assemblée nationale ;

- que seule une offre liant formellement le gouvernement du Canada et les provinces pourra être examinée par cette commission ; [...]

Depuis la scène du Salon rouge le mercredi précédent, deux changements ont été apportés. La référence à des « appels d'offres » du reste du Canada est disparue, parce qu'elle faisait hurler deux politiciens importants : Jacques Parizeau et... Brian Mulroney. Le premier, parce qu'il ne veut pas « appeler » à un renouvellement du fédéralisme, le second parce qu'il trouve cet « appel » « insultant ».

Brian l'a dit au téléphone à Robert : « Un appel d'offres, c'est comme pour la voirie à Baie-Comeau, quand ils font un appel d'offres pour la route 389. C'est insultant comme approche. Insultant et quétaine ! » Robert a compris.

Second changement : les offres doivent non seulement être « liantes », elles doivent de surcroît lier « formellement » le reste du Canada. Ces modifications mineures sont-elles suffisantes pour amadouer Jacques Parizeau ? « Il y a pas eu grand-chose pour lui sauver la face, commente un non-aligné, je vais te dire, il y a pas eu grand-chose. »

Ce texte ne doit pas être seulement voté, mais également signé. La feuille, avec les espaces blancs, les lignes et les noms, est prête. Plusieurs commissaires non alignés décident qu'ils ne signeront pas avant que Robert Bourassa ait lui-même apposé sa signature. Il est à Québec, Rivest lui parle au téléphone toutes les cinq minutes, c'est facile à organiser. Qu'il se commette d'abord.

Ah ! mais voilà, il hésite. Il a gagné le vote contre la souveraineté, a introduit cinq machiavélismes dans le dispositif, a laissé insérer des paragraphes en se tenant les doigts croisés dans le dos, s'est ménagé une porte de sortie : la Loi sur les consultations populaires. Et pourtant, il hésite. Il préférerait ne pas signer du tout. Tant qu'à y être. Deux mois plus tôt, le problème s'était posé pour le rapport Allaire, dont Bourassa était membre d'office du comité. Il avait convaincu Anctil et Allaire de faire sauter la cérémonie, jusqu'alors prévue, de signature du rapport. Le texte fut plus simplement adopté par consensus. Robert Bourassa a donc évité de laisser une trace écrite de son adhésion à ce document encombrant.

Il ne peut faire abolir de même, cette fois-ci, la cérémonie. Mais il voudrait au moins se soustraire, personnellement, à la chose. Il n'a même pas besoin de se rendre voter sur les recommandations puisque, grâce aux non-alignés, elles seront adoptées avec une forte majorité. Il pourrait s'en laver complètement les mains, puis traiter le rapport comme un machin de plus, écrit par d'autres, voté par d'autres, signé par d'autres, destiné, pourrait-il feindre, à d'autres. Mais les non-alignés insistent. « Si Bourassa signe pas le premier, déclare Béland, on signera pas ! »

Rémillard prend à part le président du Mouvement Desjardins : « Vous savez, M. Béland, moi qui vous ai toujours trouvé un homme sage, un homme posé, là je vous connais sous votre vrai jour ! »

« Démasqué » par Chevrette le jeudi soir, « démasqué » par Rémillard le lundi soir, Béland commence à avoir son voyage. « Il pensait qu'il me faisait mal en disant ça », dit Béland au sujet de Rémillard. Il hoche la tête avec dépit.

Comme Béland, Lucien Bouchard insiste pour voir ce paraphe. Il dit à Rousseau : « On veut sa signature puis on veut que tu sois là quand il va l'écrire. » L'acte de foi des non-alignés commence à faiblir. Ils veulent « un témoin officiel que c'est lui qui avait signé, explique Bouchard, que c'est pas une estampe, que c'est pas Pierre, Jean, Jacques, que c'est lui. Parce qu'il y a pas de témoin plus officiel que le registraire de la commission. Tsé ? Ça devient un acte formel pour attester, puis ça fait preuve en soi. Alors on a exigé. Puis moi, je me rappelle d'avoir dit à Rousseau : "Tu vas aller chercher sa signature", puis on sacrait, "on veut sa signature". »

Ça va mal.

Il est presque minuit. Les travaux sont interrompus pour cause de non-signature du premier ministre. Quelqu'un (Rivest ?) a une idée. Un sixième machiavélisme. Se faire pondre, séance tenante, par un juriste du gouvernement, un avis juridique. Un avis qui prouve que la signature du premier ministre, écrite de sa main, devant le secrétaire de la Commission sur l'avenir politique et constitutionnel du Québec, ne l'engage à rien. Un avis qui rassure le chef du gouvernement. Qui lui dit : Mec, ta signature ne vaut rien. C'est du toc. Du vide. Du vent.

Cet avis est dressé, il existe, en cette nuit du 25 au 26 mars 1991. Bourassa en prend connaissance. Content de se savoir insignifiant, il accepte de signer.

Robert Bourassa atteint à cet instant le degré zéro de la dignité.

On peut dénoncer un mensonge, condamner un abus de pouvoir, déplorer une faiblesse, réprouver une injustice. Mais les mots manquent pour décrire ce que Robert Bourassa, premier représentant du peuple québécois, dépositaire de la légitimité démocratique, protecteur des intérêts nationaux, fait maintenant subir à la dignité de sa fonction et de sa personne. Pendant une autre nuit, en octobre 1970, il avait fait en sorte que les libertés de ses concitoyens soient suspendues, que 500 personnes soient emprisonnées sans raison, que 3000 logis soient fouillés sans mandat. C'était grave, injuste, inexcusable. Pour le gardien des droits des citoyens, une faute irréfragable. Au moins, il existait, lui et sa fonction. Cette nuit, il suspend la dignité de sa tâche, il l'efface, il la nie, il se déclare inexistant. C'est indicible.

À Maizerets, une fois obtenue la garantie de ce paraphe — Bourassa signera, en présence de Rousseau et de Rémillard, le lendemain matin à 10 h 30 —, on n'est pas encore au bout des problèmes. Dufour et Poissant, ainsi que le député libéral Russ Williams, conditionnés sans doute par les hésitations de Bourassa, se font longuement tirer la plume par Rivest.

Parmi les fédéraux, Ouellet a annoncé qu'il ne signerait pas ce texte maudit, où apparaît le mot « souveraineté ». Mais le conservateur Jean-Pierre Hogue hésite. Toute la soirée, pour presque chaque vote, il a gardé le contact avec le bureau de Mulroney, à Ottawa. « On lui avait dit comment voter, se souvient Michel Roy, conseiller constitutionnel du premier ministre fédéral, mais on ne savait pas toujours sur quoi il fallait voter. Donc le téléphone était presque ouvert sans arrêt entre le bureau du PM, en l'occurrence [le chef de cabinet de Mulroney, Norman] Spector, et Hogue. » Pendant cette longue soirée, Spector, Paul Tellier, Michel Roy et Marcel Masse assistent à un dîner au Cercle universitaire à Ottawa. Vingt fois, pendant le repas, Spector se lève pour aller parler à Hogue (ou à Valiquette) au téléphone. « Fais ceci, fais pas cela, attention à ceci, vote oui, abstiens-toi. »

« Il fallait éviter d'associer Hogue, qui passait pour le ministériel là-dedans, à des choses qui auraient pu dégénérer, explique Roy. C'était très délicat. Finalement, l'erreur ça a été de l'envoyer là, lui. Si on avait envoyé un gars au contraire très articulé politiquement, ben ça aurait été plus facile. »

Car Hogue voudrait bien signer le document. « Il voulait quand même pas passer pour le vieux réac, tsé, il avait quand même des sentiments, le Québec et tout ça. Et puis le caucus conservateur du Québec à Ottawa surveillait ça. Alors c'était un équilibre très fragile. » On discute, on tergiverse. Spector mérite son salaire.

Pendant ce temps, dans le petit local du Parti québécois au premier étage de Maizerets, le député Jacques Léonard mène la charge contre la signature. Brassard et Chevrette sont d'avis contraire. « Ça a été assez déchirant », rapporte un péquiste. Il y a une quinzaine d'heures, lundi matin au comité de stratégie, tout semblait clair. L'isolement était possible. Mais cette nuit, dans ce microcosme québécois réunit à Maizerets, après un vote où tous les souverainistes (sauf Campeau) ont parlé d'une seule voix, « les considérations d'unité étaient féroces », raconte Hubert Thibault. « Nous autres, on voulait pas embarquer là-dedans, dit un autre dirigeant péquiste, mais politiquement on l'aurait payé cher, si on avait boudé dans notre coin, parce que dans la population, ils voient pas toutes ces nuances-là. On était coincés. » La décision semble prise.

Parizeau émerge. Les coprésidents rouvrent la séance. Demandent un tour de table. Tous prêts pour la signature ? Son tour venu, Parizeau, soudain très digne, dit : Non. Moi, je ne signe pas ça. Il se relève. Repart. Ses députés le suivent. Nouvel ajournement.

Serge Turgeon résume l'ambiance : « J'en ai vécu de la tension et je sais, comme comédien, comment reproduire une atmosphère dramatique. » Mais ce soir-là, « la tension était à trancher au couteau. Je n'avais jamais connu ça de ma vie. »

Il y a trois lectures possibles de l'heure qui suit.

Celle de Parizeau, au centre du jeu : « Il va y avoir une scène tout à fait gentille de mon groupe de députés là-dessus, qui voit bien que sur le plan tactique, on pourrait voter pour ou contre les recommandations. Sur le plan de la tactique politique, il pouvait y avoir un avantage à l'un ou à l'autre. Je me souviens de ça et je m'en souviendrai longtemps, parce que c'était un geste de confiance assez extraordinaire. Ils me disent : "On laisse la décision à vous, comme, là, c'est essentiellement une question de tactique." J'ai trouvé ça très bien. »

Celle de la délégation péquiste, qui veut effectivement que Parizeau prenne la décision, mais avec plus de célérité. « Parizeau était pas mal insupportable. Il était mauvais joueur, mauvais perdant, mauvais coucheur. À chaque vote, on sortait, il nous faisait perdre notre temps, dit l'un d'eux. Il était en maudit. »

« En maudit contre qui ? » demande l'auteur.

« Contre lui, je suppose. Essentiellement, on appelle ça de la ventilation. »

« Il était apoplectique, il était rouge, il était fâché, il était... il parlait pas, rapporte un autre témoin. Il était comme un lion, comme un lion, là... C'était *tough*, tsé ? C'était très tendu. » Un peu plus loin, dans la grande salle, « les fédéralistes se bidonnaient ».

Thibault viens voir Bouchard et Larose, qui s'impatientent.

« Monsieur Bouchard, il faut que vous compreniez M. Parizeau. »

« Je le connais, répond Bouchard, j'ai travaillé avec lui dans les négociations salariales du secteur public », moments tendus s'il en est.

« Alors, reprend Thibault, rappelez-vous comment il est. Il faut que vous le compreniez. M. Parizeau a déjà quitté le gouvernement et rompu avec René Lévesque sur un "i", tsé ? »

Le « i » du 21 novembre 1984. Dans un texte, le premier ministre Lévesque annonçait, contre les avis de Parizeau et compte tenu du beau risque, que « pour la prochaine élection, la souveraineté n'a pas à être un enjeu ». Lévesque y parlait de cet « État-nation que nous *croyions* si proche et totalement indispensable ». Des journaux publient le texte avec la graphie « nous *croyons* ». Au Conseil des ministres, Parizeau pose la question :

« Il faut que je sache. Est-ce que c'est *yions* ou *yons* ? »

« *Yions* », répond Lévesque. Il n'était pas question que Parizeau fasse partie d'un gouvernement qui décline la souveraineté à l'imparfait, plutôt qu'au présent ou à la rigueur, au futur. Il est parti. Lui et quatre ministres, dont Louise Harel et Jacques Léonard.

« Alors, continue Thibault, rendez-vous compte, là, que vous devez faire des compromis avec lui. »

« Ça m'avait frappé, dit Bouchard. Je me dis : Oui, baptême, sur ce "i", là, juste pour un "i". Il est capable de faire sauter la baraque ici, hein ? [Le consensus], c'était plus qu'un "i". »

En un sens, c'était exactement le même « i ». Car dans une des nombreuses conversations tenues à huis clos, ce soir-là, quand Bouchard convient « prendre un gros risque en signant », Holden, qui passe par là, lui réplique : « Tu veux dire un beau risque ! » ce qui lui vaut un juron du chef du Bloc.

À nouveau, Parizeau émerge. Une solution, peut-être, a été trouvée. Depuis quelques jours, plusieurs commissaires, dont les péquistes, ont préparé des *addenda* au rapport, des additions où ils clarifient leurs positions, jusqu'à contredire, parfois, des paragraphes du texte commun. Mais ce ne sont pas des amendements comme tels. Or, les conclusions du rapport, auxquelles Parizeau s'oppose, sont toujours là, et forment un tout qu'il faut signer ou rejeter. Un porte-parole du chef péquiste vient annoncer aux coprésidents et aux non-alignés qu'une nouvelle astuce permettrait aux péquistes de signer : il faudrait ajouter, près de leurs paraphes, un astérisque indiquant aux lecteurs que ces signataires expriment leur « dissidence sur les conclusions du rapport » et que cette dissidence est expliquée dans un *addendum*. Le PQ veut publier, dans son *addendum*, l'amendement adopté par les 15 souverainistes, pour que tout le monde sache ce qui s'est passé.

Voilà tout de même des gens qui ont le respect de leur signature. Ils veulent s'assurer de penser ce qu'ils écrivent et d'écrire ce qu'ils pensent. Ils ne croient pas aux conclusions ? Ils veulent s'en dissocier. Les recommandations, au pied de la lettre, sont acceptables, juge finalement Parizeau. « Faut quand même pas oublier, explique Parizeau, que quelques années plus tard, quand des gens liront ça, ils prendront le texte des recommandations pour ce qu'il est », pas pour ce qu'un ministre ou un premier ministre a dit qu'il ferait par ailleurs, par en dessous, ou par-dessus. « On ne comprendrait pas très bien qu'un parti souverainiste ait voté contre ça. »

Astérisque ? L'idée est froidement reçue par Gérald Larose, entre autres. « Ça nous rappelle étrangement l'astérisque de M. Clyde Wells à Meech », dit-il. L'idée est reçue chaudement par les fédéralistes Beaudry, Campbell Steer, Dufour, Maciocia, Poissant et Williams, qui veulent l'utiliser aussi, pour indiquer « les réserves » qu'ils expriment en *addendum*.

Pour un « i », pour un astérisque... Entre la voyelle et la ponctuation, s'écrit l'histoire du Québec. Les coprésidents acceptent. Il est passé minuit. Qu'on en finisse.

La séance reprend. Tel un colosse moustachu, Henri-Paul Rousseau se tient au centre de la pièce, dans le grand espace ouvert au centre du rectangle des pupitres. Il a son grand cahier de signatures en main. Chacun fait un petit laïus avant de se commettre. Rousseau se dirige vers Parizeau. Le chef péquiste ouvre sa plume. La referme. La rouvre. Pousse un grognement. Marque une longue pause exprimant, dit un témoin sarcastique, « la souffrance et la répulsion ».

Ouellet et Holden refusent de signer, et font enregistrer un vote négatif, opposé au texte des recommandations. Hogue prononce un grand discours, où il fait une ode au Canada, puis applaudit le « formidable » consensus, mot dont il semble avoir enfin trouvé la définition. Puis, dans un virage en épingle à cheveux, il annonce qu'il s'abstient, qu'il ne signe pas. L'ordre est venu de Spector, donc de Brian. « Hogue aurait voulu voter pour, se souvient Michel Roy, puis la plus grosse concession qu'il a faite, c'est s'abstenir. » (Mulroney devra longuement tenter d'expliquer, quelques heures plus tard en réponse à des questions à la Chambre, pourquoi Hogue n'a pas lui aussi exprimé son opposition.)

Ultime pointage : 31 pour, 2 contre, 1 abstention, 2 absents. Outre les coprésidents, 15 souverainistes et 14 fédéralistes s'associent au rapport. Mathématiquement, à cause de la défection des trois fédéralistes orthodoxes, un rapport pluralitaire souverainiste aurait été possible, à une voix près, Ryan restant dans l'étable. Mais quelqu'un se donne-t-il même la peine de faire ce calcul ?

Les commissaires sortent de Maizerets dans le désordre, vers une heure du matin. Il n'y a pas d'échanges entre Parizeau et Bouchard. Surtout pas d'échanges entre Jacques Léonard et Lucien Bouchard. Le premier en voudra toujours au second. Un autre tenant péquiste de la ligne dure, de Montréal, apprenant que le PQ s'est rangé, appelle un de ses collègues à Québec : « Câlisse, qu'est-ce qui s'est passé ? » « Qu'est-ce que tu veux, répond le collègue, c'est comme au Pentagone. Autour du président, t'as des colombes et t'as des faucons. Moi, je fais partie des faucons, pis le faucon était loin du nid à ce moment-là. »

Dans le vestibule de Maizerets, on se donne quelques poignées de main, ici et là. On se lance aussi quelques traits d'ironie. Comme celui de Larose, à l'adresse des Dufour, Beaudry et Maciocia : « Bravo pour votre travail, dit le syndicaliste. On vient de *flusher* le Canada ! »

Dehors, des journalistes attendent. En verve, Larose annonce devant le premier micro : « La campagne référendaire commence maintenant. »

On a gagné, na-na-nè-reu...

La guerre des communications, surtout, commence. Pendant les 48 heures qui suivent, Lucien Bouchard affirme sans rire que « l'ambiguïté, l'indécision, l'attentisme, c'est fini. On sait où on va maintenant, et on sait quand on le fait et comment on le fait. » Les déclarations de Rémillard ? « On a les assurances et les garanties les plus totales qu'on puisse avoir en démocratie que le gouvernement va suivre la recommandation de la commission », dit encore Bouchard. « Je ne vois pas comment le gouvernement Bourassa pourrait se sortir de ça. Ce serait un suicide politique. Le gouvernement qui va essayer de sortir de ce cadre-là n'est pas encore né. »

Le lecteur doit reconnaître qu'à ce point du récit, il est en possession de beaucoup plus d'information que ne l'était Bouchard lorsqu'il a fait cette déclaration. Dans le contexte, Bouchard ne délire pas, il exagère. C'est la méthode Coué ou, dit-on maintenant, celle de la pensée positive.

Claude Béland, devant une caméra, se dit confiant. « Moi, je pense qu'au mois de novembre 1992, on aura fait un référendum sur la souveraineté et je pense qu'il sera gagné ! »

Au PQ, on fait semblant d'être content. Devant son caucus, Parizeau se livre au calcul des profits et pertes. « À force de jouer les têtes de cochon dans cette affaire-là, dit-il, on a fini par obtenir un *deal* qui a du bon sens. C'est devenu une bonne entente. Un bon projet de loi. Tellement bon, d'ailleurs, que le gouvernement cherche déjà à prendre ses distances par rapport à ça. [...] La seule chose qu'on n'a pas, c'est l'acceptation d'un référendum en 1991. [...] Mais, on peut pas toutes les gagner, pis un gouvernement peut pas toutes les perdre. »

Stricto sensu, ajoute Bernard Landry, le texte est inédit. « La grande victoire c'est que le gouvernement et l'Assemblée nationale acceptent comme parfaitement légitime la souveraineté du Québec. [...] C'est un gain fabuleux qui efface plusieurs années d'argumentation libérale selon laquelle la souveraineté, c'est de la folie, c'est l'abîme, c'est l'angoisse et le péril, et qui les bloque pour l'avenir d'employer ces arguments. »

Le *Globe and Mail* titre tout bonnement, sur six colonnes et au pied de la lettre, que la commission « *overwhelmingly seeks vote by 1992 on sovereignty* » (réclame massivement un vote sur la souveraineté d'ici 1992). Son concurrent le *Toronto Star* titre de même : « *Canada has one year to win over Quebec* » (Le Canada a un an pour convaincre le Québec de rester).

Les fédéralistes associés savent lire entre et au-delà des lignes. « Moi, affirme par exemple Beaudry, j'avais le sentiment profond qu'on avait réalisé quelque chose de pas mal extraordinaire en arrivant avec une recommandation comme ça. » Même analyse chez Dufour : « Moi, j'ai pas été floué là-dedans. J'ai réussi à faire enlever de la table la fameuse proposition des coprésidents et j'ai réalisé mon objectif : voilà la réalité québécoise, il y a deux options, et il y a la Loi sur les consultations populaires qui existe pour faire un référendum sur les offres. »

Côté gouvernemental, Rémillard répète d'ailleurs à tout vent que le gouvernement conserve « toute sa marge de manœuvre ». Qu'il n'y a pas eu de « coup d'État » au Québec, que « le gouvernement gouverne toujours ». Devant des journalistes, Bourassa refuse de s'engager à tenir le référendum prévu par le texte que lui et sa délégation libérale, unanime, ont signé ; refuse de dire s'il y aura, à la place, ou avant, un référendum sur les offres et, s'il y en a un sur la souveraineté, s'il portera sur la souveraineté telle que définie dans les recommandations. Il dit tout haut que des offres « liant » ont pour lui une valeur toute relative : « des propositions "liant", c'est qu'elles pourront être jugées comme étant sérieuses, étant donnée la situation où on va se trouver », dit-il.

Bourassa pratique la duplicité dans la transparence. L'hypocrisie instantanée et affichée. C'est un phénomène politique rare. Un cas d'espèce.

Mais il y a les mots, et il y a les textes. Il y a aussi la loi, que Bourassa présentera dans quelques semaines et qui reprendra presque mot pour mot les recommandations, et pour laquelle il votera.

Dans le monde politique normal, les textes, les lois, les signatures valent ce qu'ils valent. Ils sont l'expression de la volonté et de l'engagement. Les textes sont clairs, forts, précis. Donc, on note.

Les recommandations, comme la loi, numérotée 150, réaffirment l'engagement n° 2 :

> NÉCESSITÉ DE REDÉFINIR LE STATUT POLITIQUE DU QUÉBEC.

D'ailleurs, dans son allocution de clôture et dans des entrevues, Robert Bourassa répétera que le rapport impose une « obligation de résultat ».

Il y a beaucoup de nouveau, dans les recommandations et dans la loi. Au premier chef, la tenue, sans nuance ni condition inscrite au texte, d'un référendum :

ENGAGEMENT N° 4 : TENUE D'UN RÉFÉRENDUM SUR LA SOUVERAINETÉ DU QUÉBEC,
AU PLUS TARD LE 26 OCTOBRE 1992.

Bourassa signe, et vote aussi, une phrase qui l'engage à ne soumettre à l'Assemblée des offres fédérales que si elles « lient » le reste du Canada.

ENGAGEMENT N° 5 : SEULE UNE OFFRE LIANT FORMELLEMENT LE GOUVERNEMENT
DU CANADA ET LES PROVINCES POURRA ÊTRE EXAMINÉE.

On a beaucoup parlé du dispositif implicite. Mais il y a le dispositif explicite, dans la conclusion du rapport. Mieux encore, Bourassa en fait état, noir sur blanc, dans l'*addendum* qu'il ajoute au rapport, et qui n'engage que lui et Rémillard. Pas de compromis, de demi-teintes ou d'esquive : c'est lui et son ministre délégué qui parlent :

> Deux avenues doivent être considérées parallèlement dans les discussions et les décisions qui seront prises touchant l'avenir politique et constitutionnel du Québec : un réaménagement en profondeur du système fédéral actuel ou la souveraineté du Québec. Les autres solutions ne sauraient répondre aux besoins et aux aspirations de la société québécoise. [...] Le gouvernement dont nous faisons partie accepte volontiers ce principe d'action.

Bref :

ENGAGEMENT N° 6 : RÉFORME EN PROFONDEUR, SINON, SOUVERAINETÉ.

On trouve dans les recommandations une définition classique de la souveraineté, qui vient préciser l'engagement précédent. C'est son corollaire :

ENGAGEMENT N° 6 BIS : DANS CE CAS, LA PLEINE SOUVERAINETÉ, TOUTES LES LOIS, TOUS LES IMPÔTS.

Jean-Claude Rivest est ravi du résultat. Après quelques alertes chaudes, il a obtenu ce qu'il voulait. L'année, d'abord. « Imagine-toi le travail qu'on a eu pour porter ça en 1992, dit-il. Et là, non seulement en juin 1992, mais en automne ! Moi, je suis content de ma démarche. »

De sa stratégie aussi. Car il n'aurait jamais été capable de produire ce consensus tout seul. « Lucien, il a fait exactement ce qu'il fallait qu'il fasse. C'est à dire que s'il n'y a pas [uniquement] la souveraineté dans les conclusions, si on n'a pas de référendum en 1991, ben une chance que je l'ai eu, hein ? »

« C'est Bouchard qui était la clé, dit un membre de la direction du PQ, il voyait pas le piège. » « C'est Lucien qui insistait pour le consensus », disent Dufour et Beaudry qui, même le lundi soir, auraient accepté de « casser chantier » selon l'expression de Bouchard.

Dans une entrevue accordée au journaliste Michel Vastel, deux mois auparavant, en janvier 1991, Bouchard avait pourtant bien identifié le problème politique principal de Bourassa : l'absence d'un mandat de négocier le renouvellement du fédéralisme. Si le premier ministre québécois enclenche une telle démarche, tonnait alors Bouchard :

ce sera illégitime, pervers, contraire aux intérêts du Québec, une tentative de détourner la démocratie québécoise. Bourassa n'a plus de mandat pour négocier quoi que ce soit avec le gouvernement fédéral. On va lui scier les jarrets ! Ça va être la guérilla ! S'il faut remplir le stade olympique au mois de mai, s'il faut faire une parade avec 400 000 personnes au lieu de 200 000 à la Saint-Jean-Baptiste, on va le faire.

Mais avec le consensus, huit semaines plus tard, Bouchard donne à Bourassa un mandat, une légitimité, un délai, un permis pour le retour du beau risque. Mieux, il fait signer ce permis par tout ce que le Québec compte de représentants souverainistes, depuis les artistes (Turgeon) jusqu'aux gens d'affaires (Béland, Campeau). Plus fort encore, il fait contresigner le permis par le Parti québécois et son chef.

« Moi, j'aurais pas parlé au PQ, dit Rivest, j'aurais pas convaincu le PQ de faire ça ! » D'autant que « le fait d'avoir le PQ avec nous, en termes de message, c'est mieux ».

« Mais, demande l'auteur, la commission aurait marché sans Lucien ? »

« Non », coupe Rivest.

Certes, Bouchard est sincèrement convaincu que la « dernière chance » est vouée à l'échec, que le risque n'est ni beau ni élevé. Mais hier, la souveraineté était seule au monticule, dans le match politique. Aujourd'hui, grâce à lui, elle est reléguée au rang de lanceur de relève, pendant que Bourassa et sa réforme en profondeur tiennent la balle bien en main.

Rivest a tout compris, tout calculé : « On a réussi à ce que Bélanger-Campeau ne conclue pas à la souveraineté, mais à ce que la commission dégage des voies qui la mettent très possible et qui la crédibilisent et qui l'élaborent. » Il faut non seulement que le gouvernement « sorte avec » la souveraineté, mais que celle-ci soit jolie, crédible, pour que la menace du divorce soit réelle et que la jalousie suscitée chez la partenaire canadienne provoque chez elle un mécanisme de défense : une nouvelle offensive de charme. De bonnes offres.

Tout ce que Rivest veut maintenant, c'est que Bourassa ne casse pas sa baraque. Qu'il use du consensus comme d'un gourdin face au Canada anglais. « Je voulais pas qu'il dénature mon Bélanger-Campeau comme il avait dénaturé le congrès », dit-il.

Ce mercredi 27 mars, les commissaires sont réunis une dernière fois au Salon rouge, pour la cérémonie de clôture. Chacun y va de sa petite interprétation pour les médias, venus en masse. Un scribe anglophone demande par exemple à Michel Bélanger ce que ses amis du monde torontois des affaires, à Bay Street, vont dire du rapport. « Il me faudra d'abord vérifier si j'ai encore des amis à Bay Street », répond Bélanger. L'ex-banquier se dit sérieusement pessimiste quant à l'avenir de l'unité canadienne et indique qu'il « faudrait presque un miracle » pour éviter un référendum sur la souveraineté « On a fait un progrès, je pense, considérable en arrivant à une presque unanimité sur le fait qu'on peut pas continuer dans le *statu quo* », déclare-t-il. Rousseau, lui, est ravi d'annoncer que sa commission ferme ses livres en dégageant une économie de 44 % du budget alloué et qu'il remet un chèque de 3,5 millions à l'État, alors qu'au même moment, la commission fédérale Spicer s'empêtre dans des scandales de dépassements budgétaires et de gaspillage de fonds.

Chacun doit surtout faire un petit discours télévisé. Rivest demande à voir les notes de Robert. « T'as besoin de pas me faire le coup à ma commission que t'as fait au congrès, lui dit-il encore, par ce que moi, là, je suis pas le congrès du Parti libéral. » Bourassa est très inquiet de l'impact du rapport de la commission sur les emprunts québécois à New York. Hydro-Québec prépare une levée de fonds pour les semaines qui viennent. Il veut donc mettre la pédale aussi douce que possible. Il montre ses notes à Rivest. « Il a été correct », juge le conseiller.

Le premier ministre prend la parole. Tous, ici, savent les épreuves qu'il a fallu endurer pour arriver au texte commun. La politique, c'est comme la saucisse, il ne faut pas montrer comment ça se fabrique. Une fois au marché, on s'attend du vendeur de saucisse qu'il en vante les mérites, pas qu'il en fasse la critique.

Bouchard, Béland, Larose, entre autres, s'attendent à revoir le Bourassa du 22 juin, l'homme du « quoi qu'on dise... ». Cette commission a travaillé dur, tard et longuement, elle a sollicité les citoyens et les experts, épuisé les commissaires, forcé les compromis. L'heure est au chef d'État, au rassembleur.

Bourassa commence bien. « Je retiens le consensus très important sur la nécessité d'un changement majeur de nos institutions politiques et la volonté très profonde du peuple québécois d'une plus grande autonomie. » Il continue sur le même ton, parle de « décision d'État, pour rassembler les Québécois, non pour les diviser ; donc une décision d'avenir, prudente et réaliste, qui témoignera de la détermination du peuple québécois de maîtriser pleinement son destin, dans le monde de l'interdépendance des peuples. »

Il a fait son devoir. Rivest peut souffler. Maintenant, l'homme d'État s'efface. Bourassa continue : « Il y a un accord avec les députés du Parti québécois sur le fait que nous puissions examiner des offres qui pourraient venir de nos partenaires canadiens. » C'est vrai. Son visage s'illumine maintenant d'un sourire espiègle. « Et je suis obligé de constater que du côté de l'opposition officielle, on a accepté cette démarche. D'ailleurs, ce n'est pas la première fois que le député du Lac-Saint-Jean [Brassard] ou le député de Joliette [Chevrette] ou peut-être d'autres ont accepté cette démarche... » Bourassa, qui vient de prononcer le mot « rassembler », en ce moment solennel, devant les élus québécois et les représentants de la société civile, plonge à deux mains dans la machine à saucisse. Passant de l'espièglerie à la mesquinerie amusée, il tire à plaisir sur les cicatrices péquistes, sur les blessures de Parizeau. L'homme de contorsions nargue l'homme de conviction. « ... Dans le cas du beau risque, ils l'ont accepté. Dans le cas de l'affirmation nationale [de Pierre Marc Johnson], ils l'ont acceptée. Je suis heureux de voir qu'ils continuent de faire preuve de flexibilité et de souplesse. »

Brassard, piqué au vif, pointe Bourassa du doigt et de la moustache : « À partir de maintenant, dans son *bunker,* M. Bourassa est, pour nous, en résidence surveillée, dit-il quand c'est son tour de parler. L'opposition sera d'une vigilance de tous les instants et toute tentative visant à travestir le sens du consensus de la commission sur la tenue d'un référendum portant sur la souveraineté, quelque part en 1992, sera combattue avec vigueur. »

Chez plusieurs non-alignés, la déception se transforme en tristesse. « On n'était même pas sortis de cette belle enceinte », soupire Béland « et on retombait sur la petite partisanerie. Mon Dieu ! Il a-tu manqué une bonne occasion de se taire. C'était pas le temps, alors qu'on prônait le consensus, de dire : "Han, han, t'as fini par admettre que le fédéralisme était encore possible !" Je trouvais ça triste. Je trouvais ça triste. »

Turgeon : « Lui qui avait créé cette commission-là alors que Jacques Parizeau lui avait tendu la main, j'aurais pensé que mon premier ministre aurait donné le ton, en disant : "Tous ensemble nous avons fait un bout de chemin." Au lieu, il fait : "Ha ! Ha !" »

Larose : « Avec le traitement donné par le PM, tu te dis : "En bout de ligne, peut-être qu'on a été victimes d'un détournement." Ça c'est sûr. Ça a beaucoup occupé l'esprit dans les jours qui ont suivi. »

Bouchard : « Avec une commission comme celle-là, après les vicissitudes du consensus, qui lui laisse le champ libre pour essayer une dernière fois de refaire le fédéralisme, il aurait pu renvoyer l'ascenseur à Parizeau. "Je vous donne la main moi aussi." Il avait tout ce qu'il fallait pour faire un discours élevé, un moment de grâce, un visuel noble, même. Non, au contraire, lui, petite politique, petite *joke* narquoise. Il a blessé le PQ. Il les a blessés à mort. Ils venaient eux autres de faire un terrible compromis par considération pour leur cause, pour la souveraineté. Enfin c'est assez noble ce qu'ils ont fait le PQ, là. Qu'il aille les piquer avec le beau risque, j'ai trouvé ça minable. »

Béland, encore : « Ça donnait presque raison au Parti québécois quand il nous disait [aux non-alignés] : "Formons un bloc, nous, clair. Embarquez avec nous autres, et disons ensemble : 'C'est ça qu'on veut'." » Le terrible désir de revenir aux choses claires.

Alors pourquoi, M. Bourassa, avoir agi ainsi ? demande l'auteur.

« Il y a toujours un peu de grisaille là-dedans », explique-t-il, assis derrière sa table de plastique, sur le toit du *bunker.* De la grisaille pour le public, veut-il dire. Le citoyen moyen s'y perd. « C'est pas facile de voir dans les projets de loi, la technique, les commissions, le référendum, [pas facile de] montrer que, tel que prévu, c'est ça, j'avais ma marge de manœuvre, je ne voulais pas être pris avec 1991. Je voulais souligner ça, de façon sarcastique, comme on le fait en politique, sans insister... »

« C'était pour montrer qu'on n'avait pas perdu. »

LA TRICHE I
Le pacte rompu

Si j'ai le temps pour partenaire,
je peux affronter deux hommes, qu'importe leurs forces.

SIR JOHN A. MACDONALD

« Le temps finit toujours par arranger les choses. »
C'est dans la deuxième lettre de Machiavel au prince.

ROBERT BOURASSA

MONTRÉAL N'EST GUÈRE HABITUÉE AUX CONVOIS officiels de limousines noires qui narguent le trafic et intimident les piétons de leurs escortes policières, toutes sirènes hurlantes. Quelques jours après la mort de Meech pourtant, le spectacle se déploie, entre Dorval et le centre-ville, à la demande expresse du premier ministre Bourassa. Dans la limousine, son copain ontarien, David Peterson. Les deux hommes se sont parlé, le jour de la mort de l'entente, et ont résolu de se voir dès que possible. « Il y a un temps pour l'action, explique l'alors premier ministre de l'Ontario, et il y a un temps pour la symbolique. Ce jour-là, il fallait montrer que le pays n'allait pas se fractionner et que nous allions faire en sorte qu'il ne le soit pas. »

Bourassa vient de proclamer « quoi qu'on dise... », vient de jurer « plus jamais à 11... ». Il est en train de créer Bélanger-Campeau, s'apprête à donner le feu vert à Bissonnette et à ses jeunes, déclare que « tout est ouvert » et précise qu'il n'écarte pour l'avenir du Québec aucun scénario, « sauf le *statu quo* et l'annexion aux États-Unis ». Quelques centaines de milliers de Québécois sont descendus dans la rue. David Peterson, premier ministre de la plus canadienne des provinces, est-il inquiet de cette dérive ? Croit-il que Bourassa est en train de se muer en un René Lévesque modéré et non fumeur ? Nullement.

Parlant de cette rencontre en tête-à-tête de plus de deux heures, Peterson dit : « Il n'y a aucun doute dans mon esprit et je me sens absolument solide sur ce point : il n'a jamais cessé d'être fédéraliste. Des gens disent parfois que

Bourassa est un crypto-séparatiste. C'est faux. Il en est venu à la conclusion, bien avant l'affaire de Meech, qu'il était toujours préférable que le Québec reste dans le Canada. »

« Il vous l'a dit ce jour-là aussi ? » demande l'auteur.

« Il l'a toujours dit. C'était explicite et implicite, ça faisait partie de tout ce qu'il faisait. Jamais n'a-t-il eu l'intention secrète de faire sortir le Québec du Canada. Ça n'a jamais été présent. »

« Oui mais, insiste l'auteur, si ça devenait inévitable, il pouvait penser qu'il était préférable que lui la fasse [la souveraineté] plutôt que Parizeau. »

« Jamais, répond Peterson. Au pied du mur, s'il avait à choisir son camp, il choisissait le Canada. C'est le cœur du personnage. »

Mais, les discours ? Mais, la future commission ? Peterson et Bourassa en parlent, bien sûr, à quelques jours du choc. Et Bourassa annonce déjà ses couleurs : « À l'évidence, il devait stabiliser la situation, résume Peterson. La réaction des Québécois était prévisible, l'échec de Meech était considéré comme une énorme humiliation, les séparatistes étaient à 70 % dans les sondages. Robert a vécu plusieurs de ces moments difficiles auparavant et il devait gérer le problème. C'est ce qu'il avait fait à l'Assemblée nationale avec son discours et ce qu'il s'apprêtait à faire dans les semaines qui venaient. »

N'avait-il pas peur d'être dépassé par son propre peuple, son propre parti, et contraint de les suivre ?

« Non. Mais il disait : "Écoute, ces forces sont très difficiles à gérer et je dois les gérer avec beaucoup de soin." »

D'ailleurs, des deux hommes, le plus furieux est Peterson. Furieux contre Wells et les autres fossoyeurs de l'accord. « Robert était optimiste, raconte-t-il. Il était déçu, bien sûr, mais j'étais plus triste que lui, plus en colère que lui. Lui était triste, mais pas abattu. Il en a tellement vu, il ne se laisse pas abattre. »

Sur un point en tout cas, Bourassa semble ferme. Il ne retournera plus à une table avec tous les premiers ministres, et il compte, comme il l'a indiqué au Salon rouge, négocier désormais directement avec le gouvernement fédéral. Peterson ne prise guère cette nouvelle approche qui marginalise sa personne et sa province, et il le dit à son voisin. Mais ça ne touche pas « le cœur du personnage ».

« Robert est un des politiciens les plus habiles au pays », dit encore Peterson, un de ses plus grands admirateurs, qui aborde ici un point essentiel : « Il en a vu beaucoup et il est astucieux et intelligent. Il comprend qu'il faut gérer ce genre de choses en utilisant le temps qui passe. Et il est patient. »

En juin 1990, Bourassa se sait maître du temps. Son mandat ne se termine qu'en septembre 1994. C'est *la* donnée la plus importante du jeu*.

---

* L'état de santé de Robert Bourassa, par contre, ne joue aucun rôle significatif dans ces événements. On l'a dit, Bourassa fut mis hors-jeu par son cancer pendant huit semaines, réparties entre septembre et décembre 1990. Par la suite, sa santé ne lui causa pas de problèmes, jusqu'en décembre 1992, donc après le référendum.

« Il a presque un esprit oriental, dit l'Ontarien, admiratif. Il joue sur toutes les couches superposées d'une situation complexe. Et il ne donne jamais à une question sa réponse évidente. »

Ce n'est pas comme Peterson, que les électeurs ont expulsé de son poste de premier ministre de l'Ontario trois mois après sa rencontre avec Bourassa, justement parce qu'il avait cru aux réponses évidentes. La question clé avait été posée par un de ses ministres, pendant une rencontre à huis clos au début de 1989, alors que l'attention donnée par Peterson au problème de Meech commençait à tourner l'opinion publique ontarienne contre lui. « Nous comprenons que tu fasses des efforts pour préserver l'unité du pays, lui a dit son ministre, mais c'est en train de nous tuer politiquement. »

« Écoute, a répondu Peterson en une phrase que jamais Bourassa n'aurait pensée ni prononcée : dans ce métier, il y a des choses pour lesquelles il vaut la peine de mourir. » En septembre 1990, le soir de l'élection ontarienne, Peterson était un cadavre politique.

Un pacte avec les Québécois

Robert Bourassa est « une devinette enveloppée dans un mystère à l'intérieur d'une énigme » pour reprendre le mot de Churchill. Peterson en est-il le bon décodeur ? Se peut-il qu'il soit désinformé par le Québécois, en ce lendemain de Meech ? Son récit, en tout cas, recèle un précieux indice : aux premiers jours de l'après-Meech, Bourassa ne prépare nullement son principal partenaire canadien à l'éventualité d'un départ du Québec. Devant lui, il claque au contraire cette porte.

Entre cette rencontre, la fin de Bélanger-Campeau en mars et l'adoption de la loi 150 en juin 1991, douze mois s'écoulent. Douze mois pendant lesquels beaucoup de gens, autour de Bourassa, « cheminent ». Il n'y a aucun doute que le maintien du lien fédéral est de loin — de très loin — le premier choix du premier ministre. Mais au moment de voter la loi 150, son conseiller constitutionnel Jean-Claude Rivest le pense prêt à faire le saut, à franchir La Ligne, si « le premier choix » ne se concrétise pas, si aucune réforme en profondeur ne se profile à l'horizon.

Quand Peterson parle du « cœur du personnage », il laisse entendre qu'en dernière analyse, Bourassa préférerait le *statu quo* à la souveraineté. Mais l'intéressé déclare lui-même le contraire, au congrès libéral de mars 1991. (Engagement n° 3 : Le *statu quo* est la pire solution pour le Québec.) À cette occasion, il refuse même de dire s'il est souverainiste ou fédéraliste : « une question académique », prétend-il. Et puis, à Bélanger-Campeau, il y a cet *addendum* où il écrit clairement que sans réforme en profondeur, il faudra faire la souveraineté (engagement n° 6).

Bourassa a beaucoup travaillé, depuis son retour de Miami en janvier 1991, pour imposer sa « dernière chance » au fédéralisme. Il a mis énormément d'énergie à en convaincre d'abord Pierre Anctil et Jean Allaire, puis tout le comité Allaire, puis tout le congrès libéral, puis une majorité des membres de la commission Bélanger-Campeau. Certes, à ce stade du récit, il a escroqué, abusé, trompé. Il a menti à beaucoup de monde. Il s'est montré mesquin avec l'adversaire, partisan lorsqu'il aurait fallu être homme d'État, il a foulé aux pieds la dignité de sa propre fonction. Ce n'est pas très joli. Mais le plus souvent, ces tactiques avaient un objectif : préserver sa marge de manœuvre. Ne pas être prisonnier d'un programme trop tatillon, d'un échéancier trop contraignant, d'un parti trop envahissant, de jeunes trop turbulents, d'une commission trop pressée, d'une opinion publique trop gonflée.

Tout de même, il a lui-même fait des compromis. Il ne voulait pas d'un référendum en 1991. Il ne voulait pas de référendum tout court. Il en a accepté un : en octobre 1992 au plus tard. Il a voté la loi 150. L'observateur attentif de la politique québécoise peut encore dire, en juin 1991, que Bourassa continue à « s'orienter vers la souveraineté du Québec en se ménageant de l'espace de virage », selon l'expression du péquiste Bernard Landry. Mais seulement si « la dernière chance » échoue, bien sûr. Ce que plusieurs craignent, espèrent, prévoient.

Quand arrive le premier anniversaire de la mort de Meech, Robert Bourassa a effectué un extraordinaire rétablissement. Le sentiment souverainiste est resté stable depuis le début de l'année 1991. Cependant, Bourassa a réussi à éveiller, en parallèle, un autre appétit, non contradictoire avec le premier, pour sa « dernière chance ».

Plusieurs sondages sont réalisés au Québec pendant la période qui suit la publication du rapport Allaire (29 janvier 1991) et celle du rapport Bélanger-Campeau (28 mars). Ils sont instructifs. Appelés à noter la qualité et l'importance des diverses commissions sur la constitution, les Québécois donnent, de loin, la palme à la commission Bélanger-Campeau, peut-être plus fraîche à leur esprit au moment du sondage réalisé à la fin de mars par Multi-Réso*.

Cette adhésion confirme la légitimité publique de la commission parlementaire extraordinaire formée par MM. Bourassa et Parizeau. Les citoyens y ont cru. Ils avaient bien réagi aussi aux conclusions du comité Allaire. Ces deux événements ont permis l'émergence dans l'opinion d'un appui à la « dernière chance ».

---

*   Elle obtient 47 % des suffrages pour son importance (54 % chez les francophones), suivie de
    7 % pour les travaux du comité Allaire, puis de seulement 6 % pour ceux, en cours, de la
    commission fédérale de Keith Spicer sur l'avenir du Canada.

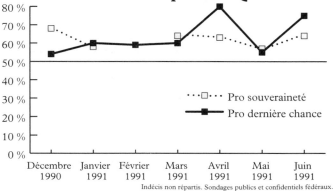

**Cohabitation de la volonté de réforme
et de la volonté de rupture au Québec***

···□··· Pro souveraineté
■ Pro dernière chance

Décembre Janvier Février Mars Avril Mai Juin
1990 1991 1991 1991 1991 1991 1991

Indécis non répartis. Sondages publics et confidentiels fédéraux.

Deux remarques : l'engouement pour une dernière chance n'annihile en rien celui pour la souveraineté. Ils coexistent, pour trois raisons : aux extrémités du spectre politique, on trouve au moins un tiers des Québécois inamovibles, formant chacun le noyau dur de l'option fédérale et de l'option souverainiste ; au centre, on trouve un autre tiers qui serait aussi heureux dans un pays redéfini à la sauce Allaire que dans un pays souverain (la nuance est faible). *Grosso modo,* ce tiers central préférerait Allaire mais, en cas d'échec, se replierait sur la souveraineté.

Ces chiffres indiquent un « grand retour », car la « dernière chance » au Canada n'est rien d'autre que le bon vieux « premier choix » des Québécois : une plus grande autonomie pour le Québec, mais dans une structure canadienne. Ils pensaient que ce rêve était mort et enterré avec l'accord du Lac Meech. Mais voilà que Robert Bourassa, qui s'y connaît, leur affirme que c'est encore possible. Ils sont prêts à lui donner le bénéfice du doute, d'autant qu'ils voient en lui, à 42 %, le « meilleur négociateur avec Ottawa ». Seulement 23 % choisissent Jacques Parizeau pour ce rôle, et 21 %, Lucien Bouchard.

Les Québécois prennent d'ailleurs très au sérieux ce que Bourassa leur dit, via les rapports Allaire et Bélanger-Campeau. En mai, un sondage Angus Reid leur pose à ce sujet une question fort intéressante : elle teste leur compréhension du dispositif Allaire/Bélanger-Campeau, et mesure leur propre évaluation du sérieux de la démarche collective québécoise :

« Pensez vous que la menace du Québec de quitter le Canada est un bluff ? »

	Ce n'est pas un bluff	C'est un bluff
Québec	82 %	15 %

---

* En avril 1991, en ce qui concerne la mesure de « dernière chance », le sondeur testait l'appui à « un système fédéral renouvelé avec une distribution complètement nouvelle des pouvoirs », que certains répondants ont pu assimiler à la souveraineté-association. Dans les autres cas, la question posée portait soit sur l'orientation du rapport Allaire, soit sur « plus de pouvoirs pour le Québec dans une nouvelle structure » fédérale.

Le pari est lourd de conséquences, car quand on demande finalement aux Québécois s'ils croient à la réussite de la dernière chance, leur réponse est nette :

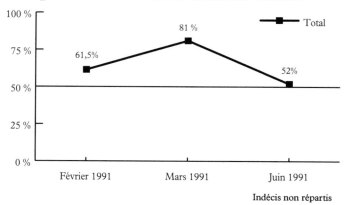

Proportion des Québécois pessimistes quant au succès de la dernière chance

Indécis non répartis

Un dernier pas dans cette progression logique : si la dernière chance échoue, comme le prévoient les Québécois, comment voteraient-ils « à un référendum sur la souveraineté » ?

En cas d'échec :	Oui	Non	Indécis	à la souveraineté
Avril 1991 :	58 %	31 %	11 %	(Canadian facts)*

Bref, on constate que la construction de Bourassa, sa « dernière chance », est accueillie par les Québécois avec bienveillance, mais sans qu'ils y investissent beaucoup d'espoir. Et on voit bien là combien Bourassa « étire l'élastique » de ses concitoyens en les entraînant vers une idée qu'ils aiment bien — ils l'ont toujours aimée — mais dont ils doutent qu'elle ait encore un avenir quelconque. Mais, bon, il les a attirés là, à sa façon, que les Québécois savent tortueuse et obscure, car ils l'ont longuement pratiqué.

Bourassa les connaît bien et résume leur sentiment, dans une entrevue au *Soleil* en avril 1991 : « Croire à une dernière chance, même si on est sceptique sur les résultats, dans le contexte de l'échec du Lac Meech, révèle chez les Québécois un réflexe de prudence et d'attachement à l'héritage canadien, à l'espace canadien : l'accès à trois océans, la tolérance, le pacifisme. »

Dans le monde politique, les allairiens, les bélanger-campésistes (non-alignés, péquistes et quelques libéraux) accompagnent le mouvement : vas-y Robert, on n'y croit guère, mais on va t'attendre. Au sein du caucus libéral, du cabinet, même topo : une dernière fois sur le métier, remettons notre ouvrage.

---

* Deux mois plus tard, en juin 1991, Créatec impose à ses répondants un choix forcé entre le *statu quo* et « l'indépendance complète ». Le résultat global est alors de 45/45 et 10 % d'indécis. Chez les francophones, il est de 53 % pour l'indépendance, 38 % pour le *statu quo* et 10 % d'indécis.

Après Meech, le Québec disait : « Ça ne marche pas, on part en 1991 ! »

Un an après, grâce au travail de Bourassa, le Québec dit : « On essaie une dernière fois et si ça ne marche pas, on part en octobre 1992 ! »

C'est en quelque sorte un pacte que Bourassa conclut avec les Québécois. Ils se rencontrent à mi-chemin. Ils se comprennent. Ils prennent la route ensemble.

Ce Pacte québécois est à plusieurs égards plus solide que le consensus qui l'a précédé, car tous les « nationalistes mous » qui soutiennent Bourassa seront contraints de basculer vers la souveraineté en cas d'échec de la dernière chance.

C'est le cas, on l'a vu, de Claude Ryan, dès décembre 1990. Mais, chemin faisant, le Pacte fait de nouveaux convertis. Par exemple la ministre Lise Bacon, véritable baromètre des libéraux traditionnels, adepte du « gros bon sens » et, jusqu'à récemment, pourfendeuse de « séparatistes ». En mars, elle a approuvé le rapport Allaire. En août, dans une entrevue avec l'auteur, elle en a intégré la stratégie :

> L'auteur : Vous connaissez bien M. Bourassa, s'il n'a pas de bonnes offres, qu'est-ce qu'il va faire ?
>
> Bacon : Je pense qu'il va falloir qu'il se rende à l'évidence. Il s'accroche à ça, en se disant : « J'espère qu'il y a des gens intelligents qui vont comprendre qu'ils doivent déposer des offres intéressantes. » Comme c'est un gars pragmatique et que ce n'est pas l'idéologie qui va le mener — je ne pense pas —, il va être obligé de se rendre à l'évidence qu'on devra poser des gestes.
>
> L'auteur : Des gestes ?
>
> Bacon : Ben les gestes, c'est la souveraineté.
>
> L'auteur : Vous pensez qu'il la ferait ?
>
> Bacon : On a toujours dit que c'est lui qui la ferait.
>
> L'auteur : Est-ce qu'il dit que c'est lui qui la ferait ?
>
> Bacon : Il a toujours souri quand on lui a dit.
>
> L'auteur : Qu'est-ce que vous pensez que ça veut dire ?
>
> Bacon : Je pense qu'il est très conscient que si jamais ça venait à ça, il serait obligé de la faire. [...] Il serait peut-être malheureux d'avoir à briser le Canada, mais il se rendrait à l'évidence.

Plusieurs diront que cette approche est une stratégie du « couteau sous la gorge », visant à faire peur au Canada anglais et à lui faire cracher des concessions au Québec. Il y a pourtant une façon différente de voir les choses. Allaire, Bélanger-Campeau, Rémillard disent tous qu'il ne s'agit pas d'une manœuvre. Le Québec définit lui-même le genre de pays qu'il veut, puis avise ses partenaires canadiens que tel est son désir. Ça les intéresse ? Parfait ! Ça ne les intéresse pas ? Aucun problème, le Québec va faire ça lui-même, souverainement. Pas pires amis pour ça ! Ni bluff ni menace dans cette démarche. Seulement l'affirmation d'une volonté collective claire, simple, directe.

Et c'est exactement ce que Bourassa explique, en privé, à Claude Béland, qu'il rencontre à l'été de 1990 : « Bourassa me dit : "Qu'est-ce que tu veux, nous a n'a plus de politique constitutionnelle comme parti, c'est évident qu'on ne peut plus négocier à 11" — c'était son leitmotiv dans le temps — "c'est plus possible, écoute, je ne recommencerai jamais ça, ça n'a pas de sens. On va prendre notre position à nous autres et ça va être à prendre ou à laisser." Il parlait dans ces termes-là. Moi, je trouvais que ça avait ben de l'allure. Je trouvais que cette position-là était correcte. »

C'est le Pacte que les Québécois acceptent de passer avec leur premier ministre, au printemps de 1991. Des Québécois tolérants, dubitatifs, mais surtout, de bonne foi. La majorité d'entre eux ont fait un grand pas pour ménager Bourassa et sa proposition de dernière chance. L'ayant fait, ils pensent être passés du camp du rêve à celui du pragmatisme.

Ils se trompent.

Ils sont toujours dans le camp du rêve. Bourassa, lui, est le chef de ceux qui savent. Qui savent qu'il n'y aura jamais de : « On part ! » Ce n'est pas dans le programme.

C'est de la frime. Du bluff. Du bidon. De la triche.

Le « Canada à tout prix »

Peterson parle du « cœur du personnage ». Un cœur fédéraliste inconditionnel, emballé dans des dizaines d'épaisseurs de discours, de faux-fuyants, de considérations tactiques. Est-il possible de faire la preuve, hors de tout doute raisonnable, que Robert Bourassa n'a jamais dévié ? Est-il possible de déterminer que Bourassa n'a jamais voulu de la souveraineté, ni comme objectif, ni comme position de repli, ni comme troisième, quatrième, cinquième choix ? Qu'il a, bref, triché tout du long, avec presque tout le monde ? L'auteur en a longtemps douté. Et parce qu'il en a douté, il s'est acharné à quérir cette réponse, à déchiffrer la devinette enveloppée dans le mystère à l'intérieur de l'énigme.

Près du cœur du personnage de Robert Bourassa, on trouve ses amis les plus proches. Ses plus grands confidents. Il y en a deux : Mario Bertrand, Jean-Claude Rivest. Rivest est son complice depuis les années 60 ; ils sont de la même génération ; ils portent les mêmes cicatrices. Bertrand ne le fréquente que depuis 1983, il est de 20 ans son cadet. Il ne fut son chef de cabinet que pendant deux ans, jusqu'en 1989. Pourtant, Bertrand a supplanté Rivest dans le cercle des intimes, il est devenu le plus cher des comparses de Bourassa, son copain. Ils se parlent tous les jours au téléphone, se racontent leurs journées, leurs bons et mauvais coups. Quand Bourassa fut hospitalisé à Bethesda à l'automne de 1990, il ne recevait personne, sauf son épouse, son chef de cabinet et... Mario Bertrand. Quand Bourassa s'échappe vers Miami pour prendre un peu de repos et de soleil, c'est avec Mario Bertrand. Et quand les cadres du réseau TVA ne trouvent plus leur patron Bertrand, c'est par la standardiste de Bourassa qu'il leur faut passer pour retrouver sa trace.

Bertrand se définit comme un « nationaliste, mais pas un souverainiste ». Il pense que la réaction de son ami Robert, le soir de la mort de Meech, le soir du « quoi qu'on dise... » est celle du « Bourassa cœur », par opposition au « Bourassa raison ». « Il a eu une réaction d'un homme de cœur, parce que vraiment c'est un dossier qui le touche, mais la raison a pris le dessus le lendemain », au Salon rouge. (Le récit que fait Bourassa lui-même de cette première journée n'est pas aussi généreux, côté cœur*. Mais passons.) Lorsque au Salon rouge, le 23 juin, Bourassa insiste sur « le facteur déterminant » de la période qui s'ouvre et promet que « dans toutes ces décisions, nous tiendrons compte de la dimension économique », Bertrand comprend que la parenthèse du cœur s'est refermée à jamais, que la souveraineté est exclue du jeu.

> L'auteur : Il n'y a jamais un moment, même après Meech, même dans les mois qui ont suivi, avec les sondages qui se tenaient à 65 % pour la souveraineté, où il a dit : "Ben, peut-être que je vais la faire" ?
>
> Bertrand : Non, moi, je ne crois pas ça.
>
> L'auteur : À aucun moment ?
>
> Bertrand : Je ne crois pas ça. Je ne crois pas ça. [...] Il aimait mieux le Canada à tout prix.

Mario Bertrand explique que jamais, en deux ans de conversations téléphoniques presque quotidiennes — au cours desquelles Bourassa teste sur lui des idées, lui raconte ses malheurs, l'engueule, même — jamais, donc, Bourassa n'a donné le moindre indice qu'il puisse, dans quelque lointain repli de ses circonvolutions stratégiques, envisager de préparer l'avènement de la souveraineté. Jamais. « C'est pas son expression, dit Bertrand, mais moi, je dis "Canada à tout prix" » pour résumer la pensée du chef.

> L'auteur : Mais là, il fallait qu'il gère un mouvement qui était extrêmement fort, même à l'intérieur de son parti ?
>
> Bertrand : Ben oui. Mais il a surpris tout le monde. Il s'est amusé intellectuellement à jouer sur les deux côtés de la patinoire. Mais il fait toujours ça. [...] Allaire, c'était incontournable. Bélanger-Campeau, la grande surprise de Bélanger-Campeau, c'est Bélanger, c'est pas Campeau, tsé ? [Bélanger n'a pas joué son rôle], soit par stratégie ou parce que, bon, il voulait plus faire de bataille importante, ou je ne sais pas. On s'est retrouvé devant une autre conclusion incontournable. La loi 150, tu as vu juste, Bourassa se disait : « Bon, une loi, ça a l'air grave, mais dans le fond ça va gagner du temps, parce qu'il y a rien de plus facile que de changer une loi quand t'es un gouvernement. »

---

* Voir Chapitre premier, *L'Improvisateur.*

A La grande énigme

La vraie question n'est pas de savoir si, *vers la fin* du parcours politique qui va de la mort de Meech au référendum sur Charlottetown, Robert Bourassa a abandonné l'hypothèse de la souveraineté. Les faits, l'histoire, ses propres paroles établissent cette vérité. La vraie question est de savoir si, *au début et pendant* le parcours, Bourassa a sciemment trompé tous ses partenaires quant à son ouverture d'esprit envers la souveraineté, quant au Pacte qu'il a établi avec les Québécois de les mener hors du Canada en cas d'échec de sa dernière chance.

Beaucoup de rêveurs refusent d'envisager cette dernière explication. « J'aime mieux lui donner le bénéfice du doute », dit par exemple Bernard Landry, car « s'il n'y a pas vraiment songé, c'est un fieffé menteur et un irresponsable ». Plusieurs non-alignés pensent aussi que Bourassa avait vraiment pris la même route qu'eux, mais qu'il a bifurqué, chemin faisant. Lucien Bouchard l'exprime ainsi : « On saura jamais l'histoire, mais quelque part dans l'itinéraire de Bourassa, il y a quelque chose qui est arrivé pour qu'il ait changé d'idée. Il a vraiment bifurqué, un moment donné. » Son ex-conseiller de Meech, Louis Bernard, voit la chose de cette façon : après avoir voulu bâtir « un consensus pour qu'on sache exactement ce qu'on veut », Bourassa « a évolué » et ne voulait plus « faire des pas en avant ». Pourquoi ? « Je ne sais pas. » C'est la grande énigme.

Cependant, son copain Mario Bertrand, comme David Peterson, anéantit cette version. Bourassa, disent-ils, était un inconditionnel du fédéralisme avant, pendant et après la crise. Eux le savaient, alors même que se déroulait le drame, alors même que se multipliaient les mensonges. D'autres l'ont réalisé plus tard. C'est le cas de Jean-Claude Rivest. Très longtemps, Rivest a cru à la souveraineté comme « position de repli », et on verra, dans la suite du récit, comment il perdra cette illusion. Plus tard, dans une entrevue accordée à l'auteur en juin 1993, Rivest tirera au sujet de Bourassa cette conclusion un tout petit peu amère :

> Lui, son adhésion au Canada est stable. Malgré l'échec de Meech, malgré la déclaration de juin, dans sa tête, ça ne s'est jamais modifié.

> Parce qu'elle [son adhésion] est fonctionnelle. Il trouve que le meilleur *deal* pour le Québec, c'est d'appartenir à la fédération canadienne. Il n'y a pas de « il voudrait bien être indépendant, mais il peut pas », ou des conneries de même. Ça a jamais été ça.

En fait, Rivest n'identifie qu'un moment où le « Bourassa cœur » se soit exprimé. Pas le soir de la mort de Meech, mais le soir de la renaissance de Meech, deux semaines auparavant, le 9 juin 1990, à Ottawa, quand Wells a signé l'accord. Bourassa a alors déclaré : « Le Canada est désormais un vrai pays pour le Québec. » À son habitude, le chef libéral avait lu la phrase, à l'avance, à Rivest, qui ne l'avait pas aimée. Mais il l'avait prononcée quand même « parce qu'il trouvait ça bon, Meech, et il était très content de son coup et il était un peu porté par le moment ».

On dit souvent que Bourassa est un faible, un mou, une girouette, un athée politique. C'est faux. Il aime en donner l'impression et cette impression le rend insaisissable. Mais « au cœur du personnage », il couve quelques principes sacrés, dont le lien canadien. « En fait, je l'ai rarement vu dévier de son idée première », dit Rivest. Un autre conseiller de Bourassa, psychologue de formation, Clément Patenaude, affirme : « Je pense qu'on peut dire de lui qu'il est très têtu ; quand son idée est faite, il est presque impossible de la changer. »

Il ne faut donc pas confondre louvoiements tactiques et convictions profondes. C'est Bertrand qui explique le mieux la méthode Bourassa :

> Il donne l'impression d'être inactif, amorphe, de se laisser ballotter par les courants, d'un bord puis de l'autre de la patinoire. Mais c'est lui qui décide du coup de patin, que, là, oui il va aller à gauche de la patinoire. C'est sûr que tout le temps que ça prend pour se déplacer de la droite vers la gauche, il se laisse emporter, il ménage ses énergies. Mais Bourassa sur ses patins, c'est lui qui décide si les patins partent d'un bord ou de l'autre. Une fois qu'ils sont alignés, il est un peu paresseux. Fait que, là, il se laisse emporter. Mais après ça, il reprend le contrôle.

B Ceux qui savent... dans le ROC

Peterson a raison, lui qui détient une carte de membre du club des gens qui savent, Robert ne remettra jamais en cause le lien fédéral. Et Robert le dit, en privé, à la plupart de ses partenaires canadiens. À ceux, donc, auxquels il est censé faire peur, avec Allaire, Bélanger-Campeau, la loi 150, la menace de départ du Québec.

Peu après la mort de Meech, et souvent par la suite, il parle au premier ministre albertain Don Getty. C'est un vétéran, comme lui, du combat constitutionnel de Meech. Après la mort de l'Accord, Getty craignait que le pays ne soit sur le bord de l'éclatement. Il s'en est ouvert à Bourassa et raconte la teneur de leurs propos :

> Getty : Mes conversations avec lui m'ont complètement convaincu que c'était un fédéraliste solide, un Canadien, qui se préoccupait de l'option canadienne. Mais il n'était certainement pas en position de dicter une ligne de conduite à son caucus et à son cabinet et à sa province. Mais lui, personnellement, allait continuer à travailler pour s'assurer que l'option canadienne allait triompher.
>
> À ce moment-là, il était particulièrement inquiet de l'aile jeunesse de son parti ; il la jugeait instable et il pensait qu'elle lui donnerait des maux de tête.
>
> L'auteur : C'est ce qu'il vous a dit à l'époque ?
>
> Getty : Oui, il disait : « Après tout, c'est mon parti et je ne peux pas lui dicter son option. » Mais il ne m'a jamais laissé entendre qu'il démissionnerait si son parti prenait une tangente différente [de la sienne]. Mais qu'il allait plutôt rester pour les influencer. Que donc le parti pouvait prendre une option qui ne serait pas son premier choix.

L'auteur : Et qu'il allait rester pour éventuellement changer le cap ?

Getty : Ouais. Et certainement, au début il estimait qu'il était préférable pour lui de suivre le mouvement plutôt que de tenter de le contrôler.

Bourassa donne les mêmes explications au premier ministre du Nouveau-Brunswick, Frank McKenna, qui résume ainsi leurs conversations :

McKenna : Il devait tenir deux facteurs en équilibre. Premièrement, il devait garder sa crédibilité au Canada anglais, s'il voulait atteindre ses objectifs de réforme pour le Québec. Deuxièmement, il devait apaiser les forces les plus nationalistes au Québec. Et je pense que l'histoire soulignera que sa réaction fut extrêmement habile.

Comme il me l'a dit un jour : *one has to permit a period to allow the blood to boil.* [Il faut laisser au sang le temps de bouillir.]

À un autre premier ministre des Maritimes, Don Cameron, de la Nouvelle-Écosse, Bourassa brosse le même tableau : gagner du temps, calmer les esprits, rester dans le Canada à tout prix. Interrogé sur la signification de la loi 150 et de la menace d'un référendum sur la souveraineté, Cameron résume :

Cameron : Je pense qu'on a dû se parler deux ou trois fois avant la reprise des négociations [de 1992] et j'ai toujours eu l'impression, le sentiment, le sentiment très fort, qu'il ne voulait jamais l'appliquer [la loi 150]. Il cherchait un moyen raisonnable de s'en sortir. Il espérait gagner assez de temps pour calmer le jeu et se permettre de ne jamais poser la question de la souveraineté aux Québécois. Ses actions par la suite ont clairement démontré que c'était vrai.

Mais s'il n'avait pas adopté cette loi quand il l'a fait, je ne sais pas si les Québécois auraient été satisfaits. Ils étaient très fâchés à ce moment-là. Alors, de la part de Bourassa, c'était une autre manifestation de ses talents d'homme d'État.

Si Bourassa multiplie les signaux contradictoires envers ses interlocuteurs québécois, il est d'une grande clarté, sur le fond des choses, avec ses collègues canadiens-anglais. Même envers un acteur mineur comme Cameron, qui affirme n'avoir jamais pensé que Bourassa puisse faire autre chose que de préserver l'unité canadienne. Bourassa est encore plus limpide dans ses fréquentes conversations avec le successeur de Peterson, le premier ministre ontarien Bob Rae, un acteur crucial dans le débat qui commence. Les deux hommes se rencontrent pour la première fois en Floride, le 6 janvier 1991, alors que Bourassa rame contre la première version du rapport Allaire dont il a reçu le texte l'avant-veille. Loin de mettre en garde son voisin ontarien, sur l'air de : « une réforme en profondeur, sinon, on part ! » Bourassa lui confie ses malheurs de fédéraliste esseulé. Rae raconte :

Rae : On a parlé très franchement du fait qu'il constatait que l'opinion dans son parti se déplaçait vers une direction beaucoup plus souverainiste, et que, compte tenu de sa maladie, il n'avait pas été en position de diriger le débat autant qu'il l'aurait voulu. En lisant entre les lignes, je comprenais qu'il sentait le poids de son absence, dans la mesure où les choses sont allées beaucoup plus loin qu'il ne le voulait, ayant fait les déclarations qu'il avait faites après la mort de Meech.

Comme Peterson, Getty et McKenna, Rae rapporte que Bourassa expliquait avoir à relever « le défi » de gérer ce « problème ». Il ne leur parle donc pas du problème de la place du Québec au sein du Canada, mais de celui que pose à tous les fédéralistes la croissance du mouvement souverainiste au Québec. Lorsqu'il tire une ligne entre « eux » et « nous », il met presque la majorité des Québécois dans le groupe des « eux » et il se range, avec ses partenaires canadiens-anglais, dans le camp des « nous ». Le camp de ceux qui, grâce à lui, savent.

Les conversations avec Rae se poursuivent à travers les étapes subséquentes : Bélanger-Campeau — Bourassa l'appelle la veille de la publication du rapport, pour lui fournir quelques explications —, loi 150.

Rae : C'est allé beaucoup plus loin qu'il ne le voulait, pour parler franchement. Pendant plusieurs de nos discussions, j'essayais de lui dire : « Robert, si tu crois à une solution fédérale — et je sais qu'il y croit — et que tu préfères une solution fédérale, la stratégie que tu as de créer une position de négociation plus forte [pour le Québec] ne marchera pas au Canada anglais. Il faut en trouver une autre. » [...]

Mais il fallait qu'il laisse la vague souverainiste aller et venir, presque comme une marée. M. Bourassa sentait par exemple qu'il ne pouvait revenir à la table de négociation tout de suite, car il se ferait démolir par ses critiques qui lui reprocheraient de n'avoir aucun respect pour la dignité du Québec. [...]

L'auteur : Est-ce qu'il utilisait des phrases comme « il faut attendre le retour du balancier » ou « il faut laisser au sang le temps de bouillir » ou « la situation intérieure doit se calmer d'abord » ?

Rae : Oui, il voulait attendre que l'opinion, qui était assez extrême, finisse par se pacifier. Il y avait de la sagesse dans sa stratégie. [...] Il ne m'a jamais donné une indication que sa préférence, à quelque moment que ce soit, était autre chose qu'une solution canadienne.

L'auteur : Même si la nouvelle tentative de réforme constitutionnelle ne marchait pas ?

Rae : Tout à fait. Il était d'ailleurs très sceptique quant aux chances de succès des nouvelles négociations. Et je pense qu'il est juste de dire qu'il n'avait pas d'idée claire de la façon dont il allait trouver une solution. [...]

L'auteur : Mais, si vous saviez que Bourassa n'allait pas mettre sa menace [de référendum sur la souveraineté selon la loi 150] à exécution, comment sa stratégie pouvait-elle être efficace ?

Rae : Bien, je pense que c'est justement... [ici, Rae s'interrompt pour rire un peu]. Je ne sais pas. J'essaie d'être aussi franc que possible... [nouveau rire]. Au risque de dire quelque chose d'imprudent, je dois admettre que le problème central de la stratégie de négociation du Québec était que nous [du Canada anglais] étions en présence d'un mécanisme dans lequel nous ne pouvions pas perdre.

En anglais dans le texte, Rae parle d'un *fail-safe mechanism*, qui signifie qu'en cas d'échec, il y a un système de secours qui prend le relais. En clair, pour Rae et ses collègues, un échec de la « dernière chance » n'allait en aucun cas conduire à la souveraineté du Québec. Comment le savait-il ? Parce que le premier ministre du Québec leur disait que : 1) il pensait lui-même qu'un échec de la « dernière chance » était probable et que 2) il ne proposerait jamais la souveraineté à ses citoyens. Le dispositif de secours du Canada anglais, c'est Robert Bourassa. Le premier ministre Don Cameron a bien saisi l'importance du personnage : « Je ne pense pas que nous aurions un pays aujourd'hui si nous n'avions pas eu Bourassa comme premier ministre du Québec pendant la période qui a suivi Meech. »

Le premier ministre canadien, Brian Mulroney, est membre d'honneur du club de ceux qui savent — la tumultueuse relation Mulroney-Bourassa sera traitée en détail dans la suite du récit. Les proches de Bourassa ne ménagent aucun effort pour répandre la bonne nouvelle autour de Mulroney et tuer ainsi dans l'œuf toute crainte que le Québec puisse fausser compagnie à la fédération canadienne. Ainsi, dès le début de janvier 1991, Jean-Claude Rivest va à Ottawa présenter un brouillon du rapport Allaire au chef de cabinet de Mulroney, Norman Spector, en lui expliquant qu'il ne faut pas le prendre au pied de la lettre. De même, dans les 24 heures qui suivent la publication du rapport Bélanger-Campeau, Rivest explique à Spector qu'il n'y a rien de contraignant dans la résolution, et que l'engagement de tenir un référendum sur la souveraineté au plus tard en octobre 1992 est bidon. « Je leur ai dit de pas s'énerver avec ça », rapporte Rivest.

On pourrait croire que ce travail de sape du dispositif québécois (une réforme ou on part !) ne s'est déroulé qu'en privé, entre quelques premiers ministres et leurs plus proches adjoints. Ce n'est pas tout à fait le cas.

Au Québec, les piliers du fédéralisme que sont Ghislain Dufour, Charles-Albert Poissant et Marcel Beaudry, qui ont eu le loisir de discuter en privé avec Bourassa pendant l'année qui a suivi Meech, rapportent tous une même détermination chez leur interlocuteur : le Canada à tout prix.

Ghislain Dufour, président du Conseil du patronat, fut son interlocuteur le plus régulier :

Dufour : Moi, j'ai été en contact avec M. Bourassa, j'ai jasé régulièrement de ses orientations. Je pense que fondamentalement, il n'a jamais été ébranlé. Sauf qu'il a joué le jeu des foules québécoises et ça nous achalait drôlement.

L'auteur : A-t-il déjà dit : « Ce n'est pas mon choix, mais je peux y être forcé » ?

Dufour : Jamais, jamais, jamais il ne m'a même indiqué : « Je te préviens, il faudra regarder des scénarios autres que celui auquel tu peux croire. » Jamais, jamais Bourassa m'a dit ça.

Charles-Albert Poissant, président de Donohue, dit parler au premier ministre une quinzaine de fois par année :

L'auteur : Dans vos conversations avec lui, est-ce qu'il y a eu un moment où vous l'avez senti lui-même ébranlé sur sa conviction fédéraliste ?

Poissant : Non, jamais. Il n'a jamais été ébranlé et j'ai eu l'occasion de lui parler privément durant la commission [Bélanger-Campeau] et je pense qu'il a été étanche là-dessus. Il croit encore sérieusement, même à ce moment-là. Non, je pense qu'il était définitivement fédéraliste. Entendons-nous, il veut un fédéralisme renouvelé toutefois.... De là à dire qu'il a flanché, non.

L'auteur : Donc, sa conviction fédéraliste ne change pas. Mais il y a des éléments qui semblent vouloir le contraindre à faire un peu le contraire de sa conviction. Est-ce qu'il vous a déjà dit que, « ben ça se peut, là, Charles-Albert, que j'aie pas le choix. Si ça marche pas, on va être obligé de la faire, la souveraineté » ?

Poissant : Non, jamais il n'a fait allusion à cela.

Ces discussions entre Bourassa et ses homologues provinciaux ainsi qu'avec les fédéralistes québécois ont lieu à l'époque où le même Bourassa parle à Michel Bissonnette et à Mario Dumont du « *footwork* » international qu'il doit faire pour préparer la souveraineté ; à la même époque où son ministre Rémillard et son conseiller Rivest jurent aux non-alignés de Bélanger-Campeau qu'il y aura un référendum sur la souveraineté quoi qu'il advienne (les fédéralistes voteront non, expliquent-ils) ; et au même moment où Bourassa lui-même annonce que « le *statu quo* est la pire des solutions pour le Québec ».

C Un Machiavel comme les autres ?

Le triomphe de Bourassa, c'est la construction d'un efficace trompe-l'œil. Il feint d'être le roi de l'ambiguïté québécoise, d'incarner le Normand qui dort en chaque Québécois moyen, ce qui lui permet de raviver à son profit l'indécision populaire remplacée, après Meech, par une détermination nouvelle, par un rare esprit collectif de décision. Inquiet de cette bouffée de volontarisme, Bourassa appelle les Québécois à calquer leur comportement sur le sien : restez ambigus, soyez prudents, gardez ceinture *et* bretelles.

Mais sous le masque, Bourassa est le moins ambigu des Québécois. Il est le roi des décidés. Au sommet de l'appareil libéral, il est un des seuls détenteurs d'une foi inébranlable : il faut que le Québec reste, à tout prix, dans le cadre canadien. Il le croit plus encore que Claude Ryan. Il le croit, et il le cache. Ce camouflage est son arme principale, son discours permanent. Les sondeurs nous apprennent que le numéro de Bourassa-l'illusioniste est un grand succès dans l'électorat (voir le tableau à la page suivante).

Bourassa ôte son masque lorsqu'il s'adresse à ses alliés, les fédéralistes inconditionnels du *Rest of Canada* (ROC) et du Québec. L'observation de ses actions des premiers mois de 1991 et de l'année encore à venir prouve qu'il disait le vrai lorsqu'il parlait aux fédéralistes en privé, qu'il disait le faux lorsqu'il s'adressait aux Québécois en public, ou aux souverainistes libéraux à huis clos.

Tout politicien est un peu comédien. Tout négociateur compétent maîtrise l'art de la feinte. Et Bourassa n'est pas le premier à avoir lu, et à prétendre

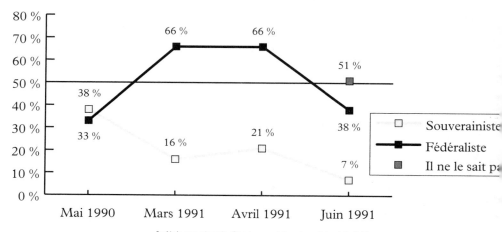

Les Québécois tentent de deviner l'option de Bourassa

Indécis non répartis. Sondages publics et confidentiels fédéraux.

appliquer, les préceptes de Machiavel. Il n'a pas inventé le double langage. Il le pratique pourtant de façon inimitable.

Dans les entrevues de premiers ministres anglophones qu'on vient de citer, réside l'information suivante : le Québécois chargé de renégocier, pour son État et son peuple, un nouveau contrat avec son voisin, a informé secrètement dès le départ les négociateurs adverses qu'il n'allait en aucun cas user du rapport de force dont il était investi. Pas étonnant que Bob Rae trouve la chose comique.

C'est exactement comme si, au début des négociations de libre-échange entre le Canada et les États-Unis, le négociateur canadien Simon Reisman avait confié à son vis-à-vis américain, Peter Murphy, qu'Ottawa allait signer un accord quel qu'il soit, même si aucun des objectifs canadiens n'était satisfait. Pour que la comparaison soit bonne, il faudrait encore que Reisman ait informé Washington que, malgré ce que spécifiait en toutes lettres son mandat de négociateur, il n'envisagerait jamais de se retirer de la table de négociation. Qu'il voulait cet accord « à tout prix », même si son employeur n'y tenait pas tant que ça.

C'est exactement comme si, doté d'un mandat de grève, un chef syndical avisait le patron que jamais il n'appellerait ses membres à débrayer, quelle que soit la piètre teneur des offres patronales.

Dans les deux cas, l'adversaire se trouverait immédiatement dans une position de force, et pourrait se fier, selon l'expression de Rae, à un *fail-safe mechanism*.

Évidemment, si de telles trahisons devenaient publiques, Simon Reisman serait à jamais mis au chômage, voire poursuivi, le chef syndical serait renversé par sa base et, s'il faisait partie des Teamsters ou de la FTQ-Construction, sévèrement tabassé dans une ruelle.

L'action politique pure, elle, n'est généralement pas passible d'amendes et, sauf en temps de guerre, on trouve peu de pénalités autres que le test électoral externe — par le peuple — ou interne — par le parti. Comme l'écrivait le juge Albert Malouf dans son rapport sur les Jeux olympiques de Montréal, le maire Jean Drapeau fut d'une remarquable incompétence dans la gestion du dossier, mais l'incompétence n'est pas un crime. De même, dans le cas de Bourassa, l'arnaque perpétrée contre son propre peuple n'est pas illégale.

On peut assez aisément trouver, dans les démocraties modernes, des cas où des dirigeants politiques ont fait, en secret, le contraire de ce que leurs peuples et leurs assemblées législatives leur prescrivaient. Le cas le plus récent est celui de l'Irangate, aux États-Unis. Malgré l'interdiction d'aide aux *contras* nicaraguayens imposée par le Congrès et malgré l'opposition ferme, dans les sondages, d'une majorité d'Américains, le président Ronald Reagan a permis que soit organisé, au sein de l'appareil d'État, un financement détourné. De même, alors qu'un embargo interdisait toute vente d'armes à l'Iran, Reagan en a autorisé plusieurs livraisons vers ce pays.

Mais ces actes n'engageaient en rien l'avenir de la nation américaine. Pas plus que le Watergate ou que l'affaire Greenpeace en France. Seul le truquage répété des élections mexicaines s'apparente à un sabotage conscient de la volonté populaire sur un point crucial, comme celui observé au Québec. Au Mexique, ils veulent changer le gouvernement, mais en sont frauduleusement empêchés. Au Québec, ils veulent choisir leur avenir une fois pour toutes, et en sont subrepticement empêchés. Mais le Mexique, gouverné par le même parti depuis des décennies, est, au pire, une efficace dictature, au mieux, une démocratie gravement malade.

La triche de Bourassa fonctionne d'autant mieux que les Québécois ne sont pas préparés à tant de fourberie. Duplessis, Lesage, Trudeau, Lévesque, au pouvoir, Ryan et Parizeau dans l'opposition, ont eu en commun une grande clarté dans le propos, la volonté, l'action. Il leur arrivait de louvoyer sur des points de détail, parfois importants. Mais les changements de cap majeurs étaient toujours visibles et annoncés : Lesage et la nationalisation de l'électricité en 1962, Lévesque et l'étapisme, puis le « bon gouvernement » de 1976, puis le « beau risque » de 1984. Quant à Trudeau, il a toujours soutenu que sa « promesse au Québec » de la campagne référendaire n'était pas volontairement trompeuse. Pour le reste, on a toujours su à quelle enseigne il logeait. Même Mulroney s'est avancé à visage découvert avec le libre-échange, Meech, la TPS. Le seul homme politique québécois qui ait pratiqué l'ambiguïté comme un art fut Daniel Johnson père, mais ses contemporains et biographes affirment qu'il était personnellement, fondamentalement, réellement incertain de la conduite à tenir. Pas Robert Bourassa.

Dans l'univers politique québécois, Bourassa est un cas d'espèce, pour lequel les citoyens n'avaient pas développé d'anticorps.

D Ceux qui savent... à l'étranger

La difficulté, avec le double langage, est qu'il engendre le malentendu chez ceux qui devraient savoir. Par exemple, peu après la publication du rapport Bélanger-Campeau, Hydro-Québec doit lancer une émission d'obligations à New York. Dans ses prospectus destinés aux investisseurs, Hydro est tenue de rendre compte avec rigueur et clarté de la réalité politique, facteur de risque financier. À New York, on sait lire. La banque d'investissement Salomon Brothers note que, dans la conclusion du rapport Bélanger-Campeau, il n'est question que d'offres « de partenariat ». Point de fédéralisme à l'horizon, seulement la recommandation de couler dans une loi la promesse de tenir un référendum sur la souveraineté au plus tard en octobre 1992, souveraineté qui deviendrait réalité dans les 12 mois suivants. Le prospectus préparé par Hydro, au contraire, parle des « deux voies », la fédéraliste et la souverainiste. « On a passé des heures au téléphone avec New York, Londres puis Toronto », raconte Rivest. Des heures, où Rivest doit expliquer à Salomon Brothers qu'il ne faut pas prendre au sérieux les documents signés par le premier ministre du Québec, ni les lois que vote l'Assemblée nationale...

Prétextant qu'une visite à Washington serait « prématurée » en ce qui le concerne, Bourassa envoie plutôt, en mai 1991, son ministre des Affaires internationales, l'ultrafédéraliste John Ciaccia, exposer la position québécoise aux décideurs américains. Le discours est négocié mot à mot par Ciaccia et Parisella d'une part, Rivest d'autre part, car, explique celui-ci, « c'était la première fois qu'il fallait faire une synthèse, finalement, de la position du gouvernement ». Joli travail : le discours exprime clairement le souhait qu'une réforme ait lieu, mais les auditeurs américains ne sauront rien du dispositif du rapport Allaire et de la loi 150, de la volonté des Québécois d'en finir, d'une « position de repli » souverainiste. En voici les principaux extraits :

> • Le gouvernement libéral du Québec ne veut pas la sécession. Il veut plus de liberté ; il veut l'unité du pays, dans l'acceptation des différences qui existent actuellement [entre le Québec et le ROC] ;
>
> • Le gouvernement a pour politique de continuer de négocier avec le gouvernement fédéral, de persister dans sa foi que le Canada vaut la peine d'être préservé en tant que pays, mais en un pays transformé et différent. Après toutes ces années et tous ces échecs des tentatives de réforme constitutionnelle, le gouvernement du Québec et la population du Québec n'accepteront pas le *statu quo* ;
>
> • Notre engagement est de garder le Québec dans le Canada ;
>
> • Plusieurs de nos citoyens préféreraient consacrer plus d'énergie et de temps à des priorités économiques et sociales. Par conséquent, le gouvernement croit que le débat constitutionel actuel doit être limité dans le temps. C'est la raison pour laquelle [notez cette relation de cause à effet inédite et inconnue au Québec] un

projet de loi récemment déposé stipule qu'un référendum sur la souveraineté sera tenu au plus tard en octobre 1992, à moins qu'une entente acceptable sur un fédéralisme renouvelé et plus fonctionnel ne soit intervenue. [La loi 150 ne contient nulle part la notion « à moins que ».] ;

• Nous ne faisons pas le procès du Canada. [Parisella a beaucoup insisté pour insérer cette phrase.] Nous ne faisons pas le procès de la vision du Canada. Nous faisons le procès du fédéralisme actuel ;

• Comme l'a répété plusieurs fois le premier ministre du Québec, la stabilité économique est le principe de base qui va sous-tendre quelque changement que ce soit dans notre avenir constitutionnel.

Les experts américains des affaires canadiennes, réunis le 29 mai dans la salle de l'*American Enterprise Institute* pour entendre le chef de la diplomatie québécoise, ont dû être réconfortés par la promesse de stabilité économique, mais intrigués par la complète incohérence du propos. Voilà un gouvernement qui « n'acceptera pas le *statu quo* » et exige « plus de liberté » pour le Québec. Il constate que toutes les tentatives précédentes de modifier le *statu quo* en faveur du Québec ont été vaines, mais n'en prend pas moins l'« engagement de garder le Québec dans le Canada » ? Comment s'y prendront-ils alors ? Il y a bien ce détail d'un référendum sur la souveraineté, bombe atomique dans toute fédération, mais n'y prêtez aucune attention : c'est parce que les Québécois sont pressés de changer de sujet !

Malheureusement pour Ciaccia et Parisella (et Bourassa), certains Américains savent aussi lire les dépêches en provenance du Québec et demandent parfois des explications. « Sur la scène internationale, ça n'avait aucun sens, explique par exemple Daniel Johnson en parlant de la stratégie Allaire/loi 150. Ça niait tout le discours qu'on tenait comme gouvernement. C'était un peu dur à arrimer. »

De même, à Paris, le délégué général québécois André Dufour met les espoirs français au diapason du « cœur du personnage ». La péquiste Louise Beaudoin le suit à la trace. « Dufour leur a dit que ce serait même pas le rapport Allaire, mais la moitié. Dix ou 12 demandes. Donc l'indépendance, on était loin. Il désamorce, il leur dit : "Ne vous inquiétez pas." Alors moi je passe derrière et je dis : "Au contraire !" »

Dans le club de ceux qui savent, on peut donc compter : Bourassa, bien sûr. La majorité des premiers ministres des provinces canadiennes, Brian Mulroney et son entourage, cela va de soi. Les piliers du fédéralisme québécois, sans aucun doute. Des gens d'affaires et politiciens américains et français, de surcroît.

On est toujours en famille, au sein de l'oligarchie politico-économique. Jamais il ne faut révéler ce secret aux journalistes, ces bavards. Jamais ? Voire.

E *Ceux qui savent... dans la presse torontoise*

Lorsque le rapport Allaire est publié, le 29 janvier 1991, le chroniqueur national du *Globe and Mail,* Jeffrey Simpson, polyglotte, pro-Meech et influent, fait l'erreur de croire que Robert Bourassa dit parfois ce qu'il pense et pense parfois ce qu'il dit. Le soir même, à l'émission *Le Point,* il déclare que « le Québec a maintenant deux partis souverainistes ». Il voit bien la différence entre PQ et PLQ, il comprend qu'ils n'ont pas la même approche. Mais, vue de Toronto, la « réforme en profondeur » proposée par Allaire, telle quelle ou réduite de moitié, voire du quart, équivaut au démantèlement du Canada. Simpson conclut que la réforme ne peut être réalisée dans le cadre canadien, que le Parti libéral devra par conséquent user de sa position de repli, qu'il est donc devenu souverainiste. Puisque l'heure de la séparation a sonné, il faut arrêter les frais, pense-t-il, sauter les préliminaires et s'atteler immédiatement à la difficile tâche de séparer la dette et les actifs. Le lendemain matin, dans le *Globe,* et le lundi suivant dans la chronique qu'on lui traduit au *Devoir,* il suggère que les Canadiens commencent par « se défaire des Québécois qui dirigent les partis nationaux [Mulroney et Chrétien, donc] et de ceux qui ont un rôle important dans la fonction publique [fédérale], et trouver en leur sein des représentants appropriés pour les négociations avec le Québec ». Négocier, en somme, de nation à nation.

Bourassa et Rivest sont catastrophés par cette réaction — pourtant assez logique — d'un des principaux interprètes de la pensée québécoise sur la place médiatique anglophone. Dès que Simpson loge un appel pour demander un rendez-vous, on le lui donne et il est reçu au *bunker* dans la semaine qui suit, donc la première semaine de février 1991. Lorsqu'il arrive, c'est Rivest qui le reçoit. L'entrevue se déroule *off the record,* donc à la condition que le chroniqueur reste vague dans ses écrits. Simpson a accepté de raconter la scène à l'auteur :

> Simpson : On a discuté un bout de temps et Jean-Claude tenait une ligne assez dure. Il ne défendait pas le rapport Allaire en soi mais il disait que le Québec aurait besoin de beaucoup de choses dans une nouvelle entente. [...]
>
> Bourassa est entré et a dit quelque chose comme — ce ne sont pas ses mots exacts — « Oh ! Jeffrey, vous êtes trop pessimiste ! Tout va se régler ! Il y aura pas de problème ! »
>
> J'ai dit : « Oui, mais, le rapport Allaire ? »
>
> Il dit : « Le rapport Allaire ? C'est pas sérieux le rapport Allaire », dans des mots très proches de ça en tout cas. « On va s'en occuper, du rapport Allaire. »
>
> Puis il m'a expliqué pourquoi il avait dû suivre le courant, avec le processus qui avait eu lieu dans le parti et l'avait emmené dans cette direction. Il a expliqué qu'il y avait un fort courant nationaliste dans la province à cause de Meech et qu'il devait gagner du temps et une des façons qu'il avait de gagner du temps était de plier sous le vent — c'est mon expression, pas la sienne — pour un bout de temps.

Puis, quand l'équilibre reviendrait dans le parti et la province, on verrait. C'était une question de temps. [...]

Et il m'expliquait combien il allait être très raisonnable dans les négociations et qu'il voulait une entente et que le Canada est l'endroit où on veut vivre et tout ça. Alors j'ai dit : « C'est drôle, je viens de passer 40 minutes avec Jean-Claude Rivest et, *boy*! il m'a dressé une liste de revendications qui me semblent très, très difficiles [pour le Canada]. »

Bourassa a dit : « Lui, c'est un *bad cop*. Moi, je suis le *good cop,* Jeffrey, là. » [Le mauvais flic, le bon flic.]

Jean-Claude a ri et a souri et semblait très complice. [...]

Rivest a expliqué que le rapport Allaire présentait une difficulté à l'intérieur du parti parce qu'un certain nombre de personnes étaient convaincues de la valeur du rapport et qu'il faudrait que lui et Bourassa travaillent beaucoup pour les convaincre que le rapport ne deviendrait pas la politique du gouvernement. Eux, en tout cas, ne doutaient nullement que le rapport ne serait pas leur instrument de travail.

Ensuite on a eu une assez longue conversation sur la tenue d'un référendum. Bourassa était absolument clair : il n'aimait pas l'idée d'un référendum et il ne voulait pas en tenir un. [Bourassa a dit la même chose à McKenna, rapporte ce dernier.] Il a parlé assez longuement de ça, de pourquoi il était contre. [...] Alors il esquissait divers scénarios lui permettant d'éviter de tenir un référendum. Mais je savais que la commission Bélanger-Campeau parlait de demander « des offres liant », alors j'ai dit : « Qu'est-ce que ça veut dire ? »

Ils m'ont répondu que le reste du Canada et Ottawa pourraient faire des propositions que le Québec pourrait ensuite habilement faufiler sans tenir de référendum. [...] Partant du principe qu'il ne voulait pas de référendum, il [Bourassa] cherchait un moyen de dire aux Québécois qu'un travail sérieux avait été fait sur la constitution et que les propositions du reste du pays pouvaient être considérées acceptables par le Québec et qu'il pourrait par conséquent les faire adopter par l'Assemblée nationale ou par son parti sans faire de référendum. [...]

L'auteur : Il n'a donné aucune indication qu'il pourrait remettre en cause l'unité canadienne s'il n'obtenait pas ce qu'il voulait ?

Simpson : Non, non, non. Au contraire.

La rencontre Bourassa-Rivest-Simpson dure une heure et demie. Bourassa est franc avec le scribe parce qu'il sait que Simpson rencontre toute l'élite politique canadienne. Il figure parmi les gens qui comptent. Le désamorcer, lui, c'est une mesure de prévention contre toute l'armurerie canadienne.

Le récit de cette conversation — qui se déroule alors que la commission Bélanger-Campeau a commencé son huis clos et tente péniblement de réconcilier Allaire d'une part, le PQ d'autre part — soulève une intéressante question : combien les bélanger-campésistes auraient-ils été prêts à payer pour ce compte rendu ? Quel aurait été le résultat de leurs travaux si on les avait mis dans le secret, eux, représentants de la société civile et politique québécoise, plutôt que le chroniqueur du *Globe and Mail* ?

Simpson, qui était furieusement en désaccord avec le rapport Allaire, n'est pas plus impressionné par la réforme plus modeste dont lui parlent Rivest et Bourassa. D'abord, il y a toute une marge entre ce que le premier et le second considèrent comme « nécessaire ». La différence entre ce qui est « nécessaire » pour le Québec et ce qui l'est pour pacifier le PLQ n'est pas claire non plus. La frontière entre la raison d'État et la tactique intra-partisane semble floue. Surtout, Simpson tente de démontrer à ses hôtes que le ROC ne va pas se plier gentiment à leurs scénarios.

« Je suis toujours frappé — et je le dis de la manière la plus gentille possible — par le manque de jugement des gouvernements québécois successifs quant à la façon dont le reste du pays fonctionne. Et je me souviens de leur avoir dit, alors qu'ils m'expliquaient comment les autres provinces allaient les suivre, que le reste du pays ne serait pas aussi docile. »

Pour mémoire, notons que Bourassa vient de donner une série d'entrevues à la presse québécoise. Il y a défendu assez fermement le rapport Allaire, a parlé sans complexe de la souveraineté comme d'une réelle possibilité — « si je vois que cet intérêt [du Québec] passe par une autre structure politique — la souveraineté dans une structure confédérale — je ne serai pas doctrinaire », a-t-il déclaré à *La Presse*. Il a aussi défendu la liste des 22 pouvoirs réclamés — « ce que nous demandons correspond à l'intérêt du Québec » — et il s'apprête, au congrès libéral de mars, à ne se dire ni fédéraliste ni souverainiste, mais à proclamer le « rendez-vous avec l'histoire ».

Bref, les seuls qui restent dans le brouillard, ceux à qui Bourassa chante la chansonnette de la dernière chance, du « sinon on part ! » sont les Québécois francophones qui ne font pas partie de son cercle d'amis fédéralistes. La triche est dirigée spécifiquement vers ceux que Robert Bourassa a pour mandat de représenter, de protéger, de promouvoir, de diriger : ses électeurs et les Québécois en général, les membres de son parti, ses députés, ses ministres. Presque tous, ils sont dans le noir. Presque tous, ils sont bernés.

Et pendant que Bourassa réussit ce tour de passe-passe, les premiers ministres canadiens anglais mis au parfum par leur ami observent avec intérêt l'opération du Machiavel québécois. Bourassa confie à Peterson : « Je marche vraiment sur la corde raide en ce moment. » Il ajoute dans un sourire : « Mais j'adore vraiment marcher sur la corde raide. »

Peterson, Rae, Getty, McKenna, tous les autres, vantent « l'extraordinaire talent » de Bourassa, sa « très grande habileté politique », le décrivent comme un véritable « homme d'État » dont ils sont « admiratifs ». La suite du récit montrera ce qu'ils pensent des stratégies de Bourassa à leur endroit, dans la négociation canadienne qui s'ouvre. Et le lecteur constatera qu'aucun de ces qualificatifs ne pourra s'appliquer à ce nouveau rôle. Ils s'appliquent cependant à merveille à la stratégie de Bourassa envers son propre peuple.

« Nous avons toujours compris que M. Bourassa tentait de ramener l'ordre dans une situation très chaotique », dit par exemple McKenna, du Nouveau-Brunswick.

« La situation interne ? » demande l'auteur.

« Oui, c'est ça. »

Chacun chez soi, Rae, McKenna, Getty et compagnie pensent qu'eux-mêmes n'auraient jamais pu réussir un tel coup. *To some extent, he is held in some awe* », dit Bob Rae (*awe* : une crainte révérencielle, le plus grand respect). Ils sont les spectateurs privilégiés du drame.

Comme tous les autres spectateurs, ils ont leur ticket, car c'est le seul cirque en ville. Mais contrairement à tous les autres, ils ont le programme en main. Et c'est bouche bée qu'ils observent le funambule dans son numéro jusqu'ici le plus difficile, le plus périlleux. Pantois, admiratifs mais dubitatifs, ils s'interrogent : Arrivera-t-il à tromper suffisamment de Québécois suffisamment longtemps ? Est-il assez crédible, sont-ils assez crédules, pour que le mensonge tienne le coup ?

Bourassa, dit McKenna, « est un des derniers grands politiciens encore vivants en ce monde. J'ai rencontré beaucoup de politiciens, je n'en connais aucun qui est son égal. Il est du calibre du cardinal de Richelieu. »

En exergue de cette deuxième partie, on a cité la phrase du Cardinal : « Il faut gagner la rive comme les rameurs, en lui tournant le dos. » La mort de Meech a propulsé la barque québécoise loin de la rive fédéraliste. Bourassa veut l'y ramener, mais ne peut pas le dire. Il lui tourne le dos, comme s'il était attiré par le grand large de la souveraineté. Mais si on l'observe attentivement, on le voit ramer, ramer, pour revenir sur la berge.

EN QUÊTE DU MOBILE

Pourquoi ?

C'est la question qui subsiste, lorsqu'on a trouvé la clé de l'énigme. Pourquoi Robert Bourassa a-t-il fait preuve de tant de cynisme ?

D'abord, il y a la théorie de la frousse. Elle est proposée entre autres par son vieil ami Claude Béland : « Je pense que M. Bourassa a eu peur. C'est strictement ça. » Un des conseillers épisodiques du premier ministre élabore la théorie comme suit : « Il avait lancé la démarche, puis la commission, puis tout ça, puis il a commencé à craindre cette dynamique-là, [...] de dire "si j'obtiens pas ça, moi, je deviens indépendantiste". Au fond, on lui donnait l'arme atomique. Mais il avait pas le tempérament de jouer l'arme atomique. Il a pas le tempérament de vraiment faire ce bluff-là. C'était pas un joueur de poker, Bourassa. »

L'explication suppose que Bourassa ait changé d'avis en cours de route. On a vu que ce n'était pas le cas.

Puis, il y a la théorie de la marionnette, contrôlée de l'extérieur. Elle est défendue par le député libéral nationaliste Guy Bélanger : « On a toujours en politique cette impression de ne pas tout savoir, de ne pas connaître les raisons qui font que des décisions sont prises. Qu'il y a un petit cercle d'influence en quelque part, formé de gens qui ne sont pas des élus, qui nous échappe tout le temps, mais qui peut orienter nos affaires, pis on est pas là quand ça se passe. Et on a beau dire ce qu'on voudra, faire ce qu'on voudra, on arrive à une force occulte qui est omniprésente et qui est toujours là à interférer. J'ai souvent eu plus l'impression de me battre contre ça que contre des gens présents au parti. Une sorte de fantôme dans la coulisse qui me fatiguait constamment. Comme plusieurs autres, j'étais pas vraiment capable de mettre le doigt dessus. »

C'est la hantise du complot, du premier ministre contrôlé par les lobbies, le grand capital, ou par les donateurs à la caisse libérale*. (En d'autres décennies, on aurait dit qu'il était le pantin des multinationales américaines, du Pentagone, de la CIA.) L'examen minutieux de la preuve accumulée jusqu'ici prouve le contraire. Pourquoi Bourassa serait-il le seul dirigeant politique ainsi « manipulé », alors qu'autour de lui, des *apparatchiks* du Parti libéral (le président, Jean-Pierre Roy ; le directeur général, Pierre Anctil ; le grand leveur de fonds, Pierre Bibeau ; l'homme de confiance, Fernand Lalonde) sont prêts pour la souveraineté ; alors que d'autres représentants du milieu financier, tels Michel Bélanger, de la Banque Nationale, et Pierre Laurin, de Merrill Lynch, l'envisagent sereinement ?

Il n'y a pas non plus de *old boy's network* qui joue contre la souveraineté. Les vieux amis de Bourassa, rencontrés sur les bancs d'école à Brébeuf et aujourd'hui installés à des postes de commande, ne serrent nullement le frein : Claude Béland, de Desjardins, est souverainiste ; Serge Saucier, de la firme comptable RCMP, est allairiste en privé, confirment plusieurs sources ; Richard Drouin, président d'Hydro-Québec, déclare en 1991 à l'auteur être « indépendantiste un certain nombre d'heures par jour. Personnellement, je pense que si on ne fait pas une révision majeure de notre acte confédératif, un jour on n'aura pas le choix. » Dans le vieux *network* de Brébeuf, il y a aussi Pierre Bourgault dont on sait où il loge.

On fait beaucoup de cas des liens qui unissent Robert Bourassa à Paul Desmarais, le président de Power Corporation, qui contrôle, via ses entreprises, une des plus grandes fortunes au Québec — 2,2 milliards de dollars. Il est vrai que les deux hommes se fréquentent, que le premier appelle souvent le second. Mais en 1973, puis en 1987, Desmarais presse Bourassa de le laisser acheter *Le Soleil*. Une transaction légale, défendable économiquement en 1973 et promue par certains journalistes en 1987 comme un bon moyen de revivifier le quotidien de Québec. Les deux fois, Bourassa refuse ce simple petit service à

---

*   Certains ont prétendu que les bailleurs de fond du parti avaient exercé une pression. Il n'en est rien. Les campagnes de finacement du PLQ ont rapporté 5 millions de dollars en 1990 ; 5,3 en 1991 ; 4,6 en 1992 ; 5,6 en 1993.

son copain Desmarais, car il se méfie, pour des raisons politiques, de la concentration de la presse. Si Desmarais ne peut même pas obtenir l'autorisation d'acheter un journal, comment pourrait-il empêcher Bourassa de faire la souveraineté s'il le désirait vraiment ? Qui ne peut le moins, ne peut le plus*.

Il ne faut pas chercher de puissance occulte. La seule puissance en jeu est celle de Bourassa.

Il y a aussi la théorie du « trouble », du fait que Bourassa rechigne devant la tâche gigantesque que constitue la construction d'un État. Elle est reprise, comme explication secondaire, par Rivest : « Face à la souveraineté, ce qui le bloque, c'est la quantité innommable de problèmes administratifs, juridiques, organisationnels, auxquels le démembrement d'un pays comme le Canada et la construction d'un État souverain donneraient lieu. Du contrôle des viandes jusqu'aux douanes, aux facteurs d'hygiène, à la récupération des fonctionnaires, en dehors même des grandes questions dont tout le monde parle, qui sont la monnaie, la libre circulation », etc. « Il trouve ça terriblement compliqué. Pas impossible à faire, mais il trouve ça inutile. » Le syndicaliste Gérald Larose, qui a parfois tenté de vendre la souveraineté au premier ministre, confirme : « Pour lui, c'est trop d'ouvrage. Ça suppose une réorganisation. Ça suppose un chantier. Là, tu t'en vas et c'est de l'ouvrage. C'est nettement l'impression que j'ai. »

Cet élément fait partie de l'explication. Bourassa, comme le dit son ex-chef de cabinet Mario Bertrand, est paresseux de nature. On le sait velléitaire sur beaucoup de questions. Mais il ne s'agit pas de la raison principale. Quand Bourassa a décidé de construire la Baie James, c'était « du trouble ». Énormément de trouble. Il l'a fait. Quand Bourassa a décidé de revenir à la tête du Parti libéral, après son échec électoral de 1976, c'était énormément de « trouble ». Il l'a fait. Et quand Bourassa, après le 28 décembre 1990, a décidé de dompter les allairistes, puis les bélanger-campésistes, la somme de « trouble » en jeu était incommensurable. Il l'a fait. Remarquablement.

Pour ce qui est de l'avenir du Québec, Robert Bourassa a décidé, dans sa tête, que « l'intérêt supérieur du Québec » est de rester dans le Canada. L'élément clé de son raisonnement repose — il ne s'en cache pas — sur « la sécurité économique » des Québécois, qu'il entend protéger malgré eux s'il le faut.

Mario Bertrand pose la question : « D'où vient ce souci de protection de la sécurité économique du Québec ? Ce sont des thèmes qui sont étonnants, pour un homme qui a comme lui une vision et une si bonne compréhension, pas juste des enjeux internationaux, mais de la globalisation des marchés. » Ici encore, Bertrand est le meilleur interprète de la pensée bourassienne, notamment parce qu'il a rencontré Bourassa en 1983, alors que l'univers de celui-ci, alors âgé de 50 ans, était formé, avait mûri, s'était fixé.

---

* « Robert Bourassa admire et aime beaucoup Paul Desmarais », dit Jean-Claude Rivest. « Des fois, il me parle, il me dit : "Paul Desmarais a dit telle chose." Je réponds : "Ah oui ? Paul ? Paul, là ? Paul qui avait oublié ton numéro de téléphone de 1976 à 1978 ?" Il aime pas ça. »

Parce que Bertrand ne fait pas partie de la génération de Bourassa, mais qu'il connaît le monde des affaires montréalais moderne pour en avoir grimpé des échelons dans les années 70 et 80, il dispose d'un intéressant recul. Il est frappé par les « courants d'influence » qui irriguent la réflexion de son aîné. Il tire ici, dans une entrevue qu'il qualifiera ensuite de « remarquablement candide », les enseignements de 10 ans d'observation de Robert Bourassa :

Bertrand : Bourassa n'est pas un Québécois moyen. Il est l'objet de deux, je dirais, de deux influences — pas des gens qui exercent de l'influence sur lui — mais disons qu'il est l'objet de deux courants d'influence.

Celui que j'appelle — pis il aimera pas ça s'il regarde ça dans ton livre — mais celui que j'appelle « le vieil argent canadien-français ». C'est-à-dire les gens qui le côtoient à Miami, là. Les « vieux argents », les [Clément] Massicotte [gros entrepreneur sous Duplessis et Lesage, membre de la famille Simard] pis les Jean Coutu [de la chaîne de pharmacies], les Simard [famille de l'épouse de Bourassa, fortune faite dans les chantiers maritimes pendant la Seconde Guerre], donc les gens qui ont bâti leur petit capital au Québec, dont l'essentiel de leur fortune est au Trust Général. Si tu regardes les premiers actionnaires, pis les plus grands déposants ou tous ceux qui avaient confié leur fortune, tous ces Canadiens français-là faisaient tous gérer leur fortune par le Trust Général. Tous ceux qui, je les appelle, même devant Bourassa, les « Canadiens français », tous ceux dont l'essentiel de l'activité économique, dans les années 40, 50, 60 reposait au Québec.

C'est pas les Canam-Manac, c'est pas les Bombardier, la garde montante, tsé ? C'est le vieil argent canadien-français et qui ont donc une grande préoccupation sur la sécurité économique du Québec et le PM [Bourassa], comme il est pas né avec une cuiller d'argent dans la bouche, je pense que ça vient de là, par son réseau social, les gens qui l'entourent...

L'auteur : Il leur parle à ces gens-là : Massicotte, Coutu, tout ça ?

Bertrand : Ils placotent. Pis dans son lieu privilégié de vacances, la Floride : ces gens-là ont tous quitté le Québec 6 mois par année. Ils sont tous là. [...] Des gens comme Maurice Mayrand, l'ancien président du Trust Général. Alors je dirais que c'est pas une influence [dans le sens d'un lobby], parce que ces gens-là ne sont pas des *movers and shakers* en 1990. Donc c'est pour ça que je dis qu'il faut faire attention. C'est pas une influence directe. Ces gens-là ne gèrent plus grand-chose.

L'auteur : Est-ce que ce sont des gens qui le menacent, qui lui disent : « Si tu fais ça, on va retirer notre argent » ?

Bertrand : Non. Mais ils l'insécurisent. Ils l'inquiètent. C'est des gens inquiets qui véhiculent leur inquiétude. [...] Son accès à ces gens-là lui vient de sa belle-famille, tsé ? Les Simard. Il les fréquentait dans les années 70 et aujourd'hui tous ces gens-là sont en Floride. [...]*

L'auteur : Sauf Desmarais ?

Bertrand : Non, Desmarais, moi je l'identifie même pas au vieil argent canadien-français. Desmarais, je pense que ça fait partie du deuxième courant. [...] Le

---

*   Arthur Simard, le cousin par alliance de Bourassa, était président du Trust Général.

deuxième courant est propre à Bourassa. Il se l'est donné d'abord comme PM, comme intellectuel de la politique. [...] C'est un courant qu'il s'est donné lui-même, par ses capacités intellectuelles, avec les contacts accumulés au fil des ans, pendant sa traversée du désert en Europe. [...] Il connaît les *movers and shakers* internationaux. [...]

Ce qui lui a permis de survivre pendant 23 ans en politique en dépit de ses problèmes de santé, c'est qu'il a d'autres intérêts. Il est ouvert sur le monde, il est ouvert sur le marché européen, il suit l'actualité française quotidiennement, il suit l'actualité américaine quotidiennement. Il a un réseau de contacts [internationaux] dont le Canadien le plus important est bien sûr M. Desmarais [qui brasse maintenant l'essentiel de ses affaires en Europe]. Et je pense qu'il fait partie maintenant d'un environnement international qui déborde le Québec. Desmarais l'appellera jamais pour lui parler du métro de Laval ou du transport en commun à Montréal ou des nids de poules, hein ? Alors, je pense qu'il est une des personnalités les plus influentes au Canada dans ce *jet-set* international économique, ou politico-économique, [où figurent] les Desmarais et les Bronfman.

L'auteur : Il parle aux Bronfman ?

Bertrand : Oui. Mais ça déborde le groupe des Canadiens du *jet-set*. Bourassa va parler directement à Albert Frère [du grand groupe financier belge associé à Desmarais], il va parler à Jacques Delors [président de la Commission européenne], il va parler aux gens qu'il a rencontrés lors de ses voyages, dont on dit qu'ils sont des voyages économiques, mais dans le fond qui sont des voyages de contacts internationaux[*].

Et ces gens-là amènent une autre dimension. Là, c'est toute la question des crises d'identité nationale ou culturelle dans un marché économique. Aujourd'hui ça devient la mode [de craindre] l'éclatement de l'Europe de l'Est pis l'émergence des nouvelles identités. Mais Bourassa, en 1988, il parlait déjà des Serbes et des Croates [...] Personne comprenait. Moi, je me rappelle, parce que je m'amusais avec lui — ma relation avec Bourassa en est une où je passais mon temps à le bousculer et à rire de lui, pis lui à rire de moi — en disant : « Il y a à peu près juste toi pour évoquer les Serbes et les Croates pendant le débat sur la loi linguistique du Québec en 1988. » [...]

L'auteur : Alors ce deuxième courant valorise aussi beaucoup la stabilité économique en soi, donc la stabilité politique en soi ?

---

[*] C'est notamment le cas de son pèlerinage annuel à Davos, en Suisse, où se rencontrent en février les membres du gratin économique et politique européen. Un cadre supérieur du ministère des Affaires internationales a confié à l'auteur que la diplomatie québécoise devait faire chaque année des pieds et des mains pour « greffer des rencontres officielles » et « faire avancer des dossiers » pendant le voyage de Bourassa, qui préférait toujours un séjour non structuré. « Il fait du tourisme économique aux frais de l'État », conclut le cadre.
Parmi les contacts internationaux importants de Bourassa, Bertrand pourrait nommer aussi Robert Maxwell, le magnat de la presse internationale qui avait des intérêts au Québec avec son ami Pierre Péladeau. « C'est sa gang, ça », dit Rivest, parlant de Maxwell. L'homme est mort dans des circonstances troubles en novembre 1991 et on a découvert que son groupe financier était construit sur l'arnaque et le double jeu. L'empire Maxwell s'est effondré peu après.

Bertrand : Oui. Quoique c'est pas la tendance actuellement, là [en 1990-1993, création de nouveaux États souverains]. Mais la tendance de Bourassa c'est celle-là. Pis, l'autre tiroir, c'est le courant du vieil argent canadien-français et c'est celui-là qui recherche la sécurité du Québec à tout prix, pis la sécurité économique, la sécurité du territoire, pis la protection des droits individuels.

Et ça, je pense que ça vient pas de naissance...

Grand Angle

LA TRICHE II
L'éducation politique de Robert Bourassa

Le genre humain, je vous l'ai dit souvent,
est gouverné bien davantage par les apparences que par la réalité.
Envers l'opinion publique, il est donc préférable
d'être dur et rude, sous des dehors gentils et doux, que l'inverse.

LORD CHESTERFIELD

GRAND COPAIN DE BOURASSA, Mario Bertrand explique où l'homme s'est rendu. Il se doute qu'il y a loin du point de départ à ce point d'arrivée. C'est vrai. L'esquisse de biographie qui occupe les pages à venir peut éclairer le cheminement personnel et psychologique du premier ministre. Elle n'est pas indispensable au jugement que l'histoire portera sur ses actes. L'intéressé le répète assez souvent, il est « responsable » de ses décisions, et on doit le tenir pour tel. Ce qui suit vise donc à mettre en perspective le trajet qu'a suivi Robert Bourassa avant de commettre le plus grand coup fourré de l'histoire du Québec. On constatera qu'il s'y était longuement préparé.

Il faut reconnaître à Robert Bourassa un grand mérite : il doit son ascension à sa propre détermination, à sa propre intelligence, à sa propre habileté. Deux importantes interventions de la bonne fortune ont accéléré sa progression, mais elle aurait sans doute eu lieu quand même, avec un décalage de quelques années. Le Bourassa de juin 1991, surtout, n'est le pantin de personne. Et il faut mettre ce récit sous le patronage de Raymond Devos, qui fait dire à un de ses personnages : « Je me suis fait tout seul. Je me faisais mal. Mais les gens disaient : "C'est bien fait." Alors moi, je continuais. »

LA RECHERCHE DE LA SÉCURITÉ
« Il y a des choses que vous n'oubliez jamais », dit Robert Bourassa. Il parle d'une nuit de mai 1950. Il avait 16 ans. « À 2 h du matin, ma mère est venue me réveiller pour me dire que mon père était souffrant. On était à son chevet. On l'a regardé mourir. Il est mort à 5 h du matin. »

L'événement marque profondément l'adolescent. « Ce fut un choc, dit-il. C'est une des choses qui m'ont le plus marqué dans la vie. [...] Ça a introduit un élément d'inquiétude. »

Bourassa est orphelin à plus d'un titre. Il n'a pas connu ses grands-parents — son grand-père Toussaint Bourassa était capitaine au Port de Montréal — ni du côté paternel ni du côté maternel.

Son père, Aubert Bourassa, était commis aux écritures à la Commission des ports nationaux, un emploi fédéral modestement mais correctement rémunéré, et où il fallait, comme de bien entendu, parler l'anglais avec ses patrons. « On ne manquait de rien », dira Bourassa. Son voisin et ami Jacques Godbout affirme cependant que Robert est « né dans la gêne ». Pour la famille logée dans l'est de Montréal, au rez-de-chaussée d'une maison de trois étages au coin de la rue Parthenais et du boulevard Saint-Joseph, la mort du pourvoyeur est aussi un choc budgétaire. Surtout que Robert est le seul autre homme de la maison, où on trouve deux filles, son aînée et sa cadette, qui le couvent et le libèrent des tâches domestiques. « J'aurais été le quatrième à la cuisine », explique-t-il. Il a tout le temps de se plonger dans ses bouquins, car il est déjà très sérieux. On le voit livrer l'épicerie dans le quartier pour se faire un peu d'argent de poche.

Dans cette paroisse de Saint-Pierre-Claver, sur le plateau Mont-Royal dont Michel Tremblay écrira un jour la chronique, Bourassa s'est fait un copain, Jacques Godbout, dont l'oncle Adélard est, depuis 1939, premier ministre libéral du Québec. À l'élection de 1944, les deux gamins, âgés de 11 ans, courent les assemblées du Bloc populaire. C'est Robert qui y entraîne Jacques, non l'inverse. Le Bloc, « c'était les péquistes du temps », dira Bourassa. Il les trouvait meilleurs orateurs que les candidats de l'Union nationale, « qui n'étaient, selon Bourassa, que des comédiens ». Mais il préfère déjà les libéraux, et distribue des tracts pour le candidat libéral local. Malgré ce juvénile coup de pouce, l'oncle Adélard perd son élection aux mains de Maurice Duplessis et de ses comédiens. Malgré ce précoce baptême du feu politique — une première défaite — Robert ne perd pas espoir et prédit à Jacques : « Un jour, je serai premier ministre. » Le Parti libéral devient « la famille étendue » de Bourassa, raconte Godbout, et le garçon devient bientôt membre des « jeunes libéraux »[*].

---

[*] En attendant les « Mémoires » promis par Bourassa, il n'existe pas de biographie définitive de l'homme. L'auteur n'a pas refait une enquête spécifique sur le passé de Robert Bourassa mais il présente ici sa propre lecture, originale, de faits puisés à une trentaine de sources. Un des ouvrages utilisés pour cette synthèse mérite d'être spécifiquement cité : *De Bourassa à Lévesque,* publié en 1978 par Don Murray, alors correspondant parlementaire à Québec, et son épouse Vera, également journaliste, et fondé sur une centaine d'entrevues, portant sur le PLQ des années 60 et le gouvernement Bourassa de 1970 à 1976. Don Murray fut également journaliste d'enquête pour l'émission spéciale de 1975 de la CBC sur la crise d'octobre, enquête qui a aussi nourri son livre. Les autres sources sont répertoriées à la fin du livre et en bibliographie.

Les parents de Godbout ont décidé que leur fils serait bien éduqué, et ils l'envoient faire son cours secondaire au collège Brébeuf, école de l'élite juchée sur les hauteurs d'Outremont, où les jésuites ont déjà formé, avec des succès divers, un Pierre Trudeau, un Michel Chartrand. Les frais de scolarité pour les étudiants externes ne sont ni exorbitants ni à la portée de toutes les bourses. Les parents de Godbout plaident la valeur de l'investissement auprès de ceux de Bourassa, qui acquiescent.

À Brébeuf, à 12 ans, Bourassa se retrouve dans la minorité de moins bien nantis — ils sont 10 % environ du total. Claude Béland, fils d'Outremont où son père a fondé une Caisse populaire, se souvient d'un Bourassa fort en thème. Dans une activité estudiantine, Béland est nommé « président de la république des as » et choisit Bourassa comme « ministre de la balle molle ». C'est peut-être parce que Robert connaît sur le bout des doigts les statistiques de base-ball et qu'il ne rate pas une partie des Royaux — équipe dont le père de Pierre Trudeau est copropriétaire —, qui jouent au bout de sa rue, au stade De-Lorimier (avec la politique, qu'il pratiquera, le base-ball, qu'il regardera, sera son seul divertissement). En tout cas, l'enfant de la rue Parthenais ne doit pas son titre de ministre de la balle-molle à sa participation aux activités sportives ; au contraire, il s'en fait exempter. « C'était pas un dépensier, explique Béland. Robert Bourassa participait à rien à ce moment-là. Dans toutes nos activités, s'il y avait des concerts, des pique-niques, des sorties, Bourassa venait pas. Peut-être que sa situation économique ne lui permettait pas. À cet âge-là, vous savez, c'est pas des questions qu'on se pose. Mais il y avait le problème de ses équipements sportifs. Les fils de riche arrivaient avec les patins les plus raffinés, et lui, il faisait pas de sport. En regardant ça avec un peu de recul... »

À Brébeuf, Bourassa n'a ni le recul ni la désinvolture des p'tits messieurs d'Outremont. Dans les textes qu'il écrit pour les journaux étudiants au collège, puis à l'Université de Montréal, les questions d'argent occupent presque toute la place, surtout après 1950 et la mort de son père. Il insiste sur les difficultés financières des étudiants et, dans une phrase un peu pathétique, écrit qu'il s'agit d'une situation « qu'on a tendance à oublier, probablement à cause de la discrétion des étudiants eux-mêmes sur les problèmes personnels ».

Bon élève, déterminé mais effacé, Robert préfère régler ses problèmes par de petits conciliabules avec le professeur, à la fin du cours, plutôt qu'en lançant la charge en pleine classe, comme le fait son camarade Richard Drouin, fort en gueule. Développant un talent pour les mathématiques, Robert est généreux de ses conseils, notamment envers un certain Pierre Nadeau plus fort en charme qu'en algèbre. Bourassa devient son tuteur, les mardis et les jeudis, pour quelques dollars. Pendant les décennies à venir, chaque fois que le journaliste Nadeau posera une question de nature économique au politicien Bourassa, ce dernier le désarmera d'un sourire et d'une phrase : « Je vois que vous faites des progrès, Pierre ! »

En droit à l'Université de Montréal, à compter de 1953, Bourassa se fait de nouveaux camarades de classe, notamment le jeune Antoine (Tony) Lamer, futur juge en chef de la Cour suprême*. Bourassa croise aussi toute une brochette de futurs juristes, avocats et hommes d'affaires.

À l'université, Bourassa-l'introverti sort de sa coquille, est élu président de sa classe, participe à l'association étudiante et à l'association France-Canada, s'active chez les jeunes libéraux. « Il avait toujours son petit caucus autour de lui », raconte un camarade de classe, futur sondeur, Maurice Pinard. Pendant l'élection provinciale de 1956, il participe même, sur l'estrade, à une assemblée contradictoire dans le comté de Saint-André-d'Argenteuil, car on lui demande de remplacer au pied levé le candidat libéral, tombé mystérieusement malade. Ses adversaires : Paul Sauvé, député du comté mais surtout adjoint de Duplessis et futur premier ministre (pour 100 jours, le temps de dire « Désormais », signal de départ de la révolution tranquille) et un jeune radical socialiste appelé Pierre Elliott Trudeau. De 12 ans l'aîné de Bourassa, Trudeau représente l'aile québécoise du CCF, l'ancêtre du Nouveau Parti démocratique (NPD). Sauvé avise Bourassa : « Qu'est-ce que nous faisons concernant ce gars du CCF ? Nous n'avons pas de temps à perdre avec ces penseurs ! » Bourassa affirme en souriant que Sauvé et lui-même ont « conclu une entente pour empêcher Trudeau de parler. Il était furieux et il a écrit un long article dans Le Devoir à ce sujet. » On trouve ici le point de départ d'une longue inimitié.

Mais quoi qu'il fasse, où qu'il aille, Bourassa a toujours une préoccupation : comment joindre les deux bouts ? À partir de 16 ans, pour payer ses études universitaires, il perçoit le péage au pont Jacques-Cartier — un emploi que le Parti libéral lui a trouvé, selon Godbout. Pendant deux ou trois étés, il devient employé de banque. Les sous, toujours les sous... On le retrouve aussi employé dans un restaurant chinois et ouvrier dans une usine textile du centre-ville, un *sweat shop* où il prend contact avec la condition ouvrière la plus misérable.

Un temps, Bourassa se fait journaliste étudiant, d'abord au journal de Brébeuf, puis au *Quartier Latin* de l'Université de Montréal. Son premier haut fait : interviewer le premier ministre Maurice Duplessis, en tandem avec

---

* Une fois arrivé à la magistrature suprême, Lamer contribuera à invalider de grands pans de la loi 101 et, dans un jugement historique, déclarera que les Canadiens avaient été somnambules pendant 100 ans alors qu'ils croyaient que le Québec avait un droit de veto constitutionnel *de facto*. Lamer cosignera aussi le jugement par lequel la Cour refusera à une commission d'enquête du gouvernement péquiste le droit d'obliger la GRC à dévoiler le nom des indicateurs qu'elle contrôlait au sein du FLQ, maintenu à toutes fins utiles artificiellement en vie par les services secrets après 1970. Dans un dîner avec des amis, Lamer dira, au sujet des avocats demandeurs dans la cause : « Écoutez, ils nous demandaient de donner le droit au gouvernement provincial de regarder ce que fait le fédéral. Qu'ils recommencent ces principes-là dans une autre cause, ils auront pas le même jugement. » Ce qui signifie que la raison politique l'a emporté sur la raison juridique.

Jacques Godbout. Les deux garçons notent dans les environs la présence « des photographes et des journalistes des grands quotidiens ». Bigre ! Mais Bourassa ne perd pas le nord et demande au *Cheuf* :

> Bourassa/Godbout : Les étudiants travaillaient-ils dans votre temps, monsieur Duplessis ?
>
> Duplessis : Oui, on travaillait. [...] Je gagnais quatre piastres par semaine, je donnais deux piastres pour ma chambre ; puis après je gagnais soixante piastres par mois, mais comme je fumais le cigare, il ne m'en restait plus. Pas besoin de vous dire que j'allais à pied au théâtre et que c'est dans le « pit » que vous auriez pu me trouver...
>
> Bourassa/Godbout : Alors vous croyez que les autorités doivent donner la chance aux étudiants de travailler ?
>
> Duplessis : Oui, ils ont besoin de gagner.

Fort d'un appui aussi puissant et entraîné par sa plume, Bourassa réclame au début de décembre 1953 dans *Le Quartier Latin* qu'on devance d'une semaine le congé de Noël. Il ne s'agit pas de faciliter l'organisation d'un *party :*

> Ce n'est pas par caprice, qu'on veuille bien le croire, que les étudiants s'obstinent chaque année à demander ce congé prématuré. Ces quelques dizaines de dollars gagnés aux Postes ou ailleurs signifient pour plusieurs l'unique moyen de défrayer des dépenses scolaires ou autres, sujettes à des hausses continuelles. [...] On comprendrait ce refus irrévocable des autorités si les étudiants réclamaient la gratuité des cours ou encore le présalaire comme il existe en Europe, pourtant plus pauvre que notre « prospère » province*.

L'administration universitaire ne se rendant pas aux arguments du scribe — qui constate au passage combien le pouvoir de la presse est limité — Bourassa récidive à la mi-décembre, mais avec plus de sens politique : il insère les besoins étudiants dans un plus grand dessein national.

> On parlote beaucoup ces temps-ci des besoins des universités, et moins souvent de ceux des étudiants eux-mêmes. Pourtant, on peut affirmer sans exagérer que les intérêts de la nation trouveraient profit à ce que la formation de son élite se fasse dans les meilleures conditions possibles pour y éliminer la médiocrité. On se demande pourquoi ? Certains, l'œil bien ouvert, répondront que c'est parce que la valeur électorale des étudiants est nulle, du moins certes moindre que celle des contracteurs de routes.

On croirait lire du Mario Dumont ! On sent surtout dans la plume un mariage de lucidité, d'agressivité et d'assurance qu'on retrouvera au tournant. Bourassa maintient ce cap revendicateur pendant tout son cours de droit. En 1955, au nom de son association étudiante, il rédige un mémoire destiné au premier ministre Duplessis. Il y affirme que les « obligations financières »

---

* Presque tous les écrits de jeunesse de Bourassa cités ici ont été dénichés par Michel Vastel pour son livre, *Bourassa,* publié en 1991.

imposées à l'étudiant équivalent à « taxer lourdement sa santé physique, intellectuelle et parfois morale ». Ça devient grave. Il faut, ajoute-t-il dans *Le Quartier Latin*, « que l'argent cesse d'être un obstacle pour ceux qui ont talent et désir d'acquérir une compétence professionnelle ».

Bourassa réussira à surmonter cet obstacle qui le tenaille depuis l'adolescence, d'abord grâce à son talent et à son désir. Premier de classe, il convoite les bourses, mais rate la prestigieuse Rhodes, car il n'a du muscle que dans la tête, alors que pour les *Rhodes Scholars,* il en faut aussi aux bras, aux épaules et aux jambes. Il décroche une bourse de 5000 dollars de la Société royale du Canada, une grosse somme à l'époque. Avec cette manne, après avoir complété son barreau (en 1956), il part pour Oxford et obtient une première maîtrise en « économie politique » (en 1959). Une seconde bourse de 5000 dollars de la fondation Ford lui permet d'étudier à Harvard le droit fiscal, et d'en revenir avec une maîtrise en droit des affaires internationales (en 1960). Il se spécialise dans la fiscalité et les corporations. Notons que ça ne fait pas de lui un économiste au sens propre. C'est une nuance, mais que ses faiseurs d'image trouveront un jour assez importante pour l'escamoter.

Ce parcours universitaire n'est dicté ni par le hasard, ni par le goût, ni par la mode. Ou plutôt si, par la mode. Car Bourassa fait exprès de lui tourner le dos. Après son droit, une « profession qui mène à tout, à condition d'en sortir », dit le vieil adage, l'étudiant choisit spécifiquement un domaine où on trouve peu de Canadiens français : la fiscalité. Il sera d'autant plus facile d'y briller que les étoiles y sont rares. Et comme il y excelle...

Vers la fin de ce parcours d'adolescent et de jeune adulte, le destin vient couronner l'effort. À l'association étudiante de l'Université de Montréal, Bourassa représente la faculté de droit. La jolie Andrée Simard représente la « pédagogie familiale ». En 1958, ils célèbrent leur mariage.

Andrée est la fille d'Édouard Simard, un des piliers de ce que quelqu'un appellera plus tard « le vieil argent canadien-français ». La famille, dirigée par un trio de frères : Joseph, Édouard et Ludger, a fait sa fortune pendant la Seconde Guerre en collectionnant les contrats fédéraux de construction navale, dans les grands chantiers de Sorel. L'auteur Peter C. Newman, dans son monumental *The Canadian Establishment,* qualifie les Simard des années 50 de « clan le plus riche et le plus puissant au Québec ». Newman est l'ami et le biographe du grand capital canadien et un détracteur du nationalisme québécois. Son récit, qui est donc exempt de toute animosité, vaut le détour. D'abord, pour la période pré-Bourassa :

> Le duché privé de Joseph Simard à Sorel comprend une forêt d'installations industrielles qui valent des milliards de dollars, plantées autour de la jonction de la rivière Richelieu et du fleuve Saint-Laurent. Leur position privilégiée au sommet de la liste du patronage libéral fédéral avait permis aux frères Simard d'acheter, en 1937, les chantiers maritimes fédéraux de Sorel et une vaste flotte de bateaux de dragage pour la modeste somme d'un million de dollars. Les

contrats fédéraux de défense qui allaient suivre devaient mettre aux pieds des Simard un des plus importants complexes de construction d'armements lourds d'Amérique du Nord. Joseph et ses frères Édouard et Ludger ont construit 30 vaisseaux *Liberty*, des douzaines de démineurs et de corvettes. En plus de leurs travaux liés à la défense, leurs pétroliers et leurs dragueurs sillonnaient le globe.

À eux trois, les frères Simard étaient directeurs de 46 compagnies, impliquées dans toutes sortes d'activités, depuis les bennes à ordures jusqu'au brise-glace Labrador, vaisseau amiral de la Royal Canadian Navy. Quand les Simard manquaient de commandes, Joseph, Édouard ou Ludger se rendaient tout simplement à Ottawa, et les contrats apparaissaient, comme par magie.

Toutes leurs entreprises semblaient couronnées de succès. En 1953, Joseph Simard s'est rendu à Seattle pour acheter le schooner de 700 tonnes *Fantôme,* exproprié du magnat de la bière A. E. Guinness, qui l'avait abandonné là au début de la guerre. Le *Fantôme* était un des bateaux les plus luxueux jamais construits. Il nécessitait un équipage de 40 marins, pour seulement huit chambres de passagers. [...] Simard l'a acheté contre le simple paiement des frais d'ancrage dus, puis l'a vendu avec un profit astronomique à Aristote Onassis, le grand armateur grec, qui en a fait cadeau au prince Rainier de Monaco pour son mariage avec Grace Kelly en 1956.

Voilà de quoi Robert discutait à table, avec beau-papa, les oncles, et belle-maman Orise. Lorsque Bourassa intègre la famille, en 1958, elle est au faîte de sa gloire. Les Simard exercent une influence considérable sur la politique québécoise, ce qu'il ne peut ignorer. Dans ses Mémoires, Georges-Émile Lapalme raconte comment Édouard Simard l'a pratiquement nommé chef du Parti libéral du Québec en 1950. Édouard l'avait fait venir à Sorel et lui avait dit, parlant du sénateur Élie Beauregard, organisateur en chef libéral au Québec : « Le prophète Élie et moi-même souhaitons vous rappeler qu'un emploi est disponible à Québec. M. Adélard Godbout a démissionné du poste de *leader* du Parti libéral. Il y aura un congrès au *leadership* au printemps. Le prophète Élie souhaite que vous sachiez que nous pensons à vous et que vous seriez certainement choisi si vous étiez candidat. C'est aussi mon opinion. » Il y eut un soir et il y eut un matin*.

En 1958, après deux échecs électoraux, Lapalme a décidé de se retirer de la direction et un jeune ex-ministre fédéral, Jean Lesage, vient de lancer son chapeau dans l'arène. Lapalme a un rendez-vous, le 28 août 1958. Il a reçu un carton d'invitation pour le mariage d'Andrée Simard et de Robert Bourassa. La

---

*   Ce qui ne veut pas dire que les Simard n'étaient pas proches de Duplessis. Dans son excellent livre sur les hommes d'affaires québécois, *Quebec Inc,* le journaliste Matthew Fraser explique que les Simard avaient tenté d'amadouer l'autocrate unioniste en appelant leurs 7000 employés de Sorel à voter pour lui en 1948 et en 1952. « Le jour de la mort de Duplessis, le 7 septembre 1959, raconte Fraser, Joseph Simard était sur un de ses navires avec quelques parents et amis. Lorsque la nouvelle du décès fut entendue à la radio, Joseph a demandé à ses invités de prier avec lui. Ils s'agenouillèrent tous sur le pont et dirent un rosaire pour l'âme du premier ministre qui avait été un si bon ami. »

réception se déroule sur la grande pelouse de la résidence de Sorel. Parmi les 1500 invités, des centaines de personnalités du monde de la finance, de l'entre-prise et de la politique s'échangent les derniers potins. Certains y débarquent en hélicoptère, dont le ministre fédéral Lionel Chevrier. La rotation des hélices fait frissonner l'eau de la piscine, à quelques mètres du débarcadère.

Édouard est fou de joie et très heureux de son nouveau gendre. Un fisca-liste dans la famille, ça peut toujours servir. Bourassa cultive le genre sérieux qu'Édouard aurait voulu trouver chez ses deux fils, Claude et René, qui sont loin du compte. La légende veut que Joseph, Édouard et Ludger se soient répartis les qualités chez les Simard : le premier ayant le cerveau, le second, la conscience, le troisième, le cœur. Ce jour de mariage, Édouard, montrant le parterre d'invités, lance : « Ça ressemble à Beverly Hills ! » Son nouveau gendre, détonnant un peu dans un tel assemblage, prononce un discours d'une phrase : « J'espère que je ne vais pas vous décevoir ! »

Puis Bourassa répète la phrase en anglais, car il a constaté que son père Aubert Bourassa n'était pas le seul à devoir parler à ses patrons une autre langue que la sienne. Son beau-père est peut-être l'homme le plus puissant au Québec, mais même Édouard Simard est tenu de parler l'anglais quand il va faire apparaître des contrats au ministère de la Défense à Ottawa, et quand il converse avec ses partenaires anglo-montréalais ou torontois. L'anglais est le signe audible du pouvoir, en haut comme en bas de l'échelle sociale québé-coise.

« *I hope,* dit Bourassa, *that I will not let you down !* »

Bourassa est loin de la rue Parthenais. Loin de la « gêne » et de « l'inquié-tude ». « Robert avait désormais les moyens de ses ambitions », écrit Godbout. Il n'en abuse pas. À Oxford, où il va étudier dès la lune de miel terminée, il vit sans ostentation, comme il le fera presque toute sa vie. Devenu premier ministre en 1970, il insiste d'abord pour habiter dans une simple chambre de l'hôtel Victoria, à Québec. La crise d'octobre l'en déloge. Il ne sera jamais dépensier et 30 ans plus tard il hésitera encore, dans les restaurants qu'il fréquente peu, à acheter un vin qui coûte trop cher.

Il est indubitable que ce diplômé brillant aurait rapidement amassé un petit pécule dans un grand bureau d'avocats montréalais, comme s'y astreint alors le jeune Brian Mulroney. Mais la filiation Simard lui permet de sauter cette étape de l'accumulation primitive du capital, selon une expression consacrée. Bourassa peut vivre tout de suite comme si son compte en banque était dorénavant et à jamais inépuisable.

Il en teste pour la première fois l'utilité en 1963, alors qu'il s'ennuie roya-lement en tant que conseiller fiscal au ministère du Revenu à Ottawa, son premier emploi sérieux. Il est aussi chargé de cours en fiscalité, à l'Université d'Ottawa, et fignole quelques travaux pour la commission fédérale Carter, toujours sur la fiscalité. Politiquement, dans la capitale fédérale, les choses traînaillent alors qu'à Québec, depuis l'élection de Jean Lesage en juin 1960, tout bouge. Il brûle de s'y rendre pour faire démarrer son avenir, lui qui a déjà 30 ans. Mais comment ? L'occasion se présente lorsqu'un important comptable de Québec, Marcel Bélanger, vient le voir pour défendre les intérêts d'un client mal en point. Une interprétation stricte des faits pousse le ministère du Revenu à considérer que le client de Bélanger a fraudé l'impôt, en revendant son entreprise à ses fils à un prix pour le moins louche. L'attitude fédérale est dure : qu'il paie les arriérés et l'amende en entier. Dans le groupe de fiscalistes fédéraux, Bourassa semble moins intransigeant. Pendant le déjeuner, sentant l'ouverture, Bélanger entraîne à l'écart le jeune fiscaliste maigrichon à lunettes. Il raconte l'échange :

« On n'est pas bien raisonnables, nous deux, si on ne peut pas régler ça à l'amiable », glisse Bélanger.

« C'est aussi ce que je pense », dit Bourassa.

« Je vais voir mes gens, voyez les vôtres et, cet après-midi, on va trancher dans le milieu ! »

« D'accord, je m'en charge. »

Ce qui fut fait. Puis, l'air de ne pas y toucher, Bourassa demande à Bélanger :

« Est-ce que c'est vous qui présidez la commission Bélanger ? »

Comme s'il ne le savait pas ! Bélanger n'est pas seulement comptable, mais conseiller de Jean Lesage. Il est en train de constituer une commission d'enquête québécoise sur la fiscalité, pour laquelle il se cherche encore un secrétaire et directeur de recherche. C'est la porte d'entrée rêvée pour Bourassa, qui s'y engouffre, comme happé par une tornade.

« Ça m'intéresse beaucoup, dit encore Bourassa, faisant état de son impressionnant *curriculum vitæ* : Oxford, Harvard, commission Carter. Si je peux vous être utile... »

Bélanger acquiesce. « Il était exactement le genre de gars qu'il me fallait. » Il lui offre le poste sur-le-champ, mais le met en garde :

« Le salaire est plutôt maigre. »

Il est inférieur d'environ 30 % à celui que reçoit alors un Bourassa bien placé, de surcroît, pour gravir progressivement à Ottawa les échelons fort rémunérateurs de la haute fonction publique canadienne. « J'aurais pu devenir un grand commis de l'État », convient Bourassa. Bélanger a rarement vu un jeune homme qui a une femme, un jeune enfant et un bébé naissant à nourrir, accepter une telle chute de revenus.

« Pas de problème, répond Bourassa. Je suis marié à une Simard de Sorel. »

Le jeune fiscaliste explique vouloir faire de la politique et multiplier ses relations au sein de l'administration. Bélanger est le mentor idéal, lui qui connaît tout le monde. L'histoire ne dit pas de combien Bourassa a creusé le déficit fédéral naissant, en y provoquant un manque à gagner, pour s'acheter ainsi un ticket pour Québec. Quelques mois plus tard, comme s'il voulait renouveler les vœux qu'il a prononcés à l'âge de 11 ans, Bourassa confie à Bélanger : « Un jour, je serai premier ministre. »

Rasséréné par la fortune (dans les deux sens du terme) des Simard, Bourassa se retrouve dans une situation idéale. Car si la cagnotte familiale subsiste, le pouvoir politique et économique effectif des Simard se désagrège peu après sa propre entrée dans le cénacle. Lorsqu'il atteindra le *bunker,* en 1970, il en restera peu de chose*. Sa belle-famille lui aura donc été utile sans avoir le temps de lui devenir trop nuisible. Ici encore, Peter C. Newman est le meilleur guide. Il écrit sur la période 1960-1975 :

> Secoués par des scandales, des dissensions internes et une gestion falote, les héritiers de la fortune Simard ont perdu l'influence d'antan. [...] Leur compagnie de *holding,* Marine Industries, allait passer aux mains de la Société générale de financement, société d'État du Québec [qui en achète 60 %, sous Lesage en 1962 ; C'est pratique : Ludger Simard siège au CA de la SGF]. Les six neveux et nièces Simard [dont Andrée] continuent de posséder 21,2 % de Marine via une fiducie familiale appelée La Compagnie de Charlevoix. Mme Bourassa, ses frères Claude [qui sera ministre de Bourassa] et René, et sa sœur Michelle possèdent également chacun 23,7 % de Clauremiand Limited [c'est la mode : notez les premières lettres de chaque prénom dans Clau-Ré-Mi-And], une autre fiducie familiale, qui elle-même contrôle 73 % de la compagnie d'imprimerie Paragon, qui devint un important fournisseur du gouvernement du Québec. [Ce dont on reparlera...]

> [De 1962 à 1970] le gros de la fortune des Simard avait silencieusement quitté le territoire canadien — via une autre compagnie de *holding,* appelée Simcor — pour se réfugier dans les paradis fiscaux des Bahamas, dans des investissements pétroliers texans ou dans d'autres entreprises étrangères**.

---

*   Pendant la crise d'octobre 1970, provoquée par deux enlèvements, le manifeste du Front de libération du Québec (FLQ) faisait référence de façon désobligeante aux Simard. « Un membre de ma belle-famille était un peu craintif, racontera Bourassa. Il avait une auto assez luxueuse, je crois que c'était une Rolls-Royce. Et son jardinier avait une Chevrolet, vieille de quatre ou cinq ans. Pour sa sécurité, il avait échangé la Rolls-Royce contre la Chevrolet. Le jardinier se rendait à la maison ou à sa résidence en Rolls-Royce et M. Simard prenait la petite Chevrolet pour aller au bureau. »

** Vers 1974, raconte encore Newman, « un procureur de la couronne allégua que trois compagnies, dont J. P. Porter, contrôlée par les Simard et Marine Industrie [dont les Simard possèdent encore le cinquième des actions] s'étaient entendues pour donner 400 000 dollars à un concurrent pour qu'il dépose une soumission artificiellement élevée en 1971. La manœuvre garantissait aux trois compagnies restantes l'obtention du plus grand contrat de dragage jamais consenti au Canada — celui du Saint-Laurent au large de l'île d'Orléans. » Dans cette dernière affaire, Jean Simard, cousin par alliance de Bourassa, fut reconnu coupable de six chefs d'accusation et condamné à trois ans de prison ; mais la condamnation et la sentence se sont perdues dans un dédale d'appels, la caisse du fonds de défense étant généreusement pourvue. En 1962, Lesage avait payé 12 millions de dollars pour acheter la part du lion de Marine Industries, offrant aux Simard un profit d'au moins 1200 % sur ces chantiers, achetés de l'État (fédéral) pour 1 million de dollars en 1937. Après trois années

Bref, 10 ans après la cérémonie du mariage, ni Joseph, ni Édouard, ni Ludger ne sont plus en position de décider du nom du futur chef du Parti libéral. Pour Bourassa, cet effondrement n'est pas fatal. En fait, c'est un don du ciel. Car Bourassa peut continuer à se faire tout seul, libéré de son insécurité personnelle, mais non lesté d'une parenté trop encombrante, qui viendrait quérir au *bunker* des faveurs dont le dispensateur pourrait vite devenir le prisonnier.

L'argent de sa femme lui permet de vaincre les craintes matérielles qui le tenaillent depuis l'enfance et la nuit de mai 1950. Mais en entrant dans une famille dont l'empire s'effondre, en étant introduit, à 25 ans, dans le circuit du vieil argent canadien-français, vantard mais frileux, dépendant des largesses d'Ottawa et se sachant au second rang, derrière les fortunes anglo-montréalaises et torontoises, Bourassa ne s'imbibe-t-il pas aussi, un peu, de leur peur du déclin, de leur dépendance envers les banques contrôlées par d'autres, les contrats distribués par d'autres, les clubs privés où ne se parle que la langue de l'autre ?

À partir de 1960, à Québec, le jeune ministre René Lévesque, dont Bourassa est déjà un admirateur, affronte le pouvoir de l'argent. Bourassa, lui, l'épouse, s'y associe. Dans cette caste qui devient sa nouvelle famille, la stabilité économique à tout prix, la peur du désordre civil et du changement sont une religion. D'individuelle, l'insécurité économique de Bourassa devient un phénomène de classe. C'est une notion qu'il intègre dans sa pensée et qui s'exprimera aux moments forts de son histoire future, donc de l'histoire future du Québec.

Au pouvoir de 1970 à 1976, Bourassa ne jure ainsi que par les multinationales étrangères, une force solide, réconfortante à ses yeux. Quand son ministre de l'Industrie, Guy Saint-Pierre, estime que le Québec dispose de l'épargne nécessaire « pour penser à des formules de croissance qui lui soient propres », Bourassa fait la sourde oreille. On ne peut lui reprocher de voir petit, car il lance l'énorme projet de la Baie James. Cependant, contre l'avis de Saint-Pierre, il donne au géant américain Bechtel la maîtrise d'œuvre des travaux,

---

de profit jusqu'en 1965, Marine allait se transformer en canard de plus en plus boiteux. En 1971, Bourassa héritera d'un déficit accumulé de 3,2 millions. Il injectera dans Marine un financement supplémentaire et lui octroiera des contrats de turbines hydro-électriques pour la Baie James. Les travaux terminés, Marine recommencera à décliner. En 1979, le gouvernement Lévesque permettra à la SGF de racheter le reste des actions des Simard dans Marine. La compagnie connaîtra une autre embellie au début des années 80, mais avec 25 % d'employés de moins qu'en 1965. Les Simard ont tiré leur épingle du jeu, mais l'État québécois n'a pas fini d'éponger les déficits. Dans les années 80, le reste de la fortune Simard fut géré par Jean et son frère Léon, dans Simcor Inc. Jean Simard fut récompensé pour sa bonne conduite dans le scandale du dragage par une place au conseil d'administration de la Consolidated-Bathurst, une des compagnies de Paul Desmarais. « Une indication, écrit le journaliste Matthew Fraser, que l'*establishment* prend soin de ses enfants, quelles que soient les fautes qui en entachent les réputations. »

quand des compagnies québécoises prétendaient pouvoir abattre le boulot. (Ce qu'elles ont d'ailleurs fait, avalant pour ainsi dire de l'intérieur le contrat de Bechtel.) Bourassa est le dernier à croire qu'il y a au Québec une « garde montante », avant de la découvrir à son retour d'Europe en 1981.

Son insécurité économique se fixe sur une donnée en particulier : la cote de crédit du Québec. Elle lui tient lieu de pouls. L'indicateur est certes d'autant plus important que les emprunts consentis à Québec et à Hydro-Québec prennent une ampleur gigantesque, à cause de Bourassa et de sa Baie James. Le chef libéral fait de la cote, dit un de ses conseillers en 1991, « une préoccupation maladive — enfin, disons très importante ». C'est d'ailleurs là qu'il faut trouver la cause de sa hantise des manifestations et des désordres sociaux. Là, et pas dans le malaise social lui-même. « Ce qui l'énerve, explique Rivest, c'est le message à l'extérieur. [...] Si tu as 200 000 personnes dans la rue et qu'il y a quelque grabuge à ce moment-là, puis qu'ils voient ça dans les bulletins de nouvelles à Toronto, à New York, *et caetera*, les téléphones se mettent à sonner. "Est-ce que le gouvernement est encore en contrôle ?" [...] Les gars de New York arrivent pis ils viennent voir ci et ça, pis au ministère des Finances, pis à Hydro, pis ils regardent le *rating.* » Le *rating* : la cote. Voilà pourquoi Bourassa déteste les manifs. En avril 1991, il dit d'ailleurs, au sujet du rapport Bélanger-Campeau : « Ça ne règle pas le problème, mais on ne sera pas pris, ce printemps ou cet automne, avec des manifestations dans les rues [pour réclamer un référendum sur la souveraineté]. »

Lorsque les manifs resurgissent, dans des régions souffrant de chômage, de surtaxation et de désespérance, en juin 1993, il a ce mot : « Le gouvernement ne peut se faire dicter sa conduite par la pression de la rue. » Dans *Le Devoir*, Michel Venne observe : « ... à moins que la rue ne s'appelle Wall Street. »

Insécurité toujours, au début des années 80, il se prononce contre l'accord de libre-échange canado-américain, un « risque » que seuls des péquistes comme Parizeau et Landry sont assez *kamikazes* pour défendre. Il changera d'avis, et prononcera à ce sujet en 1989 une phrase atypique entre toutes : « C'est sûr qu'il y a des risques. Mais qui risque rien n'a rien. » Deux ans plus tard, une fenêtre gigantesque s'ouvre devant lui. Il feint de ne pas la voir.

Mais on anticipe. Au début des années 60, marié à Andrée Simard, Bourassa n'a plus mal à son porte-monnaie, mais il ne voudra plus jamais sortir sans parapluie. L'éducation politique qui le conduira à la grande triche de 1990-1992 n'est pas terminée, tant s'en faut. Maintenant qu'il a bien intégré le mobile de sa future arnaque — l'insécurité économique — il doit encore en acquérir la méthode.

L'APPRENTISSAGE DU CYNISME
À Brébeuf, Godbout dédie un conte à Bourassa. Il commence par ces mots : « Il était une fois un prince solitaire et triste qui vivait entouré de livres... » C'est

Robert. Mais quels livres ? Des bouquins d'histoire, bien sûr. De politique. Un peu d'économie. Mais pas seulement. Montaigne, Mauriac, Pierre Daninos figurent parmi ses préférés, nourrissent son imaginaire, élargissent ses horizons.

« À l'âge de 20 ans, il s'intéresse aux idées, aux livres, à la philosophie », raconte un autre ami. « Quand il était en Europe, il a organisé une rencontre privée avec l'auteur français Henry de Montherlant. Il lisait énormément. [...] Progressivement, son horizon s'est rétréci. C'était une décision voulue. Et, à la fin, il était surtout intéressé au pouvoir. »

Certains abordent la politique comme un pianiste son instrument. Ils en apprennent les rudiments, font des gammes, jouent des mélodies simples, travaillent les accords. Les médiocres arrivent à jouer la polka. Les passables, des airs d'opérette. Les meilleurs donnent vie, au bout de leurs doigts, aux grands classiques.

Bourassa, lui, aborde la politique comme un sculpteur, sa matière brute. Face au bloc de granit, il enlève des morceaux, pour dégager une forme dans la pierre. Grossière, d'abord, puis plus fine. À mi-chemin, il trouve la forme encore trop complexe. Alors il retire des fantaisies, supprime le superflu, lime les arêtes. En cours de route, une œuvre a failli jaillir de la pierre. Mais Bourassa n'y a pas pris garde, ou plutôt, il l'a jugée trop lourde. Il a donc continué à éliminer, jusqu'à ce qu'il ne reste que l'essentiel. Une forme, fonctionnelle et efficace, mais n'exprimant ni élan, ni désir, ni plaisir. Une forme de pierre, sans l'œuvre d'art. La politique, sans le projet.

L'étudiant avait commencé avec un bloc assez gros, donc plein de promesses. Être né dans l'est de la ville, y devenir orphelin de père à 16 ans n'avaient pas engendré que la frilosité, mais aussi une volonté de réforme. On le sent dans ses articles du *Quartier Latin,* au ton revendicateur. À Oxford, il va plus loin, et s'inscrit à la section étudiante du Parti travailliste. Parfois, il se rend au parlement britannique où il aime surtout entendre le chef socialiste Aneurin (Nye) Bevan. L'homme a des idées, et surtout du courage. Ancien ministre après la guerre, Bevan participa à la mise sur pied du système de santé public de Grande-Bretagne et devient un des inventeurs de l'État-providence britannique. Homme fort du parti, enseignant, puissant conférencier, *debater* redoutable, Bevan est un aimant pour les progressistes et les idéalistes. Quand Bourassa vient l'observer, le travailliste est en révolte contre son propre parti. À l'heure où Londres songe à se doter de l'arme nucléaire, Bevan mène le combat pacifiste, et accuse la direction du parti de dérive droitière et pro-américaine. Mis en minorité, Bevan devient un des chefs de la gauche travailliste : la conscience, audible et irréductible, du parti.

De retour dans son appartement londonien, Bourassa règle sa radio à ondes courtes pour capter chaque soir les nouvelles françaises. On est en pleine guerre d'Algérie, en plein retour de de Gaulle, on craint la guerre civile.

(Bourassa croit entendre « Quoi qu'on dise... ») Il ne cessera plus jamais de s'intéresser à la politique française et européenne. Devient-il anglophobe ? Mauvais plaisant, en tout cas. Il racontera un jour à l'émission *Les Couche-tard* que, durant ses études londoniennes, il lui arrivait de monter à l'étage pour pisser sur la tête des Anglais.

Social-démocrate, Bourassa se dira « homme de gauche », voire « socialiste » jusqu'en 1977 au moins, même après avoir emprisonné les chefs syndicaux québécois. À Harvard, il rédige sa thèse sur la taxation des biens de capital, une idée alors radicale, dont on ne sait quel effet elle a provoqué à la table des frères Simard, ni si le jeune gendre a osé l'y exprimer. Mais, indubitablement, voilà son bagage intellectuel — ouverture d'esprit, idées de gauche, volonté de réforme — lorsqu'il devient secrétaire de la commission Bélanger en 1963.

« Fais-moi une bonne *job*, lui dit son nouveau patron, et je te présenterai à Lesage. »

Il ne faut que quelques mois, que vienne le temps de la préparation du prochain budget québécois, pour que Bélanger tienne parole. Dès le premier contact entre l'avocat d'affaires devenu premier ministre et le fiscaliste qui veut le devenir, le courant passe. Ils parlent le même langage : balance commerciale, points d'impôt, ajustements budgétaires, assiette fiscale. Tellement que lorsque Bélanger envoie au premier ministre la liste des augmentations de salaire à consentir aux employés de la commission, Lesage note que le nom de Bourassa n'y figure pas et s'enquiert par écrit : « À quand une augmentation de salaire à M. Bourassa, qui est un as ? »

Bourassa, lui, est attiré par un autre as : le ministre René Lévesque, ex-star du journalisme et de la télévision à l'émission *Point de mire*. Ils se croisent notamment à la Commission politique du PLQ (dont Bourassa deviendra président). Comme beaucoup d'autres libéraux de la nouvelle génération, il tombe sous le charme de Lévesque, admire son énergie réformiste, applaudit ses projets comme ses incartades, que Lesage supporte de moins en moins. Bourassa racontera cet engouement, 25 ans plus tard :

> Il y avait d'abord l'admiration personnelle que j'avais pour René Lévesque. Quand on est jeune et qu'on travaille pour des personnalités politiques, on a toujours l'impression de travailler pour l'avancement de leur carrière. Alors que dans le cas de Lévesque, c'était pas du tout ça. Je trouvais que quand on travaillait pour René Lévesque, ou avec lui, on travaillait pour des idées, pour l'avancement de ses idées, donc le progrès du Québec, et non pour des ambitions. Et c'est assez rare que ça arrive dans la vie politique.

À l'élection de 1966, Lesage tient à ce que Bourassa soit candidat. Le premier ministre assume alors en plus la fonction de ministre des Finances et il entend, après sa réélection, céder ce portefeuille à Bourassa. Toute une promotion. Bourassa est-il au fait de ce projet ? En entrevue, quatre ans plus tard, il fera part de son propre projet, tel qu'il l'esquisse avant même d'être élu à l'Assemblée nationale :

> Je ne pensais pas que M. Lesage se retirerait [pendant le mandat] s'il gagnait [l'élection de 1966]. Je m'attendais à ce qu'il démissionne comme chef du parti au milieu du terme subséquent, soit en 1972. En 1972, j'aurais eu 38 ans et je considérais alors la chose possible.

La chose ? Devenir premier ministre. Résumons-nous : Bourassa n'est pas député. Il se voit, à compter de 1966, ministre, c'est sûr. Réélu en 1970, il se voit prenant du coffre et de l'expérience, et prêt à prendre la relève en 1972. Ce n'est plus de l'ambition, c'est de la planification. D'ailleurs, Bourassa soigne déjà ses relations. La commission Bélanger ayant été itinérante, il a pu saluer, dans les régions, les responsables libéraux locaux. Et une fois le rapport de la commission rédigé, il va en personne en remettre une copie à une éminence intellectuelle et médiatique : Claude Ryan.

Lesage ne voit pas à si long terme, mais compte sur Bourassa dans l'immédiat. C'est pourquoi il veut lui offrir une circonscription sûre, peuplée d'une bonne proportion d'anglophones. Bourassa en parle avec Lévesque :

> René ne voulait pas que je sois élu par une proportion trop grande d'anglophones et il m'incitait à aller dans Mercier [circonscription francophone du plateau Mont-Royal où se situe la maison natale de Bourassa], même si c'était risqué. [...] Des gars comme [le ministre de l'Éducation] Paul Gérin-Lajoie m'ont dit : « Voyons Robert, va pas là ! » [...] Sauf René qui me disait : « Tu auras une main derrière le dos si tu es élu par une majorité anglophone. »

Les deux hommes deviennent bientôt amis. Suffisamment pour que Bourassa se laisse aller aux confidences, devant Lévesque et un de ses amis, Gérard Bergeron, peu avant l'élection de 1966. « Il nous a dit, à Lévesque et à moi, qu'il se considérait comme une bête politique et qu'il ne pouvait envisager de vie autre que politique », rapporte Bergeron. Ce n'est pas une tare. Churchill en aurait dit autant.

Il se présente donc dans Mercier. Le soir du 5 juin 1966, avec 650 voix de majorité, à 33 ans, Robert Bourassa devient député. Mais pas ministre des Finances. Car son parti, bien qu'ayant remporté une majorité des voix (47 % contre 40 % à l'Union nationale), n'a qu'une minorité de sièges (50 contre 56 à l'UN). C'est la réforme de la carte électorale qu'il aurait fallu faire (Bourassa s'en souviendra, et la fera), pas la nationalisation de l'électricité.

Il y a deux façons d'interpréter la défaite. Il y a ceux qui pensent que « l'équipe du tonnerre » de Lesage a fait tant de réformes, si rapidement, qu'elle a perdu le contact avec beaucoup d'électeurs conservateurs, allés se réfugier dans les jupes unionistes. Il y a ceux qui pensent au contraire que le gouvernement n'a pas réalisé assez de réformes, perdant de ce fait le vote des jeunes (l'âge de la majorité vient tout juste d'être ramené de 21 à 18 ans). Ces nouveaux électeurs auraient donc mordu la main qui les avait investis du pouvoir électoral, pour lui préférer le poing levé du Rassemblement pour l'indépendance nationale de Pierre Bourgault. (Le RIN a obtenu 6 % du vote, le Ralliement national, indépendantiste de droite, 2 %).

Tous, cependant, pensent que Lesage s'est tiré dans le pied en faisant une campagne « présidentielle » où on ne voyait que lui sur les affiches, au podium et à l'écran. Il avait pourtant dans son équipe la vedette Lévesque, l'étoile montante Paul Gérin-Lajoie, le fort en chiffres Éric Kierans, le vieux sage Georges-Émile Lapalme, le fougueux Pierre Laporte, ex-as reporter du *Devoir* où il avait nargué Duplessis de ses articles, l'homme de la loi et de l'ordre Claude Wagner, autant de visages qui auraient pu additionner les votes, ratisser large. Mais ils ont été repoussés dans l'ombre par le chef, qui s'en méfie comme d'autant de Brutus polissant leurs poignards.

Telle est l'ambiance, au premier caucus des députés libéraux auquel assiste Bourassa en 1966. Il y fait deux découvertes. D'abord, il révèle, aux autres comme à lui-même, qu'il sait patiner même sous un vent fort et sur une glace mince. Car Lesage demande aux troupes rassemblées de faire un *post mortem*. On craint la vivisection. Autour de la table, les libéraux de droite font le procès des libéraux de gauche. Wagner, Jérôme Choquette, Bona Arsenault jettent les pierres. Les libéraux de gauche font aussi le procès des libéraux de droite. Lévesque, Kierans, Gérin-Lajoie lancent leurs obus.

Victime de ce tir croisé, Lesage interrompt le flot de paroles.

« Je veux entendre le point de vue de Robert Bourassa », annonce-t-il, comme s'il testait un dauphin.

Bourassa pige dans les arsenaux des deux camps, mais en prenant bien soin de ne point éclabousser la performance électorale du chef. Mieux, il en fait une habile lessive. La défaite était programmée mathématiquement dans les tendances lourdes de l'économie et de la politique, explique-t-il. Dans un monde en quête de changement, après six ans de pouvoir libéral, les électeurs voulaient de nouvelles têtes, voilà tout. Et puis, il n'y avait rien à faire contre l'addition, d'une part, des mécontents face à la réforme de l'éducation, très impopulaire chez les grenouilles de bénitiers et, d'autre part, des radicaux rinistes qui n'auraient jamais voté libéral, quelle qu'ait été la rapidité des réformes. Bref, même le meilleur chef au monde n'y pouvait rien.

Il n'est pas certain que Bourassa croie à ce qu'il dit, comme on le verra tout à l'heure. Mais il a le droit de pousser un beau « ouf ! » à la fin du boniment — à la fois révérencieux et crédible, c'est un art —, car Lesage l'adopte comme conseiller financier. L'historien Dale Thomson, qui a beaucoup interviewé Lesage pour la biographie qu'il en a brossé, résume ainsi la relation Lesage-Bourassa des années 1966-1969 :

> Parmi les nouveaux députés, ce fut Robert Bourassa qui réussit le plus vite à assumer un rôle d'importance. Intelligent, conciliant, il s'associa au groupe restreint qui entourait le Chef de l'opposition, et sut se rendre utile, par exemple,

en préparant la documentation dont Lesage se servait en qualité de critique financier. [...]

Lesage en était venu à lui vouer un intérêt quasi paternel, le conseillant et l'emmenant souvent avec lui en tournée de conférences hors de la capitale. En retour « *Bob* » Bourassa [la mode était aux prénoms anglicisés : Danny Johnson, Gaby Loubier] était toujours serviable, aimable et, surtout, sans outrecuidance dans l'ambition.

Premier caucus, premier test, première étape d'une jolie entreprise de séduction du chef, donc. Aussi, première prise de conscience *de visu* de la qualité des hommes qui l'entourent (il n'y a qu'une femme, Claire Kirkland-Casgrain). À la commission de Marcel Bélanger, Bourassa n'était pas sans connaître le caractère hétéroclite de la députation libérale. Mais la nature politique est ainsi faite qu'on présume toujours qu'il se dit et se passe des choses plus importantes derrière des portes closes qu'il ne s'en répète et ne s'en raconte à l'extérieur. Il faut entrer dans ce conclave, puis dans les autres encore plus restreints, pour constater avec l'âge et l'expérience qu'on trouve des médiocres à tous les étages.

Au sein du caucus libéral, on trouve du pire et du meilleur. Bourassa connaît le second groupe, — Lévesque, Kierans, Gérin-Lajoie — qu'il côtoie à la Commission politique du parti, au restaurant, et dans des réunions de « réformistes », au club Saint-Denis, dans le salon dit de l'Épave. Nom prémonitoire. Pour le reste, le caucus constitue, écrira un jour Bourassa sans affection, « un réservoir qui est en grande partie le fruit des conventions de comtés ». Barons locaux, patroneux rivés à leurs banquettes, quasi-analphabètes, saoûlons et brutes font encore partie du paysage, au milieu des années 60*. L'étudiant d'Oxford et de Harvard se sait en piètre compagnie. Il n'a guère que la consolation de savoir que c'est pire en face, chez les unionistes.

Cette semi-révélation n'entame en rien les idéaux progressistes de Bourassa, qui, bien que connu comme « protégé » de Lesage, assiste aux réunions des réformistes qui se tiennent tantôt ouvertement, tantôt à l'insu du chef. On y critique la caisse électorale occulte contrôlée par Lesage et son trésorier ; on y critique le despotisme de l'appareil du parti. On tente, au congrès de 1966, de faire élire à l'exécutif des représentants intègres et de nettoyer la caisse noire, véritable « scandale », selon Lévesque. L'assaut est un échec, et seul Kierans est élu. Dans les mois qui avaient précédé le congrès, Bourassa avait fait l'aller et retour entre Lesage et Lévesque, son protecteur et son idole, tentant des médiations, sans succès. Au congrès, à l'automne de 1966, quand les réformistes lancent en vain leur offensive, il reste muet.

Un jour de l'hiver 1966-1967, cinq vedettes libérales sont réunies dans un

---

* Les Québécois s'éveillant à la politique après 1976 ne connaissent pas leur chance : le député libéral moyen est remarquablement mieux formé, plus compétent, plus sobre qu'il ne l'était naguère.

bureau du parlement. Lévesque se met à jongler tout haut avec les chances de succès des prétendants au trône de Lesage, chef qui ne semble cependant pas pressé de déguerpir. Les prétendants sont tous dans la pièce. Pierre Laporte — devenu héraut du « bon patronage » — fait un gros travail d'organisation et un numéro de charme devant le caucus. Claude Wagner joue les grands justiciers. Gérin-Lajoie soigne son profil de dauphin officiel. Dans ses mémoires, Lévesque raconte la suite :

> Jouant les agents provocateurs, j'évoquais ces visées qu'ils se défendaient bien de nourrir, quand tout à coup, j'aperçus au fond de la pièce notre cinquième larron, qui était assis sur un pupitre, les jambes ballantes. Il avait une discrète rougeur au visage et dans les yeux le reflet d'un certain tumulte intérieur.
>
> — Ma parole, dis-je en me tournant vers lui, il y a ici quelqu'un d'autre que ça intéresse au moins autant que vous trois.
>
> — Voyons René, répliqua Robert Bourassa en sursautant, vous vous moquez de moi. Où allez-vous chercher ça ?

Mais il ne dit pas non et se contenta de rougir davantage.

À la même époque, Bourassa, qui se familiarise aussi avec les militants de la base et l'organisation provinciale, se rend en Abitibi en petit avion, accompagné d'une militante loyale et énergique : Lise Bacon. « Un jour, lui dit-il, je serai premier ministre et tu seras ma ministre. »

En 1967, tout était trop. C'était l'année de l'Expo, c'était l'année de de Gaulle, c'était l'année des choix déchirants. Ce n'est plus seulement dans le salon de l'Épave mais aussi dans le sous-sol fini — une nouveauté de banlieusards — d'Andrée et de Robert que le petit groupe de réformistes se réunit maintenant, rue Britanny, à Ville-Mont-Royal. Autour de Lévesque, on commence à s'interroger sur la place du Québec au sein du Canada. Surtout que le nouveau premier ministre unioniste, Daniel Johnson, vient de déclarer que « la nation de langue française » dont le « foyer est au Québec » doit rapatrier les leviers sociaux, de santé, d'éducation, d'économie, de la culture et des rapports internationaux, sans compter 100 % de l'impôt sur le revenu personnel, 100 % de l'impôt des sociétés et 100 % de l'impôt des successions. Voilà sa définition de l'égalité. Sinon, feint-il de menacer, on fera l'indépendance.

L'élite politique conservatrice est en train de dépasser le parti de Lesage, celui du « Maîtres chez nous ! », sur son flanc nationaliste. La question constitutionnelle occupe tout le devant de la scène. Ce qui tombe mal pour Lévesque. Lui qui avait déclaré, en 1964, que la séparation du Québec n'était « pas la fin du monde » (devant un groupe d'Italo-Québécois, judicieux choix d'audience !) s'est ensuite opposé à ce qu'on insiste trop sur la question constitutionnelle à l'élection de 1966, jugeant le thème électoralement peu « rentable ». Un an plus tard, il s'immerge dans ce débat maintenant incontournable. Lui et son groupe, dont fait partie Bourassa, tentent de réaliser la quadrature du cercle. Lévesque compte beaucoup sur les connaissances de

Bourassa en économie et en fiscalité pour compléter ses propres talents, plus purement politiques, sociaux et internationaux.

En avril 1967, au mont Tremblant, 20 réformistes entendent Lévesque brosser les grandes lignes de ce qui deviendra la souveraineté-association. Une autre présentation, faite par Bourassa et Gérin-Lajoie, détaille plutôt le projet de statut particulier. Au sein du groupe, le schisme s'ouvre. Plusieurs, dont Kierans et Gérin-Lajoie, ne reviendront plus débattre avec Lévesque. Le clan de Lesage, informé *a posteriori* de la tenue de cette réunion, se sent menacé par ce qu'il croit — à tort ? — être des factieux. Le chef du parti dénonce la rencontre et jure d'imposer des « corridors intellectuels ». Les corridors admettent le statut particulier, pas la souveraineté.

Puis il y a l'été. De Gaulle au balcon. « Il l'a dit, il l'a dit ! » s'exclame joyeusement Bourassa, présent à la scène de l'hôtel de ville. Lévesque, lui, toujours un peu francophobe, trouve au contraire que le général « est allé trop loin ». Lesage émet pour sa part une magnifique déclaration dans laquelle on lit que « ce n'est pas le temps pour le Québec de devenir un État souverain ». C'est donc envisageable, peut-être souhaitable, mais pas maintenant.

Bourassa prend-il des notes ? En tout cas, il répond toujours présent aux appels de Lévesque. Andrée prépare les spaghettis, entrés dans la petite histoire, pendant que le groupe de réformistes nationalistes continue à gamberger au sous-sol, rue Britanny. Petit à petit un texte émerge de ces discussions ; il sera publié en septembre 1967 sous forme de manifeste, puis en décembre sous forme de livre, un *best-seller* intitulé *Option-Québec*. Le manuscrit est tapé sur la machine à écrire de Robert. Les portions économiques du document portent sa marque, notamment lorsqu'il est question du rôle que devra jouer l'État pour promouvoir l'économie francophone : complexe intégré de production de l'acier, centre de recherche industrielle, industrie de l'énergie, code des investissements, musculation de la Caisse de dépôt, autant d'idées de Bourassa dans le manifeste de Lévesque, écrit à deux cerveaux et à quatre mains.

Pendant l'été, Bourassa remet à la revue *Maintenant* un texte qui dit presque tout :

> Nous risquons, pour le reste, de nous ménager des déceptions si, au lieu d'entreprendre ce début de planification, nous nous faisons accroire que nous pouvons dialoguer avec les représentants du gouvernement fédéral et de la grande industrie en vue de confronter nos prévisions, de concerter nos efforts et de prendre des décisions conformes à la planification intégrale [thème à la mode], tant que nous n'aurons pas réussi à rapatrier à Québec plus de pouvoirs économiques et les principaux centres de décision.

Il écrit « plus de pouvoirs », les « principaux ». Il ne dit pas « tous » les pouvoirs. Lévesque non plus, qui parle d'association. (Lévesque dira d'ailleurs que c'est Bourassa qui a inventé l'expression « souveraineté-association ».) Mais on sent déjà La Ligne, là, quelque part. Lévesque le sait-il ? À la lecture du texte de *Maintenant*, il pense que Bourassa a choisi de le suivre, qu'il prépare le terrain. Le manuscrit du manifeste de la souveraineté-association est prêt. Chacun sait, dans le sous-sol de la rue Britanny, que sa publication sera un coup de tonnerre précurseur à une sortie du parti. Pendant tout le mois d'août, Lévesque s'attend à ce que Bourassa soit du voyage. D'ailleurs, il a une alliée dans la bergerie : Andrée, devenue plus lévesquiste que son mari, et qui le pousse à franchir La Ligne.

« Lévesque a toujours eu le plus grand respect pour les économistes, raconte un ami des deux hommes. Et il ne voulait pas quitter le parti sans Bourassa. Il sentait qu'un économiste comme lui pourrait ajouter passablement de poids à son option. »

Bourassa hésite, hésite, hésite.

À tu et à toi avec les journalistes, il leur montre ses états d'âme, dont on ne sait s'ils sont réels ou feints. « Si je suis Lévesque, je suis fichu [...] et je commence à peine à faire de la politique », dit-il à l'un. « Moi, je les connais les financiers, ils vont briser ma carrière », dit-il à l'autre.

René Lévesque a raconté la suite à son biographe Jean Provencher :

Robert a joué le jeu. Sincèrement ou pas ? Je ne le sais pas. Quels étaient ses calculs ? Je ne le sais pas. Mais pendant la période cruciale, les deux ou trois derniers mois avant le mois précédant le congrès — disons du début de l'été ou de la fin du printemps jusqu'en septembre — Bourassa s'est joint à notre groupe. [...]

Robert Bourassa a joué là-dedans, d'accord avec nous autres. Et je me souviens que non seulement il a étudié le projet et il a aidé à l'étudier, mais c'est dans sa cave — ça c'est un fait — chez lui, que la veille du dernier jour on révisait pour la dernière fois le brouillon que j'avais fait — parce que j'avais été chargé de le rédiger — de la résolution qui était en fait une sorte de manifeste. Et il a trouvé des raisons ce soir-là, essentiellement monétaires, etc., mais qui venaient terriblement à la dernière minute, de ne pas être avec nous autres.

C'est comme ça qu'il nous a lâchés. Mais il avait été là durant toute la période cruciale, jusqu'à ce soir-là. Ça a été une assez grosse surprise, que j'aime mieux ne pas qualifier, là, de le voir lâcher à la dernière minute.

Il y en a un autre seulement qui a lâché, mais lui avait d'excellentes raisons : il était employé par une entreprise anglaise et il avait une famille très jeune ; il n'avait pas d'argent et il était sûr qu'il se trouverait sur le pavé s'il signait ça. Alors, lui, on a compris tout de suite.

Dans le cas de Bourasssa, qui n'avait pas les mêmes raisons, on a mal compris.

Bourassa soutient au contraire que pendant tout le printemps et l'été, il avait évoqué cette objection économique au projet de Lévesque : quelle monnaie pour le Québec ? La canadienne, l'américaine, la québécoise ? Toujours, ce sera l'explication officielle. Elle n'est pas fausse. Mais il y en a une autre, plus importante.

Deux ans plus tard, en 1969, Bourassa affirme en privé avoir donné ses raisons à Lévesque, lorsqu'il lui a tourné le dos, en septembre 1967 : « René, il y a une maudite bonne chance que je puisse remplacer Lesage comme chef. Je ne peux pas me permettre de gaspiller l'occasion. »

Un des intimes de Bourassa confirme et complète : « Bourassa n'essaya jamais de laisser le Parti libéral. Il resta [dans le groupe de Lévesque] au début avec l'espoir de convaincre Lévesque de ne pas partir. Il pensait que même s'il devait échouer [dans cette tentative], ça ne pourrait pas faire de tort qu'on se souvienne de lui comme du médiateur qui avait tenté de préserver l'unité du parti. »

Une fois qu'il a « lâché » Lévesque, Bourassa tente vraiment de retenir son ancien complice dans le parti. Tente même d'opérer une conciliation avec Lesage. Ses va-et-vient entre les deux clans sont si fréquents que des conseillers de Lesage le surnomment « le commissionnaire ». Il cite à Lévesque l'exemple du socialiste britannique Nye Bevan, le pacifiste de ses jours d'Oxford, qui avait perdu sa bataille fondamentale contre le nucléaire, mais qui était tout de même resté au Parti travailliste, pour en devenir la conscience. « René était un peu comme Bevan dans le Parti travailliste, explique Bourassa : un peu à gauche, mais une bonne protection contre la faction bourgeoise. » (!) Lévesque n'a pas d'appétit pour les rôles de cocus contents, mais on voit l'intérêt que Bourassa, au-delà de l'amitié, pouvait tirer de sa présence au PLQ. Se sachant en ligne pour la succession de Lesage, observant Lévesque se disqualifier du poste de chef pour cause d'indépendantisme, ne voyait-il pas le beau ministre que Lévesque ferait dans un cabinet Bourassa ? « Il valait mieux qu'il soit à l'intérieur qu'à l'extérieur », expliquera Bourassa, plus fin analyste que la plupart des membres du caucus libéral. (Bourassa connaît-il la règle édictée par Lyndon Johnson au sujet d'un rival : « Mieux vaut l'avoir dans la tente, pissant vers l'extérieur, qu'à l'extérieur pissant sur la tente. » Il y a bien sûr un risque : il peut être dans la tente pissant dans la tente.)

Le 13 octobre 1967, le congrès libéral s'ouvre dans la grande salle de bal du Château Frontenac. La table est mise pour l'isolement de Lévesque. Le clan Lesage et ses anciens alliés dirigés par Kierans feront la lutte au séparatiste. Gérin-Lajoie a concocté une plate-forme de statut particulier dans laquelle il voit un tremplin pour sa propre course à la chefferie. C'est un rapport Allaire, version 1967, sans la position de repli. Au contraire, on y lit : « Le Parti libéral rejette le séparatisme sous toutes ses formes. » Lesage annonce, pour qu'on comprenne bien : « Ceux qui ne veulent pas accepter la position du parti sans réserve n'auront d'autre choix que de se retirer du parti. »

En congrès, le samedi, les alliés de Lévesque sont conspués, insultés, excommuniés et exorcisés. La salle, le vote, les interventions, tout est « paqueté » par le nouvel organisateur de Lesage, un certain Paul Desrochers dont on n'a pas fini d'entendre parler. Bourassa reste à l'écart. Toutes ses tentatives de conciliation entre Lesage et Lévesque ont échoué.

Quand Lévesque se présente au micro, son apparition plonge la salle dans un silence tendu. Il parle pendant une demi-heure, présente ses arguments. Il le fait pour l'histoire plus que pour les militants assemblés. Le débat se poursuit ensuite sous les quolibets.

Bourassa va s'asseoir près de son ami. Le conjure de rester, malgré sa défaite imminente. Rien à faire. Lévesque marmonne qu'il est trop tard. Il sait que le sort en est jeté et, plutôt que de tenir un inutile scrutin — on lui a refusé le scrutin secret sur sa proposition — retourne au micro annoncer qu'il retire sa proposition. Il déplore l'absence de réel débat et déclare que « c'est la responsabilité des dirigeants du parti qui ont prôné le "crois ou meurs", d'avoir voulu que ce Congrès soit un endosseur parfaitement docile. » Puis, « avec calme et assurance », dit-il au micro, il présente sa démission du parti, notant « qu'il n'est pas facile de quitter un parti quand on y a milité pendant sept ans ». Le journaliste Michel Roy a décrit la scène dans *Le Devoir* du lendemain :

> Durant quatre ou cinq secondes, un silence profond s'est abattu sur cette salle surchauffée et enfumée. Puis, comme s'ils obéissaient à un signal de l'histoire, les plus fidèles partisans du démissionnaire se sont levés d'un bond, applaudissant frénétiquement et lançant des « bravos ». Tandis que M. Lévesque — très ému, au bord des larmes, précisent les journalistes qui l'ont observé de près — regagnait les siens massés sur les premières rangées de la salle. On a pu voir sur le visage de Jean Lesage, immobile jusque-là, éclater l'un des sourires les plus triomphants de toute l'histoire politique du Québec. Entouré d'une soixantaine de personnes, René Lévesque a traversé toute la salle : jamais les quelque 1300 militants qui se trouvaient là ne l'avaient-ils regardé avec autant d'intensité. Il a franchi la porte presque en courant.

Quand ses fidèles se lèvent et suivent Lévesque vers la sortie, Bourassa reste assis, l'air morose, comme pétrifié par le destin. Un pro-Lévesque passe près de lui, le reconnaît et lui lance : « Lève-toi, Robert ! »

La méprise était possible. Bourassa s'était dissocié publiquement de la position de Lévesque une semaine avant le congrès devant le club Kiwanis, mais en des termes tellement vagues et choisis que *Le Devoir* avait titré : « Robert Bourassa n'écarte pas l'option de Lévesque — L'indépendance dans l'association économique éviterait les effets fâcheux de la séparation. » *La Presse*, au lendemain du congrès, note que le député Bourassa peut par conséquent être « lui aussi placé devant un cas de conscience qui l'amène à quitter le parti ». Nenni. Le plus dur est fait. Il faut maintenant assumer. Deux jours plus tard, Bourassa sort ses plus gros canons pour dénoncer le projet souverainiste, usant toujours de l'argument monétaire, mais en omettant des nuances au passage. « La sécession du Québec entraînera des problèmes économiques graves dont les petits salariés feront les frais », lance-t-il. Il en omettra toujours un peu plus au fil des ans.

Après le départ de Lévesque, deux choses encore se produisent au congrès. Le rapport Gérin-Lajoie, au grand malheur de son auteur, est « déposé » au comité constitutionnel du parti, relevant de la Commission

LE JEUNE AMBITIEUX

Photo : La Presse

En 1964, en compagnie du premier ministre Jean Lesage et de Marcel Bélanger,
lequel lui a ouvert les portes de la politique québécoise en lui offrant un emploi mal
rémunéré. « Pas de problème, a répondu Bourassa, je suis marié à une Simard de Sorel ! »

L'ASCENSION ET LES CHOIX

René Lévesque l'avait intégré
à son groupe de réformistes.
« Il nous a lâchés à la
dernière minute. »

L'organisateur Paul Desrochers
le J. R. Ewing de la politique
québécoise, prend Bourassa
sous son aile et lui enseigne le
cynisme.

Jeune député, en 1966, sérieux
et socialiste. Il compte devenir
premier ministre six ans plus tard.

Course au *leadership* de 1970. Bourassa répond en tous points
au profil du *leader* modèle, tel que défini par un sondage.

LA MONTÉE DU CYNISME

La crise d'octobre 1970, moment où Robert Bourassa bascule définitivement.
« Avec la Loi sur les mesures de guerre, avec l'emprisonnement des chefs syndicaux,
je suis allé à la limite du régime. »

« Il se plaisait à dévoiler à des interlocuteurs sa recette de longévité politique : se limiter à quelques idées ou slogans très simples, les répéter inlassablement et attaquer ses adversaires constamment, quels que soient les mérites de leur position. Tout cela, expliquait-il, il l'avait appris en étudiant la vie politique de Maurice Duplessis. »

LA CHUTE

Photo : Paul Gélinas/Le Maclean

le maclean
LA PSYCHOSE D'OCTOBRE 70
LE DERNIER DES INDIENS CRIS
ST-GEORGES DE BEAUCE la nuit...
LE PEINTRE AUX PAPILLONS
LE "NOUVEAU" BOURASSA

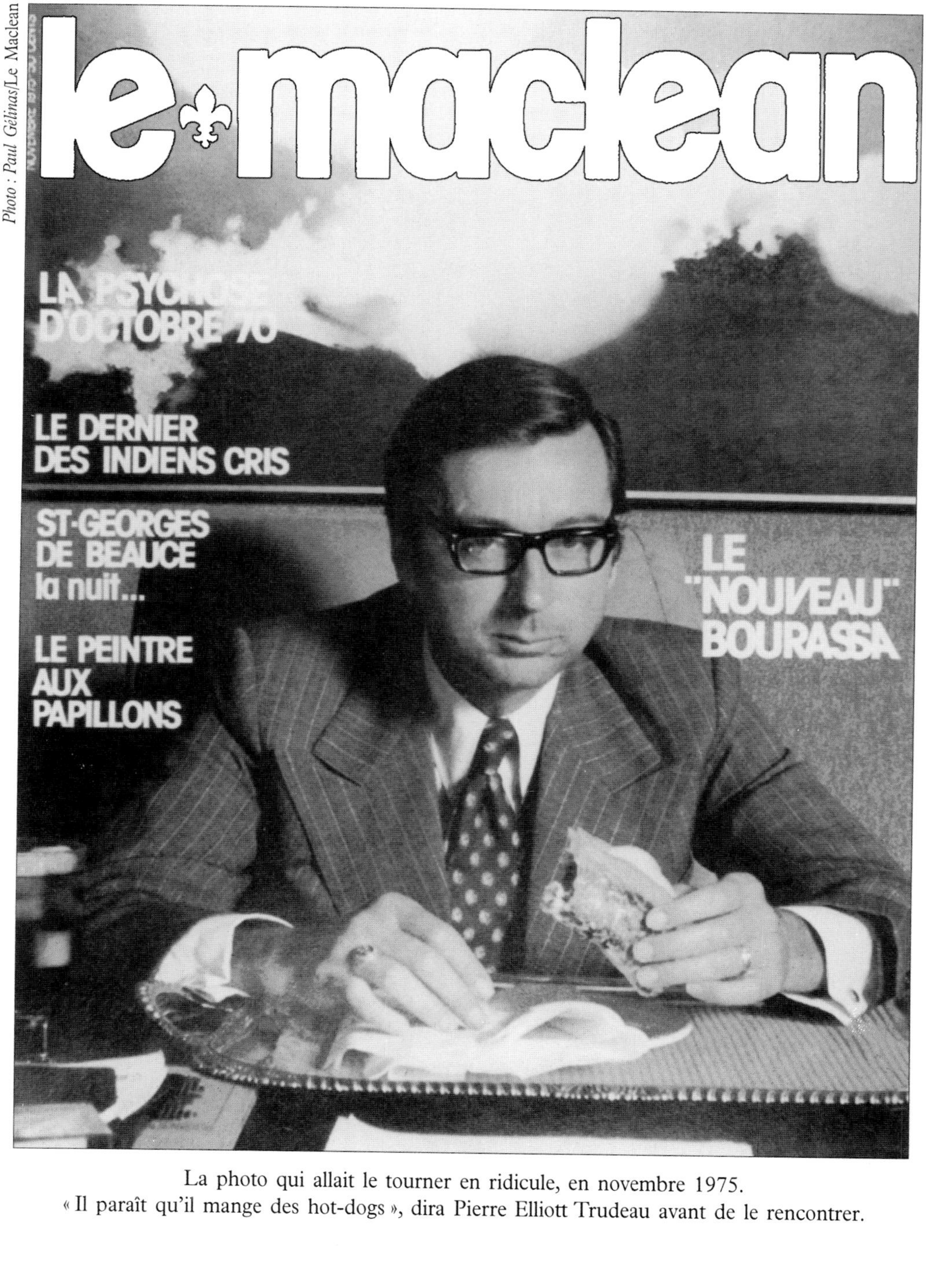

La photo qui allait le tourner en ridicule, en novembre 1975.
« Il paraît qu'il mange des hot-dogs », dira Pierre Elliott Trudeau avant de le rencontrer.

Dernier discours de la campagne électorale, 14 novembre 1976.
Il se sait déjà « l'homme le plus détesté au Québec ».

Avec Andrée Bourassa, le jour du vote. « Un jour, je redeviendrai premier ministre. » Personne ne le croit.

Non aux séparatistes!
Bourassa **notre garantie**
Votons Libéral

Le slogan du désespoir, apparu en fin de campagne.

LE CHEMIN DU RETOUR

En 1979, professeur à l'université Laval. Il précise son projet pour l'avenir du Québec : un Québec souverain, associé au Canada dans un parlement supranational. « Je ne suis plus l'homme que j'étais. »

Redevenu chef libéral en 1983, il confie : « Il n'y a pas de doute que je serais plus dur. Le Québec ne peut pas se permette d'avoir un premier ministre qui gouvernerait en fonction de l'électorat. »

Publicité de campagne, 1985. « Les jeunes ? Je vais leur promettre un bel avenir. Pis je vais me faire élire. Pis après, on verra... »

Photo : Jacques Boissinot/Canapress

La mort de René Lévesque semble réveiller en lui le souvenir du jeune réformiste qu'il a déjà voulu être. « M. Lévesque passera à l'histoire car son œuvre est considérable, extraordinairement diversifiée et profonde. »

Après Meech : « C'est moi qui suis le seul responsable. »

politique présidée par Robert Bourassa. (L'année suivante, quand le nouveau premier ministre fédéral Pierre Trudeau annoncera que le concept de statut particulier est « une connerie », Lesage et Bourassa enterreront à jamais le rapport.) Puis, un zélé vient au micro demander qu'on place l'unifolié sur l'estrade, où jusque-là le fleurdelisé trônait seul. Le journaliste du *Montreal Star* a le dernier mot : « *Everyone sang O Canada and went to bed. The job had been done.* »

The job. Bon choix de mots. Un observateur indépendant, le diplomate américain envoyé pour assister au schisme, note dans sa dépêche envoyée à Washington que les libéraux interrogés par lui sont « d'humeur presque triomphante » après *The job.* Il ajoute : « L'image d'innovation idéologique que le parti a reflétée depuis 1960, l'image de Lesage, maître politicien présidant une équipe de cerveaux s'opposant et se stimulant brillamment les uns les autres, vient d'être ternie par le renvoi, exécuté plutôt brutalement, de Lévesque. »

Bourassa en est conscient. Et s'il a choisi son ambition plutôt que sa conviction, il n'en a pas moins appris une grande leçon. S'il y avait, dans le caucus et le Parti libéral, le pire et le meilleur, il voit bien que c'est le meilleur qui part. Lévesque emporte des forces vives. « Une grande perte pour le parti, déplore Bourassa ce jour-là. Ce sera un homme difficile à remplacer. » Il en veut à la direction libérale qui a provoqué, plutôt que de prévenir, la rupture. Kierans part bientôt rejoindre Trudeau à Ottawa. Gérin-Lajoie, mis sur une voie de garage, n'aura de cesse de se recaser mandarin à Ottawa. Le groupe des réformistes est scindé, écrasé, récupéré. Le triomphe de Lesage est total. Quelle opinion peut avoir Robert Bourassa du parti qui vient d'expulser cavalièrement l'homme politique québécois qu'il admire le plus ?

Hier, comme ses collègues, il dédaignait le caucus. Aujourd'hui, resté derrière, commence-t-il à détester le parti ? Il s'ouvre de cette peine politique au député libéral fédéral qui représente sa circonscription : Gérard Pelletier, rencontré un dimanche après-midi de janvier au festival sportif de l'école Saint-Pierre-Claver. Pelletier note dans son journal : « J'y rencontre Robert Bourassa qui me laisse deviner son amitié fervente mais aussi son douloureux désenchantement à l'égard de René Lévesque. Je sens — parce que moi aussi j'aime bien René — que mon interlocuteur serait heureux de pouvoir l'admirer comme naguère. »

Mais puisqu'il a payé le prix émotif de la rupture, ne faut-il pas que le résultat en vaille la peine ? Les chroniqueurs ont toujours raconté cette histoire du point de vue de Lévesque. Libéré des pesanteurs du Parti libéral, il pouvait recommencer à zéro, fonder un parti neuf, sans caisse occulte, où il y aurait de vrais débats (trop !) où le quotient intellectuel serait valorisé, où on ne parlerait ni de contrats d'asphalte ni de « télégraphes ».

Pour Bourassa, c'est aussi un commencement. Mais il part en sens inverse. À la fin de 1966, Ryan avait écrit un éditorial sur Lévesque, Bourassa et leur groupe : « Ce qui unit ces éléments, c'est un attachement commun au contenu

intellectuel de la politique, leur désir unanime de faire de l'engagement politique une aventure intellectuelle et sociale très exigeante. » Bourassa voudrait
bien poursuivre dans cette voie. Mais Lévesque parti, avec qui pourrait-il s'y
engager ? Avec les ex-ministres Claude Wagner, amant de la matraque, ou
Pierre Laporte, qui semble avoir laissé son intégrité au vestiaire quand il a
quitté son emploi au *Devoir* ? Les députés Bona Arsenault et Louis-Philippe
Lacroix, anti-intellectuels notoires qui dominent maintenant le caucus ?

Cette « aventure intellectuelle et sociale », il l'entreprendra tout seul,
décide-t-il sans doute. Il la vivra malgré le parti. Il la vivra une fois au pouvoir.
Mais il faut d'abord y arriver. Et puisqu'il n'est plus question de suivre la voie
de « l'attachement au contenu intellectuel de la politique », il en prendra une
autre. Mais c'est encore pour la bonne cause.

⋆   ⋆   ⋆

« Vous, allez-vous-en. Je ne veux plus vous voir ici ! » L'homme qui vient
de faire irruption en haut de l'escalier du sous-sol de la rue Britanny s'appelle
Paul Desrochers. Il met dehors les amis que Bourassa invite, chaque mois
depuis un an, pour planifier sa course à la chefferie. À l'hiver 1969, Desrochers
prend la maîtrise de la situation. Bourassa le laisse faire. Il vient de trouver son
nouveau guide. L'affaire n'est pas banale. Desrochers, c'est le fossoyeur de
Lévesque au congrès de 1967. Celui qui a transformé le débat en abattoir,
allant jusqu'à empêcher les lévesquistes de réserver des chambres au Château
Frontenac, logis de tous les délégués qu'il fallait convaincre. Celui qui a interdit
l'entrée du congrès aux photographes, cameramen et journalistes de radio,
pour qu'il ne subsiste pas de traces trop vives du règlement de compte. Bourassa embauchant Desrochers, c'est l'ami de la victime adoptant l'assassin, et
le priant de commettre de nouveaux forfaits.

L'irruption de Desrochers est la deuxième intervention du destin dans le
trajet de l'orphelin de Saint-Pierre-Claver. En 1958, il y avait eu les Simard,
pour apaiser son insécurité économique personnelle, la remplaçant par l'insécurité du « vieil argent » sur son déclin. À 11 ans de distance, il y a Desrochers,
pour le désensibiliser aux impératifs de la morale politique et l'instruire dans
l'art du double jeu, de la terre brûlée, de la victoire à tout prix.

Desrochers, c'est l'anti-Lévesque. Le J. R. Ewing de la politique québécoise. Un être fascinant qui, au détour des témoignages et des notes de bas de
page, réclame à grands cris l'avènement de son biographe. Que le lecteur se
rassure, il ne le trouvera pas ici. Mais avis aux plumes qui cherchent un bon
sujet.

De 10 ans l'aîné de Bourassa, Desrochers, bien qu'ayant travaillé pour
Duplessis dans les années 50, n'est pas de la race des organisateurs antédilu-
viens qui occupaient jusqu'alors l'appareil. Au contraire, Desrochers est le
porteur de la modernité dans l'art électoral et partisan. Ancien colonel de
réserve — une blessure au dos l'empêche de dormir plus de quatre heures par

nuit et en fait donc un bourreau de travail —, Desrochers avait été commissaire d'école, puis président de la Fédération des commissions scolaires. Il avait obtenu un diplôme en administration des affaires à l'université Columbia. Intéressé par les techniques électorales développées par l'organisation de John Kennedy en 1960, puis perfectionnées par les démocrates et les républicains en 1964, Desrochers allait assumer les frais d'un stage de six mois, en 1966, pour étudier aux États-Unis cette révolution électorale. Le courriériste parlementaire Don Murray le décrit comme suit : « C'était un homme raide, les cheveux gris, la mâchoire carrée, les lèvres serrées, invariablement vêtu d'un complet discret et sans ostentation, à l'image de l'homme même. »

Il était passé de l'UN au PLQ au début des années 60, grâce notamment à des amitiés libérales entretenues au sein de l'Ordre de Jacques-Cartier — la « patente » secrète où s'entraidait l'élite canadienne-française. Il avait fait campagne pour Gérin-Lajoie, puis avait œuvré au sein du nouveau ministère de l'Éducation. En 1967, il atterrissait comme par magie au poste de secrétaire général du PLQ, devenant son grand organisateur. Sa loyauté à Lesage a fait quelques zigzags quand il a craint que l'homme ne puisse reconduire le parti au pouvoir.

Mais en 1969, Lesage et Desrochers obtiennent un document qui change tout. Le PLQ a commandé à une firme spécialisée de Chicago, la Social Research Inc, un mégasondage devant déterminer quel genre d'homme le peuple québécois voudrait comme chef.

La réponse est surprenante à plus d'un titre, et trahit à la fois le changement social considérable opéré au Québec depuis 1960 et les inquiétudes induites par ce changement. Les Québécois veulent un homme décidé et compétent, qui doit s'occuper principalement d'économie — thème alors mineur en politique. Les électeurs croient que cette science « nouvelle » est l'outil indispensable pour régler un problème alors extrêmement aigu : le conflit des générations. La croissance économique, conclut le sondage, permettrait selon les électeurs de « détourner les jeunes du chaos et de les diriger dans la voie de la croissance et de la maturité ». En ces matières, il ne s'agit pas d'être d'accord, mais de répondre au besoin exprimé.

Un chef fort, féru d'économie, ce pourrait être encore Lesage, pense Desrochers. Mais il y a plus : le sondage décrit un chef bien versé « dans la plupart des aspects d'un monde maintenant complexe ». Lesage représente la compétence, pas la complexité.

« Nous étions stupéfaits, dira un des membres de la direction libérale. Le portrait-robot ne correspondait ni à Laporte ni à Wagner. Le chef recherché était plutôt un jeune homme d'affaires, avec des connaissances très poussées en économie. L'homme qui répondait le mieux au portrait était Bourassa. Moi, je ne le connaissais guère à l'époque, mais sans le connaître, j'ai accepté qu'il devait devenir chef. » Un aveu qui en dit beaucoup sur les critères de sélection d'un chef.

L'histoire retient que Lesage a démissionné en août 1969, victime d'un quasi-putsch ourdi par Wagner et appuyé par les libéraux fédéraux. Mais l'arrivée de Desrochers dans le sous-sol de la rue Britanny plusieurs mois plus tôt, au début de l'année 1969, impose une autre hypothèse. Il semble que Lesage ait accepté de laisser sa place, heureux qu'aucun de ses vieux ennemis ne la lui arrache, content plutôt de la céder à celui qu'il considère presque comme son fils. « C'est Lesage qui avait décidé que ce serait moi », confiera l'intéressé 20 ans plus tard.

Ce n'est pas dans la poche, car Wagner, le plus populaire des prétendants libéraux dans les sondages d'opinion publiés par les journaux, et Pierre Laporte, le mieux organisé dans le parti et au sein du caucus, tentent leur chance. Pourquoi pas ? Car ce Bourassa, faut-il le souligner, personne ne le connaît à l'extérieur des cercles d'initiés. Il est député d'opposition depuis quatre ans, n'a jamais été ministre, n'a jamais pris le devant de la scène. Comment peut-il même prétendre au poste suprême ?

Desrochers va s'occuper de tout. Monopolisant la liste de membres du parti, il envoie une lettre à chacun des 70 000 militants, les invitant à plébisciter Bourassa en envoyant des cartes-réponses l'encourageant à se présenter. C'est la copie québécoise du mouvement *Draft Kennedy* utilisé avec succès pendant la course à l'investiture du Parti démocrate américain en 1960. Les 16 000 libéraux qui renvoient leurs cartes deviennent les troupes, fichées, répertoriées, que Desrochers va mobiliser dans les assemblées de circonscription pour faire triompher son candidat. Ces informations, alors traitées par Desrochers sur « l'ordinateur » loué par le PLQ, lui permettent de prévoir l'issue du scrutin, à 100 votes près. Jamais campagne québécoise à la chefferie n'avait été aussi professionnelle.

Jusque-là, tout est de bonne guerre. Jusque-là seulement. En début de campagne, Desrochers laisse entendre à Laporte qu'il sera son organisateur. Trop content, le député ne s'en cherche pas d'autre, jusqu'à ce qu'il découvre que son *king pin* travaille pour l'ennemi ! Les clans Laporte et Wagner aimeraient bien eux aussi disposer de la liste des membres. Mais Desrochers la garde pour lui et le PLQ ne la leur « vend » 1200 dollars qu'à la toute veille du déclenchement des conventions de sélection des délégués au congrès.

Bourassa n'a pas besoin d'argent. Non parce que sa belle-famille lui signe des chèques, mais parce que le nom Simard délie les bourses. Laporte, lui, accumule une dette de 169 000 dollars. Il soupçonne Desrochers de faire pression sur des gros donateurs du parti, les menaçant de représailles s'ils versent leur obole au clan Wagner ou au sien. Laporte compte beaucoup sur la patience d'un de ses principaux créanciers, une imprimerie qui a fabriqué son matériel de campagne et qui appartient au journal *La Voix de l'Est*. Laporte lui doit 9000 dollars. Quelques jours avant le congrès, un huissier se présente à la résidence du candidat, avec ordre de saisir ses meubles. Laporte doit faire appel à la générosité de ses amis pour éviter le scandale, et l'annihilation de sa crédibilité politique. *La Voix de l'Est* appartient à Paul Desmarais, et on entend Laporte jurer : « Ça, c'est du Paul Desrochers. » Mais Laporte doit encore emprunter pour éponger la dette. Peu après le congrès, selon des rapports de police, lui et ses principaux adjoints rencontrent des chefs de la mafia montréalaise.

Bourassa, lui, joue son rôle avec brio et incorpore dans son comportement et dans son discours chaque détail du sondage de Chicago. Il parle d'« intégrer la jeunesse à l'ensemble de la collectivité », de « combler le fossé chaque jour plus profond qui se creuse entre les générations ». Loin de gommer ses airs de technocrate, il les met en valeur, porte presque ses diplômes d'Oxford et de Harvard sur le revers de son veston, ne camoufle en rien sa jeunesse. C'est tout un atout en 1969, en pleine révolte étudiante. « Bourassa était le seul député libéral qui pouvait aller devant les étudiants des HEC et leur parler sans se faire huer », se souvient un organisateur du parti.

Le 17 janvier 1970, au Colisée de Québec, après que les défilés de militants pro-Bourassa eurent scandé le nom du futur chef avec la spontanéité de *cheerleaders* américaines, et dans le minutage imparti, Bourassa l'emporte au premier tour de scrutin, avec 53 % des voix. Ce n'est pas une victoire, c'est un triomphe.

Bourassa n'a que deux mois de répit, car le gouvernement déclenche bientôt des élections, pour le 29 avril 1970. Toujours bon étudiant, Bourassa choisit avec Desrochers trois thèmes découlant du grand sondage de Chicago : Les sondés veulent de la croissance pour pacifier la jeunesse ? Il promet de créer 100 000 emplois, sans avoir la plus petite idée quant à la façon de s'y prendre ! (Le slogan lui est venu sous la douche, en se lavant les cheveux.) Les sondés veulent un chef qui connaît les complexités de la vie moderne ? Il parle d'instaurer dans l'administration du budget le système de gestion PPB — pour *Planning, Programming, Budgeting system* —, un jargon qui impressionne les badauds. Les sondés ont peur de l'inconnu ? Il attaque « l'aventure » qu'incarnent le PQ et le séparatisme.

Reste à trouver quelque chose à dire sur le plan constitutionnel. Sa contribution à *Option-Québec* maintenant reniée, son goût marqué pour le statut particulier désormais tabletté, il s'invente une théorie — ou faut-il dire un slogan — qui tient essentiellement du positionnement politique. Vingt ans plus tard, il avouera qu'il était toujours, en 1970, d'accord avec la revendication du statut particulier. « Mais je ne suis pas sûr que le Parti libéral fédéral, qui était quand même très présent dans la politique québécoise, l'était, lui. Il ne faut pas oublier la popularité de Trudeau. » Oui, évidemment, dans ce cas, pourquoi s'encombrer de principes ? Entre Lévesque et Trudeau, ajoute-t-il, « il ne me restait plus grand-place ». Alors il invente une position à saveur économique, comme le reste : le fédéralisme rentable.

Pour amuser les foules, il lui arrive même d'être dangereusement allusif : « Les libéraux du Québec doivent être prêts à pousser la logique du fédéralisme jusqu'à ses conséquences ultimes, et certaines d'entre elles pourraient fort bien prendre au dépourvu leurs vis-à-vis fédéraux. » Une menace ? Non. Des mots.

Ces thèmes sont testés, affinés, calibrés, grâce à un autre supersondage. Voilà pour le contenu. Mais pour le style ? Ça tombe bien, Joe McGinniss vient de publier aux États-Unis un livre décrivant avec moult détails comment la campagne présidentielle de Richard Nixon s'est déroulée en 1968 ; on a tout contrôlé : ses apparitions télévisées, la couleur de sa cravate, le décor, les angles de caméra, les publicités, les discours préenregistrés. Les conseillers de Bourassa s'en inspirent largement pour la mise en marché de leur poulain. Le maître d'œuvre de cette opération, Charles Denis, deviendra, avec Desrochers, un des principaux conseillers de Bourassa. Il tourne entre autres ses propres « reportages » de campagne, professionnels et flatteurs. Le résultat est expédié aux stations de télévision. Radio-Canada refuse de les utiliser, mais plusieurs stations régionales, trop heureuses d'avoir ce matériel gratuit et léché, se font les relais de la propagande bourassienne.

Le 29 avril 1970, à 36 ans, Robert Bourassa devient le plus jeune premier ministre de l'histoire du Québec, avec 44 % des voix et 72 sièges sur 108.

Est-il seulement certain de mériter cette victoire ? « Il y a toujours un concours de circonstances qui fait que la chance nous favorise, expliquera-t-il. C'est ce qui m'est arrivé la première fois que j'ai été élu en 1970. » Concours de circonstances ? Plutôt deux fois qu'une ! Sans le sondage de Chicago, sans Desrochers, il ne serait pas chef du PLQ, donc pas premier ministre, c'est une absolue certitude. À la fin du congrès de 1967, après le départ de Lévesque, Bourassa était presque seul. Même l'appui de Lesage n'aurait pas suffi à lui obtenir la victoire. L'étoile du père de la révolution tranquille s'éteignait — il s'était même effondré, ivre mort, pendant un caucus — et, qui sait ? ce seul appui aurait pu constituer un boulet pour le député fiscaliste. Sans le sondage et Desrochers, Wagner-le-populaire ou Laporte-l'organisé aurait gagné la chefferie. Quant à l'élection, qui sait ? Bourassa aurait été une figure majeure, mais pas dominante du parti. Ministre des Finances, peut-être.

Une fois franchie, grâce au « concours de circonstances », l'étape de la chefferie, et compte tenu de la faiblesse du gouvernement unioniste sortant, il eût fallu être bien médiocre pour perdre l'élection. Dans ce dernier test, Bourassa fut un bon candidat, crédible et compétent. Mais la campagne tout entière fut l'œuvre de Charles Denis, de Paul Desrochers et d'un de ses adjoints, bon élève ès cynisme, Jean-Claude Rivest.

Bourassa est assez intelligent pour constater que sa victoire est le fruit d'un raccourci. Il voit bien que, pendant la course à la chefferie, Desrochers a usé du PLQ comme d'un citron que l'on presse, sans ménagement si nécessaire, excisant les pépins au passage. Bourassa pensait-il que le parti du libéralisme au Québec devait être un forum d'idées, de débats, un creuset de programme, une courroie de transmission entre le peuple et son élite éclairée ? « Le départ de René Lévesque a complètement changé la dynamique au parti », expliquera-t-il. Il parle de la dynamique politique. C'est vrai aussi de la dynamique tout court. Bourassa et Desrochers se servent du PLQ comme d'une courroie, mais en sens inverse, du haut vers le bas, de l'élite vers le peuple.

Bourassa voit bien aussi que sa campagne électorale a été préfabriquée de bout en bout. Rien à voir avec le programme politique libéral de 1962, sur la nationalisation de l'électricité, ou avec celui de 1966, qu'il avait préparé avec Lévesque. Il s'agissait, là, de trouver de vraies solutions à de vrais problèmes, puis d'en faire un tri électoralement rentable. Au contraire il s'est agi, en 1970, de trouver ce qui était électoralement rentable, puis d'en extraire des thèmes ou des slogans. Que ces thèmes constituent ou non de vraies solutions à de vrais problèmes, on s'en foutait.

Qu'en aurait dit Nye Bevan ?

« Le sens politique, on l'a ou on ne l'a pas, expliquera un jour Bourassa. C'est inné. Si on ne l'a pas, il n'y a rien à faire. Si on l'a, il faut le développer. C'est comme un muscle. Un politicien, comme un athlète, doit s'entraîner. » La course à la chefferie, la campagne électorale, constituent le grand Nautilus de Robert Bourassa. Éprouve-t-il quelque remords ? Quelque gêne ? Si oui, il le cache bien. Et partout autour de lui, les politiciens semblent faire de même. De Gaulle, en 1958, n'a-t-il pas au moins péché par omission, sur l'affaire algérienne, dans sa marche vers le pouvoir ? Il a cependant été clair et net sur toutes ses autres intentions, et les a concrétisées. Kennedy ne s'est-il pas fait élire, en 1960, en accusant les républicains de s'être laissés distancer par Moscou dans la course aux armements ? C'était faux, et Kennedy s'en doutait. Il n'en a pas moins redonné à l'Amérique l'espoir, et une nouvelle jeunesse. Lyndon Johnson, son successeur, n'a-t-il pas multiplié les bassesses pour occuper le bureau ovale ? Ça ne l'a pas empéché, une fois installé, d'être le plus réformiste des présidents depuis Franklin Roosevelt.

Au Canada, Bourassa voit bien le libéral Pierre Trudeau, qu'il n'aime guère, et son ami René Lévesque, qu'il admire toujours — sans parler de son camarade de classe Pierre Bourgault — faire le pari de la conviction, de la franchise et de la transparence. Mais pourquoi prendre ce risque ? « Une fois candidat à la chefferie, on est bien obligé d'être réaliste », dira Bourassa.

Le soir de son élection, le 29 avril 1970, alors qu'il réalise le rêve de toute une vie : devenir premier ministre du Québec, Bourassa brûle de partager sa joie avec un compagnon. Qui appelle-t-il d'abord ? Jean Lesage ? Marcel Bélanger ? Édouard Simard ? Jacques Godbout ? Non. Il appelle René Lévesque qui, lui, n'a pas été élu dans son comté, ne forme pas l'opposition officielle mais récolte quand même, au premier essai de son Parti québécois, 23 % du vote.

On ne sait pas ce que Bourassa lui dit. Mais c'est sans doute sur le mode : René, j'y suis arrivé, j'ai gagné, je peux commencer.

Les moyens, presque toujours, façonnent la fin. Et si Bourassa s'est laissé porter par le cynisme de Desrochers pour prendre le pouvoir, cette encre

antipathique a certes déteint sur lui. Mais ne l'a pas encore englouti. Malgré
le choix déchirant de 1967, malgré le compagnonnage amoral de 1969-1970,
l'ex-membre étudiant du Parti travailliste britannique n'est pas mort.

Bourassa mesure, dans l'intervalle de trois mois entre le congrès et l'élection générale, le prix à payer pour les étapes sautées. Au caucus, il se heurte
au pouvoir de Laporte, qui compte beaucoup de députés alliés. Bourassa
compense, s'astreignant à former autour de lui une équipe de réformistes
compétents et dévoués. De plus en plus allergique au caucus, il sera choyé au
cabinet. Il semble vouloir recréer une troupe de sociaux-démocrates comme
celle qu'animaient, au salon de l'Épave, René Lévesque et Eric Kierans de
1964 à 1966.

Il accueille dans son équipe de ministres Claude Castonguay, coauteur
d'un plan de réforme du régime d'assurance-santé, et Guy Saint-Pierre, croisé
à Oxford et devenu ingénieur. Il tente de recruter Claude Morin, le haut
fonctionnaire spécialiste de la constitution, pourtant mal vu dans les cercles
libéraux, car soupçonné de tendances séparatistes. « Nous formerons une
équipe formidable, il y a tellement à faire », dit-il à Morin, sur un ton pressant,
presque suppliant. La nouvelle équipe compte Jean-Paul L'Allier, qui a fait sa
marque à l'Office franco-québécois pour la jeunesse. Raymond Garneau, aussi,
ex-chef de cabinet de Lesage, dans les années d'opposition, a le profil du jeune
loup. Bourassa gardera les Finances par-devers lui, comme l'avait fait Lesage.
Il garde aussi la direction des relations fédérales-provinciales, un dossier qu'il
préférerait balayer sous le tapis, car s'étant posé comme un politicien « économique », il sent que le terrain constitutionnel, sur lequel Trudeau et Lévesque
campent, ne peut lui être favorable.

Mais ce qu'il apprend dès son élection lui donne, il le dira, un certain
vertige :

> Ce que j'ai découvert, la première journée de mon mandat, c'est un pouvoir
> immense. Le premier ministre actuel a un pouvoir beaucoup plus grand qu'au
> temps de Maurice Duplessis : l'État est présent aujourd'hui dans tous les secteurs,
> c'est la moitié de l'économie.

> Et dans notre système parlementaire, le premier ministre nomme les ministres, les
> sous-ministres et, à toutes fins utiles, les candidats dans les comtés. C'est lui qui
> détermine l'agenda du Conseil des ministres, en interprète le consensus [donc
> décide de tout], choisit le moment de l'annonce des décisions, de l'ouverture de
> la session et du dépôt des projets de loi, déclenche les élections.

> C'est un système presque présidentiel, à la française plutôt qu'à l'américaine. Si
> les ministres ne sont pas d'accord, ils peuvent toujours démissionner. La seule
> façon de renverser un premier ministre, c'est un vote en Chambre.

Au début de 1970, il n'est pas question de ça. Et il laisse ses ministres
concocter des réformes, comme s'il voulait reprendre le flambeau de la révolution tranquille là où Lesage l'avait laissée en 1966. Castonguay, surtout,
applique sa réforme de l'assurance-maladie et se heurte à la farouche résistance

des médecins. Bourassa l'appuie, tant pis s'il y a un peu de grabuge. Dans les champs qui ne touchent pas strictement l'économie, les réformistes se mettent à l'œuvre : adoption d'un code des corporations professionnelles, de l'aide juridique, de la cour des petites créances, création de l'Office de protection des consommateurs, indemnisation des victimes d'actes criminels. « Bourassa nous laissait presque entièrement libres, raconte un de ses ministres. Alors, si on avait des choses qu'on voulait faire, on les faisait. C'était très bien pour ceux qui avaient des idées. »

Puis, six mois après l'élection, survient la crise d'octobre 1970. Un point tournant dans la vie politique de Bourassa. Pas pour les raisons qu'on croit.

Quand l'attaché commercial britannique James Richard Cross est enlevé le lundi 5 octobre 1970 par le Front de libération du Québec (FLQ), Bourassa traite l'affaire comme un fait divers. Chaque semaine dans *L'Express* et *The Economist*, on rend compte de semblables événements, se déroulant dans tel ou tel pays, et on n'en fait pas tout un plat. Il laisse son ministre de la Justice, Jérôme Choquette, s'occuper de l'incident, et part comme prévu le mercredi 7 octobre pour New York où il doit rencontrer des investisseurs. Bourassa a le sens de la mesure et des priorités. Ceci importe infiniment plus que cela. Bourassa et son équipe de conseillers — dont Desrochers et Rivest — ont survécu à la course à la chefferie, à l'élection, à la formation du cabinet et à une grève de la construction. L'enlèvement de Cross est une vétille en comparaison de tout cela. Et il a ce commentaire, à propos des investisseurs : « Que vont-ils dire si je n'y vais pas ? Ils vont dire que le Québec n'est pas un endroit sûr, car même le premier ministre a peur de quitter la province. »

Pendant son absence, le ministre fédéral des Relations extérieures, Mitchell Sharp, qui dirige d'Ottawa une partie des opérations, car la personne enlevée est un diplomate, décide d'acquiescer à une des demandes felquistes : la lecture, sur les ondes de Radio-Canada, du manifeste indépendantiste et marxisant du FLQ. Bourassa n'était pas partie à cette décision. Parlant de Trudeau, patron de Sharp, il dira : « Il a démontré qu'il était prêt à faire des concessions très humiliantes. » Trudeau n'a pas été consulté par Sharp, mais la lecture du texte est effectivement indigeste. Trudeau y est traité de « tapette » — et Bourassa de « serin des Simard ». Mais il est intéressant d'entendre Bourassa juger Trudeau trop mou.

Le samedi 10 octobre, Bourassa revient de New York. Il reçoit un appel de Jérôme Choquette, qui veut le rencontrer toutes affaires cessantes. Choquette, qui n'a presque pas dormi de la semaine, est au bord de l'effondrement nerveux. La rencontre se déroule dans d'étranges circonstances. « En arrivant à Montréal, raconte Bourassa, on m'a dit que le ministre de la Justice voulait me parler de toute urgence. La rencontre, je ne sais pas pourquoi, a eu lieu dans le plus grand secret. On m'a emmené, dans une automobile, derrière l'hôtel de ville [de Montréal]. Décor un peu insolite pour une discussion. » Frappé par le manifeste marxisant du FLQ, Choquette veut annoncer à la télévision ce soir-là la création d'un « ministère de la Paix sociale » qui se pencherait sur les problèmes soulevés par les felquistes. Ainsi amadoués, croit-il, ils relâcheraient leur otage. Bourassa écarte ces « suggestions sans doute un peu curieuses », dira-t-il, et prend les choses en main. Le soir même, son ministre Pierre Laporte est lui aussi kidnappé.

À partir de ce point, l'attitude de Bourassa est à deux vitesses : l'action et l'image.

L'action. Le soir de l'enlèvement de Laporte, Bourassa appelle Pierre Trudeau pour lui demander de tenir l'armée en réserve. Soulignons : c'est Bourassa qui prend l'initiative. Le lendemain, dimanche, après une réunion de stratégie avec ses conseillers dont Desrochers, il reparle à Trudeau, qui, peu après, a résumé ainsi la conversation : « Dès le dimanche, le gouvernement du Québec disait qu'il allait nous demander les mesures de guerre. On a retardé durant plusieurs jours, d'accord avec eux [Bourassa] d'ailleurs, dans l'espoir que la police finirait par trouver les ravisseurs et M. Cross et M. Laporte. » Soulignons encore : c'est Bourassa qui prend l'initiative : 1) de faire venir l'armée — mesure non inédite, l'armée étant venue à Montréal en 1969 pendant la grève des policiers, et justifiable car permettant d'assurer la sécurité des personnes et des biens, et de libérer les forces policières pour leur tâche d'enquête ; 2) de réclamer les mesures de guerres, donc la suspension des libertés civiles, mesure injustifiable et injustifiée*. Jean Drapeau, le maire de Montréal alors en pleine campagne électorale, fait également pression auprès de Trudeau, et multiplie les appels.

Pourquoi Bourassa veut-il suspendre les libertés et procéder à des centaines d'arrestations préventives, dont il sait, il le dira, que c'est une pratique qui « va à l'encontre du respect des libertés fondamentales » ? Un de ses principaux adjoints l'explique au journaliste Don Murray : « Nous n'avons jamais

---

* Dans ses Mémoires publiés en novembre 1993, Trudeau rapporte ce qui suit : « Quelques heures à peine après l'enlèvement de Pierre Laporte, le premier ministre Bourassa me téléphonait de Québec [en fait, de sa résidence de Sorel] pour me déclarer : "Pierre, il va falloir que tu nous envoies l'armée et que tu songes à invoquer la Loi des mesures de guerre." Et je lui faisais une réponse à deux volets : "Pour ce qui est de l'armée, tu connais la loi canadienne de la Défense : elle nous oblige à répondre positivement. Il suffit que ton procureur général demande en bonne et due forme l'intervention des forces armées pour qu'elles arrivent presque aussitôt. Mais le recours aux mesures de guerre, le seul moyen dont nous disposions pour déclarer l'état d'urgence, c'est une tout autre histoire. Les conséquences d'un tel recours seraient très graves et nous n'avons pas la preuve qu'il soit nécessaire. Je préfère ne pas y penser." En somme, je répondais oui à la première demande, comme la loi m'y obligeait, et non à la seconde. J'ajoutai : "Voyons d'abord comment la situation va évoluer." Et Bourassa fut d'accord. » La facture de cette conversation est plutôt louche, elle sent l'« écrit » plus que le « parlé » et elle sert trop celui qui la raconte. Mais sur le fond, elle recoupe d'autres témoignages, et elle est cohérente avec ce que Trudeau en a dit, ailleurs, depuis plus de 20 ans. Quant à « la preuve » « nécessaire » pour invoquer les mesures de guerre, elle suppose qu'une autorité gouvernementale dise constater « un état d'insurrection appréhendée ». Bourassa admettra en 1977 que rien de tel n'existait à l'époque.

pensé que ces gens [les 500 militants péquistes, marxistes ou syndicalistes emprisonnés et les 3000 militants dont les résidences ont été perquisitionnées sans mandat] allaient livrer des renseignements qui pourraient nous conduire à Cross et à Laporte. Notre but était de les mettre sur des tablettes pendant un certain temps, c'est tout*. » Dans une entrevue télévisée réalisée peu après les événements, Bourassa a voulu clairement indiquer qui était responsable de ces décisions : « J'ai assumé mes responsabilités », a-t-il déclaré. Puis il a ajouté : « Le gouvernement du Québec, c'est lui qui a pris les décisions en dernier ressort et on pourra le pouver. » Il reste indubitable que Robert Bourassa, Pierre Trudeau et Jean Drapeau, garants des droits démocratiques des citoyens, ont instauré, dans les derniers mois de 1970 au Québec, un État policier où le délit d'opinion était sévèrement puni. Ils ne s'en sont jamais excusés.

Action, toujours. Bourassa décide de réunir ses ministres à l'hôtel Reine-Elizabeth, pour faire le point. Il les trouve dans un état d'excitation avancé. Selon un de ses adjoints, on en trouve quatre catégories : les hystériques, dont deux éclatent en sanglots ; les peureux, qui tentent tant bien que mal de se dominer mais dont certains refusent d'aller aux lavabos sans escorte policière ; les égarés, qui ne comprennent pas ce qui se passe ; puis, en minorité, les têtes froides : Claude Castonguay, Guy Saint-Pierre, Raymond Garneau et Gérard D. Levesque.

---

*   Ce récit ne doit pas servir à exonérer Pierre Trudeau. D'autant qu'on sait maintenant qu'à Ottawa, la GRC avait avisé Trudeau que les mesures de guerre étaient inutiles et que les arrestations prévues étaient sans objet. Le père de la charte canadienne des droits de la personne n'en eut cure. Dans un document secret écrit peu avant, en 1969, Trudeau refusait de faire une distinction entre le mouvement indépendantiste légal, représenté par le PQ, et illégal, représenté par le FLQ. Faisant sciemment l'amalgame, il identifiait « le séparatisme » comme la principale menace contre l'État canadien. (En 1993, il écrit encore : « Les démocraties doivent en permanence se garder contre les forces de dissolution lorsqu'elles se manifestent. ») La GRC comprit donc qu'elle devait traiter le PQ comme s'il s'agissait du KGB, l'espionner, l'infiltrer, lui voler sa liste de membres. Trudeau écrit sans rire : « Quand certains policiers en ont conclu qu'il fallait espionner l'activité globale du Parti québécois, ils se sont trompés. » Ce n'est pas la version du directeur de la GRC de l'époque, John Starnes. On sait aussi que la liste des gens « à arrêter » en octobre 1970 circulait plusieurs jours avant la suspension des libertés, et que des pressions québécoises étaient exercées sans succès sur la GRC pour que les arrestations débutent sans attendre. Trudeau écrit dans ses Mémoires que la suspension des libertés lui « répugnait profondément ». Mais, pendant les événements, jamais Trudeau ne s'est inquiété du sort réservé aux prisonniers d'octobre ; jamais il n'a évoqué la possibilité d'une libération précoce, lorsqu'il devint publiquement évident que les prisonniers n'étaient pour rien dans la crise ; jamais il ne s'est surpris du fait que la police provinciale et montréalaise fouillait les logis des organisateurs péquistes comté par comté, quartier par quartier. Dans ses Mémoires écrits (dictés ?) 23 ans après le fait, il reconnaît enfin que, « de toute évidence », la liste utilisée par la Sûreté du Québec était « trop longue et mal vérifiée », peuplée de « militants et de protestataires, vociférants mais bien incapables d'activité criminelle ». Mais c'est l'« erreur » de la SQ ; il ne s'excuse pas de lui avoir donné le pouvoir de la commettre. Il ajoute d'ailleurs : « Je ne jette pas la pierre à ces corps policiers ». « On m'a souvent demandé si la crise d'octobre m'inspirait des regrets. Ma réponse a toujours été négative. » C'est aussi l'attitude de Robert Bourassa.

Interrogé plusieurs fois à ce sujet par la suite, Bourassa refusera toujours d'en parler : « Je n'ai aucun jugement à porter sur mes collègues. [...] Évidemment, quelques-uns étaient plus tendus, d'autres plus calmes. Je ne donnerai pas de noms. »

Mais Bourassa est par conséquent heureux d'avoir pris seul et au préalable la décision de suspendre les libertés civiles. Il ne consulte pas ses ministres sur ce point gravissime. Sonné par la vision de cet assemblage de pleureurs et de pleutres, Bourassa tire au sujet du cabinet la conclusion qu'il avait tirée à sa première rencontre du caucus en 1966. Il développe envers ses ministres un sentiment qui va de la déception au dédain, pointant parfois jusqu'au mépris.

L'image, ensuite. Pendant toute la crise, la presse, la population et les experts fédéraux ont eu l'impression d'un premier ministre Bourassa hésitant, mou, faible, à la limite de l'écrasement. Quel rapport avec le chef ferme et décidé, réclamant les mesures les plus draconiennes, gardant son sang-froid pendant que la plupart, autour de lui, le perdent ? Aucun. C'est une fabrication, délibérément répandue par Bourassa. Son ami, qu'il désigne comme négociateur avec le FLQ, Robert Demers, explique la technique : « Robert aime laisser ses adversaires caresser la douce illusion qu'il est plus faible qu'eux. » Bourassa pense avoir lu ça dans Machiavel*.

Pendant la crise, Bourassa disparaît d'abord de la circulation pendant quatre jours. Il est à New York. On ne le voit presque pas à la télévision. Avant l'enlèvement de Laporte, il est l'homme invisible. C'est fortuit, mais ça induit un climat de vacance du pouvoir. Alors qu'en privé il est intransigeant, en public, le lundi soir suivant l'enlèvement de Laporte, il semble prêt à céder, et parle de « mettre en œuvre des mécanismes qui garantiraient cette libération » des prisonniers, membres du FLQ condamnés pour vols, homicides et attentats à la bombe, dont les kidnappeurs réclament l'élargissement. Dès son retour de New York, il appelle Claude Ryan au Devoir, et lui fait le grand numéro du chef indécis. Il reçoit même le député Guy Joron, alors une des étoiles de la députation péquiste, et lui dit : « Je connais personnellement un grand nombre de ceux qui vont être arrêtés. Je les aime bien et souvent je me sens plus près d'eux que des membres de ma propre famille. Mais que puis-je faire ? Je sais que ma carrière politique est finie. » Il parle aussi à René Lévesque, qui enregistre la conversation, et lui laisse entendre que l'intransigeance réside à Ottawa : « Je suis en relation avec M. Trudeau, il n'a pas changé son attitude », dit-il. Ces « confidences » se répandent comme une traînée de poudre dans l'élite médiatique et politique. Le matin du 15 octobre, dans Le Devoir, une déclaration signée par Ryan, Lévesque et une dizaine de figures respectables invite à la conciliation et à la libération des « prisonniers politiques » felquistes (sic) contre celle des otages. Surtout, se répand la rumeur que Bourassa faiblit

---

*   L'auteur cherche toujours la référence exacte, mais a trouvé celle-ci : « De toutes les choses, un prince se doit bien garder surtout d'être haï et piteux » (17ᵉ lettre au prince).

sous la pression de Trudeau, à qui les augustes signataires reprochent une « rigidité presque militaire ».

À quoi sert cette mascarade ? À rejeter sur Pierre Trudeau l'odieux de l'application des mesures de guerre ? Peut-être, et celui-ci doit encore se défendre de sa décision 20 ans plus tard. Mais il y a peut-être plus encore. Car dans les cinq jours qui séparent le premier appel de Bourassa à Trudeau de la suspension des libertés, Bourassa trouve le premier ministre canadien trop lent à agir. Bourassa et Drapeau, écrit Trudeau, « ne me lâchaient pas ». « Ce qui, en dernière analyse, emporta mon adhésion, ajoute Trudeau, c'est le fait que la crise commençait d'affoler beaucoup de gens qu'on aurait crus plus raisonnables. » C'est le « désarroi ambiant » au Québec, écrit-il encore, parlant de la déclaration du *Devoir*, qui le fait bouger. « J'avais de bonnes raisons de croire que les chefs de file de l'opinion québécoise n'étaient plus tellement enclins à obéir à leur gouvernement légitime », dira-t-il en entrevue.

Bref, ce que Bourassa n'a pas réussi directement, il le réussit par la bande. La détermination, au téléphone, ne suffit pas. Il fallait la faiblesse, via les désinformés de la presse et de la politique. Une grande leçon. La mascarade a d'autres effets. Elle lui permet de se faire plaindre du public et des mères qui votent pour ce gendre parfait. Elle lui permet d'exagérer le danger felquiste dans l'opinion, pour que tout le mouvement indépendantiste, qu'il a évidemment identifié comme la plus grande menace électorale potentielle — car l'Union nationale s'effondre —, en soit diminué.

Qu'en aurait pensé Nye Bevan ?

★   ★   ★

Octobre 1970, c'est le mois où Robert Bourassa bascule définitivement. En lui, le cynique l'emporte sur le réformiste. Desrochers sur Lévesque. À la faveur de la crise, ayant contemplé son cabinet, il frappe une dernière fois sur le granit pour qu'émerge la forme finale, non du politicien parfait, mais du politicien seulement. Robert Bourassa est arrivé. Il a peaufiné sa méthode, qu'il faut maintenant admirer avec le recul.

De l'âge de 11 ans jusqu'à l'arrivée sur le trône, on l'a vu têtu. Rien ne pouvait le faire dévier de cette trajectoire vers le pouvoir. On est ici, dirait Peterson, « au cœur du personnage ». On le lit revendicatif dans *Le Quartier Latin*, déluré, dans son entrevue avec Duplessis, baveux, dans son débat avec Sauvé et le jeune Trudeau. On le sait dégourdi, à Oxford et à Harvard. On l'écoute, hardi, décrochant un emploi de Marcel Bélanger qui, lui, le découvre agressif. À la table de la commission, en 1965, « ce n'était pas tellement le doux Bourassa qu'on connaît, se souvient Bélanger. Ses contre-interrogatoires serrés en froissaient plusieurs. »

Sans rien perdre de sa détermination (au contraire, on n'a qu'à revoir la planification qu'il faisait en 1965 de son accession au trône pour 1972), Bourassa se met à jouer avec son attitude extérieure, à gérer sa coquille, son image. Elle se fait servile et effacée avec Jean Lesage. Enthousiaste et empressée avec René Lévesque. Neutre et muette quand ces deux géants de la politique entrent en collision. Obéissante et disciplinée sous les conseils de Desrochers. Faible et hésitante pendant la crise d'octobre.

Il comprend que cette faiblesse factice lui sied bien. Son ancien camarade de classe, Pierre Bourgault, qui lui rend parfois visite au début des années 70, décrit le phénomène. Il est bien placé pour l'étudier, car 10 ans plus tôt, lui, Bourgault, figure emblématique de l'indépendantisme première manière, était dépassé par son propre personnage public. En général, écrit-il donc, l'homme public :

> s'aperçoit vite que son image, plus grande que nature, est nettement démesurée par rapport au petit personnage humain qui la brandit. [...] Robert Bourassa, consciemment ou inconsciemment, a évité ce piège : il s'est fait une image si petite qu'il peut sans peine la nourrir, tant sont minimes ses exigences.

Octobre est l'apogée de ces deux courants : réelle fermeté et apparente faiblesse. Pendant les années qui suivent, Bourassa aura plusieurs occasions de faire preuve de froide détermination. Ainsi, après octobre, quand il met sur pied son Centre d'archives et de documentation, une bien piètre agence de renseignements, dont il écrira qu'« on s'est rendu compte de son utilité, surtout à la grève générale de 1972 ». Froide détermination encore pendant ce conflit, quand il décide, seul et contre l'avis des quelques ministres informés, de l'emprisonnement des trois chefs syndicaux. Un geste dont la gravité ne pâlit qu'en comparaison des mesures de guerre. Bourassa prend cette décision avec une absence totale d'émotion, selon un ami, et va ce soir-là comme toujours nager à la piscine, appelle quelques organisateurs, puis dort d'un sommeil serein.

Interrogé par le journaliste Raymond Saint-Pierre, en 1977, Bourassa commente lui-même sa transformation de « technocrate » qu'il était en 1970 en « politicien » qu'il est devenu par la suite :

> Bourassa : Je me suis moi-même adapté. Mao Tsê-Tung disait que la politique est une guerre sans effusion de sang. Quand vous êtes en état de guerre, il vous faut combattre. Et j'ai combattu, d'autant plus que les ennemis ne manquaient pas. [...] Si on regarde les faits, il n'y a pas un gouvernement en Occident qui a pris des mesures pour emprisonner trois chefs syndicaux. C'est la marque d'un gouvernement assez ferme.

Plus loin, Bourassa ajoute s'être retenu :

> Bourassa : Le régime démocratique britannique a ses contraintes et j'ai voulu les respecter. Même si, à l'occasion, avec la Loi sur les mesures de guerre, avec l'emprisonnement des chefs syndicaux, avec les lois spéciales [neuf lois ordonnant le retour au travail de grévistes en six ans], je suis allé à la limite du régime. Je n'ai pas voulu aller au-delà.

Le journaliste demande alors : « N'y avait-il pas autre chose à faire ? »

Saint-Pierre semble penser à des méthodes plus douces. Bourassa n'entend pas ce sous-entendu :

> Bourassa : Si. Il y avait d'autres mesures qui pouvaient être appliquées, beaucoup plus radicales. Mais elles auraient détruit le fondement de notre régime.

Dans cet échange, la résolution de Bourassa donne froid dans le dos. Des mesures « beaucoup plus radicales » que la suspension des libertés ?

Plus tard, son lent retour en politique, préparé depuis le tout premier jour suivant sa défaite électorale de 1976, accéléré après le référendum de 1980, couronné de succès lors de la course à la chefferie de 1983 puis à l'élection de 1985, participe de cette même trame d'acier au fond de son caractère. « J'ai mené une lutte dure et solitaire, dans tous ces endroits considérés comme territoires hostiles », dira-t-il, parlant des cégeps qu'il a dû sillonner, comme un purgatoire, pour se refaire une santé politique pendant la campagne référendaire de 1980. Les trois années suivantes, il les a passées entre les clubs Kiwanis et les sous-sols d'église, convainquant un à un les militants qu'ils devaient lui donner une seconde chance. Pourtant, à partir de la fin de 1970 et sans discontinuer par la suite, Bourassa dégagera une image de médiocrité et de mollesse. Les caricaturistes s'en donneront à cœur joie. C'est ce qu'il veut. Cette prétendue faiblesse berne et endort ses adversaires, c'est ainsi qu'il arrive à les surclasser.

Cependant, en consacrant la victoire du cynique sur le réformiste, octobre 1970 marque aussi le début d'un dépérissement plus grave. Bourassa commence à perdre la plupart de ses convictions, de ses balises idéologiques. Il aura encore des réflexes — l'insécurité —, des goûts — la fiscalité, les barrages. Mais à jouer avec la technique politique pure, à tester chaque projet par un sondage, il perd ses boussoles, ses élans, ses convictions. Robert Bourassa est un homme décidé. Mais à force de déplacer les sujets de la colonne « convictions » à la colonne « gestion », il en vient à ne plus savoir à quoi il tient, hormis au pouvoir en soi.

Dès 1971, à la conférence constitutionnelle de Victoria, il dit « oui » à Trudeau, puis il dit « peut-être », puis « non ». Ça dépend de l'opinion, ça dépend des éditoriaux de Ryan. Mais lui, qu'en pense-t-il ? Rien. Il s'investit totalement dans la gestion de la politique et de l'image, comme s'il s'agissait de fabriquer et de vendre de la soupe, plutôt que de donner aux citoyens les moyens de leurs espoirs, l'entier exercice de leurs droits et la pleine conscience de leurs responsabilités. Or, la conviction appelle l'action, c'est net. Il est toujours plus facile de croire que de prévoir. Avec la gestion politique pure, cependant, on ne sait pas toujours ce qui va se vendre, ce qui va marcher. Alors Bourassa hésite. Pas parce qu'il ne sait pas ce qui est bien ou mal, mais parce qu'il ne sait pas ce qui est rentable ou désavantageux. C'est ainsi que, voyant Bourassa changer d'avis sur l'opportunité de recevoir ou non la reine Elizabeth au Québec en 1976, Trudeau lui lancera, excédé : « Quand est-ce, Robert, que tu vas apprendre à te décider ? »

Quand Bourassa-le-calculateur s'avise-t-il que le train de réformes mis en branle à son arrivée en 1970, au nom de ses convictions maintenant moribondes, risque de s'emballer, et de lui faire connaître le même sort que Lesage en 1966 ? Car voilà, Bourassa a révisé l'histoire : il est maintenant convaincu que Lesage a perdu parce qu'il a voulu aller trop vite. Les électeurs québécois, ces ignares, n'en demandaient pas tant. Le successeur de Lesage met donc le frein et utilise à cet effet la force d'inertie d'un Parti libéral maintenant vidé de ses militants les plus progressistes, passés au Parti québécois. Dans sa gestion des hommes, il donne plus de poids aux préférences des organisateurs qu'aux avis de ses ministres et il compte sur les premiers pour refroidir les seconds.

C'est l'expérience d'octobre, encore, qui provoque ce changement. Murray rapporte :

Réfléchissant sur cette période après la chute des libéraux, en novembre 1976, un des ministres les plus importants du Conseil de l'époque soulignait qu'il fallait opérer une distinction très nette entre le gouvernement Bourassa d'avant la crise et celui d'après la crise.

Avant la crise d'octobre, dit-il, le premier ministre essayait, sincèrement en apparence, de mener un travail d'équipe. Les réunions du Conseil des ministres furent le lieu de maintes discussions sur les grandes orientations politiques qu'il incombait au nouveau gouvernement d'établir.

Mais après la crise, Bourassa laissa « tomber » le Conseil des ministres non seulement comme instrument de réflexion mais aussi comme instrument de décision. Le nombre des participants actifs et réguliers à l'élaboration des grandes politiques du gouvernement se réduisit brutalement aux quelques hommes composant l'entourage du bureau du premier ministre.

La nouvelle gestion solitaire du pouvoir après octobre 1970 se fait particulièrement éclatante au printemps de 1971, quand Bourassa annonce dans une assemblée partisane le lancement du mégaprojet hydro-électrique de la Baie James. Plusieurs années plus tard, son ministre Jean-Paul L'Allier a raconté l'événement, dans une lettre ouverte à Robert Bourassa :

Comme la plupart de mes collègues membres du cabinet d'alors, j'avais été impressionné par la présentation qui avait été faite au Colisée de Québec, devant quelques millliers de militants libéraux amenés de partout pour vous voir présenter le projet-spectacle de la Baie James. C'était votre projet, votre soirée.

Députés et ministres savaient dans l'ensemble bien peu de choses de ce mégaprojet, dont les décisions essentielles, sans doute fort défendables et fort valables, avaient été prises de fait en dehors des enceintes du Conseil des ministres, peut-être même avant l'élection du gouvernement.

Bourassa, qui se targuait alors de garder sur sa table de chevet une copie du *Prince* de Machiavel, y avait sans doute lu qu'il « profite beaucoup encore au prince de faire choses dignes de mémoire dans les affaires du gouvernement », choses « extraordinaires » autant que faire se peut, « et sur toutes choses, le prince doit appliquer son esprit à se faire donner par toutes ses actions une renommée de grand et d'excellent ».

Grand et excellent, voilà le consensus qui s'établira, 10 ans plus tard, sur les barrages de la Baie James. C'est qu'une troisième intervention du destin vient sauver Bourassa de ce qui aurait pu être majeur-catastrophe. Lorsqu'il lance, seul, le projet en 1971, il propose d'hypothéquer comme jamais le compte en banque des Québécois, par des emprunts massifs. Le devis d'origine était fixé à six milliards de dollars. Le devis final, à 16 milliards. Entre les deux, la viabilité économique de l'affaire devenait, selon les calculs initiaux, précaire ou nulle. Mais le destin qui avait mis Andrée Simard, puis Paul Desrochers et le sondage de Chicago sur la route du p'tit gars de Saint-Pierre-Claver, allait faire son plus gros effort à ce jour : créer l'Organisation des pays exportateurs de pétrole, donc la crise pétrolière de 1973 et la flambée des prix de l'énergie qui allait rendre concurrentielle, voire bon marché, l'hydro-électricité québécoise.

Au cabinet, vient un moment où la coupe déborde. Ostracisés, Claude Castonguay et Jean-Paul l'Allier viennent de démissionner en 1972, ne reconnaissant ni le parti ni le chef qu'ils avaient suivis. Castonguay fustige en privé « l'attitude d'anti-intellectualisme et de conservatisme borné » qui conduira à son départ en 1973. Cette année-là, Guy Saint-Pierre, mis en échec par Desrochers sur un dossier économique, pense organiser une fronde anti-Bourassa au cabinet, mais n'a ni le talent ni l'énergie nécessaires.

Le conseiller en communications de Bourassa, Charles Denis, l'inonde de conseils sur la façon de s'habiller, de se tenir, de parler. On lui adjoint un coiffeur. On voit de plus en plus Bourassa passer son pouce à l'intérieur de son gilet d'habit en parlant. C'est un tic appris, pour faire banquier ou homme d'État. Et ça lui va comme un chapeau à une tortue. Charles Denis au *bunker*, c'est l'irruption de la campagne électorale permanente. Le triomphe de la gestion de la communication, plutôt que des projets. Bourassa, Denis et Rivest s'amusent d'ailleurs à berner systématiquement la presse, à choyer celui-ci, à tromper celui-là, à reprocher le ton d'un article à un troisième, et à désinformer l'ensemble des journalistes. « Tu vas voir, Untel va croire tout ça ! » dit l'un. « Les autres journalistes aussi », rétorque l'autre, amusé[*].

---

[*] Dans son livre *Mes premiers ministres*, Claude Morin, alors conseiller de Bourassa pour les affaires constitutionnelles, qui rapporte cette anecdote, dit avoir assisté à de telles séances. Il donne (p. 375) une liste des techniques de brouillage de l'information employées par Bourassa. Tous les personnages politiques y recourent régulièrement, mais il faut reconnaître la constance et la virtuosité de Bourassa à cet égard. La liste inclut : la rareté stratégique, l'esquive latérale, la référence fuyante, l'obscurité complice, le désamorçage préventif, la sémantique élastique, l'affirmation créatrice, la couverte étirée, la loupe ajustée, l'éclairage rose, la solution prochaine, l'auditoire complaisant, la pitié compatissante. Les titres sont de Morin. La liste devrait être mise à l'étude dans tout cours d'initiation à la vie politique, au secondaire V ou au cégep.

Les journalistes ne sont d'ailleurs pas les seules victimes de cette tendance de Bourassa et de son entourage à traiter les individus comme des pions désincarnés. Spontanément, trouvant l'incident « amusant », Bourassa racontera l'anecdote suivante à Raymond Saint-Pierre : « Les

Vingt ans plus tard, quand son ami Jacques Godbout, pour son film *Le mouton noir*, lui demande s'il prend les journalistes « au sérieux », Bourassa doit hésiter avant de dire : « Bah ! C'est mon devoir de le faire. Je peux pas... je crois que... ils font leur boulot, hein ? »

Le cynisme de Bourassa et de son équipe devient, plus qu'un mode de fonctionnement, une dangereuse arrogance. En 1972, l'hebdomadaire indépendantiste *Québec-Presse* publie les résultats d'une enquête sur les lucratifs contrats gouvernementaux — un million de dollars — dont profite la compagnie Paragon Business Forms, propriété d'Andrée Simard et d'autres membres de la belle-famille, dont un ministre, Claude Simard. Le conflit d'intérêts ne fait pas l'ombre d'un doute. (Bourassa plaidera que la compagnie Paragon faisait affaire avec l'État québécois depuis Duplessis. Raison de plus pour que son épouse et son ministre se départissent de leur participation dans l'entreprise dès l'élection de Bourassa.) L'affaire, comme on dit dans le domaine, « ne décolle pas », ne devient pas un scandale. Plutôt que de profiter de ce répit pour liquider le contrat ou demander à son ministre et à son épouse de vendre ces actifs ou de les mettre en fiducie, Bourassa se convainc de son invincibilité, laisse aller.

Surtout, il habite maintenant son personnage, que son ami Bourgault décrit comme suit :

> Chaque fois que je l'ai rencontré, j'ai vu un homme parfaitement satisfait de son sort, sur qui l'inquiétude n'avait pas prise non plus que le doute. [...] Il est très *middle class,* très « majorité silencieuse ». Et s'il ne dit rien depuis qu'il est au pouvoir, ce n'est sûrement pas parce qu'il est à l'écoute de voix intérieures plus puissantes que le bruit et la fureur qui l'entourent. Ce n'est pas non plus chez lui le signe d'une sagesse attentive. [...]
>
> Je le crois pourtant intelligent et toutes les conversations que j'ai eues avec lui m'ont démontré qu'il se méfie de le paraître en public, par crainte d'apeurer une clientèle qui ne lui pardonnerait pas de souligner ainsi une qualité qu'elle ne partage pas.

---

gens ne pouvaient pas venir me voir librement à cause du piquetage [pendant une grève en 1972, les syndiqués bloquaient l'entrée du *bunker*]. Alors, certains membres de mon entourage ont pensé jouer un tour à quelques personnes. Ils les appelaient, et leur disaient — à mon insu — que le premier ministre voulait absolument les voir. Et comme c'était difficile d'accès, qu'il leur faudrait monter dans le coffre d'une voiture de la Sûreté du Québec [pour franchir la ligne de piquetage... Une fois la victime couchée dans le coffre, et la voiture garée au sous-sol du *bunker*], à ce moment-là, mes gardes du corps jouaient le rôle de piqueteurs qui venaient de se faire jouer un tour. Et ils donnaient des grands coups sur la valise en arrière, multipliant les jurons pour que ça semble bien réél, en disant : "S'il y a quelqu'un dans le coffre de la voiture, il va y goûter, il a essayé de tricher et de nous tromper." Finalement, quand on ouvrait le coffre, la personne, paraît-il, était blanche comme un drap. Il y avait Claude Rouleau, qui était sous-ministre de la voirie, qui a enduré ça pendant 10 minutes. Il y a survécu. On pensait également jouer ce tour à Yves Michaud [alors député libéral], mais on se posait des questions sur sa résistance cardiaque. Jusqu'à quel point aurait-il pu passer à travers une période comme celle-là ? »

S'il est médiocre, Robert Bourassa ne l'est pas de nature mais plutôt par choix. S'il vole à hauteur des épaules, c'est parce qu'il a décidé une fois pour toutes que c'est à cette altitude qu'il rencontrerait la majorité des électeurs québécois. Et il croit fermement que les dernières élections lui donnent raison là-dessus.

Car encore une fois, la réalité a souri à Bourassa, qui a déclenché des élections en 1973 et a remporté 55 % des voix et 102 des 110 sièges. Une seconde fois, Lévesque se fait battre dans son comté de Taillon ; quant au PQ, qui obtient 30 % des voix, il perd un siège à l'assemblée, passant de 7 à 6. En privé, Bourassa explique pourquoi il a tant de succès, tel que le rapporte Murray :

Il se plaisait à dévoiler à des interlocuteurs sa recette de longévité politique : se limiter à quelques idées ou slogans très simples, les répéter inlassablement et attaquer ses adversaires constamment, quels que soient les mérites de leur position. Tout cela, expliquait-il, il l'avait appris en étudiant la vie politique de Maurice Duplessis.

En entrevue, en 1977, Bourassa note d'ailleurs : « Une partie de la population a la nostalgie du temps de M. Duplessis. » On savait qu'il méprisait le caucus, le parti, le cabinet. On soupçonnait qu'il méprisait aussi les électeurs. On n'en doute plus.

Au sein du nouveau cabinet libéral, élu en 1973, les réformes sont absentes, sauf pour ce qui est de la nouvelle charte des droits de la personne, la première au pays. Bourassa met aussi en chantier une loi linguistique, la loi 22, mais c'est pour répondre à une situation qui pourrit. Ce qu'il fait d'ailleurs de la pire manière, ménageant la chèvre et le chou de façon à s'aliéner et la faune et la flore de l'électorat. Au cabinet, une nouvelle venue, Lise Bacon, hier présidente du parti, tente de concrétiser quelques projets : garderies financées par l'État, assurance-automobile, code de protection du consommateur. Sur ces deux derniers points, rien ne bouge. Et Bacon goûtera elle-même à la recette Bourassa de faire critiquer par les militants des projets jugés trop à gauche.

Bourassa laisse notamment faire Paul Desrochers lorsqu'il introduit les *walkies-talkies* dans les congrès libéraux, pour faire transiter d'un atelier de discussion à un autre des groupes de « bons militants » qui iront faire triompher de leurs votes, ou faire périr, les résolutions que le *bunker* veut voir triompher ou périr.

En éditorial, en 1974, Ryan résume la triste dérive du PLQ : « D'un côté, les intellectuels qui l'avaient naguère appuyé en force s'en éloignaient, on voyait renaître en son sein, et se manifester avec une audace croissante, un anti-intellectualisme dont la popularité d'un Louis-Philippe Lacroix [député des Îles-de-la-Madeleine aux idées politiques précontraintes] est l'un des signes les plus voyants, mais dont la direction elle-même du parti ne semble pas exempte. »

Mais Bourassa se fout maintenant des journalistes et des intellectuels. « Il ne les respectait pas non plus, commente un de ses proche collaborateurs. La dernière chose qu'il voulait, c'était des éloges venant de professeurs ou d'intellectuels, même si c'étaient de bons libéraux. Il croyait que ça ne pouvait que nuire à son image auprès des électeurs. »

On pourrait accumuler encore les exemples, mais à quoi bon ? Ayant constaté, pendant son ascension, qu'il y avait des médiocres à tous les étages — caucus, parti, cabinet, électorat — et qu'on pouvait les manipuler puis être récompensé par l'obtention d'un pouvoir plus grand que celui du président américain, Bourassa s'est fait tout seul et a suivi pas à pas le parcours, déjà cité, du personnage de Raymond Devos. En chemin, il savait qu'il se faisait mal. Mais à chaque étape, avec d'occasionnels coups de pouce des circonstances et du destin, les gens, aveuglés par ses trucs, lui ont dit : « C'est bien fait. » Alors lui, il a continué.

Avec quel impact sur son univers mental ? Bourgault, encore :

À force de vouloir être médiocre, finit-on par le devenir ? À force de ne vouloir rien dire et de ne rien dire, finit-on par se taire ? À force de vouloir plaire à tout le monde, finit-on par se déplaire à soi-même ? À force de s'entourer de flatteurs, l'encens ne vous fait-il pas tourner la tête ? À force de ne s'occuper que d'histoires quotidiennes, finit-on par en oublier l'Histoire ?

Lors d'une rencontre, après sa réélection de 1973, Bourgault pousse son vieux camarade dans ses retranchements : « Tu ne penses qu'à une chose : te faire réélire dans quatre ans. Chaque geste que tu poses ne vise qu'à t'assurer un vote de plus ou à conserver le vote que tu as déjà. Voilà pourquoi tu es un premier ministre "plate". Accepte plutôt le risque de te faire battre dans quatre ans, mais d'ici là sers-toi de ta force pour devenir un grand premier ministre. » Bourassa répond : « Il n'y a personne au Québec qui ose me parler comme tu me parles. » Pendant un instant, Bourgault pense voir une lueur dans l'œil de Robert. Le réformiste de Brébeuf, le travailliste d'Oxford, l'admirateur de Lévesque existe encore, là-dedans, quelque part. En 1977, Bourassa déclare en entrevue qu'il est « socialiste », ou du moins « profondément social-démocrate, c'est clair pour moi. L'égalitarisme dans la société est pour moi un objectif fondamental et irremplaçable. Ce n'était pas facile, en tant que chef d'un parti dont la clientèle n'était pas nécessairement gauchiste ! » C'est d'autant plus vrai en 1974, quand Bourgault l'interpelle. Provoqué, il arrive que le social-démocrate, derrière le calculateur, bouge encore. Mais il ne sort jamais. Et la lueur aperçue par Bourgault dans l'œil de Robert s'éteint aussitôt allumée.

À preuve, deux ans plus tard, quand quelqu'un demande en privé à Bourassa combien de temps encore il veut rester au pouvoir, le chef du gouvernement ne parle ni de voir son grand projet, la Baie James, devenir réalité, ni de faire passer le chômage sous la barre des 7 %, ni d'une quelconque réalisation durable dont il rêverait en secret. Il répond, pensant à son rival fédéral : « plus longtemps que Pierre... »

Puis, il tombe. Comme une roche. C'est la faute à son âme damnée, c'est la faute à son grand projet, c'est la faute à son cynisme. L'âme damnée, Paul Desrochers, s'occupe de tout. Y compris d'une élection partielle à Sept-Îles en 1972, où il pousse encore plus loin ses méthodes électorales à l'américaine. Mais Sept-Îles est un château fort syndical. Il faut y assurer la paix sociale. Cela tombe bien car Desrochers est en train de discuter avec un bonze de la FTQ-Construction, André « Dédé » Desjardins, du mode d'embauche des employés de la construction à la Baie James, manne extraordinaire que chaque syndiqué, chaque travailleur, chaque chômeur convoite. La règle, sur les chantiers québécois, veut que tous les syndicats y soient présents, principalement la FTQ et la CSN. Mais ils s'y livrent de rudes parties de maraudage, qui finissent parfois par les coups, l'extorsion, ou pire. À l'époque, la frontière entre la FTQ-Construction et la mafia montréalaise est floue, si tant est qu'elle existe.

Un jour, Desrochers déjeune à Montréal avec Louis Laberge, déjà président de la FTQ, et Desjardins. Au menu : la possibilité de donner le monopole syndical de la Baie James à la FTQ pour 10 ans, en échange de la paix sociale sur le mégachantier. Il n'est pas nécessaire de présenter Laberge. Mais Desjardins, lui, sera décrit dans le rapport d'une enquête — dont on parlera tout à l'heure — comme « un danger pour l'État, un fléau pour la société et pour le mouvement syndical ». Un autre jour, Desrochers redéjeune, à Québec, avec Desjardins. Même menu. Le soir même — quelle coïncidence ! —, Desrochers et Desjardins discutent encore, mais à Sept-Îles, où ils conviennent que rien ne viendra troubler l'élection partielle. Échange ? « Un service en attire un autre pour un homme pratique comme André Desjardins », conclut la commission d'enquête chargée de faire la lumière sur cette affaire. On y vient.

Il n'y aura pas de monopole syndical à la Baie James, mais il y aura une préférence marquée pour la FTQ. Au surplus, personne ne sera surpris d'apprendre que, pour travailler dans le Nord, en plus de la filière FTQ, il existe une voie rapide : les noms soumis par les députés et ministres libéraux se retrouvent au-dessus de la pile. En mars 1974, survient « le saccage de la Baie James », lorsque, à la faveur des luttes qui opposent sur le chantier la FTQ à la CSN, un agent local de la FTQ lance un bulldozer sur un générateur, provoqua ainsi l'évacuation massive du chantier.

C'en est trop. Même dans ses voyages à l'étranger, où il quête les fonds nécessaires à la poursuite des travaux, Bourassa rencontre des investisseurs qui s'enquièrent de la propreté de cette opération, de la qualité du climat de travail. Ainsi poussé par des gens qui comptent (!), Bourassa décide de former sur le sujet une commission d'enquête présidée par le juge Robert Cliche, monsieur Intégrité, secondé par un syndicaliste enseignant, Guy Chevrette, et par un avocat patronal, Brian Mulroney. Ce dernier fait en sorte qu'on embauche comme procureur principal un avocat du Saguenay : Lucien Bouchard.

L'équipe remonte bientôt la filière jusqu'au bureau de Bourassa. Dans des séances publiques télévisées, Desrochers est appelé à la barre et, sans rien confesser d'illégal, confirme tout. C'est ensuite au tour du ministre du Travail, Jean Cournoyer, et de son collègue de la Justice, Jérôme Choquette. Ce dernier avoue même avoir informé Bourassa d'une autre petite malversation, dont le premier ministre dit ne pas se souvenir.

La question à la mode, en ce début de 1975, vient des États-Unis, où une enquête publique a récemment martelé sans arrêt aux témoins : « Qu'est-ce que le président [Richard Nixon] savait et quand l'a-t-il su ? »

Bonne question, pensent Bouchard, Cliche et Chevrette. Qu'est-ce que Bourassa savait des mamours entre Desrochers et la FTQ, et quand l'a-t-il su ? Bouchard veut qu'on l'appelle tout bonnement à la barre. Bourassa comprend ce que ça signifierait pour lui : « Ç'aurait été dans le même style que le juge Sirica convoquant Nixon à la barre », explique-t-il. La suite est racontée par deux biographes de Brian Mulroney, Ian MacDonald et John Sawatsky.

D'abord, MacDonald :

> La question de savoir si le premier ministre du Québec pouvait, et devait, être assigné à témoigner devant la commission Cliche a provoqué une crise majeure parmi les commissaires. Pendant le débat qui s'est prolongé durant plusieurs soirées consécutives, Mulroney est limpide avec ses collègues. Si vous insistez pour émettre un subpœna à Bourassa, leur dit-il, je démissionne. Cette attitude le mettait en contradiction directe avec son vieil ami Bouchard. « Mon plan était de mettre Bourassa dans le box », dit Bouchard, « c'était la suite logique à Choquette ». [Ce à quoi Mulroney rétorquait...] « Non, absolument non, c'est incorrect, ce serait outrepasser la compétence de la commission et je n'ai aucune intention de jouer le jeu sous aucune considération. »

Le commissaire Guy Chevrette croit que la commission devrait obliger le premier ministre à comparaître. Robert Cliche, au début, reste neutre. Mulroney se fait donc le protecteur de Bourassa. « Brian voulait pas fourrer le gouvernement », résumera Bouchard. À la fin, Mulroney réussit à convaincre Cliche, et le vote, parmi les trois commissaires, est de deux à un contre la comparution de Bourassa. (Bouchard n'a pas droit de vote, étant procureur, pas commissaire.) Bourassa suit de près l'évolution de ce débat et la rédaction du rapport. Il compte un bon informateur dans le groupe : Mulroney, qu'il connaît déjà, car le monde de l'élite québécoise est petit, que Mulroney y est très visible et parce que Paul Desmarais s'en est entiché.

Sawatsky prend la relève du récit :

> Pendant les audiences montréalaises, Mulroney s'était souvent permis de prendre place dans un avion du gouvernement québécois pour un saut rapide à Québec et une discussion avec Bourassa. Pendant que la commission travaillait à l'écriture de son rapport final [qui devait blâmer le gouvernement], Mulroney consulta encore plus régulièrement le premier ministre et obtint, à l'avance, son approbation. Résultat : le rapport critiqua suffisamment le gouvernement pour être crédible et avoir un impact, mais pas si durement que Bourassa dût le rejeter.

Surtout, Mulroney sauve la peau et la face du premier ministre, qui s'en souviendra. Cliche, Mulroney, Chevrette et Bouchard sortent de l'opération comme un quatuor d'incorruptibles et leur rapport provoque un nettoyage rapide et nécessaire de l'industrie de la construction au Québec. Bourassa aurait pu être considéré comme un des responsables du cloaque. Grâce à Mulroney, il a l'air d'une victime, faible et naïve. Encore.

Il doit cependant faire un grand sacrifice, pendant que cette affaire gronde, en 1974 : il se sépare de Desrochers, unanimement détesté. Mais Bourassa n'en a plus besoin. Il a tout appris.

Plusieurs autres « scandales » ternissent son image de technocrate compétent, faible mais intègre. Comme ça se produit souvent dans le domaine de l'information, l'affaire Parangon ressurgit après une période d'hibernation de deux ans. En 1974, le terrain est plus meuble, l'insatisfaction envers Bourassa commence à monter. *La Presse* relance le pavé. L'intéressé est très surpris par l'ampleur que prend le scandale et monte un soir à la tribune de la presse pour semoncer les journalistes, leur dire combien ils causent de chagrin à son épouse. Il n'admettra jamais qu'il y avait, dans ces transactions politico-familiales, un comportement pour le moins imprudent. D'autres scandales viennent s'ajouter à celui-ci. Rien qui ne puisse être géré. Mais le bouquet dégage une odeur d'arrogance et de compagnonnage malsain qui mine le parti, le gouvernement.

Un soir, Bourassa voit son ancien étudiant en mathématiques, Pierre Nadeau, présenter à son émission phare, *Le 60,* un reportage calqué sur la dernière scène du film de Costa Gavras, *Z* — dont il emprunte d'ailleurs la musique. Sur l'écran, défilent les photos des ministres et conseillers du premier ministre, avec nom, matricule et soupçons de corruption.

Les sondages chéris de Charles Denis sont au maussade fixe. À la fin de septembre 1976, les intentions de vote pour le PLQ sont à 24 %, 5 % derrière le PQ. Bourassa n'a accompli que trois ans d'un mandat de quatre ans, qui pourrait être prolongé à cinq s'il le voulait. Est-ce le temps d'un nouveau départ ? Remaniement, changement de conseillers, nouveau cap et plan de deux ans ? Au contraire, Bourassa déclenche une élection hâtive. « Si nous avions attendu, expliquera un de ses conseillers, nous aurions glissé encore plus bas. Et l'Union nationale montait rapidement. Si l'élection s'était faite au printemps [de 1977], nous aurions pu finir derrière l'UN. » C'est-à-dire troisièmes. Il s'agit donc pour Bourassa de sauver les meubles, de jouer les futés en utilisant le prétexte d'une déclaration de Trudeau sur un possible rapatriement constitutionnel unilatéral (déjà !) pour aller chercher un « mandat » et stopper ce malotru. Bourassa pense encore que les électeurs n'y verront que du feu. Que grâce à ses talents et à sa machine, il pourra garder 62 des 110 sièges, donc la majorité. Telle est sa prédiction.

Bourassa a prédit les bons chiffres, mais pas dans le bon ordre. C'est 26 sièges que le PLQ remporte au soir du 15 novembre 1976, et le sien n'y figure pas*. En tout, 66 % des électeurs votent contre le parti de Robert Bourassa, « l'homme le plus haï au Québec », lance un de ses anciens députés, George Springate. Défait, Bourassa déclare à qui veut l'entendre : un jour, je reviendrai. Personne ne le croit.

*   *   *

Bourassa a 43 ans. Au cours des 10 années qui le séparent de son retour à la chefferie, se refait-il ?

Il le dit. « Il n'y a pas de doute que les années de réflexion, d'étude et d'expérience en affaires [?], les rencontres que j'ai faites à travers le monde, aux États-Unis, au Canada et en Europe m'ont été extrêmement précieuses. Dans ce sens, je ne suis plus l'homme que j'étais. »

Déclaration bizarre, car quand sa vieille amie, Lise Bacon, reprend du service à ses côtés, en 1983, elle déclare : « Le nouveau Bourassa, c'est celui que j'ai connu dans le passé, avec un peu plus de fermeté dans l'image qu'il projette. » Et lorsque l'intéressé annonce officiellement sa candidature à la chefferie, dans un Holiday Inn, en 1983, ses organisateurs ont affiché sur le mur un slogan qui ne fleure ni le ressourcement ni le renouvellement : « Pas de surprise ! »

Il y a des différences entre le Bourassa de 1976 et celui de l'après-Meech. Des différences de style. L'homme a mûri, il a pris de l'expérience. Bourassa n'a plus besoin de conseillers en image et on ne reverra plus, comme le prédit Bacon, « l'image préfabriquée des années 70 qui répondait davantage au goût politique de l'époque** ». Mais dans son ascension, difficile et admirable, vers la chefferie de 1983, Bourassa montre toujours son côté Desrochers, plutôt que son côté Lévesque. À un journaliste, il confie ne pas penser que son retour puisse profondément changer son rapport avec les Québécois : « Je sais qu'au bout d'un mois, la lune de miel sera terminée. Et, au bout d'un an, les gens rediront encore les mêmes choses à mon sujet. » Désillusion ou planification ? Cynisme, encore et toujours. L'élection est un tour de passe-passe. Ensuite, le peuple ingrat pourra toujours causer...

Au jeune Pierre Anctil qui lui demande ce qu'il compte faire pour les

---

*   Bourassa est battu dans son comté par Gérald Godin, un des prisonniers d'octobre. Bourassa racontera avoir été surpris, en octobre 1970, de voir le nom de Godin, poète et militant alors bien connu, sur la liste des gens à arrêter. « J'ai demandé ce qu'il y avait dans ce cas-là. On m'a dit : "Un dossier." Le premier ministre ne peut pas faire le chef de police. [...] Je n'allais pas me mettre à examiner la preuve qui existait dans les dossiers. » Dans ces circonstances extraordinaires, Bourassa invoque des arguments de gestion ordinaire des affaires policières.

**   Non, mais dans la campagne électorale de 1985, on verra une excellente gestion des thèmes en fonction des segments indécis de l'électorat, grâce à « l'analyse factorielle des correspondances » utilisée par la nouvelle firme de sondages prolibérale, Créatec, de Grégoire Gollin.

jeunes, on l'a entendu répondre : « Les jeunes, je vais leur promettre un bel avenir, pis je vais me faire élire, pis après on verra... » Dans cette réplique, on note la présomption de cynisme. La certitude qu'autour de lui, tout le monde partage son sens amoral de la politique. C'est pourquoi il sera si surpris de découvrir que des membres fédéralistes du comité Allaire, comme Fernand Lalonde et Laurent Picard, ont suivi le chemin de leurs convictions plutôt que celui du cynisme. Même révélation concernant Michel Bélanger. C'est pourquoi il ne peut probablement pas croire que beaucoup de ses ministres seraient prêts à franchir La Ligne, au risque de brouiller les cartes de la politique québécoise, de provoquer sans doute de l'insécurité. Il pense que les meilleurs d'entre ses ministres sont tout aussi cyniques que lui. Moins habiles, c'est tout.

D'ailleurs, son nouveau meilleur ami, Mario Bertrand, n'incarne-t-il pas le cynisme pragmatique et moderne qu'il voyait jadis chez Desrochers ? Ce dernier n'aurait-il pas pu prononcer cette phrase de Bertrand : « Il y en a qui font de la politique par désœuvrement, d'autres par ambition, d'autres par passion, d'autres pour échanger de l'information. Moi, j'ai toujours fait de la politique uniquement pour gagner. »

On a souligné que Robert Bourassa avait lu, entre 1986 et 1988, de grandes biographies de Winston Churchill et de Charles de Gaulle. Il y a là quelques leçons sur l'audace, l'esprit de décision et la grandeur. Entre 1989 et 1991, par contre, il fait une autre lecture dont il semble tirer plus de profit : la grande biographie de Talleyrand par Jean Orieux. Talleyrand fut le ministre retors des rois de France qui, par son habileté manœuvrière et sa totale absence de scrupules, put survivre à la Révolution, puis à la Restauration, en restant toujours au centre du pouvoir. Expérience qui l'amène à dire que celui qui vit assez longtemps aura dit tout, et son contraire. Une maxime que Bourassa traduira en octobre 1990 par la phrase : « Parfois, on dit n'importe quoi en politique. » La vie et l'œuvre de ce maître du cynisme semblent fasciner Bourassa au point que tout son entourage se met à cette étude. Jean-Claude Rivest, Ronald Poupart, Daniel Johnson compulsent le volume. Ce n'est pas une bible. Mais cela forme l'esprit aux secrets du double jeu et de la contre-vérité. Surtout, la vie de Talleyrand enseigne que le mensonge paie. La franchise tue. C'est le compas politique du gouvernement libéral, alors qu'il s'engage dans les grandes manœuvres de l'après-Meech*.

Mais que pense Robert Bourassa du PLQ, lorsqu'il en reprend le contrôle en 1983, à 50 ans ? Voilà un corps politique qui n'arrive à lui opposer que deux poids plume : Pierre Paradis, un trublion d'avocat, et Daniel Johnson, alors bien pâle reflet de son père et de son frère. Au congrès à la chefferie, Bourassa ne leur laisse que des miettes. Il est venu combler un vide, il le sait. En un sens,

---

*   Bourassa citera d'ailleurs volontiers Talleyrand dans les mois qui suivront. En entrevue avec l'équipe éditoriale de *The Gazette* en février 1991 sur la stratégie de négociation puis pendant un débat avec ses homologues du Canada anglais en août 1992.

il doit être déçu que ce soit si facile. Même Trudeau et Chrétien, alors au pouvoir et malgré cent tentatives, n'ont pas pu lui barrer la route. Alors qu'il engrange bien plus de délégués qu'il n'en a besoin, à la fin de septembre 1983, un journaliste lui demande « pourquoi il maintient le rythme » de sa campagne. Bourassa hausse les épaules et répond : « Pourquoi pas ? » Mais à vaincre sans péril, en quelle piètre estime tient-il ses adversaires, dont il traite plusieurs — les partisans de Johnson — de « pygmées intellectuels » ?

En mai 1981, dans un texte qu'il commet pour *L'actualité*, dans lequel il se décrit à la tête du gouvernement, hier comme demain, il s'interroge sur l'exercice du pouvoir : « Le premier ministre doit-il être un arbitre ou un patron, un "dictateur élu" pour quatre ans, comme on dit quelquefois ? » Voilà le choix. Il n'en offre pas d'autre. Il n'écrit pas « un gestionnaire », ce à quoi on s'attendrait. Il n'écrit pas « un professeur », il n'écrit pas « un réformiste », il n'écrit pas « un gardien » de certaines valeurs, il n'écrit pas « un *leader* » ou un « guide » ou un « visionnaire ». Toute sa définition du pouvoir se résume à... la possession du pouvoir : arbitre ou dictateur.

Au mieux, donc, arbitre des forces sociales, des groupes de pression. Au pire, dictateur. Que choisit-il ? Il ne choisit pas. Dans le reste de l'article, il esquive sa propre question. Il souligne à grands traits le « pouvoir immense » du premier ministre, mais n'offre aucune suggestion sur une meilleure façon de le partager. Au contraire, lorsqu'il parle des députés, c'est pour noter qu'ils « sont en contact avec la population, reflètent ce qu'elle pense ». Sans doute, mais encore ? Reflètent-ils ce qu'elle veut, ce dont elle a besoin, ce qu'il faut lui livrer ? Non. Le caucus, c'est un outil de sondage. Et les ministres ? « C'est ce qu'il y a de plus difficile », écrit-il. Le choix est limité, « il faut se fier sur leur réputation » pour les sélectionner et tenir compte, en plus « des contraintes régionales, d'âge, d'ancienneté ». Quelle corvée ! Tout de même, Bourassa pense qu'il faut qu'un premier ministre se garde « le temps de rencontrer régulièrement ses élus, de discuter des problèmes avec eux, une pleine journée ou un *week-end* ». Pour profiter de leurs lumières ? De leur expérience ? Non. « Pour contrebalancer l'influence trop dominante de son entourage immédiat. » Et pour obtenir de l'information, toujours, « car en régime quasi présidentiel, la clé de tout, la base de l'action, c'est la qualité de l'information ». Nulle part, dans cet essai sur l'art de gouverner selon Robert Bourassa, ne plane l'ombre d'un soupçon de conscience que le pouvoir peut être un travail d'équipe. Cette notion est morte en octobre 1970, elle ne renaîtra jamais.

Différence de style, disions-nous. À la tête du Conseil des ministres, Bourassa II sera plus miel qu'avant. Plus patient. Ronald Poupart, son attaché de presse de 1985 à 1989, explique comment son patron impose maintenant une ligne de conduite à un ministre réfractaire. Ici, Poupart donne l'exemple de Daniel Johnson :

Robert Bourassa n'est pas quelqu'un qui va dire : « Tu fais ça et tu ne poses pas de question. » Il prend le temps qu'il faut. Sa technique c'est : « Écoute Daniel, oui, oui, j'entends tes arguments contre. » Et il dit : « Ah ! bon, c'est parfait, je vais y repenser, on s'en reparle demain. » Le lendemain il dit : « Oui, j'ai regardé ça, Daniel, mais telle et telle affaire me préoccupent en particulier, j'aimerais ça que tu y repenses et qu'on en reparle. » Alors il commence à donner des indications. Daniel rappelle, il entend : « À cause de telle et telle chose, je serais porté à dire oui [il faut le faire], qu'en penses-tu ? On s'en reparle demain. » Daniel rappelle encore. Bourassa lui dit : « À cause de telle et telle autre chose, je pencherais plutôt pour, qu'est-ce que tu en penses ? » Au bout de trois ou quatre jours l'interlocuteur dit : « O.K. ! On va le faire ! »

C'est le supplice de la goutte d'eau. La technique, qu'on dira « non conflictuelle », en fait craquer plus d'un.

Il n'est pas anodin que l'exemple de Poupart porte sur Johnson, président du Conseil du trésor. Bourassa n'a jamais perdu son goût pour les finances publiques et, s'il s'est départi du titre de ministre des Finances (en octobre 1970, mois des choix), il en a toujours gardé le pouvoir effectif. Raymond Garneau, premier à hériter du titre, avouait en commission parlementaire que tous les vrais arbitrages étaient faits chez Bourassa. Gérard D. Levesque, qui lui succède de 1985 à 1993, sert de paravent efficace et obéissant. D'autres ministres économiques qui ont suivi Bourassa en 1985, tels Pierre MacDonald, Paul Gobeil et Pierre Fortier, entrés en politique parce qu'ils voulaient être « décideurs », pas exécutants, préféreront tirer leur révérence quatre ans plus tard, plutôt que de mourir potiches. « M. Bourassa ne supporte plus dans son cabinet des personnalités fortes et en marge de l'orthodoxie du parti, comme à l'époque Jérôme Choquette, Claude Castonguay ou moi-même », note en 1986 l'ex-ministre Jean-Paul L'Allier.

La remarque ne s'applique pas à Claude Ryan, on le sait, qui a carte blanche tant qu'il s'occupe de questions qui n'intéressent pas le premier ministre (l'éducation), tant qu'il livre la marchandise commandée par le patron (réforme de la fiscalité municipale), ou tant qu'il fait en sorte de tenir un dossier pourri juste en deçà du seuil de l'explosion (Mohawks, contrebande). S'il s'avise de pêcher dans d'autres eaux, notamment constitutionnelles, on sait ce qui lui arrive.

Il y a bien quelques fortes têtes dans le sillage de Bourassa II. Certaines lui sont loyales à la vie, à la mort, comme Lise Bacon qui, ministre de l'Énergie, n'a jamais pu vraiment gérer le dossier de Grande-Baleine, domaine réservé de Robert. Il y a aussi Marc-Yvan Côté, plus organisateur que politicien. Ministre de la Santé, il avait entrepris une grande réforme des soins médicaux et affrontait la révolte des médecins quand son patron le força à une reddition totale — rapetissant l'autorité de l'État aux yeux même des médecins qui ne s'attendaient pas à tant. Que Côté n'ait pas démissionné sur-le-champ est un signe du remarquable degré de flexibilité que l'on trouve autour de la table du Conseil des ministres de Bourassa II.

Le Bourassa de 1991 a un grand avantage sur celui de 1976. Il a vieilli de 15 ans. Alors que son premier cabinet était peuplé de gens de sa génération, donc moins impressionnés par leur chef, les ministres de 1991 sont pour la plupart plus jeunes que lui. Bourassa peut donc affecter à leur égard une attitude paternelle. C'est le cas de Gil Rémillard et de Gérald Tremblay, entre autres, qui prendront à tort le décalage entre leur enthousiasme et son apathie pour un signe de leur inexpérience, de sa sagesse.

Revenu au pouvoir, Bourassa regarde moins les sondages qu'il ne le faisait auparavant, quoique cette règle souffre de nombreuses exceptions, comme on va le voir. Mais, selon Mario Bertrand, chef de cabinet de 1987 à 1989, Bourassa a une autre façon de rester « branché » sur le petit peuple :

> Bertrand : Il ne prend pas une décision importante avant d'écouter ce que disent ses démagogues : Jean-Luc Mongrain [TVA], Jean Cournoyer [CKAC], Pierre Pascau [alors à CKAC], Gilles Proulx [Radiomutuel], sur le sujet. Il veut savoir ce que les gens leur disent en lignes ouvertes et c'est sa façon de rester en contact avec les petites gens.

> L'auteur : Il se fait donner des transcriptions ?

> Bertrand : Non, il les écoute directement. Il sait où les trouver dans la grille horaire. D'ailleurs je lui disais qu'il s'y fiait trop.

S'il veut entendre « les petites gens », ce n'est pas pour mieux arrimer sa pensée sociale-démocrate à leurs vœux et à leurs craintes. Bourassa a fait table rase de son passé « de gauche », qui sent trop les années 70. « Quand je vois le Parti socialiste en France imposer des tickets modérateurs dans les hôpitaux, quand je vois les échecs du socialisme », dit-il en 1983, pour expliquer qu'il abandonne à jamais ses élans d'étudiant, « je suis assez lucide ». « La force économique ne vient plus de la social-démocratie. Si vous cherchez un fil conducteur à ma philosophie, vous le trouverez davantage dans le pragmatisme que dans l'idéologie. » On ne trouvera en effet nulle trace, lors de son nouveau passage au pouvoir, de l'ancien réformiste du salon de l'Épave*.

Entre 1976 et 1991, surtout, Bourassa a appris à cacher encore mieux ses véritables sentiments. Voilà un homme qui, en privé, ne dit jamais du mal de

---

* Nulle trace, mais de la nostalgie, manifeste lors de la mort de René Lévesque, en novembre 1987. À l'Assemblée, Bourassa prononce un éloge funèbre qui va bien au-delà des conventions. Disant se souvenir « des débats de 1965 et de 1966 » sur l'assainissement des finances électorales — que Bourassa ne réalisera pas, mais que Lévesque imposera — il voit en Lévesque un « visionnaire » travaillant « à contre-courant » sur plusieurs questions, un homme respectueux des valeurs démocratiques. En conclusion, Bourassa dit : « René Lévesque était un grand progressiste, progressisme qui tenait à son humanisme très profond. Éminent serviteur de son peuple, il a présidé à l'établissement de plusieurs réformes importantes dans le domaine social. Il a travaillé d'une façon exemplaire à l'épanouissement de la justice sociale. Démocrate, donc, bâtisseur et progressiste à plusieurs titres, M. Lévesque passera à l'histoire, car son œuvre est considérable, extraordinairement diversifiée et profonde. Tout cela, M. Lévesque l'a fait parce qu'il a passionnément aimé le Québec. Le Québec, avec émotion et reconnaissance, le lui rend bien aujourd'hui. »

quiconque. (Ou presque : dans un des conciles de Meech, en 1987, il pestera contre *that bastard Trudeau,* selon trois premiers ministres présents. Mais Bourassa le nie.) Cette modération signifie-t-elle qu'il ne pense que du bien de tous et chacun ? Voire. Il considère plutôt qu'en émettant des remarques désobligeantes, il se ferait des ennemis, ce qui est contre-productif, car tout le monde peut un jour servir.

« Cet homme a toujours maîtrisé ses émotions de façon remarquable, en privé comme en public, affirme Guy Saint-Pierre. Parce que son intelligence domine constamment ses passions. » Passions dominées, lesquelles ? La passion du pouvoir, bien sûr. Émotions maîtrisées, lesquelles ? Et si c'était le mépris ? De son parti, de son caucus, de son cabinet, de la presse, de l'électorat québécois.

Le mot semble trop fort, hors d'ordre, non adapté au personnage. Ce serait le triomphe de Robert Bourassa d'avoir remarquablement occulté ce sentiment derrière son antithèse : une affabilité de tous les instants, une simplicité désarmante, une gentillesse apparente. Comme il l'a fait, en octobre 1970, restant de marbre tout en donnant l'impression d'être fait de guimauve. Et comme il le fait, de juin 1990 à juin 1991, trompant presque tous ses interlocuteurs avec une constance, une habileté, une absence de scrupules qui ferait en pleurer de joie Paul Desrochers, s'il était encore parmi nous. L'élève a dépassé le maître. Mépris ? Difficile de se résigner à y croire, malgré le vieil adage suisse : « Quand on voit ce qu'on voit, quand on sait ce qu'on sait, on a bien raison de penser ce qu'on pense. »

Peut-être Bourassa ne s'en rend-il plus compte ? Peut-être la chose lui est-elle devenue si naturelle qu'il n'y voit aucune méchanceté ? Ainsi, le masque serait devenu chair, et l'homme ne verrait plus la différence entre son arrogance et son affabilité. Cela expliquerait son comportement, dans les derniers chapitres du récit encore à venir.

Reste que Bourassa, tout au long de son chemin du retour au pouvoir, a parfois montré son jeu. Disons plutôt, une carte ou deux :

• Il le fait lorsqu'il écrit, s'agissant de son premier passage au pouvoir : « J'avais l'impression de porter la société québécoise à bout de bras. » De même lorsqu'il se prédit, en 1983, une lune de miel brève, le retour de l'ingratitude « des gens ». « Je ne m'en fais plus, ajoute-t-il. Je vais laisser ma marque au cours des cinq prochaines années et nous verrons bien ce que les gens diront dans dix ans. » Comme la dernière fois, il portera la société québécoise, seul, à bout de bras. Ils auront tort, c'est sûr. Il aura raison, encore.

• Il le fait, avant de reprendre le pouvoir en 1985, lorsqu'il parle au journaliste et auteur Ian MacDonald. Bien désinformé, MacDonald a toujours en tête l'image du Bourassa mou. Il lui demande donc si l'expérience de la défaite l'a endurci. S'il serait capable de prendre des décisions moralement justes mais politiquement dures.

« Il n'y a pas de doute que je serais plus dur, répond Bourassa. Je ne gouvernerais pas en fonction des répercussions électorales. Je pense que le Québec ne peut pas se permettre d'avoir un premier ministre qui gouvernerait en fonction de l'électorat. » En fait, sur tous les sujets pour lui non essentiels — comme la couleur de la margarine, l'éducation, la santé — son nouveau règne ne sera qu'hésitation et tergiversation. Les répercussions électorales constituent sa seule boussole en décembre 1988 en matière de langue, comme il l'expliquera l'année suivante au *Financial Times* de Toronto. Comment en est-il venu à prendre une décision aussi biscornue : français à l'extérieur, bilingue à l'intérieur ? « Vous êtes premier ministre du Québec et vous avez deux sondages, un qui dit "ne touchez pas à la loi 101", un autre qui dit "nous sommes favorables à l'affichage bilingue". Que faites-vous avec ça ? Vous inventez la formule intérieur-extérieur* ! »

Mais sur les sujets auxquels il tient, il le promet, il sera plus dur. À quels sujets tient-il ? À tous ceux qui pourraient mettre en danger la cote de crédit du Québec. Vous avez dit souveraineté ? « Le Québec ne peut pas se permettre d'avoir un premier ministre qui gouvernerait en fonction de l'électorat. » En fonction de qui, alors ? En fonction des désirs de Robert Bourassa, quoi qu'en pense l'opinion publique. Surtout lorsqu'elle erre au point de vouloir la souveraineté du Québec.

• Il le fait lorsque, en 1981, il pose la question : quelles sont les qualités principales que doit afficher un premier ministre ? et y répond lui-même. La capacité de gestion ? L'honnêteté ? La compassion ? La solidarité ? La capacité d'écoute ? La transparence ? Le don de susciter des consensus ? Le respect des institutions ? Pas du tout. « Les qualités principales de l'homme d'État sont la lucidité, le sang-froid, la détermination. » Surtout, « il ne faut jamais lâcher ». Quoi qu'en disent les petites gens.

Sa traversée du désert, ses séjours à Bruxelles et à Fontainebleau, où il s'instruit et enseigne, puis à Washington, à Los Angeles, à Yale, où il est professeur invité, ont-ils au moins ouvert ses horizons ? Son nouveau chef de cabinet, John Parisella, qui travaille pour lui de 1989 à 1993, offre cette réponse :

> Robert Bourassa, c'est les finances publiques, c'est l'économie, la constitution pis la langue. Ça, c'est ses quatre dossiers. Tu vas avoir ben du plaisir avec M. Bourassa, il va te donner des heures de temps là-dessus. Mais achale-le pas avec des intendances, commence pas à parler d'un projet en santé, immigration ou quoi

---

* Le retournement linguistique du printemps de 1993, quand Bourassa permet l'affichage bilingue presque partout, représente selon Mario Bertrand « les gestes d'un gars qui ne se préoccupe plus de sa réélection [...] Libéré de la préoccupation purement électorale, il fait ce qu'il a envie de faire. » C'est-à-dire réduire la portée de la protection du français. Claude Ryan sera, ici encore, le porteur de ballon. Mais c'est Bourassa qui a imposé l'orientation de la loi, selon des principes auxquels Ryan était fermement opposés quelques mois plus tôt. « *I hope that I will not let you down !* »

que ce soit. Ça, ça fait partie du *design,* la plomberie. « Organisez-vous avec la plomberie ! » Tsé ?

Peut-être Bourassa a-t-il renouvelé l'étendue de son intellect, de sa réflexion, au contact des Jacques Delors et autres eurocrates, des bouquins qu'il a lus, des étudiants qu'il a rencontrés pendant ses neuf ans de récréation de *bunker* ? Lucien Bouchard se souvient d'un voyage en Concorde où Mitterrand et Bourassa se partageaient la première classe, alors que lui, simple ambassadeur, était assis plus loin derrière. Venu voir si tout se passait bien, Bouchard constate que les deux hommes sont assis chacun de leur côté, sans se dire un mot, et que Bourassa semble s'ennuyer ferme. Peut-on imaginer Trudeau, Lévesque, Mulroney ou Parizeau rater une telle occasion de discuter, voire de débattre, avec un voyageur aussi illustre ?

Mais Mitterrand vole peut-être trop haut. Baissons en altitude : à l'été de 1991, la revue *Forces* prépare un numéro spécial sur le 200ᵉ anniversaire du parlement québécois. L'auteur est chargé de recueillir, auprès de Bourassa et de Parizeau, leurs réflexions sur la démocratisation des institutions, leur passé, leur avenir. Un test facile, puisqu'il s'agit de leur propre vie politique. Quand on lui pose la question du travail qui reste à faire, Parizeau embraye sur la régionalisation des pouvoirs, comme un moyen de mieux définir les droits et responsabilités, donc l'imputabilité de chaque palier de gouvernement. Il est intarissable. Même question pour Bourassa : on n'en tire que la nécessité de mieux assurer la retraite des politiciens, qui font pitié comme chacun sait. Le premier a réfléchi sur la politique, le second a fait de la politique.

Signe que Bourassa assume son dédain pour les institutions démocratiques ? À la grande cérémonie qui soulignait le bicentenaire du parlement, donc le clou de l'année de célébration, devant les diplomates étrangers et les anciens membres de l'Assemblée, Bourassa... n'est pas venu. Il était à son bureau, de l'autre côté de la rue, occupé à des « rencontres privées ». Il a laissé à son *leader* parlementaire le soin de prononcer ce qui devait être le discours principal.

La pauvreté intellectuelle des discours de Bourassa, éternelle réutilisation de notions déjà toutes présentes en 1967, sera la principale pièce à conviction lorsque viendra le temps de faire le bilan de son apport à la pensée politique québécoise. Attention : Bourassa pense énormément. Tous les jours, il accumule des faits nouveaux, des statistiques, collectionne les rumeurs, se tient au courant des faits et gestes des uns et des autres. « Je me souviens de tout, dit-il en 1988. Les choses qu'on m'a faites, ce qu'on a dit. Les gens placotent, s'imaginent qu'ils sont à l'abri mais, en politique, tout nous est rapporté. On peut penser : "Si jamais il savait ce que j'ai dit..." Mais je le sais. » Bourassa sait beaucoup plus de choses qu'en 1967. Y compris sur le cynisme : « J'ai pu observer un certain cynisme chez les individus, raconte-t-il au sujet de sa traversée du désert : on est élu, on est entouré, flatté, courtisé. On est défait : ça équivaut à la mort. [...] J'ai pu analyser le comportement des mêmes personnes quand j'avais le pouvoir, quand je ne l'avais plus et quand je l'ai eu à nouveau. »

Mais il est étonnant de constater comment tous ces nouveaux faits se sont simplement logés dans les mêmes vieilles ornières. Bourassa I ne jurait que par l'hydro-électricité ; Bourassa II aussi. Bourassa I ne jurait que par les multinationales américaines ; Bourassa II courtise également les multinationales européennes. Mais il mise toujours davantage sur les géants étrangers que sur l'entrepreneuriat local, jusqu'à les aguicher en leur abandonnant les richesses naturelles à vil prix, hier le bois et l'acier, aujourd'hui l'électricité. Bourassa I n'avait pas vu venir la fronde autochtone contre la Baie James ; Bourassa II souffre d'un même aveuglement à Grande-Baleine.

À ce sujet, Bourassa avait choyé les Québécois, en leur présentant en primeur son projet de la Baie James en 1970, même s'il l'avait fait devant une assemblée de partisans. À l'été 1985, c'est directement aux Américains que Bourassa le revenant présente son rêve de Baie James II, en allant lancer d'abord à Washington la traduction anglaise de son livre *L'Énergie du Nord*. Ce n'est qu'ensuite qu'il en présente au Québec la version française. L'histoire est anecdotique, mais symbolique. Les projets hydro-électriques de 25 milliards esquissés dans l'ouvrage — sans compter la construction d'un « grand canal » pour exporter l'eau de la baie James dans l'Ouest américain — auraient mobilisé pour une génération au moins le dynamisme et l'épargne des Québécois, ou plus précisément leur marge de crédit. Pour Bourassa, ce n'était pas une raison pour leur en parler avant de commencer à vendre ses idées aux investisseurs new-yorkais. Bourassa sait où est la charrue, il sait où sont les bœufs[*].

Il en est de même sur le plan constitutionnel. Bourassa est sans doute un habile tacticien de la politique, mais il lui a manqué les qualités nécessaires pour percevoir les courants derrière les manchettes, les rapports de force derrière les élites. C'est pourquoi son accord de Meech s'est écrasé sur le brise-lames de l'opinion canadienne, en juin 1990. C'était surprenant, Bourassa n'était pas le seul mauvais capitaine, et c'était excusable.

Mais au printemps de 1991, lorsqu'il a réussi à bien berner tout son petit monde québécois et qu'il relance, à sa manière, la négociation constitutionnelle au téléphone avec les autres premiers ministres, il devrait savoir, comme tous les sondeurs et la plupart des analystes, qu'aucune entente ne peut satisfaire à la fois l'opinion québécoise et l'opinion canadienne-anglaise. Dans ses conversations avec l'auteur à l'époque, il semble ignorer que l'opinion canadienne existe. Tout son scénario est fondé sur l'adhésion des premiers ministres anglophones aux nouvelles demandes du Québec. Comme les Bourbons, de retour sur le trône après l'intermède républicain, Bourassa n'a rien oublié et il n'a rien appris.

---

[*]   Bourassa déteste écrire. *L'Énergie du Nord* fut rédigé par ses conseillers Marcel Côté et Gérard Latulippe, futur délégué général du Québec au Mexique. Les noms de ces « collaborateurs » ne figurent cependant nulle part ni sur la couverture ni dans l'ouvrage.

LA TRICHE III
L'arabesque luxuriante du pretzel

On ne saurait, en somme, exiger de M. Bourassa
qu'il agisse contrairement à ses convictions.
On doit toutefois exiger qu'il n'engage en aucune manière
notre avenir sans que nous ayons eu
notre mot à dire dans la décision.

CLAUDE RYAN, éditorialiste
parlant de l'avenir constitutionnel du Québec en juin 1971

C'est moi qui suis le seul responsable.

ROBERT BOURASSA
parlant de l'avenir constitutionnel du Québec en avril 1991

L A PHRASE CLÉ DE TOUTE L'AVENTURE POLITIQUE qui s'ouvre avec la mort de Meech est celle que Bourassa prononce au Salon rouge, le 23 juin 1990. Il y a inséré le mobile : « Il faudra donc que dans ces décisions importantes pour notre avenir, la dimension économique soit primordiale. » Plus précis, il pose ce paramètre : « C'est l'intérêt supérieur du Québec qui sera le facteur déterminant et, à cet égard, dans toutes ces décisions, nous tiendrons compte de la dimension économique. »

« Nous tiendrons compte », donc, de la cote de crédit. Donc, de l'insécurité. En entrevue, Bourassa explique lui-même la manœuvre : « J'ai affirmé le Québec le vendredi, et le samedi, j'ai immédiatement rééquilibré avec la sécurité économique. » Certains l'entendent. « Il n'écartait pas la souveraineté mais il n'allait pas vers la souveraineté », analyse par exemple le député fédéraliste orthodoxe Henri-François Gautrin, présent au Salon rouge. « Il faisait tout de suite état des difficultés économiques qui seraient sous-jacentes à ce que je qualifierais d'aventure souverainiste. Donc, c'était équivalent pour moi de dire qu'il ne la ferait pas. » A-t-il vérifié la justesse de cette interprétation auprès du chef ? « Non, j'avais compris, je le savais, c'était évident pour moi. Et pour les autres j'imagine. »

Revenons au laïus de Bourassa au Salon rouge. Il le termine par ces mots, qui méritent un bon décodage :

> Bref, le Québec a la liberté de ses choix. Il doit faire son choix dans le réalisme, dans le calme et dans la lucidité.
>
> Quant à moi, je puis vous assurer que mon seul guide sera l'intérêt supérieur du peuple québécois.

Maintenant rompu aux formules bourassiennes, maintenant instruit sur le cœur du personnage, le lecteur peut s'adonner à son propre déchiffrage. Il y a « le Québec », d'une part, qui est libre, c'est sûr. Puis il y a « quant à moi », d'autre part. Moi, « l'arbitre » et le « dictateur élu », comme il l'écrivait dans *L'actualité* en 1981.

Sur le coup, à l'extérieur du cercle restreint des conseillers de Bourassa, peu nombreux sont ceux qui saisissent. En y repensant, l'éditeur et chroniqueur de la *Gazette,* Norman Webster, se dit : « Bon sang mais c'est bien sûr ! » Ayant cité le passage final pour ses lecteurs, il ajoute :

> C'était la performance apaisante d'un maître — en particulier les mots de code, à la fin, pour ceux qui pouvaient les décoder, au sujet des intérêts supérieurs du Québec : Bourassa, l'économiste endurci, avait la ferme conviction que l'indépendance du Québec serait un non-sens géopolitique qui ferait du tort à sa population. Ce n'était simplement pas envisageable.

Mais Webster écrit ces lignes trois ans et demi après le fait. Alors, tout est clair. Le jour même, on a vu que Pierre Anctil était assez lucide pour comprendre, comme Jean-Claude Rivest, qui n'avait pas encore pris son virage « une vraie réforme, sinon, on part ! ». Eux étaient dans le cénacle. À l'extérieur, Mario Bertrand a aussi tout de suite pigé. Mais les autres Québécois, comme les députés libéraux nationalistes, les jeunes du parti, les ministres québécois à Ottawa, des membres du futur Bloc québécois et du PQ ont placé leur loupe, non sur ce que Bourassa a toujours dit et ne fait que répéter, — la sécurité économique —, mais sur ce que Bourassa n'avait jamais dit et a énoncé ce jour-là, sur l'avenir politique du Québec.

Voici donc le code décodé, pour ceux qui sont arrivés en retard :

1) Première phrase : « Nous sommes à un moment critique de notre histoire. La décision de rejeter l'accord du Lac Meech remet en cause notre avenir politique » ;

2) « Le Québec a la liberté de ses choix » ;

3) Nous allons écouter le parti et une commission de l'Assemblée nationale présenter de nouvelles solutions ;

4) Seules les solutions qui sont conformes à « l'intérêt supérieur du Québec » seront retenues ;

5) L'intérêt supérieur du Québec exige la sécurité économique ;

6) (sous-entendu :) Toute forme de souveraineté induit l'insécurité économique ;

7) (sous-entendu :) L'intérêt supérieur du Québec exclut toute forme de souveraineté ;

8) De toute façon, « quant à moi », c'est moi qui décide.

Bourassa répète d'ailleurs ce dernier avertissement, neuf mois plus tard, à la clôture des travaux de la commission Bélanger-Campeau, devant un rapport qui stipule clairement que les Québécois doivent prendre leur propre décision, par voie référendaire. Le chef libéral voit les choses autrement : « Face à l'histoire, je suis évidemment, parmi vous, celui qui aura à prendre une des décisions les plus importantes pour le Québec. » Il donne encore quelques signaux : cette décision sera « prudente et réaliste » et elle sera conforme au « monde de l'interdépendance des peuples ».

« J'ai toujours compris que l'objectif de Bourassa était double, dira Michel Bélanger à l'auteur : c'était de garder le pouvoir politique et de servir les intérêts du Québec au mieux, en autant que lui pouvait les définir. »

On connaît un des éléments fondamentaux de la définition qu'il leur donne : le maintien du Québec dans le cadre fédéral, au prix du *statu quo* si nécessaire, quoi qu'il en dise par ailleurs. Mais dans le climat politique québécois de 1990 à 1992, il ne veut pas le dire car il ne veut pas combattre, à visière levée, la conviction d'une majorité de Québécois. Il veut louvoyer. Attendre, et ramer. Bourassa développe donc toute une panoplie d'arguments plus ou moins creux et ambigus. On en a rencontré plusieurs tout au long du récit, on en trouvera d'autres. Les plus efficaces laissent entendre que la souveraineté est souhaitable ou envisageable, mais ne peut se réaliser tant que certaines conditions ne seront pas réunies :

• *La souveraineté prématurée.* Thème générique : il faut attendre. Que le Canada soit prêt. Qu'on fasse son *footwork* à Washington, Londres et Paris. Que la tendance souverainiste s'enracine dans l'opinion. (Pendant ce temps, Bourassa dit au Canada de ne pas se préparer, il ne fait aucun *footwork* à l'étranger, et il espère que la tendance souverainiste s'essouffle dans l'opinion.)

• *Les réponses manquantes.* Il faut se pencher sur la question. Comment s'arrimerait-on avec la Banque du Canada ? Quelle serait l'union douanière ? Comment partagerait-on la dette ? (Lorsque, le 21 février 1991, une étude de Bélanger-Campeau sur le partage de la dette évalue que le déficit d'opération annuel d'un Québec souverain ne serait supérieur que de 133 millions de dollars à la situation actuelle, Bourassa s'en moque en ces mots : « Ils ont pu dire ça comme ça, 133 millions, c'est formidable ! » Une semaine plus tard, quand la commission rend publiques ses 2081 pages d'avis d'experts sur tous les aspects de l'accès à la souveraineté, Bourassa déclare : « Je n'engagerai pas l'avenir de sept millions de Québécois sur des documents comme ça ! » Quand le Conseil économique du Canada évalue que la transition vers la souveraineté pourrait ne provoquer qu'un ralentissement économique mineur (-1,5 %, hypothèse basse), Bourassa n'utilise que l'hypothèse haute (-3,5 %), ignore les effets d'atténuation identifiés par le Conseil, et fait de l'étude une lecture catastrophiste.

• *Les garanties indispensables.* « Comment faire un référendum en 1991 sans qu'on ait la moindre indication ou garantie de fonctionnement de l'union économique ? Ce serait plonger les Québécois dans l'inconnu ! » s'indigne-t-il en mars 1991. En juillet, même couplet : « Tenir un référendum sans garantie d'association économique aujourd'hui m'apparaît un risque non calculé. C'est dangereux et, comme chef de gouvernement ou chef politique du Québec, je ne crois pas que j'aie le droit de prendre des risques non calculés pour l'avenir du peuple. » Même si le peuple est prêt, lui, à prendre ce risque. Bourassa se convainc d'ailleurs de son bon droit en ajoutant : « Je crois que les Québécois dans leur ensemble — certains en maugréant — respectent ma prudence. » (Pendant ce temps, il ne fait aucune proposition d'association économique à ses partenaires canadiens, ne demande aucune garantie à qui que ce soit.)

• *La pénurie de souverainistes.* Bourassa feint de ne pas savoir lire les sondages, et se plaint qu'il n'y a pas suffisamment de souverainistes. Il le dit par exemple au *Soleil,* en avril 1991 : « Il n'y a pas tellement d'écart entre les sondages de février 1980 et ce qu'on voit actuellement », affirme-t-il, contredisant tous les chiffres, qui ont triplé en 10 ans. « Si la question de l'association économique n'est pas claire, je suis loin d'être sûr qu'un référendum sur la souveraineté serait positif. » (Pendant ce temps, il ne fait rien pour éclaircir la question de l'association et plaide suffisamment contre la souveraineté pour espérer réduire le nombre de ses partisans. En privé, au printemps de 1991, il s'étonne d'ailleurs de la persistance du soutien à la souveraineté, indique Rivest.)

• *Les souverainistes réversibles.* Parfois, il admet qu'il pourrait gagner un référendum sur la souveraineté. Il montre qu'il a bien vu la fenêtre, qu'il sait qu'elle existe, qu'il pourrait s'y engouffrer : « Si j'avais décidé de faire un référendum sur la souveraineté en septembre 1990, je pense bien que là, ça y était », dit-il à l'été de 1991. Donc en septembre, ça y était. Et plus tard ? « Si on avait fait un référendum au mois de juin [1991], si on l'avait gagné, quelque chose comme 58 % à 42 %, on aurait fait quoi ? » demande-t-il encore.

Pas mal, 58 %. Pas mal du tout. Alors pourquoi pas ? « On aurait fait quoi, dans trois mois ? Quels auraient été nos interlocuteurs ? » demande-t-il. Bourassa affirme craindre que, une fois le processus enclenché, les coûts de transition fassent baisser l'appui à la souveraineté en pleine négociation avec Ottawa, affaiblissant la position du Québec. En appelant à voter Oui dans ces conditions, « sans savoir » ce qui allait se passer ensuite, « j'aurais un peu joué à l'apprenti sorcier », juge-t-il. (Pendant ce temps, il fait tout pour miner la confiance des Québécois en leur capacité de passer au travers, rendant sa propre crainte plus réelle.)

• *Les Québécois mal informés.* Un bijou de confusion créatrice. Utilisant le vote pro-Bloc québécois dans Laurier-Sainte-Marie (66 %), il en tire la conclusion que les trois quarts des Québécois qui se disent souverainistes veulent donc que le Québec souverain élise des députés à Ottawa : « On voit une confusion dans l'application des objectifs. S'il y a une représentation directe des Québécois à Ottawa, on a affaire à une forme de fédéralisme », déclare-t-il le 21 octobre 1990. (Pendant ce temps, il fait tout pour brouiller les cartes, parlant de « souveraineté partagée » et de Parlement commun élu au suffrage universel.)

• *Le Canada n'est pas prêt.* Autre bonne raison de ne rien faire : « Le Canada, ils sont en commission », dit-il en 1990 et 1991, parlant des commissions fédérales et provinciales qui étudient la réforme de la constitution. « Qui auraient été nos interlocuteurs ? » en cas de déclaration de souveraineté, demande-t-il. « Si on était pour la souveraineté prudente, on faisait pas ça en 1991. » Même argument contre la proposition de Michel Bélanger d'un référendum suspensif car « on risque de gaspiller la force d'un événement comme le référendum », dit-il.

• *Le triangle infernal.* Son argument le plus travaillé, le plus durable et le plus efficace. En bref : Monnaie commune = Fiscalité commune = Parlement élu. C'est aussi sa position de repli antisouverainiste. Dans les documents de la Commission jeunesse, puis dans le rapport Allaire, il fait inclure deux notions auxquelles il tient absolument : l'élection d'un Parlement commun (supranational) au suffrage universel et la dévolution à ce Parlement de pouvoirs de taxation directe. Ce sont ses deux bombes à retardement conceptuelles. Il faut suivre précisément son raisonnement :

a) Tout le monde est d'accord, y compris Jacques Parizeau, il faut qu'un Québec souverain garde la monnaie canadienne ;

b) Pour garder un certain contrôle sur la politique monétaire commune, et pour gérer la libre circulation des biens, des personnes et des capitaux, il faut une union économique, donc dotée de responsabilités fiscales. (Ici, le saut logique est essentiel. Il n'y a aucun lien de cause à effet entre union économique et pouvoir de taxation. La Communauté économique européenne (CEE) ne fait pas ce lien et ne prévoit pas le faire même en cas d'adoption d'une monnaie européenne unique. Le pouvoir de taxation est le centre du pouvoir, le « nerf de la guerre », et ni la France, ni l'Allemagne, ni la Grande-Bretagne ne songent à s'en départir, même partiellement. C'est d'ailleurs précisément sur ce point que Michel Rocard contredit constamment le premier ministre québécois. Bourassa est évidemment conscient des libertés qu'il prend avec la logique, mais il a besoin de ce pont pour la suite de son raisonnement.)

c) Maintenant qu'il a introduit — frauduleusement — la taxation dans l'équation, Bourassa affirme qu'en vertu du principe « pas de taxation sans représentation », il faut bien sûr que des élus directs du peuple encadrent politiquement le pouvoir de taxation — responsabilité fiscale — de l'union économique. D'où la nécessité d'un Parlement élu au suffrage universel.

d) Donc, l'objectif souhaitable est que le Québec et le Canada, deux États souverains, soient regroupés dans une union économique avec un Parlement élu doté d'un pouvoir de taxation. C'est donc une confédération.

Tout est maintenant en place pour le grand glissement :

e) « Une confédération qui réussit, c'est une fédération », énonce Bourassa. Mais pourquoi faire ce détour, puisque nous sommes déjà dans une fédération ? « Je me demande s'il faut assurer des coûts de transition très difficiles à prévoir — ça peut être mineur, ça peut être majeur — pour finalement aboutir à une structure canadienne qu'on peut peut-être atteindre sans tout casser. »

f) Bref, puisqu'on veut se rendre ultimement à quelque chose qui ressemble beaucoup au *statu quo*, vaut-il vraiment la peine de se donner tout ce mal ? Poser la question, c'est y répondre.

Parfois, il ne passe pas spécifiquement par l'argument monétaire, mais réalise son saut périlleux à l'envers : a) « L'union économique n'est possible qu'avec l'union politique », dit-il (ce qui est faux, comme le montre l'expérience de la CEE) ; b) Qui dit union politique, dit représentants élus ; c) En vertu du principe « pas de taxation sans représentation », on ne peut non plus avoir de « représentation sans taxation », donc il faut donner des pouvoirs fiscaux au Parlement commun ; d) Donc, on veut la confédération, qui ressemble à la fédération, alors pourquoi s'énerver pour si peu ?

Parfois il prend un raccourci encore plus direct. En vertu du principe que tous les États partagent leur souveraineté, comme le Canada dans le traité de libre-échange, il pose le principe que les Québécois veulent la souveraineté partagée. « Quelle est la différence entre souveraineté partagée et fédéralisme renouvelé ? Nous menons des études pour déterminer ce qui vaut mieux. »

À l'intérieur du PLQ, Bourassa fait passer ces arguments sous deux déguisements : celui du réalisme économique, bien sûr ; celui de la nécessité partisane, aussi. Car cette histoire de Parlement commun et de taxation, c'est « un point fondamental qui nous sépare du PQ », déclare-t-il au congrès de mars 1991. Les militants libéraux sont sensibles à la nécessité de se démarquer des péquistes.

Mais ses conseillers savent le décoder. Rivest, par exemple, qui fut son messager auprès de Pierre Anctil pour rétablir le triangle monnaie-fiscalité-Parlement dans le rapport Allaire : « Bourassa voulait que ça [le rapport] soit pas souverainiste. À partir du moment où t'as plus de taxation directe, ou t'as plus d'élection au Parlement, c'est deux États séparés. Ça finit là. » Une fois le triangle introduit, par contre, Bourassa est libre d'opérer son gracieux glissement : Parlement commun = confédération = fédération. John Parisella admire la manœuvre : « Avec son fameux triangle, M. Bourassa c'est comme Gretzky. Il peut patiner avec ça facilement. »

Cette construction mentale permet à Bourassa de se donner des airs de souverainiste, de l'être en ne l'étant point, de feindre :

• *Tous souverainistes.* L'est-il ? C'est une « question académique », dit-il en mars 1991. En juillet de la même année, Michel Vastel lui repose la question. « Ça veut dire quoi être souverainiste ? » répond-il. « Si la souveraineté, c'est de la récupérer pour la transférer par la suite et être obligé d'admettre un support démocratique, le débat devient différent. » Il joue sur tous les mots. Par exemple, il dit que puisque que le Québec a le droit à l'autodétermination, « il a la souveraineté dans le principe », n'est-ce pas ? Et si le Québec a la souveraineté « dans le principe », son premier ministre est par conséquent souverainiste aussi, « dans le principe ». Vous me suivez ? De la même façon, une femme qui a le droit de divorcer mais qui reste mariée est « divorcée dans le principe », non ? Euh... Disons que l'argument ne se transpose pas.

Pour le reste, les jésuites de Brébeuf ont bien travaillé. Mais même ses anciens professeurs auraient eu un haut-le-cœur en entendant le dernier grand argument de leur élève :

• « *Les Québécois ne sont pas prêts.* » Pendant toute la période post-Meech, Bourassa répète cette phrase qui, mieux que toute autre, illustre chez le chef libéral le mariage du mensonge et du mépris. Alors que les Québécois sont massivement favorables à la souveraineté, qu'ils le lui disent dans son parti, dans leurs organisations sociales, syndicales, même patronales, qu'ils l'expriment à l'élection de Laurier-Sainte-Marie, Bourassa leur reproche de ne pas être prêts. Lui qui ne fait rien pour les préparer. Lui qui fait tout pour les dissuader d'opter pour la souveraineté.

Le chroniqueur Jean V. Dufresne, du *Journal de Montréal,* décrit admirablement l'impression d'ensemble qui se dégage des arguments bourassiens : « Trudeau, c'était la géométrie plane, l'esthétique pure de la ligne droite. Bourassa, c'est l'arabesque luxuriante du pretzel. Ça mène nulle part et partout à la fois. » Ou plutôt, ça *semble* ne mener nulle part. Car Bourassa sait exactement là où il ne veut *pas* aller : à la souveraineté.

Dufresne décrit la chose, il n'en décrit pas l'effet sur les militants, les journalistes, les électeurs. Le Robert — le petit, pas l'autre — en donne une excellente définition, au mot « obnubilation » : « Ralentissement des fonctions psychiques, accompagné d'engourdissement, d'une baisse de la vigilance, d'un manque de lucidité. » C'est précisément l'effet recherché.

Le jumeau de Britanny

Dans le sous-sol de la rue Britanny, en 1967, réfléchissait un homme de 34 ans, trois fois diplômé, intellectuellement agile, francophone de l'Est de Montréal, identifié totalement au Québec, prêt au statut particulier, sinon à la souveraineté-association. Vingt-quatre ans plus tard, en 1991, en reste-t-il une trace ? La réponse est oui. On découvre parfois son ombre au hasard des détours du pretzel et c'est ce qui fait l'efficacité de l'arabesque. Parfois, on peut presque y croire. Parce que parfois, lui, il y croit presque.

Ici, nous quittons le cœur du personnage.

Dans certains téléromans de très mauvais goût, le personnage principal a un frère jumeau qui apparaît mystérieusement au cours de la cinquième saison de l'émission, commet un crime quelconque et met le héros dans l'embarras. Le cas de Bourassa est similaire, à ceci près que le vilain n'est pas dans le rôle habituel. Alors que le chef libéral travaille très consciencieusement à sa tâche de berner tout son petit monde et d'étouffer la pulsion souverainiste, il arrive que son jumeau nationaliste, disparu un soir de septembre 1967 dans un sous-sol de Ville-Mont-Royal, fasse une soudaine apparition. Il prononce des paroles lucides et audacieuses, énonce un projet pour l'avenir du Québec — super-structure, États associés à l'européenne —, puis disparaît, mettant Bourassa dans une apparente contradiction.

Jamais ce jumeau ne devient *opérationnel* : jamais Robert Bourassa ne prend de décision en fonction de ce double, jamais il ne pose les jalons qui permettraient de réaliser son idée d'un Québec autonome au sein du Canada comme la France l'est dans l'Europe.

On pourrait émettre l'hypothèse que ce jumeau et son projet sont tout entiers le fruit d'une opération de désinformation que Bourassa a savamment ourdie au fil des années. L'auteur pense que le chef libéral a en effet tiré politiquement profit de ce mirage, mais il ne le croit pas suffisamment talentueux pour l'avoir construit de toutes pièces, surtout dans le récit qui suit.

Pour réaliser une transformation « à l'européenne » des institutions canadiennes, mineure en regard de l'indépendance, mais radicale en regard du *statu quo*, il faudrait se lever tôt et travailler longtemps. Mais on a vu que Bourassa ne prépare pas le terrain chez les fédéralistes canadiens, ni même chez les orthodoxes peuplant son cercle d'amis québécois. Ceux-là n'ont jamais vu le jumeau. Pendant l'été de 1990, il est toutefois apparu à Pierre Anctil, qui n'y a vu que du feu. D'où la grande surprise du directeur général du Parti libéral, le 28 décembre 1990, de constater que le chef ne s'est même pas donné la peine de faire l'inventaire des forces du changement et des forces du *statu quo* au sein de son propre Conseil des ministres. Il est surpris de voir, dit-il, « à quel point il n'avait pas été en profondeur sur cet aspect-là ». L'auteur, au printemps et à l'été de 1991, est lui aussi mis en présence du jumeau. Bourassa lui laisse entendre que le projet européen existe. D'où son étonnement quand il apprend que le chef libéral n'a pas envisagé la possibilité d'un gouvernement de coalition, malgré les appels du pied péquistes. « J'ai pas encore intégré ces éléments-là dans mon ordinateur interne, qui fonctionne constamment mais qui est obligé de fonctionner à court terme », explique Bourassa, montrant son front.

Le jumeau de Robert Bourassa joue donc le rôle d'une figure fantomatique, plutôt que d'un directeur de conscience.

En 1967, avant et après sa rupture avec René Lévesque, Bourassa se fait le défenseur d'un statut particulier dont il constate bien vite qu'il ne peut exister tant que « Pierre » (Trudeau) sera aux affaires. Il affirme qu'au moment de sa prise du pouvoir, en 1970, il était toujours favorable à cette notion, mais décida de la taire parce qu'il ne pouvait gagner politiquement sur ce terrain. En 1973, le mensuel intellectuel *Le Monde diplomatique* lui demande un article de fond. Bourassa fait écrire la chose par Jean-Claude Rivest. Quand Rivest remet sa copie, Bourassa la lit à peine, mais la coiffe du titre suivant : « Le Québec, un État français dans un marché commun canadien. » Titre qui se marie à son nouveau slogan de « souveraineté culturelle » québécoise dans une union économique canadienne. Des mots. Des mots que lit Trudeau, qui l'apostrophe au téléphone dès qu'on lui présente une copie du *Monde diplomatique*. « Il était hors de lui », se souvient Rivest. Que signifie ce titre ? Bourassa lui répond : « Je le sais pas, moi, Pierre, qu'est-ce que c'est que ça. C'est Jean-Claude qui a écrit ça ! »

De ses études en Europe, Bourassa revient avec sa nouvelle thèse qu'il a, dit-il, « raffinée, précisée » : le Québec devrait devenir un État souverain mais associé au reste du Canada dans un Parlement supranational. Lorsqu'il croise Claude Morin, devenu ministre péquiste des Affaires intergouvernementales, ou son chef de cabinet, Louise Beaudoin, il leur tient un doux langage : si leur projet de souveraineté-association était assorti d'un Parlement commun élu, doté de certains pouvoirs, « 80 % des Québécois voteraient Oui », Bourassa compris*.

Questionné par un de ses étudiants, à l'université Laval où il donne des cours en 1979, Bourassa va plus loin et imagine la question que le PQ, selon lui, devrait poser lors du référendum encore à venir : « Voulez-vous remplacer l'ordre constitutionnel existant par deux États souverains associés dans une union économique, laquelle union serait responsable à un Parlement élu au suffrage universel ? »

Après la campagne référendaire, où il a vaillamment opposé son propre projet européanisant à celui du PQ, le citoyen Bourassa ne change pas d'avis, mais se dit que son objectif pourrait être atteint grâce à une évolution du fédéralisme, plutôt que par son explosion. Une évolution qui suppose bien sûr le départ de « Pierre », comme il le laisse entendre dans son article de *L'actualité* de mai 1981 : « Je ne suis pas sûr qu'une relation avec un gouvernement fédéral dirigé de façon plus souple qu'aujourd'hui ne pourrait pas devenir une relation d'un gouvernement avec un ensemble plus important, un peu comme la France avec la Communauté économique européenne. »

Après son retour au pouvoir en 1985, la tactique reprend le dessus sur le projet — et le politicien, sur le jumeau. Bien qu'il promette de régler « dans le

---

* Les tenants de la théorie voulant que Claude Morin ait été une taupe fédéraliste au sein du PQ devraient expliquer pourquoi il n'a pas sauté sur cette perche tendue par Bourassa pour diluer davantage le projet indépendantiste. Le fait est que Morin la repousse, car il considère que le Parlement commun arrache le cœur du projet de souveraineté.

mandat » le problème de la non-signature par le Québec de la constitution de 1982, Bourassa ne bouge aucunement en direction du concept européen. Il se fait d'abord tirer l'oreille avant d'embarquer dans le train de Meech puis, quand il le fait, c'est en posant les conditions minimales que l'on sait et avec l'objectif de balayer cette question sous le tapis « pour au moins 10 ans », dit-il*.

Il fait ensuite de son thème européen un usage purement opportuniste en parlant de « superstructure » à Bonn en février 1990. C'est un simple moyen de pression sur ses partenaires, comme il l'a indiqué par la suite. Il faut attendre la mort de Meech pour que le projet européen resurgisse vraiment, moins comme une proposition que comme un pis-aller entre l'indésirable souveraineté et l'impossible réforme du fédéralisme. Les jeunes, puis le comité Allaire s'en emparent, donnant chair à un thème qui n'existait que dans le *never, never land* de Bourassa. Lorsqu'il en reçoit le mode d'emploi, la description et l'échéancier, le 28 décembre 1990, il est pris d'un malaise politique profond.

Il se lance dans sa grande opération de sauvetage du lien canadien, dans son « Canada à tout prix », et ce seul objectif guidera dorénavant toutes ses actions. Il le dit à ses partenaires, comme Bob Rae : en cas d'échec de la tentative de réforme, il ne saurait être question de souveraineté, d'Europe ou de superstructure.

Cependant, sa théorie européenne subsiste et agit à trois niveaux. Celui du discours d'abord, qui vise purement à occuper un bout du terrain de la souveraineté et à semer la confusion chez les Québécois — ce qu'on a appelé « sortir avec » la souveraineté, sans l'épouser. Celui du vœu, ensuite. Parfois, devant Brian Mulroney ou Frank McKenna, du Nouveau-Brunswick ou Bob Rae, de l'Ontario, il va évoquer le modèle européen. Ils sont contre, il n'insiste pas. La théorie n'est pas opérationnelle.

Devant certains Québécois, il va plus loin. Sur ce troisième plan, on rencontre le jumeau de Britanny. Il affirme que le projet européen pourrait être sa position de repli, en cas d'échec du fédéralisme. Ce pourrait être son 2b2.

En privé, il le dit à Jean-Claude Rivest qui résume ainsi, en avril 1991, la pensée de son maître (à ce moment, Rivest pense que le projet peut être opérationnel ; plus tard, il sera détrompé) :

> Sa superstructure, lui, il la signerait demain matin. Mais là où il est sceptique sur son propre projet, c'est qu'il pense pas que le Canada puisse à court terme évoluer dans cette direction-là. [...]
>
> Si ça marche pas, le renouvellement [du fédéralisme...], il peut très bien se rallier à un projet souverainiste, mais qui sera dans son esprit forcément de nature très,

---

* Pour un récit plus détaillé des origines de l'accord du Lac Meech et des négociations qui y ont mené, voir le chapitre portant sur Gil Rémillard dans le livre *Les Prétendants,* publié par l'auteur chez Boréal en 1993.

très confédérale. En termes de choix gradé :

[1.] il peut vivre dans le régime fédéral actuel, modifié avec les revendications du Québec, etc. ;

[2.] deuxième position, ce serait son rêve communautaire [...]

[3.] puis la souveraineté, il pourrait vivre avec ça, mais avec une association économique par traité et tout le reste ;

[4.] il n'ira jamais à la souveraineté avec monnaie québécoise, passeport, fermeture des frontières, renonciation, même pour un temps, à l'espace économique canadien.

Bourassa laisse filer quelques fragments de ce raisonnement en 1990 devant le journaliste Michel Vastel, qui l'interroge pour son livre, *Bourassa*, publié en 1991. Cependant, il ne le dit jamais avec autant de clarté qu'à l'auteur, qui l'interroge à son domicile de la rue Maplewood en avril 1991. Son propos n'est pas exempt de contradictions. Bourassa avance, puis recule. Se montre ferme, puis craintif. Prêt à faire le saut, mais insistant sur la présence du filet. Il y a, devant le micro, le politicien et le jumeau, qui semblent se bousculer l'un l'autre pour savoir lequel prendra la parole, terminera la phrase. Plus l'entrevue progresse, cependant, plus le jumeau l'emporte.

Bourassa se montre ouvert devant ce micro en particulier parce que l'entente qui le lie à l'auteur stipule que ces conversations ne seront rendues publiques qu'après un éventuel référendum sur l'avenir constitutionnel du Québec. Et puisque, en avril 1991, cette échéance est encore lointaine, il peut évoquer à loisir toutes les virtualités. Pour mémoire, notons que l'entrevue se déroule après l'adoption du rapport Allaire, après la signature du rapport Bélanger-Campeau et après le dépôt de la loi 150. En voici de larges extraits, publiés ici pour la première fois (c'est l'auteur qui souligne) :

Bourassa : *C'est vers là qu'on va, le renouvellement ou la souveraineté.* [...] On ne pourra pas nous accuser de ne pas avoir essayé. [...]

L'auteur : [À la mort de Meech] vous n'avez pas eu de tentation souverainiste comme premier choix ?

Bourassa : Pas comme premier choix. Je ne dirais pas que je disais « jamais, jamais, jamais », mais j'étais pas convaincu à ce moment-là que le Québec avait tous les éléments pour prendre une décision dans ce sens-là.

L'auteur : Oui, mais, quelles que soient les informations, la souveraineté est-elle désirable ? Est-elle préférable au *statu quo* ?

Bourassa : Tout ça devient très, très relatif. On existe ! Dans le cas du libre-échange, on a été arbitre. [...] La souveraineté comme vertu ou comme objectif absolu, je pense que c'est théorique. On a déjà des pouvoirs souverains.

La meilleure option pour le Québec c'est pas une indépendance qui pourrait être très théorique étant donné le contexte nord-américain, *c'est d'avoir le maximum d'autonomie.* Et c'est ça qui va arriver. Parce que le rejet de l'accord du Lac Meech force Ottawa à en mettre plus sur la table. Ils peuvent pas arriver avec l'accord du

Lac Meech. *Je vais travailler très fort pour obtenir la rénovation du fédéralisme la plus importante qu'on ait connue depuis 123 ans.*

Qu'est-ce qui va arriver si ça ne marche pas ? Je dois vous dire qu'aujourd'hui je ne suis pas prêt à vous donner la réponse. Parce que je considère que j'ai pas les éléments d'information. Pour moi, si je vous disais aujourd'hui, si ça fonctionne pas, je vais déclarer la souveraineté, ce serait, le 12 avril 1991, un risque non calculé que j'ai pas le droit de prendre comme chef politique des Québécois.

C'est-à-dire que je ne veux pas déclencher la souveraineté et que le Québec se retrouve dans cinq ans dans un isolement extrêmement négatif pour lui. Car ce qui peut arriver c'est que si le Québec déclare sa souveraineté, le Canada réagisse négativement, l'Ontario va dire « bon, ça marche plus, moi, je suis pas pour financer les provinces maritimes, qu'ils se débrouillent ». Pis la Colombie-Britannique peut dire « moi, je vais m'en aller de mon côté » — géographiquement ils sont bien situés pour ça — « nous autres on va travailler vers l'Ouest [le bassin Pacifique] ».

Alors le Québec va se retrouver, peut se retrouver, dans une situation d'isolement. Alors je ne peux pas vous dire qu'aujourd'hui, si la rénovation du fédéralisme ne fonctionnait pas, que personnellement — évidemment c'est dans la loi [150] tout ça — je dirais, on devient souverain. Je pense que je ne peux pas.

Si j'étais [seulement] Robert Bourassa, peut-être. Mais en tant que premier ministre, je ne peux pas m'engager à ce que le Québec devienne souverain comme ça, sans examiner toutes les conséquences. [...]

L'auteur : Donc, actuellement, stratégiquement, vous n'avez pas défini une position de repli. Quoi qu'il y ait dans les rapports Allaire ou Bélanger-Campeau ?

Bourassa : La position de repli, finalement, *on peut présumer que l'association économique est incontournable avec le Canada anglais.* [En cas de souveraineté] il peut y avoir un moment de mauvaise humeur, mais ils ne peuvent pas, étant donné notre situation géographique... Donc à ce moment-là, le Parti libéral peut appliquer le rapport Allaire. C'est ça qui est notre position de repli. C'est-à-dire un Québec souverain dans une structure confédérale. Et on sait qu'une confédération qui réussit, c'est une fédération.

Ça ce sera notre position de repli : Vous ne voulez pas nous entendre pour une rénovation du fédéralisme ? On va devenir souverain dans une structure confédérale, pis vous avez pas le choix !

L'auteur : C'est pas vraiment une position de repli. Vous retournez simplement en négociation. N'est-ce pas une condition préalable à la souveraineté que d'avoir une structure confédérale ? Il vous faut leur approbation, non ?

Bourassa : Je pense que, rendu là, le Québec... Quand même, ils peuvent pas, sur le plan [économique]... Il y a le risque que ce soit laborieux sur le plan de l'application. Mais le Canada anglais ne peut quand même pas faire comme si le Québec n'existait pas ! On n'est pas au XIXe siècle quand la reine Victoria, parce que l'ambassadeur d'Espagne avait été indélicat à son endroit, disait : « l'Espagne n'existe plus ! »

Ce que je vous dis c'est que notre position de repli — je ne vous dis pas qu'elle est simple d'application — mais notre position de repli, c'est de dire [au Canada anglais] : « Vous voulez pas [renouveler le fédéralisme] ? Donc nous, on va être souverain. Et pour que l'économie canadienne puisse fonctionner et la vôtre, on ne peut quand même pas établir des frontières entre Ottawa et Québec ! »

L'auteur : Mais vous leur dites : « On est souverain et on vous propose la solution confédérale » ou bien : « On est souverain seulement si vous acceptez la solution confédérale » ? Dans le deuxième cas, vous renvoyez la balle dans leur camp.

Bourassa : Sur cette question-là, on est rendu en 1993 [dans deux ans]. C'est-à-dire qu'on est rendu à l'échéance électorale. Et à ce moment-là, en fin de course, le peuple aura à décider. Moi, je ne vois pas comment aujourd'hui — je serai fixé davantage dans quelques mois après avoir parlé à Getty, Rae et ces gens-là — je ne vois pas comment on refuserait une forme d'association économique avec le Québec, une forme d'association économique qui inévitablement va conduire à une confédération. [...]

L'auteur : Si le renouvellement du fédéralisme ne fonctionne pas, vous allez en référendum. Vous allez dire aux Québécois : « Donnez-moi le mandat de faire la souveraineté ; moi, je pense que l'association économique est inévitable. Peut-être ne voudront-ils pas. Mais on la fera quand même » ?

Bourassa : *Ça, c'est la position du Parti libéral actuellement, pis c'est la mienne.* Mais je suis obligé de vous dire qu'il faudra évaluer exactement... Je veux dire, je ne peux pas m'engager un an et demi d'avance à dire : « Ce sera d'une façon absolue, quoi qu'il arrive, la position du gouvernement. » Parce qu'il peut y avoir toutes sortes d'événements imprévus. Tout ce que je peux vous dire aujourd'hui, c'est que je ne l'écarte pas. Je l'ai laissée adopter par mon parti, mais je me réserve le droit, étant donné que *c'est moi qui suis l'unique responsable,* je me réserve le droit d'évaluer la situation avant d'enclencher le mouvement.

À ce moment-là, on pourra poser la question à la population et moi, *j'aurai à décider moi-même ce que je propose à la population.* Mais on peut arriver avec deux choix : [1] Êtes-vous d'accord avec une souveraineté avec une association économique avec le Canada ? ; [...2] Êtes-vous d'accord pour la souveraineté sans qu'il y ait d'association économique si elle est refusée ?

D'accord pour le Oui pour la première question. Mais je dois vous dire que je ne peux pas vous dire actuellement : « Bon, s'ils n'acceptent pas la rénovation, si l'association économique est refusée, est-ce qu'on doit y aller quand même ? » Je ne peux pas vous dire aujourd'hui ce que je dirais. Je le saurai peut-être dans six mois [à la fin de 1991]. Dans ma tête, tant que j'ai pas une idée, même sommaire, de la réaction de nos partenaires, je ne peux pas m'engager à dire que « Oui, le Québec peut faire la souveraineté sans association économique ». [...] Je pourrai leur demander de décider [aux Québécois eux-mêmes].

L'auteur : Peut-être que le paramètre économique que vous posez comme étant essentiel, peut-être qu'en tout temps il exclut la souveraineté sans association économique ?

Bourassa : Je me suis engagé devant les Québécois, dans un moment solennel, que je ne ferai rien pour compromettre la sécurité économique. On ne peut pas aujourd'hui dire : « Je vous recommande la souveraineté sans savoir ce qui va arriver pour votre sécurité économique. » C'est un peu une logique.

[Ici, Bourassa affirme qu'il veut se renseigner sur la capacité du Québec de garder le dollar canadien même sans l'approbation du Canada, ce qu'une étude de la commission Bélanger-Campeau évalue comme possible. Cette étude existe depuis un mois, Bourassa y fait référence, mais ajoute : « J'ai pas d'expertise qui me dit qu'on peut » et « je n'ai pas approfondi la question ».]

L'auteur : Est-ce que la souveraineté est, en soi, désirable ?

Bourassa : *Oui, l'objectif de souveraineté est peut-être un des plus nobles.* Mais moi, ce que j'ajoute à ça, c'est qu'on ne le réalise pas en démantelant allègrement le Canada. Mais si le Canada — on a l'impression un peu comme Sisyphe, on fait des propositions, ça marche jamais — *si le Canada lui-même refuse toute rénovation du fédéralisme, à ce moment-là on ne peut pas nous reprocher de quitter et de faire la souveraineté.*

Au Parti libéral, on dit qu'on veut construire le Québec sans démanteler le Canada. Mais *si tous les efforts pour que le Québec puisse se développer sans démanteler le Canada restent vains, alors là, l'objectif, la restriction que je vous disais tantôt que « on veut développer sans démanteler », la restriction n'existe plus. Mais ce n'est pas la responsabilité du Québec.*

L'auteur : C'est un peu la souveraineté par dépit, non ?

Bourassa : Non. C'est pas par dépit. *C'est un choix qui est imposé. Qui est imposé par l'histoire. Le Canada fait partie de l'histoire du Québec. Si le Canada refuse de collaborer ou de reconnaître le Québec comme tel, alors on tire les conclusions. C'est pas une question de sentiments, c'est simplement que l'histoire suit son cours.*

J'ai coutume de dire souvent : « Il n'est pas bon d'être en retard sur l'histoire, mais il n'est pas bon d'être trop tôt non plus. » *Si le Canada dit : « Nous ne voulons pas reconnaître le Québec comme société distincte » ou tel qu'il est, c'est qu'à ce moment-là l'histoire suit son cours et décide d'assumer son destin. C'est pas un geste de mauvaise humeur.*

Quel rapport entre le Bourassa qui répond ainsi aux questions dans cette entrevue et celui qui tient des propos contraires aux fédéralistes, aux premiers ministres provinciaux, à Jeffrey Simpson et aux autres ? L'auteur a longtemps cherché à le comprendre. Dans cet entretien, on retrouve le Bourassa seul maître à bord — « c'est moi qui suis l'unique responsable » —, le Bourassa indifférent au processus démocratique de son parti et aux engagements qu'il a pris — il ne se sent pas lié par les deux rapports et la loi 150. On retrouve le Bourassa foncièrement anxieux — convaincu de l'inéluctabilité de l'association économique, mais incapable de faire le pas sans obtenir des « assurances » de ses partenaires*.

---

* Assurances dont il doit se douter que le Canada anglais ne les lui donnera pas avant que le Québec ait commis l'irréparable. Le contraire serait, de leur part, une incitation à la souveraineté politiquement intolérable par leur électorat. Comme Bernard Landry l'a déclaré à David Peterson au *Journal* en février 1992, dans un savoureux gallicisme : « *Your interest is to say : "No way ! Go yourself have an egg cooked !"* » (Votre intérêt est de dire : "Pas question, allez vous faire cuire un œuf ! " »

Mais plus que n'importe où ailleurs, on trouve dans cet entretien un Bourassa qui semble tenir au changement, qui semble juger le *statu quo* inacceptable, comme il l'a dit au congrès, qui débat dans sa tête et à haute voix du risque de la souveraineté sans garantie d'association. Affirmant tantôt que « c'est le renouvellement ou la souveraineté », que « on va devenir souverain dans une structure confédérale, pis vous avez pas le choix ! » tantôt encore qu'il lui faut des réponses et qu'il ne peut engager le Québec dans un chemin obscur. À un moment, il évoque la possibilité de demander aux Québécois de trancher eux-mêmes (ce qu'ils réclament plus que tout !). Aussi, il fait la différence entre son inclination personnelle — Robert Bourassa (le jumeau, probablement) — et sa responsabilité de premier ministre. Aussi, il invoque le cours de l'histoire et tire ici des leçons qu'il ne tirera jamais plus, et jamais en public.

On sait maintenant pourquoi Jean-Claude Rivest et Pierre Anctil sont tombés dans le camp du rêve : Ils ont dû entendre leur patron dire des choses semblables. On sait, surtout, pourquoi il faut considérer ces déclarations comme « non opérationnelles » : elles sont sans rapport avec la réalité politique que Bourassa a façonnée depuis le 28 décembre 1990, et avec celle qu'il façonnera dans les mois à venir.

Pourquoi tient-il ces propos ? L'auteur a deux hypothèses.

D'abord, le jumeau. C'est une figure de style. Il représente ce qui reste, chez Bourassa, de l'élève de Nye Bevan et de René Lévesque. Enfoui dans sa conscience, réveillé par la mort de Meech, activé par les débats qui ont entouré Allaire et Bélanger-Campeau.

Ensuite, Bourassa s'ouvre ainsi à l'auteur parce que, dans un moment qu'on ne saurait qualifier ni de faiblesse ni d'allégresse, le chef libéral s'est cru sur le point de faire l'histoire, — « la rénovation du fédéralisme la plus importante qu'on ait connue depuis 123 ans », ou bien « la souveraineté » — et a voulu qu'elle soit dûment enregistrée par un journaliste dont il venait de parcourir le premier livre. En mai 1990, l'auteur lui avait écrit ceci, advenant la mort de Meech : « fort de votre mandat électoral encore jeune et de la confiance que vous portent les nouveaux convertis à l'idée de souveraineté, vous seriez alors, le 24 juin, maître du jeu ». Que, sous sa gouverne, « le Québec redéfinirait la carte politique du Canada » et qu'il serait bon d'écrire « la chronique détaillée de cette période, offrir sous forme de livre aux lecteurs et aux chercheurs à venir un récit fidèle de cette année où vous mettriez le pied sur l'accélérateur de l'histoire » (hum !). Au mois d'août 1990, en pleine crise d'Oka, alors qu'il se savait atteint d'un cancer, le premier ministre acceptait l'invitation. C'est qu'il y croyait, au moins de temps en temps.

L'entrevue d'avril 1991 constitue le point de départ de cette collaboration et Robert Bourassa s'y montre ouvert et coopératif, bien que déterminé à faire triompher son premier choix, le renouvellement du fédéralisme, plutôt que le second, qu'il ne craint cependant pas d'aborder de front. À mesure que les mois se sont écoulés, et que sa foi en sa propre position de repli s'est écroulée, les rencontres sont devenues plus espacées, constamment remises, jusqu'à ne plus avoir lieu du tout. Le jumeau s'est assoupi de nouveau, dans un recoin du cerveau du premier ministre. Il se manifestera encore, de temps à autre, comme on le verra dans la suite du récit. Mais il se fera de plus en plus rare, de plus en plus fugace, de plus en plus impuissant. Et son passage dans la vie de Robert Bourassa, donc dans l'histoire du Québec de l'après-Meech, ajoute à cette narration une dose de tristesse, une couleur de deuil.

LE TEMPS ET L'ESPACE

Revenons à la réalité. Depuis la mort de Meech, Robert Bourassa tient deux discours. D'une part, il a avisé ses partenaires canadiens-anglais qu'en aucun cas il ne ferait la souveraineté. Et comme le dit Bob Rae : « Il [Robert Bourassa] nous place [les Canadiens anglais] en présence d'un mécanisme dans lequel nous ne pouvions pas perdre. » À Frank McKenna et à Jeffrey Simpson, il explique combien il déteste l'idée d'un référendum, et déclare qu'il fera tout pour ne point en tenir un. McKenna résume ainsi ses conversations avec Bourassa :

> Je comprenais que l'expérience du référendum de 1980 avait été très, très, très négative pour M. Bourassa et qu'il n'envisagerait d'en tenir un autre que s'il y était vraiment acculé. En fait, il disait de temps en temps qu'un référendum était une chose pénible et qu'il le considérait comme un dernier choix.

Ce sera la position de Bourassa, avec ses partenaires canadiens, pendant toute l'année.

Au Québec, il dit le contraire. De juin 1990 jusqu'en juin 1991, on l'entend prendre six engagements envers son parti, l'Assemblée nationale, son peuple :

N° 1 : Négocier dorénavant à deux et « jamais » à onze
(23 juin 1990, Salon rouge ; réaffirmé en mars 1991)

N° 2 : Nécessité de redéfinir le statut politique du Québec
(Loi instituant la commission Bélanger-Campeau, 4 septembre 1990, et rapport de la commission, fin de mars 1991)

N° 2 bis : Obligation de résultat
(Présentation du rapport Allaire, 29 janvier 1991 ; réaffirmé en mars 1991)

N° 3 : Le statu quo *est la pire solution pour le Québec*
(Discours d'ouverture, congrès libéral de mars 1991)

N° 4 : Tenue d'un référendum sur la souveraineté du Québec, au plus tard le 26 octobre 1992
(Rapport Bélanger-Campeau, 29 mars 1991 ; loi 150, 15 mai 1991)

N° 5 : Seule une offre liant formellement le gouvernement du Canada et les provinces pourra être examinée
(idem)

N° 6 : Réforme en profondeur, sinon, souveraineté
(*Addendum* Bourassa-Rémillard, rapport Bélanger-Campeau, mars 1991)

N° 6 bis : Dans ce cas, la pleine souveraineté, toutes les lois, tous les impôts
(Rapport Bélanger-Campeau, 29 mars 1991 ; loi 150, 15 mai 1991)

En mai 1991, il continue sur cette lancée, et affirme, par exemple, que le référendum promis pour octobre 1992 aura lieu, à moins « d'un tremblement de terre ou d'une guerre mondiale ». (Il s'adresse ici à son parti, donc fait référence au référendum à tenir soit sur la dernière chance, soit sur la souveraineté confédérale.)

En avril, puis en juillet 1991, Bourassa résume l'avancement de ses travaux devant l'auteur. D'abord, il est heureux d'avoir écarté la souveraineté comme premier choix, et 1991 comme année du référendum : « J'ai le temps et l'espace », dit-il. Il les a payés assez cher, a travaillé assez dur, trompé assez d'alliés et d'adversaires pour les obtenir. Mais enfin, il les a. « Il a sa marge de manœuvre totale, confirme Rivest. Ça, c'est capital. » Dorénavant, finis les grands débats au sein du parti, finies les commissions québécoises qu'il ne contrôle pas de A à Z, finies les manifestations, repoussé le référendum. Il peut enfin respirer. Il jouit de l'espace politique pour manœuvrer à sa guise — les souverainistes ayant été mis en attente — et il a le temps : au moins 12 mois de répit. Le temps et l'espace. Les outils principaux d'un chef de gouvernement. Ensuite, il est très content de « la cote » :

J'ai été assez heureux de voir que l'adoption de la loi 150 n'a pas changé la cote de crédit du Québec ni la crédibilité économique du Québec. Le jour même de son adoption, Moody's confirmait notre cote*. [...]

Actuellement, mes réflexions sont les suivantes : je présume qu'il y a assez [de mouvement au Canada anglais] pour qu'on ne mette pas fin au débat [sur la constitution] à l'automne. Je présume que le *package* final va être défendable. Pas qu'il va être enthousiaste, mais défendable.

Mais là, c'est : comment ramener mon parti dans... C'est ça qui me préoccupe.

Bourassa veut conclure cette affaire en obtenant, il l'espère, une réforme défendable, qu'il puisse faire accepter par un Parti libéral qui a cependant posé d'autres balises : « Une réforme en profondeur, sinon on part ! » Le mot « défendable » semble très imparfaitement refléter cette exigence. Bourassa doit,

---

* Pierre Anctil, maintenant parfaitement dompté sur ce plan par son patron, tient au même moment des propos similaires sur la loi 150, mais plus joliment dits : « Je résume la situation comme ceci : on a pris un revolver, on a mis les balles dedans, on l'a mis sur la table, puis Robert Bourassa a dit : "Ne vous inquiétez pas, il n'est pas dangereux ce revolver-là." Tout le monde nous a crus. Moody's a maintenu la cote, etc., dans une période de finances publiques très difficile. »

c'est sûr, obtenir encore plus de marge de manœuvre au Québec. Il doit faire baisser la pression souverainiste, dans le parti et dans la province.

Bourassa et Rivest jonglent avec toutes sortes de méthodes : une élection, un référendum, la ratification d'une entente par la seule Assemblée nationale, ce qui permettrait au gouvernement de changer de sujet jusqu'à l'élection. Tout est ouvert. « Dans mon esprit et certainement dans l'esprit du PM et du Conseil des ministres, dit Rivest à cette époque, y'a aucune espèce de préférence. Mais vraiment pas ! » Le rapport Allaire, le congrès libéral, le rapport Bélanger-Campeau et la loi 150 n'existent plus.

Ce qui existe, c'est la graine souverainiste dans le peuple et dans le parti. « Le PM a dit à quelques reprises, raconte Rivest, qu'il croyait qu'effectivement le niveau de gens qui se déclarent pour la souveraineté [baisserait...] que c'est une surprise que les niveaux restent aussi haut en ce moment, que ça ait duré si longtemps. On est rendus en mai. Or, tout le printemps, l'option de la souveraineté est restée environ à 60 %. » Dans le Parti libéral, Rivest considère que la proportion de souverainistes est « comme au niveau de la rue », c'est-à-dire autant que les Québécois en général, donc environ 60 %. « Dans le caucus c'est 50-50 », dit-il.

C'est trop. C'est encore beaucoup trop. Mais la joute est encore jeune. À l'été de 1991, un an après que « le trouble » eut fait irruption dans son bureau, Robert Bourassa a déjà franchi deux étapes dans sa trajectoire d'évitement de la souveraineté.

• Dans une première étape, allant du 23 juin au 28 décembre 1990, il a fait mine de suivre le courant, question de « laisser au sang le temps de bouillir », au pendule de se rendre au bout de sa course.

• Dans une seconde étape, qui va du 28 décembre 1990 jusqu'en juin 1991, il a détourné le travail accompli par le comité Allaire et la commission Bélanger-Campeau ; il a stérilisé, autant que faire se pouvait, leur contenu. Grâce à Pierre Anctil et à Jean-Claude Rivest (assisté de Lucien Bouchard), il s'est fait donner le mandat de négocier une « dernière chance » du fédéralisme par une population, un parti, une commission qui avaient d'abord espéré l'entraîner vers la souveraineté. C'est un tour de force, qu'il doit à ses assistants au moins autant qu'à son propre talent de maître du brouillard et du double langage.

• La période qui s'ouvre en juin 1991 est plus périlleuse encore. Il devra œuvrer sur deux fronts. Le front extérieur, le Canada anglais, où il devra arracher une réforme au moins « défendable », sachant que la marge est très faible. Le front intérieur, où il devra « ramener son parti », c'est-à-dire le calmer, l'endormir, l'éteindre, pour qu'il se contente d'une entente modeste. Il devra faire de même avec le reste des Québécois, aider leur sang à refroidir, préparer un atterrissage contrôlé. Rompre, bref, le Pacte conclu avec les Québécois.

Le facteur temps est essentiel dans cette démarche. Il faut en profiter pour gommer au maximum les points de friction, faire semblant que tout va bien. Il le dit dès le 26 juin 1990 à David Peterson, qui résume ainsi le défi de Bourassa : « Il savait combien la situation était explosive et tout ce qu'il faisait était une stratégie très délicate visant à faire progresser la discussion, à ne pas polariser la situation, à ne pas pousser les choses vers une conclusion. »

Pour ce qui est de soutirer des concessions au Canada anglais, la feuille de route de Robert Bourassa n'affiche pas de grandes victoires passées et promet peu pour le futur. Mais au chapitre de l'anesthésie politique, l'histoire du Québec n'a guère produit de meilleur expert que lui.

⋆ ⋆ ⋆

Pour l'instant, Robert Bourassa a triché, et il a gagné. Mais l'intrigue ne s'est déroulée, pour l'essentiel, qu'en territoire québécois. Désormais, il doit jouer sur l'échiquier canadien, tout en continuant la partie entamée au Québec. Il va encore tricher avec ces nouveaux partenaires, c'est sûr. La technique l'a bien servi jusqu'à maintenant. Mais l'intrigue se complique. Seul un grand maître peut tricher simultanément avec autant de partenaires et parvenir à sauver la mise.

« Bonne chance », lui dit Jacques Godbout, pour clore une entrevue-bilan tenue au début de juillet 1991. Bourassa est content de l'année écoulée — « la plus difficile » de sa carrière, dit-il, — et « confiant » en l'avenir. Il lui répond :

« On est prêts ! »

CHRONOLOGIE SOMMAIRE

1980

Mai : **Référendum** par lequel René Lévesque demande un mandat de négocier la souveraineté-association : 60 % des Québécois, dont probablement 52 % des francophones, votent Non. Pierre Trudeau promet que ce « Non » ouvrira la porte à du « changement ».

1982

Avril : **Rapatriement** de la constitution canadienne avec l'accord de neuf provinces, sauf le Québec. La nouvelle constitution comprend une charte des droits qui limite la capacité de l'Assemblée nationale de légiférer en matière de langue. Claude Ryan, chef libéral, et la majorité de ses députés, y compris Daniel Johnson, s'opposent au rapatriement.

1983

Octobre : Robert **Bourassa,** premier ministre du Québec de 1970 à 1976, de retour d'une longue traversée du désert, est à nouveau élu **chef** du Parti libéral du Québec avec une majorité écrasante.

1984

Septembre : Élections fédérales : Brian **Mulroney,** chef du Parti conservateur, est **élu** premier ministre du Canada avec la plus grande majorité de l'histoire. Il a promis de réintégrer le Québec dans la constitution canadienne « dans l'honneur et l'enthousiasme ».

Octobre-novembre : Le premier ministre québécois, René **Lévesque,** prend le virage du « **beau risque** », et met en veilleuse l'objectif souverainiste. Six ministres, dont Jacques **Parizeau, démissionnent.**

1985

Décembre : **Élections** provinciales : le Parti libéral du Québec obtient la majorité, Robert **Bourassa,** non **élu** dans sa circonscription, doit déclencher une partielle.

1987

Avril : Réunis au **lac Meech,** les 10 premiers ministres des provinces et

Mulroney s'entendent sur un accord qui permet la réintégration du Québec dans la constitution, moyennant cinq demandes : reconnaissance de la société distincte, veto, nomination de trois juges québécois à la Cour suprême, droit de retrait des futurs programmes fédéraux, pouvoirs partagés en immigration. Les provinces ont un délai de trois ans pour ratifier l'entente.

Novembre : Décès de René Lévesque.

1988

Mars : Jacques **Parizeau, élu** sans opposition, **chef** du Parti québécois. Promet que le PQ fera la promotion de la souveraineté « avant, pendant et après les élections ».

Novembre : **Élections** fédérales : Brian **Mulroney** est reporté au **pouvoir** grâce aux votes québécois. Les élections ont porté sur le libre-échange, très impopulaire hors du Québec.

Décembre : La **Cour suprême invalide** les dispositions de la **loi 101** sur la langue d'affichage. Robert Bourassa passe outre et impose l'affichage unilingue sur les façades, mais bilingue à l'intérieur.

1989

Octobre : Élections provinciales : Robert Bourassa et les **libéraux** sont **réélus.** L'accord du Lac Meech est de plus en plus impopulaire au Canada anglais.

1990

Avril : Le nouveau premier ministre de Terre-Neuve, Clyde **Wells,** fait **annuler** par l'assemblée législative de sa province la ratification de l'accord du lac **Meech.** Le Manitoba et le Nouveau-Brunswick n'ont toujours pas ratifié l'accord, dont Pierre Trudeau réclame l'échec.

Mai : Le lieutenant québécois de Brian Mulroney et aussi son vieil ami, **Lucien Bouchard, démissionne** du cabinet et du caucus pour protester contre les tentatives de dilution de l'accord du Lac Meech, incarné dans un rapport parlementaire préparé par le député conservateur de Sherbrooke, Jean Charest. Bouchard se déclare souverainiste.

9 juin : Réunis à Ottawa pour une semaine de **négociation,** les premiers ministres du pays adoptent l'accord du Lac **Meech. Wells s'engage** à laisser son assemblée législative se prononcer sur l'accord avant la date limite, le 23 juin.

22 juin : Au Manitoba, un député néo-démocrate, l'autochtone **Elijah Harper, refuse** depuis 10 jours de donner son consentement pour la suspension des règles habituelles de procédure qui permettrait la ratification de l'accord du Lac Meech. Le gouvernement refusant d'imposer sa volonté, l'Accord ne peut être ratifié. À Terre-Neuve, **Clyde Wells refuse** de laisser son

assemblée voter pour ou contre l'Accord, dont on doit par conséquent constater le décès.

À Québec, Robert **Bourassa** déclare que « le Québec est libre de ses choix ». Jacques **Parizeau** lui « tend la main ».

23 juin : À Calgary, **Jean Chrétien,** associé au mouvement anti-Meech, est **élu chef** du Parti libéral du Québec. Deux députés, Jean Lapierre et Gilles Rocheleau, démissionnent sur-le-champ et plusieurs militants quittent le PLC.

À Québec, Robert **Bourassa** annonce qu'il ne négociera **plus « jamais »** avec l'ensemble des premiers ministres. Il annonce la création d'un forum bipartisan avec le PQ pour étudier l'avenir du Québec. Il dit aussi attendre les réflexions d'un comité du Parti libéral qui se penche sur la question. Il n'exclut aucune option sauf le *statu quo* et l'annexion aux États-Unis.

24 juin : De 200 000 à 350 000 Québécois manifestent à Montréal pour la **Fête nationale.** Depuis plusieurs semaines, les sondages indiquent qu'une majorité de Québécois sont en faveur de la souveraineté.

11 juillet : Début de la **« crise d'Oka »** opposant les Mohawks aux forces de police puis à l'armée. L'affontement fait une victime chez les policiers. La crise se terminera à la fin de septembre.

25 juillet : **Fondation du Bloc québécois,** parti souverainiste œuvrant sur la scène fédérale, avec Lucien Bouchard à sa tête.

11-12 août : L'aile **jeunesse** du Parti **libéral** du Québec se déclare **souverainiste**. Son document d'orientation a été revu et approuvé par Bourassa.

13 août : Élection **partielle** fédérale dans Laurier Sainte-Marie : le candidat du **Bloc** québécois, Gilles Duceppe, remporte 66 % des suffrages.

4 septembre : Adoption par l'Assemblée nationale de la loi créant la **Commission** sur l'avenir politique et constitutionnel du Québec, dont les coprésidents sont Michel **Bélanger** et Jean **Campeau**.

6 septembre : En Ontario, le néo-démocrate **Bob Rae** est **élu** premier ministre, contre le libéral David Peterson.

12 septembre : Robert **Bourassa,** atteint de cancer de la peau, est **opéré** à Bethesda, près de Washington. De septembre à décembre, il sera fonctionnel une semaine sur deux.

31 octobre : Brian Mulroney annonce la **création** d'une **commission** qui sera à l'écoute des Canadiens. Elle sera dirigée par Keith **Spicer.**

6 novembre : Début des **audiences** publiques de la commission **Bélanger-Campeau.** Les mémoires, y compris ceux de groupes de gens d'affaires, sont massivement autonomistes ou souverainistes.

9-10 novembre : Réunis à huis clos à l'Alpine Inn, dans les Laurentides, les membres du comité libéral chargé de renouveler le programme constitutionnel du parti, présidé par Jean Allaire, se prononcent pour la souveraineté.

28 décembre : En convalescence à Miami, Robert **Bourassa** se fait présenter, au téléphone, les **conclusions** du rapport **Allaire.**

1991

13 janvier : **Compromis** entre Robert **Bourassa** et le président de la Commission jeunesse, Michel **Bissonnette,** sur les orientations du comité **Allaire.**

29 janvier : **Publication** du rapport **Allaire,** qui réclame 22 pouvoirs exclusifs pour le Québec à défaut de quoi le PLQ proposera la « souveraineté dans un cadre confédéral » à l'automne de 1992.

Début des rencontres à **huis clos** des membres de la commission **Bélanger-Campeau** au domaine Maizerets, près de Québec.

19 février : Les coprésidents de la commission **Bélanger-Campeau proposent** la tenue, dès 1991, d'un référendum sur la **souveraineté,** à effet **suspensif** et conditionnel à la réception de bonnes offres fédérales.

8-10 mars : **Congrès** du Parti **libéral** du Québec, qui **adopte** majoritairement le rapport **Allaire** et repousse les amendements proposés par l'aile fédéraliste dirigée par Claude Ryan. Celui-ci **menace de démissionner.** En début de congrès, Robert Bourassa refuse de dire s'il est souverainiste ou fédéraliste. En fin de congrès, il prononce un discours à saveur fédéraliste. Mario Dumont remplace Michel Bissonnette à la tête de la Commission jeunesse du parti.

17-24 mars : **Marathon** de négociations pour dégager un consensus à la commission **Bélanger-Campeau.**

25 mars : Les souverainistes à la commission **Bélanger-Campeau** forcent un vote sur la souveraineté, qu'ils perdent. Le **rapport** est **adopté.** Il prévoit que le gouvernement aura jusqu'en octobre 1992, au plus tard, pour recevoir des offres fédérales mais qu'un seul référendum, sur la souveraineté du Québec au sens strict, sera tenu en fin de processus. Les libéraux en donnent une interprétation élastique.

21 avril : Remaniement du gouvernement fédéral : Brian Mulroney nomme **Joe Clark** ministre responsable des Affaires constitutionnelles.

13 mai : Discours du trône fédéral. Mulroney annonce que Joe **Clark** fera des **propositions** de réforme **à l'automne** de 1991, qu'elles seront ensuite soumises à la discussion, puis adoptées par la Chambre des communes en mai 1992.

20 juin : L'Assemblée nationale adopte la **loi 150,** qui reprend les conclusions du rapport Bélanger-Campeau : mise sur pied d'une commission pour étudier des offres « liant » les gouvernements canadiens ainsi que d'une commission étudiant la souveraineté ; tenue d'un référendum sur la souveraineté au sens strict en juin ou en octobre 1992. Le PQ, accusant le gouvernement de double langage, refuse de voter la loi.

Principaux événements encore à venir

24 septembre : Dépôt des offres de Clark à Ottawa, en retrait par rapport à Meech et proposant de donner à une majorité de provinces le pouvoir d'imposer des décisions économiques à tout le pays. Tollé au Québec. Bourassa déclare les offres « utiles mais incomplètes ».

Novembre : La commission fédérale chargée de consulter la population sur les offres de Clark, coprésidée par Claude Castonguay et Dorothy Dobbie, accumule les désastres. Castonguay démissionne. Il est remplacé par Gérald Beaudoin.

1992

6 février : À Bruxelles, Robert Bourassa dit qu'en cas d'échec des négociations, il pourrait poser la question suivante aux Québécois : « Voulez-vous remplacer l'ordre constitutionnel par des États souverains associés dans une union économique, responsable à un Parlement élu au suffrage universel ? »

29 février : Remise du rapport de la commission Beaudoin-Dobbie sur la réforme constitutionnelle. Bourassa déclare qu'il s'agit là de « fédéralisme dominateur ».

7 juillet : Les représentants des provinces, des autochtones et Joe Clark concluent une « entente historique » qui donne au Québec la « substance de Meech », à l'Ouest, un « Sénat égal » et aux autochtones, le « droit inhérent à l'autogouvernement ». L'accord provoque un tollé dans le cabinet fédéral et dans l'opinion québécoise.

4 et 10 août : Rencontres « informelles » entre premiers ministres, y compris Robert Bourassa, au lac Harrington.

18-22 août : Négociations à l'édifice Pearson à Ottawa entre tous les premiers ministres, y compris Bourassa, et les autochtones. Conclusion d'un accord intérimaire.

26-28 août : Suite et fin de la négociation constitutionnelle à Charlottetown, Île-du-Prince-Édouard. Annonce de la tenue d'un référendum de ratification de l'accord dans tout le pays le 26 octobre 1992.

30 août : Congrès du Parti libéral du Québec qui approuve « l'entente de Charlottetown ». Défection de Jean Allaire, de Mario Dumont et d'une poignée de militants, qui créeront le « Réseau des libéraux pour le Non » au référendum.

15 septembre : Début de l'affaire Diane Whilhelmy - André Tremblay. Une bobine d'une conversation de ces deux proches conseillers de Bourassa affirmant « on s'est écrasés, c'est tout » pendant les négociations est entre les mains d'une station de radio. Une injonction en empêche la diffusion au Québec, mais une transcription des propos est publiée à Toronto et circule sous le manteau.

12 octobre : Débat télévisé entre Robert Bourassa et Jacques Parizeau.

26 octobre : Référendum. Majorités négatives dans six provinces, dont le Québec (56 %).

PETIT GLOSSAIRE POLITIQUE

2b2 : La numérotation de la résolution du rapport Allaire, adoptée par l'immense majorité des délégués libéraux au congrès de mars 1991, qui stipule qu'en cas d'échec de « la dernière chance » de réforme du fédéralisme, le PLQ réalisera la souveraineté confédérale : « 2. Qu'afin de donner aux Québécois un cadre politique et constitutionnel qui réponde à leurs aspirations les plus légitimes, le Parti libéral du Québec et le gouvernement qui en est issu s'engagent : b) à tenir, avant la fin de l'automne 1992, un référendum auprès de la population du Québec, suite à une résolution adoptée à cet effet par l'Assemblée nationale afin que : 2° dans le cas où il n'y aurait pas entente sur la réforme proposée par le Québec, que le gouvernement issu du Parti libéral du Québec propose l'accès du Québec au statut d'État souverain ; que dans cette deuxième hypothèse, le Québec offre, au reste du Canada, l'aménagement d'une union économique gérée par des institutions de nature confédérale. »

Allaire (rapport) : Intitulé *Un Québec libre de ses choix,* le rapport Allaire, adopté par une immense majorité de délégués au congrès libéral de mars 1991, stipule qu'à moins de la mise en œuvre d'une réforme en profondeur du fédéralisme telle qu'exposée dans ses pages, le gouvernement libéral devra proposer avant la fin de l'automne de 1992 « l'accès du Québec au statut d'État souverain », et que ce Québec offre au reste du Canada une union économique gérée par « des institutions de nature confédérale » (Voir aussi 2b2).

Décrivant la réforme en profondeur réclamée, le rapport demande, au chapitre des pouvoirs : le retrait intégral du gouvernement fédéral de 11 secteurs de juridiction provinciale (affaires sociales, affaires urbaines, culture, éducation, habitation, loisirs et sports, politique familiale, politique de main-d'œuvre, ressources naturelles, santé, tourisme) ; et l'obtention pour le Québec d'une « pleine souveraineté » dans 11 autres juridictions non spécifiquement désignées dans la constitution (agriculture, assurance-chômage, communications, développement régional, énergie, environnement, industrie et commerce, langue, recherche et développement, sécurité publique, sécurité du revenu).

Allairien : Un des 17 membres (ou ex-membre) du comité Allaire.

Allairiste : Personne favorable au rapport Allaire, plus particulièrement à sa position de repli, la souveraineté confédérale.

BRFP : Bureau des relations fédérales-provinciales, administration fédérale chargée de la réforme constitutionnelle sous la direction, à compter d'avril 1991, du ministre Joe Clark.

BQ : Bloc québécois, parti souverainiste œuvrant sur la scène fédérale. Fondé en juillet 1990, dirigé par Lucien Bouchard.

Bunker : Désigne l'immeuble de béton où logent, à Québec, les bureaux du premier ministre québécois. À Montréal, les bureaux du premier ministre sont situés au 17e étage de l'immeuble d'Hydro-Québec, boulevard René-Lévesque.

Caucus : Réunion des députés d'un parti politique. Le PLQ subdivise son caucus en « caucus régionaux » qui ont chacun un représentant. Parfois, Bourassa rencontre les « présidents de caucus régionaux » plutôt que le groupe en entier. En général, le caucus libéral est un *meeting* d'admiration du chef. Bourassa vient y sentir le vent, pas y chercher conseil. Au parlement fédéral, le caucus se divise parfois par provinces. Notamment, le caucus québécois du Parti conservateur. Le terme caucus sera aussi employé par les groupes formés à la commission Bélanger-Campeau. Les souverainistes « non alignés », dirigés par Lucien Bouchard et Gérald Larose, diront se réunir « en caucus ».

Chef de cabinet : Le principal adjoint du premier ministre, il est son bras droit politique. À Québec, Mario Bertrand a occupé cette fonction de 1985 à 1989, John Parisella ensuite. À Ottawa, Norman Spector est chef de cabinet de Mulroney de l'été de 1990 à janvier 1992. Le premier ministre a aussi un bras droit administratif : à Québec, le secrétaire général du gouvernement à Québec (Benoît Morin pour Bourassa) ; à Ottawa, le greffier du Conseil privé (Paul Tellier, pour Mulroney).

CEQ : Centrale de l'enseignement du Québec, centrale syndicale souverainiste dont la présidente, Lorraine Pagé, était membre de la commission Bélanger-Campeau.

CJ : Commission jeunesse du PLQ.

COCO : Conseil de coordination de la Commission jeunesse du PLQ, formé d'une poignée de ses principaux dirigeants.

Conseil des représentants : Plus haute instance de la Commission jeunesse du PLQ entre ses congrès, formé d'une trentaine de représentants régionaux, élus.

CSN : Confédération des syndicats nationaux, centrale syndicale souverainiste dont le président, Gérald Larose, était membre de la commission Bélanger-Campeau.

Conseil exécutif : Terme administratif qui désigne les services du premier ministre québécois, son « ministère » en quelque sorte.

Conseil des ministres : Parfois appelé « Cabinet des ministres » l'instance, à Québec, est formée de 30 membres dont 5 ou 6 seulement ont un poids, sur la question constitutionnelle. Plus important que le caucus des députés, le Conseil a la dent plus dure envers les projets de certains de ses membres, mais se permet rarement, pour ne pas dire jamais, de critiquer le chef.

Conseil général du PLQ : Plus haute instance du parti entre ses congrès pléniers, se réunit quatre fois par an, en présence de délégués des 120 comtés, des députés, de la plupart des ministres et, en général, du premier ministre.

Conseil national du PQ : Plus haute instance du Parti québécois entre les congrès, est l'équivalent du Conseil général du PLQ.

Conseil privé : Terme administratif qui désigne les services du premier ministre canadien, son « ministère » en quelque sorte.

Exécutif : Au PLQ, la plus haute instance du parti entre les conseils généraux. Ses membres se réunissent presque tous les mois, en présence du chef ou d'un représentant. Sous la direction effective du directeur général, l'exécutif est un lieu de discussion et de réaction, pas de décision.

FTQ : Fédération des travailleurs et travailleuses du Québec, centrale syndicale dont le président, Louis Laberge, était membre de la commission Bélanger-Campeau.

FPRO : Federal provincial relations office, nom anglais du Bureau des relations fédérales-provinciales.

Maplewood : Nom de la rue où réside Robert Bourassa.

Meech : 1) Reconnaissance pour l'essentiel symbolique du caractère distinct de la société québécoise ; 2) droit de veto sur les institutions ; 3) permanence d'un relatif contrôle québécois sur l'immigration ; 4) droit de retrait avec compensation des futurs programmes fédéraux en juridictions québécoises ; 5) permanence de la présence traditionnelle de trois juges québécois sur neuf à la Cour suprême. (Voir aussi « Rapatriement ».)

PLQ : Parti libéral du Québec.

PLC : Parti libéral du Canada, dont le chef est Jean Chrétien.

PQ : Parti québécois.

Rapatriement : En 1982, le gouvernement fédéral de Pierre Trudeau et du ministre de la Justice chargé du dossier, Jean Chrétien, procédèrent, avec l'accord de toutes les provinces anglophones, au rapatriement de la constitution canadienne, jusqu'alors techniquement équivalente à une loi du Parlement britannique. Ottawa et ses alliés avaient amendé cette constitution pour y insérer notamment une Charte des droits conçue de telle façon par MM. Trudeau et Chrétien qu'elle limite les pouvoirs que détenait l'Assemblée nationale du Québec de légiférer, notamment en matière linguistique. Le Parti québécois de René Lévesque, alors au pouvoir, et l'opposition officielle libérale, alors dirigée par Claude Ryan, s'opposèrent à ce rapatriement et à ce changement effectués sans l'approbation québécoise. «Jamais il n'était arrivé, dans l'histoire d'un gouvernement fédéral, qu'il fasse un geste qui réduise les pouvoirs d'une province sans son consentement», résume Bourassa. Plus dramatiquement, on peut dire que ce fut une rupture, unilatérale, du contrat passé entre deux nations en 1867. À ses biographes Stephen Clarkson et Christina McCall, Trudeau ne dit pas autre chose, lorsqu'il explique pourquoi, à son retour au pouvoir en 1980, il n'a pas choisi Gordon Robertson, vieux sage de la fonction publique canadienne et de la constitution, comme conseiller constitutionnel : « Disons simplement qu'à cette dernière étape, je pensais qu'il fallait presque un *putsch*, un coup de force, et Gordon était beaucoup trop gentleman pour ça. Gordon était un mandarin dévoué au bien commun et qui craignait qu'un dommage irréparable soit causé au tissu social. J'ai donc choisi quelqu'un d'autre. » Coup de force et dommage irréparable, les objectifs de Trudeau ont été atteints. Les conditions de Meech avaient pour but de réparer ce dommage, de retrouver le consentement de la province rebelle, l'adhésion de la nation écartée en 1982. Au moment d'écrire ces lignes (au début de 1994), le Québec n'a toujours pas adhéré à la constitution canadienne en vigueur depuis 12 ans et aucune correction de cette anomalie historique ne semble envisageable.

SAIC : Secrétariat aux affaires intergouvernementales canadiennes.

UDA : Union des artistes, syndicat souverainiste des artistes québécois, dont le président, Serge Turgeon, était membre de la commission Bélanger-Campeau.

UPA : Union des producteurs agricoles, syndicat agricole souverainiste dont le président, Jacques Proulx, était membre de la commission Bélanger-Campeau.

PRINCIPAUX MEMBRES
DE LA TROUPE

Allaire, Jean : Responsable de la Commission juridique du PLQ, propulsé président du Comité constitutionnel du parti en avril 1990, préside ce qui sera appelé le « comité Allaire ».

Anctil, Pierre : Directeur général, donc véritable responsable du PLQ et un des trois conseillers politiques principaux de Bourassa. Nationaliste, il est le vrai dirigeant du comité Allaire.

Bacon, Lise : Ministre québécoise de l'Énergie, proche de Bourassa.

Beaudry, Marcel : Avocat d'affaires et organisateur libéral de l'Outaouais, membre de la commission Bélanger-Campeau, un des *leaders* du groupe des huit fédéralistes associés.

Beaumier, Jean-Claude : Président de l'Union des municipalités, proche du PLQ mais devient un des neuf non-alignés prosouverainistes.

Bégin, Louise : Députée libérale, membre de la commission Bélanger-Campeau, fédéraliste inconditionnelle.

Bégin, Paul : Vice-président du Parti québécois pour la région de Québec, membre du comité de stratégie du PQ.

Béland, Claude : Président du Mouvement Desjardins, membre de la commission Bélanger-Campeau, un des neuf non-alignés prosouverainistes.

Bélanger, Guy : Député libéral de Laval, membre de la commission Bélanger-Campeau, très nationaliste.

Bélanger, Michel : Coprésident de la commission Bélanger-Campeau, ex-mandarin devenu banquier, tenu pour fédéraliste inconditionnel.

Bernard, Louis : Ex-secrétaire général du gouvernement Lévesque devenu conseiller épisodique de Bourassa.

Bertrand, Mario : Meilleur ami de Robert Bourassa, ancien chef de cabinet, devenu président de TVA.

Bibeau, Pierre : Ancien organisateur en chef du PLQ et conseiller de Bourassa, devenu président de la Régie des installations olympiques, mais toujours proche du premier ministre.

Bissonnette, Michel : Président de la Commission jeunesse du PLQ jusqu'en mars 1991. Membre du comité Allaire. Très nationaliste.

Blackburn, Jeanne : Députée péquiste, membre de la commission Bélanger-Campeau.

Boileau, Pierre : Secrétaire général du PQ, en charge de l'organisation. Membre du comité de stratégie.

Bouchard, Benoît : Ministre de Brian Mulroney, nationaliste mais chargé d'empêcher les autres députés conservateurs de passer au Bloc québécois.

Bouchard, Lucien : Ministre de Brian Mulroney jusqu'en mai 1990, fonde le Bloc québécois, souverainiste, à l'été, et devient une figure centrale de la commission Bélanger-Campeau sur l'avenir du Québec.

Bourassa, Robert : Premier ministre, chef du PLQ, membre d'office du comité Allaire et de la commission Bélanger-Campeau.

Brassard, Jacques : Député péquiste, membre de la commission Bélanger-Campeau, avait suivi René Lévesque dans le beau risque.

Campeau, Jean : Coprésident de la commission Bélanger-Campeau, ex-président de la Caisse de dépôt, très nationaliste.

Campbell Steer, Cheryl : Vice-présidente du Montreal Board of Trade, membre de la commission Bélanger-Campeau, une des huit fédéralistes associés.

Chevrette, Guy : Député péquiste, membre de la commission Bélanger-Campeau. Avait suivi René Lévesque dans le beau risque.

Cosgrove, William : Ingénieur, candidat libéral défait en 1989, représente la communauté anglophone au sein du comité Allaire.

Côté, Marc-Yvan : Ministre québécois de la Santé, organisateur libéral pour l'est du Québec. Membre le plus nationaliste du Conseil des ministres, avec Yvon Picotte.

D'Anjou, Guy : Président de la Fédération des commissions scolaires du Québec, membre de la commission Bélanger-Campeau, un des huit fédéralistes associés.

Dauphin, Claude : Député libéral, membre de la commission Bélanger-Campeau.

Dufour, Ghislain : Président du Conseil du patronat du Québec, membre de la commission Bélanger-Campeau, un des *leaders* du groupe des huit Fédéralistes associés.

Dumont, Mario : Bras droit de Michel Bissonnette à la Commission jeunesse dont il devient le président en mars 1991.

Gauthier, Jacques : Avocat, militant libéral, membre du comité Allaire.

Garceau, Philippe : Avocat, membre de l'executif du PLQ, membre du comité Allaire. Très nationaliste.

Gautrin, Henri-François : Député libéral de Verdun, pro-Ryan, anime un groupe de députés fédéralistes orthodoxes.

Gérin, François : Député conservateur fédéral passé au Bloc Québécois à l'invitation de Bernard Landry. Sera vu comme la taupe du PQ dans le Bloc.

Getty, Don : Premier ministre de l'Alberta.

Granger, Lucie : Directrice générale d'une association professionnelle, militante libérale, membre du comité Allaire.

Harel, Louise : Députée péquiste, membre de la commission Bélanger-Campeau. Très indépendantiste, a démissionné quand Lévesque a pris le virage du beau risque.

Holden, Richard : Député québécois du Parti Égalité, membre de la commission Bélanger-Campeau ; membre, non assidu du groupe des huit fédéralistes associés.

Hogue, Jean-Pierre : Député conservateur fédéral, membre de la commission Bélanger-Campeau, un des huit fédéralistes associés.

Hovington, Claire-Hélène : Députée libérale, membre de la commission Bélanger-Campeau.

Johnson, Daniel : Président du Conseil du trésor québécois, fédéraliste inconditionnel au cabinet.

Laberge, Louis : Président de la FTQ, membre de la commission Bélanger-Campeau, un des neuf non-alignés souverainistes.

Lalonde, Fernand : Ancien ministre de Bourassa dont il reste un ami, membre du comité Allaire.

Lalonde, Michel : Directeur des communications au PLQ, ami d'Anctil.

Landry, Bernard : Vice-président du PQ et ancien ministre. Actif dans la création du Bloc québécois, membre du comité de stratégie du PQ.

Lapierre, Jean : Ex-député libéral fédéral passé au Bloc québécois, bras droit de Lucien Bouchard, garde des liens importants avec ses amis libéraux provinciaux.

Larose, Gérald : Président de la CSN, membre de la commission Bélanger-Campeau, *whip* du groupe des neuf non-alignés prosouverainistes.

Lavoie-Roux, Thérèse : Ex-ministre de Bourassa devenue sénatrice conservatrice, membre du comité Allaire.

Lemieux, Jean-Guy : Député libéral de Québec, très nationaliste.

Léonard, Jacques : Député péquiste, membre de la commission Bélanger-Campeau. Très indépendantiste, a démissionné quand Lévesque a pris le virage du beau risque.

Levesque, Suzanne : Chef de cabinet de Gil Rémillard et fille du ministre Gérard D. Levesque, membre du comité Allaire.

McKenna, Frank : Premier ministre du Nouveau-Brunswick.

Maciocia, Cosmo : Député libéral, membre de la commission Bélanger-Campeau.

Marois, Pauline : Députée péquiste, membre de la commission Bélanger-Campeau.

Mulroney, Brian : Premier ministre du Canada.

Nicolet, Roger : Président de l'Union des municipalités régionales de comtés, membre de la commission Bélanger-Campeau, un des neuf non-alignés souverainistes.

Ouellet, André : Député du Parti libéral fédéral, conseiller de Jean Chrétien en affaires constitutionnelles, membre de la commission Bélanger-Campeau, membre des huit fédéralistes associés.

Pagé, Lorraine : Présidente de la CEQ, membre de la commission Bélanger-Campeau, une des neuf non-alignés prosouverainistes.

Parent, Marcel : Député libéral, président du caucus, membre du comité Allaire.

Parisella, John : Chef de cabinet de Bourassa, fédéraliste orthodoxe venu d'Alliance Québec.

Parizeau, Jacques : Président du Parti québécois, chef de l'opposition, membre de la commission Bélanger-Campeau.

Pelchat, Christiane : Députée libérale, membre de la commission Bélanger-Campeau.

Peterson, David : Premier ministre de l'Ontario jusqu'en septembre 1990.

Picard, Laurent : Ex-président de Radio-Canada, ami de Trudeau, membre du comité Allaire.

Picotte, Yvon : Ministre québécois de l'Agriculture, un des membres les plus nationalistes du Conseil des ministres.

Poissant, Charles-Albert : Président de Donohue, ami de Bourassa, membre de la commission Bélanger-Campeau, un des huit fédéralistes associés.

Proulx, Jacques : Président de l'Union des producteurs agricoles, membre de la commission Bélanger-Campeau, un des neuf non-alignés prosouverainistes.

Rae, Bob : Premier ministre de l'Ontario à compter de septembre 1990.

Rémillard, Gil : Ministre québécois délégué aux Affaires intergouverne-mentales, donc chargé de la constitution. Nominalement *leader* de la délégation libérale à la commission Bélanger-Campeau.

Rivest, Jean-Claude : Conseiller de Bourassa pour les questions politiques et constitutionnelles, maître d'œuvre du premier ministre à la commission Bélanger-Campeau. Ancien député et ministre.

Rocheleau, Gilles : Ancien ministre de Bourassa devenu député libéral fédéral, démissionne de ce caucus au moment de l'élection de Jean Chrétien, passe au Bloc québécois tout en restant membre du PLQ.

Rousseau, Henri-Paul : Secrétaire de la commission Bélanger-Campeau. Fut président, en 1980, des économistes pour le Oui.

Roy, Jean-Pierre : Président du PLQ, membre d'office du comité Allaire.

Royer, Jean : Conseiller spécial de Jacques Parizeau, membre du comité de stratégie du PQ.

Ryan, Claude : Ministre québécois des Affaires municipales et de la Sécurité publique, membre de la commission Bélanger-Campeau, ex-chef du PLQ, auteur, en 1980, du Livre beige sur la dualité canadienne et la réforme constitutionnelle.

Saulnier, Pierre : Président de la Commission politique du PLQ, membre d'office du comité Allaire.

Spector, Norman : Chef de cabinet de Brian Mulroney.

Tellier, Paul : Le plus haut fonctionnaire du gouvernement canadien, bras droit de Brian Mulroney.

Therrien, Denis : Comptable, membre de l'exécutif du PLQ, membre du comité Allaire.

Thibault, Hubert : Chef de cabinet de Jacques Parizeau, membre du comité de stratégie du PQ.

Tremblay, André : Conseiller de Bourassa et de Rémillard pour les affaires constitutionnelles, professeur de droit, vieux compagnon de route du PLQ.

Turgeon, Serge : Président de l'Union des artistes, membre de la commission Bélanger-Campeau, un des Neuf non-alignés prosouverainistes.

Valiquette, Gérald : Représentant du gouvernement fédéral envoyé à la commission Bélanger-Campeau pour prêter main-forte aux fédéralistes et faire de la collecte de renseignement. Surnommé « 007 Valiquette ».

Wells, Clyde : Premier ministre de Terre-Neuve, chef de file des opposants à Meech.

Williams, Russ : Député libéral, membre de la commission Bélanger-Campeau, fédéraliste inconditionnel.

NOTES ET SOURCES

Première partie : Le Flotteur
Chapitre 1 : l'improvisateur

NOTES

MORT DE MEECH :

BOURASSA confie à Jacques Godbout, au sujet des premières manifestations d'opposition de Harper : « Là, je commence à me dire : est-ce que ceci se trouve pas à être un camouflage que tous les opposants de l'accord du Lac Meech, y compris Clyde Wells [...] est-ce que les opposants ont pas décidé de recourir à l'intervention des autochtones pour bloquer la ratification ? »

HARPER : Mulroney a tenté de convaincre Harper et la direction nationale autochtone qui l'entourait de voter l'accord, en échange de concessions importantes. Mais les leaders autochtones ne voulaient pas négocier quoi que ce soit. Le chef manitobain Phil Fontaine a expliqué à la journaliste Pauline Comeau : « Pour autant que nous étions concernés, il n'y avait pas d'entente possible. Nous voulions tuer Meech, point. Parce que c'était un texte raciste. »

WELLS : Dans son livre intitulé *Clyde Wells,* la journaliste Claire Hoy établit de façon convaincante que l'assemblée terre-neuvienne aurait rejeté l'accord de Meech si le vote avait été tenu ce vendredi après-midi-là (p. 227-231). Mais Brian Mulroney restera toujours convaincu que Wells a annulé le vote parce qu'il allait le perdre.

McKENNA : Quant à Bourassa, lorsqu'un de ses collègues premier ministre canadien dira, devant lui, que Wells est responsable de la mort de Meech, il répondra : « Non, pas Wells, McKenna. » Frank McKenna, premier ministre du Nouveau-Brunswick, fut le premier à soulever des objections et à retarder la ratification de sa province. S'il avait agi plus vite, le Manitoba aurait été la seule poche de résistance, avant que Wells ne soit élu dans sa province et ne rescinde le vote de son parlement. Dans une entrevue au *Devoir,* en septembre 1990, Gil Rémillard aura ce commentaire : « McKenna veut faire l'autopsie de Meech ? C'est intéressant ! Peut-être trouvera-t-il quelques-unes de ses balles près du cœur... »

CHRÉTIEN : Au sujet du rôle de Chrétien en 1990, la conseillère de Wells, Deborah Coyne, raconte avec beaucoup de dépit dans son livre *Roll of the Dice* comment les libéraux fédéraux ont voulu convaincre Wells d'adopter Meech en juin 1990.

RAPATRIEMENT DE 1982 : Au sujet du rapatriement de la constitution de 1982 et de la réduction des pouvoirs de l'Assemblée nationale sur la langue, Michael Valpy et Robert Sheppard, dans leur excellent livre intitulé *A National Deal,* racontent que le premier ministre de l'Alberta, Peter Lougheed, avait d'importantes réserves. Pendant la négociation finale — en l'absence du Québec — il a dit à Jean Chrétien qu'il ne pouvait se résoudre à imposer une telle chose au Québec. Chrétien lui aurait répondu de ne pas se mêler de cette question, qui devait se régler « entre nous », Québécois. Lougheed ne se pardonnera jamais d'avoir cédé sur ce point. À Terry McKenna, de la CBC, Chrétien expliquera qu'il n'était pas à Ottawa pour défendre les intérêts du Québec, mais ceux du Canada.

SOURCES

Entretiens avec l'auteur : Pierre Anctil, Guy Bélanger, Michel Bissonnette, Benoît Bouchard, Lucien Bouchard, Robert Bourassa, Henri-François Gautrin, Bernard Landry, Jean Lapierre, Marcel Masse, John Parisella, David Peterson, Ronald Poupart, Jean-Claude Rivest, Gilles Rocheleau, Jean-Guy Saint-Roch et quelques sources ayant demandé l'anonymat.
Archives : Le Devoir.
Film : Le Mouton noir, Jacques Godbout (1992).
Livres : Bouchard (1992) ; Cohen (1990) ; Coyne (1992) ; Denis (1990) ; Hoy (1992) ; Monahan (1991) ; Vastel (1991).
Articles : Revue de presse.

Chapitre 2 : L'aguicheur

SOURCES

Entretiens avec l'auteur : Mario Bertrand, Pierre Bibeau, Michel Bissonnette, Lucien Bouchard, Mario Dumont, Bernard Landry, Jean Lapierre, John Parisella, Gilles Rocheleau et quelques sources ayant demandé l'anonymat.
Archives : Le Devoir.
Livres : Bouchard (1992) ; Sawatsky (1991) ; Richard (1992).
Articles : Revue de presse ; Bombardier (2-87) ; David (19-1-91).

Grand Angle
La fenêtre I
L'architecture de l'impasse

SOURCES

Entretiens avec l'auteur : Douglas Brown, Don Getty, Allan Gregg, Guy Laforest, Frank McKenna.
Livres : Boadway, Courchene, Purvis (1991) ; Clarkson, McCall (1990) ; Granatstein, McNaught (1991) ; Hoy (1992) ; Laforest (1992) ; Monahan (1991) ; Nash (1991) ; Simeon, Janigan (1991) ; Trudeau (1993) ; Vastel (1989) ; Watts, Brown (1991).
Archives : Le Devoir.
Articles : Revue de presse ; Blais, Crête (1991) ; Bliss (3-1-91) ; Brym, Lenton (5-12-91) ; Castonguay (14-12-90) ; Commissaire aux langues officielles (1991) ; Dasko (6-92) ; Gibbon (27-3-91) ; Gordon (15-9-90) ; Norman, Lenihan (2-91) ; Poirier (12-12-91) ; Reid (6-92) ; Rioux (15-6-91).

Grand Angle
La fenêtre II
La pulsion nationaliste

SOURCES

Entretiens avec l'auteur : Pierre Bourgault, Michel Lepage, Maurice Pinard, Jean-Claude Rivest.

Documents inédits : Sondage Créatec juin 1991, d'un lot de sondages confidentiels fédéraux obtenus par la Loi canadienne d'accès à l'information.
Archives : *Le Devoir.*
Livres : Bellavance (1992) ; Cloutier, Guay, Latouche (1992) ; Gougeon (1993) ; Lemaire (1993) ; Marsolais (1992) ;
Articles : Revue de presse ; Blais, Nadeau (1-92) ; Dasko (6-92) ; Dion (1992) ; Duhamel (3-91) ; Kierans (18-9-93) ; Léger (6-91) ; Lisée (1-7-92) ; Nadeau (1-1992) ; Pinard (hiver 92).

Chapitre 3 : L'ordonnateur

NOTES

LOMER GOUIN : Fédéraliste, le premier ministre québécois Gouin s'était fait remarquer par son opposition aux restrictions imposées en Ontario sur les écoles françaises et par sa décision de laisser un de ses députés présenter à l'Assemblée, en 1918, la motion suivante : « Cette chambre est d'avis que la province de Québec serait disposée à accepter la rupture du pacte confédératif de 1867 si, dans les autres provinces, on croit qu'elle est un obstacle au progrès et au développement du Canada. » La motion ne fut jamais soumise au vote. Doug Chapman, le président de la firme Ames & Son, qui a détenu de 1920 à 1963 le monopole des transactions financières du Québec, a raconté aux journalistes Richard Daignault et Dominique Clift qu'en 1920, il avait participé à une rencontre de financiers au Château Frontenac à Québec, dont le résultat avait été d'obliger Gouin à démissionner pour être remplacé par le candidat de leur choix, Alexandre Taschereau.

SOURCES

Entretiens avec l'auteur : Marcel Beaudry, Claude Béland, Guy Bélanger, Michel Bélanger, Mario Bertrand, Lucien Bouchard, Robert Bourassa, Claude Castonguay, Ghislain Dufour, Marie Gendron, Louise Harel, Bernard Landry, Gérald Larose, John Parisella, Jacques Parizeau, Charles-Albert Poissant, Jean-Claude Rivest, Jean Royer, Paul Tellier, Hubert Thibault, Serge Turgeon et quelques sources ayant demandé l'anonymat.
Documents inédits : Procès-verbaux des réunions du Comité exécutif du PLQ, 11 octobre 1990, 23 novembre 1990, 13 décembre 1990.
Documents publics : Conseil du patronat du Québec, *Les enjeux économiques de la souveraineté*, octobre 1990, 68 p. ; Chambre de commerce du Montréal Métropolitain, *Mémoire sur l'avenir constitutionnel du Québec*, Montréal, 2 novembre 1990, 24 p. ; Chambre de commerce du Québec, *L'avenir politique et constitutionnel du Québec : sa dimension économique*, Montréal, 1er novembre 1990, 40 p. ; Commission sur l'avenir politique et constitutionnel du Québec, *L'avenir politique et constitutionnel du Québec*, Québec, 27 mars 1991, 180 p. ; Division du Québec de l'Association des manufacturiers canadiens, *Mémoire*, Montréal, novembre 1990, 52 p. ; Mouvement des caisses Desjardins, *L'avenir politique et constitutionnel du Québec*, novembre 1990, 49 p.
Archives : *Le Devoir.*
Livres : Arbour (1993) ; Daignault (1981) ; Gagnon, Latouche (1991) ; Linteau, Durocher, Robert (1989) ; Pelletier (1989).
Articles : Revue de presse ; Authier (2-11-90) ; Nadeau (1-10-93) ; Venne (23-11-90).

Grand Angle
La fenêtre III
Les puissances étrangères

SOURCES

Entretiens avec l'auteur : Louise Beaudoin, David Cliche, Richard Drouin et quelques sources ayant demandé l'anonymat.

Documents inédits : U.S. State Department, *Press Guidance, Meech Lake Accord,* 21 juin 1990, et une trentaine de documents obtenus grâce à la loi américaine d'accès à l'information.

Documents publics : Commission d'étude des questions afférentes à l'accession du Québec à la souveraineté, *Projet de Rapport,* Québec, 16 septembre 1992, 193 p. ; Côté, Marcel, *Souveraineté : Les coûts de transition. Notes pour une conférence, Projet « 90 »,* Montréal, 24 mars 1992, 39 p.

Archives : CBC/*The Journal* ; *Le Devoir.*

Livres : Bélanger, Lévesque (1992) ; Bouchard (1992) ; Côté (1991) ; Denis (1990) ; Jacobs (1980) ; Lisée (1990).

Articles : Revue de presse ; Buchanan (19-4-90) ; Girard (20-7-90) ; Greenaway (17-4-90) ; Krauss (30-6-90) ; Tacet (26-6-90) ; Uchitelle (24-6-90) ; Washington Post (12-4-90 et 26-6-90) ; Venne (6-6-92).

Chapitre 4 : L'orienteur

SOURCES

Entretiens avec l'auteur : Jean Allaire, Pierre Anctil, Lise Bacon, Michel Bissonnette, Robert Bourassa, William Cosgrove, Ghislain Dufour, Mario Dumont, Jacques Gauthier, Henri-François Gautrin, Michel Lalonde, Jean-Guy Lemieux, John Parisella, Paul Tellier et quelques sources ayant demandé l'anonymat.

Documents inédits : Procès-verbaux des réunions du comité Allaire, du 23 avril au 1er décembre 1990 ; Texte déposé par Fernand Lalonde au comité Allaire, *Comité constitutionnel du Parti libéral du Québec,* 22 octobre 1990, 4 p. ; Textes déposés par Suzanne Levesque au comité Allaire, *Proposition pour le comité constitutionnel du PLQ,* octobre 1990, 11 p., et *L'articulation d'une option : vers un choix de société,* décembre 1990, 14 p. ; Relevé de la consultation des militants, tableau statistique tiré d'un rapport de consultation, 30 novembre 1990 ; Mémo de William Cosgrove au comité Allaire, *Réflexions sur nos délibérations,* 7 janvier 1991, 7 p. ; *Mémoire sur l'avenir constitutionnel du Québec présenté conjointement par les associations libérales de la région de Laval,* 16 novembre 1990, 4 p. ; Lemieux, Jean-Guy *et al., Notre Plan de Match,* non daté, mais produit en octobre 1990, 6 p.

Documents publics : Plan d'orientation 1990-1993, Prendre le rythme du changement, PLQ, décembre 1989, 19 p.

Archives : PLQ ; *Le Devoir.*

Film : Le Mouton noir, Jacques Godbout

Livres : Gagnon, Latouche (1991) ; Lisée (1993).

Articles : Revue de presse ; Roy (9-2-91) ; *Maclean's* (7-91 et 6-1-92)

Grand Angle
La Fenêtre IV
Les compagnons de route

SOURCES

Entretiens avec l'auteur : Louis Bernard, Mario Bertrand, Benoît Bouchard, Michel Bourdon, Bernard Landry, Jean-Guy Lemieux, Marcel Masse, John Parisella, Jacques Parizeau, Charles-Albert Poissant, Ronald Poupart, Claude Saint-Laurent, Hubert Thibault et quelques sources ayant demandé l'anonymat.
Archives : Vastel ; *Le Devoir.*
Film : *Le Mouton noir,* Jacques Godbout (1992)
Livres : Bourgault (1990) ; Laforest (1993) ; Mathews (1990) ; Saint-Pierre (1977).
Articles : Revue de presse ; Laqueur (25-9-93) ; Vastel (1-7-91) ; Vastel (22-9-91).

Deuxième partie : Le Rameur
Chapitre 5 : Le Dompteur

SOURCES

Entretiens avec l'auteur : Jean Allaire, Pierre Anctil, Lise Bacon, Guy Bélanger, Mario Bertrand, Pierre Bibeau, Michel Bissonnette, Robert Bourassa, William Cosgrove, Ghislain Dufour, Jacques Gauthier, Henri-François Gautrin, Marie Gendron, Jacques Godbout, Daniel Johnson, Michel Lalonde, Bernard Landry, Gérald Larose, John Parisella, Yvon Picotte, Charles-Albert Poissant, Ronald Poupart, Jean-Claude Rivest, Michel Roy et quelques sources ayant demandé l'anonymat.
Documents inédits : PLQ, Procès-verbal de la réunion de l'Exécutif, 28 janvier 1991 ; Ryan, Claude, *Projet de résolution,* 10 janvier 1991, 3 p. ; Mémo de William Cosgrove au comité Allaire, *Réflexions sur nos délibérations,* 7 janvier 1991, 7 p. ; PLQ, *Proposition constitutionnelle - ébauche (document incomplet)* - Projet 4 - Confidentiel, 28 décembre 1990, 45 p. ; PLQ, *Proposition constitutionnelle - ébauche,* Projet 9A - Confidentiel, 10 janvier 1991, 89 p.
Documents publics : PLQ, *Un Québec libre de ses choix,* 74 p., 28 janvier 1991.
Articles : Revue de presse.

Chapitre 6 : L'étripailleur

SOURCES

Entretiens avec l'auteur : Jean Allaire, Pierre Anctil, Lise Bacon, Guy Bélanger, Pierre Bibeau, Michel Bissonnette, Roch Bolduc, Benoît Bouchard, Robert Bourassa, William Cosgrove, Henri-François Gautrin, Marie Gendron, Daniel Johnson, Michel Lalonde, Jean Lapierre, Jean-Guy Lemieux, John Parisella, Jean-Claude Rivest, Gilles Rocheleau, Michel Roy, Jean-Guy Saint-Roch, Gérald Tremblay, Thierry Vandal et quelques sources ayant demandé l'anonymat.
Documents publics : PLQ, *Un Québec libre de ses choix,* 28 janvier 1991, 74 p. ; PLQ, *Cahier des amendements au rapport du comité constitutionnel,* 8 mars 1991, 62 p.
Archives : Vastel ; PLQ ; *Le Devoir.*
Film : *Le Mouton noir,* Jacques Godbout (1992).
Livres : Hoy (1992) ; Mac Donald (1984) ; Meyer (1992) ; Murray, Murray (1978) ; Vastel (1991).
Articles : Revue de presse.

Chapitre 7 : Le piégeur

NOTES

MACHIAVÉLISME. Il est dommage que l'utilisation du nom de Machiavel soit uniquement liée à ce qui est fourbe ou, tout au mieux, habile. En fait, Machiavel invite souvent le Prince à la noblesse et à la grandeur de vue, à la franchise, parfois, et à la constance toujours. « Encore est estimé le prince quand il est vrai ami ou ennemi, c'est-à-dire que sans balancier il se déclare en faveur de quelqu'un contre un autre », écrit-il entre autres. Il dit aussi ceci, parlant du Prince : « D'être estimé variable, léger, efféminé, de peu de courage et sans résolution, le fait mépriser : c'est ce qu'un prince doit fuir comme un écueil en mer, et s'efforcer qu'en ses actions on reconnaisse une certaine grandeur, magnanimité, gravité, force. »

SOURCES

Entretiens avec l'auteur : Pierre Anctil, Marcel Beaudry, Claude Béland, Guy Bélanger, Michel Bélanger, Louis Bernard, Mario Bertrand, Lucien Bouchard, Robert Bourassa, Ghislain Dufour, Marie Gendron, Jacques Godbout, Louise Harel, Bernard Landry, Gérald Larose, Doris Lussier, Claude Morin, Jacques Parizeau, Charles-Albert Poissant, Jean-Claude Rivest, Michel Roy, Jean Royer, Hubert Thibault, Serge Turgeon et quelques sources ayant demandé l'anonymat.

Documents inédits : Morin, Claude, *Pour mieux comprendre et essayer de prévoir*, document déposé à la commission Bélanger-Campeau, 7-2-91.

Documents publics : Bernard, Louis, *Réponses aux questions posées par la commission sur l'avenir politique et constitutionnel du Québec*, Québec, 18 décembre 1990, 7 p. ; Commission sur l'avenir politique et constitutionnel du Québec, *L'avenir politique et constitutionnel du Québec,* Québec, 27 mars 1991, 180 p.

Archives : SRC/*Le Point* ; *Le Devoir.*

Film : *Le Mouton noir,* Jacques Godbout (1992).

Livres : Bélanger, Lévesque (1992) ; Gagnon, Latouche (1991) ; Lévesque (1986) ; Machiavel (1513) ; Richard (1992) ; Thomson (1984) ; Vastel (1991).

Articles : Revue de presse ; Aislin (6-2-91) ; *Le Devoir* (11-9-89) ; Lessard (30-3-90).

Grand Angle
La Triche I
Le pacte rompu

NOTES

EXERGUE BOURASSA SUR MACHIAVEL. Bourassa cite Machiavel sur le temps qui arrange les choses. Ce n'est pas exactement ce que dit le conseiller dans sa seconde lettre au prince. Il se réfère plutôt à la grande force d'inertie qui œuvre au service des successeurs au trône dans les monarchies héréditaires et qui leur assure le pouvoir, quels que soient leurs vices. « Je dis donc que dans les États héréditaires et accoutumés à la race de leur prince, la difficulté à les conserver est beaucoup moindre que dans les nouveaux [territoires conquis, par exemple], car il y suffit de ne point transgresser ni enfreindre l'ordre des ancêtres et, pour le reste, de temporiser selon les cas qui surviendront ; de sorte que si un tel prince est d'habileté ordinaire, il se maintiendra toujours en son État s'il n'en est chassé par force extraordinaire et excessive ; et même alors, à la moindre malencontre de l'occupant, il y entrera. » Si on admet, comme le démontre le politologue québécois Vincent Lemieux, que le Parti libéral du Québec est le parti traditionnel du pouvoir au Québec, et si on accepte le principe que la direction du parti, donc de l'État, est en quelque sorte léguée d'une génération à l'autre (Godbout, Lapalme, Lesage, Bourassa), l'explication de Machiavel colle au cas québécois. Et si on considère l'élection du PQ, puis le *leadership* de Ryan comme une « force extraordinaire et excessive », on constate qu'en effet, « à la moindre malencontre », Bourassa est revenu. Machiavel note que grâce à cette grande force d'inertie, un « prince d'habileté ordinaire » peut suffire à la tâche.

AMIS GENS D'AFFAIRES : Claude Béland parle aussi d'une « bonne vieille gang » que Bourassa écoute, et qui « exerce des pressions sur M. Bourassa en disant : "tu peux pas faire ça" [la souveraineté] », mais il parle de membres actifs du milieu des affaires, pas du « vieil argent ». Il inclut : Paul Desmarais, de Power Corporation, Jean Pouliot, propriétaire de la station CFCF, et, lorsqu'il était au faîte de sa puissance, Bernard Lamarre, de Lavalin. « Ils ont de l'influence ? » « Oh ! mon Dieu oui ! » répond Béland, « bien plus que ses ministres. Parlez à ses anciens ministres, ils vont vous dire toute leur frustration, parce que son champ d'influence est ailleurs. » Béland signale avoir lui-même fait partie de la « bonne vieille gang », jusqu'à ce qu'il devienne souverainiste. Depuis, le premier ministre n'appelle plus jamais le président du Mouvement Desjardins pour lui demander conseil. « Le pire, constate encore Béland, c'est que ceux qui le conseillent sont ceux qui n'ont rien à perdre sur le plan économique, ceux qui n'ont pas besoin de changement constitutionnel pour continuer à faire de bonnes affaires. Desmarais, lui, quand il s'aperçoit que c'est plus rentable en Europe qu'au Québec, il va mettre son argent en Europe. Il se fout bien du Québec. »

Louis Bernard ajoute que sur cette liste d'amis de Bourassa toujours actifs en affaires, on trouve Jean Morissette, gros importateur de vin, et Pierre Michaud, alors président du groupe Val-Royal.

Lorsqu'on demande directement à Bourassa quels sont les gens à qui il demande conseil, il parle de Desmarais et de Marcel Côté, son ancien conseiller, maintenant chez Secor.

L'auteur pense cependant, comme Rivest et Bertrand, que Bourassa n'en fait qu'à sa tête, qu'il ne cède pas à des pressions extérieures, quoiqu'il s'inscrive dans les deux courants d'influence que Bertrand décrit. Mais force est de constater que, dans une province où plus de 60 % des électeurs et au moins 32 % des grands capitalistes sont souverainistes, Bourassa n'inclut pas un seul souverainiste parmi les gens qu'il écoute par choix (à Miami, à Davos, au téléphone) plutôt que par obligation (comme Anctil ou Bissonnette).

SOURCES

Entretiens avec l'auteur : Louise Beaudoin, Claude Béland, Guy Bélanger, Michel Bélanger, Louis Bernard, Mario Bertrand, Lucien Bouchard, Robert Bourassa, Don Cameron, Ghislain Dufour, Don Getty, Daniel Johnson, Bernard Landry, Gérald Larose, Frank McKenna, David Peterson, Charles-Albert Poissant, Bob Rae, Jean-Claude Rivest, Jeffrey Simpson et quelques sources ayant demandé l'anonymat.

Document inédit : Sondage Créatec, d'un lot de sondages confidentiels fédéraux obtenu grâce à la Loi canadienne d'accès à l'information.

Document public : Ciaccia, John, « Notes pour une allocution à l'American Enterprise Institute for Public Policy Research », Washington, 29 mai 1991, 9 p.

Archives : CBC/*Morningside* ; PLQ ; *Le Devoir*.

Livres : Gagnon, Rath (1992) ; Machiavel (1513).

Articles : Revue de presse, Pinard (hiver 1992).

Livres : Gagnon, Rath (1992) ; Machiavel (1513).
Articles : Revue de presse, Pinard (hiver 1992).

Grand Angle
La Triche II
L'éducation politique de Robert Bourassa

SOURCES

Entretiens avec l'auteur : Lise Bacon, Claude Béland, Mario Bertrand, Pierre Nadeau, John Parisella, Maurice Pinard, Ronald Poupart et quelques sources ayant demandé l'anonymat.
Livres : Bourgault (1982) ; Desbarrats (1976) ; Godin (1986) ; Fraser (1987) ; L'Allier (1987) ; Lévesque (1986) ; MacDonald (1984 et 1985) ; Morin (1991) ; Murray, Murray (1986) ; Newman (1975) ; O'Neill, Benjamin (1978) ; Pelletier (1986) ; Provencher (1973) ; Saint-Pierre (1977) ; Sawatsky (1991) ; Thomson (1984) ; Trudeau (1993) ; Vastel (1991).
Archives : Le Devoir.
Articles : Revue de presse ; Bourassa (5-1981) ; Francœur (2-1986) ; Fraser (1-10-83) ; Germain (5-1989) ; Godbout (15-11-93) ; Roy (9-88).

Grand Angle
La Triche III
L'arabesque luxuriante du pretzel

SOURCES

Entretiens avec l'auteur : Robert Bourassa, Henri-François Gautrin, Frank McKenna.
Archives : Vastel ; Le Devoir.
Film : Le Mouton noir, Jacques Godbout (1992).
Article : Dufresne (30-5-90).

Tableaux : Éric Doudeau

BIBLIOGRAPHIE

Livres

Arbour, Pierre. *Québec Inc. — et la tentation du dirigisme,* Montréal, L'Étincelle, 1993, 165 p.

Bélanger, Yves, Michel Lévesque *et al. René Lévesque. L'homme, la nation, la démocratie,* Montréal, Presses de l'Université du Québec, 1992, 495 p.

Bellavance, Marcel. *Le Québec et la confédération : un choix libre ? — Le clergé et la constitution de 1867,* Sillery, Septentrion, 1992, 214 p.

Boadway, Robin, Thomas Courchene, Douglas, Purvis, *et al. Economic Dimensions of Constitutional Change,* vol. 2, Kingston, John Deutsch Institute, 1991, 568 p.

Bouchard, Lucien. *À visage découvert,* Montréal, Boréal, 1992, 377 p.

Bourassa, Robert. *L'Énergie du Nord — La force du Québec,* Montréal, Québec/Amérique, 1985, 224 p.

Bourgault, Pierre. *Écrits polémiques 1960-1981 — 1. La politique,* Montréal, VLB, 1982, 365 p.

Bourgault, Pierre. *Maintenant ou Jamais,* Montréal, Stanké, 1990, 186 p.

Clarkson, Stephen et Christina McCall. *Trudeau — l'homme — l'utopie — l'histoire,* Montréal, Boréal, 1990, 469 p. (La version anglaise fut aussi consultée pour la traduction de la citation utilisée dans le glossaire.)

Cloutier, Édouard, Jean H. Guay et Daniel Latouche. *Le virage — l'évolution de l'opinion publique au Québec depuis 1960, ou comment le Québec est devenu souverainiste,* Montréal, Québec/Amérique, 1992, 182 p.

Cohen, Andrew. *A Deal Undone — The Making and Breaking of the Meech Lake Accord,* Toronto, Douglas & McIntyre, 1990, 303 p.

Comeau, Pauline. *Elijah Harper — No Ordinary Hero,* Vancouver, Douglas & McIntyre, 1993, 224 p.

Côté, Marcel. *By Way of Advice — Growth Strategies for the Market Driven World,* Oakville, Mosaic Press, 1991, 331 p.

Coyne, Deborah. *Roll of the Dice — Working with Clyde Wells during the Meech Lake Negotiations,* Toronto, Lorimer, 1992, 154 p.

Desbarats, Peter. *René Lévesque, A Canadian in Search of a Country,* Toronto, McLelland, 1976.

Denis, Roch. *Québec : dix ans de crise constitutionnelle,* Montréal, VLB, 1990, 306 p.

Daignault, Richard. *Lesage,* Montréal, Libre Expression, 1981, 302 p.

du Roy, Albert. *Le serment de Théophraste — L'examen de conscience d'un journaliste,* Paris, Flammarion, 1992, 232 p.

Fraser, Graham. *Playing for Keeps — The Making of the Prime Minister, 1988,* Toronto, McClelland & Stewart, 1989, 496 p.

Fraser, Matthew. *Quebec Inc — French-Canadian Entrepreneurs and the New Business Elite,* Toronto, Key Porter Books, 1987, 280 p.

Gagnon, Alain-G et Daniel Latouche. *Allaire, Bélanger, Campeau et les autres,* Montréal, Québec/Amérique, 1991, 602 p.

Gagnon, Georgette et Dan Rath. *Not Without Cause — David Peterson's Fall From Grace,* Toronto, Harper Collins, 1992, 410 p.

Godin, Pierre. *Les frères divorcés,* Montréal, Éditions de l'Homme, 1986, 360 p.

Gougeon, Gilles. *Histoire du nationalisme québécois,* Montréal, 1993, VLB, 171 p.

Granatstein, J. L., Kenneth McNaught, *et al. "English Canada" Speaks out,* Toronto, Doubleday, 1991, 390 p.

Hoy, Claire. *Clyde Wells — A Political Biography,* Toronto, Stoddart, 1992, 368 p.

Jacobs, Jane. *The Question of Separatism : Quebec and the struggle over sovereignty,* Toronto, Random House, 1980, 134 p.

Laforest, Guy. *Trudeau et la fin d'un rêve canadien,* Québec, Septentrion, 265 p.

Laforest, Guy. *De la prudence,* Montréal, Boréal, 1993, 209 p.

L'Allier, Jean-Paul. *Les années qui viennent,* Montréal, Boréal, 1987, 269 p.

Lemaire, Paul-Marcel. *Nous Québécois,* Montréal, Leméac, 1993, 153 p.

Lemieux, Vincent. *Le Parti libéral du Québec — Alliances, rivalités et neutralités,* Québec, Presses de l'Université Laval, 1993, 250 p.

Lévesque, René. *Attendez que je me rappelle...,* Montréal, Québec/Amérique, 1986, 525 p.

Linteau, Paul-André *et al. Histoire du Québec contemporain,* tomes I et II, Montréal, Boréal Compact, 1989, 758 et 834 p.

Lisée, Jean-François. *Dans l'œil de l'aigle — Washington face au Québec,* Montréal, Boréal, 1990, 577 p.

Lisée, Jean-François. *Les Prétendants,* Montréal, Boréal, 1993, 340 p.

Mac Donald, L. Ian. *Mulroney — The Making of the Prime Minister,* Toronto, McClelland & Stewart, 1984, 332 p.

Mac Donald, L. Ian. *De Bourassa à Bourassa,* Montréal, Éditions Primeur Sand, 1985, 267 p.

Machiavel. *Le Prince,* Paris, Gallimard Poche, 1962 (original : 1513), 187 p.

Marsolais, Claude-V. *Le référendum confisqué — Histoire du référendum québécois du 20 mai 1980,* Montréal, VLB, 1992, 266 p.

Mathews, Georges. *L'accord — Comment Robert Bourassa fera l'indépendance,* Montréal, Le Jour, 1990, 196 p.

Meyer, Philippe. *Pointes sèches,* Paris, Seuil, 1992, 150 p.

Monahan, Patrick J. *Meech Lake — The Inside Story,* Toronto, University of Toronto Press, 1991, 340 p.

Morin, Claude. *Mes Premiers ministres — Lesage, Johnson, Bertrand, Bourassa et Lévesque,* Montréal, Boréal, 1991, 632 p.

Murray, Don et Vera Murray. *De Bourassa à Lévesque,* Montréal, Quinze, 1978, 267 p.

Nash, Knowlton. *Visions of Canada — Searching for our Future,* Toronto, McClelland & Stewart, 1991, 304 p.

Newman, Peter C. *The Canadian Establishment,* Toronto, McClelland & Stewart, 1975, 480 p.

O'Neill, Pierre et Jacques Benjamin. *Les Mandarins du pouvoir — L'Exercice du pouvoir au Québec, de Jean Lesage à René Lévesque,* Montréal, Québec/ Amérique, 1978, 285 p.

Pelletier, Gérard. *Le temps des choix,* Montréal, Stanké, 1986, 384 p.

Pelletier, Mario. *La Machine à milliards — L'histoire de la Caisse de dépôt et placement du Québec,* Montréal, 1989, Québec/Amérique, 320 p.

Provencher, Jean. *René Lévesque — Portrait d'un Québécois,* Montréal, Éditions La Presse, 1973, 270 p.

Richard, Laurence. *Jacques Parizeau — Un bâtisseur,* Montréal, Éditions de l'Homme, 1992, 249 p.

Saint-Pierre, Raymond. *Les années Bourassa,* Montréal, Éditions Héritage, 1977, 295 p.

Sawatsky, John. *Mulroney — The Politics of Ambition,* Toronto, Macfarlane, 1991, 576 p. [Traduit par Libre Expression sous le titre *Mulroney, le pouvoir de l'ambition.*]

Sheppard, Robert et Michael Valpy. *The National Deal — the Fight for a Canadian Constitution*, Toronto, Macmillan, 1982, 360 p.

Simeon, Richard et Mary Janigan. *Toolkits and Building Blocks — Constructing a new Canada*, Ottawa, D. D. Howe Institute, 1991, 207 p.

Thomson, Dale C. *Jean Lesage et la révolution tranquille*, Montréal, Trécarré, 1984, 615 p.

Trudeau, Pierre Elliott. *Mémoires politiques*, (écrites par Gérard Pelletier et Tom Axworthy), Montréal, Éditions du Jour, 1993, 347 p.

Vastel, Michel. *Trudeau, le Québécois*, Montréal, Éditions de l'Homme, 1989, 320 p.

Vastel, Michel. *Bourassa*, Montréal, Éditions de l'Homme, 1991, 317 p.

Watts, Ronald L., Douglas M. Brown *et al. Options for a new Canada*, Toronto, University of Toronto Press, 1991, 341 p.

Articles de fond

Aislin. Caricature de Jacques Parizeau, dans *The Gazette*, 6 février 1991.

Authier, Philip. « Who's who on the commission », dans *The Gazette*, 3 novembre 1990.

Blais, André et Jean Crête. « Pourquoi l'opinion publique au Canada anglais a-t-elle rejeté l'Accord du lac Meech ? », dans Hudon, Raymond et Pelletier, Réjean, *et al. L'engagement intellectuel — Mélanges en l'honneur de Léon Dion*, Québec, Presses de l'Université Laval, 1991, p. 385-399.

Blais, André et Richard Nadeau. « To be or not to be sovereignist : Quebecker's perennial dilemma », dans *Canadian Public Policy/Analyse de Politiques*, XVIII : 1, 1992, p. 89-101.

Bombardier, Denise. « La rentrée de Parizeau », dans *L'actualité*, décembre 1987, p. 17-24.

Bourassa, Robert. « Premier ministre », (essai sur le pouvoir), dans *L'actualité*, mai 1991, p. 29-33.

Brym, Robert J. et Rhonda L. Lenton. « The Distribution of Antisemitism in Canada in 1984 », dans *Viewpoints-The Canadian Jewish Periodical*, le 5 décembre 1991, p. 1.

Buchanan, Patrich J. « *American dream : Absorbing most of Canada* », texte du *Washington Times* reproduit dans *The Ottawa Citizen*, 19 avril 1990.

Castonguay, Claude. « Le Québec à l'heure des choix » (texte de son mémoire à la commission Bélanger-Campeau), dans *La Presse*, 14 décembre 1990, p. B-3.

Comeau, Robert *et al.* « Faut-il prendre au sérieux les appels à la violence qui viennent de l'Ouest ? », dans *La Presse*, 8 avril 1992, p. B-3.

Commissaire aux langues officielles du Canada. *Rapport annuel 1990*, Ottawa, 1991, 282 p.

Dasko, Donna. « L'évolution de la perception qu'ont les Canadiens du système fédéral », dans *Le Réseau*, juin-juillet 1992, p. 5-11.

David, Michel. « Jacques Parizeau reconnaît en Lucien Bouchard un futur premier ministre », dans *Le Soleil*, 19 janvier 1991.

Devoir (Le) (non signé). « Un lapsus de Picotte », dans *Le Devoir*, 11 septembre 1989.

Dion, Stéphane. « Le nationalisme dans la convergence culturelle — Le Québec contemporain et le paradoxe de Tocqueville », dans Hudon, Raymond, Réjean Pelletier *et al. L'engagement intellectuel — Mélanges en l'honneur de Léon Dion*, Québec, Presses de l'Université Laval, 1991, p. 292-311.

Dion, Stéphane. « Explaining Quebec Nationalism », dans Weaver, R. Kent *et al. The Collapse of Canada ?*, Washington, Brookins, mars 1992, p. 77-123.

Dufresne, Jean-V. « Le sphinx des sphinx », dans *Le Journal de Montréal*, 30 mai 1990.

Duhamel, Pierre. « Québec-Canada, Le Divorce », dans *Affaires Plus*, mars 1991, p. 10-18.

Francœur, Louis-Gilles. « Comment Robert Bourassa a "organisé" Pierre-Marc Johnson », dans *L'actualité*, février 1986.

Fraser, Graham. « Why Bourassa is running hard when he has already won Liberal vote », dans *The Gazette*, 1er octobre 1983.

Gibbon, Ann. « Separation spectre puts risk in spotlight », dans *The Globe and Mail*, 27 mars 1991, p. B-4.

Girard, Maurice. « L'ambassadeur US ne craint pas une souveraineté limitée », dépêche de la Presse Canadienne reprise dans *Le Devoir*, 20 juillet 1990.

Godbout, Jacques. « Le coureur de fond au fil d'arrivée », dans *L'actualité*, 15 novembre 1993, p. 26-28.

Gordon, Sheldon. « Trade pact useful to blunt Quebec », dépêche du *New York Times Service*, reprise dans le *Press Courier* de Californie, 15 septembre 1990.

Greenaway, Norma. « Bush vows to sit on sidelines », dépêche de *Southam News* reprise dans *The Ottawa Citizen*, 17 avril 1990.

Germain, Georges-Hébert. « Anatomie d'un premier ministre », dans *L'actualité*, mai 1989, p. 28-39.

Kierans, Eric. « Blueprints for a nation », dans *The Globe and Mail*, 18 septembre 1993, p. C-16.

Krauss, Clifford. « U.S. sees broad effects in a division of Canada », dans *The New York Times,* 30 juin 1990.

Laqueur, Walter. « History on fast forward », dans *The Gazette,* 25 septembre 1993, p. B-1-2.

Lessard, Denis. « La commission B-C, la foire d'empoigne », dans *La Presse,* 30 mars 1991.

Leger, Kathryn. « The men behind Bourassa », dans *The Financial Post Magazine,* juin 1991, p. 24-30.

Lisée, Jean-François. « Le Canada dans la peau », dans *L'actualité,* 1er juillet 1992, p .21-28.

Maclean's. « The people's verdict — How Canadians can agree on their future », 1er juillet 1991, p. 1.

Maclean's. « An action plan for Canada », dans *Maclean's,* 6 janvier 1992, p. 8-46.

Nadeau, Jean-Benoît. « Le Québec passe à la Caisse [de dépôts] », dans *L'actualité,* 1er octobre 1993, p. 59-63.

Nadeau, Richard. « Le virage souverainiste des Québécois, 1980-1990 », dans *Recherches sociographiques,* janvier-avril 1992, p. 9-28.

Norman, Wayne et Don Lenihan. « An interview with Preston Manning on the constitutional philosophy of the Reform Party », dans *The Network,* février-mars 1991, p. 24-27.

Pinard, Maurice. « The dramatic reemergence of the Quebec independence movement », dans *Journal of International Affairs,* New York, hiver 1992, p. 471-497.

Poirier, Patricia. « Minister wrong on citizenchip, Parizeau says », dans *The Globe and Mail,* 12 décembre 1991.

Reid, Angus. « Une nouvelle variable dans l'équation constitutionnelle : l'opinion publique », dans *Le Réseau,* juin-juillet 1992, p. 3-5.

Rioux, Christian. « Un Canada diète pour Bay Street », dans *L'actualité,* 15 juin 1991, p. 35-38.

Roy, Paul. « Jean Allaire, qui vient d'envoyer le Canada au tapis, est ceinture noire de judo », dans *La Presse,* 9 février 1991.

Roy, Monique. « Bourassa intime », dans *Châtelaine,* septembre 1988, p. 47-52.

Sarra-Bournet, Michel. « Sur un référendum qui n'eut pas lieu », dans *Bulletin — Association québécoise d'histoire politique,* vol. 2, no 1-2, automne 1993, p. 49-53.

Tacet, Daniel. « Les ponts sont coupés avec les provinces du Canada », dans *Le Figaro,* 26 juin 1990. (Entrevue avec Bourassa.)

Uchitelle, Louis. « Quebec could easily prosper on its own, economists say », dans *The New York Times*, 24 juin 1990, p. 1.

Vastel, Michel. « Capitaine Canada » (portrait de Keith Spicer), dans *L'actualité*, 1er juillet 1991, p. 25-28.

Vastel, Michel. « Le Québec se débrouille bien » (entrevue avec Bourassa), dans *Le Soleil*, 21 septembre 1991, p. A-1-2 et 22 septembre, p. A-9.

Venne, Michel. « Derrière les 36 commissaires s'agitent analystes, stratèges et conseillers de toutes sortes », (sur Bélanger-Campeau), dans *Le Devoir*, 23 novembre 1990, p. B-1.

Venne, Michel. « Le consul des États-Unis à Québec quitte avec la conviction que les Québécois forment une nation », dans *Le Devoir*, 6 juin 1992, p. A-2.

Washington Post (non signé). « One Canada — Or several ? », éditorial dans *The Washington Post*, 12 avril 1990, p. A-24.

Washington Post (non signé). « Canada's choice », éditorial dans *The Washington Post*, 26 juin 1990.

INDEX

TABLE DES MATIÈRES

À VENIR

DANS LE SECOND VOLUME